Hans-Christian Riekhof (Hrsg.)

Retail Business in Deutschland

Hans-Christian Riekhof (Hrsg.)

Retail Business in Deutschland

Perspektiven, Strategien, Erfolgsmuster

Mit Berichten und Fallstudien
von Aldi, Conley's, DocMorris, Lush,
Metro und Zara

Bibliografische Information Der Deutschen Bibliothek
Die Deutsche Bibliothek verzeichnet diese Publikation in der Deutschen Nationalbibliografie;
detaillierte bibliografische Daten sind im Internet über <http://dnb.ddb.de> abrufbar.

1. Auflage März 2004

Alle Rechte vorbehalten
© Betriebswirtschaftlicher Verlag Dr. Th. Gabler/GWV Fachverlage GmbH, Wiesbaden 2004

Lektorat: Ulrike M. Vetter

Der Gabler Verlag ist ein Unternehmen von Springer Science+Business Media.
www.gabler.de

Das Werk einschließlich aller seiner Teile ist urheberrechtlich geschützt. Jede Verwertung außerhalb der engen Grenzen des Urheberrechtsgesetzes ist ohne Zustimmung des Verlags unzulässig und strafbar. Das gilt insbesondere für Vervielfältigungen, Übersetzungen, Mikroverfilmungen und die Einspeicherung und Verarbeitung in elektronischen Systemen.

Die Wiedergabe von Gebrauchsnamen, Handelsnamen, Warenbezeichnungen usw. in diesem Werk berechtigt auch ohne besondere Kennzeichnung nicht zu der Annahme, dass solche Namen im Sinne der Warenzeichen- und Markenschutz-Gesetzgebung als frei zu betrachten wären und daher von jedermann benutzt werden dürften.

Umschlaggestaltung: Nina Faber de.sign, Wiesbaden
Druck und buchbinderische Verarbeitung: Wilhelm & Adam, Heusenstamm
Gedruckt auf säurefreiem und chlorfrei gebleichtem Papier
Printed in Germany

ISBN 3-409-12431-4

Vorwort

Es gibt nur wenige Bereiche, in denen Veränderungen der Wirtschaftslandschaft so unmittelbar spürbar werden wie im Einzelhandel. Veränderte Einstellungen, Einkaufsgewohnheiten und Kaufpräferenzen der Verbraucher, aber auch veränderte demografische Relationen und begrenzte Budgets führen zu tiefgreifenden Anpassungsnotwendigkeiten.

Das E-Business hat den Einzelhandel umfassend verändert. Es gibt keinen wichtigen Player in diesem Markt, der nicht einen Online-Vertriebsweg oder zumindest online Kommunikationskanal zum Verbraucher umgesetzt hätte. Dabei verändern sich möglicherweise die Spielregeln der Branche: Markenartikel-Hersteller sehen die Chance, direkt an Endverbraucher zu vertreiben, sei es in Kooperation oder als Joint Venture mit etablierten Versandhändlern, sei es als eigenständige Strategie.

Auch die Globalisierung macht nicht vor dem Retail Business halt. In Form neuer Beschaffungsmärkte, über Ländergrenzen hinweg vertikal integrierter Prozessketten oder in Form von Internationalisierungsstrategien filialisierter Anbieter wird deutlich, dass international ausgerichtete Wettbewerber einen steigenden Stellenwert haben. Dies war im Übrigen auch der Anlass, dem Buch den Titel *Retail Business in Deutschland* zu geben: Viele erfolgreiche Einzelhandelskonzepte weisen eine internationale Dimension auf. Ikea, H&M, Benetton, Zara, Mango, Body Shop oder Lush sind strategische Retail-Konzepte, die international multipliziert werden. Aldi, Metro und Otto sind deutsche Unternehmen, die ihrerseits eine internationale bzw. weltweite Strategie erfolgreich umsetzen. Dass die Internationalisierung nicht zwangsläufig im ersten Schritt erfolgreich sein muss – aus welchen Gründen auch immer – zeigen WalMart und Marks & Spencer.

Mit dem vorliegenden Band soll der Versuch unternommen werden, die Facetten zu beleuchten, die den Wandel des Retail Business in den kommenden Jahren bestimmen werden. In insgesamt sieben Kapiteln werden strategisch relevante Bereiche behandelt. Dabei geht es um die grundsätzlichen Rahmenbedingungen und Perspektiven, um die Dynamik der Betriebsformen, um den Konsumenten und seine Kaufreviere, um die strategischen Antworten des Marketing, um die Herausforderungen der Markenführung im Handel, aber auch um die Beschleunigung der operativen Geschäftsprozesse und deren Verzahnung mit den Lieferanten über Unternehmensgrenzen hinweg. Ausgewählte Beispiele erfolgreicher Strategien und innovativer Geschäftskonzepte des Retail Business runden das Bild ab.

Natürlich kann ein solcher Band immer nur einen Ausschnitt beleuchten, niemals aber ein vollständiges Bild aller Facetten des Geschäftes liefern. Wenn es gelungen ist, die wesentlichen Entwicklungen zu erfassen und zu beleuchten, dann ist das Ziel erreicht.

Die Autoren des Bandes stammen aus einigen der bereits erwähnten Unternehmen, wo sie in verantwortlicher Position an der Entwicklung bzw. Umsetzung der strategischen Konzepte beteiligt sind oder beteiligt waren, oder sie kennen das Retail Business aus ihrer Beratungstätigkeit. Ihnen sei an dieser Stelle ganz herzlich gedankt, dass sie neben dem Tagesgeschäft die Zeit aufgebracht haben, an diesem Band mitzuwirken.

Eine besondere Rolle beim Entstehen dieses Bandes hat Wolfgang Merkle gespielt. Ohne sein Zureden und seinen Hinweis, dass es notwendig wäre, in dieser Form über das Retail Business zu berichten, wäre der Band vermutlich nicht entstanden. Dafür gebührt ihm ganz besonderer Dank.

Hamburg/Göttingen, *Hans-Christian Riekhof*
im Januar 2004

Inhaltsverzeichnis

Kapitel 1
Herausforderungen und Perspektiven 1

1.1 Strategische Herausforderungen für das Retail Business 3
   Hans-Christian Riekhof
   1. Herausforderung 1: Dynamik der Betriebsformen 5
   2. Herausforderung 2: Der „multioptionale" Verbraucher 9
   3. Herausforderung 3: Komplexitätsmanagement und
      strategische Profilierung 21
   4. Herausforderung 4: Beschleunigung der Geschäftsprozesse 28

1.2 Handel in Deutschland – Status quo, Strategien, Perspektiven 31
   Frank Pietersen
   1. Handel in Deutschland – Status quo 33
   2. Erfolgreich „handeln" mit neuen Konzepten/Strategien? 36
   3. Branchen, Kunden, Märkte – Perspektiven 54
   4. Fazit 68

1.3 Betriebstypeninnovationen in stagnierenden Märkten unter
   Globalisierungsdruck 71
   Rainer P. Lademann
   1. Einleitung 73
   2. Die Dynamik der Betriebsformen 73
   3. Markt- und Wettbewerbsentwicklung im Einzelhandel 76
   4. Betriebsformenentwicklung im Food-Einzelhandel 80
   5. Betriebsformenentwicklung im Nonfood-Einzelhandel 88
   6. Fazit 94

Kapitel 2
Konsumentenverhalten im Wandel 97

2.1 Die Kaufreviere des Verbrauchers: Ableitungen für das Retail Business ... 99
   Dirk Ziems/Uwe Krakau
   1. Einleitung 101
   2. Psychologische Motivspannungen des Einkaufens 102
   3. Die Psychologie der Kaufreviere 104

    4. Kaufreviere bestimmen das Kaufverhalten 105
    5. Kaufreviere als neues Fundament für das Handelsmarketing 108
    6. Fazit 114

2.2 Mehr sehen und besser handeln: Erst ein wirkliches Verständnis
des Käufers führt zu mehr Erfolg im Handel 115
Antonella Mei-Pochtler/Ralph Boehlke
    1. Umbrüche in der Handelsbranche bieten neue Chancen 117
    2. Wie lassen sich die vorhandenen Chancen tatsächlich nutzen? 123
    3. Von ShopperDiscovery zu ShopperConversion –
Ein konkretes Programm zur Umsatzsteigerung 131
    4. Management Summary 137

Kapitel 3
Unternehmens- und marketingstrategische Perspektiven 139

3.1 Retail Business: Grenzen der „Geiz-ist-geil"-Strategien 141
Bernd M. Michael
    1. Einleitung 143
    2. Der Handel forciert Marketing 148
    3. Store Loyalty und Brand Loyalty als Tandem 152
    4. Der Handel entdeckt seine Marken 156
    5. Wie der Handel zur Marke wird – Erfolgsfaktoren des Brand Building .. 158
    6. Starke Händlermarken gestalten die Wertschöpfungskette 167
    7. Zukunftsszenario des Handels: Reiz schlägt Geiz 169

3.2 Der Handel im Wandel – Vom Target zum Attraction Marketing
Oder: Was ist das Erfolgsgeheimnis von Ikea, H&M, Aldi, Ebay & Co.? .. 173
Steffen Gömann/Malte-Maria Münchow
    1. Einleitung 175
    2. Der Handel im Umfeld sich ändernder Märkte 175
    3. Erklärungsansätze für Unternehmenserfolg in der Marketingtheorie 181
    4. Die Handlungsebenen des Attraction Marketing 183
    5. Ikea & Co. – Praxisbeispiele für erfolgreiches Attraction Marketing 189
    6. Zusammenfassung und Ausblick 194

3.3. Erfolg durch kundenorientiertes Multichannel-Management 197
Michael Wegener
    1. Einleitung 199
    2. Determination eines Multichannel-Unternehmens 199
    3. Definition und Ziele einer Multichannel-Strategie 200
    4. Handlungsposition von Multichannel-Händlern 202
    5. Kanalkaufverhalten und Implikationen für das Marketing 206
    6. Grundsätze eines kundenorientierten Multichannel-Managements 213
    7. Zusammenfassung und Resümee 216

3.4 Kritische Erfolgsfaktoren im Rahmen der Internationalisierung
am Beispiel des Betriebstyps Hypermarkt 219
Frank Pietersen/Christian Schrahe
    1. Einleitung 221
    2. Internationalisierung – Status quo und Perspektiven 222
    3. Kritische Erfolgsfaktoren 227
    4. Ausblick 243

3.5 Auf direktem Weg zum Kunden durch strategisches Direktmarketing 247
Ralf T. Kreutzer
    1. Gegenwärtige Entwicklungen im deutschen Retail Marketing 249
    2. Leitideen für eine strategische Repositionierung im Handel 250
    3. Strategische Handlungskonzepte im Einzelhandel 253
    4. Beispielhafte Erfolgskonzepte 260
    5. Ausblick 265

Kapitel 4
Management der Retail-Marke 267

4.1 Survival Of The Fittest: Was Retail-Marken von der Evolution
lernen können 269
Oliver Hermes
    1. Einleitung 271
    2. Die Marke: Abstraktes Denkmodell oder lebendiges Wesen? 272
    3. Das überlebenswichtigste Prinzip aller Zeiten: Die Evolutionstheorie ... 273
    4. Die Darwinschen Regeln 276
    5. Die „Naturgesetze der Markenführung" im Einzelhandel 277
    6. Beurteilung gegenwärtiger Handelsstrategien vor dem Hintergrund
       der Evolutionstheorie 284

4.2 Erfolgsfaktoren identitätsorientierter Markenführung im Handel 293
Reinhard Binder/Andreas Heim
    1. Bedeutung von Marken im Handel 295
    2. Bedeutung des Handels für Marken 296
    3. Erfolgsfaktoren identitätsorientierter Markenführung im Handel 297
    4. Zusammenfassung 306

4.3 Im Namen der Handelsmarke. Handelsmarken versus Markenartikel
im Einzelhandel unter dem Aspekt der Wahl ihrer Markennamen 309
Bernd M. Samland
    1. Vorbemerkungen 311
    2. Die Macht des Namens 311
    3. Die Wahrnehmung des Verbrauchers 312

4. Positionierung durch Namenswahl 312
5. Gefahren suboptimaler Namensstrategien von Handelsmarken 313
6. Voraussetzungen für die Wahl des richtigen Namens 314
7. Verfahren zur Entwicklung des optimalen Namens 317
8. Fazit: Unterschiede und Gemeinsamkeiten von Handels- und Herstellermarken unter „namentlichen" Aspekten 318

4.4 Kundenbindung und Neuprofilierung im Do-It-Yourself-Markt 319
Ottmar Franzen

1. Marktgegebenheiten für Raumausstattungsprodukte 321
2. Wie kann Marktforschung helfen? Qualitätsmonitor und Brand Control System 322
3. Motive und Erwartungen seitens der Nachfrager 324
4. Leistungsbeurteilung aus Kundensicht 325
5. Imagewahrnehmung 330
6. Neuprofilierung des Handelsbetriebes 334

Kapitel 5
Management der operativen Geschäftsprozesse 337

5.1 Prozessveränderungen – Anregungen für den strukturellen Wandel im Einzelhandel 339
Peter Fensky

1. Wirtschaftliches Umfeld 341
2. Ausgangslage – Was bewegt den Einzelhandel heute? 342
3. Mögliche Ansätze zur Prozessverbesserung 348
4. Ausblick: „On Demand Retailing" 355

5.2 Vertikales Prozessmanagement im Retail-Loop – Schnellere, flexiblere und kostengünstigere Wertschöpfung über die gesamte Prozesskette am Beispiel des Fashionhandels 357
Michael Kunkel

1. Einleitung und Zielsetzung 359
2. Grundlagen des vertikalen Prozessmanagement im Retail-Loop 360
3. Der vertikale Quantensprung – Quantitative und qualitative Nutzenkomponenten der Vertikalisierung 366
4. Die Umsetzung vertikaler Prozessmodelle am Beispiel eines Fashionfilialisten 368
5. Zusammenfassung und Ausblick 373

5.3 Category Management im Nonfood bei Metro Cash & Carry 377
Stephan Rüschen

1. Category Management in der Metro Group 379
2. Category Management im Nonfood 380

3. Customer Relationship Management und Category Management 383
4. Implementierung des Category-Management-Ansatzes im Nonfood 386
5. Fazit 387

5.4 Die Anwendung der Conjoint-Analyse für eine partnerschaftliche
Sortimentsgestaltung in der Bekleidung 389
Bernd Hake/Klaus Grönefeld

1. Einleitung 391
2. Besonderheiten des Bekleidungsmarktes 391
3. Conjoint-Analyse 393
4. Partnerschaftliche Sortimentsgestaltung 400
5. Fazit 402

Kapitel 6
Erfolgreiche Strategien 405

6.1 Aldi – Das Muster der Einfachheit: Weniger ist mehr 407
Dieter Brandes

1. Einleitung 409
2. Womit sich der Einzelhandel beschäftigt 409
3. Womit sich Aldi beschäftigt 417
4. Was der Handel braucht 427

6.2 Mango und Zara – Besonderheiten der neuen vertikalen Anbieter
im deutschen Textileinzelhandel 429
Wolfgang Merkle

1. Einleitung: Die öffentliche Diskussion um vertikale Konzepte 431
2. Begriff und Konzept der Vertikalisierung 432
3. Positionierung der neuen Vertikalen und Gestaltung
   der Sortimentspolitik 433
4. Schnelligkeit und Flexibilität in der Sortimenterstellung 436
5. Das Präsentationskonzept als Schlüssel der Positionierung 439
6. Kultur und Organisation als integrative Klammer 442
7. Fazit: Die zwingende Verbindung zwischen technologischen
   und kulturellen Elementen 445

6.3 Conley's Modekontor – Ein innovatives Lifestyle-Konzept
für den Versandhandel 449
Andrew Parkin

1. Das Unternehmen 451
2. Die Conley's Positionierung 451
3. Die Umsetzung der Alleinstellung 454
4. Fazit: Innovative Konzepte können sich durchsetzen 461

Kapitel 7
Innovative Geschäftskonzepte 463

7.1 Lush Fresh Handmade Cosmetics – Erfolg durch Anderssein 465
Rainer Krautter
1. Was ist Lush? 467
2. Bei Lush gehen die Uhren anders 472

7.2 DocMorris – Die europäische Apotheke. Strategien für eine moderne Arzneimittelversorgung 475
Gottfried Neuhaus
1. Vorbemerkung 477
2. Die besondere Apotheke 477
3. Arzneimittelmarkt in Europe 480
4. Ein innovatives Konzept 484
5. Befürworter und Gegner 488
6. Erfolgsgeschichte für die Zukunft 489

7.3 Die Metro-Group-Future-Store-Initiative – Die Zukunft des Handels aktiv gestalten! 491
Gerd Wolfram
1. Die Situation im Handel 492
2. Die Metro-Group-Future-Store-Initiative 492
3. Ziele der Initiative 492
4. Kernelemente im Metro Group Future Store 498
5. Erste Ergebnisse 504

Die Autoren 506
Stichwortverzeichnis 513

Kapitel 1

Herausforderungen und Perspektiven

1.1 Strategische Herausforderungen für das Retail Business
   Hans-Christian Riekhof

1.2 Handel in Deutschland – Status quo, Strategien, Perspektiven
   Frank Pietersen

1.3 Betriebstypeninnovationen in stagnierenden Märkten
   unter Globalisierungsdruck
   Rainer P. Lademann

Hans-Christian Riekhof

1.1 Strategische Herausforderungen für das Retail Business

Vorbemerkung

1. Herausforderung 1: Dynamik von Marktumfeld und Betriebsformen
1.1 Betriebsformen unter Preis- und Globalisierungsdruck
1.2 Betriebsformen unter Differenzierungsdruck

2. Herausforderung 2: Der „multioptionale" Verbraucher
2.1 Grenzen klassischer Marktsegmentierung
2.2 „Szenen" als neuer Weg zur Marktsegmentierung?
2.3 Typisierung situativer Konsumverhaltensmuster
2.4 Vom Target Marketing zum Attraction Marketing
2.5 Typologie der Kaufreviere
2.6 Dokumentation der Consumer Insights

3. Herausforderung 3: Komplexitätsmanagement und strategische Profilierung
3.1 Komplexitätskosten als „unsichtbare" Kostenkategorie
3.2 Strategie-Defizite im Retail Business ?
3.3 Strategische Profilierung trotz Low Budget Marketing
3.4 Strategische Markenführung im Retail Business

4. Herausforderung 4: Beschleunigung der Geschäftsprozesse
4.1 Geschäftsprozessmanagement im Retail Business
4.2 Vertikale Integration der Geschäftsprozesse

Literatur

Vorbemerkung

Was kommt auf das Retail Business zu? Welche strategischen Veränderungen im Markt- und Konkurrenzumfeld, im Verbraucherverhalten und in sonstigen Rahmenbedingungen müssen in die Überlegungen zur langfristigen Strategie eingehen? Wie kann man die Komplexität des Unternehmensumfeldes in pragmatischer Art und Weise handhabbar machen? Welche konkreten Antworten haben einige Retailer bereits mit ihren innovativen Konzepten formuliert? Welche konzeptionellen Ansätze schlagen Experten vor?

Auf diese und ähnliche Fragen will dieses Buch eine Antworten geben. Dieser erste Beitrag vermittelt einen einleitenden Überblick über die Themen des Bandes. Dabei werden vier Herausforderungen in den Mittelpunkt gestellt:

- die Dynamik von Marktumfeld und Betriebsformen,
- der multioptionale Verbraucher,
- Komplexitätsmanagement und strategische Profilierung,
- die Beschleunigung der Geschäftsprozesse.

1. Herausforderung 1: Dynamik von Marktumfeld und Betriebsformen

1.1 Betriebsformen unter Preis- und Globalisierungsdruck

Es gibt nur wenige Bereiche der Wirtschaft, die in den vergangenen Jahren so stark von grundlegenden Veränderungen betroffen waren wie das Retail Business. Man denke hier in erster Linie an

- die Auswirkungen des Internet auf die Möglichkeiten des E-Business im Bereich B2C und B2B,
- die Marktanteilsverschiebungen hin zu den Discountern, Filialisten, vertikalen Ketten und Großbetriebsformen,
- den Wandel des Verbraucherverhaltens – hin zu mehr Preisorientierung, Serviceorientierung und Erlebnisorientierung,
- die zunehmende Internationalisierung des Geschäfts,
- die zunehmende Vertikalisierung des Geschäfts.

Einen umfassenden Überblick über die veränderten Rahmenbedingungen für das Retail Business, aber auch über Strategien und Perspektiven für Handelsunternehmen gibt *Frank Pietersen* in seinem Beitrag im Kapitel 1.2 dieses Buches. Er zeigt auf, welche grundsätzlichen strategischen Optionen bestehen, wo sich Spielregeln verändern und in welchen Bereichen sich Gewinner und Verlierer finden.

Rainer Lademann wendet sich im Kapitel 1.3 den Betriebstypeninnovationen in stagnierenden Märkten zu, und zwar unter Berücksichtigung des zunehmenden Globalisierungsdrucks. Seine zentrale These besteht darin, dass Marktstagnation und Globalisierung nicht ohne Auswirkung auf das Retail Business bleiben können – sie werden das Marktgeschehen maßgeblich beeinflussen. *Lademann* untersucht Nieschlags klassische Thesen zur Dynamik der Betriebsformen, die von einer Abfolge von Preiswettbewerb, späterem Trading-up der Betriebsform und dem Auftreten von Nachahmern ausgehen.

Lademanns Analysen des Strukturmusters der Betriebsformendynamik im Einzelhandel führen zu der Erkenntnis, dass sich die Nieschlagschen Überlegungen nicht aufrechterhalten lassen. Gerade Discounter und SB-Warenhäuser – die Gewinner der vergangenen Jahrzehnte im Einzelhandel – haben das Trading-up beispielsweise nicht so vollzogen, wie es vorauszusagen wäre.

Dass das Retail Business zunehmend unter Globalisierungsdruck gerät, belegt auch der Beitrag von *Frank Pietersen* und *Christian Schrahe* im Kapitel 3.5. Internationalisierung ist ein klassischer Weg, um nationale Wettbewerbsvorteile in eine neue Größenordnung übersetzen zu können. *Pietersen* und *Schrahe* untersuchen in ihrem Beitrag die kritischen Erfolgsfaktoren der Internationalisierung. Hier geht es ganz offensichtlich weniger um einen operativen als um einen strategischen Geschäftsprozess, der selbst wiederum aus einzelnen Teilprozessen besteht, die ihrerseits sorgfältig zu strukturieren und zu steuern sind.

Allerdings ist der Handel bislang im Vergleich zu anderen Wirtschaftsbereichen eher wenig internationalisiert. Die Notwendigkeit ist hier geringer als etwa in technologiegetriebenen Branchen, Economies of Scale zu nutzen. Die Eigentümer sind ferner oftmals Familien, die sich nicht den Forderungen der Finanzmärkte beugen müssen. *Pietersen* und *Schrahe* sagen gleichwohl eine internationale Expansion der globalen Retailer voraus, und sie rechnen mit einer Beschleunigung des grenzüberschreitenden Wachstums. Allerdings verweisen sie auch darauf, das der shareholder value nur in einem Teil der Fälle tatsächlich steigt, wenn mergers & acquisitions als Markteintrittsstrategie in fremde Länder gewählt werden. Synergien nach mergers & acquisitions tatsächlich zu realisieren ist ein komplexes Unterfangen, das nicht immer von Erfolg gekrönt ist.

1.2 Betriebsformen unter Differenzierungsdruck

Profilierung durch value adding

In Richtung auf ein Trading-up als empfehlenswerte Strategie für Handelsunternehmen zielen die Überlegungen von *Bernd Michael* in seinem Beitrag im Kapitel 3.1. *Michael* behandelt die Grenzen der „Geiz-ist-geil"-Strategien. Er untersucht dabei die Erfolgsfaktoren des Brand Building für Handelsunternehmen. Seiner Auffassung nach ist ein neues Denken seitens der Handelsunternehmen erforderlich: die Schaffung von Mehrwert für den Kunden sollte die „Geiz-ist-geil"-Strategien ablösen. Differenzierung muss seiner Ansicht nach über Added Value erfolgen, Innovationen sind erforderlich, und so genannte Brand-Value-Signals sind die kommunikative Basis, um diesen Mehrwert auch kommunizieren zu können. Effizienzgewinne wiederum wären in Kundenvorteile zu reinvestieren. Diese setzt eine Evolution in der Wertkette voraus. Auf diesem Wege könnten auch retailer zur Marke werden. „Reiz schlägt Geiz", dies wäre nach *Michaels* Auffassung ein Zukunftsszenario für den Handel.

Kundennähe durch Multichannel-Strategien

Vor wenigen Jahren war die Situation im Retail Business insofern überschaubarer, als dass die Anbieter klaren Kategorien zuzuordnen waren: Warenhäuser, Fachmärkte, Filialisten etc. als Stationäranbieter, Versandhändler als Distanzanbieter. Diese klare Trennung der Welten wird durch folgende Trends weitgehend aufgehoben:

- Warenhauskonzerne steigen in den Distanzhandel ein (Karstadt übernimmt Neckermann, Quelle und Karstadt fusionieren).

- Versandhandelsunternehmen widmen sich dem Stationärgeschäft (Otto übernimmt Sport Scheck und startet gemeinsam mit Inditex den Aufbau der Zara-Aktivitäten in Deutschland).

- Das Internet führt dazu, dass völlig neue Retail-Geschäftskonzepte entstehen: Dell und Amazon setzen sich in ihrem Feld weltweit an die Spitze.

- Das Internet eröffnet den Distanzhändlern neue Expansionschancen. Otto wird zur Nummer 2 im Online-Retail-Business weltweit.

- Auch primär stationär tätige Einzelhändler nutzen das E-Business wie etwa Tchibo mit seinem Onlineshop oder Karstadt mit Karstadt.de.

- Die Markenartikelhersteller, insbesondere im Textilgeschäft, sehen die Chance, über das Internet den Kunden direkt zu erreichen (www.mexx.de; www.esprit.de etc.).

- Manche Retail-Unternehmen nutzen inzwischen drei Vertriebskanäle. Sport Scheck und Eddie Bauer sind in den Bereichen Stationär, Kataloggeschäft und E-Business aktiv (vgl. hierzu die Beiträge in Riekhof, 2001).

Multichannel-Strategien als Komplexitätstreiber

Diese sehr weitreichenden Veränderungen münden in vielen Fällen in Multichannel-Strategien. Sie führen naheliegenderweise zu einer steigenden internen Komplexität. Marktbearbeitungsprozesse wie auch Abwicklungsprozesse müssen dieser Komplexität Rechnung tragen und entsprechend angepasst werden.

Michael Wegener beschreibt in seinem Beitrag im Kapitel 3.3 die Probleme, die sich einem Multichannel-Unternehmen stellen. Er beleuchtet Fragen des Marketing und des Vertriebs, aber auch des Management von Multichannel-Unternehmen. Dabei geht es bei der Steuerung zunächst um eine notwendige Differenzierung der Kanäle, weil die Kanäle spezifische Vor- und Nachteile haben. Andererseits ist aber auch – gerade unter dem Aspekt der Markenführung – eine Harmonisierung der Kanäle erforderlich.

Wegener plädiert dafür, die Kommunikation mit dem Kunden am Kaufprozess zu orientieren, mithin eine kaufprozessorientierte Kommunikation zu schaffen. So lassen sich typische „Konsumpfade" identifizieren, die in den Vordergrund der Verbesserungsbemühungen gestellt werden können. Es ist offensichtlich, dass hier Komplexitätstreiber vorliegen, die nur durch ein sorgfältiges und professionelles Management der zugrundeliegenden Prozesse erfolgreich zu bewältigen sind. Die Komplexität von Multichannel-Strategien lässt sich nur bewältigen, wenn

- ein integriertes Management der Retail Brand,
- ein integriertes Management der Kundendaten,
- eine integrierte Kanalsteuerung

realisiert werden.

Stationärpräsenz plus Direct Marketing:
Auf dem Weg zum One-to-One Business?

Ralf T. Kreutzer beschreibt in seinem Beitrag im Kapitel 3.6 die Möglichkeiten von Retail Unternehmen, durch Direktmarketing den direkten (Kommunikations-)Weg zum Kunden zu finden. Offensichtlich erkennt eine zunehmende Anzahl von Handelsunternehmen die hier liegenden Chancen. Tchibo und Douglas, Karstadt und Kaufhof, Drogeriemärkte und Textilfilialisten suchen nach Möglichkeiten, via Direktmarketing mit dem Kunden unmittelbar zu kommunizieren. Dabei spielt sicherlich auch eine Rolle, dass das „Overstoring" in Deutschland den Preiswettbewerb und auch den Siegeszug der Discounter begünstigt. *Kreutzer* beschreibt die Chance, durch Direct Marketing einen Dialog und langfristige Kundenbeziehungen aufzubauen, die nicht von kurzfristigen, preisdominierten Transaktionen bestimmt sind.

Kundenkarten sind dabei ein oft genutzter Weg und Ausgangspunkt, um am Point of Sale den Kunden zu identifizieren und damit die Grundlagen für Data Base Marketing zu schaffen. Individualisierung der Kundenbeziehung heißt das Schlagwort, das dahinter steht. Eine solche Strategie, wie sie von *Kreutzer* beschrieben wird, basiert auf der Idee, dass sich der Fokus der Aktivitäten

- von der Kundenzufriedenheit
- über die Kundenbindung
- zum individualisierten Management der Kundenbeziehung letztlich
- zum Management des Kundenwertes

weiterentwickelt. Eine One-to-one-Kundenbearbeitung ist das Ziel, das man erreichen will.

2. Herausforderung 2: Der „multioptionale" Verbraucher

Es gibt wohl keine Branche und keinen Wirtschaftszweig, der unmittelbarer mit dem Verbraucher und dessen Wünschen, aber auch dessen Kaufkraft zu tun hätte als der Einzelhandel. Es liegt auf der Hand, dass der Wandel der Verbraucherwünsche im Zentrum einer jeden Auseinandersetzung mit dem Retail Business stehen muss.

Allerdings kann es nicht darum gehen, die kurzfristigen Veränderungen in den Konsumausgaben zu beleuchten, die durch vorgezogene oder verschobene Steuerreformen, höhere Sozialabgaben, Ölpreisschwankungen, veränderte Ladenöffnungszeiten u. a. m. ausgelöst werden. Ein Teil dieser Einflüsse saldiert sich möglicherweise und hat deshalb keine Netto-Wirkung. Wichtiger sind die zu erwartenden qualitativen, langfristigen Trends, mit denen der Einzelhandel rechnen muss. Doch wie kann man diese Trends so erfassen und beschreiben, dass sie nicht im Unverbindlichen bleiben, sondern für strategische Entscheidungen verwertbar sind?

2.1 Grenzen klassischer Marktsegmentierung

Globale Aussagen der Trendforschung

Es gibt eine Reihe von Trendforschern, die auf einer eher abstrakten Ebene feststellen, dass Zielgruppendifferenzierung, Individualisierung, Freizeitorientierung, Preisbewusstsein, ökologisches Bewusstsein, Convenience-Erwartungen etc. weiter zunehmen werden. Neben den psychologischen Faktoren sind auch harte Fakten wie etwa demografische Entwicklungen oder Veränderungen in den Haushaltsstrukturen und in der durchschnittlichen Kinderzahl in Rechnung zustellen. Einige dieser Megatrends beschreiben *Gömann* und *Münchow* im Kapitel 3.2.

Gleichzeitig ist immer öfter vom „multioptionalen" Konsumenten die Rede: Kunden verhalten sich scheinbar widersprüchlich, indem sie morgens beim Discounter einkaufen und nachmittags durch teure Boutiquen bummeln, indem sie immer mehr Service erwarten und gleichzeitig ihre Ikea-Möbel selbst zusammenbauen.

Aber sind diese Beobachtungen über das veränderte Verbraucherverhalten so operational, dass sie für die strategische Ausrichtung des Retail Business hilfreich sind? Wissen die Verantwortlichen, wie sie auf diese Megatrends reagieren können? Diese Frage darf in vielen Fällen durchaus verneint werden. (Sie veranlasst *Gömann* und *Münchow* im Übrigen dazu, das Zielgruppenmarkering in Frage zu stellen und den Weg vom Target Marketing zum Attraction Marketing zu beschreiben. Damit meinen sie, dass vornehmlich das eigene Angebot extrem attraktiv zu machen ist und dass weniger über komplexes Zielgruppenmanagement nachzudenken ist.)

Natürlich gibt es auch Marktforschungsunternehmen, die in sehr konkreter und detailreicher Form unternehmensbezogene Ergebnisse produzieren und präsentieren. Sie greifen unmittelbar Themen des Alltags auf und beantworten Fragen, die ganz konkret gestellt wurden. Aber: hilft diese Art von Daten bei der strategischen Ausrichtung des Geschäfts? Lassen sich strategische Entscheidungen allein auf der Grundlage momentaner Reaktionen, Einschätzungen und Befindlichkeiten fällen? Sind nicht Aussagen über das zu erwartende zukünftige Konsumentenverhalten erforderlich?

Wie kann man also dem generellen Wandel der Verbraucherwünsche in handhabbarer Form auf die Spur kommen? Welche Konzepte erweisen sich hier als tauglich? Wie können sie für strategische Entscheidungen nutzbar gemacht werden?

Neue Marktsegmentierungsverfahren und der „multioptionale" Konsument

Es ist nachvollziehbar, dass die zunehmende Differenzierung der Verbraucherwünsche – ein seit Jahrzehnten zu beobachtender Trend – die Segmentierung des Geschäfts immer schwieriger macht. Es entstehen immer spitzere Zielgruppen, immer feinere Marktsegmentierungen und damit immer kleinere Marktsegmente. Diese wirtschaftlich zu bearbeiten wird nicht einfacher.

Klassische soziodemografische Segmentierungsverfahren erweisen sich in diesen Fällen immer weniger als brauchbar. Sie werden ergänzt oder abgelöst durch Verbrauchertypologien, durch Lifestyle Segmentierungen, durch die Beschreibung sozialer Milieus oder durch mikrogeografische Segmentierungsverfahren. Mit teilweise erheblichem methodischen Aufwand werden Modelle konzipiert, die versuchen, mit einer Vielzahl von Variablen die Wirklichkeit angemessen zu beschreiben und zu erklären. Ob diese Verfahren im Alltag anwendbar und für die Steuerung des Geschäfts brauchbar sind, sollte im Einzelfall genau geprüft werden, denn nicht alles, was als Beschreibung und Erklärung der Ausgangssituation nachvollziehbar und logisch erscheint, kann in klare Anweisungen für das zukünftige strategische Vorgehen übersetzt werden.

Wenn sich klassische Marktsegmentierungsverfahren als möglicherweise nicht mehr tragfähig erweisen, gibt es dann Alternativen?

2.2 „Szenen" als neuer Weg zur Marktsegmentierung?

Seit einiger Zeit werden im Marketing konzeptionelle Ansätze diskutiert, die auf die Segmentierung von Märkten nach Szenen abzielen. Die „Öko-Szene", die „Hip-Hop-Szene" oder die „Punk-Szene" sind Beispiele dafür, wie sich insbesondere in jungen Zielgruppen klar abgrenzbare (wenn auch natürlich nicht überschneidungsfreie) Gruppenzugehörigkeiten herausbilden. Sind derartige Szenen für Marketingaktivitäten und für das Retail Business nutzbar?

Die Antwort ist relativ einfach: Markenartikelhersteller nutzen sie bereits in der Praxis. Marken wie Red Bull und Jägermeister oder „Szenegetränke" wie Rigo bedienen sich überaus erfolgreich der Mechanismen des Szenemarketing. Sie setzen im Vergleich zu klassischen Markenartikelherstellern auf ein neuartiges Marketing-Mix. Die Kommunikation mit der „Szene" basiert auf neuartigen Prinzipien. Sie baut darauf, dass Kommunikation umso wirkungsvoller ist, je glaubwürdiger sie ist. Glaubwürdigkeit entsteht vor allem dann, wenn zum Absender eine persönliche Beziehung besteht und der Absender in der Szene akzeptiert ist.

Klassische Werbung hat immer ein großes Unternehmen oder einen Konzern als Absender und benötigt große Budgets. Mund-zu-Mund-Propaganda ist viel effektiver, da sie auf Glaubwürdigkeit beruht (vgl. hierzu Duncan/Moriarty, 1997 sowie Gladwell, 2000). Sie lässt sich in Szenen sehr gut nutzen. Szenemarketing-Aktivitäten richten sich also verstärkt darauf, Mechanismen der Mund-zu-Mund-Propaganda zu nutzen. Events, Sponsoring, Promotion-Aktivitäten, give-aways und Product Placement direkt in der jeweiligen Szene sind bevorzugte und wirkungsvolle Marketingaktivitäten.

Interessant ist Szenemarketing vor allem aus folgenden Gründen:

- Szenen lassen sich klar lokalisieren (Kneipen, Discos, Events, Musikveranstaltungen etc.),
- Szenen lassen sich werblich mit geringeren Streuverlusten erreichen,
- Szenen haben oftmals auch eigene Medien (Zeitschriften, Internetforen etc.),
- Szenen lassen sich in ihren Markenaffinitäten beschreiben. Bestimmte Labels (Kleidung, Getränke, Lifestyle-Artikel im weitesten Sinne) finden sich in einer Szene, andere Labels werden klar abgelehnt. Identifikation und Demonstration von Zugehörigkeit findet auch über Marken statt.

Was bedeutet das für das Retail Business, wenn im Marketing derartige Segmentierungsstrategien eingeschlagen und Szenen als Kommunikationskanäle genutzt werden?

12 Kapitel 1: Herausforderungen und Perspektiven

Zunächst einmal ist die Frage zu beantworten, ob man als Retailer eine breite Mehrheit des Marktes anspricht oder aber ob man einen engeren Zielgruppen-Focus gewählt hat. Vor allem im letzteren Falle kann es Sinn machen, über die Mechanismen des Szenemarketing nachzudenken. Man denke beispielsweise an das sehr zugespitzte Unternehmenskonzept von Lush (vgl. den Beitrag von *Rainer Krautter* im Kapitel 7.1 in diesem Band), das sicherlich gut geeignet ist, Mechanismen des Szenemarketing für sich zu nutzen. Konsequenterweise führt *Krautter* in seinem Beitrag denn auch aus, dass Lush keine (klassische) Werbung macht, sondern letztlich auf Mund-zu-Mund-Propaganda setzt.

Ob sich diejenigen Retail Unternehmen, die breite Mehrheiten ansprechen, Szenemarketing nutzen können, muss sich allerdings noch zeigen.

2.3 Typisierung situativer Konsumverhaltensmuster

Wenn Konsumenten, wie wir oben gesehen haben, immer schwerer nur auf *einen* Typ festzulegen und *einer* Zielgruppe (oder auch Szene) klar zuzuordnen sind, weil sie zwischen unterschiedlichen Konsumverhaltensmustern wechseln, müssen andere Marketingkonzepte und Marktsegmentierungsverfahren aufgetan werden.

Eine Option ist es dabei, nicht die Verbraucher selbst bestimmten Segmenten zuzuordnen, sondern situative Verhaltensmuster zu typisieren, also Typen von Konsumverhaltensweisen zu entwickeln, die einzelne Verbraucher in unterschiedlichen Situationen an den Tag legen.

Eine einfache, zweidimensionale Darstellung etwa der Form, die in Abb. 1 dargestellt wird, könnte einige der aktuellen Entwicklungen im Einzelhandel recht gut erklären.

Diese Matrix unterscheidet die beiden Dimensionen „Preisorientierung" und „Aktualität des Bedarfs". Die Preisorientierung soll abbilden, inwieweit in der konkreten Situation Kaufentscheidungen vornehmlich unter Preis- oder aber unter anderen Aspekten getroffen werden. Die Aktualität des Bedarfs soll zeigen, ob in den konkreten Situation ein Bedürfnis zu befriedigen ist oder ob ein geplanter Kauf vorliegt und ob ein möglicherweise später auftretender Bedarf vorsorglich gedeckt werden soll. Es ergeben sich damit vier Typen von Kaufverhaltensmustern:

Smart shopping

Typ 1 ist das Smart shopping, gekennzeichnet durch einen hohen Stellenwert des Preises, aber keine aktuelle Bedarfssituation. Dies ist die klassische Schnäppchenjäger-Verhaltensweise, wie sie sich nicht nur auf Flohmärkten, sondern auch im Hinblick auf die Tchibo-Hartwarenangebote oder die Aldi-PC-Offerten zeigt. Auch der Bummel durch Factory Outlets wäre hier zuzuordnen.

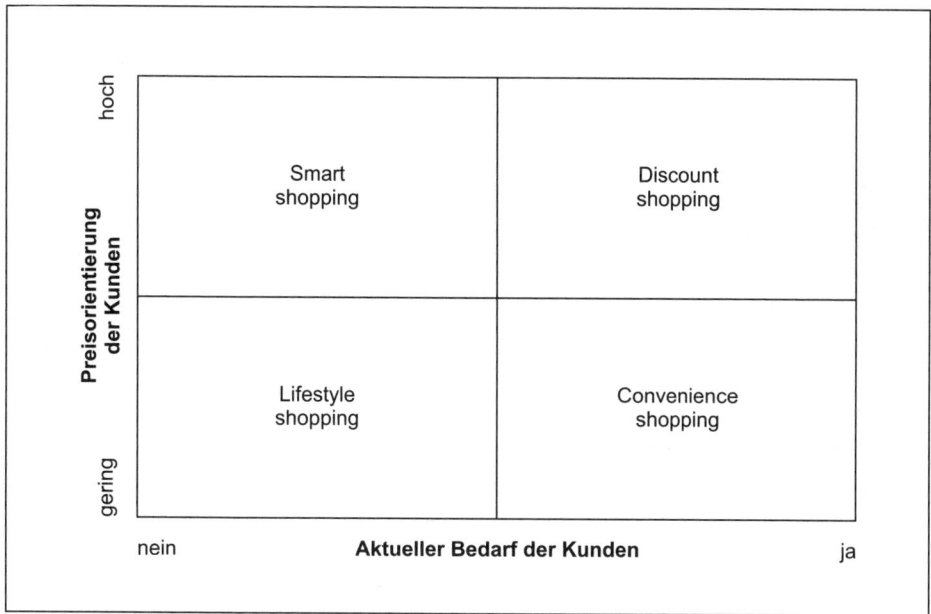

Abb. 1: Typen von Kaufverhaltensmustern

Discount shopping

Typ 2 ist das klassische Discount shopping, also der geplante Haushaltseinkauf bei Aldi oder Lidl. Auch die geplante, systematische Suche nach dem besten Angebot im Internet wäre hier zuzuordnen. Aber auch innovative, discountorientierte Betriebsformen wie etwa die online Apotheke Docmorris.com (vgl. hierzu den Beitrag von *Gottfried Neuhaus* im Kapitel 7 in diesem Band) zeigen, dass Rationalisierungspotenziale bei weitem noch nicht ausgeschöpft sind, die Verbraucher also in bestimmten Marktsegmenten künftig mit attraktiven Discountangeboten rechnen können. *Neuhaus* beschreibt DocMorris.com als europäische Apotheke – ein innovatives Konzept, das mit einer klaren Strategie, Zielgruppe und Marketingkonzeption auf Erfolgskurs ist. Gerade das Marketingkonzept hat seine besonderen Herausforderungen: Da Werbung für Apotheken untersagt ist, bleibt nur der Weg über Pressekontakte und PR – ein Weg, den DocMorris ganz offensichtlich sehr erfolgreich beschritten hat.

Lifestyle Shopping

Typ 3 wird dadurch gekennzeichnet, dass weder der Preis noch der aktuelle Bedarf im Vordergrund stehen. Andere shopping Motive sind relevant. Hier ist zum Beispiel an die intrinsische Motivation des Verbrauchers zu denken, an das Vergnügen, das der Such- und Kaufakt mit sich bringt. Es ist das Einkaufserlebnis selbst oder auch die Verbindung von Unterhaltung und orientierendem Einkaufsbummel, die mit einem bestimmten positiven Lebensgefühl und Lustgewinn verbunden werden. Sicherlich ist Lush (vgl. den Beitrag von *Krautter* im Kapitel 7.1) hier zuzuordnen (zu Designkonzepten für Lifestyle-Shops siehe Roewold, 2000).

Convenience Shopping

Typ 4 ist durch den aktuellen Bedarf charakterisiert, der in Situationen auftritt, die eine konsequente Preisorientierung im Grunde nicht zulassen. Man denke hier an die Bedarfsbefriedigung unterwegs am Flughafen und Hauptbahnhof oder außerhalb der Ladenöffnungszeiten im Tankstellenshop. Hier werden teilweise sehr hohe Preisstellungen akzeptiert, weil ein konkreter Bedarf kurzfristig befriedigt werden will.

Interessanterweise lassen sich für alle diese vier Felder Retail-Betriebsformen identifizieren, die diesen Verhaltensmustern in besonderer Weise Rechnung tragen und die sich als sehr erfolgreich und wachstumsstark erwiesen haben:

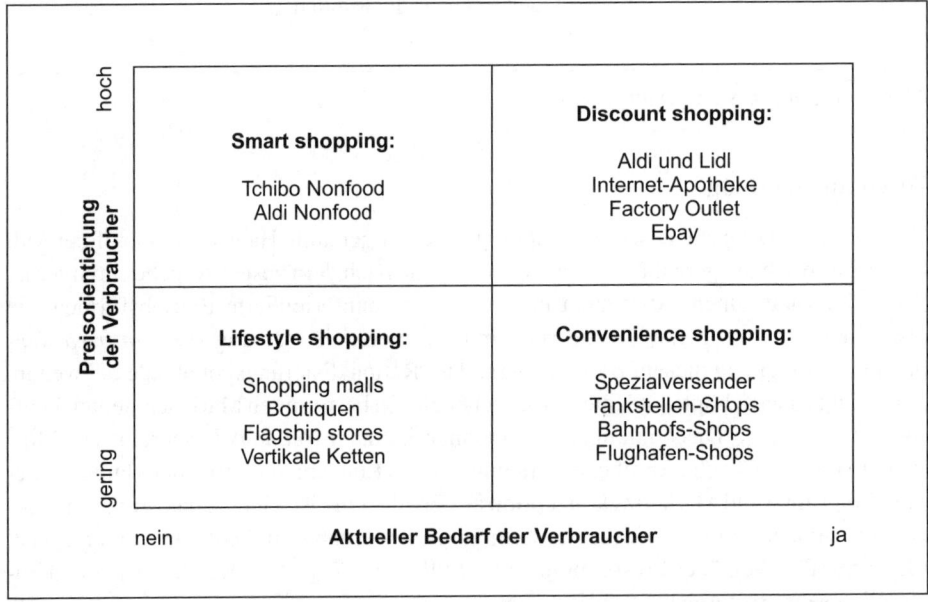

Abb. 2: *Wachstumsstarke Geschäftskonzepte und typisches Verbraucherverhalten*

Weil die klassischen Segmentierungsstrategien immer schwieriger anzuwenden sind und die Konsumenten in ihrem multioptionalen Verhaltensweisen immer schwerer bestimmten dauerhaften Kategorien zuzuordnen sind, gehen manche Unternehmen inzwischen dazu über, nicht mehr die Segmentierung des Marktes in den Vordergrund zu rücken, sondern die Perspektive grundsätzlich zu verändern.

2.4 Vom Target Marketing zum Attraction Marketing

Traditionelle Marktsegmentierung und Marktforschung werden mehr oder weniger überflüssig, wenn man den klassischen Ansatz des Target Marketing durch das Konzept des Attraction Marketing (vgl. den Beitrag von *Gömann* und *Münchow*; Kapitel 3.2) ersetzt. Hier geht es ganz konsequent vor allem darum, das eigene Unternehmenskonzept so klar zu profilieren und so attraktiv zu gestalten, dass es möglichst viele Verbraucher überzeugt.

Welche Zielgruppen mit welchen Konzepten dabei wie erreicht werden können, ist nicht die wichtigste Frage, sie tritt eher in den Hintergrund. Man könnte eher von Prozessen der Selbstselektion der Konsumenten sprechen. *Gömann* und *Münchow* schildern Ikea, H&M, Aldi und Ebay als konkrete Beispiele, deren Erfolg mit Hilfe der Idee des Attraction Marketing erklärt werden kann. *Gömann* und *Münchow* setzen in ihren Überlegungen auf die drei grundlegenden Pole

- Discount,
- Erlebnis,
- Convenience

als Dimensionen des Attraction Marketing. Es gibt zahlreiche Unternehmen, die sich durch die Konzentration auf eine dieser Dimensionen nachhaltig im Markt profilieren konnten.

Auf der Handlungsebene sehen *Gömann* und *Münchow* Ansatzpunkte in den Bereichen

- Marke,
- Kaufstätte,
- Sortiment.

In der Tat ist es nachvollziehbar, dass viele erfolgreiche Unternehmen des Retail Business gerade in diesen drei Dimensionen herausragende Profilierungsmöglichkeiten genutzt haben, ohne vielleicht jeder Veränderung des Verbraucherverhaltens im Detail nachzuspüren.

2.5 Typologie der Kaufreviere

Habitualisiertes Kaufverhalten

Zwar bringt der multioptionale Konsument zunächst mehr Komplexität für das Retail Business mit sich. Nicht übersehen werden sollte aber, dass ein beachtlicher Teil des menschlichen Verhaltens – und damit natürlich auch des Kaufverhaltens – Gewohnheiten folgt, die nicht kurzfristig geändert werden. Einmal getroffene Entscheidungen für bestimmte Marken oder Einkaufsstätten werden nicht täglich in Frage gestellt. Hier folgt der Verbraucher offensichtlich inneren Nutzenüberlegungen: die Vorteile eines Wechsels zu einer neuen Marke oder Einkaufsstätte werden geringer bewertet als das Risiko, das damit einhergeht.

Dies ist Chance und Gefahr zugleich: wenn es gelungen ist, den Verbraucher von der eigenen Marke und der eigenen Einkaufsstätte zu überzeugen, dann besteht ein gewisser Schutz vor Abwanderung zur Konkurrenz. Andererseits wird es schwerer, als Newcomer in einem Markt Bindungen des Verbrauchers an bestimmte Marken aufzubrechen.

Für die Steuerung der eigenen Aktivitäten im Retail Business bedeutet dies, dass man die Rolle von Gewohnheiten im Umgang mit dem eigenen Angebot genau kennen lernen sollte. Dabei kann man vor allem von den so genannten heavy usern sehr viel lernen.

Einen recht bemerkenswerten Weg schlagen *Ziems* und *Krakau* in ihrem Beitrag (vgl. Kapitel 2.1) vor. Sie untersuchen die Kaufreviere des Verbrauchers und die diesen Kaufrevieren zugrundeliegende Psychologie – mit bemerkenswerten Erkenntnissen. Sie unterscheiden

- Ursprungsmärkte,
- lokale Versorgungsreviere,
- universelle Versorgungsballungen,
- urbane Bummelzonen,
- Fachdiscounter,
- erlebnisbetonte Malls und Konsumgalerien,
- Homeshopping.

Ziems und *Krakau* betrachten die Konsum-Tonality, die Motivationsmechanismen und die zentralen psychologischen Versprechen dieser Kaufreviere. Sie leiten aus ihren Überlegungen ab, dass beispielsweise

- der Standort,
- die Anpassung der Filialen an die sie umgebenden Kaufreviere,
- die kaufrevierkonforme Gestaltung der Filialen

nicht zu unterschätzende Erfolgsfaktoren sind.

2.6 Dokumentation der Consumer Insights

Die empirische Erfassung des veränderten Verbraucherverhaltens

Auch wenn im Attraction Marketing der Schwerpunkt stärker in der Gestaltung von Attraktionspotenzialen liegt, so kann man doch nicht vollkommen darauf verzichten, sich in geeigneter Form mit dem Konsumentenverhalten zu beschäftigen.

Was den Wandel der Verbraucherwünsche angeht, so erscheint es für das einzelne Unternehmen zweckmäßig, die hier festzustellenden Veränderungen auf drei verschiedenen Ebenen zu dokumentieren und diese drei Ebenen auch sehr sorgfältig auseinander zu halten:

- Auf der Ebene der gesellschaftlichen und wirtschaftlichen Megatrends kann man in der Regel auf Sekundärmarktforschung und auf entsprechendes Datenmaterial zurückgreifen. Entwicklung der Alterspyramide, Einkommens- und Vermögensentwicklung, Einstellungen zu Umwelt, Wohnen, Urlaub, Automobil etc. sind langfristige Dinge, die in der Regel keine Überraschungen enthalten. Man sollte nur konsequent überlegen, welche Schlussfolgerungen sich aus diesen Megatrends für das eigene Geschäft ergeben. Nicht das Erkennen ist hier das Problem, sondern das sinnvolle Reagieren.

- Auf der Ebene der branchenbezogenen Veränderungen wird man genau hinsehen müssen, ob es genügend allgemeine, übergreifende Studien gibt, die beschreiben, wie sich beispielsweise das Kaufverhalten von Männern in Bezug auf Textilien in den letzten Jahren verändert hat oder wie das Internet für bestimmte Angebote genutzt wird. Branchenstudien zeigen auf, inwieweit alle Wettbewerber einer Branche gleichermaßen von Veränderungen betroffen sein werden und inwieweit sich kritische Erfolgsfaktoren in einem Markt gegebenenfalls ändern werden.

- Auf der Ebene des einzelnen Unternehmens wird man sich die Frage stellen, wie viel Wissen vorhanden ist, um das Verhalten der eigenen Kunden wie auch der potenziellen Kunden zu verstehen, welche Erwartungen konkret vorhanden sind, welche unerfüllten Erwartungen es gibt, welche Motive und Bedürfnisse beim Kauf und auch beim Umgang mit den angebotenen Produkten eine dominierende Rolle spielen. Letztlich geht es um die Consumer Insights und deren Erforschung und Dokumentation.

Ein Beispiel für die empirische Erfassung der Determinanten der Kundenzufriedenheit beschreibt *Ottmar Franzen* in seinem Beitrag im Kapitel 4.4, in dem es um Kundenbindung und Neuprofilierung in der DIY-Branche geht. Hier werden in sehr operationaler Form die Faktoren herausgearbeitet, die das konkrete Kundenverhalten; aber auch das Verhalten der Nicht-Kunden im Umgang mit dem eigenen Geschäft beeinflussen. *Franzen* schildert den Qualitätsmonitor und das Brand Control System als konkrete Steuerungsinstrumente. Sie dienen dazu, aus Kundensicht relevante Leistungsfaktoren und deren Erfolgsbeitrag zu identifizieren und auch die Zufriedenheit der Kunden mit den Leistungsfaktoren herauszuarbeiten. Ein Leistungsfaktoren-Portfolio gibt dann sehr klare Hinweise darauf, wo aus Kundensicht die größten Verbesserungspotenziale für die Unternehmensleistungen liegen.

Auch *Antonella Mei-Pochtler* und *Ralph Boehlke* (Kapitel 2.2) wenden sich unter anderem der Frage zu, wie ein tieferes Verständnis des Kundenverhaltens zu mehr Erfolg führen kann. Sie empfehlen, mit Methoden des ShopperDiscovery den Kunden besser verstehen zu lernen und ganz einfache handwerkliche Fehler zu vermeiden. Operationale Kennzahlen wie beispielsweise Frequenz, Konversionsrate, Durchschnittsbon und Aufenthaltsdauer sind ihrer Ansicht nach wichtige Steuerungsgrößen, deren Berücksichtigung sie empfehlen.

Die kontinuierliche Fortschreibung von Consumer Insights

Nicht unterschätzt werden sollte in diesem Zusammenhang die Notwendigkeit, Consumer Insights im Unternehmen kontinuierlich zu sammeln, aufzubereiten und zu kommunizieren. Dies ist Aufgabe der Marktforschungsabteilung. Jedes Unternehmen sollte sich im Hinblick auf den Wandel der Verbraucherwünsche selbstkritisch einige Fragen stellen:

- Wie gut sind Consumer Insights überhaupt dokumentiert und im Unternehmen kommuniziert?
- Wie hoch ist das Budget für Marktforschung, das insgesamt zur Verfügung steht?
- In welcher Relation steht dieses Marktforschungsbudget im Vergleich zum gesamten Marketing- bzw. Werbeetat? Werden in ausreichendem Maße Ressourcen bereitgestellt, um durch (empirische) Marktforschung Marketingaktivitäten einerseits vorzubereiten, andererseits zu kontrollieren?
- Für welche der drei oben genannten Bereiche (Erforschung genereller Verbrauchertrends, Erforschung von Branchentrends, Erforschung des Verhaltens der eigenen Kunden) wird wie viel Geld ausgegeben? Die Praxis zeigt, dass die ersten beiden Bereiche in vielen Unternehmen einen bemerkenswert hohen Anteil am Budget haben, der dritte, ziemlich entscheidende Bereich hingegen eher stiefmütterlich behandelt wird.

Die Rolle von Markt-Wirkungsmodellen

Eine praktikable Möglichkeit, sich mit den Erwartungs- und Verhaltensänderungen der eigenen (und der potenziellen) Kunden systematisch auseinander zu setzen, ist die Formulierung eines Markt-Wirkungsmodells (vgl. hierzu z. B. Stein, 1997). Das Markt-Wirkungsmodell hat die Aufgabe, die (hypothetischen) Vorstellungen über die psychologische Wirkungsweise des eigenen Angebots und die Nutzenpotenziale aus Kundensicht zu formulieren. Es nützt vermutlich wenig, wenn man Marktforschungserkenntnisse über Autofahrer oder auch über Sportwagenfahrer sammelt, wenn die Psychologie des Porsche-Fahrens eine sehr besondere und mit der Psychologie anderer Marken wenig vergleichbar ist.

Es gibt natürlich in allen Unternehmen Erkenntnisse über den Umgang der Kunden mit dem eigenen Produkt. Diese Erkenntnisse sind oft aber nicht in allen Unternehmensbereichen gleichermaßen bekannt, oder die Vorstellungen über das Konsumentenverhalten gehen auseinander. Ausführlich formulierte Markt-Wirkungsmodelle sind vermutlich in den wenigsten Unternehmen in expliziter Form vorhanden.

Wichtig wäre es, im Hinblick auf Markt-Wirkungsmodelle folgende Fragen sorgfältig zu beantworten:

- Besteht bei den Führungskräften eines Unternehmens Konsens hinsichtlich des Markt-Wirkungsmodells, also der Hypothesen, mit denen ein Markt bearbeitet werden soll? Oder arbeiten die Führungskräfte in unterschiedliche Richtungen, und suchen sie nach Wettbewerbsvorteilen auf unterschiedlichen Feldern? Will der Logistik-Chef eines Versandhandelsunternehmens beispielsweise die Lieferzeiten noch weiter verkürzen, während der Verkaufschef eher eine feste, verbindliche Lieferterminzusage in engen Zeitfenstern favorisiert? Gibt es hierzu verbindliche Erkenntnisse der Marktforschung?

- Gibt es eine kontinuierliche, langfristige Beobachtung und Überprüfung der Hypothesen über das Kundenverhalten durch die Marktforschung, gewissermaßen eine Verifizierung oder Bestätigung der Vermutungen durch empirische Forschung? Wird dieses Wissen dokumentiert und auch jüngeren und neuen Mitarbeitern zugänglich gemacht? Oder wird jede neue Marketingagentur und jeder neue Marketingchef ein neues Modell des Kundenverhaltens aufstellen, mit eigenen, mehr oder weniger gut fundierten Consumer Insights?

Auch hier lohnt sich ein Blick in die Beiträge dieses Bandes. *Dirk Brandes* beschreibt im Kapitel 6.1, welche im Grunde sehr einfachen Vorstellungen im Hause Aldi über die Wünsche und Erwartungen des Kunden bestehen. Das Aldi-Markt-Wirkungsmodell ist aus den Ausführungen von *Brandes* im Grunde direkt ableitbar.

Um dieses Markt-Wirkungsmodell weiterzuentwickeln, benötigt man keine komplizierte Marktforschung. Vielmehr geht man bei Aldi einen anderen Weg: neue Ideen werden in vorhandenen Filialen ausprobiert – ein methodisch vermutlich sehr valider Weg, um die Wirksamkeit neuer Konzepte zu prüfen.

Fasst man die Überlegungen zum Wandel des Verbraucherverhaltens zusammen, so ergeben sich folgende Schlussfolgerungen:

- Je konkreter der Wandel des Verbraucherverhaltens – unter Bezug auf das eigene Unternehmen und die eigenen Angebote – untersucht wird, desto hilfreicher sind die Erkenntnisse.

- Je klarer und kontinuierlicher diese Erkenntnisse dokumentiert werden, desto einfacher ist es, den Wandel des Kundenverhaltens zu erkennen und zu bewerten.

- Je größer der Konsens in der internen Bewertung dieser Erkenntnisse ist, desto einfacher sind daraus Strategien abzuleiten und die darauf basierenden Strategien auch umzusetzen.

Alternativen zur klassischen Marktforschung

Manche Unternehmen verzichten offensichtlich auf extensive Marktforschung. Sie gehen andere, innovative Wege. Sie spüren auch ohne Marktforschungsinstitute Verbraucherwünsche auf, die vom Konsumenten selbst vielleicht noch nicht einmal klar artikuliert worden sind. Beispielsweise kann man aus der Darstellung des Lush-Konzeptes (vgl. den Beitrag von *Krautter* im Kapitel 7.1) entnehmen, dass es gelungen ist, ein ganz neuartiges Bündel von Verbraucherbedürfnissen anzusprechen. Dabei hat man keineswegs die Marktforschung zu Rate gezogen, wie *Krautter* in seinem Beitrag ausführt. Das Ausprobieren ersetzt die Marktforschung. Auch bei Aldi verzichtet man auf Marktforschung- darauf weist *Brandes* in seinem Beitrag hin.

Test-stores statt Marktforschung

Einen bemerkenswerten Weg der Zukunftsforschung geht auch der Metro-Konzern. Metro hat in Rheinberg den Store of the future geschaffen, über den *Gerd Wolfram* im Kapitel 7.3 berichtet. Der Store of the future dient dazu, praktische Erfahrungen mit innovativen Technologien im Retail Business und mit neuartigen (Selbst-)Bedienkonzepten zu sammeln. Artikel des Geschäfts sind mit RFID-Technologie gekennzeichnet. Intelligente Waagen erkennen, ob der Verbraucher Bananen oder Tomaten abwiegen möchte. Weitgehend automatisierte Prozesse der Datenerfassung helfen, Transparenz über den Kunden und seine Einkaufswünsche, die Wirkungen von Preisveränderungen und Platzierungskonzepten, von Werbung und Verkaufsförderung, von Sortimentierung und Aktionsware zu schaffen. Intelligente Ladeneinrichtungen, elektronische Regalpreissysteme, intelligente Waagen, persönliche digitale Einkaufsberater und technologiegestützte Mitarbeiterkommunikation sind die Voraussetzungen, um ein derartiges Modell in der Praxis realisieren zu können. Logistische Prozesse des Warenflusses werden dadurch transparent und vereinfacht; doppelte Datenerfassungen werden vermieden, und Wirkungen von Marketingmaßnahmen werden messbar.

Auf drei Dinge darf man gespannt sein:

- Wie reagiert der Verbraucher auf die Menge neuer Technologien?
- Lassen sich Prozesskosten und Durchlaufzeiten tatsächlich reduzieren?
- Wie nutzt das Management die Fülle des Datenmaterials, um das Geschäft besser zu steuern?

Es liegt auf der Hand, dass praktische Tests dieser Art sehr fundierte Erkenntnisse über die Verbraucherakzeptanz neuer Technologien liefern können. Aber auch hier sind Hypothesen (oder ganze Markt-Wirkungsmodelle) eine gute Basis, um gewonnene Erkenntnisse zu systematisieren und ihnen einen Interpretationsrahmen zu geben.

3. Herausforderung 3: Komplexitätsmanagement und strategische Profilierung

3.1 Komplexitätskosten als „unsichtbare" Kostenkategorie

Das Phänomen der Zunahme von Komplexität findet sich nicht allein im Retail Business; aber es ist auch hier zu beobachten. Typische Komplexitätstreiber sind etwa

- die bereits beschriebene Vielschichtigkeit des Verbraucherverhaltens, die im Schlagwort des „multioptionalen" Konsumenten zum Ausdruck kommt,
- das Auftreten neuer Wettbewerber, die die Internationalisierung des Retail Business vorantreiben,
- das Auftreten neuer Wettbewerber, die durch Vertikalisierung des Geschäfts Mode- und Produktzyklen beschleunigen,
- das Auftreten neuer Betriebsformen, das die Spielregeln im Wettbewerb verändert,
- das Internet, das den rasanten Aufschwung des E-Business ermöglicht hat,
- die Gesetzgebung, die durch eine stark wachsende Zahl von Vorschriften immer detailliertere Vorgaben macht.

Die Zunahme von Komplexität an sich ist kein neues Phänomen. Es ist auch kein „betriebswirtschaftliches" Phänomen im engeren Sinne. Vielleicht ist das einer der Gründe, warum Komplexität nicht ohne Weiteres im Fokus des Managements steht. Gleichwohl ist es zweckmäßig, die permanente, möglicherweise unbemerkte Zunahme von Komplexität zu thematisieren.

Einfachheit als Unternehmens-Prinzip

Immerhin gibt es sehr erfolgreiche Unternehmen, die die Begrenzung vom Komplexität zum strategischen Prinzip erklärt haben. Das Beispiel Aldi (vgl. den bereits erwähnten Beitrag von *Brandes* im Kapitel 6.1) zeigt sehr deutlich auf: Einfachheit kann zu einem strategischen Erfolgsfaktor werden, der ein nachhaltiges Unternehmenswachstum ermöglicht. Kontinuität in Konzept, Preisstrategie, Werbe- und Kommunikationskonzept, Sortiment und Lieferanten, aber auch permanente Anpassung und vorsichtige Weiterentwicklung sind Faktoren, die *Brandes* als wesentliche Elemente des Aldi-Erfolgs ausmacht.

Aber auch eine Unternehmenskultur, die Einfachheit, Bescheidenheit, Kundenorientierung und Vertrauen in den Mittelpunkt stellt, spielen eine elementare Rolle. Das Arbeiten nach Zielen, eine klare Orientierung anstelle von Informationsmassen, das Prinzip des Versuchs und Irrtums sowie ein fairer Umgang mit Lieferanten – dies alles sind Elemente, die die Aldi-Unternehmenskultur direkt oder indirekt beschreiben.

Einfachheit spielt dabei offensichtlich eine ganz besondere Rolle. Dieses Prinzip zieht sich durch das gesamte Unternehmen: Ladengestaltung und Kassensysteme, Sortimente und Preisauszeichnung, Umgang mit Lieferanten und Verpackungen folgen dieser Idee.

Warum kann es gelingen, mit dem Prinzip der Einfachheit so viel zu bewirken? Eine der wesentlichen Ursachen kann darin gesehen werden, dass die Komplexität der Konsumwelt und des Warenangebots, der Sortimente und der Angebotsformen, der Medien und der Kommunikationskanäle, der Werbebotschaften und der Vertriebsaktivitäten so zugenommen hat, dass der Verbraucher ein tiefes Bedürfnis nach Vereinfachung empfindet, dass er sich nur allzu gerne auf Empfehlungen anderer verlässt und dass er sich gerne Unternehmen oder Marken zuwendet, die sein Vertrauen genießen.

Was folgt daraus für Handelsunternehmen? Was bedeutet Komplexitätsmanagement? Wie kann man Komplexität in den Griff bekommen?

Umgang mit Komplexitätskosten: Strategisches Management der Geschäftsprozesse

Damit sind eine Reihe nicht ganz einfacher Fragen angesprochen. Leichter wäre es, wenn im klassischen Kontenrahmen oder in der Kostenrechnung eine Kategorie „Komplexitätskosten" vorhanden wäre, aus der dann die kostenseitigen Auswirkungen ausufernder Sortimente, zu zahlreicher Filialtypen, allzu häufiger Preisveränderungen oder zu schnell wechselnder Werbebotschaften etc. ersichtlich wären.

Da diese Informationen in der Regel nicht auf Knopfdruck abrufbar sind, bedarf es anderer Mechanismen, um der Komplexität Herr zu werden. Insbesondere der IT-Bereich wird oftmals als derjenige angesehen, von dem die Lösung dieser Probleme erwartet werden kann (zu dieser Erwartungshaltung tragen natürlich die Anbieter von IT-Lösungen wie auch die internen IT-Abteilungen ganz wesentlich bei). Selten ist es jedoch so, dass die IT-Projekte Komplexität verringern: eher das Gegenteil ist erfahrungsgemäß der Fall. Deshalb empfehlen manche Beratungsunternehmen auch, ganz konsequent erst die Geschäftsprozesse zu optimieren, weiterzuentwickeln und zu vereinfachen, bevor neue IT-Lösungen die vorhandene Komplexität fortschreiben, anstatt sie zu reduzieren. Richtig betriebenes Geschäftsprozessmanagement ist also ein Weg, um Komplexität in den Griff zu bekommen.

Dass dies nicht nur eine theoretische Überlegung ist, zeigen ganz konkrete Unternehmensbeispiele im Einzelhandel. *Wolfgang Merkle* beschreibt im Kapitel 6.2 beispielsweise die Strategien und Prozesse der vertikalen Textilanbieter wie etwa Zara und Mango. Eine extrem hohe Geschwindigkeit im modischen Wandel, ein sehr schneller Wechsel der Kollektionen und dazu eine extrem schnelle Prozesskette von der Artikelidee bis zur Auslieferung in der Filiale: derartig komplexe Prozesse lassen sich nur effizient bewältigen, wenn ein ausgefeiltes Prozessmanagement für optimale Abläufe und für eine hohe Lern- und Anpassungsgeschwindigkeit sorgen.

Positive Verbraucherreaktionen auf Komplexitätsreduktion

Natürlich muss man sich auch die Frage stellen, ob denn die Komplexität der Sortimente, Verpackungsversionen, Preise und Angebotsformen überhaupt notwendig und nützlich ist. *Dieter Brandes* zitiert in seinem Beitrag Studien, die sehr positive Wirkungen einer Komplexitätsreduktion nachweisen können.

Wenn Unternehmen einen solchen Weg einschlagen wollen, dann sollten sie mit einem ganz einfachen (!) Mittel starten: die Komplexität der Sortimente etc. überhaupt erst einmal transparent zu machen, etwa durch entsprechende Kennzahlen. Der naheliegende zweite Schritt besteht dann darin, Vorgaben für die Verringerung beispielsweise der Sortimentskomplexität zu vereinbaren und umzusetzen.

Komplexitätsreduktion in der Praxis: Category Management

Ein Konzept, das sich in diesem Zusammenhang in der Praxis zunehmend bewährt, ist das Category Management, das im Kern auf eine gemeinsame Komplexitätsreduktion und bessere Abstimmung der Marketingstrategien durch Hersteller und Handel abzielt. *Stephan Rüschen* berichtet in seinem Beitrag im Kapitel 5.3 über Strategien und Prozesselemente des Category Management bei Metro und die dort erreichten Erfolge. In seinem Beitrag werden die Nutzenpotenziale einer engen sortimentsbezogenen Kooperation zwischen Handel und Herstellern deutlich. Hier sind ganz offensichtlich neue Geschäftsprozesse erforderlich, die über die rein logistische und informationstechnologische Ebene weit hinausgehen. Im Kern geht es darum, konkretes Wissen über Sortimente und sortimentsbezogenes Kaufverhalten auszutauschen, um dieses im Rahmen des Category Management zu nutzen. Wie sich zeigt, ist Category Management nicht nur im Food-Bereich einsetzbar, sondern sehr erfolgreich auch auf Nonfood-Segmente übertragbar.

Um einen weiteren Weg der Komplexitätsreduktion geht es im folgenden Abschnitt: Auch die klare strategische Ausrichtung eines Unternehmens hat eine Komplexitätsreduktion zur Folge. Sie führt zu einer eindeutigeren Orientierung und klareren Ausrichtung der Ziele und Aktivitäten von Management und Mitarbeitern.

3.2 Strategie-Defizite im Retail Business?

In seinem Beitrag unter dem Titel „Survival of the fittest. Was Retail-Marken von der Evolution lernen können" beschreibt *Oliver Hermes* im Kapitel 4.1, welche Rolle Wachstum, Anpassungsfähigkeit und Multiplikation in der Evolutionstheorie einerseits, in der Einzelhandelslandschaft andererseits spielen können. Er greift dazu auf die Darwinsche Evolutionstheorie zurück, deren Prinzipien er bemüht und überträgt:

- Be different – or die.
- Be relevant.
- Sei glaubwürdig.

Die Fähigkeit zur Veränderung ist möglicherweise das wichtigste Überlebensprinzip aus Sicht der Evolutionstheorie. Dabei sind kontinuierliche Veränderungen im Sinne einer evolutiven Entwicklung die Regel. Zusammenhanglose Sprünge gibt es in der Natur nicht.

Wenn man diese Überlegungen auf das Retail Geschäft überträgt, dann finden sich zahlreiche interessante Parallelen. Der Grundsatz „Be different – or die" verweist auf die Notwendigkeit der kontinuierlichen Anpassung und Veränderung. Veränderungsfähigkeit wird zum Wert an sich. Welche Unternehmen im Retail Business schaffen es, Konzeptinnovationen umzusetzen und später auch weiterzuentwickeln? Welche Unternehmen schaffen es, Veränderungen wie Internet, Globalisierung oder IT-Revolution so zu übersetzen, dass die Kunden daraus einen konkreten Nutzen ziehen können? Welche Unternehmen treten hier eher auf der Stelle? Und: Hat das klassische Warenhaus eine Zukunftschance?

Der Grundsatz „Be relevant" bedeutet beispielsweise, dass nur vorteilhafte Abweichungen relevant sind und Nutzen stiften. Nicht die Veränderung als solche, sondern diejenige, die Kundennutzen stiftet, wird sich durchsetzen. Ikea hat den Möbeleinzelhandel revolutioniert – mit offensichtlich relevanten Vorteilen.

Die Aussage „Sei glaubwürdig" bezieht sich darauf, dass das evolutionäre Erbe immer eine entscheidende Rolle spielt. Die Herkunft ist wichtig, das Stammgeschäft muss weiterentwickelt werden. Multiplikationsstrategien zum Beispiel im Rahmen einer Filialisierung oder einer Internationalisierung funktionieren nur dann, wenn das evolutionäre Erbe bzw. das angestammte Geschäftsmodell tragfähig ist. Otto hat sich in extrem kurzer Zeit im E-Business an die Spitze gesetzt – und dabei das eigene Erbe aus dem Direct Marketing ausgespielt.

Vor dem Hintergrund eines derartigen Argumentationsrahmens lassen sich die gegenwärtigen Strategien von Einzelhandelsunternehmen beurteilen. Führen die Aktionen zu einem dauerhaft relevanten Vorteil? Sind die Preisoffensiven glaubwürdig? Führt Serviceorientierung zu echter Differenzierung, und ist sie relevant? Das sind einfache Fragen, die vor Innovationsexperimenten gestellt werden sollten.

Hermes belegt in seinem Beitrag im Kapitel 4.1 den Zusammenhang zwischen der Darwinschen Evolutionstheorie und der Anpassungs- und Überlebensfähigkeit von Markenkonzepten (und damit auch von Geschäftskonzepten) im Einzelhandel. *Hermes* argumentiert, dass das strategische Profil im Sinne von Andersartigkeit die Chancen zum Überleben in einer feindlichen Wettbewerbslandschaft erhöht. Strategische Profilierung, aber auch eine behutsame Weiterentwicklung des strategischen Profils sind demnach Kernaufgaben der Unternehmensführung (vgl. zur strategischen Unternehmensführung Riekhof, 1994). Es gibt eine ausreichende Zahl von Beispielen, die belegen, dass man diese Aufgabe sträflich vernachlässigt hat. Austauschbarkeit und Profillosigkeit ist die Konsequenz, die letztlich das Überleben gefährdet.

Es gibt andererseits zahlreiche Beispiele dafür, dass Erfolgsmuster von Handelsunternehmen auf klare Strategien zurückgeführt werden können. *Andrew Parkin* beschreibt beispielsweise in seinem Beitrag im Kapitel 6.3 die Conley's Strategie. Conley's ist ein Lifestyle Versender, der sich mit einem klaren Profil und branchenunüblichen Prozessen der Katalogerstellung im Markt erfolgreich etablieren konnte. Eine geschickte Kombination aus Eigen- und Fremdmarkenstrategie und eine professionelle Inszenierung der Ware führen zu einer klaren Wiedererkennbarkeit des Katalogkonzeptes. Hier ist ein überzeugendes strategisches Profil der wesentliche Erfolgsfaktor – auch wenn ein formaler strategischer Planungsprozess bei Conley's nicht sonderlich ausgeprägt zu sein scheint.

Ganz bewusst auf Unternehmens- und Marketingstrategien verzichtet nach eigenen Angaben Lush. Wie *Krautter* in seinem Beitrag beschreibt, werden vertraute Vorgehensweisen bei Lush auf den Kopf gestellt. Lush hat keine Bankverbindlichkeiten, verzichtet auf Werbung, hat keine Marketingstrategie und setzt im Management nicht auf Strategiepapiere, sondern stellt die Überlegenheit der Produkte in den Vordergrund. Natürlich ist das kein klassischer, formalisierter Prozess der Strategieentwicklung. Aber welche andere Erklärung für den Erfolg des Lush-Konzeptes gibt es, wenn es nicht das überlegene, glasklare, zielgruppengerechte Geschäftskonzept ist?

Ein Mangel an strategischer Profilierung könnte also in der Tat eine ganz wesentliche Ursache dafür sein, dass es vielen Einzelhandelsunternehmen nicht gelingt, das Kerngeschäft ausreichend profitabel zu gestalten, Wachstum im Kerngeschäft zu erzeugen und dieses Kerngeschäft multiplizierbar zu gestalten.

3.3 Strategische Profilierung trotz Low Budget Marketing

Wenn Handelsunternehmens ein strategisches Profil erarbeitet haben, dann muss dieses Profil im Markt wirksam kommuniziert werden. Dies ist eine klassische Marketingaufgabe. Das hervorragende Preis-Leistungs-Verhältnis bei Aldi hilft beispielsweise wenig, wenn es vom Verbraucher nicht wahrgenommen wird.

Ein Blick auf die Praxis zeigt, dass Handelunternehmen in unterschiedlichem Umfang daran arbeiten, dem Verbraucher ein klares Profil im Markt zu kommunizieren. Hier lassen sich differenzierte Strategien und Vorgehensweisen feststellen.

In Abb. 3 werden das eingesetzte Budget einerseits, die erreichte Profilierung andererseits miteinander in Beziehung gesetzt. Dabei sind insbesondere diejenigen Unternehmen interessant, die ohne große Werbebudgets eine klare Profilierung als Store Brand bei den Konsumenten erreichen.

Abb. 3: Wirksamkeit von Low Budget Marketing

Natürlich ist es einfach, mit hohen Budgets eine profilierte Retail Brand aufzubauen. Aber gerade vor diesem Hintergrund ist es interessant festzustellen, dass es einigen jüngeren Marken gelingt, ein klares Profil im Verbraucherbewusstsein aufzubauen, ohne dafür dreistellige Millionenbeträge jährlich zu investieren (zum Low-Budget-Marketing vgl. Phillips/Rasberry, 2001). Mund-zu-Mund-Propaganda und geschickte PR sind Elemente einer Marketingstrategie, die dies ermöglicht.

3.4 Strategische Markenführung im Retail Business

An die Professionalität in der Markenführung stellt diese Strategie natürlich die höchsten Anforderungen. Im Beitrag von *Binder* und *Heim* im Kapitel 4.2 wird beschrieben, welches die Ausgangspunkte einer identitätsorientierten Markenführung sind und wie auch einige der Werkzeuge einer identitätsorientierten Markenführung aussehen. Die Autoren geben viele „handwerkliche" Hinweise, etwa zum so genannten Brand Cycle, in dem es um Dinge wie

- Brand Creation,
- Brand Management,
- Brand Evaluation,
- Brand Platform,
- Brand Strategy,
- Brand Naming,
- Brand Design,
- Brand World,
- Brand Communikcation,
- Brand Implementation und
- Brand Documentation

geht. Sie beschreiben die Markenführung als fortlaufenden Prozess, der in Brand Review und Brand Evaluation mündet. Der Gedanke des Geschäftsprozesses scheint also auch in die Marketingwelt Eingang zu finden.

Gleichzeitig verweisen *Binder* und *Heim* darauf, dass Marken eine mutige (!) Konstruktion sein müssen, an deren Beginn „ein großartiger, weit reichender Beschluss steht, eine unternehmerische Entscheidung in ihrer ursprünglichsten Ausprägung" (S. 297 f.). Und sie verweisen darauf, dass eines für Marken wichtig ist: beharrliche Durchsetzung. Vielleicht ist das ein Kernproblem der Markenführung im Handel, widerspricht es doch der bisweilen hochgelobten „Händlermentalität", die in vielen auch größeren Handelsunternehmen weiterhin besteht.

Einen ganz spezifischen und sehr grundlegenden Aspekt der Markenführung greift *Bernd Samland* (Kapitel 4.3) in seinem Beitrag heraus: Es geht um die Wahl des Markennamens. *Samland* plädiert dafür, die Kraft und Macht des Namens einer Retail Brand nicht zu unterschätzen, die Namenswahl mit der Positionierung der Marke abzustimmen und formale wie strategische Anforderungen zu beachten. Dies gilt für sortimentsbezogene Handelsmarken genauso wie für Store Brands.

4. Herausforderung 4: Beschleunigung der Geschäftsprozesse

4.1 Geschäftsprozessmanagement im Retail Business

In der Industrie hat sich die Idee des Geschäftsprozessmanagements nachhaltig durchgesetzt. Vor allem in den operativen Bereichen wie Produktentwicklung, Beschaffung, Produktion, Auftragsabwicklung, Auslieferung und Kundenservice ist Geschäftsprozessmanagement eine weitgehende Selbstverständlichkeit (vgl. hierzu Riekhof, 1997).

In anderen Unternehmensbereichen wie etwa dem Marketing ist dies nicht in der gleichen Weise der Fall. Hier gibt es unter der Überschrift „Integrated Marketing" (vgl. z. B. Duncan/Moriarty, 1997) Ansätze, Prozessdenken auch im Marketing zu etablieren. Möglicherweise zeichnet sich hier so etwas wie ein Paradigmenwechsel in der Marketinglehre ab. Noch sehr selten werden derartige Ansätze in der Praxis konsequent umgesetzt, auch wenn viel von integrierter Kommunikation und integriertem Marketing die Rede ist.

Wie sieht es im Hinblick auf das Geschäftsprozess-Management im Retail Business aus? Werden die Prinzipien, Grundsätze und Verfahrensweisen des Geschäftsprozessmanagement im Alltag durchgängig angewandt? Wird das operative Geschäft anhand der vier typischen Dimensionen des Geschäftsprozessmanagements

- C = Cost,
- V = Value,
- Q = Quality,
- T = Time

gesteuert und verbessert (vgl. die Beiträge in Riekhof, 1997)?

Peter Fensky beleuchtet im Kapitel 5.1 die Prozesse im Einzelhandel und die Chancen, strukturellen Wandel durch Geschäftsprozessmanagement zu initiieren und zu bewältigen. Durch die Fokussierung auf den Kunden, die Integration von Abläufen und die notwendige Informationstechnologie in der Filiale wird nach Ansicht von *Fensky* der strukturelle Wandel im Einzelhandel vorangetrieben. „On demand retailing" könnte die Perspektive sein, die sich am Horizont abzeichnet.

Beschleunigung von Geschäftsprozessen: Vier Wochen Time-to-Market

In dieser Frage scheinen sich zwei Lager abzuzeichnen: Die eine Gruppe der Unternehmen hält weitgehend an traditionellen Abläufen fest, die andere Gruppe hat wesentliche Geschäftsprozesse einem radikalen Reengineering unterzogen. Zu letzteren sind vor allem die vertikalen Ketten zu zählen, die durch eine extrem starke Verkürzung von Time-to-Market-Zyklen eine sehr hohe Reaktionsfähigkeit auf Kundenwünsche verzeichnen können. Eine enge Verzahnung der Prozesse zwischen Lieferanten und Kunden auf den Ebenen

- der physikalischen Warenströme und der Logistik,
- des Informationsaustausches (z. B. EDI) und der IT-Infrastruktur,
- des Austausches von Wissen

ist hier vollzogen. Immerhin wird es im fashion business möglich, neue oder modifizierte Kollektionen innerhalb von vier Wochen nach der Verabschiedung ausliefern zu können. Es ist daher durchaus berechtigt, von einem fast fashion business zu sprechen. Konsequentes Geschäftsprozessmanagement nicht nur in der Logistik, sondern auf allen drei angesprochenen Ebenen ist eine notwendige, ja unabdingbare Voraussetzung.

4.2 Vertikale Integration der Geschäftsprozesse

Wachstum und Rendite scheinen vertikal integrierten Unternehmen wie Mango oder Zara Recht zu geben. *Wolfgang Merkle* untersucht in seinem bereits erwähnten Beitrag im Kapitel 6.2 die Prozesse der vertikalen Textilanbieter am Beispiel von Mango und Zara. Bemerkenswert ist an diesem Beitrag, wie nachhaltig in Unternehmen wie Zara und Mango die Unternehmensstrategie mit den Geschäftsprozessen verzahnt ist: Die Optimierung der Produktionszeit ist Voraussetzung, um die strategische Kernkompetenz „top fashion" realisieren zu können: „Demokratisierung der Mode", das ist der Anspruch, der erhoben wird.

Die vertikale Integration ist notwendig, um auf Kundenbedürfnisse und kurzfristige Modetrends extrem schnell reagieren zu können und um gleichzeitig hoch attraktive Preisstellungen erreichen zu können – es müssen nicht diverse Zwischenhändler und Importeure von der Marge leben. Die kurzen Reaktionszeiten ermöglichen es, mit geringen Lagerbeständen zu arbeiten und die Kollektionen schnell auszuverkaufen. Das schafft bei den Konsumenten den psychologischen Druck, sofort kaufen zu müssen. Eine sorgfältige Inszenierung der Ware am Point of Sale, unterstützt durch hohe Investitionen in den Ladenbau und die optische Verknappung der Ware, steigern den psychologischen Kaufzwang. Dieses konsequent umgesetzte strategische Konzept, bei dem sich die einzelnen Bausteine gegenseitig synergetisch unterstützen, hat zur Folge, dass man auf Marketingetats vollständig verzichten kann. Marketing ohne Budgets hat eine hohe Umsatzrendite der Unternehmen zur Folge.

Nicht unerwähnt bleiben soll *Merkles* Hinweis auf die Rolle der Organisation und der Unternehmenskultur als Motor der Strategieumsetzung (vgl. auch Riekhof, 1992). Die Organisation von Mango und Zara ist eher als Netzwerk denn als Hierarchie zu betrachten. Gleichzeitig gibt es sehr klare Regeln für den Umgang mit dem Kunden. Eine zwingende Verbindung von technologischen und kulturellen Elementen, dies ist das Fazit von Merkle, sind die Voraussetzungen für den Unternehmenserfolg der vertikalen Anbieter.

Michael Kunkel beschreibt im Kapitel 5.2 das vertikale Prozessmanagement, wie es insbesondere im Textilbereich Verwendung findet. Das vertikale Prozessmodell basiert auf einer kooperativen Prozesskette. Interessant sind die Ausführungen *Kunkels* vor allem aus zwei Gründen: Sie zeigen erstens auf, wie groß die Nutzenpotenziale der Vertikalisierung sind – sie ermöglichen einen betriebswirtschaftlichen Quantensprung. Und zweitens nennt *Kunkel* einige Hebel, wie man vertikale Prozessmodelle im Alltag umsetzen kann – eine Fragestellung, die allzu oft aus der Betrachtung ausgeschlossen bleibt. *Kunkel* beschreibt ferner ein auf vertikale Prozessintegration ausgerichtetes Organisationsmodell, und er verweist auf vertikale Planungs- und Steuerungsinstrumente.

Sortimentsbezogenes Geschäftsprozessmanagement

Bernd Hake und *Klaus Grönefeld* zeigen in ihrem Beitrag im Kapitel 5.4 auf, wie sich im fashion business die Conjoint-Analyse als Verfahren der empirischen Präferenzmessung für eine partnerschaftliche Sortimentsgestaltung nutzen lässt. Sie beschreiben unterschiedliche Präferenzen von Konsumenten und von Handelspartnern in der Bekleidungsbranche. Ein Ergebnis ihrer Studie ist es, dass der Handel die Konsumentenpräferenzen offensichtlich nicht immer richtig einschätzt. So wird der Preis in seiner Bedeutung von den Handelspartnern überschätzt. Modische Angebote, Service und Einkaufserlebnis sind für den Konsumenten wichtiger als der Preis. Die Ergebnisse sind sehr operational und für die konkrete Gestaltung der Beziehungen zwischen Handel und Hersteller nutzbar.

Literatur

Duncan, T./Moriarty, S.: Driving brand value (using integrated marketing to manage profitable stakeholder relationships), New York 1997.
Gladwell, M.: The Tipping Point. How little things can make a big difference, Boston 2000.
Heydt, A. von der: Efficient Consumer Response, 2. Auflage, Frankfurt/Main 1997.
Phillips, M./Rasberry, S.: Marketing Without Advertising, Berkeley 2001.
Riekhof, H.-Chr. (Hrsg.): Praxis der Strategieentwicklung. Konzepte – Erfahrungen – Fallstudien, 2. Auflage, Stuttgart 1994.
Riekhof, H.-Chr. (Hrsg.): Beschleunigung von Geschäftsprozessen. Wettbewerbsvorteile durch Lernfähigkeit, Stuttgart 1997.
Riekhof, H.-Chr. (Hrsg.): E-Branding-Strategien, Wiesbaden 2001.
Riekhof, H.-Chr.: Strategieorientierte Personalentwicklung, in: Riekhof, Hans-Christian (Hrsg.), Strategien der Personalentwicklung, 3. Auflage, Wiesbaden 1992, S. 49–75.
Roewold, O.: Retail Design, London 2000.
Stein, P.-H.: Marenmonopole, 2. Auflage, Nürnberg 1997.

Frank Pietersen

1.2 Handel in Deutschland – Status quo, Strategien, Perspektiven

1. Handel in Deutschland – Status quo
1.1 „Handel ist Wandel ..."
1.2 Die Rahmenbedingungen

2. Erfolgreich „handeln" mit neuen Konzepten/Strategien?
2.1 Mit Copy-Strategien aus der Krise?
2.2 Mit Kooperationen dem Abwärtssog trotzen?
2.3 Vertikalisieruntg im Handel
2.4 Wachstumsstrategien für die Zukunft – Den Kunden im Fokus
2.5 Human Resource Management – Kräfte bündeln
2.5 Basel II – Kreditvergabereform mit Folgen?

3. Branchen, Kunden, Märkte – Perspektiven
3.1 Betriebsformen – Aufstieg und Niedergang
3.2 Discounter, die Profiteure der Krise
3.3 Zielgruppen im Handel – Wachsende Ansprüche an die Akteure
3.4 Handelsmarken – Eine Win-Win-Situation für Industrie, Handel und Konsument?

4. Fazit

Literatur

1. Handel in Deutschland – Status quo

1.1 „Handel ist Wandel ..."

Diese Maxime beschreibt treffend die Entwicklung des Handels im vergangenen Jahrzehnt. Nach den Boom-Jahren der Wiedervereinigung 1991 bis 1993 setzte im Herbst 1993, für den Handel insbesondere für die Fashion- und die Schuhbranche, partiell im Lebensmittelhandel – ein bis heute andauernder Verfall ein, mit wenig Aussicht auf eine kurz- bis mittelfristige Erholung.

Schlagworte wie „Kundenorientierung", „Innovation" und „Flexibilität" sind mittlerweile – so sollte man meinen –, Standards, die zwar seit Jahren von Beratern und Trainern gebetsmühlenartig gepredigt, in der Praxis jedoch immer noch zu selten umgesetzt werden. Diese „Messlatte" in Bezug auf qualitative Mindestanforderungen muss ebenfalls an die rund 2,8 Millionen Beschäftigten im Handel angelegt werden, wollen sie gegenüber dem Kunden kompetent und als eine mit der Unternehmens-CI verbundene Einheit auftreten. Der Handel wird, will er stärker vom Konsumenten und von Investoren wahrgenommen werden, zukünftig nicht nur seine Außendarstellung, sondern ebenfalls seine Personal- und Standortpolitik sowie die Sortimente perfektionieren und stärker regionalen Gegebenheiten anpassen müssen. Insbesondere die im deutschen Einzelhandel häufig anzutreffende Servicementalität überrascht selbst den ausgabewilligen Verbraucher immer wieder unangenehm. Die Erkenntnis, dass die Kaufpreisforderung nicht dem erwarteten Service entspricht, treibt rationell handelnde Kunden in die Arme der Discounter und verschafft ihnen unter anderem den seit langem zu beobachtenden Auftrieb.

Das klassische „Stand-alone-Geschäft", allen voran das inhabergeführte Fachgeschäft, leidet insbesondere an diesem „Shift" der Verbraucher hin zum Discount. Das klassische, inhabergeführte Fachgeschäft hat, wie die jüngste Vergangenheit branchenübergreifend einmal mehr gezeigt hat, seinen Zenit zumindest in städtischen Ballungszentren überschritten. Eine steigende Anzahl an Insolvenzen und Geschäftsaufgaben spricht eine deutliche Sprache. Prognosen, so auch unsere, geben mittelfristig keinen Anlass zur Hoffnung auf eine Trendwende für diesen Geschäftstyp. Relaunch-Versuche werden zudem durch das nach wie vor instabile konjunkturelle Umfeld konterkariert.

1.2 Die Rahmenbedingungen

Die Stimmung bei Unternehmern, Angestellten und Verbrauchern ist gedämpft. Diese Stimmungsschwankungen manifestieren sich in einem erratischen Verlauf des Bruttoinlandsprodukts, dessen Wachstum sich seit 2000 deutlich verlangsamt hat und findet schlussendlich seinen Niederschlag in einer sinkenden Ausgabebereitschaft der Verbraucher für Konsumgüter und Modeartikel.

34 Kapitel 1: Herausforderungen und Perspektiven

Der Anteil des Einzelhandelsumsatzes am privaten Konsum fiel dementsprechend laut dem Statistischen Bundesamt im Zeitraum 1991 bis 2001 um 10 Prozentpunkte auf 31,1 Prozent. Eine Fortschreibung dieses negativen Trends bis 2005 – einer mittelfristigen Betrachtungsweise – mündet in handelsrelevanten Konsumausgaben von 27,8 Prozent, trotz insgesamt weiter ansteigender Konsumausgaben.

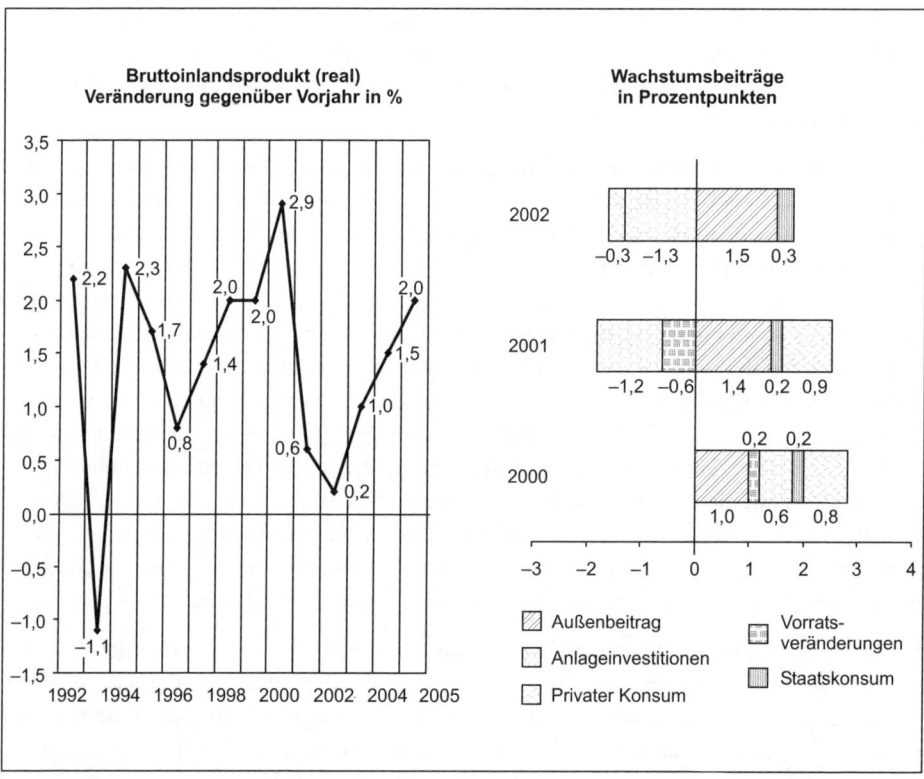

Abb. 1: BIP-Veränderung und reale Wachstumsbeiträge
       Quelle: Statistisches Bundesamt, FERI

Insbesondere die Fashion-Branche, deren Produkte in der Regel nicht aus Ersatzgründen, sondern als „add on" gekauft werden, kämpft, unter anderem bedingt durch für den Endverbraucher kaum nachvollziehbare Rabattaktionen, seit Jahren um ihre Reputation und demzufolge mit Kaufkraftabflüssen bzw. „ungesunden" Nachfragespitzen an den Saisonenden. Der Spruch: „Wer zu früh kauft, den bestraft das Sonderangebot" dokumentiert mittlerweile die Haltung der Verbraucher dem Bekleidungshandel gegenüber. Eine unvermindert stark ansteigende Anzahl an selbstbekennenden „Smart-Shoppern" und Schnäppchenjägern dokumentiert dies eindrucksvoll. Die Schuhbranche als klassischer

Follower der Fashion-Branche versucht, diesem Abwärtssog mittels Produktinnovationen und ausdifferenzierten Eigenmarkenprogrammen – sofern es sich um große Filialisten handelt – zu entkommen.

Dem deutschen Lebensmitteleinzelhandel – in vielen Dingen Branchenvorreiter – ist es sogar innerhalb eines Jahrzehnts gelungen, sich kollektiv auf das niedrigste Preisniveau in Europa herunterzuschrauben – Tendenz weiter fallend. Die Folge ist eine recht gemischte Bilanz für den deutschen Handel mit unterschiedlichen Vorzeichen für die einzelnen Teilsegmente.

Viele Handelsunternehmen haben zudem erkennen müssen, dass der Wettbewerb um die Kaufkraft des Kunden längst die eigenen, engen Branchengrenzen überschritten hat. Neue Wettbewerber buhlen um die Gunst der Kunden und dringen in angestammtes Revier ein. Zudem werfen bereits jetzt die ab 2006 in Kraft tretenden Regelungen der Basel-II-Novelle ihre langen Schatten voraus und erschweren die Kreditaufnahme einerseits und verhindern somit andererseits bereits im Vorfeld zum Teil dringend benötigte Investitionen in moderne EDV, Aus- und Fortbildungsmaßnahmen sowie Ladenbau. Die angespannte Situation auf dem Arbeitsmarkt in Bezug auf qualifiziertes Personal forciert den Abschmelzungsprozess des Handels zusätzlich und wird die bereits hohe Arbeitslosenquote von bundesweit 10,1 Prozent weiter ansteigen lassen.

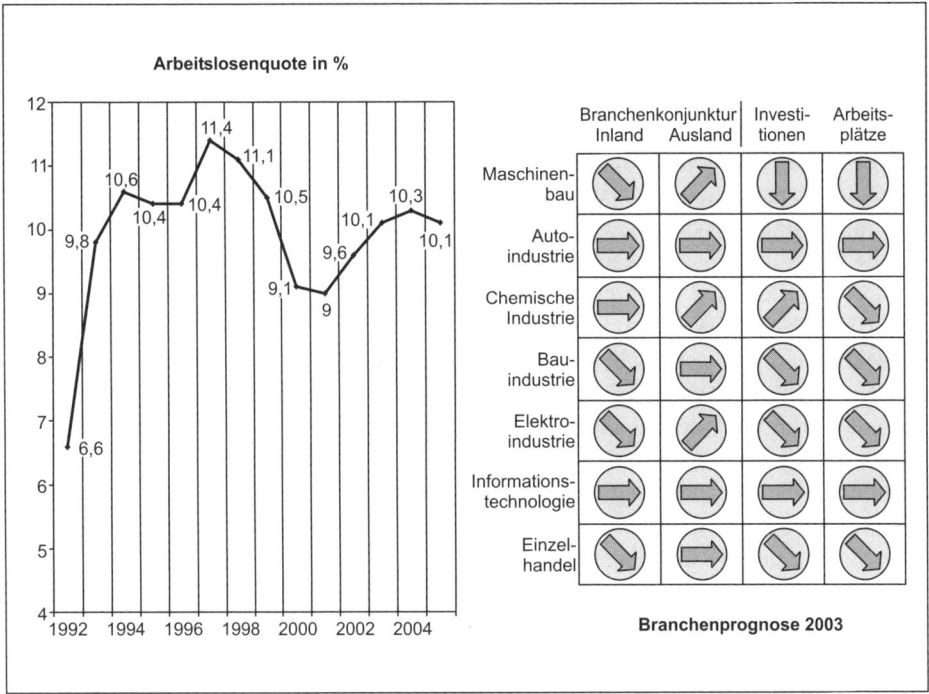

Abb. 2: *Arbeitslosenquote und Branchenprognose*
Quelle: Statistisches Bundesamt, Verbände

Zusätzlich wirken einem tief greifenden Aufschwung die seit 1999 wieder ansteigenden Verbraucherpreise entgegen, die kurzzeitig aufkeimende positive Wachstums- und Stimmungsimpulse dämpfen, da insbesondere der Einzelhandel die allgemeine Preissteigerung nicht 1:1 an den Endverbraucher weiterzugeben vermag.

Innovations- und wachstumshemmend wirkt darüber hinaus die in Deutschland über Jahrzehnte gewachsene, arbeitsteilige Struktur zwischen Industrie und Handel. Die strikte Aufgabentrennung zwischen der Vorstufe, den Produzenten, Zulieferern, Dienstleistern, und dem Groß- und Einzelhandel erscheint vor dem Hintergrund der Erfolge vertikaler Ketten und Discounter veraltet zu sein und augenscheinlich den Konsumentenanforderungen nach aktuellem Angebot zu günstigen Preisen, bei allzeit hoher Warenverfügbarkeit und mit wechselnder Inszenierung nicht mehr gerecht zu werden.

Die Herausforderungen insbesondere für die Fashion- und die Schuheinzelhändler durch den Einstieg branchenfremder Anbieter, die beginnende Transformation großflächiger Kauf- und Warenhäuser zu Flächenanbietern sowie der schleichend fortschreitende Direktvertrieb durch Hersteller verlangen nach einer neuen Managementqualität im Einzelhandel und nach neuen Geschäftskonzepten.

2. Erfolgreich „handeln" mit neuen Konzepten/Strategien?

Vertikale Handelskonzepte sind auf dem Vormarsch. Die Grenzen zwischen schlichten Filialkonzepten nach klassischem Muster, Vertikalisten oder Shop-in-Shop-Konzepten sind mittlerweile fließend und finden ihren Niederschlag in modernen Ladenbaukonzepten, die den Kunden stärker als bisher in den Mittelpunkt rücken und die Ware inszenieren. Der Facetten- und Ideenreichtum der Branche nimmt diesbezüglich zu. Konzepte, z. B. H&M, New Yorker, Zara oder Orsay, die sich über ein leicht greifbares Corporate Image (CI) definieren und daher vom Verbraucher leicht zu erfassen sind, werden profitieren, aber ebenfalls solche, die sich bewusst reduzieren. Mischformen, wie Kauf- und Warenhäuser mit für den Konsumenten wenig greifbaren Differenzierungsmerkmalen suchen derzeit noch nach ihrer Ideallinie. Ihre Herausforderung heißt, eine zukunftsorientierte Mischung aus System und Individualität zu finden, ohne die für sie wichtige Zielgruppe der Laufkundschaft durch ein zu spitzes Profil auszugrenzen. Ein zentrales Thema in diesem Zusammenhang ist die Frage, wie viel Shop-in-Shop ein solcher Geschäftstyp gerade noch verträgt, um auch zukünftig im Unternehmens- und Markenwirrwar als Dachmarke vom Verbraucher wahrgenommen zu werden.

Ihr zunehmender Handel mit Flächen in 1a-Lagen ist ein Indiz dafür, dass die Großfilialisten mit neuen Konzepten ihre zum Teil selbst verursachten Probleme aktiver angehen wollen. Der Unzufriedenheit über die bisherige Flächennutzung weicht der Erkenntnis, sich selbst in den sicheren Hafen der Vermietung zurückzuziehen. Die Palette reicht von der Vergabe ganzer Etagen bis zur Integration von Shop-in-Shop-Konzepten in unterschiedlichen Bewirtschaftungsformen. Allianzen mit frequenz- und kompetenzsteigernden Spezialisten nehmen zu und sind unseres Erachtens der Schritt in die richtige Richtung. Auch die Gastronomie findet sich zuletzt immer häufiger als Flächenpartner des Handels ein – durchaus mit der Chance auf eine höhere Qualität und Verweildauer für beide Partner. Für die Mehrzahl der Warenhäuser, Filialisten und großen Mittelständler ist solch eine individuelle „Dosis" an strategischen Allianzen sinnvoll, da unternehmens- und standortspezifische Stärken bestmöglich mit der Geschwindigkeit und Logistikkompetenz vertikaler Konzepte verknüpft werden können.

Ein weiteres Beispiel, das Schule macht und einen anderen Weg aufzeigt, große Flächen sinnvoll zu nutzen, ist die Transformation von Bahnhöfen, Post- und Industriebrachen in Konsumtempel. Stellvertretend für diese Entwicklung kann der Umbau des Leipziger Hauptbahnhofs genannt werden. Seit November 1997 präsentiert sich der Leipziger Hauptbahnhof als moderner Verkehrsknotenpunkt mit Shopping-Anschluss samt Kongress- und Erlebniscenter sowie angrenzendem Hotel. Ein Konzept, das Verkehrsstation, Einkauf und Erlebnis auf 30.000 m² Verkaufsfläche kombiniert und rund 140 verschiedene Einzelhandelsgeschäfte umfasst. Neben Frequenzbringern wie Saturn, Aldi und Rewe finden sich dort ebenfalls Frequenznutzer wie Eddie Bauer, Orsay, Bonita, Deichmann und Görtz. Ein ähnlicher Weg wurde mit der Konversion der Industriebrache des ehemaligen Thyssen-Geländes in Oberhausen beschritten, das mittlerweile ein extremer Gegenpol zum innerstädtischen Einzelhandel geworden ist und aufgrund seines hohen Zuspruchs noch einmal erweitert werden soll.

Ebenfalls richtungsweisend für den Lebensmitteleinzelhandel ist das Ende 1999 an den Start gegangene Convenience-Shop-Konzept „avec.-Shop" – ein Gemeinschaftsprojekt der Schweizer Bahn SBB, Migros, k kiosk AG und k Group. Auf 200 m² Verkaufsfläche werden laut Angaben der Betreibergesellschaft Cevanova AG 4,5 bis 6,0 Millionen Schweizer Franken umgesetzt. Hinter diesem Konzept steht der Grundgedanke, Ticketverkauf und Reisen in Einklang zu bringen und mit dem Verkauf von Food/Nonfood-Artikeln, Zeitungen, Zeitschriften, Taschenbüchern etc. sowie Speisen, Snacks und Getränken zu kombinieren. Dass solch ein Konzept nicht nur in der Schweiz, sondern ebenfalls in Deutschland längst überfällig war, dokumentiert die rasante Entwicklung dieses Geschäftstyps. Allein zwischen 1985 und 2002 stiegen die Convenience-Shop-Umsätze um über 400 Prozent. Um diese Entwicklung weiter zu forcieren, werden in den kommenden Jahren leicht multiplizierbare Systeme den Convenience-Markt durchdringen. Treibende Kräfte dieser Entwicklung sind in Deutschland die Mineralölgesellschaften, die im C-Geschäft eine renditestarke Ergänzung zu ihrem Kerngeschäftsfeld gefunden haben.

Noch in der Konzeptphase befindlich sind so genannte „Shopotainment-Konzepte". Diese tragen dem Wunsch des Kunden Rechnung, in einer animierten Umwelt einkaufen zu wollen. Der in den Neunzigern propagierte Themenladen ist die einfachste Form eines Shopotainment-Konzepts. Das Sortiment bzw. die Unternehmensphilosophie wird thematisiert, dem Konsumenten wird eine Geschichte erzählt.

Einen Ausblick auf eine mögliche Zukunft in Deutschland bieten die Shopotainment-Konzepte in Las Vegas oder Frankreich. Tourismusindustrie, Unterhaltungsindustrie und Handel bilden hier eine gewinnbringende Symbiose. Fast jedes der großen Themenhotels verfügt neben einem riesigen Casino über eine eigene attraktive Shopping-Mall. Die konventionellen Shopping Center in der „Area of Las Vegas" bieten zusätzlich einen vollständigen Überblick über die aktuelle Situation der „normalen" amerikanischen Handelslandschaft, inklusive Factory Outlet Center (FOC). Östlich von Paris ist das europäische Gegenstück zu Las Vegas entstanden. Das „Disneyland Paris", das Shopping Center „Val d'Europe", das FOC „La Vallée" und die faszinierende Wasserwelt „Sea Life" bieten eine geballte Ladung an Freizeit-, Unterhaltungs- und Shoppingmöglichkeiten.

Brandlands, in Deutschland noch nicht ganz so häufig anzutreffen wie in den USA oder Großbritannien, sind *die* Kultstätten der Marken-Inszenierung. Die Grenzen zu Flagship Stores sind zwar fließend, im Gegensatz zu diesen steht in den Brandlands aber ausschließlich die Inszenierung der Marke im Vordergrund und nicht der Verkauf. Die Marke wird über Themen, Botschaften, Symbole, Kulte und Erlebnisse transportiert – siehe Nike Town Stores.

Eine weitere, neue Strategie, sich dem Verbraucher zu nähern, ist LIM – „Less is More" –, eine Strategie, die im Bekleidungs-Facheinzelhandel Anwendung findet und auf eine bewusste Reduktion der Anzahl präsentierter Modelle je m^2 Verkaufsfläche abstellt – und damit deutlich erfolgreicher ist als Flächen mit einer höheren Anzahl an Modellen je m^2 Verkaufsfläche.

Das LIM-Konzept kopiert die Taktik der vertikal strukturierten Unternehmen, Mode bewusst reduziert darzustellen, ohne jedoch selbst vertikal strukturiert zu sein. Der Effekt: Der Konsument sieht sich mit einem nur begrenzt verfügbaren Angebot konfrontiert und wird so zu einer schnelleren Kaufentscheidung „gezwungen". Im Idealfall steigt die Abverkaufsquote bei ständig neuen Warenbildern. Die unter dem Begriff „LIM" zusammengefasste Sortiments-Strategie eröffnet vor allem mittelgroßen Einzelhändlern, die zwischen den beiden Marktpolen – Vertikalisten/Discounter und großflächigen Kauf- und Warenhäusern – eingeklemmt sind, große Chancen, wenn er mit den konzeptbedingten Grenzen – eine Mischung aus Verzicht und Verfügbarkeit – richtig umzugehen vermag.

Erfolgreiche Konzepte finden sich bei den Filialisten Miss Sixty, Kookai und Zara, bei denen die Anzahl an präsentierten Modellen pro m^2 Verkaufsfläche zwar relativ gering ist, in ihrer Wirkung zum Kunden jedoch sehr hoch und hierdurch ein auf die Zielgruppe abgestimmtes schlankes Sortiment suggeriert.

Die hinter der LIM-Strategie stehende Kausalkette, durch bewusste Reduktion das klassische push-pull-Prinzip umzukehren, ist natürlich nicht uneingeschränkt gültig, dennoch, das Grundprinzip lässt sich unseres Erachtens auf über 80 Prozent der Bekleidungsverkaufsflächen übertragen. Je systematischer das Konzept, desto griffiger und notwendiger wird LIM. Es ist sicher kein Zufall, dass viele vertikale Anbieter mit solchen und ähnlichen Philosophien erfolgreich sind. Nicht anzuwenden ist LIM bei Konzepten, die auf den Unikat-Verkauf spezialisiert sind (z. B. Boutiquen). Aber auch beim Extrem-Discount ist LIM mit anderen Augen zu betrachten.

Dagegen wird die LIM-Strategie bereits für andere Branchen und Sortimente entdeckt und – in überarbeiteter Form – erfolgreich eingesetzt. Sportswear und Schuhe lassen sich hier beispielhaft nennen.

2.1 Mit „Copy-Strategien" aus der Krise?

Das Zusammenspiel aus „gefüllten Kleiderschränken" in Verbindung mit dem Gefühl der Übersättigung beim Konsumenten bedingt eine Abkehr vom Konsum. Dieses Phänomen bereitet dem Einzelhandel und der Industrie zunehmend Kopfzerbrechen. Das Schlagwort *„Käuferstreik"* macht die Runde. Ist dem wirklich so?

Fakt ist, dass gerade Güter des täglichen Bedarfs nur ungerne und unter „Zwang" gekauft werden, da ihnen ein gewisser Spaßfaktor zweifelsohne abgeht und ihr Kauf eher als lästig empfunden wird. Hinzukommt, dass nach wie vor die Mehrheit der Kaufentscheidungen unmittelbar im Geschäft getroffen wird und der zuvor erwähnte Bedarfskauf, von wenigen Ausnahmen einmal abgesehen, der Vergangenheit angehört. Der „Verführung" des Kunden am Point of Sale (POS) kommt somit zukünftig eine wachsende Bedeutung zu. Solch eine Art der Inszenierung fällt jedoch dem Gros der Handelsunternehmen schwer. Discounter und Fachmärkte wie Aldi und Media Markt sowie Saturn zeigen, dass eine Quadratur des Kreises zumindest an manchen Stellen möglich ist. Impulskaufgetriebene Filialisten wie Zara und H&M beherrschen dieses Prinzip auf einem höheren Level ebenfalls perfekt.

Wie lautet somit die Erfolgsformel, und ist sie kopierbar?

Die Unternehmen Media Markt und Saturn, zwei aktionsgetriebene Unternehmen, machen mit ihren markigen Slogans wie z. B. „Ich bin doch nicht blöd" oder „Geiz ist geil" auf sich aufmerksam. Ein werblicher Auftritt, der Humor, Dynamik, Aggressivität und Pfiffigkeit suggeriert und den spontan entschlossenen Käufer im Licht des Smart Shoppers erscheinen lässt. Dies schafft ein „Wir-Gefühl" bei gleichzeitiger Differenzierung vom Wettbewerb. Der rudimentär angebotene Service und die schlichte Verkaufsatmosphäre tun dem Erfolg keinen Abbruch. Summa summarum beste Voraussetzungen für zukünftiges Wachstum. Die Strategie, Markenprodukte günstig anzubieten, ist vom Wettbewerb durchaus kopierbar, obwohl jüngst Kingfisher – ebenfalls ein großer Anbieter von Weißer Ware – entnervt die Segel in Deutschland gestrichen und seine Tochter Pro Markt für einen symbolischen Euro an die ehemaligen deutschen Gesellschafter verkauft hat. Für branchenfremde Unternehmen und Newcomer unseres Erachtens ein steiniges Wettbewerbsumfeld, da der Schlüssel zum Erfolg in diesem Segment zweifelsohne an den drei Faktoren Marketingpower, Ubiquität und Marktmacht auszumachen ist, deren Aufbau zeit- und kostenintensiv ist. Somit ist die von Media Markt und Saturn gewählte Strategie kaum durch ein anderes Unternehmen kopierbar.

Lebensmitteldiscounter, allen voran Aldi, definieren sich ausschließlich über eine transparente Preisgestaltung und erschließen mit einem aus ihrem Kerngeschäft resultierenden Kompetenzbonus als PC- und Fahrradspezialist neue Segmente. Die ein bis zwei Aktionen pro Woche, in denen 15 bis 20 Artikel auf Flyern herausgestellt werden und die dem Kunden bereits eine Woche im Voraus via E-Mail avisiert werden, finden sowohl auf der jeweiligen Homepage als auch In-Store eine starke werbliche Unterstützung. Klassische und zukunftsfähige Medien werden hier sinnvoll vereint. Eine Kopierbarkeit für Mitbewerber ist hier lediglich in geringem Maße gegeben. Das hierzu benötigte Kapital bei entsprechender Nachfragemacht verlangt ein dichtes Vertriebsnetz. Auf den fahrenden Zug aufzuspringen wird unseres Erachtens nur noch einigen wenigen etablierten deutschen Unternehmen gelingen. Ausländische Unternehmen werden mittelfristig unseres Erachtens den direkten Vergleich zu den deutschen Discountern – zumindest auf ihrem Heimatmarkt Deutschland – nicht suchen.

Modeketten wie Zara und H&M bauen Begehrlichkeit auf, indem sie sich über schnell drehende Sortimente mit bewusst limitiertem Angebot definieren – ähnlich wie Aldi im Lebensmitteleinzelhandel. Alle 14 Tage wechselnde Warenbilder bei adäquatem In-Store Merchandising setzen Akzente beim Kunden und die Benchmarks für die Mitbewerber.

Ihre enge Kooperation bzw. Integration mit/von Zulieferern sichert ihren Erfolg und wird als Business-Model zukünftig ebenfalls in der deutschen Fashion-Branche an Bedeutung gewinnen. Unternehmen, die bereits aktiv an solchen Konzepten arbeiten, haben durchaus noch gute Chancen, sich zwischen den etablierten Playern zu platzieren. Das subjektive Erleben der Kunden muss gerade in der emotionalen Welt der Mode Kern zukunftsorientierter Verkaufsstrategien sein. Emotionalität hilft, der Erosion durch Discounter und Branchenfremden entgegenzuwirken, da sich dieser Discount nicht über Emotionen, sondern über die Ratio definiert. Eine emotionale Ansprache des Kunden sichert somit nicht-discountierenden Vertriebsformen das Überleben. Nur so wird sich weiteres Wachstum auf gesättigten Märkten realisieren und einmal gewonnenes Terrain verteidigen lassen.

2.2 Mit Kooperationen dem Abwärtssog trotzen?

Der Konsument, mittlerweile versierter Nutzer der neuen Medien, gibt dem Handel und der Industrie immer schnellere Taktrate vor. Produktlebenszyklen verkürzen sich bei gleichzeitig ansteigenden Investitionsvolumina. Entwicklungszyklen verkürzen sich bei technischen Produkten, ebenso die Kollektionsrhythmen bei Modeartikeln. Umgekehrt steigt der Anspruch der Konsumenten hinsichtlich Aktualität, Langlebigkeit, Nutzerfreundlichkeit und Ökologie gepaart mit dem Wunsch, sich von seinem Gegenüber differenzieren zu können.

Um diesen kosten- und kapazitätsintensiven Spagat durchhalten zu können, bedarf es neben einer Alleinstellung bezüglich Produkt oder Service einer Kostenführerschaft oder einer Kooperation. Die vom Konsumenten geforderte Quadratur des Kreises beherrschen nur wenige Unternehmen, die zumeist auch in schwierigem Umfeld gute Ergebnisse vorweisen. Im deutschen Einzelhandel sind es trotz einer Vielzahl an Akteuren lediglich ein gutes Dutzend Unternehmen, die dieses Spiel der Kräfte beherrschen.

Anders als zu Beginn der 80er Jahre sind einmal gewonnene Wettbewerbsvorteile, solange sie nicht mit einer überragenden Managementqualität einhergehen oder auf einer Alleinstellung fußen, nur von kurzer Dauer und die Anstrengungen, diese zu verteidigen, ungleich höher. Kooperationen werden vor diesem Hintergrund die Zukunft des Handels entscheidend prägen.

Die Notwendigkeit, Marktmacht zu erlangen, sowie die Gier nach Größe, Profitabilität und Effizienz wird auch zukünftig für tief greifende Veränderungen im Einzelhandel sorgen. Das bedeutet für die Mehrzahl der am Markt agierenden Unternehmen: Nicht markt- oder eine Kategorie/Nische beherrschende Unternehmen haben keine Überlebenschance, und selbst die ehemals starken Verbundgruppen des Einzelhandels schwächeln aufgrund des Aderlasses in den eigenen Reihen.

Im Zuge dieser Talfahrt wird der nicht organisierte Einzelhandel einen signifikanten Bedeutungsverlust hinnehmen müssen. Marktanteile um 11 Prozent halten wir in 2005 für maximal erreichbar, nach etwa 20 Prozent in 1980. Verbundgruppen und Genossenschaften – zumindest im Umfeld Fashion – werden durch das Zusammenbrechen der ganz Kleinen wie zuvor skizziert, die eigentlichen Leidtragenden dieser Entwicklung sein und erheblich geschwächt aus dieser Konsolidierungsphase hervorgehen.

Insgesamt gesehen schmilzt für den traditionell aufgestellten, inhabergeführten Händler die Chance, sich gegen vertikale Player und branchenfremde Unternehmen mit Zugang zum Kapitalmarkt behaupten zu können. Stagnation sehen wir ebenfalls bei den Warenhäusern, die sich zwar seit einigen Jahren über innovative Konzepte neu positionieren wollen, deren Früchte jedoch nicht vor 2005 zu ernten sein werden, da diese Pilot Stores noch nicht über einen regionalen Status hinausgekommen sind bzw. ein bundesweiter Roll-out stattgefunden hat.

Der zuvor beschriebene Dreiklang aus Größe, Profitabilität und Bekanntheit, den die vertikalen Player ungleich besser beherrschen als der arbeitsteilig organisierte Handel, zwingt segment-übergreifend Rohstofflieferanten, Hersteller, Logistik-Dienstleister und Händler zu einer Koordination ihrer Aktivitäten. Die Tendenz zur Integration in eine gemeinsame Wertschöpfungskette wird zukünftig deutlich steigen und zu einem essenziellen Bestandteil firmenübergreifender Strategien werden. Zähe Konditionenverhandlungen werden Überlegungen, wie z. B. ein zeitnahes und überwiegend regionales Sourcing eine kundengerechte Sortiments- und Vertriebspolitik gewährleisten kann und wie sich Synergien im Vertrieb und im Marketing realisieren lassen, weichen.

Die Ergebnisse unserer Umfrage zur Studie „*Vertikalisierung im Bekleidungshandel*" zeigen: In den Fällen, in denen eine konsequente Einbindung der Prozessketten-Beteiligten im Sinne klarer Kompetenzzuweisungen und Aufgabenverteilung stattgefunden hat, wurden Profitabilitäten erhöht, Reaktionszeiten verringert und Kosten sowie Abschriftenquoten gesenkt.

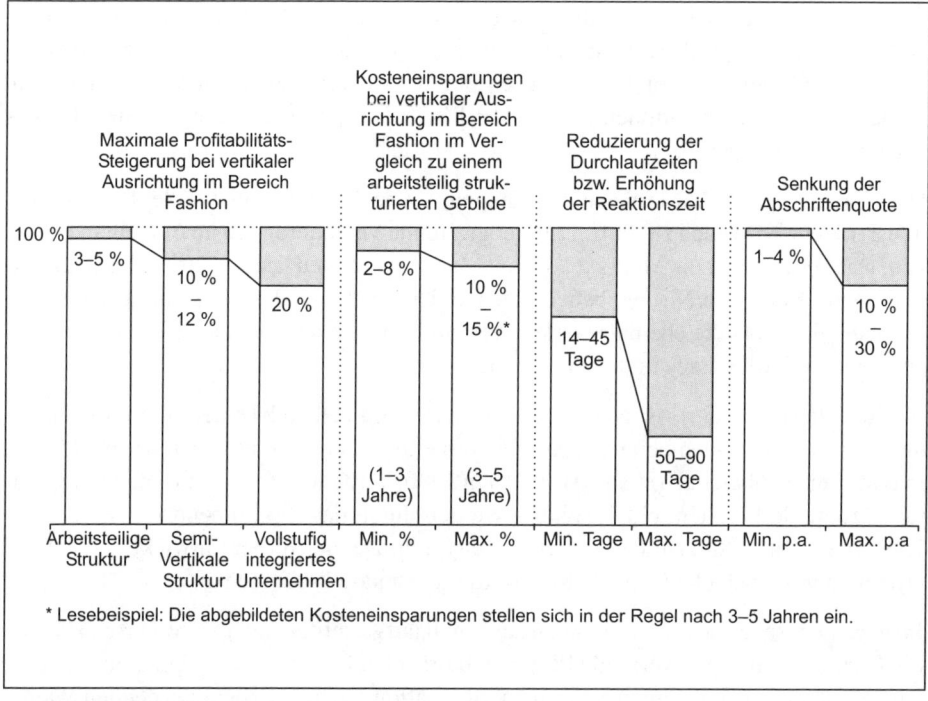

Abb. 3: *Kostensenkung durch Vertikalisierung*
       Quelle: KPMG Umfrage zur Vertikalisierung, 2002

Der Weg, Organisationsstrukturen aufzubrechen und in ein vertikales Gebilde zu transformieren, ist beschwerlich. Oftmals dauert es bis zu fünf Jahre, bevor sich die in unserer Erhebung ermittelten Effekte in genannter Höhe einstellen.

2.3 Vertikalisierung im Handel

Die Umwälzungen bei Fashion – nicht nur durch den Verbraucher induziert – nähren sich auch aus den Unzulänglichkeiten der Branche selbst. Preis- und Margendruck sind die Folge. Die verbleibenden Unternehmen sind gezwungen, ihr bisheriges Geschäftsmodell und somit auch ihr bestehendes Vertriebskonzept zu überdenken, wollen sie einerseits den sich schnell wandelnden Kundenbedürfnissen gerecht werden und andererseits den

1.2 Handel in Deutschland – Status quo, Strategien, Perspektiven

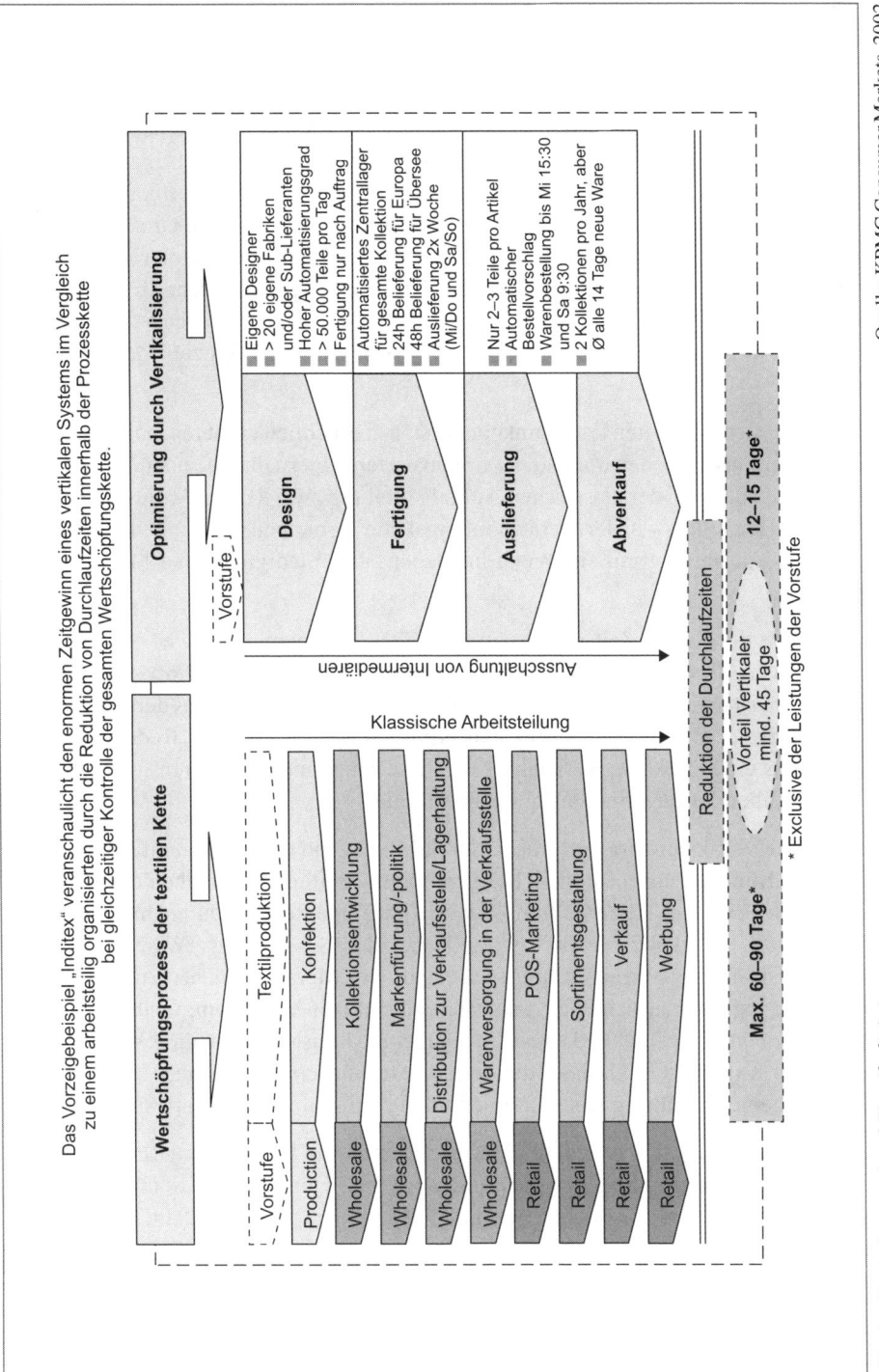

Abb. 4: *Optimierung durch Vertikalisierung*

Quelle: KPMG Consumer Markets, 2002

Anschluss an die allgemeine Marktentwicklung – diese wird, auf Fashion bezogen, durch vertikale Vertriebskonzepte vorangetrieben, die sich sukzessive immer größere Stücke aus dem Umsatzkuchen herausschneiden – nicht verlieren.

Viele der nicht vertikal organisierten Unternehmen, insbesondere solche, die sich dem Mid-Price-Segment zugehörig fühlen, sind eingeklemmt zwischen preisaggressiven Vertriebsformen aus dem Discountbereich und den zumeist modischen, vertikalisierten Ketten, die überhaupt keinen Vertriebspartner mehr benötigen sowie den Großvertriebsformen des Handels, die sich vermehrt über ihre Eigenmarkenpolitik definieren. Wir gehen daher mittelfristig von einer Reduktion des Mid-Price-Segments, dem für diese Unternehmen wichtigen Marktsegment, auf Werte um 20 Prozent aus. Unseren Schätzungen zu Folge steht dieses Marktsegment aktuell für etwa 23 bis 25 Prozent des relevanten Marktes.

Neben der systembedingten Langsamkeit, die sich in erheblich erhöhten Durchlaufzeiten ausdrückt, erweist sich bei arbeitsteilig organisierten Unternehmen zudem die Tatsache als nachteilig, dass bei der klassischen Aufgabenteilung zwei Margen – die des Händlers und die des Herstellers – in der Wertschöpfungskette verbleiben und somit in die Endverbraucherpreisgestaltung mit einfließen im Gegensatz zu lediglich einer Marge bei den Vertikalen.

Insbesondere der Faktor Zeit verschafft vertikalen Systemen erhebliche Wettbewerbsvorteile. Das Aufgreifen von Trends und deren schnelle Umsetzung in verkaufsfertige Kollektionen ist und bleibt in den kommenden Jahren unseres Erachtens der entscheidende Vorteil dieser Organisationsform und ermöglicht ihr neben der Reduzierung des Flop-Risikos eine effektive, da bedarfsorientierte Steuerung des Warenflusses von der Produktion über die Lagerung bis hin zum Verkauf.

Während die Vertikalen ihre Zielgruppe durchdringen und durch eine umfassendere Erfüllung der Kundenwünsche höhere Margen erwirtschaften, beherrschen die Spezialisten der Branche ihre jeweilige Gattung oder ihre jeweilige Region. Durch ihre großen Volumina haben sie erhebliche Skalenvorteile bei der Beschaffung. Warenhäuser und Multi-Store-Konzepte verfahren hingegen nach dem Motto: „Wir bedienen alle". Sie schwimmen zwischen diesen Polen und haben sich auf einem schrumpfenden Terrain fixiert. Ihre hohen Fixkostenblöcke und die mangelnde Preiselastizität ihrer Waren binden Kapital und Kapazitäten. Gründe, die vertikal strukturierten Unternehmen sowie den Spezialkonzepten zukünftig eine dominierende Position im Wettbewerb sichern.

Vertikalisierte Konzepte wachsen seit Jahren dynamisch in Deutschland: Ihre klare Markenhandschrift in Verbindung mit einer hohen Einflussnahme auf das Sourcing und Design und somit auf die wesentlichen Bestandteile der Wertschöpfungskette führt zu einer überdurchschnittlichen Performance.

Allein der Wegfall der Zwischendistributionsstufe erschließt vertikal organisierten Unternehmen erhebliche Synergiepotenziale und fördert zudem eine im Systemvergleich deutlich schnellere Umsatzausweitung. Vertikal organisierte Fashion-Anbieter konnten

1.2 Handel in Deutschland – Status quo, Strategien, Perspektiven

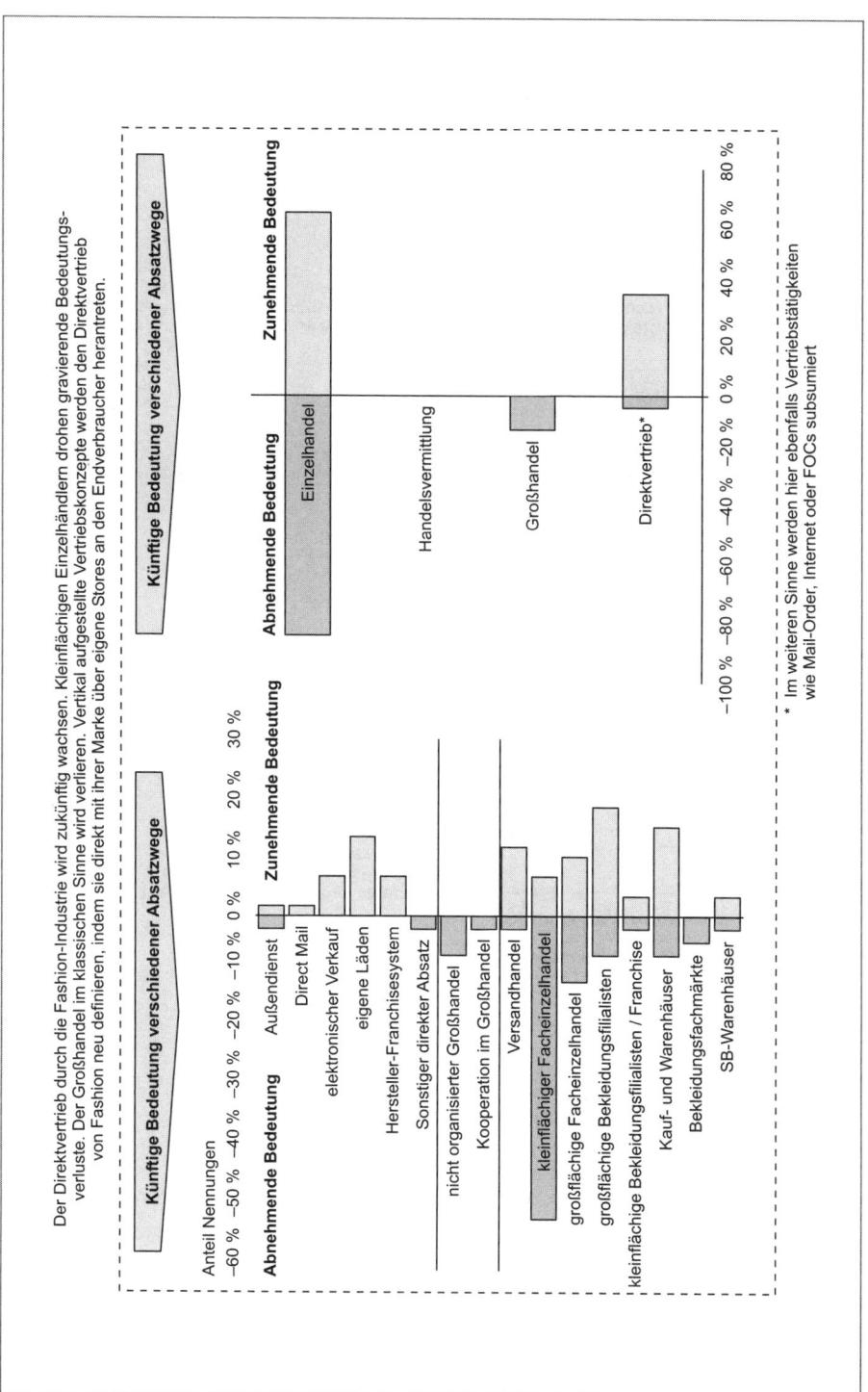

Abb. 5: *Zunehmende Bedeutung des Direktvertriebs im fashion business*

Quelle: KPMG Consumer Markets, 2002

beispielsweise seit 1998 den Gesamtmarkt (–0,69 Prozent) mit Umsatzsteigerungen von durchschnittlich bis zu 27 Prozent p. a. deutlich distanzieren. Eine Entwicklung, deren Trend bis 2005 nicht zu brechen sein wird, wenngleich wir meinen, dass sich die hohen durchschnittlichen jährlichen Wachstumsraten in einem zunehmend schwierigeren Wettbewerbsumfeld nicht mehr in dem Maße erzielen lassen wie bisher geschehen.

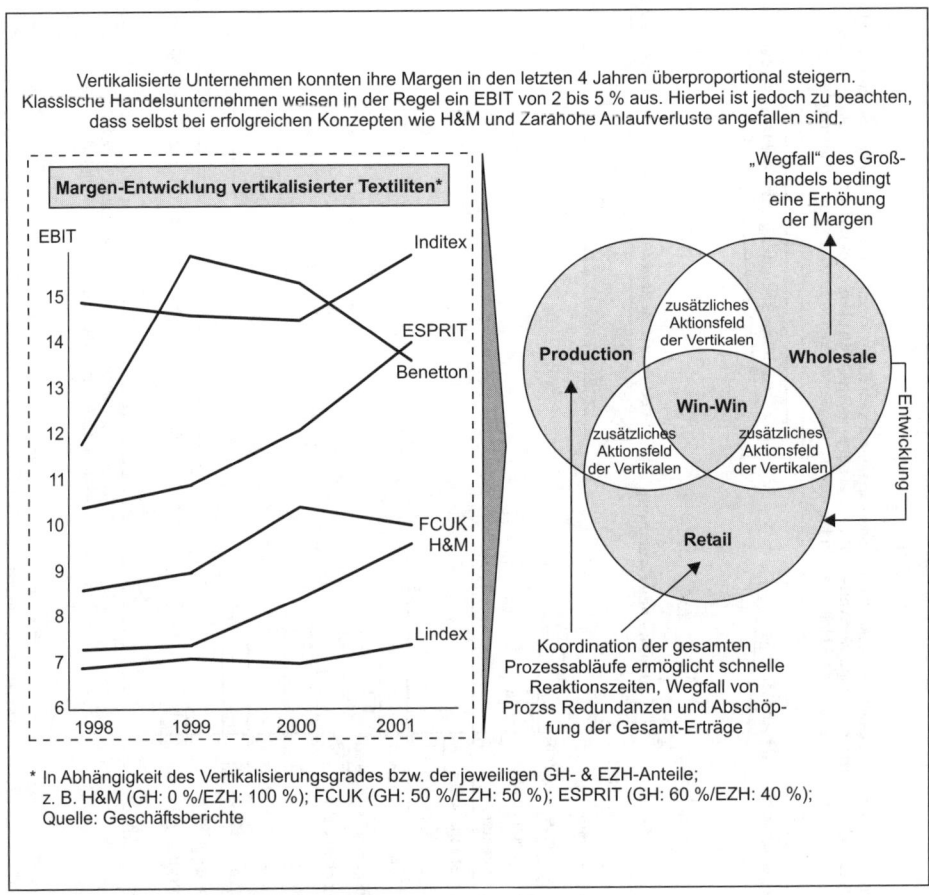

Abb. 6: *Margensteigerung vertikalisierter Unternehmen*
Quelle: KPMG Consumer Markets, 2002

Wenn wir einen Ausblick auf die zukünftige Entwicklung vertikaler Vertriebskonzepte geben, dann lässt sich ihr nachhaltiger Einfluss auf die bestehende Absatzkanalstruktur von Bekleidung, weniger bei Schuhen, nicht leugnen. Durch ihre Art des Vertriebs und des Branding, aber auch durch ihre Möglichkeiten der Preisgestaltung rücken sie den behäbigen, großflächigen Vertriebsformen massiv zu Leibe. Ihr Vorteil beim Branding: Der Konsument verbindet vielfach mit ihnen kein eigentliches Produkt mehr, sondern einen gewissen Lebensstil und eine gewisse Gruppenzugehörigkeit.

Zara, Esprit, Pimkie, H&M, Mango und Co. stehen für kein eigenes Produkt, sondern für eine ganze Produktrange unter einem Markendach. Ein Vorteil, den die etablierten Händler viel zu spät erkannt haben, der diesen „Neulingen" im Markt jedoch dauerhaft das Überleben sichert. Der Wettbewerb im Vertrieb von Fashion – zumindest im Preiseinstiegsbereich und dem mittleren Genre – ist vom Marken- zum Systemwettbewerb mutiert.

2.4 Wachstumsstrategien für die Zukunft – Den Kunden im Fokus

Die angespannte Situation im Einzelhandel verlangt nach kurzfristigen Maßnahmen zur Überwindung der von Liquiditätsengpässen und Käuferstreik geprägten Situation. Insbesondere gilt es, die immer weiter auseinander klaffende Lücke zwischen dem rückläufigen handelsrelevanten Konsum und den stetig steigenden Konsumausgaben der privaten Haushalte zu schließen. Ziel muss es sein, durch verschiedene Optionen die Kauflust der Konsumenten zu wecken und als Händler auf sich aufmerksam zu machen. Ein klassischer Weg ist die Ausdehnung der Werbung. Neu hinzugekommen ist, dank der De-Regulierung der rechtlichen Rahmenbedingungen, die Zunahme von Direktwerbung in Kombination mit Rabattaktionen und Gewinnspielen. Eine Tool-Kombination, die bei US-amerikanischen, französischen und britischen Handelsunternehmen sehr beliebt und auch erfolgreich ist. Maßnahmen, die auf eine kurzfristige Umsatzsteigerung abzielen, dem eigentlichen Kernproblem, der Strukturschwäche des deutschen Handels, jedoch nicht gerecht werden. Mittelfristig angelegte Strategien können dennoch nur mit massiven Restrukturierungsmaßnahmen einhergehen. Diese kosten aber Geld und stehen, kurzfristig gesehen, konträr zu den gewünschten Kostensenkungsmaßnahmen.

Hieraus leiten sich folgende, mittelfristige Strategieoptionen für den Einzelhandel ab, die beiden Anspruchshaltungen Rechnung tragen könnten:

- Individualisierung durch spitzere Konzepte mit hoher Zielgruppendurchdringung.
- Reduktion des Marken- und Vertriebslinienportfolios unter Berücksichtigung seiner internationalen Multiplizierbarkeit – Wachstum in neuen Märkten.
- Vertikalisierung im Sinne von Kostenführerschaft.
- Spezialisierung auf einige wenige Produktfelder oder auf eine Nische – Wachstum im Kerngeschäft.
- Diversifizierung im Verbund mit andersartig gelagerten Unternehmen.

In Einzelfällen kann ein Mix aus den genannten Optionen ein gangbarer Weg sein, wobei in der Praxis zumeist mehrere Kombinationen nach dem Prinzip des trial and error erprobt werden, bevor ein unternehmensspezifisches Optimum gefunden ist. Daher empfehlen wir Unternehmen aus dem Schuh- und dem Fashioneinzelhandel, eine Strategieoption auszuprobieren, die *Individualisierung im Sinne einer Konzentration auf bestimmte Zielgruppen* mit internationaler Multiplizierbarkeit in Einklang bringt. Auf den Schuheinzelhandel bezogen sticht hier ganz klar die Firma Tod's heraus. Ein Unternehmen, das sich ausgehend von einer starken Marke ganz auf sein Kerngeschäft konzentriert. Im Fashion-Bereich – vornehmlich im Luxusgütersegment – findet man Analogien z. B. bei Loro Piana oder Woolford.

Diesen Unternehmensstrategien gemein ist, dass sie ihr Wachstum einerseits durch eine selektive Neukundengewinnung schaffen – der hohe produktspezifische Preis und ein extrem spitzes Profil dienen hier als Selektionskriterium – und zugleich den „Customer-Lifetime-Value" (Kundenbindungsfähigkeit der Marke) im bestehenden Geschäft steigern. Dies gelingt den genannten Unternehmen jedoch nur, da sie ausgewiesene Produktspezialisten sind und ihre Marke ausreichend Differenzierungsmerkmale aufweist. Einher geht diese Strategie zumindest seit dem verstärkten Wegfall von adäquaten Retail-Partnern mit der Eröffnung eigener Ladenlokale, die es diesen Unternehmen unmittelbar ermöglichen, dem Kunden ihre „Value Proposition" näher zu bringen.

Generell gilt jedoch, dass bei zunehmender Spezialisierung und Individualisierung die Anfälligkeit für Trendschwankungen zunimmt. Dies setzt voraus, dass man zumindest einen hohen Einfluss auf die Wertschöpfungskette ausübt, will man sicherstellen, dass am Point of Sale – der Visitenkarte gegenüber dem Kunden – trendadäquat Ware verfügbar ist.

Die hiermit einhergehende *Internationalität* bietet ein weites Betätigungsfeld, primär für den filialisierten Facheinzelhandel. Branchenübergreifender Vorreiter in diesem Zusammenhang ist der deutsche Lebensmitteleinzelhandel, der zum Teil sehr erfolgreich im Ausland agiert. Manche Unternehmen, wie z. B. Aldi oder Metro, sind auf dem besten Weg, weit mehr als die Hälfte ihres Umsatzes im Ausland zu erwirtschaften. Eine Option, die dem eher lokal geprägten Schuhfacheinzelhändler verwehrt bleibt, ganz im Gegensatz zu ihren zum Teil europaweit operierenden Verbundgruppen. Ein Fakt, der sich uns nicht erschließt, da die Strategie einer gemeinsamen Markterschließung mit „alten Bekannten" erheblich weniger Risiken birgt als die Markterschließung mit neuen Partnern.

Zu beobachten sind zwei Internationalisierungsstrategien, die sich in den vergangenen Jahren konkretisiert haben. Die erste zielt auf die Erschließung wachstumsstarker, bisher wenig erschlossener Märkte ab. Die zweite fokussiert den Eintritt in hochentwickelte Märkte mit beschränktem Wachstumspotenzial. Erstgenannte Option bietet sich primär für Lebensmittler und Fachmarktkonzepte an, letztgenannte für Facheinzelhandelskonzepte, da sie bereits auf eine vom vorhandenen Angebot „geformte" Nachfragerschicht zurückgreifen können.

Eine andere Strategie liegt dem dynamischen Wachstum der Discounter und vertikal organisierter Unternehmen zugrunde, die eindrucksvoll die Vorteile einer *Kostenführerschaft* dokumentieren. Wesentlicher Baustein einer Kostenführerschaft ist eine hohe Durchsetzungsmacht, die mit Effizienz entlang der Wertschöpfungskette gepaart sein muss. Hauptaugenmerk liegt in der reibungslosen Integration des Waren- und Informationsstroms. Während sich der Großteil der Handelsunternehmen gemeinsam mit seinen Lieferanten bemüht, warenwirtschaftliche Prozesse durch die Einführung elektronischer Standards zu beschleunigen, feilen die Vertikalen bereits an neuen Vertriebskonzepten – H&M hat z. B. in Köln einen Pilot Store ausschließlich für Lingerie eröffnet – und dem langfristigen Aufbau eines unverwechselbaren Image. Analog zu Luxusmarken ist es diesen Unternehmen möglich, ihren Markenkern auf neue Produktsegmente und -kategorien zu spreizen, ohne den Markenkern hierdurch zu verwässern.

Insbesondere der Fashion- und der Schuhfacheinzelhandel beschäftigt sich, wie im Kapitel „Vertikalisierung" dargestellt, derzeit eingehend mit dieser Strategie. Vielfach sind die großen Warenhäuser mit ihrem Mix aus Eigen- und Fremdmarken bereits semi-vertikal aufgestellt, ohne dass der Verbraucher dies richtig wahrnimmt. Absolut gesehen stehen sie jedoch noch am Anfang der Transformation zum vertikal organisierten Unternehmen. Innerhalb der Gruppe der Kauf- und Warenhäuser wird man bis 2005 weitere organisatorische Veränderungen vor diesem Hintergrund beobachten können. Ihr im Branchenvergleich hoher Eigenmarkenanteil unterstützt sie auf dem Weg dorthin, da ihnen Fragestellungen von Kollektionsart und -umfang sowie der artikelspezifischen Kalkulation nicht fremd sind.

Nicht ratsam ist es, wenn man diesen Weg beschreiten möchte, sich in der kreativen Imitation bereits erfolgreicher Konzepte zu üben. Vielmehr muss aus eigener Kraft eine höhere Kontrolle entlang der Wertschöpfungskette erlangt werden, um die dahinter liegenden Prozesse besser verstehen zu können. Dies ist auch durchaus möglich, ohne Eigentümer vorgelagerter Produktions- und Distributionsstufen zu sein. Beschwerlich ist in diesem Zusammenhang die Tatsache, dass zwar die großen Markenartikler ausreichend vernetzt und zum Datenaustausch bereit sind, die Grundvoraussetzungen hierfür jedoch dem kleineren Zulieferer in der Regel fehlen. Vertikale bzw. semi-vertikale Strategien müssen somit, wollen sie langfristig erfolgreich sein, beim schwächsten Glied der Kette ansetzen und seine Defizite als erstes berücksichtigen.

Nur so lassen sich die Wettbewerbsvorteile der Vertikalen annähernd kompensieren, die für Fashion gesprochen, Lagerdrehungen nahe dem zweistelligen Bereich und darüber erzielen, der Rest der Branche seine Ware jedoch im Durchschnitt fünf Monate bevorratet, bevor sich ein Käufer findet.

Eine weitere Strategie, der wir branchenübergreifend und unabhängig von Internationalität und Unternehmensgröße gute Zukunftsperspektiven attestieren, ist die bewusste *Reduktion des Angebots bei gleichzeitiger Erhöhung des Zielgruppenfokus*. In der Vergangenheit waren diese Ansätze insbesondere bei Discountern, aber auch bei Fachmärkten und hochspezialisierten Fachgeschäftskonzepten erfolgreich. Herausragende Beispiele sind die Schuhfilialisten Deichmann und Görtz, der Drogist Schlecker sowie Saturn im Volumengeschäft mit Elektroartikeln, die eine Strategie aus bewusster Angebotsreduktion bei gleichzeitig hohem Eigenmarkenanteil praktizieren.

Der Strategie liegt das Ziel zugrunde, die relevante Zielgruppe mit einer hohen Angebotskompetenz bei einem bewusst konzentrierten Angebot zu durchdringen. Anbieter ohne solch einen Fokus werden unseres Erachtens binnen weniger Jahre vom Markt verdrängt werden. Einige Marktsegmente sind zwar bereits erfolgreich besetzt – Bauen, Wohnen, Drogerie und Spielwaren –, dennoch gibt es gute Chancen, sich vor allem im Sportartikelbereich entsprechend zu profilieren. Auch der Lebensmitteleinzelhandel hat diese Chancen – als Follower des Tankstellengeschäfts – erkannt und entwickelt Konzepte, die dem situativen Konsum Rechnung tragen.

Vorteil dieser Strategie der zunehmenden Spezialisierung ist die Möglichkeit, hierdurch das Geschäftsumfeld zu stabilisieren. In Deutschland hat es bereits einige Versuche führender Unternehmen zum Aufbau neuer Zielgruppenkonzepte gegeben – Peek & Cloppenburg mit „Aygil", Kaufhof mit „Emotions" bzw. „Lust for Life" – die aber nicht den gewünschten Erfolg gebracht haben, aber dennoch einen Schritt in die richtige Richtung darstellen, da insbesondere die großen Handelsunternehmen zu jedem Zeitpunkt jeweils mehrere Geschäftstypen in unterschiedlichen Entwicklungsphasen aufbauen müssen, wollen sie einer Portfolio-Erosion entgegenwirken.

Häufigster Grund für ein vorzeitiges Scheitern ist der Wunsch, „neue Konzepte in alten Schläuchen" anbieten zu wollen. Das heißt: Je nach Konzept verlangt der Einstieg in neue Betriebstypen oft mehr als ein schlichtes Facelifting der Filialen aus einer neuen Kombination von Sortimenten, Präsentation und Dienstleistungen. Viel wichtiger ist es, in einem ersten Schritt ein belastbares Fundament im Sinne ausgereifter Prozesse und Organisationsstrukturen zu legen. Das heißt, wer auf eine junge und dynamische Zielgruppe setzt, der muss auch über eine Logistik verfügen, die schnelle Sortimentswechsel ermöglicht.

Das Wegbrechen angestammter Geschäftsfelder zwingt zu einem Umdenken der bisherigen Strategie. Es liegt daher nahe, sich eingehend mit der Option, *neue Geschäftsfelder in Kooperation mit anderen Unternehmen zu erschließen,* zu beschäftigen. Unternehmen wie Rewe beispielsweise haben ihre Aktivitäten auf die Reisebranche ausgeweitet. Tchibo hat im Verbund mit der Axa Lebensversicherungs AG versucht, Versicherungspolicen unter dem Siegel „Riester Rente zum Tchibo-Tarif" über die örtlichen Tchibo-Filialen zu vertreiben. Der strategisch bemerkenswerte Vorstoß ist allerdings mit lediglich 1.500 verkauften Policen für beide Seiten enttäuschend verlaufen. Dennoch zeigt das Beispiel auf, über welche Leistungskombinationen der deutsche Handel nachdenkt, um „Customer Attraction" zu erhalten. Ebenfalls auf dem Vormarsch ist die in Großbritannien und den USA bereits übliche Credit-Funktion des Handels, frei nach dem Motto: „Heute kaufen, später zahlen". Unseres Erachtens ist zukünftig jede Kombination denkbar, die beiden Parteien Nutzen verspricht.

Für welche der dargestellten Strategien sich der Einzelhändler auch entscheiden mag: Erfolgreich wird zukünftig nur derjenige sein, der sein eigenes Know-how und seine eigenen Fähigkeiten richtig einzuschätzen vermag. Dabei gilt die alte Binsenweisheit, dass sich nicht jeder Schritt aus eigener Kraft gehen lässt und im Verbund mit anderen oftmals wesentlich tragfähigere Ergebnisse erzielt werden können.

2.5 Human Resource Management – Kräfte bündeln

Neben den bereits skizzierten Strukturproblemen benötigt der Handel qualifiziertes, kompetentes und engagiertes Personal. Diesen Sachzwängen steht jedoch die Tatsache gegenüber, dass immer weniger Arbeitssuchende eine langfristige Beschäftigungsperspektive im Handel sehen. Zu unsicher ist die Zukunft vieler Einzelhändler, zu schlecht das Image und zu unflexibel die aktuellen Arbeitszeitmodelle.

Auch die Entscheidung, die Ladenöffnungszeiten an Samstagen bis 20 Uhr auszudehnen, trifft eher den Nerv der Kunden als den der Beschäftigten. In 2001 gab es mehr Ausbildungsplätze als Ausbildungsplatzsuchende. Laut Angaben des HDE ist die Zahl der Jugendlichen, die eine Berufsausbildung im Handel begonnen haben, in 2002 weiter gesunken, ebenso die Anzahl an Vollzeitbeschäftigten. Bis 2005 wird sich unseres Erachtens diese für den Handel unbefriedigende Situation weiter verschärfen. Viele Strukturen müssen noch aufgebrochen werden, um wirklich arbeitnehmerfreundliche Arbeitszeitmodelle wie etwa in der Automobilindustrie – im Rahmen von Haustarifverträgen – etablieren zu können. Ebenfalls nicht in Einklang zu bringen sind die aktuellen Vergütungsraster mit dem ansteigenden Anspruchsniveau an im Einzelhandel Beschäftigte. Zudem bedarf es, wie aufgezeigt, nicht nur einer Imagekampagne, um den Beruf des Einzelhandelskaufmanns bzw. Fachverkäufers im Vergleich mit einer Beschäftigung in handelsfremden Branchen in einem weitaus positiveren Licht erscheinen zu lassen. Gelingt es den Unternehmen, Verbänden und Gewerkschaften nicht, diese Rahmenbedingungen zu verändern, wird dem Handel keine noch so gute Strategie das Überleben sichern. Nicht nur in Deutschland hat man erkannt, dass der Faktor Personal zunehmend zum Asset im Wettbewerb und somit zum Engpassfaktor wird.

„People are key in delivering retailer strategies. Dealing with people issues will be essential to success in the 21st century." (Tim Mason; Member of the board, Tesco UK)

Hemmend in Bezug auf weiteres Branchenwachstum wirkt die bisher praktizierte Technik, Personal durch Fläche zu substituieren. Dies verhindert eine klare Profilschärfung. Auf die Fashion-Branche bezogen bedeutet dies einen Verlust von 59.000 Beschäftigten innerhalb von sieben Jahren (1995 bis 2001). Nicht weniger einschneidend war gemäß Auskunft des statistischen Bundesamtes der Personalabbau von 10 Prozent (1995 bis 2001) im Schuhfacheinzelhandel. Neben diesen betriebsbedingten Kündigungen nehmen ebenfalls die durch Mitarbeiter induzierten Kündigungen zu. In der Food-Branche – inklusive der Food-Industrie – beläuft sich die jährliche Fluktuationsrate auf rund 30 Prozent und verschlingt somit Zeit und Kosten.

Einmal mehr stellt sich somit dem Einzelhandel die Frage, ob es weiterhin sinnvoll ist, ausschließlich in „Bau Steine Erden" zu investieren, oder ob man sich der ureigenen Kompetenz des Handels besinnt, Serviceleistungen am Kunden durch geschultes und motiviertes Personal zu bieten.

2.6 Basel II – Kreditvergabereform mit Folgen?

Im Juni 1999 veröffentlichte der Baseler Ausschuss ein Konsultationspapier zur Neuregelung der bisher gültigen 6. KWG-Novelle hinsichtlich einer adäquaten Eigenkapitalunterlegung. Seitdem gehört die Thematik „Basel II" zu den kontrovers diskutierten Branchenthemen.

Die neue Novelle besagt, dass Banken ab 2006 neben den altbewährten externen Ratings nun auch interne zur Risikoklassifizierung eines Kreditnehmers verwenden dürfen. Viele Händler erwarten durch dieses Gesetz einschneidende Liquiditätsengpässe aufgrund höherer Zinsen bei Risikokandidaten bzw. eine schleppendere Kreditvergabe aufgrund erweiterter Offenlegungs- und Darlegungspflichten.

Bisher haben Banken Kredite mit pauschal 8 Prozent Eigenkapital unterlegt, um sich gegen potenzielle Risiken aus der Kreditvergabe abzusichern. Eine Differenzierung zwischen einzelnen Unternehmen fand lediglich auf einem sehr abstrakten Niveau statt. Basel II hingegen strebt eine risikoadäquate Formulierung der Anforderungen an. Die gängige Praxis von Quersubventionierungen zwischen „risikolosen" und „riskanten" Kunden soll somit unterbunden werden. Basel II sieht vielmehr zwei Grundlagen zur Berechnung des Kreditrisikos und damit der Einschätzung der Ausfallwahrscheinlichkeit vor:

- *Standardansatz*
  Ein vorhandenes externes Rating des Schuldners durch Rating-Agenturen bestimmt die Risikogewichtung eines Kredits. Soweit dieses nicht vorliegt, wird die Forderung mit 100 Prozent gewichtet.
- *Internal Ratings-Based-Approach (IRB)*
  Der interne Rating-Ansatz ist ein institutsinternes Rating, dessen Ergebnis in die Risikogewichtung mit einfließt.

Basel II berücksichtigt somit zum einen das Rating-Ergebnis und zum anderen die Sicherheiten, die ein Unternehmen stellen kann. Diese Neuerungen bringen für den heterogenen und mittelständisch geprägten Handel zukünftig einschneidende Veränderungen mit sich, da er einerseits aufgrund seiner geringen Renditen, seiner geringen Eigenkapitalquote und seiner starken Konjunkturabhängigkeit in hohem Maße von externen Mittelzuflüssen abhängig ist. Andererseits muss der Handel aber den wachsenden Ansprüchen der Konsumenten hinsichtlich Einkaufsatmosphäre, Sortimente und Service Rechnung tragen. Solche Maßnahmen reduzieren Liquidität, die der Handel nicht hat.

Viele Händler befürchten nun aufgrund ihrer „traditionell" niedrigen Eigenkapitalquote von durchschnittlich sieben Prozent erhebliche Benachteiligungen bei der Kreditvergabe bis hin zur Kreditverweigerung. Eine Einschätzung, die sich in der Praxis bestätigt findet – wie eine Umfrage der Kreditanstalt für Wiederaufbau aus April 2002 belegt.

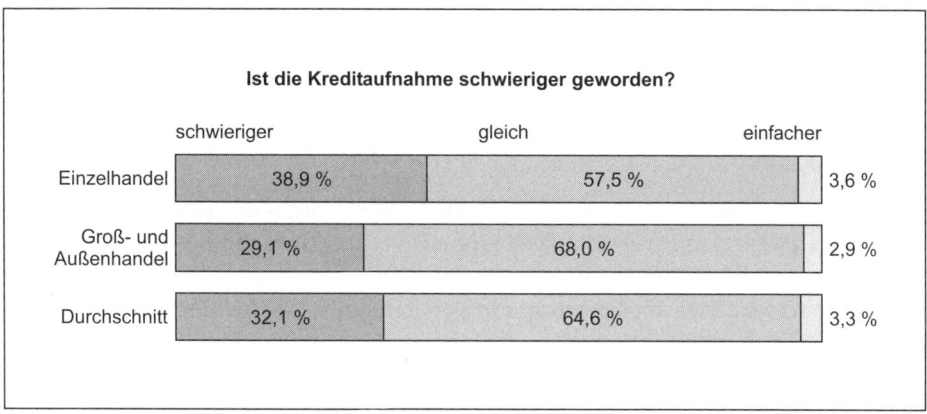

Abb. 7: *Veränderungen in der Kreditvergabe aus Handelssicht*
   Quelle: Kreditanstalt für Wiederaufbau, April 2002; Angaben für vergangene Monate

Mehr als die Hälfte der Handelsunternehmen verfügt über keinerlei Eigenkapital. Ansonsten sind laut dem deutschen Sparkassen- und Giroverband Eigenkapitalquoten von höchstens drei Prozent üblich. Dies stellt eine erhebliche Benachteiligung dieser Gruppe gegenüber am Kapitalmarkt gelisteten Unternehmen dar.

Der anhaltende Margendruck im Einzelhandel tut ein Übriges, um eine nachhaltige Eigenkapitalbildung zu erschweren. Die Zahlungsfähigkeit und der Fortbestand vieler Unternehmen sind dadurch akut gefährdet. Da Sicherheiten zumeist nicht vorhanden sind, ist mit deutlich höheren Zinslasten zu rechnen. Wir gehen daher davon aus, dass es bis Ende 2005 ebenfalls zu einem kreditvergabebedingten Shake-out im Handel kommen wird, aber auch, dass Intangible Assets – wie z. B. der Wert einer Marke bzw. der Ruf des Managements – vermehrt in eine gerechte Bewertung mit einfließen werden.

Tendenziell – ähnlich wie in den angelsächsischen Ländern – wird der deutsche Händler zukünftig alternative Finanzierungsquellen in Form von Gesellschafterdarlehen, Beteiligungen und Venture Capital erschließen müssen.

3. Branchen, Kunden, Märkte – Perspektiven

Der Einzelhandel in Deutschland ist auf breiter Front geschwächt. Der Umsatz mit Schuhen war gemäß den Erhebungen des Instituts für Handelsforschung (IfH) nach einem durchwachsenen Jahr 2001 auch – nach einem Umsatzeinbruch von 18 Prozent im Mai 2002 – 2002 rückläufig. Der Markt für Bekleidung schrumpft sogar seit 1993 deutlich. Die Bundesarbeitsgemeinschaft der Mittel- und Großbetriebe des Einzelhandels (BAG) meldet für 2002 für den gesamten Einzelhandel einen nominalen Umsatzrückgang um drei Prozent, wobei das Minus im Bekleidungshandel 2002 noch höher ausfällt. Der Lebensmitteleinzelhandel wächst auf den ersten Blick moderat, jedoch nur aufgrund der prosperierenden Fachmärkte und Discounter. Analog zu ihrem Wachstum sinkt die Anzahl der Akteure. Allein im Bekleidungseinzelhandel waren es gemäß der Umsatzsteuerstatistik 2002 im Zeitraum 1995 bis 2000 über 10.000.

Neben umsatzabhängigen Fragestellungen hinsichtlich daraus ableitbarer organisatorischer und strategischer Fragestellungen gewinnen Diskussionen in Bezug auf die maximale bzw. minimale Umsatzgröße an Dynamik. Kosten- und serviceintensive Formate verlieren an Bedeutung. Im Gegenzug prosperieren ihre Low-Cost-Pendants – die Discounter und Fachmärkte. Discounter, allen voran Aldi, Lidl und Tchibo, konnten ihre Marktstellung deutlich – auf nunmehr 36 Prozent Marktanteil bei Lebensmitteln – ausbauen. Diese Unternehmen finden sich in Gestalt von Aldi – die Nummer 6 – im aktuellen Top-10-Ranking des Bekleidungshandels wieder.

Aufgrund dieser komfortablen Wettbewerbsposition gestehen wir den Discountern und den in ihrem Windschatten segelnden Fachmarktkonzepten nicht nur im Bereich Lebensmittel, sondern ebenfalls in den Bereichen Unterhaltungselektronik, Schuhe und Drogeriewaren überdurchschnittlich hohe Wachstumsraten zu. Wir prognostizieren für das Segment Lebensmittel bis Ende 2005 einen Anstieg des Discountmarktanteils auf Werte um 40 Prozent. Ihre dominierende Position im Lebensmitteleinzelhandel, im Verbund mit ihrer offensichtlichen Preiskompetenz, die beim Verbraucher Ansprüche hinsichtlich Service und Beratung in den Hintergrund treten lässt, stützt sie dabei. Weitere massive Marktanteilsgewinnen sind zudem in den Branchen Bekleidung und Schuhe, allein aufgrund ihrer sehr heterogenen Struktur mit fehlendem Mittelbau, zu erwarten, die somit keine unüberwindbare Markteintrittsbarriere für diese Großunternehmen bereithalten.

Neben diesen einschneidenden Verschiebungen innerhalb der Absatzkanalstruktur lähmen neben diversen rechtlichen Restriktionen Lohnnebenkosten, die laut einer Erhebung der OECD in Deutschland bis zu 44,8 Prozent betragen, die deutsche Wirtschaft. Bei einer gesetzlich verankerten wöchentlichen Ladenöffnungszeit von 80 Stunden – zum Vergleich: Frankreich, Spanien und Großbritannien erlauben 144 Stunden die Woche – sind die Deutschen negative Rekordhalter im europäischen Vergleich. Kein anderes EU-Mitgliedsland hat eine so ungünstige Konstellation aus eingeschränkten Ladenöffnungs- und hohen jährlichen Fehlzeiten im Verbund mit einer international gesehen hohen Anzahl an Feier-/Urlaubstagen sowie hohen Lohnnebenkosten.

Seit 1991 ist die Kluft zwischen der tariflichen Wochenarbeitszeit – die seitdem rückläufig und der Entwicklung der Tarifgehälter in der gewerblichen Wirtschaft und bei Gebietskörperschaften – die seitdem stark angestiegen ist – kontinuierlich größer geworden. Bei gleichbleibender Gesetzeslage gehen wir bis Ende 2005 sogar von einem noch dynamischeren Entwicklungsprozess aus, da die Gewerkschaften bestrebt sind, in wirtschaftlich schlechten Zeiten für die ihnen verbundenen Arbeitnehmer bestmögliche Verhandlungsergebnisse zu erzielen.

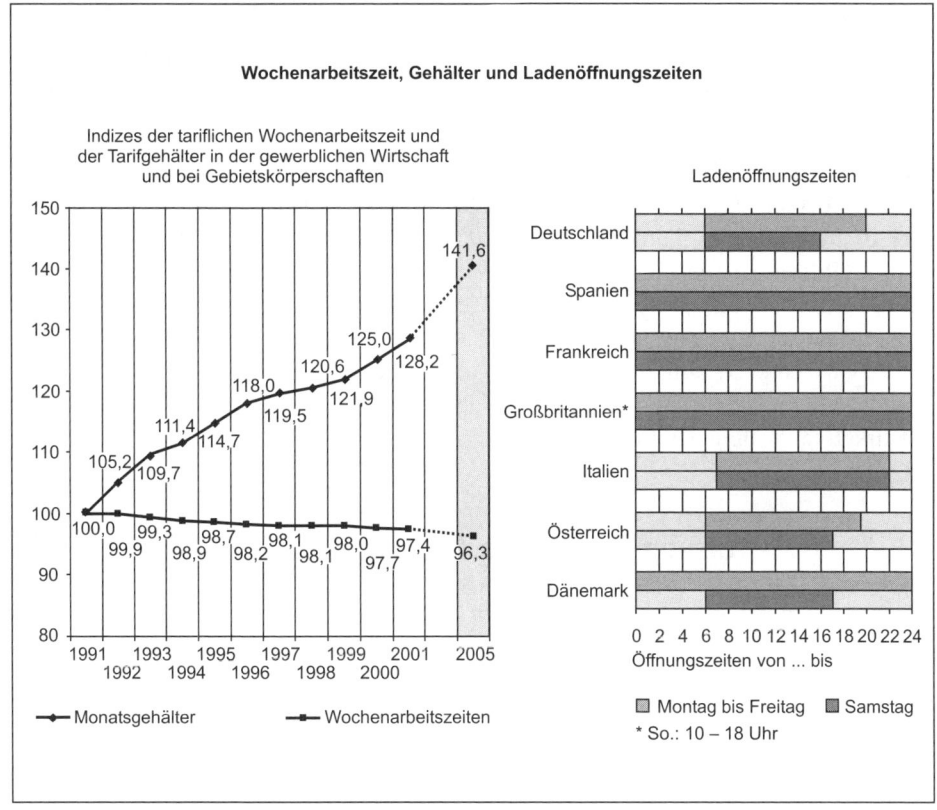

Abb. 8: *Arbeitszeit, Gehalt und Ladenöffnung im Vergleich*
   Quelle: Statistisches Bundesamt, IW Köln

Die Thematik des positiven Einflusses erweiterter Ladenöffnungszeiten auf die Umsatzrendite greift eine im vergangenen Jahr durchgeführte Untersuchung des IfH unter 1.014 mittelständischen Fachhändlern auf. Verlängerte Ladenöffnungszeiten führen bei dieser Gruppe zu einem verbesserten Betriebsergebnis. Eine um eine Stunde verlängerte Ladenöffnungszeit verbessert ihre Umsatzrendite statistisch gesehen um 0,14 Prozentpunkte. Eine Liberalisierung der Ladenöffnungszeiten analog zu Italien – wie sie ja bereits in deutschen Bahnhofsarkaden praktiziert wird – kann der brachliegenden deutschen Einzelhandelskonjunktur dringend benötigte Impulse liefern. Erste Signale seitens der Bundesregierung wurden Anfang 2003 mit der neuen Ladenöffnungszeitenregelung an Samstagen sowie mit den Mitte Dezember beschlossenen Erleichterungen im Rahmen von Zeitarbeitsverträgen gesetzt. Befürchtete negative Effekte durch eine mögliche und nicht auszuschließende Segmentierung des Arbeitsmarktes in „Minijobs" und „Vollzeitbeschäftigungsverhältnisse" werden sich unseres Erachtens erst zu einem späteren Zeitpunkt bestätigen lassen und liegen derzeit im spekulativen Bereich.

Von spürbaren Erleichterungen bzw. einer Verfestigung der Planungs- und Prognosesicherheit für den Einzelhandel kann dennoch nicht gesprochen werden. Zu viele Probleme sind noch ungelöst, und die Anzahl an Handelsunternehmen, die von den zu treffenden Neuregelungen partizipieren werden, sinkt kontinuierlich. Für den Einzelhandel bewahrheitet sich einmal mehr das Sprichwort, dass Zeit Geld bedeutet.

Die Statistik belegt: Die Zahl an Insolvenzen im Einzelhandel steigt unvermindert stark an. Den 3.080 Insolvenzen im 1. Halbjahr 2001 stehen 4.280 im 1. Halbjahr 2002 gegenüber. Branchenübergreifend waren es 15.020 zu 18.800. Dies entspricht einer Steigerung von 25,2 Prozent mit den höchsten Zuwachsraten im Bekleidungseinzelhandel. Der Anteil des Einzelhandels am gesamten Insolvenzaufkommen lag laut BAG in 2001 bei 22,8 Prozent und wird zum Jahresende 2002 erstmals die 25 Prozentmarke erreichen. Bis Ende 2005 rechnen wir mit einem sich beschleunigenden Anstieg auf 30 Prozent, da viele Einzelhändler nicht nur finanziell, sondern auch in Bezug auf die unternehmerische Belastbarkeit ihren Boden gefunden haben.

3.1 Betriebsformen – Aufstieg und Niedergang

Der Wandel im Konsumverhalten verschiebt – wie aufgezeigt – nachhaltig die Rahmenbedingungen für Handelsunternehmen. Die mit dieser Entwicklung einhergehende Dynamik zwingt die am Markt befindlichen Einzelhändler nicht nur, ihr Angebot und ihren Service zu überdenken, sondern ebenfalls ihre Vertriebsformate stärker den Wünschen der Kunden anzupassen. Dieser Evolutionsprozess zeichnet einen Lebenszyklus der Vertriebsformate nach und veranschaulicht, welche Vertriebsformen in der Vergangenheit den Nerv des Verbrauchers besonders gut oder eben weniger gut getroffen haben. Den prosperierenden Nahversorgern, Discountern, Fachmärkten und Convenience-Shops stehen die in Stagnation befindlichen Supermärkte und Warenhäuser gegenüber. Verbrauchermärkte und SB-Warenhäuser liegen irgendwo dazwischen und bewegen sich in ihrer Entwicklung aufeinander zu. Die dargestellte Lebenszykluskurve wird auch in 2005 Gültigkeit besitzen, da die derzeit im Test befindlichen City-Markt- und Convenience-Konzepte als New-Entrys erst in 2004/05 als multiplikationsfähige Konzepte in Erscheinung treten werden.

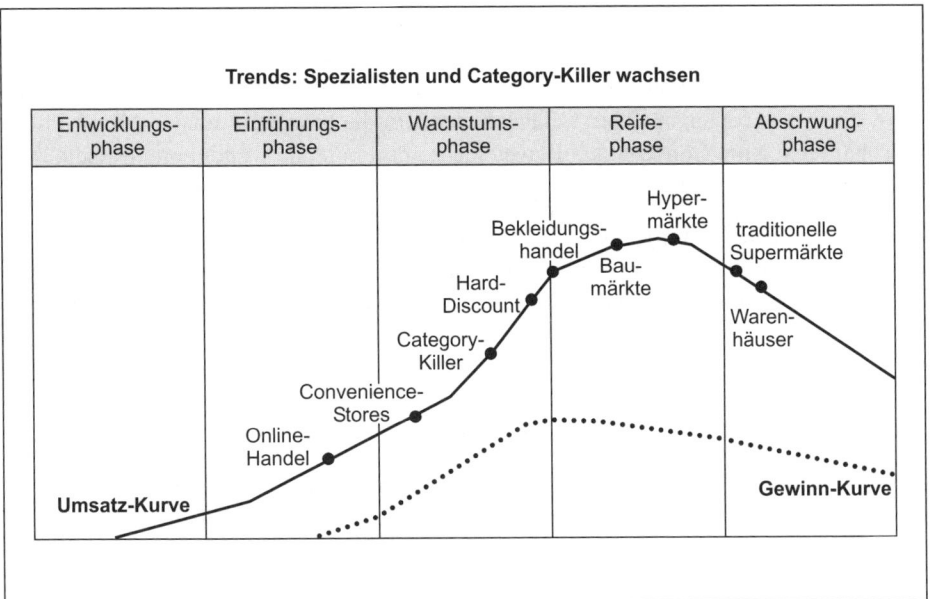

Abb. 9: *Lebenszyklus der Betriebsformen*
Quelle: KPMG Consumer Markets, 2002

Welche Faktoren bedingen diese Verschiebung? Die in den Achtzigern und Anfang der 90er Jahre dominierenden Kauf- und Warenhäuser sowie Supermärkte haben es in der Retrospektive augenscheinlich verpasst, dem Wunsch des Konsumenten nach überschaubaren und fokussierten Sortimenten zu nachvollziehbaren Preisen Rechnung zu tragen. Ihr strategischer Fehler lag darin, den nach Orientierung suchenden Konsumenten mit einer Fülle unterschiedlichster Artikel zu erschlagen. Der hinter dieser Strategie stehende Wunsch, sich hierdurch von den aufkommenden Spezialkonzepten und Discountern mit einem lediglich begrenzten Warenangebot zu differenzieren, hat sich unbeabsichtigt ins Negative umgekehrt. Der Spagat, möglichst viele Personen mit einem sehr breiten und tiefen Sortiment anzusprechen, ging am Zeitgeist des individualisierten Konsums vorbei und scheiterte zudem an der mangelnden Glaubwürdigkeit, dem Konsumenten überall gleichermaßen kompetent bei der Bewältigung seiner „Probleme" helfen zu können.

Das Gros der etablierten Einzelhandelsunternehmen war erfolgsverwöhnt und nicht in der Lage, aufkommende Entwicklungen in ihrer Tragweite richtig einschätzen zu können. Dies hat ihren Bedeutungsverlust im vergangenen Jahrzehnt beschleunigt und dazu geführt, dass sie Marktanteile und Sympathie an spezialisierte Konzepte abtreten mussten. Die sich öffnenden Nischen wurden zwischenzeitlich erfolgreich von Convenience-Stores, Discountern, Fachmärkten und Drogeriemärkten besetzt.

Gerade in Bezug auf das im Ausland prosperierende Convenience-Geschäft hat Deutschland noch einen erheblichen Nachholbedarf. Anders als in Frankreich oder Großbritannien sind es in Deutschland weniger die etablierten Lebensmitteleinzelhändler, die mit innovativen Konzepten am Markt glänzen, sondern die branchenfremden Mineralölgesellschaften, die die Convenience-Bewegung dominieren und weiter vorantreiben.

Neueste Erhebungen der BTG belegen, dass in 2001 40 Prozent der Tankstellen-Kunden diese ausschließlich zum Kaufen von Konsumgütern nutzen. In den klassischen Tankstellenshops resultierte in 2001 nahezu die Hälfte des Ertrags aus dem angeschlossenen Shop-Geschäft. Der in 2001 von Aral gestartete Pilot-Shop ohne Zapfsäulenanbindung ging jedoch an den Interessen der Kunden vorbei und wurde noch in 2002 aufgrund mangelnden Erfolgs wieder geschlossen. Scheinbar ist die Korrelation von Tanken und Shoppen bei Tankstellen-Shops doch stärker als zumeist vermutet wird, so dass ein Loslösen beider Funktionen voneinander derzeit nicht ohne weiteres möglich ist.

Diese Form des Lebensmittelvertriebs birgt offensichtlich ein hohes Potenzial, da sich inzwischen ebenfalls die deutschen Lebensmitteleinzelhändler ihrer Kompetenz in diesem Segment besinnen und ihr angestammtes Branchen-Know-how und ihre Logistik bei der Konzeption von Convenience-Konzepte nutzen wollen. Im benachbarten Ausland – z. B. Großbritannien und Frankreich – ist ein zunehmendes Interesse dieser Unternehmen, solche margenbringenden Konzepte zur Marktreife zu führen, zu beobachten. Mit marktgängigen Konzepten deutscher Lebensmittelfilialisten rechnen wir aufgrund der aktuellen Strukturkrise nicht vor 2004/05. Die Gefahr, dass dieses lukrative Segment bis dahin durch ausländische Convenience-Anbieter erschlossen wird, ist somit hoch. Hierfür spricht neben ihrem Know-how-Vorsprung und ihrer höheren Kapitalkraft die Tatsache, dass Arbeit und Essen rund um die Uhr auch in Deutschland zunehmen wird und Unternehmen wie Tesco, Sainsbury's, Marks & Spencer oder Delhaize bereits über erprobte und multiplikationsfähige Konzepte mit vergleichsweise geringem Flächenbedarf verfügen.

Neu sind im Bereich Food-Retailing die so genannten „City-Supermärkte", die mit Verkaufsflächen ab 600 m² eine Kombination aus Convenience-Shop, Nachbarschaftsgeschäft und Supermarkt darstellen. Sie befinden sich derzeit im benachbarten Ausland in Erprobung. Ihr Angebot umfasst 3.500 bis 6.000 Convenience-Artikel vornehmlich aus den Bereichen Frischwaren, Snacks und Fertigwaren mit geringem Trockensortimentanteil. Die Platzierung erfolgt bei Integration in bestehende Flächen separat vom Versorgungs- und Vorratskaufsortiment mit eigenem Check-Out. Anders als in herkömmlichen Supermärkten, Nachbarschaftsgeschäften und Convenience-Stores üblich, werden die Gerichte zum Teil vor Ort zubereitet und individuell zusammengestellt. Ähnlich wie Convenience-Stores zielen sie mit ihrem Angebot auf die eilige Laufkundschaft ab und sind auch zwingend auf diese angewiesen. In diesem Sinne innovationsfreudig ist Edeka Minden-Hannover, die mit dem „4-Minuten-Menü"-Konzept ein in den herkömmlichen Supermarkt eingebundenes Convenience-Konzept deutscher Prägung anbieten.

Reine Konzept-Relaunches, wie sie die Supermärkte und die großen Warenhäuser seit einigen Jahren durchführen, sind unseres Erachtens lediglich in der Lage, ihre Abwärtsentwicklung zu stabilisieren, nicht jedoch – trotz teilweise erster Erfolge – dazu geeignet, eine Trendwende innerhalb eines angemessenen Zeitraums herbeizuführen. Zu groß ist mittlerweile der Sympathie-, Konzept- und Vertrauensvorsprung der Spezialisten und Nischenanbieter, um es den Supermarkt- und Warenhausbetreibern zu ermöglichen, mit ihren räumlich und flächenmäßig zergliederten Filialportfolios unterschiedlichster Ausstattungsgüte und Standortqualität reüssieren zu können.

3.2 Discounter, die Profiteure der Krise

Der Preiskampf innerhalb der drei Fokussegmente Bekleidung, Schuhe und Lebensmittel wird neben einer insgesamt zurückhaltenderen Ausgabebereitschaft dem wachsenden Einfluss discountierender Vertriebsformen zugeschrieben, die in ihrer Außendarstellung demonstrativ ihre Preiskompetenz hervorheben. In keinem anderen europäischen Land ist ihr Umsatz und ihr Marktanteil vergleichbar hoch, ebenso die Wachstumsraten. Der konsequent eingehaltene Sortimentsmix aus schnelldrehenden Produkten, hochwertigen Aktionsartikeln und aktuellen Modeartikeln zu günstigen Preisen ist auf viel Gegenliebe bei den Verbrauchern gestoßen. Positive Produktbesprechungen in der Presse, z. B. die Tevion-Computer von Aldi, eine „scheinbar" hohe Transparenz hinsichtlich der Preisgestaltung sowie ein kompaktes, überschaubares Angebot runden das positive Gesamtbild beim Verbraucher ab und stützen ihn in seinem Bewusstsein, bei jedem Einkauf beim Discounter „smart" zu handeln (vgl. Abb. 10).

Hieraus resultiert ein beachtlicher Wachstumsschub in 2001 und 2002. Auch zu Beginn von 2003 konnte diese Vertriebsform erneut signifikante Zuwächse beim Umsatz verbuchen. Ende 2002 betrug der Marktanteil der Lebensmitteldiscounter 36 Prozent. Ein Erreichen der 40-Prozent-Marke im Lebensmitteleinzelhandel erscheint uns aufgrund der für diese Vertriebsform überaus positiven Rahmenbedingungen bis Ende 2005 realistisch, ebenso wie ein Überschreiten dieser bis Ende 2010. Treibende Kraft ist nach wie vor der Discountriese Aldi, der seit 1970 jährliche Wachstumsraten bei Umsatz (25,2 Prozent) und Filialbestand (12,7 Prozent) vorweisen kann. Diese resultiert aus einem konsequenten Ausbau der Tiefkühl- und Frischesortimente, der Tabakwaren sowie einer kontinuierlichen Sortimentsausweitung im Bereich Frischobst.

Weiteres Wachstum verspricht zudem die Ergänzung des Discount-Sortiments um Direktsaft. Nachdem die Discountketten Plus und Lidl von Tengelmann diese Direktsäfte als erste in Deutschland gelistet haben, ziehen Aldi Süd sowie Penny und Netto aktuell nach. Im Ausland erfreuen sich diese Fruchtsäfte beim Verbraucher großer Beliebtheit und kommen auf einen Marktanteil von beachtlichen 20 Prozent, wohingegen dieser in Deutschland derzeit noch bei einem Prozent verharrt. Flankiert wird der Vormarsch von einer weiter fortschreitenden Portfoliobereinigung bei Multivertriebsformenoperatoren wie der Spar Handels AG, der Tengelmann Unternehmensgruppe, der Metro AG sowie bei den beiden Genossenschaften Rewe und Edeka.

60 Kapitel 1: Herausforderungen und Perspektiven

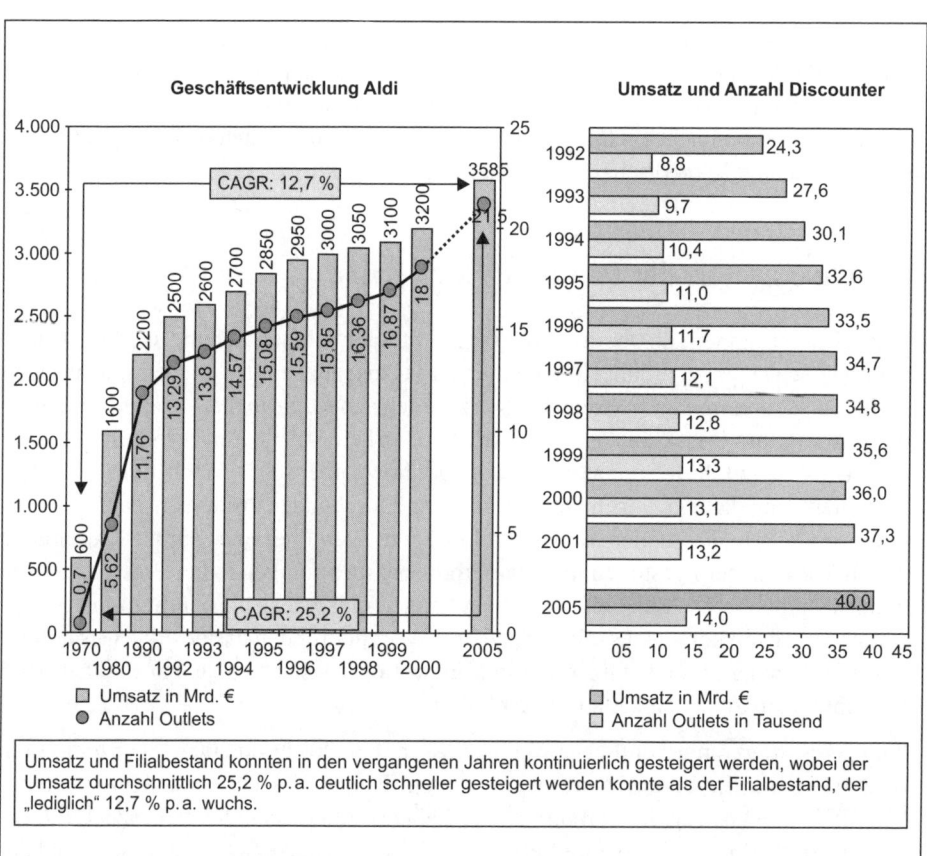

Abb. 10: *Entwicklung des Discounts*
Quelle: GfK Grundgesamtheiten, 2001, S. 13, Datengrundlage LEH;
AC Nielsen GmbH, EHI; LZ; LP; KPMG

Dass es sich bei dieser Entwicklung nicht um ein rein lebensmittelspezifisches Phänomen handelt, zeigen die jüngsten Entwicklungen in den Branchen Bekleidung und Schuhe, insbesondere aber im Bereich der Drogeriewaren und Körperpflegeprodukte, wo der unangefochtene Branchenprimus Anton Schlecker ebenfalls auf das Discountprinzip setzt.

Der klassische Facheinzelhändler als Keimzelle der Betriebsformenentwicklung wird dieser rasanten Entwicklung nicht folgen können und unseres Erachtens – nicht nur aufgrund der überproportional hohen Insolvenzquote in diesem Bereich – bis 2005 weiter stark an Bedeutung verlieren. Besonders hart wird es in diesem Zusammenhang die kleineren Drogisten und Lebensmitteleinzelhändler treffen ebenso wie den innerstädtischen Schuheinzelhändler und kleinere Anbieter Weißer Ware. Sie sind gezwungen, sich in Nischen zurückziehen zu müssen, die aufgrund ihres Preisniveaus, ihrer Serviceintensität und Mitarbeiterqualifikation für preisaggressive Vertriebsformen unrentabel sind. Eine ausgewogene Kombination aus Individualität, Ambiente, Serviceniveau und Prestige könnte ihnen helfen, ihren offensichtlichen „Preisnachteil" auszugleichen. Dennoch nutzen viele dieser Unternehmen ihre Chancen auf Differenzierung und Kundenbindung durch eine Hervorhebung der Servicekomponente nicht, da auch in diesem Punkt mittlerweile die Discounter reüssieren.

Umfragen von GfK, der TextilWirtschaft und KPMG belegen: Die Sympathiewerte der Lebensmitteldiscounter – insbesondere bei jungen Familien, ihrer stärksten Kundengruppe – sind mit 45 Prozent (Lidl) bzw. 63 Prozent (Aldi) im Vergleich zu Supermärkten, z. B. Kaisers mit 18 Prozent, oder SB-Warenhäusern, z. B. WalMart mit 31 Prozent, überdurchschnittlich hoch. Hinweise auf die Zufriedenheit mit dem angestammten Fachhändler finden sich leider nicht.

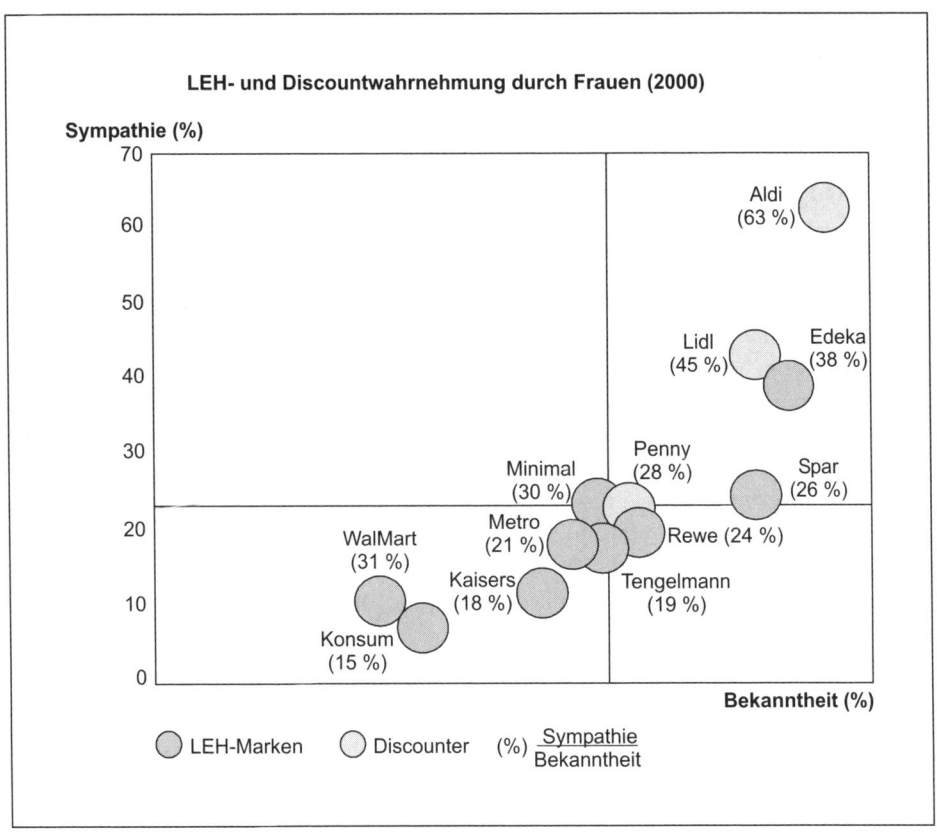

Abb. 11: Sympathie und Bekanntheit von LEH-Anbietern
   Quelle: TW, LZ

Im Sog der Discountwelle befinden sich ebenfalls die ehemals dominierenden Kauf- und Warenhäuser. Das Volumengeschäft dieser großen Häuser verändert sich rapide durch die zunehmende Marktpräsenz discountierender Systemfilialisten, die mit professioneller Effizienz die alten Gewohnheiten der Verbraucher verändern. Aufgrund ihrer Organisationsstruktur sind die Kauf- und Warenhäuser nicht in der Lage, die Erfolgsformeln der Discounter auf ihre Geschäftsmodelle zu übertragen. Im Gegenteil: Griffige Konzepte, die dieser Entwicklung zumindest in den kommenden Jahren Einhalt gebieten könnten, sehen wir derzeit nicht. Die Ausnahme sind einige Pilot-Stores mit lediglich regionalem Verbreitungsgrad (Lust for Life, Emotions, Karstadt Sport).

Als die eigentlichen Gewinner der Strukturveränderung betrachten wir jedoch die Fachmärkte. Diese großflächige Vertriebsform schließt gekonnt die neu entstandene Angebotslücke zwischen Discounter und Fachgeschäft. Ihr „Spagat" antizipiert vortrefflich den Hang des deutschen Konsumenten, ein auf ein Segment bezogenes, umfangreiches Angebot mit entsprechenden Serviceleistungen zu günstigen Preisen vorzufinden. Die beiden Erfolgskonzepte der Metro AG Media Markt und Saturn sind für diese Gattung stellvertretend zu nennen.

3.3 Zielgruppen im Handel – Wachsende Ansprüche an die Akteure

Der Konsument des beginnenden 21. Jahrhunderts ist dynamisch, sprunghaft, unberechenbar und keinem einheitlichen Schema zuzuordnen. Dies stellt die Mehrzahl der Einzelhändler vor nahezu unlösbare Aufgaben. Klassische Denkmodelle, die Bevölkerung nach Einkommensgruppen, sozialem Status oder Habitus zu clustern, scheitern immer häufiger an der Realität. Dies belegt die wachsende Zahl an Insolvenzen und Geschäftsaufgaben. Immer häufiger liest man im Nachruf das Unternehmen XY habe an den Interessen der „Zielgruppe" vorbei gewirtschaftet und daher Konkurs anmelden müssen. Wie sehr sich die offenkundige Vielzahl an Fehlinterpretationen von Kunden- bzw. Zielgruppenwünschen auf zukünftige Handelskonzepte auswirken wird, ist schwer vorhersagbar. Dennoch erscheint eine allgemeingültige Einteilung, die den sozialen Status an Lebenswelten koppelt, logisch.

Die Praxis zeigt: Milieus mit gehobenem sozialem Status sichern dem Handel höhere Margen. Dennoch: Eine wesentliche Hürde bei strategischen Überlegungen in Richtung Absatzmarkt stellt eine auf die Praxis bzw. auf das eigene Unternehmen transferierbare Clusterung der Grundgesamtheit dar. Verallgemeinerungen und Followerstrategien sind nicht zielführend. Das hat die Praxis immer wieder gezeigt. Zu vielschichtig ist der potenzielle Käuferkreis, zu unterschiedlich die Kaufmotivation. Die meisten Kaufentscheidungen werden zudem situativ im Geschäft getroffen, und Warenkorbanalysen führen oftmals zu verblüffenden Ergebnissen.

Als Paradebeispiel für diese Diffusität einer Zielgruppe gilt die Klientel, die sich beim Lebensmitteldiscounter Aldi einfindet. Ein Blick auf einen Aldi-Parkplatz zeigt, im Vergleich zur Zulassungsstatistik, eine überproportional hohe Luxuswagenquote getreu dem Motto: *„Geld macht nicht dumm".* Diese Erkenntnis dokumentiert, dass tradierte Denkmodelle nicht mehr greifen und eine alleinige Segmentierung anhand von Lebensstilkriterien dem Verbraucher nicht mehr gerecht wird, da Rückschlüsse zu konkreten Verhaltensmustern nicht ohne weiteres ableitbar sind. Nicht ganz neu ist die immer wieder missachtete Erkenntnis, dass ebenfalls die Ansprüche der Kunden regional stark differieren. Eine Verbraucherumfrage von Cap Gemini kommt zum Schluss, dass z. B. 76 Prozent der Kunden in Sachsen eine klare und deutliche Preisauszeichnung als sehr wichtig erachten, dies aber in Bayern nur auf 29 Prozent der Konsumenten zutrifft.

Parallel zum Wandel der Konsumprioritäten hat die Konsumkompetenz der Verbraucher zugenommen. Der moderne Konsument kauft bewusster, zielgerichteter und vor allem strategischer ein, möchte aber dennoch nicht auf die leitende Hand von geschultem Personal verzichten. Umfragen belegen: Deutsche Konsumenten wünschen sich die Quadratur des Kreises – die bedeutet Service und Exklusivität in guter Qualität zu kleinen Preisen. Der Anbieter mit dem höchsten Erfüllungsgrad verankert sich im Set of Mind des Konsumenten als „Preferred Supplier". Alle anderen scheiden quasi aus. Dies ist unseres Erachtens der Grund für völlig unterschiedlich verlaufende Firmenkonjunkturen im gleichen Marktsegment.

Der als hybrid bezeichnete Konsument wird sich zukünftig noch weniger als in der Vergangenheit dem Diktat des Handels beugen. Vielmehr wird er anlassgerecht zwischen verschiedenen Genren und Marken sowie einigen wenigen bevorzugten Einkaufsstätten bzw. Spezialisten wechseln, um seine eigenen Highlights zu setzen. Saisonalitäten interessieren ihn immer weniger, er will immer alles zu jeder Zeit. Individualität trotz Masse heißt die Zauberformel, um ihn zu begeistern. Worte wie Marken- oder Einkaufsstättentreue empfindet er nur dort, wo er sich in seiner jeweiligen Lebenssituation gut aufgehoben und unter Seinesgleichen fühlt. Der Smart Shopper stellt mit von KPMG prognostizierten 50 Prozent 2010 die am stärksten anwachsende Kundengruppe dar. Er orientiert sich ausschließlich an Merkmalen wie Preisabschlag, Qualitätsanmutung und Imagewerten eines Produktes. Er hinterfragt bei jedem Kauf das Preis-Leistungs-Verhältnis und ist ständig auf der Suche nach dem günstigsten Angebot. Bei besonderen Okkasionen schlägt er zu, auch wenn nicht zwingend ein Bedarf vorliegt. Ansonsten wartet er ab, bis das Objekt seiner Begierde einen Preis erreicht hat, der seinen Vorstellungen entspricht. Viele Internetauktionen leben hiervon, und etliche Händler werden dies in Zukunft ebenfalls (müssen). Durch die anhaltende Situation der Konsumzurückhaltung – die Verbraucherstimmung schwankt laut BAT-Institut zwischen den Polen Pessimismus und Pragmatismus sowie Sparzwang und Schnäppchenjagd – und durch die aggressiven Preiskämpfe im Einzelhandel wird die Smart-Shopper-Mentalität einen zusätzlichen Schub bekommen.

64 Kapitel 1: Herausforderungen und Perspektiven

Das Preisbewusstsein der Verbraucherinnen beim Kauf von Modeartikeln ist beispielsweise angestiegen. 38 Prozent von ihnen wählen – laut Brigitte Kommunikationsanalyse 2003 – beim Kauf von Modeartikeln jene, die gerade besonders preisgünstig sind. Zum Vergleich: 1990 taten dies lediglich 26 Prozent. Eine Erkenntnis, die in zukünftige Pricing-Strategien zwingend Eingang finden muss. Erwähnenswert ist in diesem Zusammenhang ebenfalls eine Studie des Marktforschungsinstituts Emnid, die dem deutschen Verbraucher eine unterdurchschnittliche Lust am Feilschen attestiert, aber gleichzeitig konstatiert, dass 83 Prozent der Befragten es begrüßen würden, wenn Einzelhändler unbegrenzt und losgelöst vom Schlussverkauf Rabatte für das gesamte Sortiment einräumen dürften. Diese Fixierung auf den Preis liegt unseres Erachtens ursächlich an einem weiterhin sinkenden, frei verfügbarem Einkommen, dass sich derzeit bei 585 Euro bewegt, nach 632 Euro in 1999.

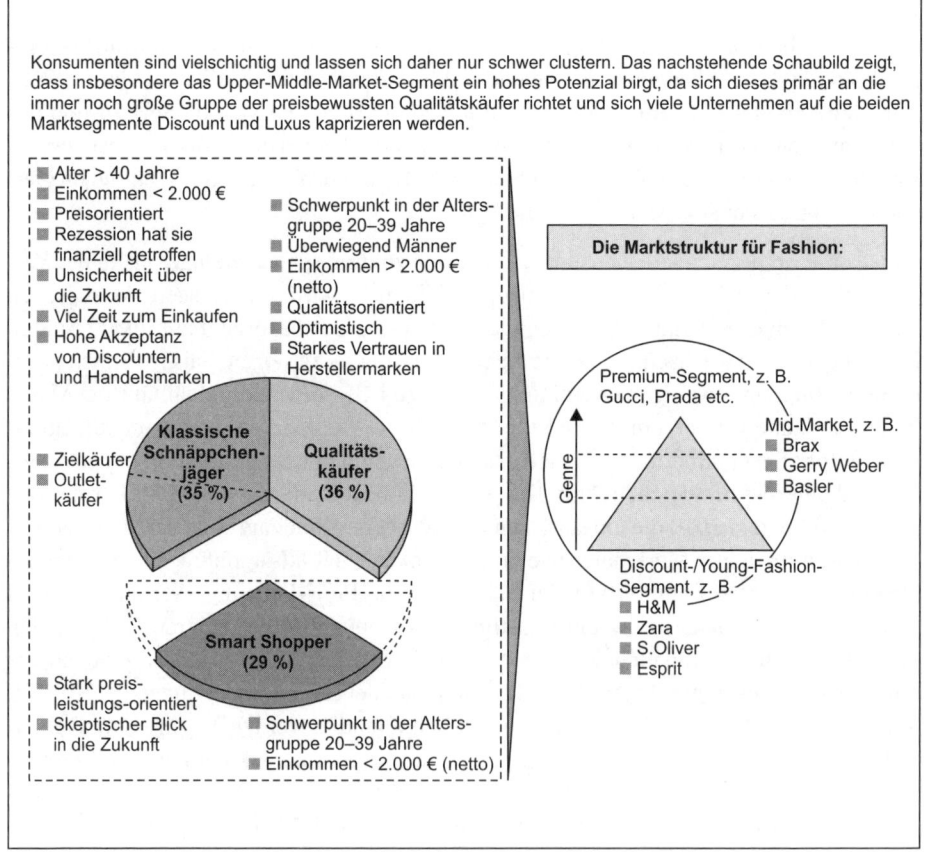

Abb. 12: *Segmentierung des EH-Marktes nach Preis/Qualität*
   Quelle: KPMG Consumer Markets, 2002

Die zuvor skizzierte Entwicklung spiegelt sich ebenfalls in der prognostizierten Entwicklung der Anteile der drei wesentlichen Käufertypen wider. Die „Qualitätskäufer", in 1995 noch mit 36 Prozent an der Grundgesamtheit vertreten, gehen Prognosen zur Folge auf 25 Prozent in 2010 zurück und gehören unseres Erachtens einer „aussterbenden" Spezies an. Nicht aufgrund schlechter werdender Qualität, sondern aufgrund der Demokratisierung der Preise und signifikanten Verschiebungen innerhalb der Anbieterstruktur. Die Marktmitte in all ihren Facetten wird der zunehmenden Polarisierung des Marktes in Discount und gehobenem Genre zum Opfer fallen, wenngleich nicht gänzlich verschwinden. Diese Tendenz wird die Nachfragestrukturen weiter spalten, unter anderem in einen überproportional hohen Anteil budgetbewusster Kunden. Parallel hierzu wird die Anzahl von Konsumenten mit habitualisierten Kaufentscheidungen aufgrund demographischer Gegebenheiten gleichfalls ansteigen. In diesem Szenario werden die Senioren eine stärkere quantitative und Kinder/Jugendliche eine stärkere ökonomische Bedeutung haben.

Wie bei allen Zukunftsszenarien stellt sich die Frage, ab wann sich eine Bevölkerungsgruppe zu einer für das jeweilige Unternehmen relevanten Zielgruppe aufschwingt, mit der man planen und kalkulieren kann. Bisher wenig erschlossene Zielgruppen wie z. B. Ausländer oder andere, eher zaghaft umworbene Bevölkerungsschichten, bergen ein enormes Konsumpotenzial. Dies ist umso bedeutsamer, da das bisherige Angebot die Bedürfnisse dieser nur unzureichend abbildet und eine weitere Durchdringung der bestehenden Kunden mit einem unverhältnismäßig hohen Anstieg der Grenzkosten erkauft werden muss.

3.4 Handelsmarken – Eine Win-Win-Situation für Industrie, Handel und Konsument?

Die skizzierten Verschiebungen innerhalb der Absatzmarktstruktur werfen ein verändertes Licht auf Handelsmarken. In den Siebzigern von der Industrie nicht ernst (genug) genommen, sind die Handelsmarken der Neunzigerjahre zu ausgereiften Produktfamilien herangewachsen und für schwache B- und C-Marken der Markenartikler ein ernst zu nehmendes Substitut. Laut AC Nielsen stieg ihr Anteil bei Food- und Nonfood-Artikeln im Lebensmitteleinzelhandel von 16,5 auf 19,2 Prozent (2000/2001) an. Bei den Discountern überstieg sie in 2002 ersten Schätzungen zur Folge sogar die 50 Prozent-Marke nach 40,6 Prozent in 2000 und 47,8 Prozent in 2001.

Mittlerweile sind sie vor allem dank des dynamischen Wachstums der auf Eigenmarken fußenden Geschäftskonzepte discountierender Vertriebsformen ein Garant für die Auslastung von Produktionskapazitäten. Eine Tatsache, die Markenartikler mittlerweile akzeptieren und auch kommunizieren, da allen Beteiligten klar ist, dass sich zumindest die Anteile von Markenartikeln im Lebensmitteleinzelhandel – beachtliche 70 Prozent in 2001 – zukünftig nicht mehr halten lassen. Dies spiegelt ebenfalls der Verlauf der Entwicklung des Einkaufsanteils der Markenartikler – seit Anfang der 70er Jahre um 23 Prozent oszillierend – wider, der sich dem der Marktführer in den jeweiligen Produktkategorien annährt und unseres Erachtens mit diesen in 2005 gleichauf liegen wird. Begründet ist dies neben dem dynamischen Wachstum der Discounter in der Tatsache, dass große Markenartikler beginnen, ihre heterogenen Markenportfolios deutlich zu straffen.

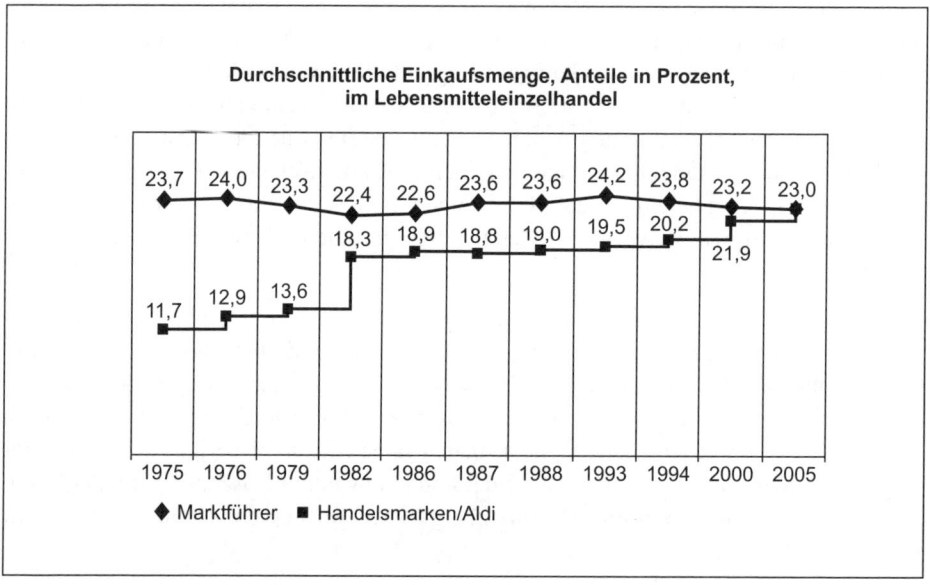

Abb. 13: *Vergleich der Einkaufsmengen im LEH*
Quelle: GfK Haushaltspanel ConsumerScan; Prognose 2005: KPMG

Im direkten Vergleich zum Lebensmitteleinzelhandel mit Eigenmarkenanteilen von bis zu 95 Prozent bei einzelnen Unternehmen, z. B. Aldi, steht die Schuh- und die Fashion-Branche noch am Anfang ihrer Lern- und Erfahrungskurve. Viele Fashion-Händler verfügen zwar über Eigenmarkenprogramme und sehen in ihnen ein probates Mittel, Differenzierung vom Wettbewerb zu betreiben, jedoch fällt ihnen erkennbar eine Abgrenzung dieser innerhalb der eigenen Handelsmarkenhierarchie schwer. Gleiches gilt für die Markenführung, der eine gewisse Professionalität fehlt. Schwächen offenbaren sich zudem bei der Preisfindung. „Aktion R-Artikel" – werden mittlerweile auch vom Kunden erkannt und untergraben somit bereits im Vorfeld einen vernünftigen Handelsmarkenaufbau.

Für die kommenden Jahre prognostizieren wir für die Fashion- und Schuhbranche eine zur Konsumgüterindustrie analog verlaufende Entwicklung. Unsere Gesprächspartner aus diesen Branchen sehen ebenfalls – nicht nur aus Kostengründen – eine Notwendigkeit, ihre Eigenmarkenprogramme zu verschlanken. Nicht mehr die schiere Masse an Labels, sondern die gezielte Platzierung im Sortimentskontext wird zukünftige Eigenmarkenstrategien bestimmen. Dennoch werden sich in Abhängigkeit von der jeweiligen Branche signifikante Unterschiede herauskristallisieren.

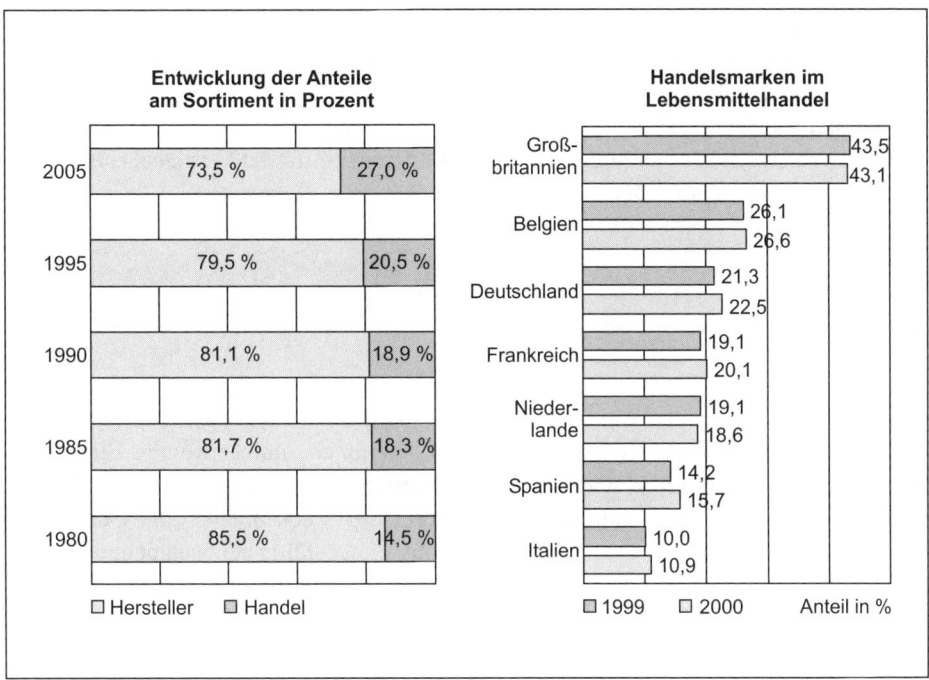

Abb. 14: Handelsmarkenanteile
Quelle: GfK; AC Nielsen, 2001

Die Schuhbranche wird, wie bisher, ihre Eigenmarken zumeist im Preiseinstiegsbereich und im mittleren Genre platzieren, die Fashion-Branche hingegen punktuell im Preiseinstiegsbereich aber vermehrt in den mittleren und den gehobenen Preislagen, und der Lebensmittelhandel wird weiterhin trotz erkennbarer Trading-up-Tendenzen bei Molkereiprodukten oder Tiefkühlkostartikeln das preissensible Volumengeschäft mit Eigenmarkenprogrammen bedienen. Trotz, oder gerade aufgrund dieser Tendenzen wird unseres Erachtens der wesentliche Unterschied zwischen Markenartikeln und Handelsmarken auch zukünftig Bestand haben. Im Gegensatz zu Markenartikeln verstehen sich Handelsmarken eher auf die kreative Imitation als auf Innovation. Parallelen bei Fashion-Labels wie McNeal Sport und dem Markenartikler Tommy Hilfiger oder von US Polo zu Polo Ralph Lauren sind offenkundig und auch gewollt. Die Manipulation des Kunden scheint zu gelingen. Immerhin bescheinigt – nicht nur in Blindtests – die Mehrheit der deutschen Verbraucher Handelsmarken eine fast identische Produktqualität und Eigenschaften wie vergleichbaren Markenartikeln.

Die Hauptzielgruppe von Handelsmarken, die Vier- und Mehr-Personenhaushalte, wird sich unseres Erachtens um die Gruppe preisbewusster Singles erweitern. Dies resultiert aus einer zunehmend besseren Aufmachung, einer zunehmenden Preissensitivität und einer stetigen Verbesserung der Produktqualität. Laut AC Nielsen konnten Handelsmarken im Lebensmittelbereich im Jahresvergleich 2000/2001 ihren Umsatz um 17 Prozent und ihren Marktanteil auf nunmehr 19,2 Prozent in 2001 steigern. Eine Steigerung auf 22 Prozent Marktanteil im Lebensmittelhandel bis 2005 halten wir für realistisch, da Handelsmarken einerseits in Produktgruppen Einzug gehalten haben, die bisher nicht im Fokus der Händler standen – z. B. Molkereiprodukte, Backwaren, Tabakwaren und Reinigungsmittel – andererseits beschert die zunehmende Preissensibilität der Verbraucher den Handelsmarken zusätzlichen Nährboden.

4. Fazit

Ungeachtet des steigenden Wettbewerbsdrucks und abnehmender Flächenproduktivität im deutschen Einzelhandel schafft die Immobilienbranche immer weitere Einzelhandelsflächen. Neue Konzepte, wie etwa „Shopotainment", kommen da gerade recht, um bei Investoren und schließlich beim Handel Interesse zu wecken. Hier gilt es, die Spreu vom Weizen zu trennen. Internationale Trends müssen sorgfältig beobachtet und Gesetzmäßigkeiten herausgefiltert werden. Shopotainment-Konzepte sind für den Handel kein Patentrezept, dienen oftmals aber als veritable Fundgrube für Ideen. Gleichermaßen müssen die diversen Relaunch-Versuche klassischer Vertriebsformate, die erst noch beweisen müssen, dass sie auch im neuen Millennium tragfähig sind, betrachtet werden.

Dennoch: Ein hohes Maß an Aktivität und Ideenreichtum tut dem kränkelnden deutschen Handel gut. Nicht nur, um sich an den eigenen Haaren aus dem Sumpf aus Konsumverweigerung, Preiskampf und Misstrauen herausziehen zu können, sondern ebenfalls um dem Kunden, dem eigentlichen Adressaten aller Handelsbemühungen, stärker als bisher geschehen, Rechnung zu tragen.

Ob die Impulse hierbei wie z. B. durch vertikale Player aus dem Ausland kommen, oder aus der Branche selbst, z. B. in Form der beiden Discountpioniere Aldi und Lidl, spielt hierbei keine Rolle. Wichtig ist, sich als Handel Treibender immer seiner Kernkompetenzen bewusst zu sein und diese dann durch flankierende Maßnahmen zu verfeinern, um sich ein scharfes, vom Wettbewerb differenzierendes Profil zu geben. Nur so gelangt man als „preferred supplier" in den „Set of Mind" des Kunden. Der Weg dorthin ist oftmals steinig, muss aber konsequent beschritten werden, will man als Unternehmen auch in einigen Jahren noch Bestand haben. Dass solche Vorhaben in Deutschland Früchte tragen können, beweisen einzelne erfolgreich verlaufende Firmenkonjunkturen besonders innovativer oder besonders fokussierter Player, an deren Geschäftsidee man sich reiben kann oder als Ideen-Geber konsequent nutzt. Einige Wege, wie durch einfache Strategien ein Mehrwert generiert werden kann, sind in diesem Beitrag aufgezählt worden.

Literatur

Bundesarbeitsgemeinschaft der Mittel- und Großbetriebe des Einzelhandels (BAG) – diverse Veröffentlichungen aus 2001, 2002, 2003.

Deutscher Sparkassen- und Giroverband, diverse Publikationen 2002.

Homburg, Chr./Bruhn, M.: Kundenbindungsmanagement – Eine Einführung in die theoretischen und Praktischen Problemstellungen, in: Homburg, Chr./Bruhn, M.: Handbuch Kundenbindungsmanagement, Wiesbaden 1998, S. 3–35.

Institut der deutschen Wirtschaft – diverse Publikationen aus 2001, 2002, 2003.

Kreditanstalt für Wiederaufbau (KfW) – diverse Publikationen aus 2002, 2003.

Littmann, P./Pietersen, F.: Fashion Branding – Die Macht der Marke; KPMG Deutsche Treuhand-Gesellschaft Aktiengesellschaft Wirtschaftprüfungsgesellschaft (Hrsg.), Köln, Berlin 2002, http://www.kpmg.de/industries/consumer-industrial-markets/.

Mager, G./Pietersen, F./Schrahe, Chr.: Der Personal Care-Markt in Deutschland, ein Überblick; KPMG Deutsche Treuhand-Gesellschaft Aktiengesellschaft Wirtschaftsprüfungsgesellschaft (Hrsg.); Köln, Berlin 2003, http://www.kpmg.de/industries/consumer-industrial-markets/.

Pietersen, F.: Kundenbindung im Handel; 2. aktualisierte und erweiterte Auflage; S. 67–86; Müller-Hagedorn, Lothar (Hrsg.), Köln, Berlin 2001.

Pietersen, F.: Vertikalisierung im Handel – Auswirkungen auf die zukünftige Absatzwegestruktur; KPMG Deutsche Treuhand-Gesellschaft Aktiengesellschaft Wirtschaftsprüfungsgesellschaft (Hrsg.), Köln, Berlin 2001, http://www.kpmg.de/industries/consumer-industrial-markets/.

Pietersen, F./Baron, G.: Wie Marketing den Unternehmenswert steigern kann. Ein Konzept gegen die Allmacht finanzieller Benchmarks, Absatzwirtschaft Sondernummer Oktober 2000, S. 126–137.

Pietersen, F./Horbert, C.: Status quo und Perspektiven im Deutschen Lebensmittelhandel – Eine Marktanalyse von KPMG und des EHI Köln; KPMG Deutsche Treuhand-Gesellschaft Aktiengesellschaft Wirtschaftsprüfungsgesellschaft (Hrsg.), Köln, Berlin 2001, http://www.kpmg.de/industries/consumer-industrial-markets/.

Pietersen, F./Siemes, J.: Trends im Handel 2005 – Ein Ausblick für die Branchen Food, Fashion & Footwear; KPMG Deutsche Treuhand-Gesellschaft Aktiengesellschaft Wirtschaftprüfungsgesellschaft (Hrsg.), Köln, Berlin 2003, http://www.kpmg.de/industries/consumer-industrial-markets/.

Statistisches Bundesamt – diverse Publikationen aus 2001, 2002, 2003.

Rainer P. Lademann

1.3 Betriebstypeninnovationen in stagnierenden Märkten unter Globalisierungsdruck

1. Einleitung

2. Die Dynamik der Betriebsformen
2.1 Das Konzept
2.2 Grenzen und Fragen

3. Markt- und Wettbewerbsentwicklung im Einzelhandel
3.1 Globalisierung
3.2 Stagnation im Einzelhandel

4. Betriebsformenentwicklung im Food-Einzelhandel
4.1 Strukturwandel
4.2 Strategiemuster des Betriebsformenwandels im LEH
4.3 Theorieabgleich des Betriebsformenwandels im LEH
4.4 Zwischenergebnis

5. Betriebsformenentwicklung im Nonfood-Einzelhandel
5.1 Strukturwandel
5.2 Strategiemuster des Betriebsformenwandels im Nonfood-Einzelhandel
5.3 Abschied von der klassischen Warenhauskonzeption
5.4 Aufstieg der Fachmärkte
5.5 Vertikalisierung
5.6 Theorieabgleich des Betriebsformenwandels im Nonfood-Einzelhandel

6. Fazit

Literatur

1. Einleitung

Bis Anfang der 90er Jahre war der Einzelhandel – von kurzen Unterbrechungen abgesehen – durch einen weitgehend kontinuierlichen und meist ausgeprägten Wachstumsprozess gekennzeichnet. Seit etwa 1993 bis heute stagniert oder schrumpft der Einzelhandelsumsatz. Dieser Zeitraum stimmt gleichzeitig mit der Marktöffnung innerhalb des Europäischen Binnenmarktes überein, der einen Meilenstein zu immer globaleren Wettbewerbsbedingungen auch in der Konsumgüterwirtschaft darstellt (Lademann, 1991, 1999).

Marktstagnation und Globalisierung des Wettbewerbs werfen die Frage auf, wie der Einzelhandel sich diesen Herausforderungen angepasst hat. Dabei steht eine exemplarische Betrachtung des Betriebsformenwandels der letzten Jahre und der sich abzeichnenden Trends im Mittelpunkt der Betrachtung. Es soll der Frage nachgegangen werden, welche Betriebsformenkonzepte in den letzten zehn Jahren im deutschen Einzelhandel erfolgreich waren und welche Konsequenzen sich für die Profilierung in der Zukunft ergeben.

2. Die Dynamik der Betriebsformen

2.1 Das Konzept

Betriebsformen spiegeln unternehmerische Konzepte wider, die durch jeweils spezifische Kombinationen der Produktionsfaktoren Ware, Raum und Personal die Warendistribution „"... in einer jeweils neuen und originellen Weise (ermöglichen [der Verfasser]), wodurch diese Gebilde in eindeutiger Weise gekennzeichnet werden" (Nieschlag/Kuhn, 1980, S. 83) können. Da es methodisch und im Hinblick auf eine komparative Analyse müßig wäre, letztlich zahllose Unternehmenskonzepte zu differenzieren, fassen Betriebsformen Handelsbetriebe zu Gruppen zusammen, die bezüglich konstitutiver Merkmale vergleichbar sind. Die Beschreibung von Betriebsformen mittels konstitutiver Gestaltungselemente bedient sich daher eines typologischen Ansatzes.

Die Dynamik der Betriebsformen kann als ein Schlüsselkonzept der modernen Handelsforschung bezeichnet werden. Es eröffnete die Einsicht, dass der als branchentypisch empfundene Wandel im Handel offenbar gewissen Gesetzmäßigkeiten gehorcht. Als Robert Nieschlag 1954 das Konzept der Dynamik der Betriebsformen entwickelte, stand der Einzelhandel gerade an der Schwelle zur modernen Warendistribution (vgl. Nieschlag, 1954). Diese kann dadurch gekennzeichnet werden, dass die zunehmenden distributiven Aufgaben im Zuge einer aufkommenden Massenproduktion auch einer Neuausrichtung der unternehmerischen Konzeptionen im Einzelhandel bedurften. „Diese Betriebe sollen den Fortschritt bringen; die Effizienz soll gesteigert werden. Man bemüht sich, die Handelsleistung besser und billiger zu erfüllen, als es bisher geschieht." (Nieschlag/ Kuhn, 1980, S. 85).

Als Kernelemente dieser rationelleren Form der Warendistribution beobachtete Nieschlag, dass die Rationalisierung vor allem durch neue Verkaufskonzepte in den Läden (Selbstbedienung) und andere Organisationsprinzipien der rückwärtigen Dienste (Aufkommen kooperativer, vertikal zunehmend integrierter Gruppen oder Filialsysteme) erreicht wurde. Nieschlag stellte fest, dass sich neue unternehmerische Konzeptionen im Markt mittels bestimmter Prinzipien durchzusetzen begannen und diese Unternehmenskonzepte im Zuge der Marktdurchdringung einen Wandlungsprozess durchmachten, bis sich irgendwann ihre Ausbreitungsgeschwindigkeit abschwächt. Diesen Prozess bezeichnete er als die „Dynamik der Betriebsformen" (Nieschlag/Kuhn, 1980, S. 85 ff.):

- Der Prozess beginnt mit der Entstehung und dem Aufstieg, der laut Nieschlag in der weit überwiegenden Anzahl der Fälle durch die Dominanz des Preiswettbewerbs gekennzeichnet ist.

- Zur Steigerung einer zunehmenden Marktdurchdringung neuer Betriebsformen kommt es dann zu einem Übergang vom Preis- zum Nichtpreiswettbewerb, der vor allem durch Maßnahmen des Trading-up gekennzeichnet ist. Die anfänglich schnelle Marktdurchdringung einer Betriebsform verlangsamt sich und kommt allmählich zum Stillstand.

- Dadurch gehen die ehemals neuen Betriebsformen zunehmend in das Stadium der Reife und der Assimilation über. Während die Reife auf den Verlust des Neuigkeitsgrades hinweist, kennzeichnet der Assimilationsprozess den wachsenden Wettbewerb mit Nachahmern bzw. Anpassungsmaßnahmen der etablierten Betriebe. Durch die Angleichung zwischen Newcomern und etablierten Betrieben nimmt die Austauschbarkeit zwischen Mitbewerbern immer mehr zu. Der ursprüngliche Wettbewerbsvorteil, der auf einer rationelleren Durchführung der Handelsfunktion beruhte, erodiert im Wettbewerbsprozess zunehmend (Nieschlag/Kuhn, 1980, S. 96 f.).

- Dabei hält Nieschlag die Politik des Trading-up für praktisch unumkehrbar, weil „auf diese Weise ... auch der allgemeinen Erhöhung des Konsumstandards Rechnung getragen" (Nieschlag/Kuhn, 1980, S. 100) wird. Da Trading-up vor allem Umsatzerhöhungen auslösen soll, indem sowohl die mittels Preispolitik gewonnenen Kunden gebunden als auch neue, weniger preissensible Kunden zusätzlich angesprochen werden, kommt es zu grundsätzlichen Änderungen im Investitions- und Ertragsgefüge: Indizien des Trading-up sind ein Anstieg der Vorrats- und Anlageinvestitionen, ein Rückgang des Kapital- und Lagerumschlages und – aufgrund einer Ausweitung der Sortimente auch auf „Langsamdreher" – ein Anstieg der Spannen (Nieschlag/Kuhn, 1980, S. 100).

Das Konzept von der Dynamik der Betriebsformen bezieht sich nicht nur auf die Outlet-Ebene (Ladeneinzelhandel), sondern auch auf die von den Handelsunternehmen verfolgte Gesamtstrategie (Nieschlag/Kuhn, 1972, S. 90 ff.). Neben der Outlet-Ebene sind die unterschiedlichen Konzepte der vorgelagerten Stufen ebenfalls differenzierungsrelevant (Filialsysteme, kooperative Gruppen [freiwillige Ketten, Einkaufsgenossenschaften]). Dies trägt der Tatsache Rechnung, dass ein Großteil der Rationalisierungserfolge vergangener Pioniertaten nicht der Outlet-Ebene allein, sondern der Multiplikation des Ladenkonzepts bzw. der systematischen Zusammenarbeit in Kooperationen entsprang.

2.2 Grenzen und Fragen

Nieschlag selbst wies darauf hin, dass es auch Ausnahmen von den dynamischen Prinzipien des Betriebsformenwandels gibt, und führte als Beispiel die Boutiquen an. Gleichwohl ging er bei der Dynamik der Betriebsformen von naturgesetzähnlichen Regelzusammenhängen aus. Denn von diesen Einzelfällen gingen kaum größere Wirkungen auf Hersteller und Verbraucher aus (Nieschlag/Kuhn, 1980, S. 101). Die Dynamik der Betriebsformen entwickelte sich damit zu einem Erklärungskonzept für die großen Entwicklungslinien im Einzelhandel.

Dennoch ist zu bedenken, dass das Betriebsformenkonzept in einer Zeit entwickelt wurde, als der Einzelhandel durch starkes Wachstum gekennzeichnet war. Das wirft die Frage auf, ob das Konzept von der Dynamik der Betriebsformen universelle oder doch nur raum-zeitlich beschränkte Aussagen zulässt. So ist im Weiteren zu klären, ob Trading-up und Assimilation auch unter Globalisierungsdruck und in Zeiten der Nachfragestagnation dominante Verhaltensmuster darstellen.

Zusammenfassend kann an dieser Stelle festgehalten werden, dass das Konzept der Dynamik der Betriebsformen als typisches Strategiemuster einen preispolitisch bestimmten Markteintritt von Innovatoren und einen durch Wettbewerb ausgelösten Angleichungsprozess vorhersagt. Denkt man diesen Grundprozess zu Ende, dann müsste sich langfristig ein strategisches Patt im Einzelhandel einstellen, das durch folgende Abläufe geprägt wäre:

- Trading-up bewirkt eine Angleichung der Innovatoren an das etablierte Preisniveau „von unten", Nachahmung und Anpassungsmaßnahmen der Etablierten führen zur Angleichung „von oben" an die Kosten- und Leistungsstruktur der Innovatoren.

- Jede im Sinne von Nieschlag signifikante Betriebsforminnovation führt also zu einem Rationalisierungsschub, bei dem die Innovatoren ihre Vorsprungsgewinne jedoch wieder verlieren. Mit anderen Worten: Die gesamtwirtschaftliche Handelsleistung wird theoriegemäß insgesamt effizienter erbracht, wobei aber das Effizienzniveau der Innovatoren im Wettbewerbsprozess nicht gehalten werden kann.

- Sobald die Rationalisierungsspielräume ausgeschöpft wurden, nimmt der Anreiz zu Prozessinnovationen ab, die Angleichung zwischen Newcomern und Etablierten beschleunigt sich. Diese Phase wird daher durch fehlende Markteintritte neuer Betriebsformen und einen geringen Differenzierungsgrad der am Markt vorhandenen Betriebsformenkonzepte gekennzeichnet sein.

- Solange der Wettbewerb auf der Absatzseite des Einzelhandels vor allem aufgrund der immer noch zunehmenden Angebotsdifferenzierung praktisch nicht beschränkbar ist (so unter anderem Täger et al., 1994, S. 99), wird das Wettbewerbsverhalten in reifen Märkten weiterhin nicht erlahmen. Unter dieser Voraussetzung wäre nach Nieschlags Dynamik der Betriebsformen ein wachsender Nichtpreiswettbewerb zu erwarten. Denn theoriegemäß müsste Trading-up und Assimilierung nach Erosion der Wettbewerbsvorteile einsetzen.

Im Folgenden werden die Entwicklungen der vergangenen Jahre danach beleuchtet, ob diese Muster im Marktverhalten des Einzelhandels tatsächlich zu beobachten gewesen sind.

3. Markt- und Wettbewerbsentwicklung im Einzelhandel

3.1 Globalisierung

Der Wettbewerb im Einzelhandel wird im Mittelstand nicht selten als räumlich begrenzt dargestellt. Noch im Zusammenhang mit der Binnenmarktdiskussion wurde verschiedentlich auch aus der Praxis heraus darauf hingewiesen, dass der Einzelhandel von der Globalisierung des Wettbewerbs kaum tangiert würde – all business is local. Wäre dem so, dann hätte der Handel keinen Bedarf, seine Unternehmensgrößen an die größer werdenden Märkte anzupassen, Antworten auf die zunehmende Differenzierung des Warenangebots zu finden und sich in immer schneller ablaufenden, durch Informationstechnologie und Telekommunikation beschleunigten Wettbewerbsprozessen zukunftsfähig aufzustellen. Es wird zu zeigen sein, dass diese Lokalmarktthese ungenau ist und dazu beiträgt, die strategischen Herausforderungen der Branche zu unterschätzen.

Richtig ist, dass sich der Wettbewerb im Einzelhandel um den Endkunden – der Absatzwettbewerb – in räumlich relativ eng begrenzten Märkten vollzieht. Allerdings hat auch hier die zunehmende Filialisierung längst zu großräumigen, teils gar nationalen Interdependenzen im Wettbewerb geführt. Das gilt in Deutschland weniger für den Fast-Moving-Consumer-Good-Sektor (FMCG; i. e. Lebensmitteleinzelhandel/LEH, Drogeriewaren) als für den Nonfood-Bereich. Dagegen besitzt der Wettbewerb auf den Beschaffungsmärkten seit längerem eine noch anwachsende internationale Qualität. Auch der

Marktzugang in die Staaten des ehemaligen Ostblocks hat beim Wettbewerb *um* Standorte und beim sich daran anschließenden Wettbewerb *der* Standorte in den regionalen Märkten wachsende internationale Dimensionen. Diese Beispiele verdeutlichen, dass Globalisierung sich im Einzelhandel in unterschiedlichen Facetten und Intensitäten zeigt:

- Der Absatzwettbewerb ist derzeit weitestgehend regional ausgerichtet. Bereits aber der Versandhandel, mehr noch der schneller wachsende Internethandel (B2C) stellen diese Regionalität zunehmend infrage. Wenngleich in Deutschland heute nur etwa ein bis zwei Prozent des Einzelhandelsumsatzes über das Internet und fünf bis sechs Prozent über den Versandhandel abgewickelt werden, so wird der Wettbewerb in einzelnen Warengruppen erheblich stärker aus seinen regionalen Bindungen herausgelöst (z. B. Bücher, Tonträger bzw. die Versandhandelsakzeptanz im ländlichen Raum, die nach Erfahrungen des Verfassers in einzelnen Warengruppen z. B. Bekleidung ca. 15 Prozent Anteil erreichen kann).

- Auf der Beschaffungsseite nutzt der Handel die Vorteile einer wachsenden internationalen Arbeitsteilung in einer immer globaleren, entgrenzten Welt. Zum einen eröffnen sich dem Handel neue kostengünstige Bezugsquellen in Entwicklungs- und Schwellenländern, in denen die Produktionskapazitäten und -kompetenzen ausgebaut werden. Zum anderen bezieht der Handel Waren von der inländischen bzw. europäischen Industrie, die mit der Vergrößerung und Liberalisierung der Märkte ihre Produktionsstandorte global optimiert hat. Da die Industrie vor allem bei Nonfood selbst die globalen Bezugsmöglichkeiten nutzt und zunehmend Handelsware importiert, erweitern sich die Bezugsmöglichkeiten des Handels zusätzlich (Täger et al. 1993, S. 33 f.). Diese Globalisierungseffekte erhöhen folglich grundsätzlich die Ausweichalternativen des Handels und begünstigen daher im Allgemeinen (c. p.) sinkende Einkaufspreise. Ferner erhöht sich tendenziell die Warenvielfalt, so dass Chancen und Notwendigkeiten zur Ausdifferenzierung von Sortimentskonzepten und Spielräume für Sortimentsspezialisten zunehmen (Lademann, 1991).

- Da der Einzelhandel niedrigere Einkaufspreise zur Ausweitung der Marktanteile nutzen kann, führt die Globalisierung der Beschaffung zu einem wachsenden Warendruck im Inlandsmarkt. Dies gilt für kompetitive, wettbewerblich unbeschränkte Märkte, von denen im Einzelhandel auszugehen ist (siehe oben). Damit mündet Globalisierung c. p. auch in sinkenden Verkaufspreisen im Hochlohnland Deutschland.

Die generellen Wirkungen der Globalisierung – Konzentration, Differenzierung und Beschleunigung – haben erhebliche Auswirkungen auf das Absatzmarketing und den Rationalisierungsdruck im Handel. Nach dem Konzept der Dynamik der Betriebsformen wäre daher zu erwarten, dass der Innovationsdruck zur Entwicklung neuer Unternehmenskonzepte und neuer Verkaufsformen zunimmt.

3.2 Stagnation im Einzelhandel

Die ökonomischen Eckdaten der Einzelhandelsentwicklung der letzten zehn Jahre waren maßgeblich durch zwei Tendenzen geprägt:

- von einer nominal stagnierenden, real jedoch rückläufigen Nachfrage nach Einzelhandelsleistungen,
- von einer anhaltenden Expansion der Verkaufsflächen.

Nach der folgenden Abb. 1 wuchs die Nachfrage nach Einzelhandelsleistungen nur bei Waren des periodischen Bedarfs (überwiegend Lebensmittel) etwa parallel zur Inflationsrate. Damit war der reale Umsatz dieses Einzelhandelsbereichs weitgehend konstant. Der aperiodische Bedarf war dagegen bis auf den Freizeitbedarf (unter anderem Sport, Do-it-Yourself) deutlich rückläufig. Es handelt sich um Warengruppen, bei denen die Verbraucher vergleichsweise leicht Ausgaben durch Konsumverzicht aufschieben konnten (vor allem Bekleidung, Uhren/Schmuck, Möbel) oder die besonders unter Globalisierungsdruck standen (unter anderem Consumer Electronics/Telekommunikation, IT).

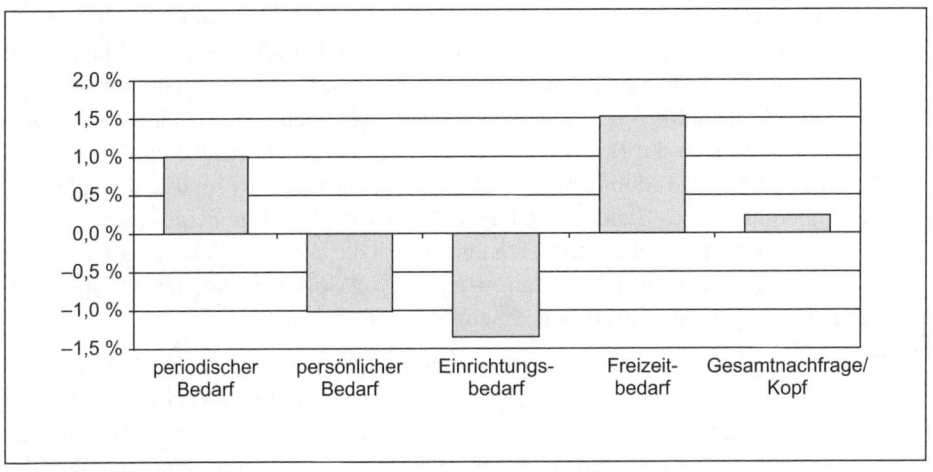

Abb. 1: Durchschnittswachstum der Prokopfnachfrage p. a. für 1992 bis 2001
  Quelle: eigene Berechnungen, Statistisches Bundesamt

Dies wirft die Frage auf, ob der Zusammenhang zwischen Einzelhandelsnachfrage und Globalisierung nicht enger ist als zunächst dargestellt. Ein Blick auf die Abb. 2 bestätigt diese Vermutung. Denn in den vergangenen Jahren ist der private Verbrauch nominal kontinuierlich gestiegen (+2,6 Prozent bis 3,6 Prozent p. a.). Das gilt auch für eine inflationsbereinigte Rechnung.

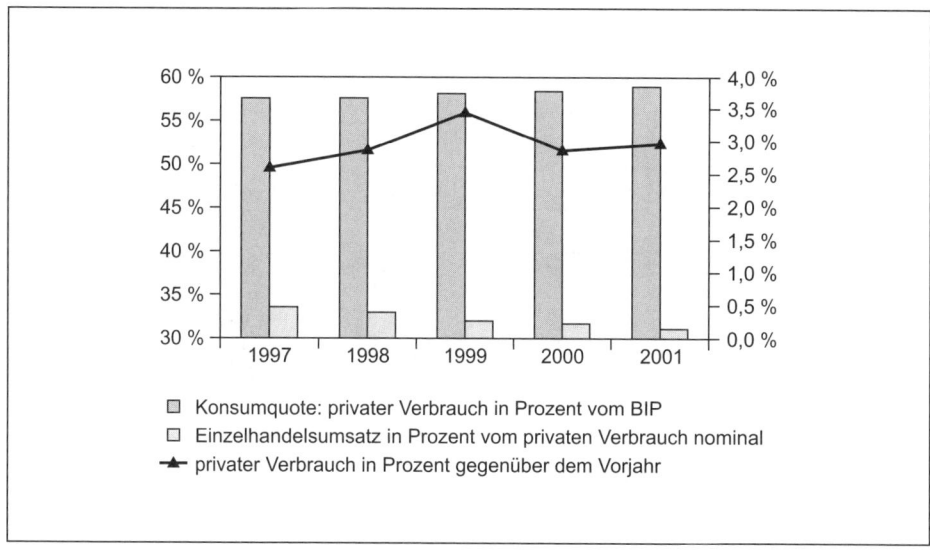

Abb. 2: Eckdaten Einzelhandelsnachfrage

Die Nachfrageschwäche im Einzelhandel lässt sich folglich nicht auf konjunkturelle Effekte bzw. einen rückläufigen privaten Verbrauch zurückführen. Wenn ein deutliches Wachstum des privaten Verbrauchs vorliegt, der Einzelhandelsumsatz relativ oder absolut sinkt bzw. allenfalls stagniert, dann kann ein Globalisierungseinfluss zumindest nicht ausgeschlossen werden.

Diese Überlegung wird auch durch jüngste Prognosen des Statischen Bundesamtes gestützt, wonach der Anteil für FMCG auch langfristig etwa konstant bleiben wird, während die Nonfood-Nachfrage am privaten Verbrauch von heute (2001) 24 Prozent auf rund 21 Prozent in 2010 zurückgehen soll (vgl o. V., 2003, S. 22 f.). Denkbar ist allerdings auch, dass die Attraktivität des Angebots nicht ausreicht, um in einem Käufermarkt die Nachfrage stärker zu stimulieren. Darauf wird bei der Betrachtung der Betriebsformen zurückzukommen sein.

In dieser Stagnationsphase hat die Flächenexpansion im Einzelhandel weitgehend angehalten. Die Gesamtzuwächse inklusive Verkaufsflächen unter 700 m² haben in den vergangenen Jahren trotz fehlenden Marktwachstums jedes Jahr einen „Bodensatz" von 1,5 bis 1,8 Millionen m² erreicht. Bemerkenswert ist auch, dass in den vergangenen Jahren der Anteil der als Einkaufszentrum geplanten Vorhaben kontinuierlich bis auf rund 45 Prozent aller Vorhaben hochgeschnellt ist, obwohl dieser Standorttyp nur knapp 10 Prozent am Verkaufsflächenbestand von aktuell (2002) rund 111 Millionen m² erreicht (dazu Lademann, 2002, S. 66). Damit werden Präferenzverschiebungen in der Standortpolitik der verschiedenen Einzelhandelsbetriebsformen sichtbar.

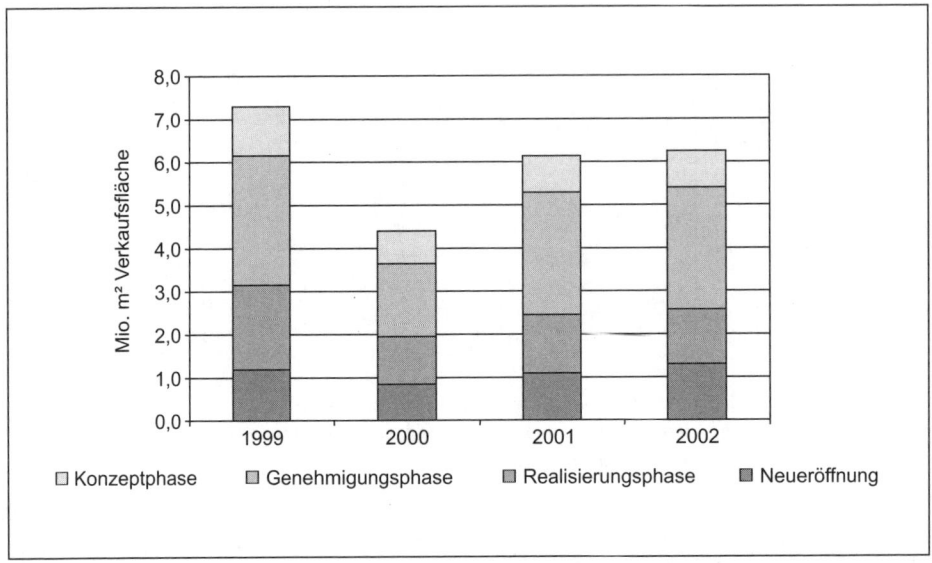

Abb. 3: Verkaufsflächenexpansion im deutschen Einzelhandel (ab 700 m² VK)
Quelle: RIOS-Handelsstandorte

4. Betriebsformenentwicklung im Food-Einzelhandel

4.1 Strukturwandel

Für den Einzelhandel mit FMCG (Nahrungs- und Genussmittel sowie Wasch-, Putz-, Reinigungs- und Körperpflegemittel, Zeitungen/Zeitschriften, Blumen) sollen nunmehr die wichtigsten Absatzwege an den Endverbraucher näher betrachtet werden. Die strukturellen Veränderungen im Distributionssystem für die letzten neun Jahre fasst die folgende Abbildung zusammen.

Während der Spezialeinzelhandel (unter anderem Tankstellen, Drogeriefachmärkte) seinen Anteil von rund 16 Prozent auf fast 20 Prozent deutlich erhöhte und die Direktvermarktung der Industrie und der Landwirtschaft um +1 Prozentpunkt leicht zulegen konnte, musste der Universaleinzelhandel (alle Betriebsformen des LEH) einen Rückgang seines Anteils um 2 Prozentpunkte auf ca. 57 Prozent hinnehmen. Das Lebensmittelhandwerk verlor einen Prozentpunkt. Die FMCG-Distribution ging folglich zunehmend an Super- und Verbrauchermärkten, an SB-Warenhäusern, Discountern und den noch verbliebenen SB-Läden und SB-Geschäften (Nachbarschaftsläden) vorbei. Bezieht man die zunehmende Bedeutung der Außerhausversorgung ein, dann hat der LEH heute nur noch einen „share of stomach" von deutlich unter 50 Prozent, nachdem dieser Wert 1985 noch bei etwa 52 Prozent gelegen hatte (dazu Lademann, 1986, S. 193 ff., 1996, S. 10 ff.).

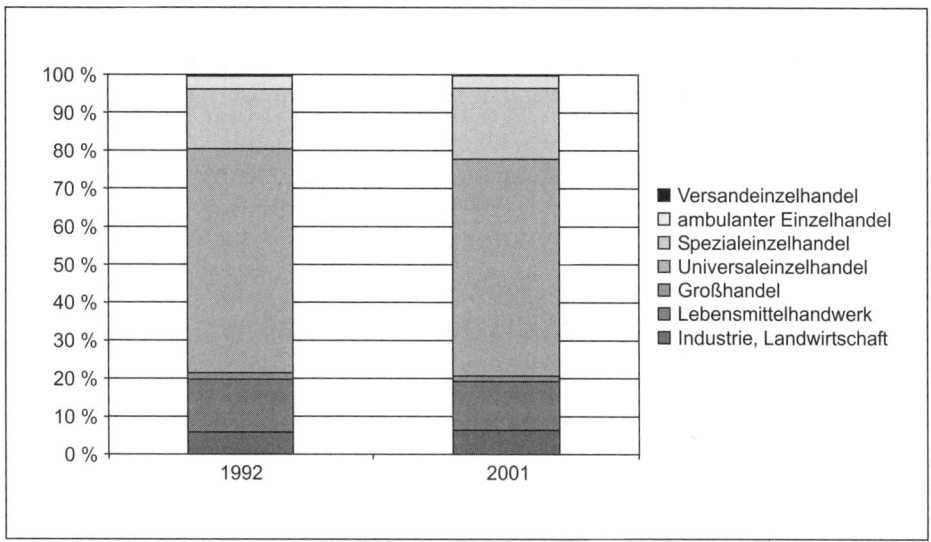

Abb. 4: *Struktur der Nahrungsmitteldistributionen*
    Quelle: eigene Berechnungen, Statistisches Bundesamt

Ein Blick auf die Entwicklung der verschiedenen LEH-Betriebsformen zeigt, dass vor allem die Marktbedeutung der auf die Nahversorgung ausgerichteten Betriebsformen (SB-Geschäfte, SB-Supermärkte) deutlich erodierte. Es gingen in den vergangenen Jahren sowohl Standorte und Verkaufsflächen als auch Umsätze verloren. Die Umsatzanteile am LEH schrumpften um 5,1 Prozentpunkte auf 25,5 Prozent (Supermärkte) bzw. 4,5 Prozentpunkte auf 16,6 Prozent (Nachbarschaftsläden).

Gleichzeitig bauten Discounter ihre Position erheblich aus. Sie konnten ihre Verkaufsfläche mehr als verdoppeln, ihre Anzahl wuchs um 60 Prozent, während ihre Umsätze um fast 51 Prozent stiegen. Der Discountumsatzanteil am LEH erhöhte sich daher um fast 10 Prozentpunkte auf inzwischen fast 35 Prozent. Da dieser Betriebstyp anders als die nach baurechtlichen Maßstäben großflächigen Betriebe kaum durch genehmigungsrechtliche Restriktionen (unter anderem § 11 Abs. 3 Baunutzungsverordnung/BauNVO) beschränkt wird, stehen der Expansion der Discounter keine administrativen Marktzugangsbarrieren entgegen.

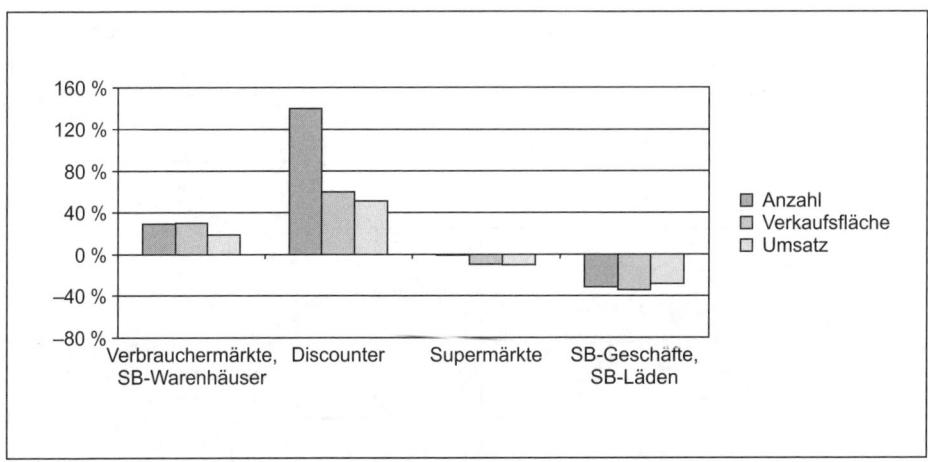

Abb. 5: Expansion der LEH-Betriebsformen Veränderungen zwischen 1992 und 2001
    Quelle: DHI 92, EHI 02

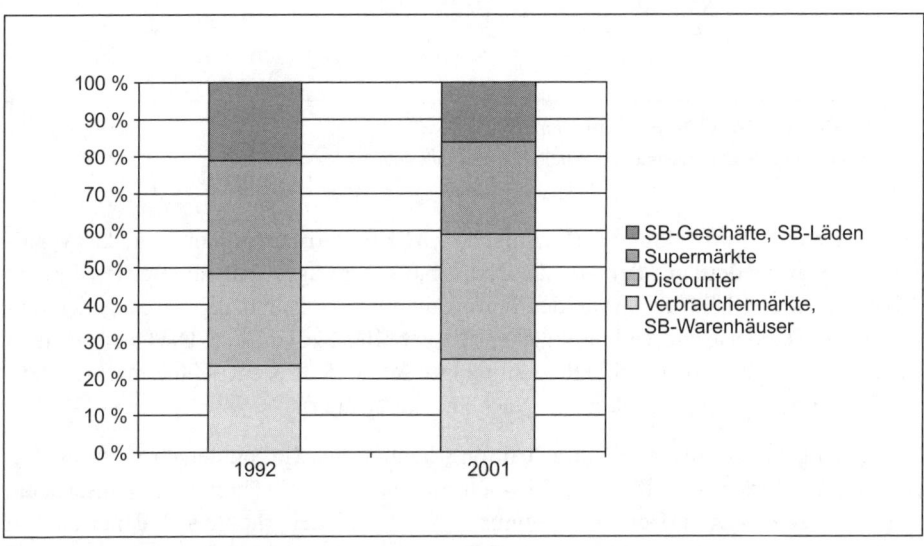

Abb. 6: Umsatzanteile nach Betriebsformen im LEH
    Quelle: EHI 1992, 2002

Dagegen nimmt sich das Wachstum der großflächigen Betriebsformen „Verbrauchermarkt" und „SB-Warenhaus" fast bescheiden aus; ihre Anzahl und ihre Verkaufsflächen nahmen im Betrachtungszeitraum um gut 29 Prozent zu, ihr Umsatz wuchs um knapp 19 Prozent, so dass sie heute einen Umsatzanteil am LEH von knapp 26 Prozent aufweisen (+2,4 Prozentpunkte). Eine schnellere Expansion wird wesentlich durch die besagten bauplanungsrechtlichen Marktzugangsschranken verhindert.

4.2 Strategiemuster des Betriebsformenwandels im LEH

Die Dynamik der Betriebsformen im LEH basiert nach Beobachtungen des Verfassers im Betrachtungszeitraum auf folgenden strategischen Prinzipien:

Discounter

- Die Expansion der Discounter beruht sortimentsseitig auf einer verstärkten Beschränkung der Sortimente auf „Schnelldreher". Durch weitere Straffung des Sortimentumfangs (–24 Prozent/DHI, 1992, EHI, 2001) konnte der zentrale Eckpfeiler für effiziente Geschäftsprozesse dieses Betriebstyps gesichert werden, die wiederum Grundlage und Voraussetzung der betriebstypbestimmenden Dauerniedrigpreisstrategie ist. Dabei erfolgte allerdings eine Verschiebung zum Nonfood-Bereich, der um gut 17 Prozent ausgebaut wurde, während die Artikelzahl im Foodsortiment insgesamt um rund 33 Prozent reduziert wurde (DHI, 1992, S. 206 ff., EHI, 2001, S. 242 ff.).

- Es ist allerdings zu beobachten, dass die ursprüngliche Ausrichtung nur auf das Trockensortiment zugunsten einer teils beachtlichen Frischwarenorientierung (in Selbstbedienung) aufgegeben wurde. Auch der Einstieg der Discountformate in das SB-Geschäft mit Frischfleisch steht nach Innovationen in der Verpackungstechnologie offenbar kurz bevor (o. V., 2003, S. 40 f.). Darüber hinaus hat der Anteil der Nonfood-Randsortimente deutlich zugenommen, mit denen die Positionierung als Preisführer strategisch abgesichert wurde.

- Die Dauerniedrigpreispolitik im Foodbereich wird nämlich zunehmend durch eine ausgeprägte Aktionspolitik flankiert. Wechselnde Nonfood-Randsortimente übernehmen dabei eine Profilierungsfunktion im Wettbewerb, die, inzwischen vom Verbraucher gut gelernt, regelmäßig zu Käuferschlangen vor Ladenöffnung an den Aktionstagen führt. Aldi z. B. ist auf diese Weise zum neuntgrößten Textileinzelhändler in Deutschland aufgestiegen (EHI, 2001, S. 145).

- Die Discounter orientieren die Expansion ihrer Filialnetze anhaltend und zunehmend an den Präferenzen des (auto-)mobilen Verbrauchers. Daher sind praktisch alle Discountanbieter dabei, ihre Filialkonzepte auf neue Formate und Standorte umzustellen. Während noch bis in die 90er Jahre hinein integrierte Ladenlokale mit 350 bis 500 m² Verkaufsfläche ohne eigene Stellplätze nachgefragt wurden, entwickeln die Discounter heute Grundstücke ab 4.000 m² an gut bis sehr gut frequentierten Ausfallstraßen, am Rande von Wohngebieten und in Gewerbegebieten. Angestrebt werden Ladengrößen von rund 800 bis 1.000 m² Verkaufsfläche und mindestens 100, besser 120 bis 140 Stellplätze. Mit dieser Ladengröße sind keine oder allenfalls geringe bauplanungsrechtliche Hemmnisse zu überwinden, so dass die Expansion nicht durch administrative Marktzutrittsbarrieren gebremst wird.

SB-Warenhäuser und Verbrauchermärkte

- Die SB-Warenhaus-Betreiber haben in den vergangenen Jahren ihre bundesweite Marktpräsenz ausgebaut. Da die Marktdurchdringung dieser Betriebsform hin zu nationalen Filialnetzen durch das Bauplanungsrecht verlangsamt wird, vollzog sich die Entwicklung bis zum Ende der 90er Jahre auch in erheblichem Umfang durch Fusionen (zuletzt Metro/Allkauf, WalMart/Wertkauf, WalMart/Spar-Plaza).

- Die von den SB-Warenhäusern und Verbrauchermärkten verfolgte Sortimentspolitik war vor allem durch eine anhaltende Ausweitung und Differenzierung geprägt. Beide Großbetriebsformen verdoppelten seit 1992 bis heute praktisch ihre Sortimentsumfänge. Auch hier war die Sortimentsausdehnung im Nonfood-Bereich größer als im Foodbereich (vgl. DHI, 1992, S. 205 ff., EHI, 2001, S. 242 ff.). Die Foodsortimente wurden von allen SB-Warenhausbetreibern außerdem im Bereich Handelsmarken und No-Names ausgebaut. Einstiegspreislagen auf Discountniveau sollten die Kundenbindung erhöhen bzw. das Abwandern zu Discountern verhindern.

- Die Sortimentsausweitung erfolgte sogar noch auf sinkenden durchschnittlichen Betriebsgrößen (vgl. DHI, 1992, S. 205 ff., EHI, 2001, S. 242 ff.). SB-Warenhäuser werden heute überwiegend zwischen 6.000 und 7.500 m² Verkaufsfläche konzipiert. Sofern aus den 70er Jahren noch Betriebe mit deutlich über 10.000 m² Verkaufsfläche „am Netz" waren, wurden diese redimensioniert und in Fachmarktagglomerationen umgewandelt (z. B. die von der Metro-Gruppe übernommenen Huma-Center oder Massa-Häuser).

- Da der Umsatzanstieg – wie oben gezeigt – geringer ausfiel als die Flächenerweiterung dieses Betriebstyps, führte die wachsende Angebotsvielfalt zu einem doppelten Margenrückgang: zum einen durch tendenzielle Verschlechterung der economies of scale im Einkauf, zum anderen als Folge steigender Handlingkosten und Warenrisiken im Sortiment. Außerdem verringert sich dadurch die Effizienz anderer Marketinginstrumente, etwa durch Zersplitterung der Kommunikationsbudgets für ein wachsendes Sortiment bzw. auf zahllose Aktionsartikel und Warengruppen.

- Die Standortpolitik konzentrierte sich neben den typischen peripheren („grüne Wiese") Fachmarktagglomerationen oder Stand-alone-Objekten zunehmend auch auf Vorhaben in Fachmarkt- und vereinzelt in Shopping-Centern. Außerdem kam es zu Vorhaben in integrierteren Lagen auf Bahn-, Post- oder Bundeswehrbrachen – oft auch mangels Baugenehmigungen für geeignetere Standorte.

Supermärkte, Nachbarschaftsgeschäfte

- Vor allem nicht filialisierte Supermärkte und Nachbarschaftsgeschäfte konzentrierten sich auf die Stärkung der Frischekompetenz sowie auf Serviceleistungen (Bringservice, Gastronomie, Partyservice etc.). Sortimentserweiterungen um gut ein Drittel, bei Nonfood immerhin um 70 Prozent, spielten bei diesem Betriebstyp gegenüber den oben angeführten Mitbewerbern jedoch eine geringere Rolle. Andere Anpassungsmaßnahmen als Reaktion auf den Vormarsch der anderen Betriebstypen waren kaum zu beobachten, insbesondere nicht auf standortpolitischem Gebiet.

- Filialisierte Supermarktunternehmen haben im Betrachtungszeitraum darüber hinaus unter erheblich stärkerem Anpassungsdruck gestanden als die flexibleren Einbetriebsunternehmen. Ihre fast ausschließlich integrierten Standorte ließen weder nennenswerte Flächenerweiterungen noch den Ausbau der in der Regel sehr geringen Stellplatzausstattung zu. Insofern trugen auch hier die Sortimentserweiterungen dazu bei, die Ertragskraft c. p. zu schwächen. Daher überrascht es nicht, wenn der Niedergang dieser Betriebsform auch führende Anbieter (z. B. die Tengelmann-Gruppe oder die Spar AG) in existenzielle Schieflage brachte.

4.3 Theorieabgleich des Betriebsformenwandels im LEH

Die skizzierte Entwicklung der Nahrungsmitteldistribution zeigt, dass der Wettbewerb der Strategien nur teilweise nach dem Muster des Betriebsformenkonzepts Nieschlags verläuft. Dazu ist zu klären, welche Strategieelemente der einzelnen Betriebsformen essenziell waren. Für diese konstitutiven Merkmale ist dann zu prüfen, ob es zu Trading-up und zur Assimilation im Wettbewerbsverhalten gekommen ist.

Konstitutive Merkmale und Konzeptentwicklung der Discounter

- Das entscheidende konstitutive Merkmal der Discounter ist eine kostenbasierte Dauerniedrigpreisstrategie, die vor allem durch Sortimentsbeschränkung und effiziente rückwärtige Dienste sowie flächendeckende Multiplikation der Outlets erreicht wird. Demgegenüber ordnen sich andere Instrumente wie die Standortpolitik, die Verkaufsstellengestaltung und die Verkaufsorganisation unter.

- Diesem Prinzip sind die Discounter konsequent treu geblieben. Die qualitativen Sortimentsanpassungen in Richtung auf eine zunehmende Frischekompetenz könnten zwar als Trading-up-Erscheinungen gedeutet werden. Da der Grundsatz, sich auf Schnelldreher zu konzentrieren, nicht durchbrochen wurde, ist es sachgerechter, diese Sortimentsentwicklungen eher der vorher eingeschränkten technischen Machbarkeit zuzuschreiben. Das Discountprinzip ist nicht auf das Trockensortiment beschränkt.

- Der Wandel in der Standortpolitik kann dagegen als ein Anpassungsprozess an die verkehrsorientierten Standorte der LEH-Großflächen aufgefasst werden. Die Ausrichtung auf den mobilen Konsumenten ist ganz offensichtlich das strategisch stärkere Prinzip.

Konstitutive Merkmale und Konzeptentwicklung der SB-Warenhäuser und Verbrauchermärkte

- Ein strategisches Leitprinzip der LEH-Großflächen war seit jeher der „Vollsortimentsgedanke" und das One-Stop-Shopping. Dieser Ansatz wurde mit dem teils dramatischen Ausbau der Sortimente konsequent fortgesetzt. Aus strategischer Perspektive handelt es sich um den Gegenpol zum Discountkonzept.

- Als weiteres konstitutives Merkmal galt das Selbstbedienungsprinzip. Da die SB-Warenhäuser selbst dieses Prinzip durch Abteilungen mit Fremdbedienung durchbrochen haben und andere Betriebsformen Selbstbedienung neben der Fremdbedienung eingeführt haben, ist es hier zweifellos zur Assimilierung gekommen.

- Die Idee der „Vollsortimentierung" hat Konsequenzen für die Größe der Verkaufsfläche und die Standortpolitik. An einer grundsätzlich verkehrsorientierten Ausrichtung aller Standort- und Objektbelange hat sich nichts geändert. SB-Warenhäuser konzentrieren sich inzwischen auf eine offenbar optimale Verkaufsfläche zwischen 6.000 und 7.500 m². Neuentwicklungen von Verbrauchermärkten erfolgen zunehmend auf Größen oberhalb von 2.500 m² Verkaufsfläche. Dabei handelt es sich zwar auch um eine Annäherung an die Sortimentsdimensionen der SB-Warenhäuser, jedoch in erster Linie um die Untergrenze für wirksame Differenzierungsmaßnahmen gegenüber den Discountern.

Konstitutive Merkmale und Konzeptentwicklung sonstiger Betriebsformen

- Angesichts dieser Polarisierung der Entwicklung überrascht es nicht, wenn die Supermärkte und Nachbarschaftsgeschäfte starkem Verdrängungswettbewerb ausgesetzt sind. Die Expansion von Discountern und LEH-Großflächen beruht nämlich auf Grundlagen, die die Nahversorger konstitutiv nicht nutzen können.

- Anpassungsspielräume durch Sortimentserweiterung können nur in geringem Umfang genutzt werden, die Standorte lassen sich kaum erweitern, die Erreichbarkeit mit Pkw ist überwiegend schwierig. Die Nahversorger haben c. p. offenbar weder im Preiswettbewerb noch im Sortimentsumfang sowie bezüglich des präferierten Pkw-Einkaufs Anpassungsmöglichkeiten.

- Daher lassen sich Nahversorger dort weiter entwickeln, wo sich frequentierte Einkaufslagen in lebendigen Zentren, möglichst gepaart mit hoher Kaufkraft, oder lokale Märkte mit engeren Marktstrukturen (z. B. im ländlichen Raum) halten konnten.

- Darüber hinaus lohnt es sich, auch über den LEH hinaus den Vormarsch anderer Betriebsformen zu betrachten. Der periodische Bedarf spielt bei Tankstellen inzwischen eine zentrale Rolle. Als konstitutives Merkmal der Tankstellen kann das Conveniencekonzept (Nutzung unbeschränkter Ladenöffnungszeiten und „Drive-through-Prinzip") angesehen werden. Die Ausrichtung auf einen situativen Bedarf und die Kopplung an andere Aktivitäten (Tanken, Autowäsche) schaffen einen erheblichen Verbrauchernutzen, der ein deutlich höheres Preisniveau durchsetzbar macht.

- Trotz des Vormarsches der Discounter und der LEH-Großflächen darf nicht übersehen werden, dass in einzelnen Sortimentsbereichen auch die Fachmarktidee (siehe unten) erfolgreiche Betriebstypenentwicklungen zuließ: z. B. bei Getränkefachmärkten oder Drogeriefachmärkten (unter anderem Schlecker, Rossmann). In ihren Sortimentsschwerpunkten halten diese Fachmärkte signifikante Marktanteile und wachsen in der Regel erheblich schneller als der LEH (Drogeriewaren von 1992 bis 2001 +7,2 Prozent p. a.).

4.4 Zwischenergebnis

Die bisherige Analyse hat gezeigt, dass sich die Betriebsformen im LEH durch Trading-up nur in geringem Maß assimiliert haben. Es überwiegt das Prinzip einer konsequenten Profilierung und Abgrenzung von anderen Betriebsformen. Hinzu kommt, dass der Einstieg neuer Betriebsformen, wie die inzwischen als „Ergänzungsversorger" etablierten Tankstellen, keineswegs über eine Niedrigpreisstrategie erfolgen muss.

Mit Blick auf die Betriebsformentheorie ist schließlich auch bemerkenswert, dass es in den vergangenen Jahren statt zum Eintritt neuer Betriebsformen zu einem heftigen Preiswettbewerb und einem weiteren Verfall der Margen gekommen ist. Wenngleich anhaltender Globalisierungsdruck sowie Fortdauer von Nachfragestagnation und Flächenexpansion diese Entwicklung erwarten lassen – es soll ein real stagnierender Umsatz auf wachsender Verkaufsfläche, also c. p. mit wachsenden Fixkosten verkauft werden –, kann diese Entwicklung mit der Betriebsformentheorie nicht erklärt werden.

Gerade weil die Discounter, Verbrauchermärkte und SB-Warenhäuser sich nicht assimiliert haben, haben sie offenbar das Reifestadium noch nicht erreicht. Solange dies der Fall ist und die Nahversorger konstitutiv bedingt ihre Wettbewerbsnachteile nicht verringern können, herrscht angesichts der Marktlage Verdrängungswettbewerb. Die gesamtwirtschaftlichen Effizienzspielräume in der Warendistribution wurden noch nicht ausgeschöpft. In solch einer „Endspielsituation" befindet sich der LEH offenbar.

5. Betriebsformenentwicklung im Nonfood-Einzelhandel

5.1 Strukturwandel

Der Begriff des Nonfood-Einzelhandels fasst zahlreiche Branchen zusammen, die jede für sich durch höchst unterschiedliche Entwicklungen gekennzeichnet waren. Dieser Beitrag kann daher nur schlaglichtartig einen Blick auf die Dynamik der Nonfood-Branchen und -Betriebsformen werfen.

Auf das Nonfood-Marktpotenzial in Deutschland entfallen rund 55 Prozent (231 Milliarden Euro) der Gesamtnachfrage im Einzelhandel von derzeit rund 419 Milliarden Euro p. a. Insgesamt betrachtet ist die Angebotsstruktur bei Nonfood in hohem Maße zersplittert. So kommt der Metro-Konzern als größter Nonfood-Anbieter in Deutschland auf einen Umsatzanteil von 6 bis 6,5 Prozent, gefolgt von KarstadtQuelle mit rund 5 bis 5,5 Prozent. In einzelnen Warengruppen setzt sich dieses Bild fort. Selbst ein Fachmarktunternehmen wie MediaSaturn mit klarem Fokus auf den gesamten Elektrobedarf erreicht als Marktführer gerade einmal einen Marktanteil von rund 18 Prozent.

Die Zersplitterung der Angebotsstruktur ist auch Folge der Fragmentierung der Märkte, die überwiegend Marktvolumina von meist unter 10 Milliarden Euro p. a. aufweisen und daher zahlreiche Spezialisierungsmöglichkeiten auch für Kleinbetriebe bieten. Schließlich handelt es sich bei vielen Nonfood-Sortimenten immer noch um beratungsbedürftige Produkte. Bei kleinen Marktsegmenten sind die Anforderungen an die optimale Betriebsgröße meist gering. Hinzu kommt, dass die Distributionspolitik der Industrie in diesen Bereichen teilweise noch durch eine gewisse Fachhändlertreue und durch selektive Vertriebssysteme gekennzeichnet ist. Großflächige Betriebsformen haben es als Sortimentsspezialisten dann schwer, sich im Markt zu etablieren, weil die economies of scale im Einkauf beschränkt sind und die Endverbraucher sowie die selektiven Listungsanforderungen der Industrie Sortimentstiefe (Differenzierung/Auswahl) voraussetzen. Solange kleinere Betriebstypen eine ausreichende Basis zur Einkommenserzielung abgeben, bestehen kaum Möglichkeiten, mit Betriebsformenkonzepten, die sich auf Schnelldreher dieses Warenbereichs konzentrieren, Kostenvorteile zu realisieren und etablierte Betriebe zu verdrängen. Solche Bedingungen treffen auf einen nicht unbeträchtlichen Teil der innenstadttypischen Sortimente, den Shoppingbedarf, zu.

Nicht zuletzt deshalb hat die Zusammenfassung von Sortimenten unter einem Dach im Einzelhandel eine lange Tradition. Je ähnlicher die Nachfragerhythmen (z. B. periodischer Bedarf) und je komplementärer der Bedarf (etwa beim gesamten Bekleidungsbedarf), desto eher lassen sich unterschiedliche Warengruppen zur Entwicklung von Betriebsformen mit Universalsortimenten nutzen. Die Waren- und Kaufhäuser, aber auch die zuvor erörterten Betriebsformen des LEH sind Beispiele für die Universalstrategie im Einzelhandel (one stop shopping). Nicht von ungefähr entstanden diese Großbetriebsformen des Einzelhandels am Anfang der modernen Handelsentwicklung.

Mit zunehmender Sortimentsvielfalt verliert die Strategie der „Vollsortimenter" jedoch an Glaubwürdigkeit und Kundennutzen, weil dieses Versprechen immer weniger erfüllbar ist und in einer strategischen Falle endet: Sobald Flächenerweiterungen ausgeschöpft wurden, müssen sich solche Betriebsformen entweder für die Betonung der Sortimentsbreite oder der Sortimentstiefe entscheiden. Im ersten Fall gehen ihnen die Sortimentskompetenz und die Kostenvorteile (Einkauf und Handling) im Verhältnis zu den Spezialisten verloren; im zweiten Fall geben sie ihre Positionierung und damit ein konstitutives Merkmal der Betriebsform auf. Es kommt zur Assimilation mit dem Fachhandel, ohne dass dessen Individualität und Kundennähe erreicht werden.

5.2 Strategiemuster des Betriebsformenwandels im Nonfood-Einzelhandel

Die durch Globalisierung zunehmende Warenvielfalt hat in Verbindung mit der Nachfrageschwäche die Entwicklungsdynamik im Nonfood-Einzelhandel beschleunigt. Sie lässt sich an drei Entwicklungslinien festmachen: der Abschied von der klassischen Warenhausidee, das Aufkommen der Fachmarktkonzeption und der Vormarsch vertikal strukturierter Wettbewerbsgruppen.

5.3 Abschied von der klassischen Warenhauskonzeption

Die Warenhäuser waren – wie bereits gezeigt – durch zwei Hebel gezwungen, schrittweise Abschied von ihrem Konzept des „Alles unter einem Dach" zu nehmen: zum einen aufgrund der zunehmenden Warenvielfalt, die auf den Flächen der Warenhäuser nicht mehr umfassend darstellbar war; zum anderen auch durch das Vordringen von Fachmärkten an kostengünstigen Standorten, die oft in ihren Warengruppen umfassendere Sortimente preisgünstiger anbieten konnten. Auf diese Weise wurden Möbel, Do-it-Yourself, teils auch Elektro und Lebensmittel selbst als Delikatessenabteilung an vielen Warenhausstandorten aufgegeben oder reduziert.

Die Warenhäuser gingen im Gegenzug zu einer standortselektiven Sortimentsstrategie über. Kleinere Häuser wurden dann je nach Marktsituation mit teils unterschiedlichen Sortimenten mittels Baukastensystem als Selektivwarenhaus betrieben. Tatsächlich bedeutete dies bereits an der überwiegenden Anzahl der Standorte den Abschied von der eigentlichen Warenhausidee, zumal gerade die Existenz einer Lebensmittelabteilung konstitutiv für das Warenhaus ist. Inzwischen haben die Warenhäuser ihre Sortimentskompetenz mehr und mehr in Richtung auf den persönlichen Bedarf (vor allem Bekleidung, Lederwaren, Uhren/Schmuck, Geschenkartikel, Parfümeriewaren) sowie Schreibwaren und Teile des Einrichtungssegments (GPK, Küchengeräte) verlegt. Dabei konzentrieren sich die Warenhäuser zunehmend auch auf führende Markenartikel, um sich als „Mehrbranchenfachhändler" gegenüber dem Fachhandel bzw. den Fachmärkten zu profilieren. Die Sortimentsbildung orientierte sich statt nach dem traditionellen Herkunftsprinzip immer stärker am Verwendungsprinzip bzw. am Bedarf von Zielgruppen: So entwickelte Kaufhof mit dem Galeria-Konzept zielgruppenspezifische „Warenwelten" (Damenwelt, Junge Welt, Sport-Welt etc., vgl. Heimbüchel et al., 2001, S. 191 ff.).

Als Ergebnis dieses quasi erzwungenen Strategiewechsels bei den Warenhäusern kam es zu einer Konzentration auf Sortimentsschwerpunkte und damit zu einer stärkeren Fokussierung auf die relative statt auf die absolute Unternehmensgröße. So ist es in der Vergangenheit im Bekleidungseinzelhandel nach einigen Unternehmensübernahmen zu spürbaren Verschiebungen in einem ansonsten aber weiterhin schwach konzentrierten Markt gekommen. Die folgende Übersicht zeigt aber auch, dass mit Edeka und Aldi zwei Lebensmitteleinzelhändler über ihre Randsortimentskonzepte in die Top-10 des Bekleidungseinzelhandels vorgestoßen sind.

Gruppe	1991	Gruppe	2000
C&A	6,5 %	KarstadtQuelle	10,8 %
Karstadt	4,7 %	Otto	6,7 %
Quelle	4,2 %	C&A	4,5 %
Otto	3,3 %	Metro-Gruppe	3,6 %
Kaufhof	3,2 %	P&C	2,3 %
Hertie	2,1 %	H&M	2,2 %
Horten	1,3 %	Divaco	2,0 %
P&C	1,3 %	Edeka/AVA	1,7 %
Woolworth	1,1 %	Aldi-Gruppe	1,6 %
Asko	1,0 %	Klingel	1,3 %
Gesamt Top-10	**28,6 %**		**36,8 %**

Abb. 7: *Top-10 Bekleidungseinzelhandel*
Quelle: eigene Berechnungen nach Textil-Wirtschaft

Durch diese Spezialisierungstendenzen stehen die Warenhäuser an manchen Standorten mit starkem Wettbewerbsdruck inzwischen vor einem neuen Problem: dem der Redimensionierung. Sie können ihre ehemals konzeptnotwendigen Flächen nicht mehr branchenüblich auslasten. Während Kaufhof nach der Idee einer „Vertical Mall" an verschiedenen Warenhausstandorten das Schwesterunternehmen Saturn als Elektrokaufhaus integriert hat, hat Karstadt mit Beginn des neuen Milleniums standort- und objektpolitisch einen Strategiewechsel vollzogen: Mit dem Standort Mülheim beginnt Karstadt, überdimensionierte Häuser durch Umrüstung in ein Shopping-Center zu attraktivieren und die Ertragskraft der Standorte zu erhöhen.

Die Warenhäuser selbst waren es, die im Zuge einer zunehmenden Warenvielfalt begannen, einzelne Warengruppen auf spezialisierte Kaufhauskonzepte zu übertragen. So entstanden Sport- und Spielwarenkaufhäuser (Kaufhof/Sport-Arena, Karstadt Sport und Spiel), Modekaufhäuser (Kaufhof/Lust for Life) oder z. B. Einrichtungshäuser (Karstadt).

5.4 Aufstieg der Fachmärkte

Mit dieser Entwicklung begegneten die Warenhäuser auch der raschen Expansion von Fachmärkten, die als großflächige Betriebsform durch Spezialisierung auf einzelne Warengruppen an verkehrgünstig gelegenen Standorten mit selbstbedienungsorientierten, multiplizierbaren Verkaufskonzepten Mitte bis Ende der 70er Jahren entstanden (vgl. unter anderem Tietz, 1992, S. 271 ff.). Am Anfang konzentrierte sich die Entwicklung auf den Do-it-yourself-Bereich, der eine warengruppenspezifische Vollsortimentspolitik ähnlich den SB-Warenhäusern verfolgte. Nach ähnlichem Muster entstanden „vollsortimentierte" Möbelmärkte und Elektrofachmärkte (Media, Pro, MediMax). Zunehmend werden immer mehr Warengruppen von der Fachmarktidee erfasst: Baby-Fachmärkte, Gartenfachmärkte, Autozubehörfachmärkte usw.

Mit Blick auf die Dynamik der Betriebsformen ist bemerkenswert, dass die branchenbezogene Vollsortimentspolitik in einigen Branchen auch Spezialisierungsspielräume für Spezialfachmärkte eröffnete. So entstanden Bekleidungsfachmärkte (Adler), Schuhfachmärkte (Hess, Reno), Computerfachmärkte (Vobis), Elektronikfachmärkte (Conrad, der sich aus dem Bauelementebereich in Richtung auf Spielwaren und Modellbau entwickelte), Teppichfachmärkte (Tep & Tap), Heimtextilfachmärkte (Hammer). Diese Beispiele zeigen auch, dass die Strategie der Vollsortimentierung unter Globalisierungsdruck durch Spezialisten angreifbar ist.

5.5 Vertikalisierung

Vertikalisierung steht im hier verstandenen Sinne für die institutionalisierte Koordination von Beschaffung, Logistik und Absatzmarketing zwischen Industrie und Handel auf kooperativer oder kapitalgestützter Grundlage. Dabei werden oft einzelne Modelle parallel genutzt:

- Eine Variante der Vertikalisierung besteht in der vollständigen Übernahme der Handelsfunktion durch den Hersteller. Hierbei filialisieren die Hersteller über Monomarkenformate. Ein profilierter Vertreter dieser Gattung ist die spanische Herstellgruppe Inditex, die unter anderem mit der Textilkette Zara in Deutschland gerade ein eigenes Filialnetz im Rahmen eines Joint Venture mit der Otto-Versand-Gruppe aufbaut. Besonderheiten dieses Pionierkonzepts sind der Übergang von zwei saisongebundenen hin zu 13 Kollektionen p. a., ein durch geringen Warendruck Exklusivität suggerierendes Präsentationskonzept, ein permanenter Filialaustausch der Sortimente und moderate Preise für designbetonte Mode. Dieses Konzept setzt eine nachfragegesteuerte flexibilisierte Produktion und ein exzellentes Informationssystem voraus. Auf diese Weise soll der Verbraucher immer wieder neu zu einem Besuch bei Zara motiviert werden.

- Eine Form des Direktabsatzes an Endverbraucher, die in Deutschland in den 90er Jahren aufkam, ist das Factory-Outlet-Center bzw. das höherpositionierte Designer-Outlet-Center. Dieser Standorttyp kann aus unterschiedlichen Gründen in Deutschland praktisch kaum expandieren, so dass dieser für den deutschen Markt durchaus neue Ansatz derzeit weder vor einem Aufstieg noch vor einem Assimilationsprozess steht (dazu weiterführend Lademann/Treis, 1998, S. 116 ff.).

- Eine mehr kooperative Variante der Vertikalisierung besteht im Aufbau von Franchisesystemen durch die Hersteller (z. B. Esprit, Gap, Benetton, Bang & Olufsen, Bose), die mehr oder weniger ein markenexklusives Umfeld sichern sollen. Auch hier geht es darum, die Austauschbarkeit der Marken zu verringern und durch die Vertriebsmethode Alleinstellungsmerkmale abzusichern. Selektive Vertriebskonzepte, die im Handel auf vollständige oder partielle Markenexklusivität in einem Fachhändlernetz setzen (unter anderem Loewe), stellen keine neuen Vertriebssysteme dar.

- Eine eher duale Distributionspolitik verfolgen Hersteller, die außer über den institutionellen Einzelhandel über eigene Flagshipstores verfügen. Diese „Markentempel" dienen mehr noch als dem Verkauf der Markenpflege am Point of Sale (so z. B. Nike, MontBlanc, Designershops wie etwa Gucci, Zegna usw.). Diese Strategie soll vor allem den ständig abnehmenden Beitrag des institutionellen Handels zur Markenpflege kompensieren, der vom Handel aufgrund der zunehmenden Warenfülle und Markenvielfalt fast zwangsläufig immer weniger zu leisten ist.

- Schließlich verstärken sich inzwischen auch Vertikalisierungsbestrebungen in Einkaufskooperationen, die begonnen haben, ihren Mitgliedern auch Kooperationsvorteile am Absatzmarkt zu erschließen. So entwickeln Einkaufskooperationen zunehmend Betriebsformen, die von den Mitgliedern zu einem gemeinsamen Marktauftritt genutzt werden können (als jüngstes Beispiel XXL-Elektro als neue Fachmarktlinie des EK-Großeinkauf Bielefeld).

- Der Internet-Handel (B2C) sollte nach dem derzeitigen Erfahrungsstand nicht als Betriebsform eingeordnet werden. Beim Internet handelt es sich um eine Kommunikations- und Kontrahierungsplattform, die logistische Strukturen wie im Versandhandel voraussetzt. Vom Medienversender Amazon.com einmal abgesehen, kommen die führenden B2C-Händler aus dem Versandhandelsbereich (Otto, Quelle, Neckermann). Auch Multichannel-Konzepte, wie sie heute von vielen Einzelhandelsunternehmen (z. B. Görtz-Schuhe, Rossmann) mit der Aufnahme von internetgestützten Versandhandelsaktivitäten zur Stärkung ihres stationären Geschäfts verfolgt werden, stellen keine Betriebsformeninnovation dar. Der Versandhandel hat mit solchen dualen Verkaufsstrategien seit langem experimentiert.

5.6 Theorieabgleich des Betriebsformenwandels im Nonfood-Einzelhandel

Die skizzierten Wettbewerbsmuster verdeutlichen, dass die Entwicklung stark durch zwei Prinzipien geprägt wird: durch eine fortschreitende Differenzierung und Spezialisierung, die bei den Warenhäusern und Fachmärkten ebenso zu beobachten ist wie bei den Vertikalisierungtendenzen. Auch hier soll nun kurz geprüft werden, ob der Nonfood-Einzelhandel durch Trading-up-Tendenzen zur Assimilation im Wettbewerbsverhalten gekommen ist.

Konstitutive Merkmale und Konzeptentwicklung ausgewählter Betriebsformen

- Konstitutives Merkmal des Warenhauses ist die Sortimentsbreite inklusive Lebensmittelangebot („alles unter einem Dach"). Wie gezeigt, lässt sich mit zunehmendem Globalisierungsdruck ein Abrücken von diesem Prinzip hin zu mehr Spezialisierung beobachten. Dabei verschieben sich bei den noch im Markt verbliebenen Warenhausunternehmen die Sortimente stärker in Richtung auf den Fachhandel, womit sie sich deutlicher von Fachmärkten an peripheren Standorten differenzieren. Indizien sind unter anderem das Herausstellen führender Marken und hochwertige Ladenausstattung. Ansonsten ist das Bild der Maßnahmen eher heterogen. Den in jüngster Zeit auch zu beobachtenden Kostenanpassungsmaßnahmen, insbesondere im Personalbereich, stand meist ein Ausbau der Erlebnisqualität im Outlet (Gestaltung, Architektur, Licht etc.) gegenüber.

- Die Fachmärkte haben sich tendenziell konzeptgemäß nach der Dynamik der Betriebsformen weiterentwickelt. So bietet das Elektrofachmarktunternehmen Media Markt seinen Kunden inzwischen zunehmend Beratung und Service und präsentiert sich auf eher noch wachsenden Verkaufsflächen. Ähnliches Marktverhalten war bei den Baumärkten festzustellen, deren Sortimentserweiterungen zu steigenden Baumarktverkaufsflächen (aktuell auf über 23.000 m²) führte.

■ Die Vertikalisierung vollzieht sich dagegen nicht nach den Verhaltensmustern des Nieschlag-Konzeptes. Das mag daran liegen, dass der markenexklusive Fachhandel es überflüssig macht, durch eine Niedrigpreisstrategie in den Markt einzutreten. Nach erfolgtem Markteintritt kommt es zudem nicht zur Assimilation. Vielmehr versuchen diese Gruppen, ihre Positionierung konsequent gegen die drohende Verwechslungsgefahr abzusichern. Das gilt insbesondere für den Bereich der Luxusmarken.

5.7 Zwischenergebnis

Bei den Nonfood-Betriebsformen ist das Bild der Betriebsformenentwicklung uneinheitlicher. Auch hier dominiert zwar das Prinzip der Differenzierung, gleichwohl lassen sich Trading-down-Elemente neben Trading-up-Effekten feststellen. Bedeutsam ist dabei, dass eine Polarisierung der Betriebsformen stattgefunden hat und zwischen Warenhäusern und Fachmärkten die Assimilation gering zu sein scheint.

6. Fazit

Der Beitrag hat die Frage nach der Universalität des Erklärungsansatzes der Dynamik der Betriebsformen aufgeworfen und den Einfluss der Globalisierung sowie der Nachfragestagnation auf die strategischen Konzepte im Einzelhandel eher exemplarisch und keineswegs erschöpfend untersucht. Insofern kann ein so kurzer Beitrag nicht beanspruchen, dem Erklärungsansatz Nieschlags umfassend gerecht zu werden oder ihn gar zu widerlegen. Es sollte aber die raumzeitliche Bedingtheit der Handelsstrategien geprüft und insoweit die Universalität der Betriebsformentheorie für die großen Entwicklungslinien im Handel hinterfragt werden.

Das Ergebnis ist, dass das Strategieverhalten der Handelsunternehmen einschließlich der marktbedeutsamen Entwicklungen (z. B. das Aufkommen der Discounter) durch Nieschlags Theorie nicht allgemeingültig erklärt werden kann. Die aufgezeigten Beispiele lassen vielmehr den Schluss zu, dass Abweichungen von dem Erklärungsmuster eher die Regel sind. Der Beitrag liefert zwar Hinweise darauf, dass der Markteintritt neuer Betriebsformen in vielen Fällen durch Mittel des Preiswettbewerbs gegen die etablierten Betriebe erfolgt. Dagegen sind die Assimilation und der Verlust der Innovationsgewinne durch Trading-up eher die Ausnahme als die Regel. Die unterschiedlichen Betriebsformen zeichnen sich eher durch das Streben nach Alleinstellungsmerkmalen aus, mit denen sie sich von anderen Betriebsformen dauerhaft abheben wollen.

Ferner macht die Theorie des Betriebsformenwandels keine Aussagen, wann und unter welchen Bedingungen es zum Strategiewechsel kommt. Wenn dieser kritische Punkt nicht erklärt werden kann, dann können auch keine Prognosen über einen Strategiewandel oder bevorstehende Markteintritte abgeleitet werden. Es ist bisher mit Nieschlag nicht zu erklären, warum die Discounter die Reifephase noch immer nicht erreicht haben bzw. wann sie sie erreichen werden. Dieses Konzept beschreibt insofern ein mögliches, aber keineswegs generalisierbares Strategiemuster im Wettbewerb des Handels, ohne dass präzise Erklärungen oder Voraussagen für einzelne Branchen, Betriebsformen oder Marktkonstellationen möglich wären. An dieser Stelle ist ein Hinweis auf den historischen Hintergrund des Betriebsformenkonzepts hilfreich. In Wachstumsphasen (Verkäufermarkt) kann das von Nieschlag beschriebene Handlungsmuster durchaus erfolgreich sein, weil die Erosion von Wettbewerbsvorsprüngen durch anhaltendes Marktwachstum hingenommen werden kann. Assimilation hat unmittelbar keine wesentlichen Folgen für den Fortbestand des Unternehmens. Dies ändert sich offenbar in Abhängigkeit von der Marktlage (Käufermarkt) und der Größe des Markträume (Globalisierung). Insofern kann die universelle Gültigkeit der Betriebsformentheorie als widerlegt angesehen werden.

Nieschlag ging zudem von einem offenen Markt aus, der immer wieder neue Konzepte aus sich selbst heraus hervorbringt. Gerade aber mit Blick auf die großen Entwicklungslinien im Handel lassen sich die Konzentrationsprozesse und der Systemwettbewerb nicht vernachlässigen (dazu ebenfalls Nieschlag/Kuhn, 1980, S. 42 ff., 213 ff.). Unter solchen Wettbewerbskonstellationen spielen mindestoptimale Unternehmensgrößen und damit Marktzugangsbarrieren eine zentrale Rolle. Innovative Betriebformen lassen sich nur mit erheblichem Kapitaleinsatz in der notwendigen kritischen Größe einführen, was die derzeitige „Innovationspause" erklärt.

Abschließend ist daher ein Blick auf die Perspektiven zur Erforschung des Betriebsformenwandels zu werfen. Der Erfolg neuer Betriebsformen hängt nicht davon ab, ob am Anfang die Instrumente des Preiswettbewerbs dominieren, sondern davon, ob eine Betriebsform einen Differenzierungsvorteil im Wettbewerb erreichen kann. Zu einem Wettbewerbsvorteil werden Unterschiede zu Mitbewerbern aber nur, wenn es gelingt, diese Differenzierung in einen Benefit für den Verbraucher zu verwandeln (vgl. Oliver Hermes in diesem Band). Gerade in der Pflege dieses Differenzierungsvorteils, in der Beschränkung auf die strategischen Wurzeln des Geschäftsmodells liegt auch die Basis für den Aufstieg einer neuen Betriebsform, aber zugleich der Ansatz für die etablierten Anbieter, ihre alten Unternehmenskonzepte weiter zu entwickeln. Betriebsformenkonzepte haben insofern etwas mit Marktsegmentierung zu tun. Die Zukunft der Betriebsformen hängt daher davon ab, welche Kundenerwartungen wirtschaftlich tragfähige Ansätze zur Angebotsdifferenzierung erlauben. Für die Erklärung der Dynamik der Betriebsformen kommt es folglich darauf an, die Methoden und Konzepte zur Marktsegmentierung mit Positionierungskonzepten und Feasibilitykalkülen zu verbinden.

Literatur

DHI, Deutsches Handelsinstitut, Hrsg. Handel aktuell '92, Köln 1992.
EHI, Europäisches Handelsinstitut, Hrsg., Handel aktuell 2002, Köln 2001.
Heimbüchel, B./Kierdorf, A./Pohl, S./Teichner, S.: Erlebniswelt Kaufhof: Ein Warenhaus in Deutschland, Hrsg. Kaufhof Warenhaus AG, Köln 2001.
Lademann, R.: Nachfragemacht von Handelsunternehmen, Analyse der Begriffs-, Erklärungs- und Rechtstatsachenprobleme, Göttingen 1986.
Derselbe: Europa gibt dem Handel Impulse, Die Internationalisierung der Ernährungswirtschaft, in: Lebensmittel Zeitung Nr. 17 vom 30.4.1993, 1991 ohne Seitenangabe.
Derselbe: Marktstruktur und Wettbewerb in der Ernährungswirtschaft, Eine empirische Analyse der Konzentrationsentwicklung, Göttingen 1996.
Derselbe: Verkaufsflächenexpansion als Herausforderung der Stadtplanung, in: Beisheim, O., Hrsg., Distribution im Aufbruch, München 1999.
Derselbe: Expansion nur mit Sicherheitsnetz – Das RIOS-Informationssystem hilft bei der Objekt- und Standortentwicklung im Einzelhandel, in: Lebensmittel Zeitung, 25.1.2002, S. 66.
Lademann, R./Treis, B.: Factory-Outlet-Center – Innovation gegen den institutionellen Einzelhandel? In GfK Jahrbuch der Absatz- und Verbrauchsforschung, Heft 2, 1998, S. 116 ff.
Nieschlag, R.: Die Dynamik der Betriebsformen im Handel, Essen 1954.
Nieschlag, R./Kuhn, G.: Binnenhandel und Binnenhandelspolitik, 3. neubearbeitete Auflage, Berlin 1980.
o. V.: Handelsmarken – Wachstum ohne Grenzen? Markenführung gegen Aldisierung, Hrsg. GfK Panel Services Consumer Research GmbH und GfK Nürnberg e. V., Nürnberg 2003.
Täger, U. C./Ahrens, C./Lachner, J./Nassua, T.: Entwicklungsstand und -perspektiven des Handels mit Konsumgütern, Darstellung und Analyse der handels- und wettbewerbspolitischen Entwicklungen in der Bundesrepublik Deutschland, Berlin, München 1994.
Tietz, B.: Einzelhandelsperspektiven für die Bundesrepublik Deutschland bis zum Jahre 2010, Frankfurt/Main 1992.

Kapitel 2

Konsumentenverhalten im Wandel

2.1 Die Kaufreviere des Verbrauchers: Ableitungen für das Retail Business
Dirk Ziems/Uwe Krakau

2.2 Mehr sehen und besser handeln: Erst ein wirkliches Verständnis des Käufers führt zu mehr Erfolg im Handel
Antonella Mei-Pochtler/Ralph Boehlke

Dirk Ziems/Uwe Krakau

2.1 Die Kaufreviere des Verbrauchers: Ableitungen für das Retail Business

1. Einleitung
2. Psychologische Motivspannungen des Einkaufens
3. Die Psychologie der Kaufreviere
4. Kaufreviere bestimmen das Kaufverhalten
5. Kaufreviere als neues Fundament für das Handelsmarketing
6. Fazit

1. Einleitung

Noch nie sind Verbraucher mit so vielen Konsumangeboten konfrontiert worden wie heute. Ob Güter des täglichen Bedarfs oder anspruchsvoller Konsum – der Kunde kann zwischen Tausenden von Marken auswählen. Die Einkaufswelt ist zudem dadurch komplexer geworden, dass die Einkaufsorte für einzelne Warengruppen längst nicht mehr klar festgeschrieben sind. Einen Computer kann man z. B. im kleinen Fachgeschäft, im großen Media Markt oder bei Aldi kaufen. Küchenzubehör wird sowohl im Kaufhof in der Innenstadt, bei Ikea auf der grünen Wiese als auch bei Tchibo „um die Ecke" angeboten.

Angesichts der Vielfalt an Konsum- und Einkaufsmöglichkeiten ist eine genaue Kenntnis der psychologischen Beweggründe der Kunden für das Marketing von heute also so wichtig wie nie zuvor. Überraschenderweise hat sich die Handelsforschung bislang nicht befriedigend mit diesem Thema auseinander gesetzt. Bisherige Untersuchungen, die sich mit dem Einkaufsverhalten beschäftigt haben, fanden bestenfalls Kategorisierungsschubladen. Schon ob diese jemals gepasst haben, ist fraglich. Sicher ist aber, dass die Kunden längst aus alten Typologien herausgewachsen sind.

In der Grundlagenuntersuchung „Abschied vom Smart Shopper – Kaufverhalten ist Revierverhalten" hat ifm Wirkungen + Strategien in Kooperation mit der Rempen & Partner Werbeagentur nun den Forschungsansatz der Morphologischen Marktpsychologie für die Welt des Einzelhandels fruchtbar gemacht. Die Morphologische Theorie deckt, ausgehend von Tiefeninterviews mit qualitativen Beschreibungen, die psychologischen Mechanismen und Strukturen auf, die alltägliche Abläufe bestimmen. Die Studie basiert auf 50 solcher Morphologischen Tiefeninterviews, umfangreichem Desk Research und zahlreichen Studien der letzten Jahre.

In der Studie wird detailliert psychologisch analysiert, welche Faktoren das Einkaufsverhalten bestimmen und in welche Zonen sich die Welt des Einkaufens aufgliedert. Zentrales Ergebnis dabei: Ein und derselbe Konsument verhält sich in unterschiedlichen Konsumkontexten ganz unterschiedlich. Mal will er eher routinierte Sicherheit, mal will er schwelgen und träumen. In beiden Fällen hat das Einkaufen für die Konsumenten einen Mehrwert über das Beschaffen von Produkten hinaus. Die „Besorgungen" werden eingebettet in ein Gesamterlebnis, dessen emotionaler Nutzen ein Eigenwert ist.

2. Psychologische Motivspannungen des Einkaufens

Einkaufsstätten und Einkaufsgelegenheiten gibt es im Alltag in unterschiedlichsten Formen und in fast unbegrenzter Zahl. Jeder Konsument hat subjektive Regeln dafür, welche Geschäfte, Supermärkte oder Kaufhäuser er bevorzugt. Doch selten ist dem Konsumenten dabei bewusst, was in ihm beim Einkaufen eigentlich genau vor sich geht. Der psychologische Hintergrund des Einkaufens ist nämlich nicht auf den ersten Blick verfügbar.

Es lässt sich aber feststellen, dass das Konsumerleben und Konsumverhalten immer von dem gleichen Gefüge von Motivspannungen bestimmt wird (Abb. 1).

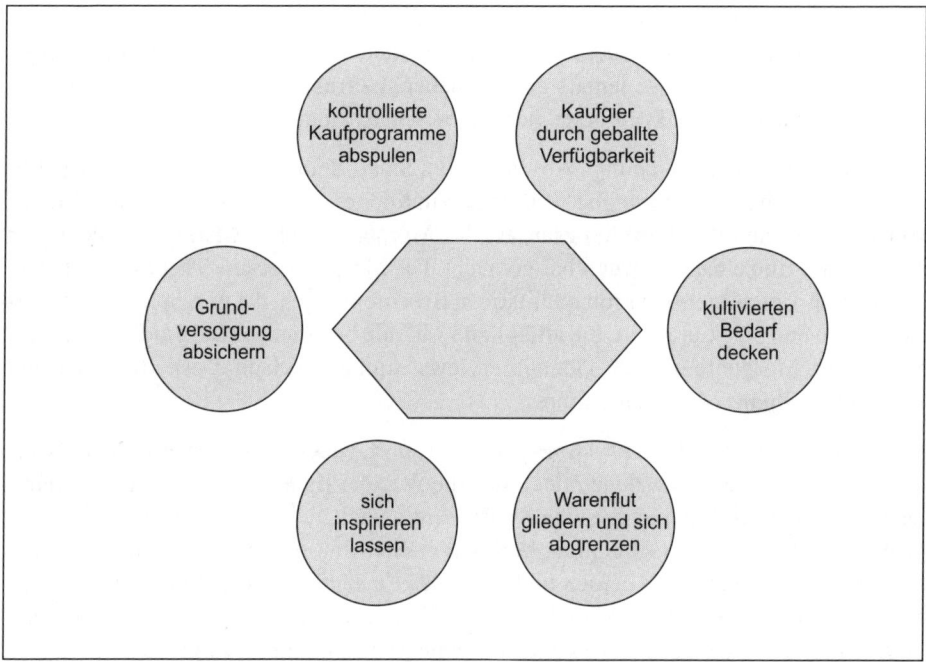

Abb. 1: Psychologische Motivspannungen des Einkaufens

Ein wichtiger Grundzug, der das Einkaufen motiviert, ist die Kauflust bis hin zur Kaufgier. Dieses archaische „Habenwollen" ist eine Grundbedingung des Seelischen. Die in unserer Konsum-Gesellschaft angebotene Warenflut belebt und fördert diese in jedem Menschen vorhandene Aneignungslust. Je mehr man sieht, desto mehr will man auch haben, desto mehr will man kaufen. Diese geballte Verfügbarkeit von Waren ist eine Wohltat und eine unbewusst beruhigende Absicherung. Sie signalisiert, dass keine Not zu fürchten und eine Versorgung jederzeit gewährleistet ist.

Am eindrucksvollsten ist die Kaufgier an kleinen Kindern zu beobachten. Kinder sind meist noch von hemmungslosen Aneignungswünschen beseelt. Erwachsene können sich gegenüber der eigenen Kaufgier besser abgrenzen und dabei Kontrolle und Abwehr einsetzen. Denn der Kauflust jederzeit nachzugeben ist nicht möglich. Die Kauflust, die bisweilen zur Gier werden kann, darf nicht ungebremst wirksam werden. Einkaufen ist sozusagen ein kunstvolles „Rauspicken" aus der Überfülle von Angeboten.

Die Psychologie des Einkaufens wird von einer weiteren Motivspannung bestimmt: Der Einkauf in seiner Urform dient der Grundversorgung mit den für den Alltag und das Überleben notwendigen Dingen. Über diese Absicherung des notwendigen Grundbedarfs hinaus ist das Einkaufen aber auch mit dem Wunsch nach Besonderem verbunden. Man möchte sich jenseits der profanen Dinge des täglichen Bedarfs etwas gönnen und sich selbst belohnen. Grundbedarf und besonderer Bedarf sind aber bei den Einkaufsstätten immer häufiger im Übergang begriffen. Früher als Luxusgüter angesehene Produkte wie Champagner werden heute immer häufiger im Rahmen des Flairs eines Grundbedarf-Discounters feilgeboten. Durch das Umdefinieren der besonderen Güter zu Basisgütern werden der Zug des Besonderen kaschiert und die Hemmschwelle des Konsums gesenkt. Andererseits werden Basisartikel häufig durch eine besondere Store-Inszenierung aufgewertet und zu besonderen Produkten stilisiert, wie z. B. einfache Pullover bei Benetton.

Bei der Deckung des Grundbedarfs steht meist im Vordergrund, sich nicht zu sehr in die Tätigkeit des Einkaufens verwickeln zu lassen. Routiniertes und schematisiertes Einkaufen ist also hier das Ziel. Auch die Einkaufsstättenwahl ist entsprechend den Routinen und den Gewohnheiten im Tagesablauf untergeordnet. Sie sollten so gelegen sein, dass man noch schnell auf dem Weg von der Arbeit nach Hause alles mitnehmen kann. Die lästige Einkaufsroutine soll meist schnell, zweckmäßig und effizient abgewickelt werden. Durch die Entwicklung eigener Routinen, wie z. B. die Erstellung eines Einkaufszettels oder das Aufsuchen des immer gleichen und vertrauten Supermarkts, gelingt es leichter, die Kauflust unter Kontrolle zu halten und sich von der Warenflut abzugrenzen.

Und doch ist neben den Routinen das Einkaufen immer auch mit besonderen sinnlichen Erlebnissen verbunden. Die Verlockungen durch die Waren sind sinnlicher Natur. Beim Einkaufen schwelgt man in Qualitäten, betrachtet, ertastet, riecht die Ware. Man entwickelt einen Vorgeschmack auf das, was man damit machen kann, nimmt den Besitz schon vorweg und malt sich aus, was für neue Möglichkeiten durch das Produkt eröffnet werden. Das Warenangebot weckt Wünsche, und der Einkauf wird so zur Entdeckungstour. Das Einkaufen sticht als besonderes Event aus dem Alltag heraus.

Zusammenfassend lässt sich herausstellen, dass Einkaufsstimmungen immer durch das komplexe Gefüge der dargestellten Spannungsfelder von Kauflust, Gier und gleichzeitiger Abgrenzung, Durchgliederung und Abwehr, sinnlicher Inspiration und kontrollierter Routine, sowie alltagsnaher Pragmatik in der Absicherung der Grundversorgung und gleichzeitiger Deckung an kultiviertem Bedarf motiviert sind.

3. Die Psychologie der Kaufreviere

Trotz der angesprochenen vielfältigen individuellen Unterschiede des Einkaufsverhaltens zeichnen sich übergreifende Ordnungen ab. Die Landkarte des Konsums teilt sich dabei in Nah- und Fernbereiche: einerseits Kaufreviere, die in nächster Nähe zum Wohnort oder Arbeitsplatz liegen und die deshalb regelmäßig aufgesucht werden, andererseits Kaufreviere, die nicht im direkten Einzugsbereich liegen und die besondere Interessen ansprechen.

„Reviere" im Wortsinn sind Bezirke und begrenzte Gebiete, von Tieren als eigenes Territorium betrachtete Lebensräume. Hier sind sie jedoch nicht nur im räumlichen Zusammenhang gedacht, sondern auch psychologisch gesehen. Sie sind als die seelische Gliederung der Konsumlandschaft zu verstehen. Sie strukturieren den Konsumraum.

Diese Kaufreviere gehen für die Verbraucher mit unterschiedlichen Konsumstimmungen einher: Sie können Orte für routinemäßige Alltagseinkäufe sein, an denen der Einkaufszettel möglichst effizient abgearbeitet werden soll, oder Orte für Shopping-Erlebnisse, an denen man sich begeistern und inspirieren lassen kann.

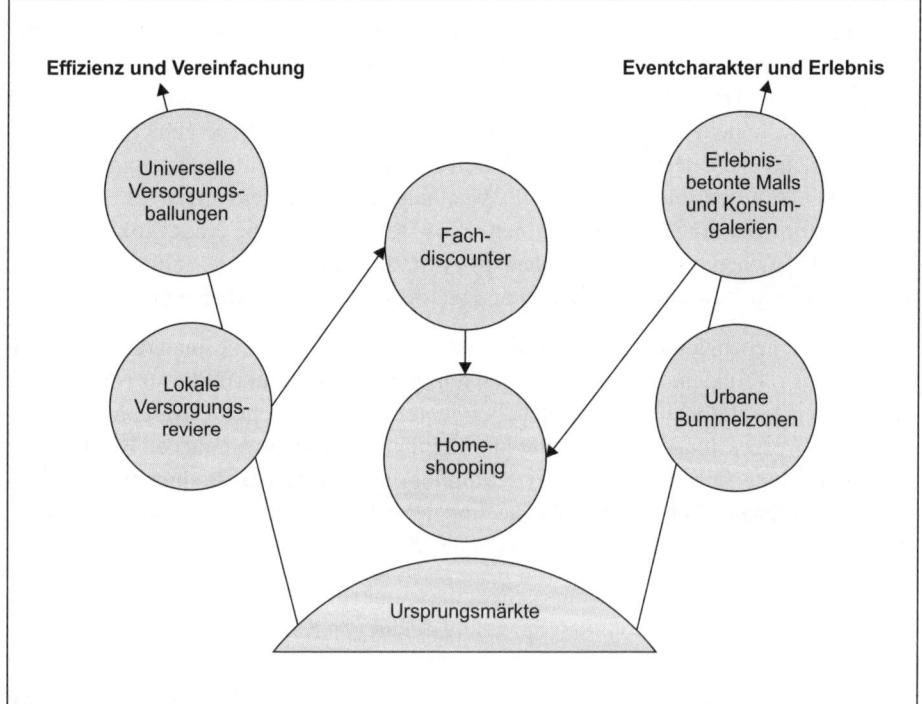

Abb. 2: Das System der Kaufreviere

Die Entwicklung der Konsumlandschaft und einzelner Kaufreviere lässt sich als kleine Evolutionsgeschichte verstehen (Abb. 2): Angefangen von den „Ursprungsmärkten" wie Wochenmärkte oder Flohmärkte vollzieht sich eine Entwicklung weiter über „Lokale Versorgungsreviere" für den nahe liegenden Bedarf an Lebensmitteln und Konsumgütern bis hin zu den kulissenhaften „Urbanen Bummelzonen" der Innenstädte und „Erlebnisbetonten Malls" mit inspirierenden, aktuellen Lifestyle-Entwürfen. Den vorläufigen Schlusspunkt bildet der E-Commerce, die neue Form des „Homeshopping", der auf Formen des Versandkaufs und Teleshopping aufbaut.

Die Evolution der einzelnen Kaufreviere ist nicht als eine unabhängige und scharf voneinander getrennte Aneinanderreihung zu verstehen. Vielmehr gehen die Kaufreviere auseinander hervor, wobei es auch zu Überschneidungen kommt. Diese Vielzahl von gewachsenen Einkaufskulturen muss parallel bestehen, da sie je nach Konsumbedürfnis und Einkaufsstimmung des Konsumenten entsprechende Bedürfnisse befriedigt.

Der Suche nach Vielfalt steht zugleich aber auch ein Wunsch nach Orientierung gegenüber. Die Gliederung der Konsumlandschaft in „Kaufreviere" hilft dabei. Denn für jedes „Kaufrevier" hat der Konsument ein bestimmtes Set von Konsumprogrammen gelernt, in denen bestimmte Konsumbereiche, Einkaufsverfassungen und Store-Formen zusammenfinden.

4. Kaufreviere bestimmen das Kaufverhalten

Die Studie hat insgesamt sieben typische Kaufreviere identifiziert, die die Konsumlandkarte des Verbrauchers ausfüllen:

Das erste Kaufrevier: Ursprungsmärkte

Zurück zu den Ursprüngen des Handels und zu natürlich authentischen Produkten. Es finden sich fahrende Händler,

Wochenmärkte, Biomärkte, Flohmärkte. Urgründe des Konsums bestimmen hier das Kaufverhalten. Der Käufer nähert sich so ursprünglichen Produktionsprozessen und authentischen Angeboten. Das sinnliche Erleben der Waren spielt eine übergeordnete Rolle. Mit den Ursprungsmärkten kam der Handel ins Rollen, und sie sind bis heute seine Grundform geblieben. Angebot und Nachfrage werden dabei an einem öffentlich vereinbarten, meist zentralen Ort der Zusammenkunft geregelt.

Das zweite Kaufrevier: Lokale Versorgungsreviere

Der Konsument will die Möglichkeit einer annähernd vollständigen Grundversorgung in seinem direkten Einzugsbereich gewährleistet wissen. „Weil es einfach und praktisch ist" reicht als Begründung für dieses Revierdenken nicht aus. Vielmehr identifiziert sich der Mensch mit seiner nächsten Umgebung. Er stellt Besitzansprüche an sein Viertel: mein Bäcker, mein Metzger, mein Kiosk, mein Supermarkt – mein Revier.

Lokale Versorgungsgebiete decken sowohl die alltägliche und vollständige Grundversorgung als auch den gehobenen Bedarf im direkten Einzugsbereich des eigenen Wohnumfelds. Im Vergleich zu den Ursprungsmärkten wird der Konsum hier gewissermaßen sesshaft.

Lokale Versorgungsreviere unterscheiden sich abhängig von Stadt, Land und sozialem Umfeld in Niveau und Differenziertheit. So gehören Feinkost- und Weinfachgeschäfte ins Bild der Nobelviertel, während in sozial schwachen Vierteln Billigsupermärkte, Videotheken und Spielotheken zu finden sind.

Das dritte Kaufrevier: Universelle Versorgungsballungen

Die nächste „Evolutionsstufe" der Kaufreviere sind die Großsupermärkte. Hier steht das Vorratsdenken des Verbrauchers im Vordergrund. Schon die Größe der Einkaufwagen lässt darauf schließen. Großmärkte dienen der effizienten und geballten Bevorratung, die aus einem riesigen, scheinbar universellen Warenangebot schöpft. Nach einem Großeinkauf, der meist am Wochenende mit dem Auto getätigt wird, herrscht eine Art befriedigte satte Ruhe vor Konsumwünschen: Nun ist für eine gewisse Zeit alles Mögliche eingebunkert.

Universelle Versorgungsballungen, wie sie Großsupermärkte wie Real oder WalMart verkörpern, dienten ursprünglich hauptsächlich der Gewährleistung der Grundversorgung. Heutzutage gewinnen aber auch Konsumgüter des höheren Bedarfs zunehmend an Bedeutung.

Das vierte Kaufrevier: Urbane Bummelzonen

Urbane Bummelzonen bieten Raum für individualistisch orientierten Wunschkonsum. Sie stehen für kultivierten Bedarf und Austausch mit Weltläufigkeit. Ihr grundlegender Unterschied zu den beiden vorangegangenen Kaufrevieren: Shopping wird hier zum Freizeitevent. Freizeit und Vergnügen beinhalten gehobene Ansprüche und verlangen eine klare Abgrenzung vom profanen Alltag. Schaufenster und Dekorationen stimmen auf Traumwelten ein. Künstlich geschaffene Atmosphären vermitteln dem Verbraucher ein Bild von einer interessanten, abwechslungsreichen und inspirierenden Angebotswelt. Die offerierten Artikel sind Teil dieser Welt. Man kauft nicht nur das Produkt an sich, sondern auch ein Stück Lebensgefühl. Die Frequentierung der Bummelzonen ist abhängig von ihrer Attraktivität. Dabei besitzen sie über das lokale Einzugsgebiet hinaus auch regionale, teilweise sogar überregionale Bedeutung.

Das fünfte Kaufrevier: Fachdiscounter

Fachdiscounter stellen spezifische Abwandlungen der universellen Versorgungszentren dar. Die fachspezifischen Einkaufswelten bieten alles aus einer Hand in breiter Auswahl an. Das Versprechen der Fachdiscounter lautet, durch weniger exklusiven Charakter und eingeschränkte Beratung günstigere Preise zu garantieren. Ihr zentraler psychologischer Vorteil besteht darin, den verwickelten und oft quälenden Kaufentscheidungsprozess durch einfache Kriterien, wie z. B. Preisvorteile oder vorgegebene Standards zu vereinfachen und abzukürzen.

Dem Vorbild des gut funktionierenden „Aldi-Flairs" folgend, adaptiert man die Discountphilosophie und erklärt auch gehobene Waren des besonderen Bedarfs zu Basisgütern, die man quasi im Vorbeigehen mitnimmt. Das hat für das Angebot von Fernsehern, Kameras oder Möbeln zur Folge, dass die früher bestehenden Kaufschwellen rapide gesenkt werden können.

Beispiele zeigen, dass Fachdiscounter entweder ganz dem Discountprinzip verpflichtet sein können, wie es beim Media Markt der Fall ist, oder das Discountprinzip ist wie bei Ikea um das Prinzip der kulissenhaften Inszenierung mit kultiviertem Bedarf ergänzt.

Fachdiscounter waren anfangs eher ausgelagerte Großkaufhäuser „auf der grünen Wiese" oder in städtischen Außenbezirken. Seit ein paar Jahren halten sie jedoch Einzug in die urbanen Bummelzonen und verändern damit deren Einkaufsflair.

Das sechste Kaufrevier: Erlebnisbetonte Malls und Konsumgalerien

Malls etablieren sich eindeutig als Weiterentwicklung der Urbanen Bummelzonen. Hier steht die Inszenierung einer eigenen kleinen Welt an allererster Stelle. Ausgewählte Läden und Filialketten werden auf Tonalität und Ausrichtung des Komplexes abgestimmt und in das System eingefügt. War die Ansammlung der Verkaufsstätten in den Fußgängerzonen eher zufällig, so trifft man in den Malls auf eine geballte und gefilterte Auswahl. Es wird ein Großraum des Konsums erschaffen, der den Spitznamen „Tempel" zu Recht verdient.

Dem Verbraucher wird tatsächlich fast eine Glaubensrichtung, zumindest aber eine Einstellung oder Grundhaltung bei Eintritt in die Galerie vermittelt. Durch die nochmalige Steigerung der Inszenierung und des Kulissenhaften wird das „erkaufte Gefühl" beim Erwerb eines Artikels auch zu einem wesentlichen Beweggrund für das Konsumverhalten. Mit dem Artikel erwirbt man eine Art Andenken an die bewegende, stimmige Wunschinszenierung, der man innerhalb der Malls beigewohnt hat.

Das siebte Kaufrevier: Homeshopping

Mit den Distanzhandelsformen Versandhandel, Teleshopping und E-Commerce wird auch das eigene Wohnzimmer zur Konsumzone, zum Kaufrevier „Homeshopping". Versandhandel gibt es schon seit hunderten. Früher wurde per Katalog gekauft, um überhaupt Anschluss an Konsummöglichkeiten zu erhalten – die nächste größere Stadt war weit entfernt. Heute liegt die Attraktivität des „Homeshopping" häufig darin, sich gerade die anstrengende Auseinandersetzung mit der Fülle an Kaufhäusern, Discountern, Fachgeschäften und Boutiquen gewissermaßen „vom Hals" zu schaffen.

Versandkunden, Teleshopper und E-Commerce-Kunden lieben die Bequemlichkeit, beim Einkaufen zu Hause zu bleiben. Der Distanzkauf ermöglicht es auch, in viel stärkerem Maße die Kontrolle über den Kaufprozess zu wahren, als das im Getümmel des städtischen Einkaufs möglich ist. So ist Modekauf im Versandhandel in viel mehr Einzelschritte gegliedert als der in Boutique oder Kaufhaus. Und jeder dieser Einzelschritte lässt viel mehr Kontrollmöglichkeiten zu. Außerdem ist das Konkurrenzangebot im E-Commerce nur ein paar Clicks weit entfernt.

Obwohl sowohl Versandhandel, Teleshopping als auch E-Commerce Formen des Heimkaufs sind, gehen sie mit ganz unterschiedlichen Kaufstimmungen einher. Beim Versandhandel dominieren die Kontrollwünsche, beim Teleshopping werden dagegen häufiger Spontankäufe getätigt.

5. Kaufreviere als neues Fundament für das Handelsmarketing

Häufig werden Marketingentscheidungen auf der Grundlage von Käufertypologien gefällt. Auf Basis der hier vorliegenden Einkaufsforschung erweist es sich jedoch als problematisch, von personalisierten Beschreibungen aus Marketing zu betreiben. Sie zeichnen nämlich ein Bild des Konsumenten, das sich als zu eindimensional herausstellt. Marketingplanung kann aber nur so gut sein wie das dahinter stehende Modell. Die Kaufreviere zeigen, dass sich der Konsument kontextabhängig verhält. So führt eine differenzierte und auf Kaufverfassungen abgestimmte Betrachtungsweise zu sichereren Ergebnissen und Entscheidungen.

Die Kaufreviere mit ihren jeweiligen Kaufverfassungen, ihren Mechanismen und Tonalitys (Tabelle 1) werden so zum Instrument einer genaueren strategischen Marketingplanung. Auf ihrer Grundlage lassen sich klare Ableitungen definieren, die zu einem erfolgreichen Marketing führen.

Kaufrevier	Konsumtonalitys	Motivationale Mechanismen	Zentrales Versprechen
Ursprungsmärkte	Ursprünglich, unverfälscht, persönlich und aufregend	Auf nostalgisch inspirierende Weise Konsum kultivieren	Zurück zu Ursprüngen des Handels und natürlich authentischen Produkten
Lokale Versorgungsreviere	Versorgend, heimelig, persönlich	Routiniert und ohne Verwicklungen Grundversorgung bieten	Heimelig unkomplizierte Basisversorgung vor Ort
Universelle Versorgungsballungen	Routiniert und kontrolliert, allumfassend versorgend, Jagdgelüste belebend, kann rauschhaft werden	Allverfügbarkeit von Basisgütern in Kaufroutinen überführen	Effiziente Bevorratung aller Güter des täglichen Lebens und satte Ruhe vor Konsumwünschen
Urbane Bummelzonen	Inspirierend, verlockend und verführend, sich verwandeln, beraten	Kultivierten Bedarf in inspirierende Bilder überführen	Entfaltung persönlicher Entwicklungswünsche in inspirierenden Stöberzonen
Fachdiscounter	Versorgend für die breite Masse, Struktur gebend, Bandbreite zwischen nivellierend und individuell	Kaufschwellen senken durch Suggestion gegliederter (Basis-)Versorgung	Vereinfachung von Entscheidungsprozessen bei komplexem, besonderem Bedarf
Malls und Konsumgalerien	Aufregend, neugierig machend, verführend, entspannend, inspirierend	Vorsortieren geballter Inspirationen in herausgehobenem, kultiviertem Raum	Verdichtung von weitläufig inspirierenden Warenwelten in abgeschotteten Konsumtraumwelten
Homeshopping	Heimelig, persönlich, bequem, vielseitig, unter Kontrolle (Versand), spontan (Teleshop, E-Commerce)	Geballte, aber kontrollierbare Inspirationen bieten	Bequemes Einkaufen von zu Hause – mit stärkeren Kontrollmöglichkeiten des Kaufprozesses

Abb. 3: Kaufreviere als Planning-Tool

Kaufreviere als Planning-Tool für Retail Brands

Der Handel hat zunehmend Markenfunktionen übernommen. Die Halt gebende Funktion einer Marke, das Versprechen eines wiederholbar gleich zufrieden stellenden Einkaufserlebnisses, wird mehr und mehr von Handelsketten übernommen. Die Konsumenten beziehen sich immer mehr auf den Handel wie auf eine Sicherheit spendende Instanz. Zum Beispiel steht das Wissen, bei H&M gekauft zu haben, für die Sicherheit, auf jeden Fall besonders modisch zu sein. Einrichtung bei Habitat erworben garantiert, besonders stilvoll zu sein. Für die Konsumzufriedenheit wird also zunehmend bedeutsam, *wo* man kauft, nicht, *was* man kauft.

Wer seine Handelskette zu einer erfolgreichen Marke machen will, muss daher ein schlüssiges Konzept dafür haben, für welche besondere Leistung und welches besondere Versprechen er stehen will. Eine klare Ausrichtung nach einer Markenpositionierung wird für Handelsketten zunehmend wichtiger.

Auf Basis des Konzepts der Kaufreviere und der Psychologie des Einkaufens lassen sich wesentliche Impulse für die Umsetzung der Markenidee einer Handelskette geben. Einzelne strategische Schritte bauen dabei aufeinander auf (Abb. 3).

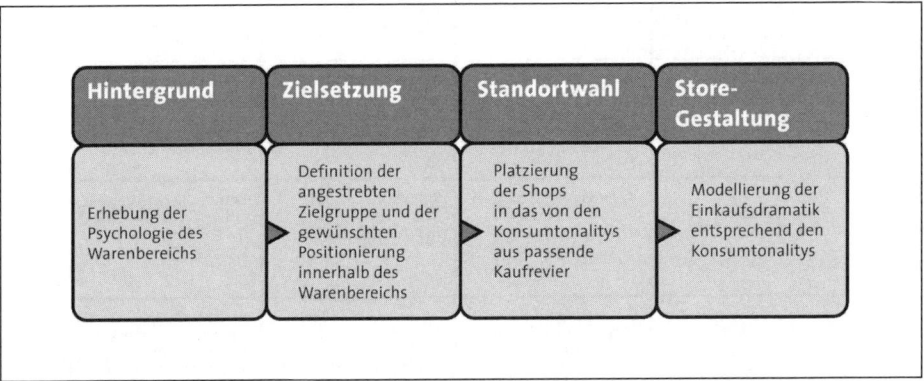

Abb. 4: Strategie-Prozess für Retail Branding

Ein erster Schlüssel für den Erfolg einer Handelskette ist die möglichst konsequente Standortwahl der Filialen. Dabei könnte man sich nach einer Reihe von äußeren Kriterien richten, wie z. B. Publikumsfrequenz, Dichte von Geschäften, Einkommenslevel der Standortumgebung. Solche äußeren Daten können zum Teil aber zu widersprüchlichen Befunden führen und geben keinen Aufschluss über die genaueren Erlebensqualitäten, die für das Publikum im Kontext eines möglichen Standortes relevant sind.

Grobe qualitative Kriterien wie „niedrige versus gehobene Lagen" oder „innerstädtisches versus vorstädtisches Umfeld" mögen schon besser für eine generelle Orientierung dienen. Aber auch solche Kriterien erscheinen eher vage und ungenau.

Eine sehr genaue Planungs- und Steuerungsgrundlage der Standortwahl ergibt sich dagegen aus dem Konzept der Kaufreviere. Danach lässt sich die Standortwahl ausgehend von den für Konsumenten wirklich relevanten Kriterien entscheiden. Das heißt, setzt man die Konsummotivation des eigenen Warenbereichs ins Verhältnis zu den Konsumstimmungen der einzelnen Kaufreviere, wird es möglich, sich sehr gezielt in Kontexte zu platzieren, in denen die Einkaufsverfassung der Konsumenten zu dem Warenbereich passend ist. Die Psychologie des Warenbereichs ist nicht allein dafür entscheidend, in welchen Kaufrevieren die Platzierung der Handelskette zu bevorzugen ist. Hinzu kommt auch die Ausrichtung der Handelskette: Will man die Waren im Sinne der Basisversorgung anbieten oder für den besonderen Bedarf stehen?

Das Wissen um die Psycho-Logik der Kaufreviere ermöglicht es auch, Handelsketten bewusst als Kontrast bzw. Ergänzung zum Hauptkontext eines Kaufreviers zu platzieren.

> **Fallbeispiel 1:**
>
> **Tchibo – Kaffeekauf und mehr**
>
> Der Kaffeeröster gilt zu Recht als eines der gelungensten Marketingbeispiele für Business-Migration. Statt Kaffee steht in den Tchibo-Filialen inzwischen der Verkauf von Haushaltswaren, Schmuck, Mode, Elektronikgeräten und sonstigen Ausrüstungen im Vordergrund. Diese Artikel werden – meist als begrenzte Gelegenheitsangebote – hübsch thematisch arrangiert in den Schaufenstern feilgeboten.
>
> Für die Platzierung der Tchibo-Geschäfte erscheinen die lokalen Versorgungsreviere prädestiniert. Die vielfältigen Tchibo-Güter entsprechen zwar nicht dem alltäglichen Bedarf. Die Shopping-Ausblicke in den Tchibo-Schaufenstern können jedoch gerade in dem lokalen Versorgungskontext als eine Art Kompensation aufgefasst werden. Nach der Devise: Auch beim Routine-Einkauf ein bisschen Flair von City-Bummel erleben.

Ebenso kann es sinnvoll sein, Parallelplatzierungen von Shops zu betreiben. Das heißt, sich zwar in unterschiedlichen Kaufrevieren gleichzeitig zu platzieren, dort aber mit der einzelnen Store-Gestaltung auf die jeweiligen Konsumtonalitys speziell einzugehen. Gerade für Handelsketten mit weiter Verbreitung und einer hohen Shopdichte ist es sinnvoll, sich auf das jeweilige Kaufrevier, in dem sich der Shop befindet, einzugehen. Hier ist allerdings Vorsicht geboten. Denn die Rücksichtnahme auf die Konsumtonalitys des jeweiligen Kaufreviers durch die Store-Gestaltung darf nicht so weit gehen, dass sich der Dachmarkencharakter der Handelskette verliert. Hier ist es also die Aufgabe, eine Balance zu finden zwischen Anpassung an das Kaufrevier und Aufrechterhaltung des Gesamtcharakters der Handelsmarke.

Nach der Frage der konsequenten Standortwahl stellt sich die Frage nach dem erfolgreichen Gestaltungskonzept für die Handelsfilialen: In den letzten Jahren ist in dem Bereich der Store-Gestaltungen eine fast schon stürmische Weiterentwicklung zu verzeichnen. Verschiedene, oft sehr gegensätzliche Gestaltungskonzepte, stehen sich dabei gegenüber. Entsprechend der zunehmenden Polarisierung von „Aldisierung" und „Erlebnisshopping" werden moderne Stores mal extrem in Richtung Discount getrimmt, mal extrem in Richtung veredelte Kulisse.

Wie kann sich der Handelsfilialist nun zielgerecht zwischen den unterschiedlichen Gestaltungsmöglichkeiten entscheiden? Auch hier geben die Konzepte der Einkaufspsychologie und der Kaufreviere eine wertvolle Orientierung. Von diesen Konzepten ausgehend ergeben sich nämlich eine Reihe von Leitregeln für die Store-Gestaltung:

▶ **Konsumversprechen und -tonalitys der Kaufreviere konsequent aufgreifen**

Die Kaufreviere prägen die Stimmungen und Stimmungserwartungen der Konsumenten. Bei der Store-Gestaltung ist es deshalb wichtig, auf die Erwartungen der Kunden einzugehen und die Konsumtonalitys sowie das Versprechen des Kaufreviers angemessen zu berücksichtigen. Das Versprechen, das durch das Kaufrevier gegeben wird, weckt Erwartungen auf Seiten der Konsumenten, die durch die Shop-Gestaltung eingelöst werden sollten. Das Tchibo-Beispiel zeigt, dass es dabei nicht notwendig um absolute Angleichung an das Umfeld geht – vielmehr kann auch eine Abhebung vom Umfeld sinnvoll sein. Dennoch geben die Konsumreviere den Rahmen vor, auf den sich die Wirkung der Store-Gestaltung bezieht. Abweichungen von diesem Rahmen wollen strategisch bedacht sein.

▶ **Einkaufsdramatik erfolgreich modellieren**

Die Konsumtonalitys und das Versprechen eines Kaufreviers geben den äußeren Rahmen dafür vor, welche Ausrichtung die Store-Gestaltung einer Handelskette nehmen sollte. Die Einblicke aus der Einkaufspsychologie lassen jedoch noch weitergehende Schlussfolgerungen darüber zu, was den Konsumenten bewegt, wenn er sich in eine Einkaufsstätte begibt, und welchen Motiven er im „Wirkungsraum" der Einkaufsstätte ausgesetzt ist.

Fallbeispiel 2:

Ikea – Wohnentwürfe beschreiten und sich mit Kleinteilen entschädigen

Der Aufbau der Ikea-Kaufhaus-Discounter legt eine fesselnde Einkaufsdramatik nahe. Der Ikea-Kunde wird zunächst auf einem festgelegten Rundgang – unabhängig von seinem eigentlichen Kaufinteresse – durch die diversen Möbelbereiche geführt, von Schlafzimmer und Küchen bis zu Kinderzimmer und Büroeinrichtung. Das Durchlaufen-Müssen der verschiedenen Bereiche wird durchaus nicht nur positiv erlebt. Wenn man gezielt nur nach einem bestimmten Bereich Ausschau halten will, können die anderen Zonen ablenkend und störend wirken.

Die meisten Kunden wollen sich jedoch gar nicht beschränken, wenn sie das Erlebniskaufhaus Ikea aufsuchen. Denn für die Ikea-Welt nimmt man sich gerne viel Zeit, der Ikea-Einkauf ist ein Event für die ganze Familie. Hier gibt es diverse Wohnwelten zu entdecken, und man kann verschiedene Wohnentwürfe beschreiten. Die „Zwangsführung durch das Gesamtsortiment" wird gar nicht als Zwang erlebt, sondern vielmehr als Strukturierungshilfe bei der Erschließung der Gestaltungsmöglichkeiten des Wohnens (Brand-Claim: „Entdecke die Möglichkeiten"). Durch die vorgegebene Reihenfolge wird dem Kunden die Qual der Wahl abgenommen, wo er anfangen, wo er aufhören will, sich umzutun. Und er wird veranlasst, länger im Möbelhaus zu verweilen.

▶ **Orientierung der Einkaufsdramatik an den Motiven des Warenbereichs**

Wie bereits dargestellt, ist das Verhalten des Konsumenten beim Einkaufen von den grundlegenden Spannungsfeldern Gier und Abgrenzung, Routine und Inszenierung, Basisbedarf und kultivierter Bedarf bestimmt. In der einzelnen Einkaufsstätte gilt es, diese Spannungsfelder in erfolgreicher Weise so aufzugreifen, dass der Konsument wie von allein in eine bestimmte Einkaufsdramatik verwickelt wird. Dazu ist bei der Store-Gestaltung daraufhin zu wirken, dass Erlebens- und Verhaltensabläufe nahe gelegt werden, die einem kalkulierten Spannungsbogen folgen.

Fallbeispiel 3:

Rührung bei Vedes versus Discount bei Toys'R'Us

Anfang der 90er Jahre ist der amerikanische Spielzeugriese Toys'R'Us mit großen Expansionsplänen auf dem deutschen Markt angetreten. Die Chancen dafür, den gesamten Markt aufzurollen, schienen viel versprechend. Mit der Logistik und den Umsatzgrößen des Fachdiscounters kann man schließlich gegenüber dem traditionellen kleinen Fachgeschäften beachtliche Preisvorteile realisieren. Doch entgegen den Erwartungen blieb der große Erfolg für Toys'R'Us aus. Zwar konnte die Kette auf dem deutschen Markt Fuß fassen, doch anders als z. B. Media Markt und Saturn im Consumer-Electronics-Bereich gewann Toys'R'Us nicht die Oberhand über kleinere Fachgeschäfte wie Vedes.

Der bescheidene Erfolg von Toys'R'Us ist nicht allein auf die abnehmende Konjunktur für traditionelles Kinderspielzeug zurückzuführen. Aus Sicht der Einkaufspsychologie ist vielmehr das Discount-Konzept von Toys'R'Us kritisch zu bewerten.

Denn Kinderspielzeug ist eine anrührende Warengruppe. Die Oma oder der Onkel, die dem süßen Vierjährigen zum Geburtstag das Piratenschiff von Playmobil schenken wollen, möchten nicht durch die anonymen Regalreihen des Discounters laufen und zwischen verschiedenen Kartonabbildungen auswählen müssen.

Sie wollen vielmehr im kleinen Spielzeugladen durch eine opulente Ausstellung von aufgebauten Spielzeugwelten zum Kauf verführt werden. Der Streifzug durch Klein-Lego-Stadt und Klein-Playmobil-Land gibt ihnen einen Vorgeschmack darauf, wie begeistert das Kind über das Geschenk sein wird. Nicht zuletzt können sie sich zurückversetzen, wie sie sich selbst als Kind im Spielzeugladen gefühlt haben – mit dem Unterschied: Jetzt können sie selber kaufen.

Man sieht: Von der Psycho-Logik des Warenbereichs Spielzeug aus betrachtet, ist es kein Wunder, dass die Vedes-Fachgeschäfte, die auf engem Raum vollgestopft mit Spielzeug sind, stärker zum Kauf motivieren als die anonymen Toys'R'Us Stores, die den anrührenden Wert der Spielwaren entwerten.

Die Psychologie des Spielzeugkaufs und die Erfolge von Vedes-Geschäften sind im Übrigen auch ein guter Beweis gegen die scheinbar allmächtige Bedeutung des Smart Shoppers.

Jeder Warenbereich legt besondere Kaufmotive und Konsumstimmungen nahe. Beim alltäglichen Lebensmitteleinkauf prägen Routinen das Bild. Der Möbelkauf führt den Konsumenten dagegen in die Auseinandersetzung mit seinen Stilansprüchen und erwünschtem Wohn- und Lebensgefühl. Die Gestaltung der Einkaufsdramatik einer Handelskette muss auf die Erlebniserwartungen und Involvementwünsche der Konsumenten Rücksicht nehmen. Ansonsten kann das Konzept einer Handelskette an den Anliegen der Konsumenten vorbeigehen, und der Misserfolg ist vorprogrammiert.

6. Fazit

Der Wandel in der Einkaufskultur wurde zum Anlass genommen, die psychologischen Hintergründe des Einkaufens und der Wahl des Einkaufsortes zu durchleuchten. Dabei steht die Erkenntnis im Vordergrund, dass der Konsument stimmungs- und kontextabhängig einkauft. Einkaufsverfassungen, die an unterschiedlichen Einkaufsstätten stark differenzieren können, bestimmen die Kaufentscheidung wesentlich mit.

Die Studie stellt heraus, dass sich die Welt des Konsumenten in sieben verschiedene „Kaufreviere" gliedert, die mit spezifischen Motiven und Ansprüchen verknüpft sind. Diese Kaufreviere stehen in Verbindung zueinander und ergänzen sich für den Konsumenten zu einer Konsumlandschaft, in der er sich wie selbstverständlich bewegt. Die Studie stellt dabei für jedes der Kaufreviere heraus, in welcher Gestimmtheit sich der Konsument in dem jeweiligen Kosumkontext befindet und welche psychologischen Anforderungen die verschiedenen Kaufreviere zu erfüllen haben.

Als Grundlage dieser Beschreibung der Kaufreviere dient eine grundlegende Betrachtung der psychologischen Motive des Einkaufens allgemein. Diese wird anhand drei basierender Motivspannungen des Einkaufens erläutert. Die Grundmotive des Einkaufens sind prinzipiell bei allen Formen des Konsumierens wirksam. Die einzelnen Kaufreviere weisen jedoch unterschiedliche Motivdominanzen und Vermittlungen zwischen den widerstrebenden Motiven auf. Sie sind als gelernte Muster dafür zu verstehen, wie der Konsument sich in Einkaufskontexten orientiert, welche Erwartungen und Anforderungen er hat und was für ihn ein allseits befriedigendes (die Motivspannungen auflösendes) Kauferlebnis ausmacht.

Die motivationalen Mechanismen der einzelnen Kaufreviere, ihre Tonalitys und das jeweilige Versprechen, dessen Einlösung der Konsument erwartet, geben eine sehr differenzierte Grundlage für Marketingentscheidungen in vielen Bereichen. Neben der beschriebenen Strategie zur Führung bzw. Etablierung von Retail Brands, d. h., wie man einer Handelskette sicher zu einer Positionierungsstrategie verhilft und wie man diese Positionierungsstrategie mittels geeigneter Filialplatzierung sowie Shop-Dramaturgie und Store-Gestaltung implementieren kann, zeigt die Studie auch Strategien für Markenartikel, E-Branding und E-Commerce sowie für die Betreiber von Malls oder Städteplaner.

Somit wird die Untersuchung durch ihre fundierte Analyse der psychologischen Motivation des Konsums und ihren praxisnahen Implikationen zu einer wertvollen Grundlage für Marketingstrategien.

Antonella Mei-Pochtler/Ralph Boehlke

2.2 Mehr sehen und besser handeln: Erst ein wirkliches Verständnis des Käufers führt zu mehr Erfolg im Handel

1. Umbrüche in der Handelsbranche bieten neue Chancen
1.1 Drei allgemeine Trends
1.2 Zwischen der Demokratisierung des Luxus und der Suche nach Schnäppchen: „Trading-up" und „Trading-down"

2. Wie lassen sich die vorhandenen Chancen tatsächlich nutzen?
2.1 Das Richtige richtig tun – Handwerkliche Fehler müssen so schnell wie möglich abgestellt werden
2.2 Das Richtige tun – Sechs Erfolgsregeln

3. Von ShopperDiscovery zu ShopperConversion – Ein konkretes Programm zur Umsatzsteigerung
3.1 Mit ShopperDiscovery mehr sehen: Tiefes Käuferverständnis als Grundlage des Erfolgs
3.2 Mit ShopperConversion besser handeln: Eine konkrete Methode, um Schwachstellen zu beseitigen

4. Management Summary

1. Umbrüche in der Handelsbranche bieten neue Chancen

1.1 Drei allgemeine Trends

Das wirtschaftliche Umfeld für den Handel in Deutschland ist derzeit eines der schwierigsten in ganz Europa. *Drei allgemeine Trends beeinflussen die Situation des Handels kurz- und langfristig: schwierige ökonomische Rahmenbedingungen, demografische Veränderungen und deutliche Verhaltensänderungen der Kunden.*

Erstens: Nachfrage und Umsatz im Handel stagnieren derzeit in Deutschland besonders stark. Die Umsätze der deutschen Lebensmittelbranche blieben in den letzten zehn Jahren auf gleichem Niveau, während sie in Frankreich in demselben Zeitraum immerhin um mindestens 10 Prozent zunahmen (vgl. Abb. 1).

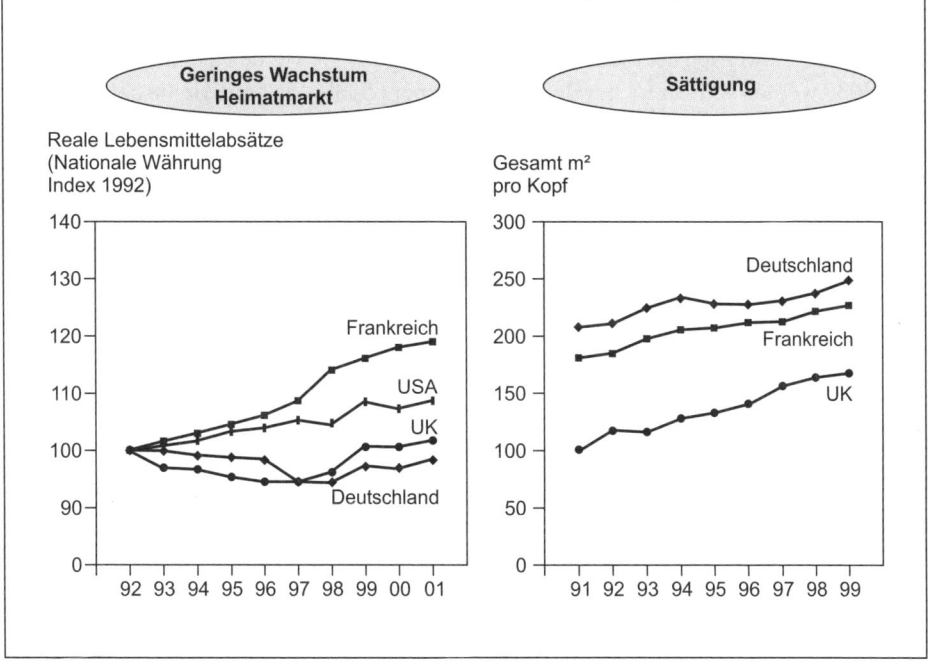

Abb. 1: Stagnation und Überkapazitäten in Deutschland

Ebenso wie die Umsätze stagniert auch die Nachfrage der Konsumenten. Während das deutsche Volkseinkommen seit Anfang der 90er Jahre um rund ein Drittel zulegte, ging der Konsumklimaindex in demselben Zeitraum um rund 20 Prozent zurück.

Die wirtschaftliche Stagnation des deutschen Handels hat mehrere Gründe: Zu nennen sind etwa die im europäischen Vergleich feststellbaren Überkapazitäten der Branche. Der Handel in Deutschland stellt 1.000 Einwohnern eine LEH-Verkaufsfläche von 250 m² zur Verfügung – das sind rund 60 Prozent mehr als in Großbritannien (vgl. Abb. 1). Ähnlich sieht es auch in anderen Kategorien aus.

Der ausgeprägte Wettbewerb im deutschen Handel führt daneben zu starken Preiskämpfen. Während die gesamten Konsumentenpreise in Deutschland seit 1995 um 11 Prozent zunahmen, stiegen die Preise im Lebensmitteleinzelhandel nur um 5 Prozent!

Zweitens: Neben dem kurzfristigen Druck durch schwierige ökonomische Rahmenbedingungen ist die Handelsbranche langfristig mit demografischen Veränderungen konfrontiert, die in Deutschland besonders radikal ausgeprägt sind.

Deutschland ist weltweit trauriger Spitzenreiter hinsichtlich des Bevölkerungsrückgangs. Bleibt dieser Trend bestehen, werden in Deutschland 2050 nur noch 68 Millionen Menschen leben statt 85 Millionen in 2010 (vgl. Abb. 2). Die Konsequenzen dieser Entwicklung für den Handel sind offensichtlich: Weniger Kunden und weniger Nachfrage führen zu weiteren Überkapazitäten und einem steigenden Wettbewerbsdruck.

Die Deutschen werden aber nicht nur immer weniger – sie werden auch immer älter. Im Jahr 2030 werden 43 Prozent der Bevölkerung über 65 Jahre alt sein. Heute beträgt dieser Anteil nur 25 Prozent!

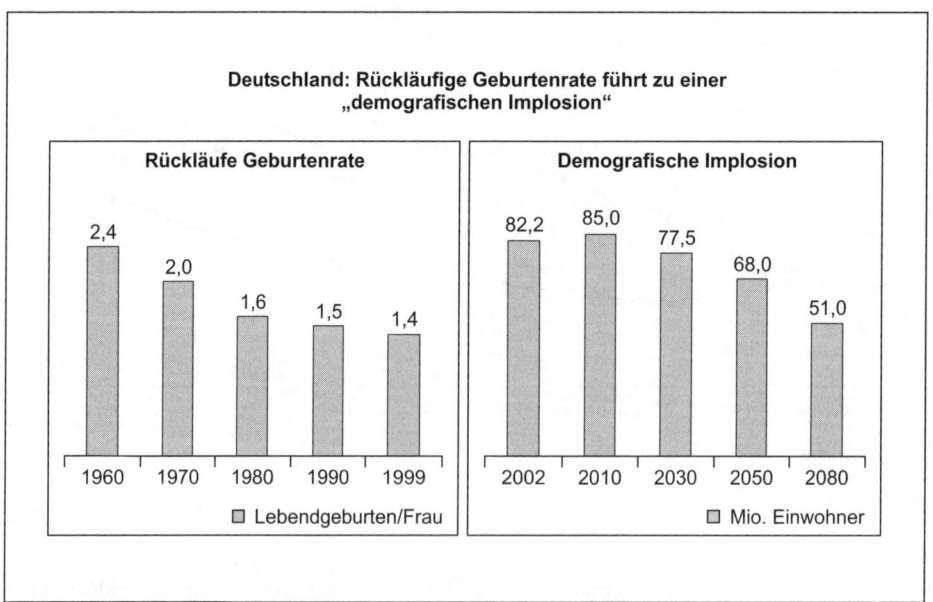

Abb. 2: Demografische Veränderungen in Deutschland

Auch die Familienstruktur der Deutschen ändert sich. Der Anteil der Singlehaushalte wird immer größer. 40 Prozent der Haushalte werden 2030 Singlehaushalte sein, statt wie heute nur 35 Prozent. Diese Bevölkerungsgruppe bietet dem Handel aber auch neue Chancen: Singles zeigen sich erfahrungsgemäß besonders offen für Premiummarken, Produktneuheiten, Convenience-Produkte und neue Absatzkanäle.

Mit der Veränderung der demografischen Struktur geht ein Wandel in der Einkommensstruktur der Deutschen einher. Die Gesellschaft polarisiert sich. 2010 werden die einkommensstärksten 10 Prozent der Haushalte ihren Anteil am gesamten Haushaltseinkommen von 24 auf 30 Prozent erhöhen. In Folge davon werden früher klar umgrenzte Käufersegmente immer unterschiedlicher hinsichtlich ihrer Anforderungen, ihres Kaufverhaltens und ihrer finanziellen Möglichkeiten (vgl. zu diesem Trend auch Kapitel 1.2).

Drittens: Schließlich sind eindeutig erkennbare Verhaltensänderungen der Kunden festzustellen. Auch sie sind für den Handel Herausforderung und Chance zugleich:

Die Zunahme von Informationen und Kaufoptionen überfordert zunehmend einzelne Kundensegmente. Neue Informationskanäle sowie die Ausdifferenzierung der klassischen Medien, aber auch ein immer unübersichtlicheres Produktangebot führen dazu, dass bestimmte Kunden sich gerne in ihrer Kaufentscheidung helfen und unterstützen lassen. Dadurch bietet sich dem Handel die Chance, durch Vertrauensbildung, kompetente Beratung und kontinuierliches Customer Relationship Management die Kunden dauerhaft an das eigene Unternehmen zu binden.

Käufer in Deutschland haben heute im Durchschnitt einen höheren Bildungsabschluss als früher. 1996 hatten bereits 43 Prozent der Schulabgänger Abitur. 1980 belief sich dieser Anteil nur auf 34 Prozent. In unserer Fallarbeit stellen wir immer wieder fest, dass mit zunehmender Bildung auch der Anspruch an die Qualität des Point of Sale (POS) steigt. Ansprüche an die Beratungsqualität, Möglichkeiten zur Selbstbedienung und ein Verlangen nach selbsterklärenden Produkten spielen dabei die entscheidende Rolle.

Bei den demografischen Trends erwähnten wir bereits den Anstieg der Singlehaushalte. Dieser Trend hat auch zur Folge, dass viele Menschen heute ihr Zugehörigkeits- und Identifikationsbedürfnis in der Gesellschaft nicht mehr ausreichend befriedigt finden. So wünschen sich rund 60 bis 75 Prozent der US-Amerikaner eine Rückkehr zu traditionellen Werten in der Familie. Rund 70 Prozent beobachten eine Abnahme der Loyalität von Arbeitgebern und Kollegen. In Deutschland dürfte Ähnliches gelten. Was heißt das für den Handel? Durch die Gestaltung des Kauferlebnisses kann er den Kunden eine neue Identifikationsmöglichkeit bieten.

"Marken haben die alte Kultur verdrängt und den Platz der neuen Kultur eingenommen", so äußerte sich Walter Gunz, der Gründer von Media Markt, vor kurzem im Gespräch mit BCG.[1] Gunz hat zweifellos recht. In Zukunft werden nur die Marken überleben, die ihren Kunden mit dem Kauf des Produkts zugleich auch das Gefühl von Bedeutung und emotionaler Zugehörigkeit vermitteln.

Das veränderte Konsumentenverhalten zeigt sich auch in einem zunehmenden Preis- bzw. Preis-Leistungs-Bewusstsein. 1989 stimmten lediglich 45 Prozent der Deutschen der Aussage zu: "Ich entscheide mich meistens für das preisgünstigere Angebot." Im Jahr 2000 waren es schon 60 Prozent. Dies ist nicht nur konjunkturell bedingt, sondern auch eine Folge tief greifender Verhaltensänderungen. Für den Handel bedeutet dies einerseits die Herausforderung eines immer stärkeren Preisdrucks, andererseits aber auch die Chance, z. B. mit Preis-Leistungs-Garantien erfolgreich zu arbeiten.

1.2 Zwischen der Demokratisierung des Luxus und der Suche nach Schnäppchen: "Trading-up" und "Trading-down"

So viel zu den allgemeinen Trends. Entscheidend für die Zukunftsaussichten des Handels sind aber noch zwei weitere Phänomene: "Trading-up" und "Trading-down".

Insbesondere mittlere Einkommensschichten entscheiden sich bei vielen Produkten heute zunehmend für höhere Qualität und den bewussten und selektiven Erwerb von Luxusgütern. Gleichzeitig agiert diese Kundengruppe in anderen Produktkategorien, aber auch sehr preisbewusst. Mit dem neuen Cabriolet zu Aldi fahren, um billig einzukaufen – so lässt sich plakativ ein Trend beschreiben, den Michael Silverstein als "Demokratisierung des Luxus" bezeichnet hat.[2]

"Trading-up" ist dabei in allen möglichen Produktkategorien zu finden: von Kaffee und Tiernahrung bis zu Mode und Automobilen. Immer häufiger sind vor allem mittlere Einkommensschichten bereit, für überdurchschnittliche Qualität und Marken zunehmend höhere Preise zu zahlen.

Was sind die Gründe für "Trading-up"? "Trading-up" ergibt sich durch das einzigartige Zusammentreffen einer Reihe von Faktoren auf der Nachfrage- sowie auf der Angebotsseite (vgl. hierzu Abb. 3): Die "obere Mitte" ist die treibende Kraft auf der Nachfrageseite: In Deutschland verdreifachte sich der Anteil der Haushalte mit einem Jahreseinkommen von über 75.000 Euro pro Jahr zwischen 1990 und 2002. Und das Haushaltseinkommen dieser "oberen Mitte" steigt ebenfalls kontinuierlich an.

---

[1] Follow Your Dreams: An Interview with Walter Gunz, Founder of Media Markt, The Boston Consulting Group 2002. Das Interview ist zu beziehen unter marketing.de@bcg.com.
[2] Michael Silverstein, The New Luxury: Trading Up and Trading Down, The Boston Consulting Group 2002. Der Aufsatz ist zu beziehen unter marketing.de@bcg.com.

Eine besonders entscheidende Rolle für das Phänomen des „Trading-up" spielen Frauen. Sie arbeiten und verdienen mehr als jemals zuvor, heiraten später, sind länger kinderlos – und suchen in den Gütern des „neuen" Luxus Ausgleich für Stress und die Befriedigung vor allem emotionaler Bedürfnisse.

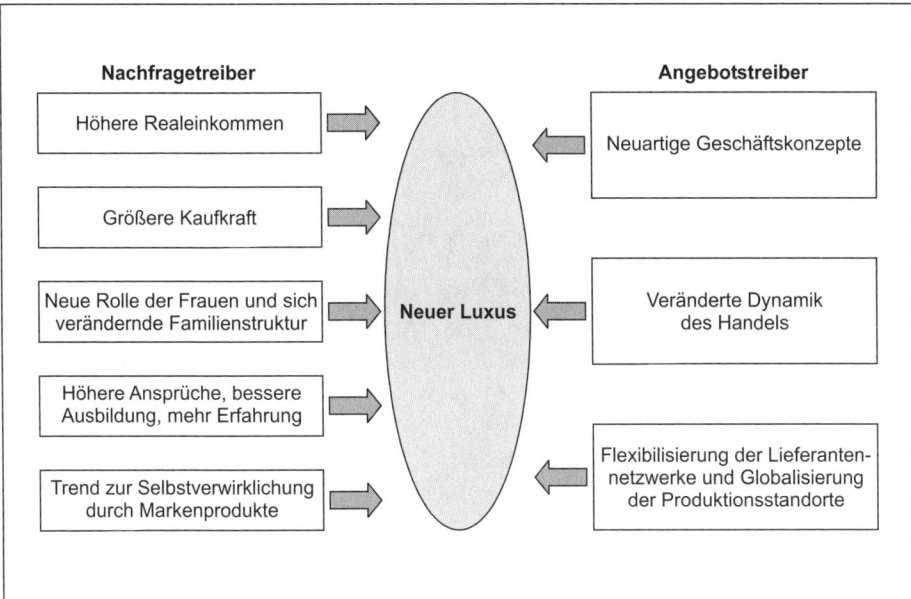

Abb. 3: Treiber für neuen Luxus

Die andere Seite dieser Medaille ist das Phänomen des „Trading-down". Das Motto „Geiz ist geil" gilt wieder als gesellschaftsfähig. Das weltweite Wachstum von Handelsmarken und die massive Zunahme der Marktanteile der Discounter sprechen hier Bände.

Gründe für den Handelsmarkenerfolg sind sowohl die steigende Preissensibilität und sinkendes Markenbewußtsein bei Verbrauchern, als auch gezielte Aktivitäten führender Händler, etwa durch ein ständig verbessertes Produktangebot und konsequentes Markenmanagement. So wird das Handelsmarkenangebot immer differenzierter. Beispielsweise bietet Tesco drei Qualitätsstufen an: „Value", „Tesco" und „Finest". Damit schöpft dieser Händler systematisch das gesamte Markenspektrum vom traditionellen Niedrigpreisangebot („Value") bis zur Premiummarke („Finest") mit seinen Handelsmarken aus. Der Marktanteil der Handelsmarken so genannter „dritter" und „vierter" Generation nimmt stetig zu – sie zeichnen sich dadurch aus, dass sie bei Technologie, Qualität, Kaufmotivation, Produktionsnetzwerk und Marketing größtenteils gleichwertig zu Markenprodukten sind. Daneben treibt auch der stetige Vormarsch der Discounter – 25 Prozent Zunahme des Marktanteils in sechs Jahren – den Handelsmarkenerfolg (Abb. 4).

122　Kapitel 2: Konsumentenverhalten im Wandel

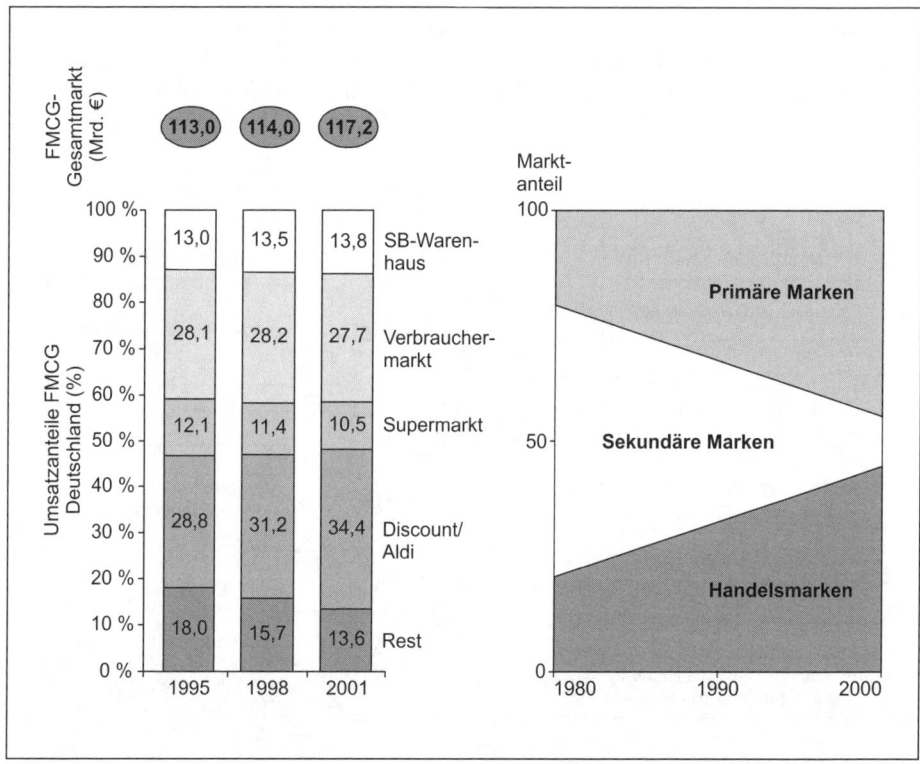

Abb. 4: Discounter auf dem Vormarsch

Durch den Vormarsch der Discounter und den Anstieg der Handelsmarken geraten zweitrangige Marken unter sehr starken Druck, da sie zunehmend zwischen erstklassigen Marken und Handelsmarken oder Billigangeboten gefangen sind. Grundig war so ein Fall in der Unterhaltungselektronik. Während Grundig in den letzten Jahren sehr stark an Umsatz verlor, hatten sowohl Loewe, deren Produkte um 200 bis 400 Prozent teurer waren als Grundigprodukte, als auch Medion, deren Produkte um 50 bis 80 Prozent billiger waren, starke Umsatzsteigerungen. Der Tod lauerte also auch in der Unterhaltungselektronik in der Mitte.

Auf diese neuen Entwicklungen auf der Nachfrageseite können und müssen die Händler reagieren: Sie können dies tun, weil einzelne Stufen der Wertschöpfungskette an unterschiedlichste Orte verlagert werden können, sich die Dynamik des Handelsgeschäfts damit verlagert und Unternehmen so Kosten sparen. Einzelne Unternehmer haben mit ungewöhnlichen Geschäftsideen immer wieder vorgemacht, wie dies geht. Die Händler können also, sie müssen aber auch auf die Trends von „Trading-up" und „Trading-down" reagieren. Denn der sichere Tod lauert in der „Mitte", im Niemandsland zwischen „Trading-up" und „Trading-down", zwischen Discountern und den Anbietern „neuer" Luxusgüter.

▶ **Fazit:**

Kurz- und langfristig sieht sich der Handel in Deutschland mit vielen Herausforderungen konfrontiert. Konjunkturelle Entwicklungen, demografische Veränderungen, verändertes Konsumverhalten der Kunden und Phänomene von „Trading-up" und „Trading-down" bewirken, dass schwache Wettbewerber bzw. schwache Formate – auch in Deutschland – vom Markt verschwinden werden. Händler in Familienbesitz werden in der Praxis schnell an Finanzierungsgrenzen stoßen. Oft wird daher eine Anpassung der Kapitalstruktur erforderlich sein. Aber die genannten Trends sind auch eine große Chance. Die Umbrüche am Markt lassen sich für den eigenen Erfolg nutzen. Dazu müssen aber die richtigen Maßnahmen eingeleitet werden. Und: Die richtigen Maßnahmen müssen auch in der richtigen Weise durchgeführt werden. Wichtigste Voraussetzung dabei: Alle hausgemachten und selbst verschuldeten Fehler müssen schnellstens abgestellt werden.

2. Wie lassen sich die vorhandenen Chancen tatsächlich nutzen?

2.1 Das Richtige richtig tun – Handwerkliche Fehler müssen so schnell wie möglich abgestellt werden

Zu den bekannten operativen Erfolgshebeln im Handelsgeschäft gehören Frequenz, Konversionsrate, Durchschnittsbon und – indirekt – Aufenthaltsdauer der Besucher im Verkaufsraum. Eine ganze Reihe handwerklicher Fehler macht die Optimierung hinsichtlich dieser vier Erfolgshebel immer wieder zunichte (Abb. 5). Werden Fehler nicht so schnell wie möglich abgestellt, verspielt der Handel die Chance, durch den richtigen Gebrauch der genannten vier operativen Erfolgshebel seine Ergebnisse zu steigern.

Folgende handwerkliche Fehler seien beispielhaft genannt: mangelhafte Struktur der Warenpräsentation, einer der Hauptgründe für Käuferfrustration; übervolle Regale, die den Kunden verunsichern und die Kaufentscheidung verlangsamen; der Eindruck von Unordentlichkeit und mangelnder Warenpflege, der den Eindruck eines Ramschmarktes erweckt und dadurch große Kundengruppen abschreckt; fehlende Information über Produkteigenschaften; fehlerhaft aufbereitetes und textlastiges Informationsangebot statt einfacher und aussagekräftiger Bilder; ungenügende Kommunikation über die Serviceleistungen bzw. USPs der angebotenen Waren; zu enge Regalabstände, die die Besucher als unangenehm empfinden und sich negativ auf die Aufenthaltsdauer auswirken; die Besucher werden nicht durch bestimmte Leitsysteme in Form von Schildern, Farbgestaltung oder Ähnliches zur Ware geleitet; eine hochwertigen Kategorien und Marken häufig vollkommen unangemessene Warenhausatmosphäre; unzureichende Kapazitäten und Qualitäten der Verkäufer.

Bei den Frequenzanteilen verschiedener Käufersegmente ermitteln wir häufig erhebliche Varianzen. So ist es nicht ungewöhnlich, dass Händler besonders attraktive und erklärte Zielgruppen nicht ausreichend in ihren Filialen antreffen, obwohl es diese Käufer im Markt gibt.

Aus unserer Fallarbeit kennen wir Beispiele, in denen bestimmte Kundensegmente im Geschäft des Händlers nur halb so oft anzutreffen waren wie im Marktdurchschnitt. Offensichtlich wurden die Bedürfnisse dieser Kundengruppen nicht erfüllt – ein deutliches und negatives Feedback vom Markt an den betroffenen Händler.

Abb. 5: Produktpräsentation im Handel

Wie lassen sich solche Entwicklungen verhindern? Die Frequenzen der einzelnen Segmente müssen mit den marktüblichen Frequenzen verglichen werden. Nur so lassen sich die eigene Position am Markt und die eigenen Stärken und Schwächen wirklich verstehen. Im Anschluss daran lassen sich zielgerechte Maßnahmen entwickeln, die sowohl bei der Marktpositionierung des Unternehmens als auch bei einer für die vernachlässigten Kundensegmente attraktiveren Gestaltung des Point of Sale ansetzen.

Durch diese Analyse konnte ein Händler aufdecken, dass seine Angebote in der PC-Abteilung wenig kaufkräftige Kundensegmente überdurchschnittlich stark anzogen, dadurch sehr kaufkräftige Kundensegmente dem Geschäft aber fern blieben, da sie sich durch die Präsenz der anderen Kundensegmente deutlich gestört fühlten.

Nach unserer Erfahrung enthält auch die Steuerung der Konversionsrate ein großes Potenzial für die Händler. Diese Größe wurde zum Teil noch nie systematisch untersucht. Ein erster konkreter Schritt muss die Erhebung der aktuellen Konversionsrate sein. Danach müssen konkrete Maßnahmen für ein aktives Konversionsmanagement folgen.

Die Realität sieht häufig noch anders aus. Es gibt Beispiele, da gehen Händler von einer sehr hohen Konversionsrate aus – etwa von 80 Prozent – und glauben also, dass 80 Prozent der Besucher auch tatsächlich kaufen. Eine tatsächliche Messung in einem konkreten Fall ergab hingegen eine Konversionsrate von 20 Prozent. 80 Prozent der Besucher kaufen also gerade nicht! Noch niedriger war dieser Wert, wenn man nur die geplanten Käufe berücksichtigt. Eine derartige Fehleinschätzung führt natürlich dazu, den Nichtkauf der großen Mehrheit und insbesondere die Ursachen dafür zu ignorieren. Wir stellen immer wieder fest, dass die Mehrheit der Gründe für Nichtkauf lösbar sind. Ist aber die Konversionsrate überhaupt nicht bekannt oder wird vollkommen falsch eingeschätzt, so werden viele Chancen auf eine signifikante Umsatzsteigerung durch eigenes Verschulden fahrlässig verspielt.

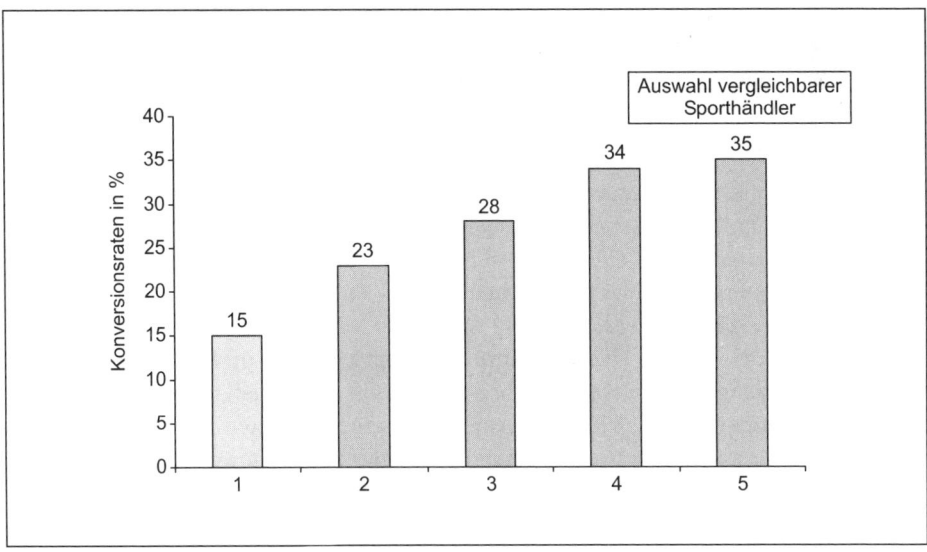

Abb. 6: *Unterschiedliche Konvertierungsraten*

Verschiedene Messungen und Berechnungen zeigen deutlich, dass es hinsichtlich Konversionsrate eine große Spannweite zwischen verschiedenen Händlern gibt. Eine von BCG erhobene Stichprobe zeigt Unterschiede zwischen 15 und 35 Prozent in einer Kategorie, also Unterschiede um mehr als das Doppelte (Abb. 6). Diese Unterschiede hinsichtlich der Konversionsrate ergeben sich auch unmittelbar aus den genannten handwerklichen Fehlern.

So wurden in der Fitnessgeräteabteilung eines großen Händler die umfangreichen Serviceleistungen überhaupt nicht kommuniziert – sie waren nur im Katalog oder Verkaufsgespräch zu erfahren. Erst eine neue, aktive Beschilderung half, zusätzliche Besucher zu erreichen und über die Vorteile eines Einkaufs bei diesem Händler zu überzeugen.

Bei einem Elektrohändler mit sehr großer Auswahl an „Weißer Ware" konnte die Konversionsrate deutlich gesteigert werden, indem man sich auf die Präsentation von vier bis sechs Modellen je Produktkategorie (Kühlschränke, Waschmaschinen etc.) konzentrierte. Bis dahin hatten viele Besucher beim Anblick von mehr als 30 Modellen ihre Suche häufig wegen Überforderung abgebrochen.

Auch hinsichtlich des Durchschnittsbons (also der durchschnittlichen Ausgaben eines Käufers) stellen wir starke Schwankungen fest. Häufig ist die tatsächliche Größe des Durchschnittsbons nach Kundensegmenten differenziert unbekannt. Erneut werden so große Chancen verspielt, Umsatz und Ergebnis systematisch zu steigern.

Das in Abb. 7 dargestellte Filialnetzwerk eines Händlers verdeutlicht die großen Schwankungen hinsichtlich des Durchschnittsbons. Der Durchschnittsbon liegt zwischen 30 und 80 Euro. Es lässt sich zwischen einzelnen Filialen also eine Spannweite von rund 270 Prozent feststellen! Eine nähere Untersuchung zeigte nun, dass diese Schwankungsbreite stark mit der Einschätzung von Proaktivität und Engagement der Verkäufer korrelierte. Wieder waren es also handwerkliche Fehler, die zu den stark unterschiedlichen Ergebnissen führten. Damit war auch klar, welche Maßnahmen bei den schwachen Filialen zu besseren Ergebnissen führen konnten.

Die Aufenthaltsdauer der Besucher am Point of Sale ist ein weiterer entscheidender und weithin unterschätzter operativer Erfolgshebel. Denn die Verlängerung der Aufenthaltsdauer setzt sich allgemein in einer höheren Konversionsrate und höheren Durchschnittsbons um. Die Aufenthaltsdauer kann etwa durch das Anbieten von Produkttestmöglichkeiten effektiv verlängert werden. Häufig wird diese Möglichkeit jedoch nicht genutzt, obwohl für viele Käufer die eigene Erfahrung mit dem Produkt im Point of Sale immer mehr Voraussetzung für eine Kaufentscheidung ist. Oft vergessen die Händler auch die Begleitpersonen der Käufer, die keine Anreize für einen längeren Aufenthalt erhalten und somit das Geschäft so schnell wie möglich wieder verlassen wollen. In Textil- und Schuhgeschäften sind das beispielsweise Kinder und in Elektronikgeschäften häufig Frauen. Der kaufbereite Besucher gerät so schnell unter Druck und bricht den Besuch früher als nötig ab.

Der Handel muss seine Situation hinsichtlich der genannten vier operativen Erfolgshebel unbedingt realistisch einschätzen. Sonst droht der Händler nicht nur Geld und Wachstumschancen zu verspielen, sondern gefährdet auch seine Existenz.

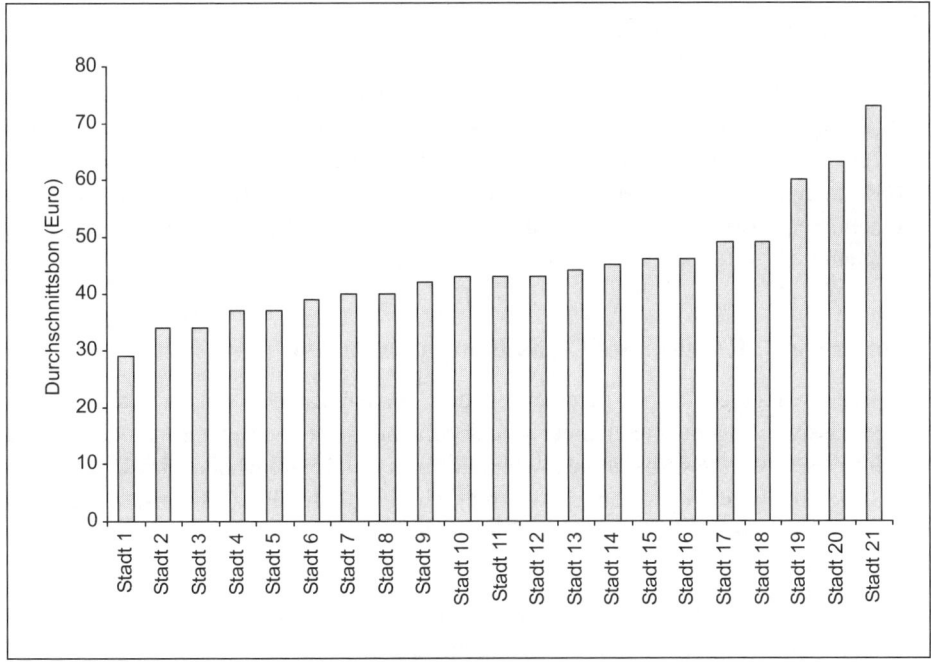

Abb. 7: Unterschiede in den Durchschnittsbons

Das zeigt sich am Beispiel des renommierten Elektrohändlers Brinkmann. Brinkmann hätte frühzeitig erkennen können, dass wichtige Kundensegmente zwar noch ins Geschäft kamen, weil es dort die beste Fachberatung gab, aber ihre Käufe dann regelmäßig bei Discounter-Ketten tätigten. Die Geschäftsleitung hätte dann rechtzeitig geeignete Gegenstrategien einleiten können. Einerseits hätten die Kundensegmente, die bereit sind, für Beratung im Elektrohandel auch höhere Preise zu zahlen, aber offensichtlich nicht mehr ausreichend zu Brinkmann kamen, identifiziert und durch geeignete Maßnahmen besser angesprochen werden müssen. Andererseits hätten die wahren Bedürfnisse der tatsächlichen Besucher von Brinkmann-Filialen besser verstanden und durch neue Preisstrategien angesprochen werden müssen.

▶ **Fazit:**

Die Bedeutung der operativen Erfolgshebel Frequenz, Konversion, Durchschnittsbon und Aufenthaltsdauer für die wirtschaftlichen Ergebnisse der Handelsbranche liegt zwar auf der Hand. Dennoch sind deren reale Größen und die enorme Schwankungsbreite, die sich auf diesen Gebieten finden, häufig unbekannt. Diese realen Größen müssen also zunächst erhoben werden. Erst dann lassen sich die Gründe für den Nichteinkauf adressieren. Maßnahmen zur Abhilfe müssen dabei allerdings zielgruppenspezifisch entwickelt und eingesetzt werden. Vor allem die vielfach beobachtbaren, handwerklichen Fehler am Point of Sale müssen so schnell wie möglich abgestellt werden.

2.2 Das Richtige tun – Sechs Erfolgsregeln

Die in Kapitel 2.1 genannten operativen Erfolgshebel optimal einzusetzen ist unerlässlich. Diese Erfolgshebel greifen allerdings nur, wenn das Geschäft grundsätzlich und strategisch richtig ausgerichtet ist. Effizienz ohne Strategie ist Selbstzweck ohne Ziel und Richtung. Aber sie allein sichert keinen Erfolg. Die strategische Ausrichtung muss stimmen. Sechs Erfolgsregeln sind dabei zu beachten. Alle diese Erfolgsregeln beruhen auf einem tief greifenden Verständnis des Kunden.

Erfolgsregel 1: Konsistentes Gesamtkonzept anbieten

Aldi ist ein sehr gutes Beispiel für einen Händler, der dem Kunden ein in sich konsistentes und schlüssiges Angebot bietet: niedrigste Sortimentsbreite, niedriger Preis – ermöglicht durch eine sehr wettbewerbsfähige Kostenplattform – und extrem hoher Handelsmarkenanteil. Belohnt wird dieses Konzept durch durchschnittlich 8 Prozent Umsatzwachstum seit 1998, 50 Prozent Marktanteil im Discountmarkt und einer unvergleichlich hohen Profitabilität.

Es ist schwer, ein vergleichbar konsequentes Unternehmen zu finden. Zwar ist grundsätzlich Kostenführerschaft aufgrund der allgemein steigenden Preis-Leistungs-Orientierung unter den Käufern eine sinnvolle strategische Option (siehe Kapitel 1). Diese Option wird in Deutschland auch ausgiebig genutzt. Andere Möglichkeiten zur Differenzierung von den Wettbewerbern werden jedoch kaum berücksichtigt, obwohl man damit auch großen Erfolg haben könnte, da hier zu Lande viele mögliche Marktpositionen noch unbesetzt sind.

Beispiel USA: Der Erfolg der amerikanischen Warenhauskette Nordstrom beruht auf der klaren strategischen Vorgabe, Wettbewerber durch überlegenen Service zu übertreffen. 90 Prozent der Käufer bei Nordstrom sind der Meinung, dass der Service bei Nordstrom unter den 15 größten amerikanischen Warenhäusern führend ist. Bendel und Bergdorf (Platz 2 bzw. 3) erreichen gerade einmal 50 Prozent, während Sears (Platz 15) sogar nur 10 Prozent erreicht. Differenzierung durch Service wird also von den Kunden sehr deutlich wahrgenommen und honoriert. Angesichts von „Trading-up" ergeben sich daraus konkrete Optionen für die Handelsbranche – auch in Deutschland.

Erfolgsregel 2: Formatstrategie an unterschiedlichen Kundensegmenten orientieren

Home Depot ist auch ein exzellentes Beispiel dafür, wie sich die Markenstrategie an unterschiedlichen Kundensegmenten orientiert. Das Grundformat von Home Depot richtet sich an Handwerker und typische Heimwerker. Daneben gibt es noch drei weitere Formate mit ganz spezifischen Zielgruppen: das Expo Design Center für anspruchsvollere Hauseigentümer, Cross Road für den ländlichen Raum und Villager Hardware für kleinere Heimwerkerprojekte und Frauen. Grundlage dieser erfolgreichen Formatvielfalt war das genaue Verständnis der unterschiedlichen Bedürfnisse der verschiedenen Kundengruppen von Heimwerkermärkten.

Die Formatgestaltung muss also auf der Basis eines tieferen Kundenverständnis erfolgen, als dies heute üblich ist. Erst eine verhaltensorientierte Segmentierung der Kunden zusammen mit einer klaren Priorisierung der Zielsegmente erlaubt es, ein Format optimal auf die potenziellen Käufer auszurichten. Eine Grundfrage dabei ist beispielsweise die Entscheidung, ob der Point of Sale eher hinsichtlich Effizienz oder Ergebnis optimiert werden soll.

Dazu gehört auch eine Sortimentsgestaltung mit Blick auf Format und Kunde. Häufig beobachten wir zu hohe Komplexität, d. h. ein zu breites Sortiment, mit der Folge, dass die Kunden überfordert sind und der Kapitalumschlag zu niedrig ist.

Erfolgsregel 3: 1:1-Beziehungen zu den Kunden schaffen

Es ist ökonomisch meist attraktiver, mehr an bestehende Kunden zu verkaufen, statt neue Kunden gewinnen zu müssen. Aus drei Gründen wird Customer Relationship Management im Handel zunehmend wichtiger:

1. Die Ökonomie des Informationsmanagements hat sich verändert: So sind die Interaktionskosten mit den Kunden deutlich gesunken und ermöglichen neue, kostengünstige Wege der Kommunikation.
2. Die Machtbalance hat sich gewandelt: Da die Kunden heute leichter Produkte suchen und Angebote vergleichen können, verändert sich das praktische Einkaufsverhalten. Beispielsweise finden sich viele Besucher am Point of Sale des Elektrohandels, die keine Kaufentscheidung treffen, bevor sie das Internet konsultiert haben.
3. Die Möglichkeiten, Kundendaten zu gewinnen, haben zugenommen: Insbesondere gibt es neue Quellen, wie das Internet, aber auch einfachere Möglichkeiten, die Daten auszuwerten und zu bearbeiten.

Erfolgsregel 4: Operative Exzellenz durch Technologieeinsatz steigern

WalMarts Investition von 750 Millionen US-Dollar in die weltweit größte, private Datenbank untersützt das „Replenishment" für rund 90 Prozent der Waren. Durch diese innovative und umfassende Datenbankanwendung wird sowohl eine schnelle Reaktion auf Trends am Markt als auch eine Ausführung und Auswertung von Tests am Point of Sale ermöglicht. Rund 2.500 Lieferanten haben direkten Zugang zu Verkaufsdaten nach SKU, Kategorie, Geschäft, Region und Land – fast in Echtzeit. Im Ergebnis profitiert WalMart damit von geringerem Warenbestand, frischeren Produkten und weniger Fehlbeständen. Die besten Händler zeichnet aus, dass sie den Einsatz technologischer Möglichkeiten konsequent für operative Exzellenz nutzen.

Auch Metro hat die Chancen durch Technologieeinsatz erkannt und untersucht heute systematisch die Praxistauglichkeit neuer Technologien im Lebensmittelhandel im Rahmen der Future-Store-Initiative. Die Anwendungen im Test umfassen drahtlose Kommunikation, elektronische Regalbeschilderung, automatische Kassen zum Selbst-Check-out und Radio Frequency Identification (RFID).

Ein Thema in diesem Zusammenhang ist Konsequenz bei IT-Investitionen: IT-Investitionen im Handel müssen grundsätzlich eng mit der Geschäftsstrategie verknüpft werden. Wahllos in IT zu investieren, ohne vorher eine genaue Zielbestimmung festgelegt zu haben und später die Implementierung straff zu kontrollieren, erhöht nur die Kosten, ohne nennbaren Mehrwert zu schaffen.

Erfolgsregel 5: Von Kunden gewünschte Geschäftsfelder erschließen

Erfolgreiche Händler nutzen regelmäßig Innovationsmöglichkeiten, die ihr Geschäftsfeld erweitern, solange diese Erweiterung profitabel ist. Ein gutes Beispiel ist das Angebot von Telekommunikationsdienstleistungen unter bekannten Händlermarken. So hat Carrefour, seit dem Merger mit Promodès der größte Händler in Europa, schon früh Prepaid-Karten, Mobile- und Fixed-Line-Telefonservice vertrieben. Allein mit den Prepaid-Karten konnten mehr als 1,5 Millionen Kunden erreicht werden.

Auch Tchibo – durch Expansion in Nonfood-Artikel bereits außerordentlich erfolgreich – hat in den letzten zwei Jahren erneut mit Finanzdienstleistungen ein weiteres profitables Geschäftsfeld erschlossen. In kurzer Zeit wurden zahlreiche Produkte hinzugefügt, weil das neue Geschäftsfeld schnell sehr erfolgreich war. Der sehr erfolgreichen Einführung ging eine sorgfältige Analyse der bisherigen Kundenstruktur und ihrer spezifischen Bedürfnisse im Finanzdienstleistungsbereich voraus. Das genaue Kaufverhalten bezüglich der neuen Produkte war wiederum entscheidend dafür, das Angebot im Detail auszugestalten.

Erfolgsregel 6: Kooperationsmöglichkeiten mit Herstellern nutzen

Händler können durch Kooperationen mit Herstellern ihre Chancen besser nutzen. Das liegt unter anderem daran, dass die Hersteller meist über das notwendige Kundenverständnis aus der Produktanwendung bzw. dem Nutzungsverhalten verfügen, das für das tiefe Verständnis der Kunden zwingend erforderlich ist. In einer Hersteller-Händler-Kooperation erhält der Händler also Zugang zu Informationen, über die seine Organisation ansonsten nicht verfügt. Eine solche Kooperation muss sich immer am Kunden und seinem Einkaufsverhalten orientieren. Im Rahmen einer Kooperation von Herstellern und Händlern anlässlich der Untersuchungen zum Einkaufsverhalten gibt es dann immer zahlreiche Anknüpfungspunkte für weitere gemeinsame Initiativen.

▶ **Fazit:**

Mit den sechs Erfolgsregeln kann ein Händler die sich derzeit bietenden Chancen nutzen und die Grundlagen für profitables Wachstum schaffen. Alle diese sechs Erfolgsregeln setzen ein umfassendes Verständnis des Kunden voraus. Ohne Verständnis der Kunden lassen sich kein konsistentes Gesamtkonzept entwickeln, keine kundenorientierte Marken- und Protfoliostrategien entwickeln, keine 1:1-Kundenbetreuung gewährleisten, keine für den Kunden sinnvollen Technologien einsetzen und keine erfolgreichen neuen Geschäftsfelder erschließen. Die besten Händler, wie Tchibo oder Tesco, zeichnen sich dadurch aus, dass sie in dieses Kundenverständnis regelmäßig investieren. Die optimale Vorgehensweise zur Erlangung dieses tiefen Verständnisses des Kaufverhaltens wird im nächsten Kapitel beschrieben.

3. Von ShopperDiscovery zu ShopperConversion – Ein konkretes Programm zur Umsatzsteigerung

Ein umfassendes und tief greifendes Verständnis des Käufers ist die zentrale Voraussetzung für Erfolg in der Handelsbranche. ShopperDiscovery, die Methode, die wir auf den folgenden Seiten beschreiben, ist dafür bestens geeignet. ShopperDiscovery beruht auf einem Verständnis der Verhaltensweisen der Kunden im Markt und im Laden, die anderen Methoden klar überlegen ist, wie unsere Erfahrung aus der Praxis zeigt (vgl. hierzu Kapitel 4.2).

Grundsätzlich besteht die Methode aus fünf Modulen (Abb. 8):

1. die Strukturierung des Kaufprozesses aus Kundensicht,
2. quantitative und qualitative ShopperDiscovery-Methoden für ein tief gehendes Verständnis der Kundensegmente und ihres Verhaltens (Analysemethoden – *Insight*-Toolbox),
3. der ShopperDiscovery-Prozess im engeren Sinn, das heißt der Prozess, den der Händler abarbeiten muss, um seine Ergebnisse zu steigern,
4. die Methoden zur Ergebnissteigerung, die abhängig von den Analyseergebnissen angewendet werden können (Ergebnissteigerungs-methoden – *Impact*-Toolbox),
5. die Implementierungs- und Erfolgskontrolle.

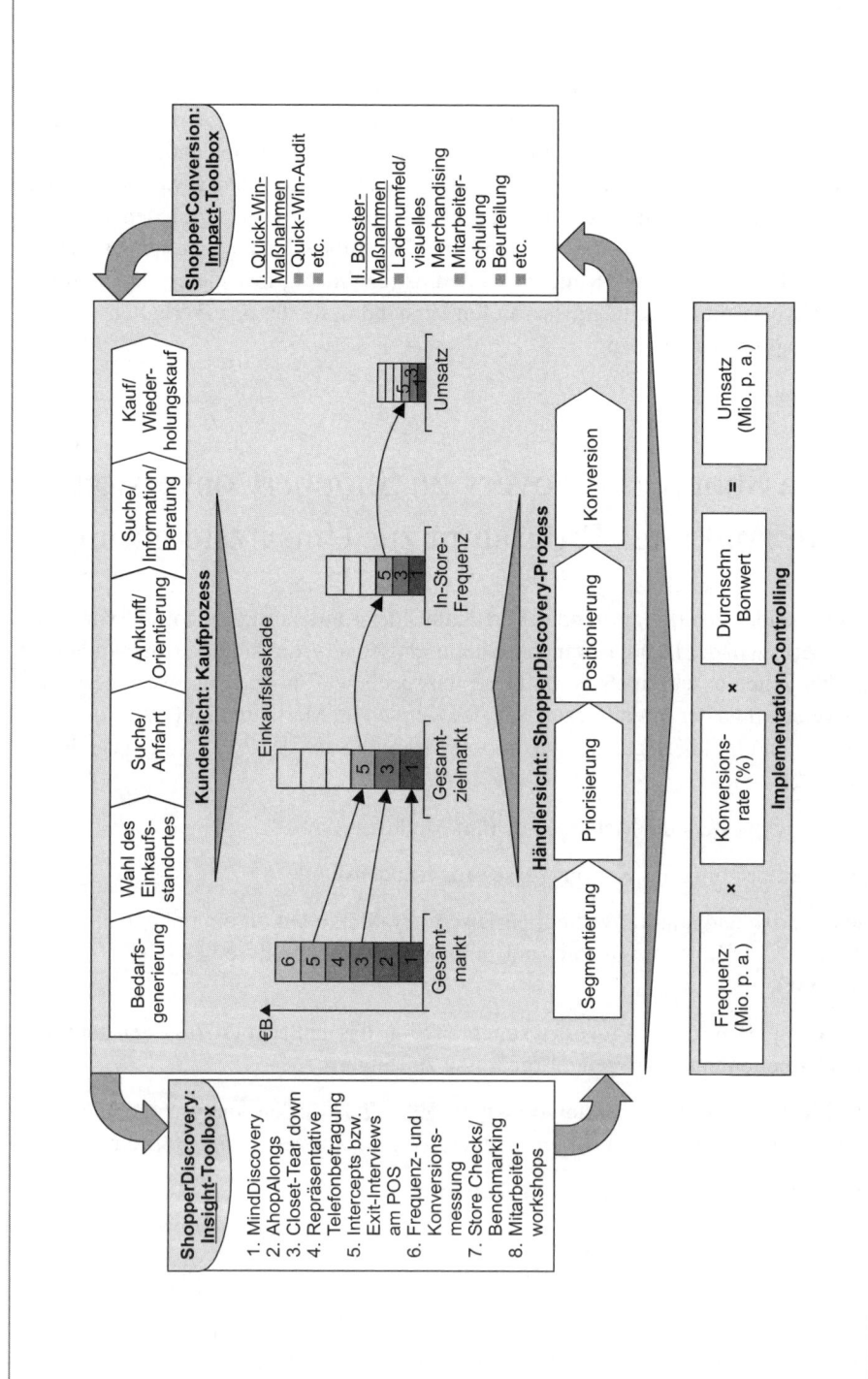

Abb. 8: *Programm zur ShopperConversion*

3.1 Mit ShopperDiscovery mehr sehen: Tiefes Käuferverständnis als Grundlage des Erfolgs

Die Motivationen und Verhaltensweisen der Besucher bzw. Käufer am Point of Sale müssen von den Händlern viel genauer verstanden werden, als dies heute üblich ist. Nach unserer Erfahrung mit unterschiedlichsten Projekten und vielen unterschiedlichen Methoden in der Handelsbranche müssen zunächst die folgenden quantitativen und qualitativen Analysemethoden angewendet werden. Nur die Kombination aus diesen Methoden ist optimal in der Lage, die Motivationen und Verhaltensweisen der Besucher bzw. Käufer allgemein und am Point of Sale tatsächlich zu verstehen:

1. MindDiscovery®: Mit Hilfe tiefenpsychologischer Methoden werden die wahren Beweggründe der Kunden und ihre Sichtweise des Händlers aufgedeckt.

2. ShopAlongs: Eine intensive Begleitung von Käufern, die es erlaubt, an jedem Schritt des Kaufprozesses das Verhalten und die Entscheidungen des Kunden zu beobachten und davon zu lernen.

3. Closet-Tear down (z. B. bei Textilprodukten): Eine systematische „Kleiderschrankanalyse", die Verwendungsanlässe, Kaufort, Auswahlkriterien etc. untersucht. In anderen Produktkategorien wenden wir Methoden an, die in ähnlicher Weise Aufschluss über Produktverwendung und -beschaffung geben.

4. Repräsentative Telefonbefragung: Bevölkerungsrepräsentative Überprüfung der in 1. bis 3. durch qualitative Analysen generierten Hypothesen.

5. Intercepts bzw. Exit-Interviews am Point of Sale: Überprüfung von Hypothesen aus 1. bis 3. anhand einer Befragung der Kunden unmittelbar nach dem Kauferlebnis beim Händler.

6. Frequenz- und Konversionsmessung: Tatsächliche Messung zweier entscheidender Erfolgshebel.

7. Store Checks/Benchmarking: Systematische Analyse von Best Practice innerhalb des eigenen Filialennetzwerks als auch bezüglich des nationalen und internationalen Wettbewerbs.

8. Mitarbeiterworkshops: Systematische Nutzung der internen Verkäufererfahrungen zur Überprüfung der Ergebnisse aus 1 bis 7.

Der nächste Schritt besteht dann darin, diese Methoden systematisch entlang des vierstufigen Käuferwasserfalls anzuwenden (Abb. 9). Diese Anwendung erstreckt sich von der Bestimmung der Zielsegment, über die Frage der Priorisierung und Positionierung bis zu den konkreten Maßnahmen, insbesondere zur Erhöhung der Konversionsrate am Point of Sale:

1. *Segmentierung* der Käufer im Markt (Stufe 1): Die erwähnten quantitativen und qualitativen Analysen zur Ermittlung des Kundenverhaltens ermöglichen eine exakte Bestimmung der einzelnen Segmente, Segmentprofile und Segmentgrößen.

2. *Priorisierung* der Käufersegmente (Stufe 2): Das Ziel dieser Stufe besteht darin, die attraktivsten Zielsegmente für das Format zu bestimmen, damit der Point of Sale zielgerichtet und effektiv gestaltet werden kann.

3. *Positionierung* des Formats (Stufe 3): Ziel dieser Stufe ist es, das Format auf die priorisierte Zielgruppe auszurichten, um so deren Frequenz am Point of Sale zu erhöhen.

4. *Konvertierung* der Point of Sale-Besucher (Stufe 4): Ziel dieser Stufe ist die Ableitung von konkreten Point of Sale-Maßnahmen, um Konvertierung und auch Durchschnittsbon zu erhöhen. Durch diese Maßnahmen wird auch an der Aufenthaltsdauer gearbeitet und sehr konkret die Gründe für Nichtkauf systematisch angegangen.

Der ShopperDiscovery-Prozess erlaubt ein tiefer gehenderes Kundenverständnis, als dies mit den Methoden der gängigen Marktforschung bislang üblich war. Mit MindDiscovery® greifen wir dabei auch auf Methoden aus der Psychologie zurück, die mit Assoziationen und Metaphern arbeiten und dadurch den Kunden besser verstehen helfen.

Dadurch ermöglicht ShopperDiscovery die Entwicklung neuer, Erfolg versprechender Handelskonzepte, aber auch die Optimierung bestehender Konzepte. Die wichtigsten Hebel zur Ergebnissteigerung werden systematisch und abgestimmt optimiert (Frequenz, Konversion, Durchschnittsbon und Aufenthaltsdauer). Ergebnisse sind sehr konkrete Maßnahmen am Point of Sale und somit unmittelbare Umsatz- und Ergebnissteigerungen.

ShopperDiscovery verhindert isolierte Teiloptimierungen. Die Methode spannt systematisch den Bogen zwischen Strategie und Point of Sale-Gestaltung und ist der ideale Ausgangspunkt, um die unterschiedlichsten Bemühungen in einem Handelsunternehmen zu koordinieren und Reibungsverluste zu minimieren.

3.2 Mit ShopperConversion besser handeln: Eine konkrete Methode, um Schwachstellen zu beseitigen

Die Beispiele erfolgreicher Anwendung des Programms stammen bislang vor allem aus den USA, da die deutschen Händler dieses Vorgehen noch nicht so konsequent genutzt haben. Der dabei zu beobachtende Erfolg gibt ShopperDiscovery Recht:

Fallstudie 1:

Hypermarktbetreiber steigert Marktanteil bei Schreibwaren durch Verbesserung des Power-of-Sale-Auftritts

Ein Hypermarktbetreiber wollte das Kaufverhalten in der Produktkategorie „Schreibwaren" genau verstehen, um dadurch die besten Wachstumsoptionen ausfindig zu machen. Durch ShopperDiscovery konnten wir feststellen, dass Besucher häufig einfach vergaßen, Schreibwaren im Hypermarkt mitzunehmen, obwohl sie die Produkte eigentlich bräuchten. Auch empfanden die Kunden den Hypermarkt grundsätzlich als preiswert – allerdings nicht hinsichtlich Schreibwaren. Dieser Eindruck basierte jedoch nicht auf einem tatsächlichen Wissen über die Preise, denn auf Rückfrage ergab sich, dass die Besucher der Schreibwarenabteilung die tatsächlichen Preise kaum kannten. ShopperDiscovery konnte auch ermitteln, dass die Besucher der Schreibwarenabteilung die Präsentation des Angebots dort als unübersichtlicher empfanden als bei den Wettbewerbern.

Aufgrund dieser Ergebnisse wurden drei wesentliche Maßnahmengruppen eingeführt:
1. Einführung von Erinnerungen hinsichtlich Schreibwarenkauf an alle Besucher der Hypermarktes, etwa durch Abteilungsbeschilderung und In-store Radio, Cross-Merchandising, Erinnerungen an den Einkaufswagen etc.
2. Verstärkte Kommunikation über das tatsächliche Preisniveau der Schreibwarenprodukte, etwa durch vergrößerte 99-Cent-Angebote und verbessertes Preislabeling.
3. Verbesserung des Abteilungskonzepts, etwa durch bessere Anordnung der Abteilung innerhalb des Hypermarkts, bewusste Promotion der Bestseller der Abteilung und verbesserte Beleuchtung in der Abteilung.

Das Ergebnis des mit Hilfe von ShopperDiscovery entwickelten Maßnahmenpakets war beeindruckend. Der Umsatz der Schreibwarenkategorie konnte um 15 Prozent gesteigert werden. Das Projekt wurde gemeinsam mit einem Hersteller für Schreibwaren durchgeführt, der bislang „nur" die Nummer zwei bei diesem Händler war. Durch dieses sehr erfolgreiche Projekt konnte der Hersteller seinen Anteil bei diesem Händler verdoppeln.

Fallstudie 2:

Warenhauskette steigert erfolgreich Konversionsrate um 10 Prozentpunkte und Marktanteil um 2 Prozentpunkte

Eine amerikanische Warenhauskette stellte fest, dass pro Jahr rund fünf Millionen Besucher in der Kategorie „Weiße Ware" die Abteilung besuchten, dann aber woanders kauften (Abb. 9). Wie konnte es gelingen, einen Teil dieser fünf Millionen Besucher in Käufer zu verwandeln?

Die Analysen von ShopperDiscovery konnten verdeutlichen, dass die Kunden die Stärken des Händlers, vor allem bei Auswahl und Beratung am Point of Sale, sahen. Dies bedeutete auch, dass der Händler nicht als besonders preiswert wahrgenommen wurde, obwohl er es objektiv war. Die Kunden berichteten außerdem auch über große Unterschiede in der Leistung verschiedener Verkäufer. Die Kunden empfanden die Beratung grundsätzlich als sehr gut – allerdings die Suche nach einem exzellenten Verkäufer häufig auch als Glücksspiel. Es stellte sich ferner heraus, dass die Verkaufsgespräche tatsächlich höchst unterschiedlich abliefen. Viele Verkäufer hatten offensichtlich Schwierigkeiten, die echten Bedürfnisse der Kunden zu erkennen bzw. zu erfragen. Darüber hinaus hatte der Kunde häufig Schwierigkeiten, einen Verkäufer zu finden, wenn er einen benötigte.

Um diese Defizite zu beseitigen, wurden folgende Maßnahmen ergriffen:
1. Verbesserung des Mitarbeiterstaffing, etwa einfache Monitoring-Werkzeuge und klarere Rekrutierungsrichtlinien. Damit konnte die Verkäuferverfügbarkeit bei gleich bleibenden Kosten gesteigert werden.
2. Empowerment der Verkaufsleiter etwa durch umfassendes Trainingsprogrammangebot und Möglichkeiten der Mitarbeitergratifikation.
3. Stärkere Preiskommunikation durch bessere Beschilderung und auffällige Preislabels, um so die Preiswahrnehmung zu verbessern.

Die Ergebnisse des auf diesen Maßnahmen beruhenden Projekts waren erstaunlich: Das Handelsunternehmen konnte seinen Marktanteil um 2 Prozent verbessern. Seine Umsatzsteigerung lag 12 Prozent über Plan. Die eingeführten Maßnahmen führten dazu, zusätzlich eine Million Besucher pro Jahr in Kunden zu konvertieren und somit die Konversionsrate um 10 Prozent zu steigern. Das Unternehmen verzeichnete die höchste Börsenkurssteigerung in den letzten 20 Jahren, weil die Erwartungen der Analysten weit übertroffen wurden. Die Resultate des gesamten Projekts waren mehr als einhundert Mal so hoch wie die Kosten des Projekts.

▶ **Fazit:**

ShopperDiscovery erlaubt ein tief gehenderes Kundenverständnis, als dies mit den Methoden der gängigen Marktforschung bislang üblich war. Dadurch ermöglicht es ShopperDiscovery, die für den Handel entscheidenden und bereits erwähnten Erfolgshebel und Erfolgsregeln konkret anzuwenden. In den USA ist dies bereits geschehen – mit beeindruckenden Ergebnissen. Es wäre fatal, wenn der deutsche Handel diese Methode und die in ihr enthaltenen Möglichkeiten nicht nutzen sollte.

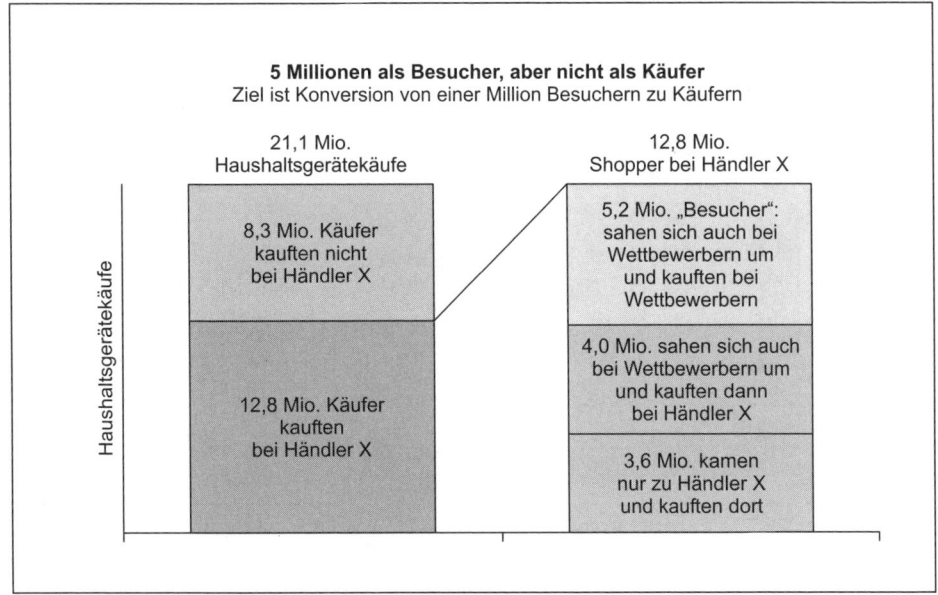

Abb. 9: *Zielsetzungen für die ShopperConversion*

4. Management Summary

Der Handel in Deutschland sieht sich derzeit mit großen Herausforderungen, aber auch mit großen Chancen konfrontiert. Dies hat mit wirtschaftlichen Rahmenbedingungen und auch veränderten Verhaltensweisen der Kunden zu tun. Zwei Phänomene sind in diesem Zusammenhang besonders wichtig: „Trading-up", also die Bereitschaft bestimmter Kundensegmente, für bestimmte Produkte überdurchschnittlich viel zu bezahlen. Und „Trading-down", wie es sich im Anstieg der Handelsmarken und im Vormarsch der Discounter zeigt.

Sowohl das Ignorieren dieser Trends – Beispiel Grundig – als auch die immer wieder zu beobachtenden handwerklichen Fehler – Beispiel Brinkmann – können ein Unternehmen in den Ruin treiben. Trends müssen also beachtet und handwerkliche Fehler unbedingt abgestellt werden. Danach stellt sich die Frage nach den Erfolgsregeln, die dem Handel die Nutzung der vorhandenen Chancen ermöglichen.

Das A und O für Erfolg im Handel lautet: Die Unternehmen müssen die wahren Bedürfnisse des Kunden verstehen. Dies wiederum ist durch isolierte Methoden der Marktforschung, wie sie heute üblich sind, nicht ausreichend möglich. ShopperDiscovery, die integrierte Methode, die in diesem Beitrag ausführlich dargestellt wurde, hilft, diese Defizite abzustellen, und führt zu einem Verständnis des Kunden, wie es gängige Methoden der Marktforschung niemals erreichen können.

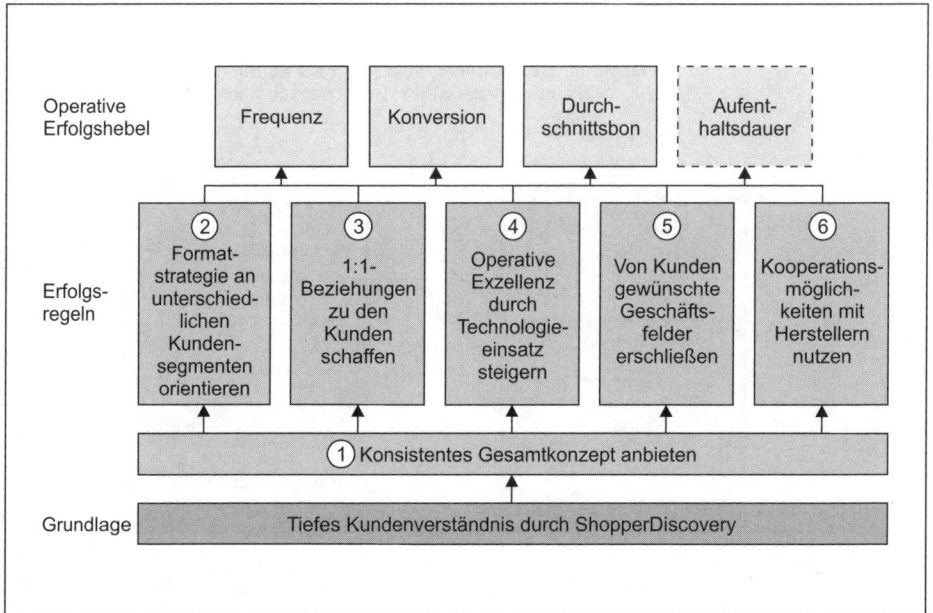

Abb. 10: *Erfolgsfaktoren im Handel*

Verfügen die Händler dank ShopperDiscovery über ein solches Kundenverständnis, sollten sie daran gehen, die sechs beschriebenen Erfolgsregeln umzusetzen: Sie müssen ein konsistentes Gesamtkonzept anbieten und sich fragen, ob sie sich nicht auch durch andere Merkmale als den Preis von ihren Wettbewerbern differenzieren können. Sie müssen die Bedürfnisse der ganz unterschiedlichen Kundensegmente, die in ihren Filialen anzutreffen sind, verstehen und daraus Markenstrategien ableiten. Sie müssen über neue Wege des Customer Relationship Management, wie sie sich durch neue Informationskanäle anbieten, nachdenken. Sie müssen neue Technologien gezielt dazu einsetzen, operative Exzellenz hinsichtlich ihres Supply Chain Management zu erzielen. Sie müssen darüber nachdenken, ob neue Technologien Möglichkeiten bieten, ihr Geschäftsfeld profitabel zu erweitern. Und sie müssen schließlich die Chancen aus Kooperationen mit Herstellern zu beiderseitigem Vorteil nutzen.

Diese sechs strategischen Imperative sind wiederum die Grundlage für die Optimierung der beschriebenen vier operativen Erfolgshebel: Frequenz, Konversionsrate, Durchschnittsbon und Aufenthaltsdauer. Dabei müssen die genauen Zahlen segmentspezifisch bekannt sein. Dann lassen sich im Anschluss Maßnahmen entwickeln, die über die Anwendung dieser vier operativen Erfolgshebel Ergebnis und Umsatz signifikant steigern.

Kapitel 3

Unternehmens- und marketingstrategische Perspektiven

3.1 Retail Business: Grenzen der „Geiz-ist-geil"-Strategien
Bernd M. Michael

3.2 Der Handel im Wandel – Vom Target zum Attraction Marketing. Oder: Was ist das Erfolgsgeheimnis von Ikea, H&M, Aldi, Ebay & Co.?
Steffen Gömann/Malte-Maria Münchow

3.3 Erfolg durch kundenorientiertes Multichannel-Management
Michael Wegener

3.4 Kritische Erfolgsfaktoren der Internationalisierung am Beispiel des Betriebstyps Hypermarkt
Frank Pietersen/Christian Schrahe

3.5 Auf direktem Weg zum Kunden durch strategisches Direktmarketing
Ralf T. Kreutzer

Bernd M. Michael

3.1 Retail Business: Grenzen der „Geiz-ist-geil"-Strategien

1. Einleitung
1.1 Szenario der Konsumgütermärkte
1.2 Strategie-Diskussion: Relevanz von Geiz-ist-Geil im Marketing-Mix
1.3 Strategien, Konzepte und Experimente in preisumkämpften Märkten

2. Der Handel forciert Marketing
2.1 Die Ressourcen des Marketing
2.2 Profilierung überzeugt Kunden
2.3 Neue Marketing-Strategien werden überlebenswichtig

3. Store Loyalty und Brand Loyalty als Tandem
3.1 Kundenbindung – Ein hohes Gut
3.2 Typologie der Kunden ohne Bindung

4. Der Handel entdeckt seine Marken
4.1 Brand Power gegen Aldisierung der Märkte
4.2 Handel schärft die Konturen seiner Marken

5. Wie der Handel zur Marke wird – Erfolgsfaktoren des Brand Building
5.1 Neues Denken
5.2 Wertschöpfung mit dem Kunden im Fokus
5.3 Über Added Value differenzieren
5.4 Kurs auf Innovationen halten
5.5 Klare Brand Value Signals® senden
5.6 Balance der Werte schaffen
5.7 Markenauftritte durchgängig gestalten
5.8 Effizienz-Gewinne in Kundenvorteile re-investieren

6. Starke Händlermarken gestalten die Wertschöpfungskette
6.1 Rückwärts-Integration: Händlermarken inspirieren Lieferanten
6.2 Vorwärts-Integration: Der Markenartikel kommt zum Kunden
6.3 Evolution in der Wertschöpfungskette

7. Zukunftsszenario des Handels: Reiz schlägt Geiz

Literatur

„Kurzum, er liebt das Geld mehr als Ansehen, Ehre und sittliches Verhalten ..."
Molière: Der Geizige, 2. Aufzug, 5. Auftritt; Reclam, Ditzingen 2002

1. Einleitung

Der Trend zum Discounter ist in aller Munde. Ein Preisnachlass jagt den anderen: 30 Prozent! 50 Prozent!! 70 Prozent!!! Jetzt fehlt nur noch „kostenlos". Wer zu früh einkauft, den bestraft das Sonderangebot. Die Aldisierung unserer Gesellschaft ist in vollem Gange. Ist das die Zukunft? Ist die neue Qualität einer Marke der Preis? Was sich zur Zeit in Deutschland abspielt, ist das äußere Zeichen eines inneren Verfalls. Eines Verfalls der Werte, der Qualitäten, der Lust am Einkauf, der Begehrlichkeit von Waren, der Faszination des Shopping. Wo führt das hin?

Wird es ein Paradies, in dem sich jeder alles leisten kann? Oder führt es zu dem berühmten Sprichwort: „Was nichts kostet, ist auch nichts wert"? Gerät unter dem Druck allgemeiner Unsicherheit und schwächelnder Konjunktur alles in den Strudel einer Entwertung, die auf den ersten Blick aussieht wie ein Schnäppchen und erst im zweiten zu der Ernüchterung führt: Auf Dauer will der Mensch sich selbst verwirklichen und nicht in einem Massenheer von Billig-Käufern untergehen. Siegmund Freud sagt: „Der Mensch spürt nur den Unterschied". Und jeder Kaufmann hat gelernt, dass der Mensch den Reiz des Andersseins sucht. Ihn treibt der Wunsch nach einer eigenen Persönlichkeit. Das Ich steht im Mittelpunkt. Die Vernunft-Welt der Nur-Preisschlachten ignoriert diese Wünsche, führt zu einem Unentschieden auf niedrigem Niveau.

Die Menschen, die sich bis gestern noch über das Smart Shopping gefreut haben, werden morgen gelangweilt sein, die Lust verlieren. Und schlussendlich Konsumverzicht üben. Ist dieses Eigentor eines aggressiv einander bekämpfenden Handels nicht eindeutig absehbar? Und warum stürzen sich alle wie die Lemminge trotzdem in diese – um es vorsichtig zu formulieren – unintelligente Form, Geschäfte zu machen? Wenn heute schon im Lebensmittelhandel die Diebstahlsrate höher ist als die Profitrate, dann ist absehbar, wer der Verlierer ist. Und bei nur einem Verlierer wird es nicht bleiben. Wenn die Lust beim Verbraucher weg ist, dann verliert man auch ihn, und er wird sich anderen Dingen zuwenden, die ihm den Spaß bringen, den er nun einmal ein Leben lang sucht.

Einverstanden: Zeitgeist, der mit Parolen wie: „Geiz ist geil" oder: „Ich bin doch nicht blöd" angeheizt wird, kann nicht ignoriert werden. Aber während die Wertschöpfung zerstört wird, wäre es doch Zeit, parallel dazu wieder Wünsche zu wecken. Verwöhnung zu ermutigen. Genuss zu zelebrieren. Getreu dem Spruch von Günter Anders: „In einer Überflussgesellschaft wird nicht mehr das Angebot knapp sondern die Wünsche." Zeit also für sanfte Töne, für das Umschmeicheln, für das Begehrlich machen. Gott sei Dank steckt in jedem Menschen neben der Vernunft noch ein gehöriges Maß emotionaler Sehnsucht und Selbstverwöhnung. Während wir uns gerade mit dem „Billig-Billig-Billig"-

Trommelfeuer über die linke Gehirnhälfte der Menschen hermachen, gilt es, mindestens gleichzeitig der rechten mit ihren Träumen, Wünschen und Sehnsüchten wieder ein bisschen Nahrung zu verschaffen. Der Kaufmannsgeist in uns müsste eigentlich spüren, dass die Zeit reif dafür ist. Ikea macht es uns doch so schön vor. Wohnst du noch? Oder lebst du schon?

1.1 Szenario der Konsumgütermärkte

Leidenschaftlich, aber auch von ökonomischen Zwängen getrieben, jagen Konsumenten Tiefpreis-Angebote des Handels über alle Branchen hinweg. Marketing begegnet Menschen, die sich vorsorglich wie Josef in Ägypten auf sieben magere Jahre einstellen, andererseits immer noch Spitzenprodukte und Top-Marken wie zu besten Konsumzeiten begehren. Nur das Beste, aber bitte billig! In diesem Umfeld leiden Markenartikelindustrie und Handel unter anhaltender Konsumschwäche und setzen eskalierend den Preis als schärfste Waffe im Wettbewerb ein. Downtrading diktiert die Tagesordnung der Unternehmen, Preisreize das Stop and Go-Verhalten der Konsumenten.

Die Konsumschwäche ist auch eine Folge von Fehleinschätzungen der Werbung treibenden Unternehmen (GWA-Studie: Kein Marketing – Kein Konsum – Kein Wachstum – Deutschlands Marketingverhalten im europäischen Vergleich). Deutsche Unternehmen haben ihre Werbeausgaben allein im Zeitraum 2000 bis 2002 um 15 Prozent zurückgefahren.

Im europäischen Vergleich fällt Deutschland mehr und mehr aus der Lead Position im Marketing auf das Niveau von Ländern wie Frankreich oder Großbritannien zurück, welche die Einschnitte in die Marketing-Budgets so drastisch nicht mitgemacht haben. In diesen Ländern hat sich der Konsum in dem untersuchten Zeitraum auf hohem Niveau stabilisiert. Die Studie bestätigt die enge Korrelation von Marketinginvestitionen, Konsum und Wachstum der Märkte.

Das deutsche Szenario wird treffend mit dem Slogan: „Geiz ist geil!" charakterisiert. Dies ist mehr als eine werbliche Umschreibung der Schnäppchen-Jagd. Es ist die Headline für eine wenig rühmliche Phase deutscher Wirtschaftsgeschichte, in der sich jetzt Marketing und Markenführung neu positionieren müssen. Denn der Lifestyle der Konsumgesellschaft hat sich mit dem neuen Schnäppchen-Kult tief greifend verändert. Dem Zeitgeist folgend hat das Phänomen Geiz-ist-Geil einen gefährlichen Einfluss auf Strategieentwicklung und -Implementierung in allen Konsumgüterbranchen gewonnen.

An der Preisfront gibt es auch im Sommer 2003 keine Entwarnung, die Preise stehen in Deutschland weiterhin unter enormem Druck (Handelsblatt Business-Monitor/Psephos 2003). Zwei Drittel von insgesamt 830 befragten Führungskräften verspüren starken Zwang, Preisnachlässe zu gewähren. Und dafür haben sie nur diese Gründe: Verdrängungswettbewerb und Nachfrageschwäche in ihren Märkten.

Der Trend „Geiz ist Geil" – mit seiner Faszination auf die Masse der Konsumenten – ist dennoch nicht irreversibel. Dabei kann sich die Konsumgüterbranche nicht allein auf einen Konjunkturaufschwung verlassen. Die Unternehmen selbst müssen pro-aktiv handeln. Das setzt voraus, dass das strategische Marketing in jeder Branche die „Grenzen der Geiz-ist-Geil-Strategien" kennt und weniger preissensible Marktszenarien entwickelt. Ein Marathon. Das Preisbewusstsein der Verbraucher, insbesondere ihre Bereitschaft, höhere Preise zu akzeptieren, kann nur über einen langfristig laufenden Marketingprozess beeinflusst werden.

1.2 Strategie-Diskussion

Ist Geiz-ist-Geil überhaupt Strategie, Teil eines Strategie-Bündels der aggressiv um Marktanteile kämpfenden Unternehmen des Einzelhandels? Oder nur ein treffender Slogan, der ein typisches Verhaltensphänomen in der Konsumgesellschaft kennzeichnet und dramatisiert? Auf welcher Strategie-Ebene, Preis oder Kommunikation, kommt Geiz-ist-Geil zum Einsatz? Wie ist die Markenartikelindustrie in die Tiefpreis- und Schnäppchenstrategien ihrer Handelspartner involviert? Oder bestimmt in Wirklichkeit der Konsument als Strategy Owner die Spielregeln? – Um die Grenzen von Geiz-ist-Geil-Strategien zu entdecken, müssen diese Fragen beantwortet werden.

Die preisstrategische Relevanz

Geiz-ist-Geil-Strategien erreichen Konsumenten mit einer eindeutigen und starken Signalwirkung. Der Konsument erlebt eine absolute Tiefpreis-Differenzierung. Die Sensibilisierung für Preis-Wert-Abstände ist hoch. Preise auf Geiz-ist-Geil-Niveau sind daher am Markt leicht durchsetzbar.

Ein Blick auf wissenschaftliche Erkenntnisse: Die betriebswirtschaftliche Forschung konnte nachweisen, dass die Preiselastizität 10- bis 20-mal so hoch ist wie die Werbeelastizität. Danach hat eine zehnprozentige Änderung des Preises die 10- bis 20fache Wirkung einer zehnprozentigen Änderung des Werbebudgets (Simon, 1995).

Die preisaggressiven Vertriebsformen des Handels nutzen diesen Effekt gleich mit doppelter Wirkung. Denn sie schaffen es, sowohl über den Tiefpreis als auch über eine Steigerung ihrer Werbespendings (Abb. 1) Kunden und Marktanteile zu gewinnen. Synergien aus Preis- und Kommunikationsstrategie treiben das Wachstum im Discount-Segment. Die Marken der Billiganbieter im Handel setzen mit gewaltigem Nachdruck ihr Tiefpreisimage im Verdrängungswettbewerb ein.

Geiz-ist-Geil-Strategien zählen nach Zielsetzung und Profil nicht zu den reinrassigen Preisstrategien. Die Preispolitik der Unternehmen und das Preisverhalten der Konsumenten liefern hier aber die Steilvorlage für eine alle Markenwerte torpedierende Kommunikationsstrategie. Der schrille Preis wird zum Brand Signal®. Kunden identifizieren diesen Handel mit dem Merkmal „billig".

Werbeaufwendungen führender Handelsgruppen				
Produkte	Juni TEUR	2003 kum* TEUR	2002 kum* TEUR	2003/2002 kum* +/– %
Lidl	21.563	123.704	101.410	22,0
Aldi Discount	2.389	78.720	71.084	10,7
Media Markt	4.258	73.078	78.520	–6,9
C+A Textil	7.805	70.521	52.635	34,0
Plus Discount	6.350	66.502	47.578	39,8
Ikea	6.648	29.098	22.457	29,6
Saturn	4.074	28.587	30.453	–6,1
Schlecker Drogerie-M.	6.302	28.060	25.062	12,0
Alle Handelsgruppen	**99.389**	**478.270**	**429.199**	**11,4**

* Januar bis Juni

Abb. 1: Der preisorientierte Handel erhöht den Werbedruck
    Quelle: Nielsen Media Research

Die Relevanz für Kommunikation und Markenauftritt

Wo Nachfrage zusammenbricht und Kunden ihre Beziehung zur Marke innerlich aufkündigen, werden Kommunikationsstrategien immer dichter an die aktuelle Geschäftsentwicklung der Unternehmen gebunden. Die Flughöhe eines nachhaltigen Aufbaus von Markenwerten wird verlassen.

Schlagzeilen zu diesem Thema: Sixt geht mit Billigmarke „Sixti" an den Start, Pro-Markt-Kette will Discounter unterbieten, Discounter Plus forciert „Mehr drin"-Aktionen. TUI startet „Discount Travel". Und es geht noch aggressiver, die Kommunikation wird dem Niveau der Kampfpreise angepasst. Saturn ruft das „neue Geiz-Jahr" aus, Edeka schärft den Preisblick der Kunden und wirbt mit: „Klaus, mehr geb' ich nicht aus".

Derartige Geiz-ist-Geil-Strategien sind primär Kommunikationsstrategien, eine am absoluten Tiefpreis orientierte Werbeform des Einzelhandels. Diese aggressiv konzipierte Werbung will nicht die Marke stärken, sondern verkaufen – um jeden Preis. Sie ist eine auf Nahkampf mit dem nächstliegenden Wettbewerber getrimmte Kommunikation. Brand Building vollzieht sich im Off. Generell führt Geiz-ist-Geil-Strategie zu Niveauverlust im Dialog mit dem Kunden. Der Wertabstand zu klassischen Markenartikelkonzepten wird damit noch größer.

"Billig" als Absenderkompetenz garantiert keinem Unternehmen eine nachhaltige Wertschöpfung. Aldiisierung ist daher ein gefährlicher Trend. Das Vorbild Aldi wird in seiner betriebswirtschaftlichen Performance bislang nicht erreicht. Vor allem Mee-too-Wettbewerber können dem Wachstumstempo des Spitzenreiters nicht folgen.

1.3 Strategien in preisumkämpften Märkten

Benchmark-Unternehmen der Niedrigpreis-Klasse

H&M, Ikea, WalMart, Discounter wie Aldi, Plus und andere – haben ihr Preisimage systematisch mit Value-for-Money-Signals aus ihrem Geschäftsmodell aufgebaut. Ein Entwicklungsprozess, den diese Vertriebsformen über Jahrzehnte durchgehalten haben. Aldi ist Best Practice im Discount-Marketing mit wenigen, aber hoch effizienten und vor allem beherrschbaren Marketing-Tools im Einsatz. Treue zum Konzept ist Credo, Kundenfokussierung täglich erlebbare Praxis. Folgerichtig gewinnt die Kommunikation im Marketing-Mix, auch mit dem Ziel des Brand Building, einen wachsend höheren Stellenwert. Damit ist Aldi über Jahrzehnte zur stärksten Einzelhandelsmarke gereift. Wenn Geiz-ist-Geil Kult ist, profitieren von diesem Verbraucherverhalten vor allem Marktführer im Niedrigpreissegment. Seit Einführung des Euro wanderten 2002 rund 12 Prozent der Kaufkraft für Fast Moving Consumer Goods zu Aldi, 13 Prozent zu Lidl (GfK-Studie zur Entwicklung der Discounter).

Junge Wilde und Aufsteiger

Saturn hat sein Tiefpreisimage mit dem hauseigenen Slogan: „Geiz ist Geil!" über Nacht aufgebaut. Seither hat das Billig-Einkaufen einen Namen, wandert der Geiz-Virus durch alle konsumnahen Branchen. Die Metro-Töchter Media Markt („Ich bin doch nicht blöd") und Saturn eroberten als First Mover mit dieser Absenderkompetenz die Preisführerschaft. Und was zieht die Kommunikation aus der Sortimentsleistung heraus? Sie baut mit „10 Prozent günstig" eine Wahrnehmung auf, die wie „100 Prozent günstig" wirkt.

Während Benchmark-Unternehmen und „Junge Wilde" ungebremst im Niedrigpreissegment expandieren, stoßen Me-too-Konkurrenten mit Geiz-ist-Geil-Strategien an Grenzen. Dazu sind drei Entwicklungen zu unterscheiden:

- *Discount* hat die Qualität einer echten Geschäftsmodell-Innovation. Und dieses Konzept trifft auf ein stabiles Einkaufsverhalten im Massenkonsum. Vieles spricht dafür, dass diese Vertriebsform im Segment der Bedarfs-Käufer auch zukünftig dominieren wird.

- *Geiz-ist-Geil* ist nicht mehr, aber auch nicht weniger als ein starker gesellschaftsfähiger Trend. Ihn nutzt und verstärkt eine freche Kommunikation, die millionenfach Konsumenten mit dem Geiz-Virus infiziert.

■ *Die Gemengelage von Discount und Geiz-ist-Geil* wird zum Experimentierfeld des Smart Selling. Der Handel illuminiert die Szene mit einem spektakulärem Preis-Feuerwerk. Die Unternehmen fahren eine Me-too-Strategie nach der anderen und orientieren sich dabei am nächsten Wettbewerber (Abb. 2).

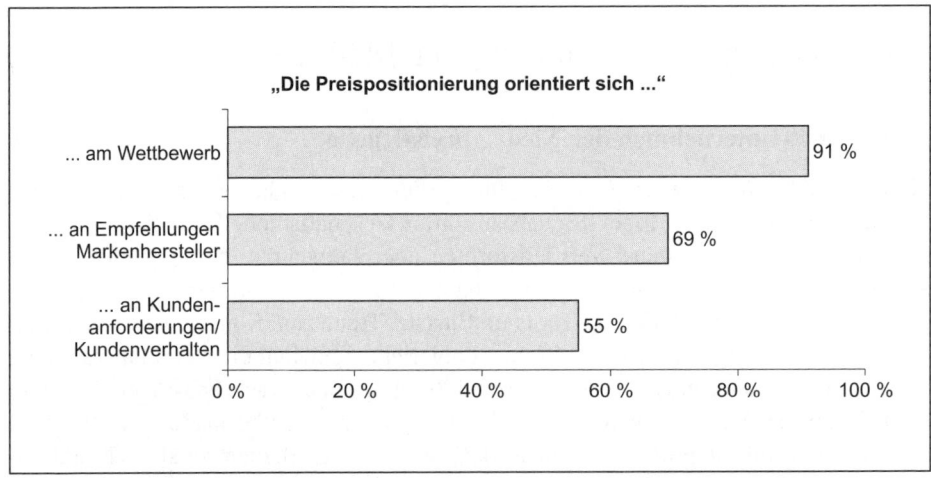

Abb. 2: *Imitation und Intuition bestimmen die Preisfindung: Der Preis gilt als entscheidendes Differenzierungskriterium und orientiert sich zu wenig am Kundenverhalten.*
Quelle: Mercer Retail-Studie, 2003

2. Der Handel forciert Marketing

2.1 Die Ressourcen des Marketing

Im Vergleich mit der Konsumgüterindustrie verfügen Einzelhandelsunternehmen über mehr Gestaltungsspielraum und Variationsmöglichkeiten, um ihr Marketing zu gestalten. Der „Facettenreichtum des Handelsmarketing" ermöglicht den Unternehmen eine Fülle von Kombinationsmöglichkeiten, die sich aus dem Einkauf von Waren- und Dienstleistungssortimenten, ergänzt um die Eigenleistungen des Handels, ergeben (Tietz, 1995). Diese Ressourcen im Marketing schöpft kaum ein Händler voll aus. Damit könnte jede Vertriebsform und jeder Betriebstyp des Einzelhandels eine kreative Brücke zum Konsumenten bauen und spezifische Marketingkonzepte unter dem Dach von Eigenmarken zur Wirkung bringen: Mit echten, innovativen Private Labels lässt sich Kundenbindung auf Dauer herstellen. Das wissen und nutzen international aufgestellte Unternehmen wie Ikea, H&M und Migros.

In England haben Handelsunternehmen wie Tesco und Sainsbury's bereits einen Eigenmarken-Anteil von 55 bis 60 Prozent erreicht; in Deutschland liegt der Anteil im LEH ohne Discounter knapp bei 10 Prozent, ebenso bei der Metro. Dadurch lässt der deutsche Lebensmittelhandel ein Wertschöpfungspotenzial in zweistelliger Milliardenhöhe unausgeschöpft.

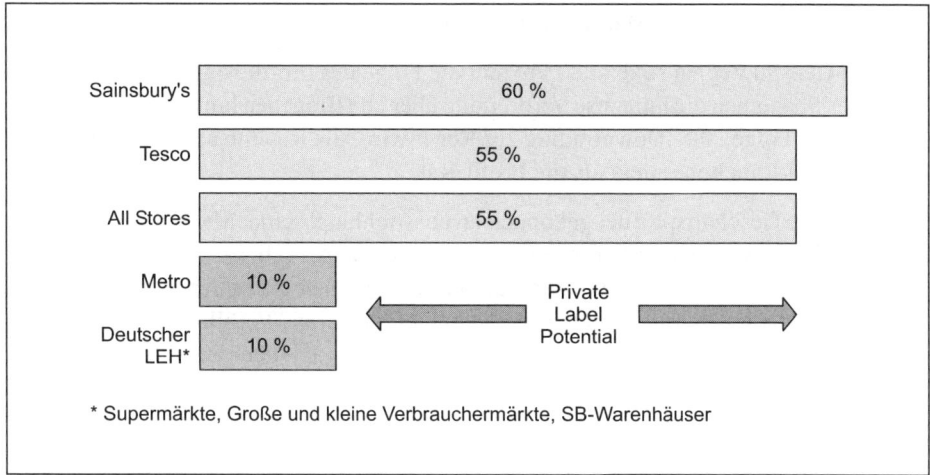

Abb. 3: *Vergleich des Handelsmarken-Anteils UK versus Deutschland*
Quelle: AC Nielsen, 2003

2.2 Profilierung überzeugt Kunden

Von einem ganzheitlichen, facettenreichen Marketing ist das Gros der deutschen Einzelhändler weit entfernt. Zahlreiche Geschäftsmodelle wirken wie Großbaustellen, auf denen immer wieder neu mit Marketing experimentiert wird. Am Ende konzentriert sich das Management auf den Preis als probates Mittel. Das zeigt die Ratlosigkeit. Marketing verzettelt sich, wird auf wenige Serviceleistungen und auf Handzettel-Niveau reduziert. Marktorientierte Führung verkümmert – Warenwirtschaft, Controlling und Preispolitik übernehmen die Regie. Diese Nulldiät im Marketing hat profillose Einzelhandelsunternehmen entstehen lassen.

Die Vielfalt der Handelsvertriebsformen und Betriebsformate – SB-Warenhäuser, Verbrauchermärkte, Fachmärkte, Supermärkte, Shopping-Center, Lifestyle-Shops, Boutiquen, Flagship-Stores, Fachfilialisten, Discount-Läden, Themenhäuser, Onlineshops, Factory Outlets, Versandhandel – täuscht Differenzierung vor. Kunden auf Shoppingtour sind damit überfordert, vagabundieren orientierungslos, werden anfällig für jeden Niedrigpreis-Erreger. Die Folge ist ein Preiskrieg, der bis ins Jahr 2003 zu rasant steigenden Insolvenzen geführt hat.

Der Auftrag lautet: „They must reinvent their brand proposition" ... „and they need something they can be famous for" (McKinsey Retail Practice, Competing in a Value-Driven World).

Nur wenige deutsche Einzelhandelsunternehmen können wirklich von sich behaupten, dass sie aus Sicht der Kunden für etwas *berühmt* sind. Wo ist die Identität der Unternehmen und ihrer Betriebstypen? Womit können sich Kunden identifizieren? Welche Kompetenz soll ganzheitliches Marketing aufnehmen und kommunizieren?

Geiz-ist-Geil-Strategien sind zu 80 Prozent die Folge der Profillosigkeit im Handel. So hat dieses Phänomen die immense Verbreitung über alle Branchen hinweg erreichen können. Mit der Folge, dass Downtrading zur Regel wird, die Rendite abstürzt, schließlich die Diebstahl-Rate höher liegt als die Profit-Rate.

Nur glasklare Geschäftsprofile, gekoppelt an ausstrahlungsstarke Marken, sind Erfolgsfaktoren der Best-in-Class-Unternehmen wie Fielmann, Tchibo, Aldi, H&M, Ikea, StraussInnovation oder Douglas. Identitätsstarke Marken überstrahlen hier das gesamte Sortiment und alle Dienstleistungen. Diese immer wieder als Vorbilder zitierten Unternehmen werden mit Wertschöpfung belohnt und setzen sich über Renditesteigerungen vom Wettbewerb ab. – State of The Art ist diese Performance nicht. Die große Mehrheit der Unternehmen des Handels ist für konsumschwache Märkte nicht qualifziert.

2.3 Neue Marketing-Strategien werden überlebenswichtig

Der Druck auf Unternehmensführung und Management in Industrie und Handel steigt.

Die folgenden Thesen aus Studien und Analysen sind alarmierend:

- *Das Markenbewusstsein der Konsumenten hat einen Tiefpunkt erreicht.* Konsumenten fragen sich zweifelnd: Lohnt es sich, Markenartikel zu kaufen? Nur noch jeder dritte Deutsche sagt Ja (siehe Abb. 4). Die AWA 2003 weist nach, dass das Markenbewusstsein seit 1994 schwindet. Ein schleichender Prozess, der ursprünglich nichts mit Geiz-ist-Geil zu tun hatte.

- *Imitation und Intuition bestimmen die Preisfindung.* Mit historisch gewachsenen Sortimenten wird undifferenziert die breite Masse angesprochen. Strategisch orientieren sich die Händler weniger am Kunden als am Wettbewerb oder greifen auf Herstellerempfehlungen zurück. Der Einkauf und seine Warengruppenorientierung bildet nicht die Kundensicht auf Sortimente und Dienstleistungsangebot ab (Retail-Studie, Mercer Management Consulting, 2003).

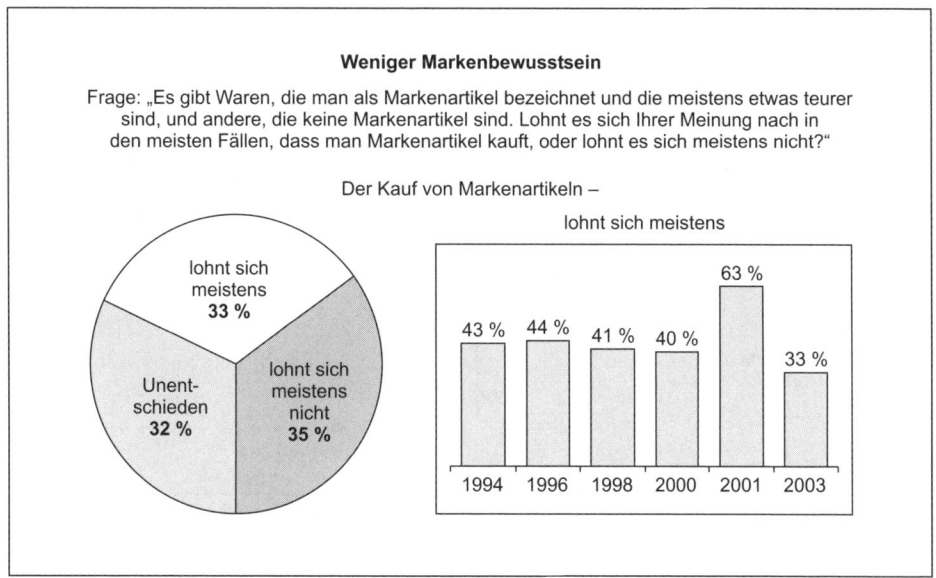

Abb. 4: *Konsumenten entziehen dem Markenartikel ihr Vertrauen (Basis: Bevölkerung ab 14 Jahre)*
Quelle: Allensbacher Markt- und Werbeträgeranalyse (AWA), zuletzt 2003

- *Mehr Optionen und Wahlmöglichkeiten* wünscht sich die Mehrheit der Konsumenten. Beim Shopping sind Konsumenten nicht leicht hinters Licht zu führen. Dreiviertel der Befragten machen einen Store Check vor dem Einkauf. Wer in Innovationen investiert, gibt Konsumenten einen Grund zu kaufen. In Deutschland beklagen sich Konsumenten darüber, dass sie von 2000 bis 2002 kaum für sie relevante Innovationen gesehen haben. Besonders eklatant: 61 Prozent vermissen Innovationen bei Versicherungen, 55 Prozent am und im Haus, 54 Prozent in Restaurants, 40 Prozent im Möbelbereich, 38 Prozent in der Bekleidung und fast 39 Prozent im Entertainment (Accenture, 2002, Mind the Gap, Consumer Attitudes to Innovation).

- *Aktionen ohne Preissenkung wagt in Deutschland kaum ein Händler,* seinen Kunden anzubieten. Wenn auch die Preisabschläge im Lebensmitteleinzelhandel allmählich geringer ausfallen (siehe Abb. 5). Ist das eine Reaktion auf ausbleibende Erfolge trotz eines ausgedehnten Aktions-Marketing? Die richtige Erkenntnis: Aldi ist mit Aldi-Mitteln nicht beizukommen (GfK Analysen + Profile).

- *Die Einstellung zu Preis und Qualität hat sich grundsätzlich geändert.* Ein Blick nach Amerika: Die Mehrheit der amerikanischen Konsumenten definiert Qualität neu – aus „gut" wird „gut genug". Amerikaner sind darauf trainiert, spürbar niedrigere Preise bei so genannten Value Retailers wie WalMart, Kohl's oder Target zu finden. Diese erleichtern den Zugang zu bekannten Marken und kommunizieren im Store unübersehbar ihre überlegenen Value Prices. Anlässe und Gelegenheiten bestimmen heute die Kaufentscheidungen, nicht mehr die Monatsbedarfsplanung (McKinsey Retail Practice, 2003, Competing in a Value-Driven-World).

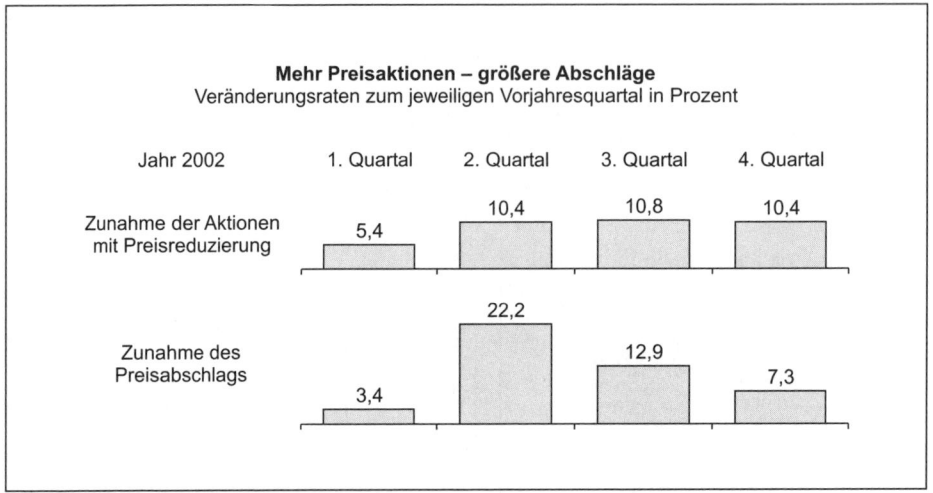

Abb. 5: *Preis-Aktionitis auf hohem Niveau (Basis: LEH ab 200 m²)*
Quelle: GfK Panel Services Consumer Research

■ Der Kontakt zum Kunden geht verloren. Kundenbindung und Kundenloyalität sind hohe Ziele, aber die Marketingforschung kommt zu dem Ergebnis, dass die Distanz zwischen Unternehmen und Konsumenten größer wird (Rolke, 2003). Rund 45 Prozent von 388 befragten Führungskräften der 1.200 umsatzstärksten Unternehmen rechnen mit anhaltendem Verlust der Kundenloyalität. Fazit der Forscher: „Geiz-ist-Geil-Strategien verschärfen das Problem. In der Massenbewegung der kleinen Preise ist Loyalität nicht gefragt ... Werbung und Öffentlichkeitsarbeit müssen die Meinungs- und Wunschführerschaft wieder übernehmen."

3. Store Loyalty und Brand Loyalty als Tandem

3.1 Kundenbindung – Ein hohes Gut

Bindung ist ohne Vertrauen der Kunden nicht zu haben. Aufgeklärte Konsumenten entscheiden individuell und selbstbewusst darüber, auf welcher Leistungsebene – Sortiment, Wertigkeit der Marken, Frische und ökologische Qualität, Convenience, Service, Preis – sie ihren Einzelhändlern die Vertrauensfrage stellen.

Nur bekannte und starke Retail Brands verfügen über Schlagkraft, um in Kooperation mit den Top Brands der Industrie Kundenbindung an jedem einzelnen, gut geführten Handelsstandort zu realisieren. Wo diese Linie verlassen wird, regt sich bei Kunden der Geiz – erst auf Kosten der Store Loyalty, schließlich zu Lasten der Brand Loyalty.

In konsumschwachen Märkten sondiert der Kunde seine Stores vorrangig über Preispolitik. Ein Tiefpreisimage kann daher schnell zur neuen Basis des Kundenvertrauens werden. Loyalty entsteht, wenn in allen Stores der Händlermarke langfristig die Kundenerwartungen im Preisbereich erfüllt werden. Aktionitis und eine permanente Spekulation mit den niederen Geiz-Motiven der Kunden – heute noch billiger als gestern – erzeugt dagegen Misstrauen gegenüber dem Preis-Leistungs-Verhältnis des Handels. Zu viel Preislärm macht Kunden nervös. Selbst der Stolz, ein Schnäppchen gemacht zu haben, bekommt einen Knacks. Kunden kündigen innerlich und wittern beim Konkurrenten noch größere Vorteile. In aldisierten Märkten finden sie sich regelmäßig bestätigt. Billig geht noch billiger.

Nur loyale Kunden sind ein Bollwerk gegen die grassierende Geiz-ist-Geil-Epidemie. Das setzt voraus, dass sich Konsumenten entweder an den Handel als Marke und Anwalt der Markenwerte bzw. an seine Einkaufsstätten binden.

Typisch für reife, umkämpfte und von Commodities geprägte Konsumgütermärkte ist, dass Store Loyalty die Brand Loyalty dominiert. In diesem Umfeld kann eine Vertriebslinie des Handels mit jedem ihrer Stores spezifische Kompetenzfelder in lokalen Märkten besetzen und anbieten, was für Konsumenten des Einzugsgebietes wirklich relevant ist. Jeder Marktleiter übernimmt damit Verantwortung für die praktische Umsetzung von Vorgaben aus der Marketingstrategie seines Unternehmens. Der Kunde reagiert dann mit Treue, wenn er auf Dauer die Argumentation des Handels – wie Value for Money oder Sicherheit bei allen Einkaufsentscheidungen – im Store wiederfindet.

Store Loyalty öffnet dem klassischen Einzelhandel einen Ausweg, um dem sonst nicht zu gewinnenden Preiskrieg zu entkommen.

3.2 Typologie der Kunden ohne Bindung

In konsumschwachen Märkten lässt Kundenbindung schnell nach, Store and Brand Loyalty geraten unter Druck. Unberechenbar im Einkaufsverhalten sind:

Der multi-optionale Konsument

Dieser Kunden-Typ erwartet auch im Zeitalter der Niedrigpreise die ganze Vielfalt der Sortimente. Ohne Abstriche soll das Leistungsspektrum des Handels seinen Wünschen und Wertvorstellungen, seinen Einkaufsgewohnheiten, seinen realen Bedürfnissen und seiner Kaufkraft entsprechen. Dabei verdrängt er Store and Brand Loyalty, wenn Wettbewerber fokussiert mit überlegenen Marketingkonzepten um ihn werben. Der multi-optionale Konsument will Chancen wahrnehmen, Bindungen an Stores and Brands stören da nur.

Dennoch hat das Retail Business hier eine Option: die Positionierung als Value Retailer, der seine besten Ressourcen in ein entscheidendes Marketinggefecht wirft und die Marke als Anker für das Vertrauen der Kunden einsetzt.

Der Smart Shopper

Immer auf der Pirsch treffen Kunden dieses Typs ihre Einkaufsentscheidungen revier- und impuls-abhängig. Was smart ist, definieren Schnäppchen-Jäger spontan und gemessen an ihrer persönlichen Wunsch- und Werteskala. Champagner bei Aldi, die Playstation bei Saturn, die Krawatte von Armani. Das sonst Unerschwingliche als billige Beute zu erjagen, ist höchstes Glück der Smart Shopper. Store and Brand Loyalty sind für Smart Shopper Jägerlatein. Als hybride Kunden wandern er und sie zwischen den Konsumwelten.

Die Geiz-ist-Geil-Community

Sie reagiert kollektiv auf Preistrends, die abwärts fahren. Ihr Signal ist die Preissenkung, das Sonderangebot, der Totalausverkauf, die Verlockung mit billiger, am billigsten. Die Rolle des treuen Kunden will und kann man nicht spielen – außer bei Aldi. Wenn Bindung, dann an den aus Kundensicht günstigsten Anbieter. Store Loyalty ist daher kaum mehr als ein Mangel an Tiefpreis-Alternativen. Über klassisches Marketing ist diese Klientel für Händler kaum erreichbar (siehe Abb. 6).

	Kundenbindung im LEH				
	Bekanntheit	da war ich schon	hab ich schon gekauft	kaufe ich immer noch	bin ich Stammkunde
Aldi	96	98	100	90	51
90 Edeka	82	88	90	48	29
Lidl	85	89	95	71	20
Globus	38	71	93	76	32
Real	59	81	92	52	26
Wal-Mart	43	56	83	65	23
Rewe	68	81	91	50	28
Plus	80	85	91	66	22

Abb. 6: Kundenbindung im LEH-Tiefpreissegment
  Quelle: McKinsey European Branding Trading, 2001 (Auszug)

Händler, die hier im Geschäft bleiben wollen, gehen ein hohes Risiko ein. Ihr Geschäftsmodell muss konsequent auf Tiefpreisstrategie ausgerichtet sein. Wo diese Voraussetzung fehlt, investiert das Management ohne zeitliche Begrenzung in Tiefpreise, um damit eine Kundenbeziehung zu subventionieren.

▶ **Fazit:**

In einer von Insolvenzen geprägten Wettbewerbsituation entwickelt sich im Einzelhandel eine Zweiklassen-Gesellschaft (siehe Abb. 7). Eine bedient „Lust-Käufer", die andere „Bedarfs-Käufer". Die einen heißen Douglas, Käfer, Hermès – die anderen Aldi, Schlecker, Media Markt. Die Mittellagen der Märkte sind ausgedünnt, als Wachstumselement sind sie für die Handelslandschaft inzwischen ohne Bedeutung.

Abb. 7: Markt ohne Mittelklasse
Quelle: Grey Strategic Planning

4. Der Handel entdeckt seine Marken

4.1 Brand Power gegen Aldisierung der Märkte

Lässt sich der Geiz-ist-Geil-Kult aus den Konsumgütermärkten wieder vertreiben? Welche Strategien, welche operativen Schritte sind dazu erforderlich?

Consumer Insights verraten, dass die Mehrheit der Konsumenten auch in Zukunft preissensibel einkaufen wird. Aber es gibt auch die ermutigende Nachricht, dass Kunden immer noch Orientierung über starke Marken wünschen (siehe Abb. 8). Der Konsument hat hohe Erwartungen, schärft seinen Blick für günstige Preis-Leistungs-Verhältnisse einerseits und echte Innovationen andererseits. Beides verbinden Konsumenten mit den starken Marken von Industrie und Handel.

Entwicklung durchschnittlicher wertmäßiger Marktanteile von starken und schwachen Marken von 1998 bis 2002

	1998	2000	2002
Marktführer	23,9	24,4	23,5
Zweitstärkste Marke	12,9	12,2	11,7
Drittstärkste Marke	7,8	7,6	7,4
Restliche Marken	38,2	35,7	31,8
Handelsmarke/Aldi	18	20,1	25,6

Abb. 8: *Wertmäßige Marktanteile von starken und schwachen Marken*
Quelle: GfK/LZ, 16/2003

Natürlich wird vor Ort in den Stores die Entscheidung darüber fallen, ob mit Brand Power der Trend der Aldisierung der Märkte entscheidend gedreht werden kann.

- *Langfristig* stellen sich führende deutsche Einzelhandelsunternehmen daher mit ihren Geschäftsmodellen neu auf, positionieren sich über ihre Identität. Dieser Handel greift mit geschärften Profil als Unternehmensmarke an. Die Entscheidung pro Corporate Brand setzt einen neuen Investitionsschwerpunkt. Weniger Fläche, mehr Marke. Vorteil: Eine klar abgestimmte Markenarchitektur bringt allen Vertriebslinien die überlegene Positionierung, damit sie langfristig in ertragreichen Marktsegmenten expandieren. Das könnte den Wettbewerb entscheiden, wo Warenhäuser, SB-Verbrauchermärkte, Fachmärkte, Filialisten, der klassische Facheinzelhandel im Abwehrkampf gegen Billigkonkurrenten stehen.

- *Kurz- und mittelfristig* treiben Handelsmarken auf Preiseinstiegs- oder Premium-Ebene die Offensive gegen die Tiefpreis-Konkurrenz voran. Der Handel erobert über neue Akzente im Sortiment nun Positionen in den Profilierungsfeldern Value for Money sowie Innovation und Inszenierung. Handelsmarken übernehmen damit die Rolle von Traffic Builders. Sie wirken wie neue Leuchttürme. Premiummarken des Handels erzeugen über Packaging und Präsentation im Regal positive Differenzierungs- und Abstrahleffekte. Die Preiselastizität dieser Programme wird größer, der Abstand zu B- und C-Marken schrumpft.

4.2 Der Handel schärft die Konturen seiner Marken

Der Handel kann nur mit umfassenden Marken-Konzepten das Vertrauen der Konsumenten zurückgewinnen. Das bedeutet strategische Markenführung unter Einbindung von Corporate Brands, Store Brands, Private Labels und den Top Brands der Industrie. Im Kampf um die Preishoheit bei Fast Moving Consumer Goods bringt die Rückbesinnung der Kunden auf Marken einen ersten Terrain-Gewinn gegen Geiz-ist-Geil.

Die Vertriebslinien des Handels sind auf dem Weg der Restrukturierung und Repositionierung ein gutes Stück vorangekommen. Neue Profile lassen sich an den folgenden Beispielen verdeutlichen:

Lidl, Netto, Penny, Plus profilieren sich als markenartikelführende Discounter. In konsumschwachen Zeiten fahren Markenartikler gern eine differenzierende Vertriebswege-Strategie, die Hard-Discounter wie Aldi ausspart. Soft-Discounter nutzen die Chance, ihre Rendite über Markenartikel im Sortiment zu verbessern und gleichzeitig Kunden zu binden.

Plus, die auch international expandierende Tengelmann-Tochter, zeigt sich als sympathischer Discounter mit schnuckeligen kleinen Preisen. Das Outfit seiner Handelsmarken und Stores dient der Differenzierung und signalisiert Wertigkeit auf einem angehobenen Discountniveau.

Metro praktiziert eine Doppelstrategie der Profilierung. Den Marken der Vertriebslinien wird mehr Dynamik und Eigenprofil verordnet. Der Konzern selbst differenziert über seine Global Brand im internationalen Wettbewerb mit dem Claim: „Metro – The Spirit of Commerce". Ein Blick auf Details: Die Mutter Metro-Group arbeitet am Profil eines Technologie- und Innovationsführers. Im Zentrum der Kommunikationsstrategie steht das Future-Store-Projekt in Rheinberg. Real integriert Trend-Produkte in das Handelsmarken-Sortiment. Saturn setzt weiter auf Geiz-ist-Geil.

Edeka will Vollsortimenter und Discounter unter einer starken Dachmarke sein. Im Supermarkt sollen Kunden ein Kernsortiment von 5.000 Artikeln finden: 500 Artikel der Preiseinstiegsklasse „Gut & Günstig", 13 Eigenmarken mit 1.000 Artikeln der Wertschöpfungsklasse und 3.500 klassische Markenartikel. Der Blickfang: 150 Star-Marken zu Discount-Preisen.

5. Wie der Handel zur Marke wird – Erfolgsfaktoren des Brand Building

Der Aufbau profilierter Handelsimages und Marken gehorcht den gleichen Mechanismen wie der Aufbau von Markenartikeln. Jedoch mit einem gravierenden Unterschied – die Botschaft der Marke, ihre Inhalte sind täglich vom Kunden erlebbar und faktisch überprüfbar. Alle Versprechen der Marke müssen in den Stores eingelöst werden.

Brand Building im Handel setzt voraus:

5.1 Neues Denken

Eine Unternehmensführung, die sich allein von der sprichwörtlichen Formel: „Im Einkauf liegt der Gewinn" leiten lässt, degradiert Kunden zu Statisten. Marketing nach Inside-out-Manier – das war gestern – Outside-in ist die Zukunft. Das Denken vom Kunden aus, mehr noch die Entdeckung des Customer Value für eine profitable Entwicklung im Handel, ist Grundvoraussetzung, um mit einer starken Marke den Geiz-ist-Geil-Kult zu vertreiben.

Markenbewusst handelnde Unternehmen erleichtern ihren Kunden die Identifikation mit den Werten ihrer Einkaufsstätten, ihrer Sortimente und Dienstleistungen. In den Fokus des Marketing rückt Customer Relationship. So wird aus Sicht der Kunden die Store Brand zur Kompetenzmarke.

5.2 Wertschöpfung mit dem Kunden im Fokus

Die große Mehrheit der Konsumenten in Europa und den USA, auch in Deutschland, ist bereit, bei Einkäufen mehr Geld auszugeben (siehe Abb. 9). Voraussetzung dafür ist, „dass Kunden Innovationen vorfinden, die ihnen auf einem ganz persönlichen Level von Bedeutung sind" (Accenture, 2002, Mind the Gap, Consumer Attitudes to Innovation).

3.1 Retail Business: Grenzen der „Geiz-ist-geil"-Strategien

Latent Consumer Demand Abounds Across All Countries ...					
"There are many categories in which I would be willing to spend more for my purchases if I could find better products and services."					
	US	UK	France	Germany	Spain
1 Strongly Disagree	1,6 %	1,7 %	8,8 %	5,7 %	3,3 %
2	6,4 %	9,1 %	10,1 %	12,7 %	4,9 %
3	23,7 %	23,8 %	27,7 %	20,2 %	20,2 %
4	43,2 %	50,2 %	30,4 %	30,5 %	35,9 %
5 Strongly Agree	25,2 %	15,1 %	23,1 %	30,9 %	35,7 %

Abb. 9: Unzufriedene Kunden
  Quelle: Accenture, 2002, Mind the Gap, Consumer Attitudes to Innovation

Wo überzeugende Innovationen als Added Values an die Marke gebunden sind, zum Markenversprechen werden, wo die Marke Wert-Signale aussendet, da sind Kunden bereit, diesem Ruf zu folgen. Die Marke übernimmt eine Leitfunktion im Wertschöpfungsprozess des Handels. Denn im operativen Geschäft trägt sie dazu bei, die Preiselastizität zu verbessern, die Margen zu erhöhen, die Rendite zu steigern.

Wertschöpfung über Added Values bleibt daher auch in nachfrageschwachen und preisumkämpften Märkten strategisches Ziel der Markenführung. Handelsmarken-Programme mit Premium-Anspruch sind ein Beispiel dafür. Der Erfolg der Markenführung wird hier an dem erreichten Preis-Premium gemessen. Ein erfolgreiches Brand Building, das für eine Produktfamilie 10 bis 15 Prozent Preisabstands-Wert gegenüber Wettbewerbsmarken erzeugt, zahlt direkt auf das Konto „Wertschöpfung" ein.

Wertschöpfung setzt Kundenwert voraus, also Nutzen, den der Anbieter aus einer Geschäftsbeziehung mit seinen Kunden zieht (Günter, B.: Kundenwert, Wiesbaden 2001).

Derartige Geschäftsbeziehungen können über die Bindung des Kunden an eine Marke dauerhaft vertieft werden (Customer Lifetime Value). Sie ist damit entscheidend am Aufbau eines Kundenwertes beteiligt. Günter sieht als weiteren Vorteil: „... dass der Kundenwert ein Indikator für die Profitabilität des Marketing eines Unternehmens ist". Im Sinne dieses Gedankens ist Kundenwert auch Indikator für Return on Investment beim Brand Building.

5.3 Über Added Value differenzieren

Wettbewerb auf Tiefpreisniveau ist die Folge einer über Jahre abgelaufenen Nivellierung bei Produkten und Marken. Aldisierung der Märkte setzt die Beliebigkeit der Angebote im Handel voraus. Wo Differenzierung fehlt, sind Preisunterschiede kaum zu rechtfertigen. Ausgangspunkt für eine erfolgreiche Differenzierung ist die Identität des Unternehmens und damit seiner Marken. Das gilt für Unternehmensmarken, Markenartikel und natürlich auch für Handelsmarken mit Premium-Anspruch.

Unternehmen bzw. Marken sind „... im Wahrnehmungsraum der Konsumenten zu positionieren" (Meffert/Burmann, Münster 2002). Erst wenn die Schnäppchen-Kundschaft wieder Identitäten, Differenzierungsmerkmale der Geschäftmodelle, der Sortimente, der einzelnen Marken und Produkte, der Services erkennt, wird sie auch Preisdifferenzierung akzeptieren. Eine höhere Wertschöpfung setzt jedoch eine für Kunden relevante Differenzierung voraus. Was tun?

Added Value entsteht auf zwei Ebenen (siehe Abb. 10):

- produktbasiert: auf dieser Ebene wirken die Geschäftsmodelle des Handels mit Soft und Hard Facts als Leistungsbündel (siehe Abb. 11); und

- als reiner Markenwert.

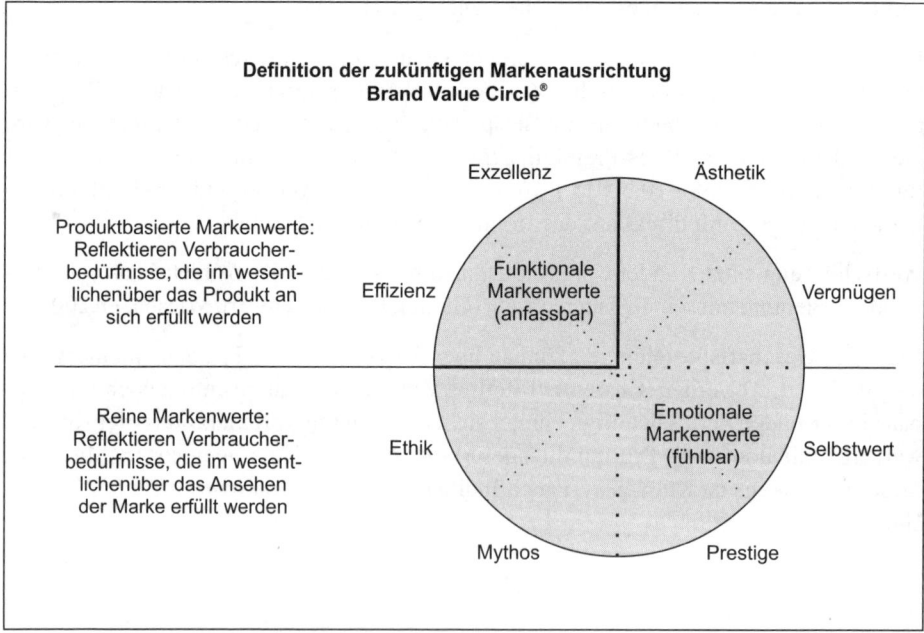

Abb. 10: Markenausrichtung über den Brand Value Circle®
Quelle: Grey Strategic Planning

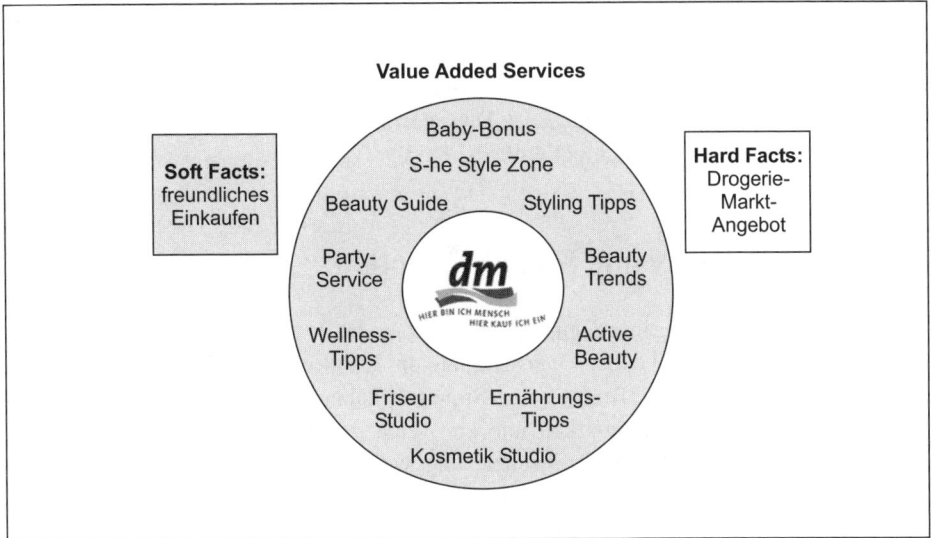

Abb. 11: *Value Added Services bei dm*

Der Konsument erlebt Added Value einmal funktional, also physisch greifbar; im Handel sind überwiegend die Stores und ihre Leistungen dafür verantwortlich. Dann über Emotionalität im Markenwert; sie entsteht im Leistungsbereich der Kommunikation. Der Brand Value Circle® liefert Bausteine für eine langfristig wirkende Differenzierung auf beiden Ebenen.

5.4 Kurs auf Innovationen halten

Zig-Tausend neue Artikel kommen jährlich in die Regale der Einzelhändler. Von den Konsumenten werden die wenigsten als echte Innovationen erkannt und gekauft. Zu viele Product Launches treffen weder die Wants noch die Needs der Konsumenten. Schlimmer noch: In den USA, im United Kingdom, in Frankreich, Deutschland und Spanien erwarteten Dreiviertel aller befragten Konsumenten bei Produkten und Dienstleistungen für die nächsten Jahre nur Innovationen mit geringer Bedeutung für sie (Accenture, 2002, Mind the Gap).

Der Erfolg des Brand Building ist jedoch in hohem Maße von substanziellen Inhalten – also echten Innovationen – abhängig. Marken beziehen daraus ihre Kernbotschaft, ihre Relevanz für den Kunden und die Rechtfertigung für einen höheren Preis.

Die Zahnbürsten-Marke *Dr. Best* ist ein gutes Beispiel dafür, wie aus einem „Das-fehlt-mir-Gefühl" der Konsumenten durch *Innovationen in Permanenz* eine im Wettbewerb überlegene Marke wurde. Mehr noch – Dr. Best stieg zu einer berühmten Trust Brand auf. Dieser Vertrauensbonus erzeugt höhere Wiederkaufraten und trägt so dazu bei, dass der Marktanteil steigt. Vorausgesetzt, die Kommunikation schafft den kreativen Brückenschlag (Michael, 2003) zum Konsumenten bei jedem Innovationsschub. Die Marke spricht die Ratio über den funktionalen Leistungsbeweis an und die Emotio durch ein authentisches Statement des Dr. Best. Dieses Brand Building wurde mit Marktführerschaft und Preis-Premium hoch belohnt.

5.5 Klare Brand Value Signals® senden

Jede Marke ist so stark wie ihre Signale, die sie aussendet. In der preissensitiven Konsumgesellschaft bedeutet Stärke, dass Wert-Signale die Kundschaft erreichen und ein neues Konsumverhalten auslösen. Brand Value Signals® haben Verdrängungskraft. Sie zeigt sich gegenüber Wettbewerbsmarken und erst recht gegenüber profillosen Anbietern. Brand Value Signals® schaffen Differenzierung, weil sie einen Mehrwert an Leistung in den Köpfen der Konsumenten verankern. Diese Konsumenten werden über visuelle und verbale Metaphern (Abb. 12a und b) für einen Dialog über Werte der Marke gewonnen.

Starke Brand Value Signals® schaffen dreifach Überlegenheit durch:

- *Erkennungs-Wert*. Die Marke muss in Sekundenschnelle ihre Benefits vermitteln.
- *Verdrängungs-Wert*. Er entsteht aus Look, Leistung und Wert gegenüber anderen Marken.
- *Preisabstands-Wert*. Konsumenten werden rational und emotional für ein Preis-Premium gewonnen (siehe Abb. 13).

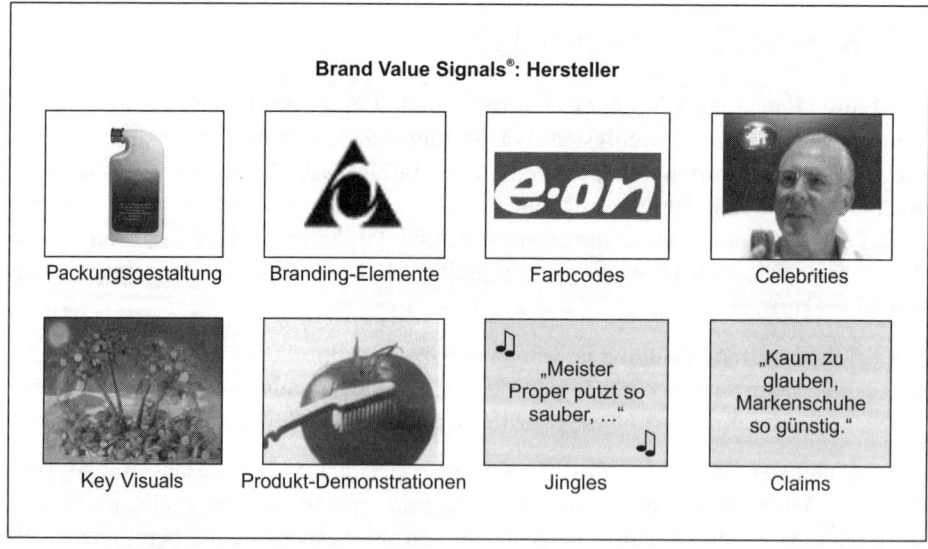

Abb. 12a: Starke Marken kommunizieren über visuelle und verbale Brand Value Signals®
Quelle: Market Horizons

3.1 Retail Business: Grenzen der „Geiz-ist-geil"-Strategien 163

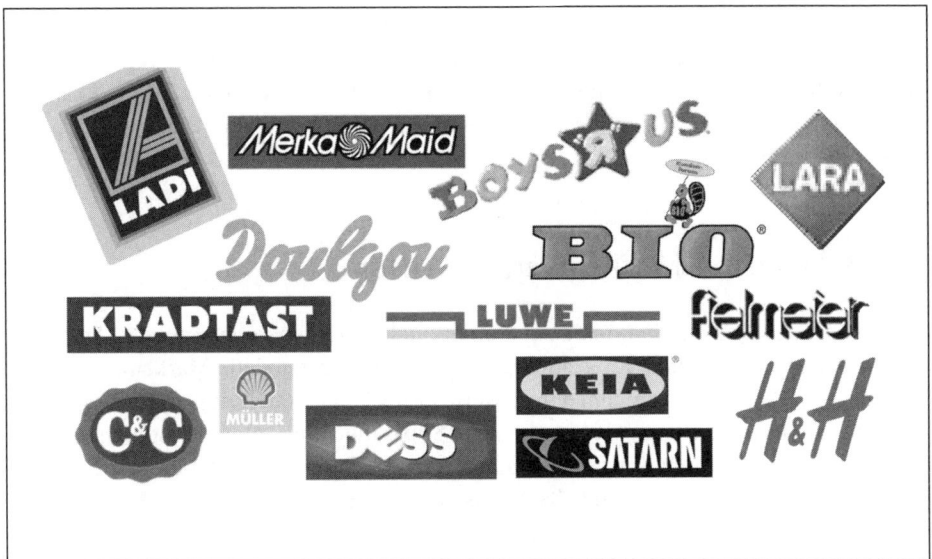

Abb. 12b: *Brand Value Signals® des Handels (anonymisiert)*
Quelle: Grey Global Group

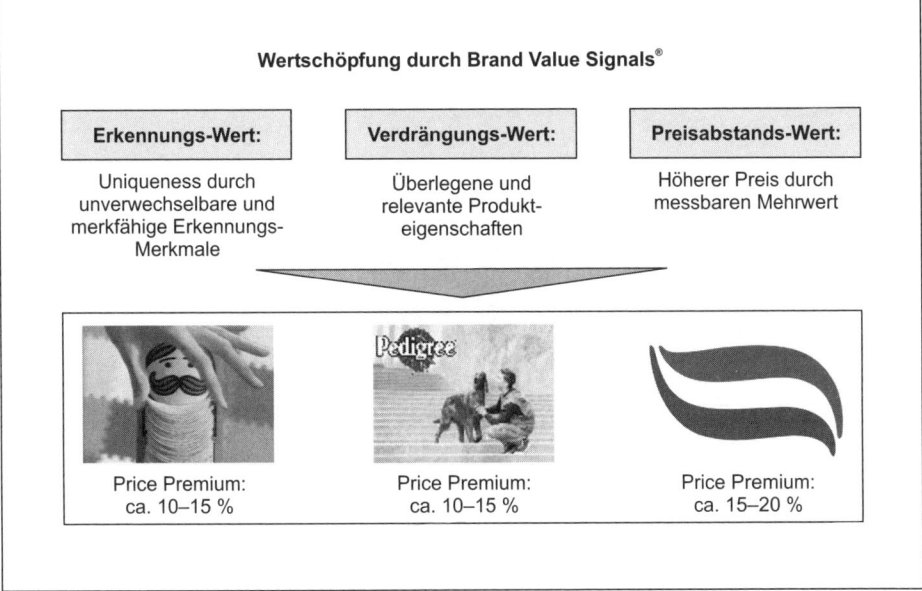

Abb. 13: *Brand Value Signals® steigern die Wertschöpfung*
Quelle: Market Horizons

Brand Value Signals® haben die Kraft, dem Geiz-ist-Geil-Trend sein Grenzen aufzuzeigen. Und sie ermöglichen Wertschöpfung in preissensiblen Märkten, im Verdrängungswettbewerb der Fast Moving Consumer Goods. Die Unternehmen bilden Markenkapital, das sich langfristig gegenüber der Aggressivität der Discounter und Preiseinstiegsmarken durchsetzen kann.

5.6 Balance der Markenwerte schaffen

Erst die Ausgewogenheit rationaler und emotionaler Markenwerte erzeugt Glaubwürdigkeit. Emotionalisierende Kommunikation pur ohne substanzielle Markeninhalte, mit emotionalen Klischees und einem hohen Werbedruck kann nicht funktionieren. Und umgekehrt wird Funktion pur, selbst technische Spitzenleistung, ohne emotionale Aufladung nicht wahrgenommen. Erst die Balance der Markenwerte bewirkt, dass Markenkommunikation über Visuals und Claims als einzigartig, im Wettbewerb überlegen und mit hohem Brand Value wahrgenommen wird.

Wie kann eine Kommunikation mit der Balance der Markenwerte das Konsumentenvertrauen zurückgewinnen? Ist dies ein Mittel, den Geiz-ist-Geil-Kult zurückzudrängen? – Grey The Whole Brain® nutzt als Tool die Balance von Soft Facts and Hard Facts (siehe Abb. 14). Markenführung bündelt hier überlegene Produktleistungen in Hard Facts und Faszination in Soft Facts. Sie kommuniziert beide Elemente in einer Balance der Werte. Die Ausgewogenheit der Marke wird zum Erfolgsfaktor des Brand Building.

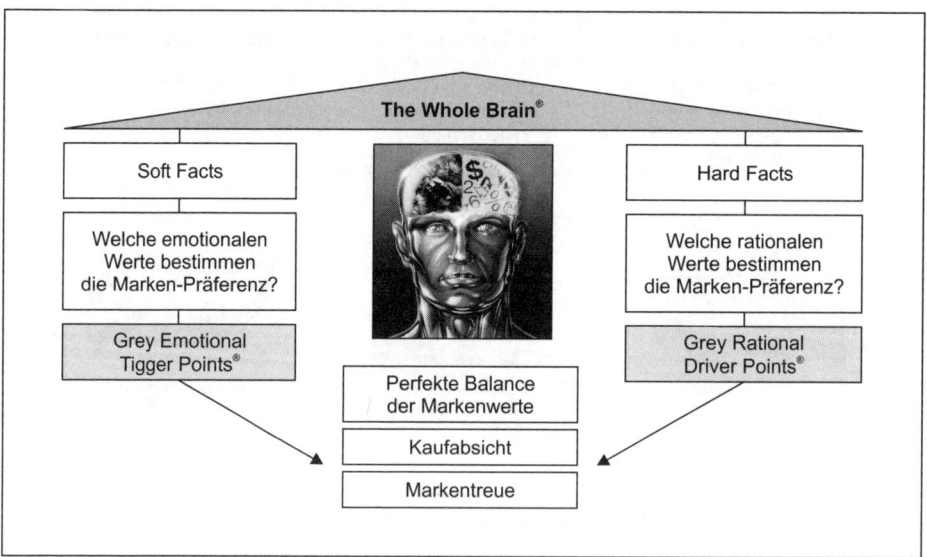

Abb. 14: Die perfekte Balance der rationalen und emotionalen Werte
   Quelle: Grey Global Group

In der Umsetzung dieses Markenführungskonzeptes entscheiden so genannte Motivational Drivers (siehe Abb. 15). Der Handel führt seine Marken im Segment „Verwöhn-Shopping" über die „Wants" seiner potenziellen Kunden, im Segment „Smart Shopping" jedoch über die „Needs". Die Herausforderung wächst, wenn Verwöhn- und Smart-Shopper in einer Vertriebsform – wie in Supermärkten, Warenhäusern oder Fachmärkten – unter einem Dach bedient werden. Hier braucht die Retail Brand erhebliche Integrationskraft, um Kunden aus beiden Segmenten an die Stores zu binden.

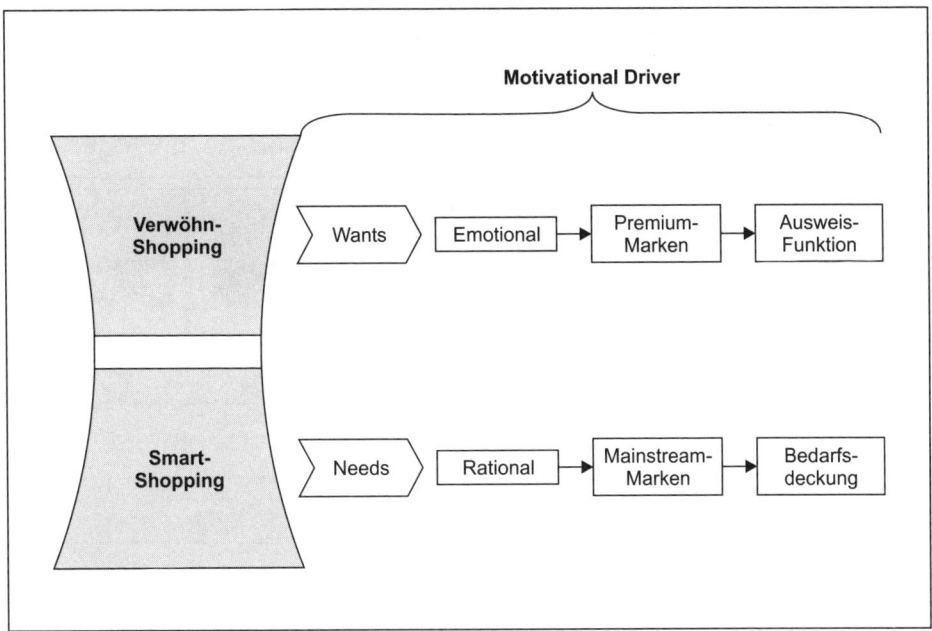

Abb. 15: Wie die Marke die Wants and Needs ihrer Kunden erreicht
Quelle: Grey Strategic Planning

5.7 Markenauftritte durchgängig und effizient gestalten

Mit herkömmlichen Marketing-Instrumenten und -Konzepten ist der Geiz-ist-Geil-Kult nicht einzugrenzen. Auf Marketing-Power, die sich in Hektik und Aktionitis überschlägt, reagieren preissensitive Konsumenten mit Unverständnis und Ablehnung. Sie erwarten von Marken – speziell von den Marken des Handels – Orientierung und Sicherheit bei jeder Einkaufsentscheidung. Und das überall dort, wo Marken ihren Weg kreuzen: In Werbung, Verkaufsförderung, Sponsoring, Database-Marketing, bei In-Store-Promotions, im Webshop, natürlich im Griffbereich der Regalplatzierung und bei der Packungsgestaltung – also durchgängig.

Diese Ziele sind erreichbar. Das Brand Building kann auf Konzepte der integrierten Kommunikation zurückgreifen, wie sie beispielhaft mit Grey Brand Synergy 130® zu Verfügung stehen. Das System vernetzt sämtliche Diszipline der Kommunikation und Medien. Integrierte Kommunikation reduziert Kosten, steigert nachhaltig die Effizienz und sorgt dafür, dass Konsumenten bei starken Retail Brands wie Ikea durchgängig ein signifikantes Markenbild und einen einheitlichen Markenauftritt erleben (siehe Abb. 16).

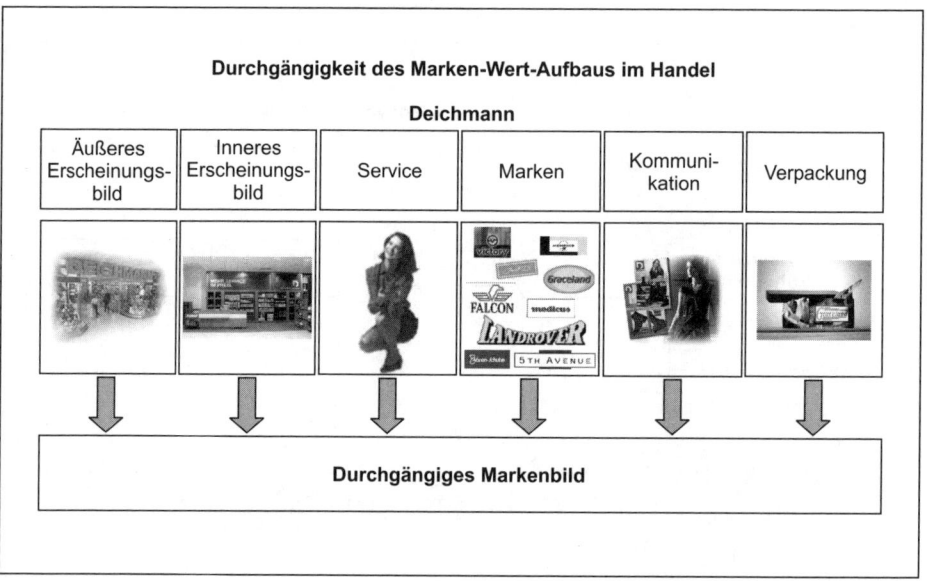

Abb. 16: *Durchgängiger Auftritt – das Ergebnis integrierte Kommunikation*
Quelle: Deichmann/Grey Strategic Planning

5.8 Effizienz-Gewinne in Kundenvorteile re-investieren

Brand Building ist ein nie abgeschlossener Prozess. Marken kennen keinen Stillstand. Es kommt darauf an, die Marken-Dynamik in einer sich hoch schraubenden Spirale fortzuschreiben. Konsumenten lieben lebendige, vitale Marken. Und Unternehmen wachsen mit dieser Dynamik ihrer Marken.

McKinsey führt den Erfolg von Value Retailers wie WalMart darauf zurück, dass die überlegene Consumer Proposition den ökonomischen Vorteil der Unternehmen in einem Kreislauf vorantreibt (siehe Abb. 17). Die Gewinne aus einer höheren Verkaufsproduktivität fließen in die Stores, erlauben hier niedrigere Preise und eine bessere Personalausstattung. Das wiederum steigert die Überlegenheit der Consumer Proposition – und der Kreislauf beginnt aufs Neue.

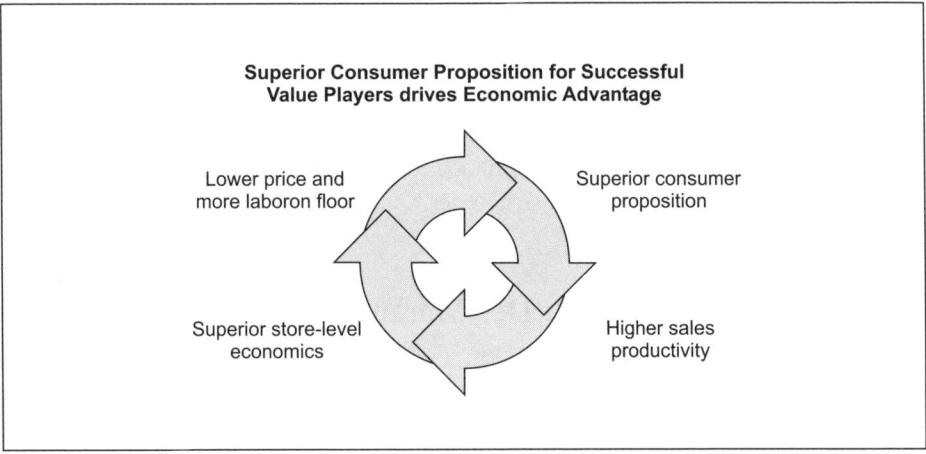

Abb. 17: *Warum Value Retailers überlegen sind*
Quelle: McKinsey-Report „Competing in a Value-Driven World"

6. Starke Händlermarken gestalten die Wertschöpfungskette

6.1 Rückwärts-Integration: Händlermarken inspirieren Lieferanten

Der klassische Vertrieb von Markenartikeln über mehre Handelsstufen hinweg ist ein Auslaufmodell. Heute setzen Pilot-Unternehmen bei der Vermarktung von Fast Moving Consumer Goods, speziell Mode, auf das Erfolgsmodell der Rückwärtsintegration – auf die Verzahnung von Produktion, Beschaffung und Vertrieb. Sie greifen massiv in den Wertschöpfungsprozess ein. Der Handel als Marke profitiert davon, mehr noch: Er ist von der Rückwärtsintegration abhängig. Sie macht Einzelhändler zu Innovatoren und Entwicklungschefs bei ihren Eigenmarkenprogramm.

Internationale Händlermarken wie Benetton, Ikea, H&M oder Zara verdanken ihren Aufstieg dieser Strategie. Sie übernehmen damit die Verantwortung für F&E sowie Herstellung ihrer Waren. Die Nähe zu Märkten und Konsumenten bringen diese Top-Marken des Handels in die Ehe mit ein. Sie produzieren unabhängig von Saisons und reagieren kurzfristig auf neue Trends. Retail Brands beeinflussen damit Speed und Richtung der Produktentwicklung, Produktqualität, Design und Produktionsrhythmus. Hier erarbeiten die kooperierenden Unternehmen substanzielle Werte, die Basis für die Differenzierungskraft der Marken. Gemessen an der Trefferquote sind diese Unternehmen Innovationsweltmeister. Neben einer hohen Wettbewerbsfähigkeit über den Preis kommt als Kernkompetenz die Aktualität der Sortimente hinzu. Konsumenten honorieren das durch Bindung an „Brands and Stores".

Diese über Customer Value gesteuerte Rückwärtsintegration macht Top-Marken des Handels zu Champions in der Wertschöpfungskette. Hier stemmen sich starke Marken erfolgreich gegen Sparwut und Lustlosigkeit der Konsumenten.

6.2 Vorwärts-Integration: Der Markenartikel kommt zum Kunden

Über eigene Label Stores – oder noch großformatiger über Flagship Stores – werden Brand Champions der Industrie zu Einzelhändlern in 1a-Lagen der Weltmetropolen. Vorwärts-Integration praktizieren Weltmarken wie Boss, Bang & Olufsen, Nike, Swarowski, Meissen oder Villeroy & Boch. Sie nutzen die Erkenntnis, dass der Konsument das letzte, aber entscheidende Glied in der Wertschöpfungskette ist. Deshalb kommt die Marke zum Kunden. Nicht nur in der Kommunikation per Werbe-Spot, sondern auch räumlich und physisch durch Präsenz auf den Flaniermeilen. Das Brand Management gewinnt Informationen und Stimmungsbilder aus erster Hand. Die Begegnung mit Smart Shoppers im Tagesgeschäft bietet Lerneffekte und die Chance, in eigenen Stores Strategien gegen den Geiz-ist-Geil-Kult zu fahren – falls erforderlich auch über Smart Selling.

6.3 Evolution in der Wertschöpfungskette

Der Cent regiert die Welt. Wer hätte je erwartet, dass Kunden, die alle Werte der Konsumgütermärkte einem Härtetest unterziehen, eine Evolution in der Wertschöpfungskette auslösen?

Zu Beginn des 21. Jahrhunderts treibt der Wettbewerb der Vertriebsformen einem dramatischen Höhepunkt zu. Warenhäuser gegen Fachmärkte, Filialisten gegen Versender, Produkt Label Stores gegen Web-Shops – und jeder gegen jeden – rückwärts- und vorwärtsintegrierende Unternehmen reiben sich mit ihren Marken an traditionellen Strukturen der Wertschöpfungskette. Jeder Mitspieler wechselt fließend seine Rollen, aus Geschäftspartnern werden Konkurrenten, Solisten engagieren sich plötzlich in einer strategischen Allianz. Gibt es dafür eine Regie? – Theoretisch und praktisch müssten starke Marken das Spiel bestimmen, Markenführung das Drehbuch schreiben, damit sich Unternehmen in strategischen Allianzen auf ein faires Value Sharing verständigen können.

7. Zukunftsszenario im Handel: Reiz schlägt Geiz

Welche Lebenskurve hat eine Marke mit der Aufladung „Geiz-ist-Geil"? Wird sie sich analog zu Konjunktur und Krisen der Weltwirtschaft entwickeln? In einer Hochkonjunktur-Phase abstürzen? Oder werden Markenexperten über perfekte Relaunches den Erfolg der Geiz-ist-Geil-Marken prolongieren und von gesamtwirtschaftlichen Trends abkoppeln können?

Markentechnisch ist ein Stretching der Wachstums- und Reifephasen realisierbar. Die Unternehmen sind aber gut beraten, wenn sie die dazu erforderlichen Marken-Investitionen an ihre Vision von der zukünftigen Handelsstruktur binden. Kaum vorstellbar, dass sie markentechnisch ertragsschwache Vertriebsstrukturen stützen werden. Das permanente Verhandeln mit Konsumenten im Grenzbereich der Tiefpreise wünscht sich kein Unternehmer mehr. Diese Erfahrung musste der Handel teuer mit Kapitalvernichtung bezahlen. Das Wissen darum wird sich beim Aufbau neuer Handelsstrukturen durchsetzen – müssen!

Zunächst erlebt der Handel in den eigenen Reihen ein Survival of the Fittest. Jetzt qualifizieren sich die Gewinner in konsumschwachen Märkten für die neue Handelsstruktur 2010. Die Zukunftsplaner in den Unternehmen werden daher vorrangig gesamtwirtschaftlich dimensionierte Themen erörtern:

- Welchen Stellenwert wird in zehn Jahren die Marke in der Gesellschaft haben?
- Werden Unternehmen Preishoheit und Preisführerschaft zurückgewinnen, um ihre Existenzen zu sichern?
- Von welchen Grundwerten lassen sich Konsumenten bei ihrer Lebensplanung leiten? Wo finden Marken darin ihren Ankerplatz?
- Wer wird zum Strategy Owner in diesem Spiel ohne Grenzen? Markenartikelindustrie, Handel oder der Konsument?

Marketing wartet gespannt auf das Ende des kollektiven Preis-Wahns. Soziologen und Psychologen wissen aus eigenen Studien, dass kollektive Erscheinungsformen als Megatrend mit großer Regelmäßigkeit ins andere Extrem kippen können.

Der geistige Vater des Slogans *Geiz-ist-Geil* hat die Bedeutung dieses Trends in einem Interview treffend charakterisiert:

„... ohne werblichen Überbau würde jeder den Kopf schütteln. Geiz ist das Allerletzte, das geil ist, völlig ungeil. Was wir meinen und was die Leute draußen im Markt verstehen, ist: Geiz ist geil in dem Moment, in dem ich ein Schnäppchen schlagen kann." (Rosinsky, 2003)

170 Kapitel 3: Unternehmens- und marketingstrategische Perspektiven

So könnte Geiz-ist-Geil nun von einem Zeitalter des Individuums mit einer Renaissance der Werte abgelöst werden. Das würde die Lust-Käufer beflügeln. Vorausgesetzt, die gesamtwirtschaftliche Entwicklung stärkt die Einkommen der Haushalte, und die große Mehrheit der Bürger kann sich das damit verbundene höhere Konsumniveau leisten.

Wahrscheinlich ist, dass der Konsument des Jahres 2010 in beiden Segmenten – als Bedarfs-Käufer und als Lust-Käufer – kauft. Auf homogene Zielgruppen müssen Industrie und Handel verzichten. Konsumenten werden hier Erlebnisse einkaufen und ihre Individualität ausspielen, dort ihren Grundbedarf weiterhin zu günstigen Preisen und möglichst bequem beschaffen. Dieses Verhaltensmuster wird der Handel in Geschäftsmodelle umsetzen und in identitätsstarken Marken abbilden.

Noch ist die World of Consumption (siehe Abb. 18) eine Vision. Dennoch bildet sie sehr realistisch die Wants and Needs der Kunden ab. In dieser Welt wird sich der Handel neu aufstellen und neue Prioritäten setzen: Er wird seinen Kunden Lust auf unmittelbaren Konsum machen, Wünsche und Sehnsüchte erfüllen, Produkte als Erlebnisse präsentieren. Inszenierung wird zum alles beherrschenden Marketing-Instrument. Der Handel wird den vorgezeichneten Weg vom Point of Sale über den POP zur WOC konsequent zu Ende gehen. Hier schlägt Reiz den Geiz. Und der Konsument als Souverän wird es selbst so wollen. Unter einer Bedingung:

Geben Sie den Marken ihre individuelle Lebensbiografie wieder!

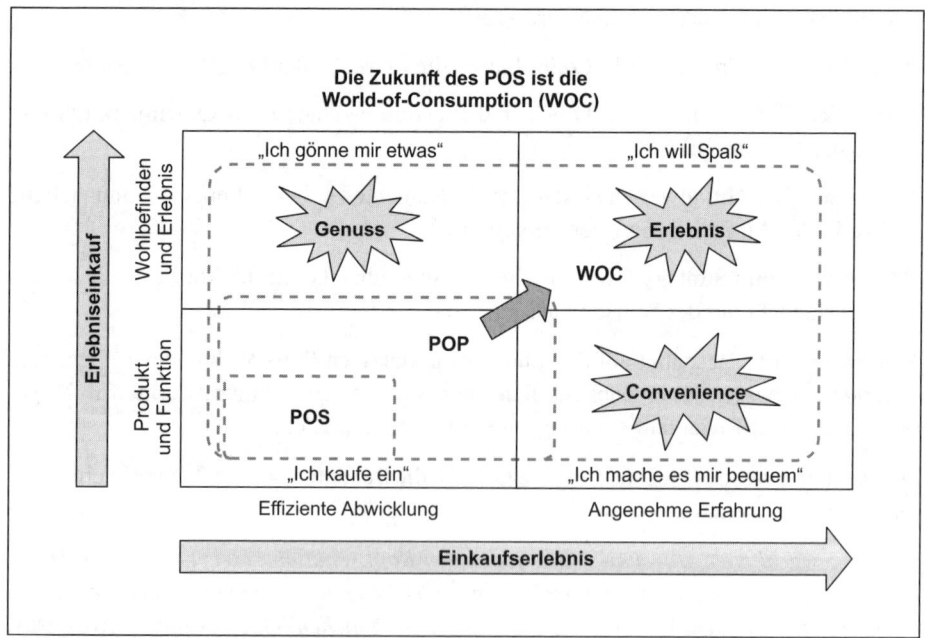

Abb. 18: Inszenierung wird wichtig
Quelle: McKinsey

Literatur

Accenture Institute for Strategic Change: Mind the Gap; The Consumer Attitudes to Innovation Survey, Summer 2002, http://www.accenture.de.

Allensbacher Markt- und Werbeträgeranalyse (AWA): Allensbacher Bericht Nr. 15/2003.

Frank, J. F./Mihas, E. A./Narasimhan, L./Rauch, St.: McKinsey & Company North American Retail Practice; Competing in a Value-Driven-World, Februar 2003, http://www.retail.mckinsey.com.

GfK Analysen + Profile; Discounter, Handelsmarken, LEH-Promotions; GfK Panel Services Consumer Research, Nürnberg 2003.

Günter, B.: Kundenwert – mehr als nur Erlös; in: Günter, B./Helm, S. (Hrsg.), Kundenwert, Wiesbaden 2001.

GWA/BBDO; Studie: Kein Marketing – Kein Konsum – Kein Wachstum, Deutschlands Marketingverhalten im europäischen Vergleich, Frankfurt/Main 2003.

Handelsblatt Business-Monitor: Repräsentativ-Umfrage des Meinungsforschungsinstitut Psephos, Juni 2003.

Meffert, H./Burmann, Ch./Koers, M.: Markenmanagement; Grundfragen der identitätsorientierten Masrkenführung, Wiesbaden 2002.

Mercer Management Consulting; Lehrstuhl für Marketing und Handel der Universität Essen; Retail Studie 2003: Preis- und Sortimentsmanagement als Erfolgshebel im Einzelhandel.

Michael, B. M.: Die kreative Brücke zwischen Menschen und Marken, Aufgaben und Bedeutung der Kommunikations-Agentur für die Markenpolitik; Handbuch Markenartikel, 2. Auflage, Wiesbaden 2004.

Rolke, L.: Studie: Produkt- und Unternehmenskommunikation im Umbruch, Mainz 2003.

Rosinsky, B.: Treibjagd aufs Schnäppchen; Interview in Rheinische Post vom 07.01.03.

Simon, H.: Preispolitik; Handwörterbuch des Marketing, 2. Auflage, Stuttgart 1995, S. 2067 ff.

Tietz, B.: Handelsmarketing; Handwörterbuch des Marketing, 2. Auflage, Stuttgart 1995, S. 875 ff.

Steffen Gömann/Malte-Maria Münchow

3.2 Der Handel im Wandel – Vom Target zum Attraction Marketing. Oder: Was ist das Erfolgsgeheimnis von Ikea, H&M, Aldi, Ebay & Co.?

1. Einleitung
2. Der Handel im Umfeld sich ändernder Märkte
2.1 Vom Massenmarketing zum Target Marketing
2.2 Die Grenzen des Target Marketing
2.3 Megatrends als Herausforderungen des Marketing
2.4 Auf dem Weg zum Attraction Marketing

3. Erklärungsansätze für Unternehmenserfolg in der Marketingtheorie

4. Die Handlungsebenen des Attraction Marketing
4.1 Marke
4.2 Kaufstätte
4.3 Sortiment

5. Ikea & Co. – Praxisbeispiele für erfolgreiches Attraction Marketing

6. Zusammenfassung und Ausblick

Literatur

1. Einleitung

Das Marketing ist heute eine anerkannte Disziplin sowohl der universitären Forschung und Lehre als auch als Instrument der operativen und strategischen Unternehmensführung. Die Rolle, die dem Marketing heute zugesprochen wird, hat sich hierbei in den vergangenen Jahrzehnten erheblich geändert. Und dieser Änderungsprozess scheint vor dem Hintergrund der gravierenden Umwälzungsprozesse in modernen Marktwirtschaften Anfang des 21. Jahrhunderts noch lange nicht abgeschlossen zu sein. Es ist vielmehr davon auszugehen, dass das Marketing seinen Stellenwert als Instrument strategischer Unternehmensführung weiter ausbauen kann und entsprechend noch stärkeren Einfluss auf den wirtschaftlichen Erfolg und Misserfolg von Unternehmen haben wird.

Im nachfolgenden Beitrag soll ein kurzer Einblick in das Gedankengut von Praktikern gegeben werden, die sich der Frage nach erfolgreichen Marketingstrategien der Gegenwart und Zukunft gestellt haben. Hierbei geht es nicht um die Formulierung neuer theoretischer Modelle für die Erklärung spezifischer Marketingstrategien. Ziel ist es vielmehr, die Wirkungszusammenhänge zwischen den Veränderungen in einer modernen Volkswirtschaft und der Marktbearbeitung durch Handelsunternehmen aufzuzeigen. In Abschnitt 2 und 3 wird kurz der Weg vom Massenmarketing zum Target Marketing in der Praxis und Marketing-Literatur nachgezeichnet. Als Weiterentwicklung des Target Marketing wird dann das Attraction Marketing als mögliches Erfolgsrezept in einem sich weiter dramatisch verändernden Marktumfeld eingeführt. Das Instrumentarium dieses Erfolgsrezeptes wird zunächst (theoretisch) beschrieben und anschließend anhand sehr erfolgreicher Handelsunternehmen der vergangenen Jahre (Ikea, H&M, Aldi, Ebay) in seinen praktischen Ausprägungen dargestellt.

2. Der Handel im Umfeld sich ändernder Märkte

2.1 Vom Massenmarketing zum Target Marketing

Die 50er Jahre waren in Deutschland von einem enormen Nachholbedarf an Konsum jeglicher Art gekennzeichnet. Von den Konsumenten wurde trotz begrenzter finanzieller Möglichkeiten nahezu alles begehrlich aufgenommen, was angeboten wurde. Aufgrund knapper Produktionskapazitäten konnte die große Nachfrage in aller Regel aber nicht voll befriedigt werden. Entsprechend entwickelte sich ein so genannter Anbietermarkt, in dem (Hersteller und) Händler auf die Interessen einzelner Konsumenten oder Zielgruppen nicht besonders einzugehen brauchten. Für sie galt es, sich zunächst allein mit Fragen der Beschaffung und Distribution zu befassen. Das, was wir heute im Sinne der Kundenorientierung als Handelsmarketing bezeichnen würden, reduzierte sich in dem damaligen Wettbewerbsumfeld auf eine reine Absatzfunktion.

Eine stärkere Orientierung am Konsumentenmarkt erfolgte erst in den 60er Jahren. Die Produktionskapazitäten waren ausgebaut, und Güter konnten mit neuester Technik in Massen hergestellt werden. Es begann auf Seiten des Handels die Zeit der großen Universalisten wie Karstadt, Kaufhof, Hertie, Otto, Neckermann und Quelle, die als Vollsortimenter ihren Kunden eine breite und tiefe Auswahl an Produkten anbieten konnten. Daneben etablierten sich zunehmend Facheinzelhändler bzw. Spezialversender, wie z. B. Douglas, Schlecker und Heine, die sich stärker auf einzelne Sortimente konzentrierten.

Volkswirtschaftlich war diese Zeit dadurch geprägt, dass in einzelnen Bereichen das Angebot an Waren immer häufiger die Nachfrage überstieg. Die Produkte konnten zunehmend nur mit Hilfe werblicher Maßnahmen „an den Mann" gebracht werden. Die Ansprache der Konsumenten erfolgte hierbei in aller Regel über breit streuende und wenig spezifizierte Werbemaßnahmen. Es wurden von (Herstellern und) Händlern die Vorteile des eigenen Angebotes in den Mittelpunkt der Werbebotschaften gestellt, ohne hierbei auf die Bedürfnisse einzelner Konsumentengruppen einzugehen. Im Sinne der Kategorisierung unterschiedlicher Entwicklungsstufen des Marketing war dieses die Zeit des klassischen *Massenmarketings*.

Ein nachhaltiger Wandel in der Kundenorientierung vollzog sich erst zu Beginn der 70er Jahre. Ursache hierfür war eine zunehmende Wettbewerbsintensität im Handel. Der vormalige Anbieter- oder Verkäufermarkt hatte sich in einen Nachfrager- oder Käufermarkt gewandelt. Hersteller und Händler mussten sich zunehmend Gedanken darüber machen, wie sie sich von den Wettbewerbern differenzieren konnten, um die Aufmerksamkeit der Konsumenten zu erreichen. Entsprechend rückte die Sichtweise, dass unternehmerisches Handeln stärker auf die Bedürfnisse des einzelnen Kunden oder spezielle Kundengruppen auszurichten sei, in den Vordergrund betrieblicher Entscheidungen. Die Zeit des Massenmarketing, in der der einzelne Konsument nur sehr wenig zählte, ging zu Ende. *Zielgruppen- oder Target Marketing* waren die neuen Schlagworte in Theorie und Praxis. Es wurden ausgefeilte Instrumente der Preis-, Sortiments-, Service- und Standortpolitik entwickelt, die es den Unternehmen ermöglichten, sich von den Wettbewerbern abzuheben und auf einzelne Kundengruppen mit ihren spezifischen Bedürfnissen einzugehen. In dieser Zeit begannen sich vermehrt Filialisten und Spezialisten wie z. B. New Yorker (1971), Ikea Deutschland (1974), Media Markt (1979) und Möbel Roller (1986) zu etablieren, die ihr Produkt- und Serviceangebot stark auf einzelne Zielgruppen ausrichteten.

Mit der nachhaltigen Etablierung von Käufermärkten ging auch eine steigende Nachfragemacht des Handels einher. Die Handelshäuser waren aus Sicht der Hersteller nicht mehr nur Vertriebsweg und damit Mittel zum (Absatz-)Zweck, sondern wurden auf dem Weg zum Konsumenten zum Engpassfaktor. Auch diese Entwicklung war dafür verantwortlich, dass sich das Marketing neben dem Einkauf und Verkauf zunehmend als Funktionsbereich der strategischen Unternehmensplanung und Unternehmensführung etablieren konnte.

Abb. 1: Entwicklung vom Mass Marketing zum Target Marketing

Der Prozess einer zunehmenden Kundenorientierung beschleunigte sich in den 80er Jahren. Die mit dem zweiten Ölpreisschock einhergehende Rohstoffverknappung, zunehmend gesättigte Märkte und steigender Verdrängungswettbewerb führten dazu, dass für einen Händler ein Überleben am Markt nur mit einer klaren Zielgruppenausrichtung möglich war. Nur wenn das einzelne Unternehmen klare Vorstellungen von den Bedürfnissen seiner Konsumenten und gleichzeitig gute Kenntnisse über die um denselben Konsumenten buhlenden Wettbewerber hatte, war ein unternehmerischer Erfolg zu erzielen. Diese Notwendigkeit der Ausrichtung eines Unternehmens auf Markt, Kunde und Konkurrenz machte das Marketing endgültig zu einer unternehmerischen Führungsfunktion.

2.2 Die Grenzen des Target Marketing

Dass es hierbei mit Zielgruppenmarketing auf Dauer allein nicht getan ist, zeigen die in den vergangenen Jahren immer häufiger geführten Diskussionen über den „unberechenbaren" oder „hybriden" Konsumenten. War es vor einigen Jahren noch leicht, Zielgruppen über soziodemographische (z. B. Alter, Geschlecht, Bildungsstand) oder soziökonomische Kriterien (z. B. Einkommen) zu definieren und die eigene Unternehmensleistung hierauf auszurichten, so zeigen diese Steuerungsgrößen zunehmend weniger Erfolg. Ursache hierfür ist, dass es z. B. nicht mehr den typischen Discount- oder Luxuskäufer gibt, der genau anhand dieser Kriterien erkannt und angesprochen werden kann. Heute kauft ein und derselbe Konsument morgens bei Aldi und geht dann am Abend in einem Luxusrestaurant gut essen. Im Zeitalter des Internets gibt es auch nicht mehr den typischen Versandhauskäufer, der viel Wert auf Service, Preistransparenz und Anonymität legt und sich damit deutlich von dem Stationärhandelskunden unterscheidet. Heute verschwimmen die Grenzen zwischen den Vertriebskanälen Stationär, Versand und E-Commerce immer mehr. Der Kunde ist zunehmend ein Mehr-Kanal-Käufer oder Multichannel-Konsument, der sich entsprechend seiner individuellen Bedürfnisse im Sinne des Rosinenpickens aus allen Angeboten das jeweils für ihn Beste heraussucht.

Eine Ursache für diese deutlichen Verhaltensänderungen des Konsumenten ist darin zu sehen, dass es in gesättigten Märkten schon lange nicht mehr nur noch um dessen *Bedarfsdeckung* geht. Auch wenn wir uns aktuell in einer schwierigen Wirtschaftslage mit hohen Arbeitslosenzahlen befinden, so geht es uns im historischen Vergleich doch ausgesprochen gut. Der durchschnittliche Haushalt ist mit allem ausgestattet, was in einer Wohlstandsgesellschaft zu einem guten Auskommen notwendig ist. Würden wir z. B. für ein Jahr gezwungen sein, auf jeglichen Konsum der über das Lebensnotwendige hinausgeht, zu verzichten, würde es uns realistisch betrachtet an nichts fehlen. In einer so beschriebenen Gesellschaft sind alle Grundbedürfnisse voll gedeckt. Konsumiert wird nur, wenn es den Anbietern gelingt, über das Essenzielle hinaus gehende *Bedürfnisse zu wecken*.

In einem derartigen Wettbewerbsumfeld genügt es aus Händlersicht nicht mehr, sich auf den einen oder anderen Aspekt der spezifischen Kundenansprache zu verlassen, mit dem sich das Unternehmen von den Wettbewerbern differenziert oder besondere Präferenzen bei seiner Zielgruppe erzeugt. So ist es heute nicht mehr ausreichend, wenn sich ein Warenhaus darauf verlässt, als Vollsortimenter eine möglichst große Sortimentsbreite anzubieten. Ebenso wenig erfolgsversprechend ist es, sich als Spezialanbieter in den Bereichen Textilien, Technik oder Einrichten zu positionieren, in der Meinung, mit der gebotenen Sortimentstiefe nachhaltige Kundenbindung zu erzeugen. Auch allein auf das Thema Preis zu setzen, hat seine Grenzen erreicht. Der moderne Konsument ist anspruchsvoller und vor allem vielschichtiger in seinen Bedürfnissen geworden. Dies macht deutlich, dass die Grenzen der klassischen Marktsegmentierung und damit des Target Marketing erreicht sind und neue Wege der Kundenansprache zwingend erforderlich werden.

2.3 Megatrends als Herausforderung des Marketing

Um als Handelsunternehmen erfolgreich am Markt zu agieren, ist es aber nicht nur von entscheidender Bedeutung, die aktuellen Kundenbedürfnisse zu befriedigen. Vielmehr müssen auch die zukünftigen Entwicklungen und Megatrends im Handel bereits heute in der strategischen und operativen Ausrichtung von Handelsunternehmen berücksichtigt werden. Unter Megatrends sind Veränderungen von Werten und Phänomenen oder der strukturelle Wandel in der Gesellschaft zu verstehen. Hierbei handelt es sich in der Regel jedoch nicht um zentrale Massenbewegung der Konsumentennachfrage und des Verbraucherverhaltens. Statt eines kräftigen „Grundstromes" bestehen heute in aller Regel verschiedene Megatrends nebeneinander. Um im Hyperwettbewerb langfristig bestehen zu können, ist es für Handelsunternehmen daher immer mehr von entscheidender Bedeutung, sich auf diese Vielzahl von Trends frühzeitig einzustellen, wenngleich diese auch miteinander „verzahnt" oder gegenläufig sein können.

So ist es für alle Handelsunternehmen von wesentlicher Bedeutung, dass sich die Alters-Zielgruppen in den kommenden Jahrzehnten stark verschieben werden. Die Zahl der älteren Menschen wird aufgrund höherer Lebenserwartung und rückläufiger Geburtenraten in den nächsten 50 Jahren stark wachsen. Im Jahr 2030 wird jeder zweite Deutsche über 50 Jahre und jeder dritte über 60 Jahre alt sein. Diese so genannten *Best Ager* werden entsprechend erheblich an Bedeutung und Einfluss in der zukünftigen Gesellschaft gewinnen und aufgrund ihrer immensen Kaufkraft und Konsumfreudigkeit das Wachstumsfeld der Zukunft sein. Dieses umso mehr, da sich durch die „ins Alter kommende" 68er Generation ein Wertewandel in dieser Zielgruppe vollzieht. Aus „defensiven" Senioren entwickeln sich aktive, selbstbewusste, lebenslustige und konsumfreudige „Neue Alte". Der *Wertewandel der Neuen Alten* führt zu anderen Bedürfnisstrukturen und damit zu Veränderungen des privaten Verbrauchs. Handelsunternehmen, die sich ausschließlich auf die jungen Zielgruppen konzentrieren oder aber den Wandel vom „Passiven Alten" zum „Aktiven Alten" nicht nachvollziehen, werden sich langfristig in einem rückläufigem Markt bewegen.

Ein weiterer Megatrend resultiert aus dem schon erwähnten Aspekt, dass in unserer hoch entwickelten Gesellschaft alle Primärbedürfnisse befriedigt sind. Viele Verbraucher haben die finanziellen und sozialen Möglichkeiten, höherwertigen Bedürfnissen nachzugehen. Eine Konsequenz hieraus ist, dass sich auch diesbezüglich in unserer Gesellschaft ein Wertewandel vollzieht. Soziale und altruistische Einstellungen werden durch egoistische Motive, wie dem *Streben nach Individualisierung,* Selbstverwirklichung, Prestige und Glück, abgelöst. Dieser Wertewandel hat Einfluss auf alle Bereiche des Lebens: Arbeit, Freizeit, Konsum etc. Der Einzelne lehnt Massenmarketing ab, er möchte individuell angesprochen werden und erwartet, dass ihm Handel und Dienstleister Wünsche erfüllen, Lösungen für seine Probleme oder einen anderen Mehrwert bieten. Konsequenz hieraus ist die zunehmende Fragmentierung der Märkte. Reine Massenanbieter bzw. Universalhändler werden ohne ausreichende Differenzierung zum Wettbewerb oder einen besonderen USP kaum noch Chancen haben, im Wettbewerb zu bestehen.

In gesättigten Märkten mit Konsumenten, die es sich leisten können, verstärkt nach Individualisierung zu streben, ist in den kommenden Jahren zudem eine deutliche *Polarisierung des Konsumverhaltens* zu erwarten. Der auf Bedarfsdeckung gerichtete Versorgungskonsum nimmt ab. Unabhängig von finanziellen Möglichkeiten wird eine Kaufentscheidung immer stärker über den Preis getroffen. Für darüber hinaus gehenden Erlebnis- oder Luxuskonsum, der zur individuellen Verwirklichung und Differenzierung dient, gibt derselbe Kunde zunehmend mehr Geld aus. Billig und teuer schließen sich somit nicht mehr gegenseitig aus: der Kauf beim Discounter als Kult, der Besuch einer Edelboutique als Statussymbol. Dieses Verhalten des oben schon beschriebenen „hybriden" Konsumenten wird für Handelsunternehmen immer schwerer zu berechnen. Die Grenzen der klassischen Marktsegmentierung und damit des Target Marketing sind erreicht, neue Wege der Kundenansprache werden zwingend erforderlich.

Entscheidend für die zukünftige Gewinnung und Bindung von Kunden wird für Handelsunternehmen daher die klare strategische Ausrichtung in *Discount, Erlebnis und/oder Convenience* sein. Discounter sind schon heute in allen Branchen vertreten (beispielsweise Hotel, Gastronomie, Handel) und für die günstige Bedarfsdeckung des Konsumenten zuständig. Als Gegentrend zur emotionslosen und technisierten Welt von Discount, Internet und Großkonzernen vereinigt der Erlebnishandel Emotionen in Form von Spaß und Unterhaltung. Dem Bedürfnis der Konsumenten nach Just-in-time-Befriedigung und One-Stop-Shopping wird der Conveniencehandel gerecht. Filialisierte Fachgeschäfte und Fachmärkte werden aufgrund ihrer Erlebnis- bzw. Discountorientierung eine dominante Stellung im Einzelhandel einnehmen. Der klassische Facheinzelhandel wird der große Verlierer sein.

2.4 Auf dem Weg zum Attraction Marketing

Erfolgreiche Handelskonzepte, wie sie von Ikea, H&M, Aldi oder Ebay entwickelt wurden, zeichnen sich dadurch aus, dass sie derartige Megatrends und Veränderungen in unserer Gesellschaft auch schon in der Vergangenheit erkannt und hierauf reagiert haben. Mit dem Gesamtmix aus Markenauftritt, Vertriebsweg, Sortiment, Service und Preisgestaltung sind sie Wege des Marketing gegangen, die weit über eine zielgruppengerechte Bedarfsdeckungsfunktion hinausgehen. Die genannten Unternehmen sind gerade deshalb so erfolgreich, weil sie sehr frühzeitig sich ändernde Bedürfnisse erkannt oder geweckt und dann auch befriedigt haben. Ihnen ist es hierbei vor allem gelungen, ein ganz besonderes *Kauferlebnis* zu erzeugen, das nicht nur von einer spitzen Zielgruppe als solches empfunden wird, sondern *zielgruppenübergreifend Anziehungskraft* ausübt. In Abgrenzung zu dem klassischen Target Marketing kann man dieses Erfolgsrezept von Ikea & Co. entsprechend auch als *Attraction Marketing* bezeichnen.

Um zu erklären, was Attraction Marketing im Detail ausmacht, wird im nächsten Abschnitt zunächst kurz auf die unterschiedlichen Entwicklungsphasen des Marketing in der wissenschaftlichen Literatur eingegangen. Hierbei soll deutlich gemacht werden, dass die modernen Ansätze der Marketingstrategie noch keine ausreichenden Antworten auf die oben beschriebene Situation gesättigter Märkte mit zunehmend unberechenbareren Konsumenten und Veränderungen durch Megatrends im Handel geben können. Wenn es gelingt, das Besondere am Attraction Marketing als Erweiterung des Target Marketing zu beschreiben, könnte hierdurch ein Erklärungsansatz für das Marketing-Erfolgsrezept von Ikea & Co. entwickelt werden.

3. Erklärungsansätze für Unternehmenserfolg in der Marketingtheorie

Die bisherige und zukünftige Marktentwicklung und die damit einhergehende Wandlung und Aufwertung des Marketing zu einer unternehmerischen Funktion ist in der betriebswirtschaftlichen Theorie stets durch die Entwicklung von Marketingstrategieansätzen begleitet worden. Diese hatten das Ziel, die am Markt beobachteten Phänomene sowohl zu beschreiben als auch hieraus konkrete Handlungsempfehlungen für die Praxis abzuleiten. So versuchten in den 50er, 60er und 70er Jahren verschiedene Ansätze, zunächst Hilfestellungen bei dem effizienten Einsatz knapper Ressourcen, für optimale Wachstumspfade in einer aufblühenden Wirtschaft oder bei zunehmendem Wettbewerb zu geben. Bis in die 90er Jahre dominierten dann Erklärungsansätze, die in gesättigten Märkten Strategien einer differenzierten Marktpositionierung oder der Fokussierung auf Kernkompetenzen in den Mittelpunkt ihrer Überlegungen stellten.

Alle diese Ansätze für das strategische Marketing von Unternehmen haben gemeinsam, dass sie aufzeigen, wie richtige Antworten auf isolierte Fragestellungen in einem sich ändernden Marktumfeld gegeben werden können. Sie hatten in den verschiedenen Phasen der Marktentwicklung seit den 50er Jahren somit großen Anteil am Verständnis für das erfolgreiche Führen von Unternehmen. Diese Leistung gelingt ihnen in dem beschriebenen Wettbewerbsumfeld seit Beginn der 90er Jahre jedoch immer weniger. Ursache hierfür ist, dass sie als so genannte *Partialansätze* nur Teilaspekte der immer komplexer werdenden Wirkungszusammenhänge von Angebot und Nachfrage in reifen Märkten mit hoher Wettbewerbsintensität, gesättigten Bedürfnissen und nur noch geringem Wirtschaftswachstum betrachten.

Die heute in Theorie und Praxis zur Formulierung von konkreten Handlungsempfehlungen für den Markteintritt, die Marktbearbeitung, die Zielgruppenausrichtung usw. angewandten *Integrativen Ansätze* versuchen entsprechend, die gegebene Komplexität durch möglichst viele Einzelaspekte zu erfassen und in einem Modell abzubilden. Sie stellen verschiedenen Leistungsparametern von Unternehmen unterschiedliche Wettbewerbssituationen gegenüber und leiten hieraus Handlungsempfehlungen für unterschiedliche Entscheidungssituationen ab.

Zur Verdeutlichung der Wirkungszusammenhänge Integrativer Ansätze der Marketingstrategie sei hier auf ein einfaches Erklärungsmodell von Meffert (1997, S. 227 ff.) verwiesen. Meffert zeigt auf, welche Optionen sich für Unternehmen mit starker oder schwacher Wettbewerbsstellung in einem stagnierenden oder schrumpfenden Markt ergeben (vgl. Abb. 2). Aus der Gegenüberstellung „relativ günstiger" und „relativ ungünstiger" Marktbedingungen einerseits und zwei alternativen Wettbewerbsstärken andererseits resultieren vier alternative Marktbearbeitungsstrategien.

Als strategische Empfehlung für ein Unternehmen mit relativer Marktstärke in ungünstigen Marktbedingungen wird die „Differenzierte Marktführerschaft" abgeleitet. Diese wird im Sinne des Target Marketing durch eine Spezialisierung auf bestimmte Marktsegmente (Segmentierung nach Leistungen oder Zielgruppen), eine hohe Differenzierung gegenüber den Wettbewerbern und dem Aufbau einer starken Store Brand gekennzeichnet.

Mit einem derartigen Erklärungsansatz kann zumindest teilweise erklärt werden, warum Unternehmen wie Ikea, H&M, Aldi oder Ebay so erfolgreich sind. Diese Unternehmen haben sich auf ein spezielles Marktsegment konzentriert und hier eine klare Segmentierung hinsichtlich ihres Leistungsangebotes und/oder der Ausrichtung auf eine Zielgruppe vorgenommen (Ikea = Modernes Einrichten; H&M = Junge Mode; Aldi = Preiswerte Lebensmittel; Ebay = Versteigerung von Second-Hand-Artikeln im Bereich C2C). Die hiermit angestrebte Differenzierung gegenüber dem Wettbewerb wird durch einen starken Medienauftritt mit hohem Werbeetat erzielt. Dies geht wiederum einher mit einer konsequenten Führung der Store Brand. Alle kommunikative Maßnahmen sind allein auf das Image der Store Brand ausgerichtet und haben neben einer enormen Bekanntheit auch zu sehr hohen Sympathiewerten und damit zu einer „Top-of-Mind"-Position in den Köpfen der Konsumenten geführt.

Marktsituation / Geschäftsbereiche	Relativ günstige Marktbedingungen	Relativ ungünstige Marktbedingungen
Relativ hohe Wettbewerbsstärke	Qualitätsführerschaft bei starker Segmentierung	Differenzierte Markführerschaftsstrategie
Relativ geringe Wettbewerbsstärke	Herausragendes Preis-Leistungs-Verhältnis bei hoher Qualität	Kundennähe durch starke Serviceorientierung bei günstigem Preis-Leistungs-Verhältnis

Differenzierte Marktführerschaftsstrategie bedeutet ...
- **eine intensive Bearbeitung aller Marktsegmente, in denen eine relativ hohe Wettbewerbsstärke besteht (=Segmentierung)**. Marktsegmente können dabei nach „Leistungen" und/oder Zielgruppen abgegrenzt werden.
- Die angebotenen „Leistungen" müssen sich **gegenüber den Leistungen der Wettbewerber klar abgrenzen (= Differenzierung)**.
- Die segmentspezifische und differenzierte **Bearbeitung des Zielmarktes** muss auf den Markenwerten der **Dachmarke** basieren.

Abb. 2: Integrativer Erklärungsansatz von Meffert

Was mit dem Integrativen Ansatz aber nicht erklärt werden kann, ist die Frage, warum es diesen Unternehmen gelingt, ihren Erfolg in einem Markt zu erzielen, der durch den oben schon beschriebenen hybriden Konsumenten geprägt ist. Denn dieser zeichnet sich gerade dadurch aus, dass er unberechenbar in seinem Konsumverhalten ist und sich nur schwer nachhaltig von einer speziellen Marke oder einem speziellen Anbieter begeistern lässt. Was ist es, was diese Unternehmen von anderen weniger erfolgreichen Unternehmen unterscheidet? Warum gelingt es ihnen besser als anderen Unternehmen, Bedürfnisse nicht nur in einer engen Zielgruppe, sondern zielgruppenübergreifend beim Konsumenten zu wecken, die weit über den essenziellen Bedarf hinausgehen? Was ist die Ursache dafür, dass der Kunde in den genannten Unternehmen den Kauf nicht auf einen lästigen Kaufakt reduziert, sondern ein Kauferlebnis empfindet? Was sind konkret die Handlungsebenen, über die der Konsument angesprochen werden muss, um im Sinne des Attraction Marketing, eine Anziehungskraft auf ihn auszuüben?

Die Antwort auf diese Fragen kann aus theoretischer Sicht auch mit Hilfe Integrativer Ansätze der Marketingstrategie noch nicht gegeben werden. Denn das gemeinsame Erfolgsrezept der genannten Unternehmen beruht auf der Erkenntnis, dass der heutige Konsument sich eben nicht mehr durch einfache oder auch integrierte Zielgruppenmodelle abbilden lässt. Dies haben Ikea & Co. erkannt und das klassische Zielgruppenmarketing – bewusst oder unbewusst – für ihre eigenen Ziele weiterentwickelt. Ihr Erfolgsrezept basiert darauf, dass durch den jeweils sehr individuellen und auf allen Ebenen der Kundenkommunikation vernetzte Einsatz von Marketinginstrumenten eine Anziehungskraft ausgeübt wird, die zielgruppenübergreifend wirkt. Die hierbei wirkenden Kausalitäten sind aber weitgehend noch nicht verstanden und entsprechend auch nicht in vorhandenen Strategieansätzen in der wissenschaftlichen Literatur abgebildet.

Im Folgenden wird erklärt, worauf der Erfolg der genannten Unternehmen zurückzuführen ist. Zunächst werden eher theoretisch die Handlungsebenen aufgezeigt, die vernetzt eine Anziehungskraft auf die Konsumenten ausüben. Anschließend übertragen wir dieses Modell auf Ikea, H&M, Aldi und Ebay.

4. Die Handlungsebenen des Attraction Marketing

Im Sinne des Integrativen Ansatzes ist es für Handelsunternehmen zukünftig weiterhin entscheidend, eine eindeutige Differenzierung gegenüber den Wettbewerbern zu erreichen. Sie bildet die Basis für ein erfolgreiches Attraction Marketing. Ein wesentlicher Megatrend bei den Konsumenten, der eine elementare Grundlage zur Differenzierung bietet, ist die in den kommenden Jahren deutliche Polarisierung des Konsumverhaltens (siehe Kapitel 2.3).

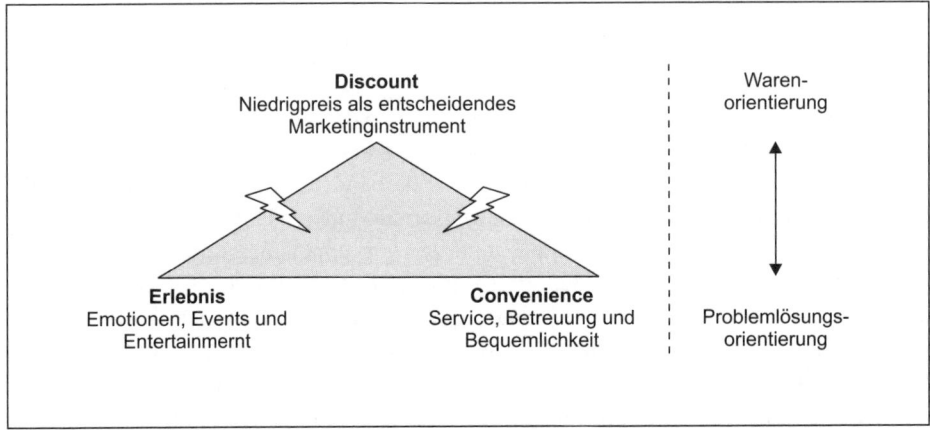

Abb. 3: Die strategischen Pole Discount, Erlebnis und Convenience

Durch die strategische Ausrichtung in Discount, Erlebnis und/oder Convenience wird es bei vielen Handelsunternehmen zu einer Erweiterung bzw. Änderung ihres Target Marketing kommen müssen. Die ausschließliche Konzentration auf spitze soziodemographische Zielgruppen und das Ziel der Abdeckung ihres kompletten Bedarfs durch das Handelsunternehmen wird zukünftig nicht mehr ausreichen, um den hybriden Bedürfnissen der Kunden gerecht zu werden. Vielmehr müssen Handelsunternehmen ihr Target Marketing in Richtung psychographischer Kunden- bzw. Lebenstiltypen weiterentwickeln, um somit kundenübergreifend Anziehungskraft auf Basis einer der strategischen Pole (d. h. Discount, Erlebnis und/oder Convenience) zu erzeugen (vgl. Abb. 3).

Die klare Ausrichtung an einem der strategischen Pole erklärt aber noch nicht allein den Erfolg von Ikea, H&M und Aldi und damit Attraction Marketing. Vielmehr muss durch die Schaffung neuer bzw. Entdeckung bislang unbefriedigter Motivationslagen/Kundenbedürfnisse innerhalb der strategischen Pole eine starke Anziehungskraft geschaffen werden. Grundlage für den Erfolg bieten somit besondere Mehrwerte bzw. differenzierende Leistungen gegenüber dem Wettbewerb, die diese Unternehmen bereits sehr frühzeitig ihren Kunden angeboten haben. Diese können beispielsweise vereinfachte Kaufvorgänge (vgl. Media Markt), günstigere Preise (vgl. Aldi) oder ein hochmodisches und preislich attraktives Angebot (vgl. H&M) sein. Auf Basis dieser Mehrwerte gelingt es den Unternehmen, ein ganzheitliches (Marken-)Bild und ein eindeutiges Image bei dem Kunden zu erzeugen.

Von entscheidender Bedeutung für den Erfolg ist dabei, dass eine starke Anziehungskraft nicht auf Basis einzelner Maßnahmen erzielt werden kann, sondern nur durch die ganzheitliche Ansprache und Befriedigung von Kundenwünschen. Erfolgreiche Handelsunternehmen zeichnen sich dabei durch die besonders starke, kundenorientierte, innovative und ganzheitliche Kombination von Marketingmaßnahmen auf den drei Handlungsebenen Marke, Kaufstätte und Sortiment aus. Häufig versuchen Wettbewerber, diese Ansätze zu kopieren, sie sind jedoch nur bedingt erfolgreich, da sie sich oftmals nur auf eine Ebene bzw. Einzelmaßnahmen konzentrieren oder als „follower" lediglich kopieren und damit keine Differenzierung entwickeln.

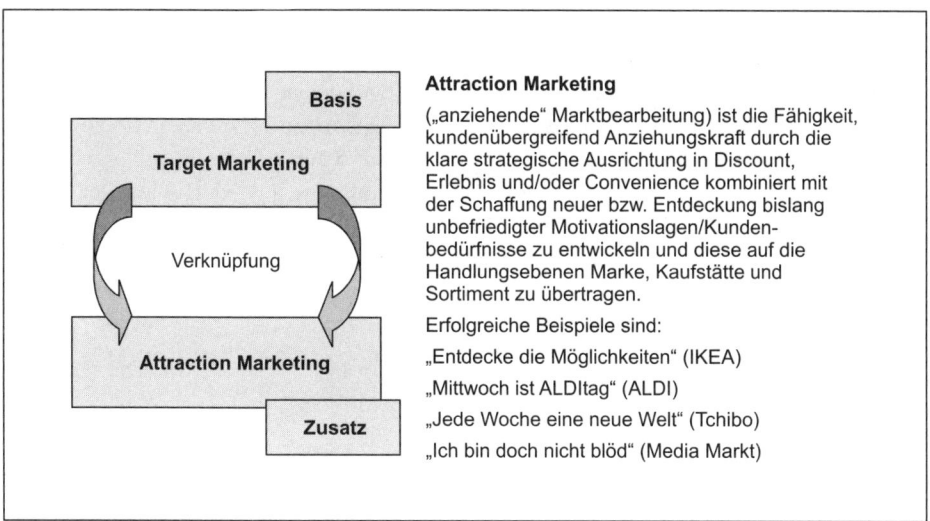

Abb. 4: *Target Marketing ist das Fundament für Attraction Marketing*

4.1 Marke

Einen wesentlichen Beitrag zur Schaffung von Attraktivität beim Kunden liefert die Marke. Eine Händlermarke (im Sinne von Store Brand) ist dann attraktiv, wenn sie dem Kunden Wiedererkennung, Orientierung, Vertrauen, Identität, Wertschätzung bietet und seine vielschichtigen Bedürfnisse befriedigt. Sie fungiert als Spiegelbild der realen bzw. gewünschten Welt des Konsumenten. Die Marke verkörpert die Kernvorteile der Unternehmensleistung für den Konsumenten. Dabei muss sie sich nach dem Prinzip des „survival of the fittest" gegenüber anderen Marken im „relevant set" des Konsumenten durchsetzen, sie muss „die Hügel in den Köpfen der Verbraucher besetzen".

Dies erfordert die Entwicklung eines klaren Markenprofils, die Stärkung der eigenen Stärken, die Schaffung differenzierender Mehrwerte und Kontinuität in der Markenführung. Handelsunternehmen wie beispielsweise H&M oder Ikea haben sich frühzeitig als Markenunternehmen verstanden und konkurrieren daher inzwischen mit Herstellermarken in der Gunst der Kunden. Durch klare Markenwerte und zentrale Markenbotschaften erreichen sie beim Kunden hohe Bekanntheits- und Sympathiewerte. Grundlage für diesen Erfolg bildet dabei eine intensive mediale Kommunikation über hohe Mediabudgets. Viel entscheidender ist aber, dass es gelingt, die Markenwerte und Leistungsversprechen konsistent und glaubwürdig über alle Instrumente des Marketing-Mix (beispielsweise Sortiment, Preis, Service) zu transportieren, so dass dem Kunden ein ganzheitliches, in sich stimmiges Bild der Händlermarke vermittelt wird.

Genau in diesem Punkt unterscheiden sich die genannten Unternehmen von vielen Wettbewerbern. Auch diese investieren heute aufgrund des hohen Wettbewerbsdrucks im Handel verstärkt in Mediawerbung. Es gelingt ihnen aber nicht, die für eine konsistente Markenführung notwendige Harmonie bzw. Identität zwischen Markenwerten und dem realen Kundenerlebnis auf Kaufstätten- und Sortimentsebene aufzubauen. So kommt es häufig zum Bruch in der Wahrnehmung der Kunden, wenn dieser die entsprechenden Kaufstätten aufsucht und das kommunizierte Markenbild nicht wiederfindet. Der Schritt vom Target Marketing zum Attraction Marketing kann daher nur gelingen, wenn alle kunden-, markt- und auch mitarbeiterorientierten Aktivitäten an den zentralen Markenwerten ausgerichtet werden.

4.2 Kaufstätte

Eine zentrale Rolle bei der Umsetzung der Markenwerte im Sinne des Attraction Marketing spielt die Gestaltung der Kaufstätten bzw. Kaufreviere (vgl. Beitrag von Ziems in diesem Buch). Grundsätzlich erfüllen Kaufstätten die Bedürfnisse, Kaufmotive und Wünsche ein und desselben Konsumenten auf sehr unterschiedliche Weise. So verbindet der Kunde z. B. mit dem Kauf in einer Shopping Mall (vgl. Centro Oberhausen, Alstertal Einkaufszentrum Hamburg, Main-Taunus-Zentrum) eher das Bedürfnis nach Inspiration, Schwelgen im Konsumrausch und ansatzweise auch Luxus- und Erlebniskauf. Beim Kauf im Distanzhandel bzw. Home Shopping stehen eher Motive wie z. B. Kontrolle über den Einkaufsprozess (unter anderem Vergleichbarkeit der Angebote, Preistransparenz, Retourenmöglichkeit) und Bequemlichkeit im Vordergrund. Der Kauf bei Fachmärkten wird wiederum eher durch Motive wie Angebotsbreite/-tiefe und attraktive Preise gefördert.

Entscheidend ist daher, dass sich jedes Handelsunternehmen über die besonderen Eigenschaften seines Kaufreviers bewusst ist und seine Kaufstätte entsprechend an den besonderen Einkaufsmotiven der Kunden ausrichtet. Wesentliche Gestaltungselemente der Kaufstätte sind dabei die Lage, die Größe, die Art der Warenpräsentation und die Flächen- bzw. Ladengestaltung. So sind im Distanzhandel Bequemlichkeit, Zeitersparnis, Verfügbarkeit der Angebote (24/7 = 24 Stunden an sieben Tagen), Angebots- und Preistransparenz, Kauf ohne Druck und Risiko und die eher anonyme Ratenzahlung die wesentlichen Kaufmotive. Entsprechend sind diese Themen bei allen Gestaltungselementen zu berücksichtigen, z. B. in Katalogen durch Vergleichstabellen, Servicehinweise, Kredittabellen und Lieferwunschtermine.

Eine besondere Anziehungskraft üben Kaufstätten auch dann aus, wenn sie bisher unbefriedigte Kaufmotive durch eine neuartige Gestaltung der Kaufstätte abdecken. So befriedigen z. B. große Fachmärkte im Bereich Technik (vgl. Media Markt und Saturn) das Bedürfnis nach einem schnellen und unkomplizierten Einkauf. Mit ihrer Kaufstättengestaltung und Warenpräsentation sowie einer klaren Marken- und Preisorientierung treffen sie in einer Zeit permanent empfundenen Zeitmangels scheinbar eher die Bedürfnisse einer großen, zielgruppenübergreifenden Kundschaft als die kleineren, stärker auf Beratung und höherpreisige Angebote ausgerichteten klassischen Fachgeschäfte. Die Fachmärkte haben damit zu deren Niedergang einen wesentlichen Beitrag geleistet.

4.3 Sortiment

Für den Erfolg eines Handelsunternehmens im Sinne des Attraction Marketing ist es wichtig, in Bezug auf die Marken- und Kaufstättenebene einen geschlossenen und damit glaubhaften Auftritt zu haben. Dieses allein löst aber noch nicht Begeisterung beim Kunden und den damit angestrebten Kaufakt sowie nachhaltige Kundenbindung aus, wenn nicht auch die Verbindung auf die Sortimentsebene gelingt. Im angebotenen Sortiment muss sich die kommunizierte Markenpositionierung widerspiegeln und eine nachvollziehbare und damit glaubhafte Verbindung zur Kaufstätte hergestellt werden. Häufig neigen Handelsunternehmen dazu, innerhalb ihrer Sortimente keine klare Linie bzw. Ausrichtung zu besitzen, und erzeugen damit Brüche im Markenbild des Kunden.

Insbesondere Universalhändler und traditionelle Händler tendieren dazu, Sortimente aufgrund der damit (noch) kurzfristig verbundenen Umsätze anzubieten, wenngleich diese langfristig im Sinne der Differenzierung kaum noch passfähig zur Marke bzw. Kaufstätte sind. Als Beispiel kann hier das Sortiment Einrichten in Kaufhäusern aufgeführt werden. Als von den Konsumenten präferierte Kaufstätte für Möbel und Dekoration haben sich Möbelspezialisten auf der grünen Wiese durchgesetzt (Ikea, Dodenhof usw.).

Um ihrem Anspruch als Universalist gerecht zu werden, wird dieses Sortiment von Kaufhäusern jedoch weiter angeboten bzw. nur langsam reduziert. Es wird auch nicht der alternative Weg gegangen, sich auf bestimme (Lebens-)Stilrichtungen zu konzentrieren, der Kunde wird vielmehr mit einer breiten Stilvielfalt konfrontiert, die eine eher abschreckende Wirkung besitzt. Bei dem erfolgreichsten Unternehmen der Möbelbranche Ikea findet der Kunde hingegen eine klare Ausrichtung auf bestimmte Sortimente und Stilrichtungen, die zielgruppenübergreifend eine breite Akzeptanz finden und noch genügend Spielraum für individuelle Entfaltung bieten. Gerade hierin wird deutlich, dass Attraction Marketing durch eine Weiterentwicklung des Target Marketing gekennzeichnet ist (vgl. Abb. 5).

Marke	▪ Definition und Schaffung von Mehrwerten für den Kunden und Differenzierung gegenüber dem Wettbewerb ▪ Erzeugung eines stimmigen Marken-Gesamtbildes bei den Kunden und Übertragung auf die Kaufstätten- und Sortimentsebene ▪ Verankerung in den Köpfen durch kommunikative Präsenz
Kaufstätte	▪ Identifikation der spezifischen Kaufmotive der Kunden in der Kaufstätte bzw. im Kaufrevier ▪ Konsequente und ganzheitliche Ausrichtung der Kaufstättengestaltung an den Kundenbedürfnissen ▪ Nutzung neuer Kaufreviere zur Deckung unbefriedigter Bedürfnisse bzw. zur Erzeugung neuer Bedürfnisse
Sortiment	▪ Ausrichtung und Konzentration auf bestimmte Sortimente bzw. (Lebens-)Stilrichtungen mit Passfähigkeit zur Marke ▪ Profilierung und Differenzierung über Fremd- und/oder Eigenmarken ▪ Erzeugung von Sogeffekten durch Angebot von Killer-Produkten

Abb. 5: Die Handlungsebenen des Attraction Marketing

Weiterhin ist entscheidend, ob der Händler in der Lage ist, seinen Kunden ein attraktives Sortiment in der erforderlichen Breite und Tiefe zu einem guten Preis-Leistungs-Verhältnis anzubieten. Oftmals ist dabei nicht die absolute Anzahl der angebotenen Artikel entscheidend, sondern vielmehr das Angebot der für die Kunden passenden Artikel. So konzentrieren sich erfolgreiche Handelsunternehmen wie Aldi, H&M oder Ikea häufig auf einzelne bzw. wenige Artikel, die zum richtigen Zeitpunkt die entsprechenden Kundenbedürfnisse decken bzw. wecken. Insbesondere Killer-Produkte, d. h. Produkte, die sich durch ein besonderes Preis-Leistungs-Verhältnis in Verbindung mit einer innovativen bzw. trendigen Ausstattung auszeichnen (beispielsweise PDA mit Navigationssystem), erzeugen bei den Kunden eine hohe Begeisterung und führen zu intensiver Mund-Propaganda. Durch Begrenzung der verfügbaren Artikelanzahl und intensive mediale Kommunikation kann der Sogeffekt, den das Handelsunternehmen über Killer-Produkte erzielt, noch verstärkt werden, und zahlt letztlich wieder auf die Händlermarke ein.

Zusammenfassend kann festgehalten werden, dass der Erfolg von Attraction Marketing nicht nur die exzellente Bearbeitung einzelner Marketing-Mix-Elemente bzw. Ebenen erfordert, sondern es müssen die Ebenen Marke, Kaufstätte und Sortiment eng miteinander verbunden werden. Nur so kann eine allumfassende Anziehungskraft auf den Kunden erreicht werden.

5. Ikea & Co. – Praxisbeispiele für erfolgreiches Attraction Marketing

Anhand der erfolgreichsten Handelsunternehmen des letzten Jahrzehnts in Deutschland und Europa wird nachfolgend aufgezeigt, durch was sich Attraction Marketing in der Realität auszeichnet. Die ausgewählten Beispiele bewegen sich jeweils in unterschiedlichen Marktsegmenten, was das angebotene Sortiment, die Preislage oder den Vertriebskanal betrifft. Hierdurch wird deutlich, dass es nicht diesbezügliche Gemeinsamkeiten sind, die Ursache für den unternehmerischen Erfolg sind. Es sind vielmehr über die klassischen Marketinginstrumente hinausgehende, eher auf der emotionalen Ebene der Konsumenten liegende Aspekte, die den Unterschied zu Unternehmen auszeichnen, die sich bisher ausschließlich der klassischen Instrumente des reinen Zielgruppen- oder Target Marketing bedienen.

Ikea

Das Jahr 2002 war das dritte Jahr in Folge, in dem der deutsche Möbelmarkt zweistellige Umsatzrückgänge hinzunehmen hatte. Die einzige Kurve, die in diesem Sortimentsbereich nach oben zeigte, war die Insolvenzrate der Möbelanbieter. Fels in der Brandung mit ungebremstem Expansionsdrang, auch flächenbereinigten Umsatzzuwächsen und steigenden Gewinnen ist das schwedische Möbelhaus Ikea. Wie oben schon einmal angeführt, ist und bleibt das Einkaufen bei Ikea ein Phänomen. Vielleicht trifft der Begriff des „Einkaufserlebnisses" hier besser und ist damit auch schon Teilantwort auf die Frage, was Attraction Marketing bei Ikea ausmacht. Die strategische Ausrichtung von Ikea in Richtung Erlebnis wird durch Convenience ergänzt. Zwar müssen die Kunden die Ware selber aus den Regalen nehmen und nach Hause transportieren, allerdings war Ikea in der Möbelbranche lange Zeit der einzige Anbieter, bei dem der Kunde die Ware sofort erhielt.

Die Marke Ikea steht sei seit eh und je für ein unvergleichliches Kauferlebnis in verschiedenen Wohnwelten. Das Motto: „Entdecke die Möglichkeiten" wird von dem Unternehmen seit Jahren gelebt und von seinen Kunden verstanden. Waren es Anfang der 80er Jahre noch die Studentenwohnungen, die es auf unterschiedlichste Weise kreativ, pragmatisch und günstig auszustatten galt, so ist Ikea inzwischen mit seinen Kunden erwachsen geworden und deckt eine weitaus größere Zielgruppe mit veränderten Bedürfnissen ab. Das Verständnis für die *Marke* ist über alle Zielgruppen hinweg gleich: hier deckt der Kunde nicht nur seinen Bedarf, sondern entdeckt Anregungen, Inspiration und Innovationen, die in ihm das Bedürfnis für Veränderung in kleinen und großen Schritten wecken. Diesen Anspruch an sich selbst hält Ikea in seinem Markenauftritt über Print, Radio, TV und Direktmarketingmaßnahmen konsequent durch und – was vielleicht noch wichtiger ist – entwickelt diesen evolutionär weiter. So ist der neue Claim: „Wohnst du noch oder lebst du schon?" eine Steigerung des oben genannten Mottos: „Entdecke die Möglichkeiten" und damit die Formulierung eines Anspruches an seine Kunden, sich selbst weiter zu entwickeln. Allein schon diese rhetorische Frage hat anziehende Wirkung auf jeden Konsumenten, egal welcher klassisch definierten Zielgruppe er angehört.

Die sich in dem Kauferlebnis ausdrückende Attraktivität von Ikea zeigt sich auch auf der Ebene der *Kaufstätte*. Von der Betriebsform her ist Ikea ein Großflächenanbieter auf der grünen Wiese. Ein Vorteil gegenüber anderen Stationäranbietern hierbei ist die große Anzahl von Parkplätzen. Entscheidend ist aber die Inszenierung der Angebote. Der Kunde wird über einen vorgegebenen Weg durch das Gesamtangebot geführt und hierbei anhand einer Vielzahl unterschiedlicher Wohnwelten angeregt und inspiriert. Voll von neuen, gesuchten und unerwarteten Eindrücken kann er sich dann zunächst im Restaurant bei schwedischen „Kott Bullars" oder „Lachs" erholen oder aber das Gesehene in den Selbstbedienungsregalen sofort in Besitz nehmen. War das Gesuchte nicht zu finden, gibt es auf den letzten 50 Metern vor den Kassen dann immerhin noch die Chance auf Kompensationskäufe.

Abgerundet wird das Kauferlebnis damit, dass nach der Bezahlung, z. B. beim Warten auf die gleich mitzunehmenden Möbel, immer noch ausreichend Geld vorhanden ist, um sich einen Hot Dog, ein Eis oder eine andere Süßigkeit zu kaufen. Und selbst hier hat der Käufer noch sein ganz besonderes Kauferlebnis, indem er seinen Hot Dog nach eigener Vorliebe mit Ketchup, Senf, Remoulade, Gurken oder Röstzwiebeln selber zusammenstellen kann.

Bei dem Versuch, das Anziehende der Kaufstätte Ikea herauszustellen, ist der fließende Übergang zu dem Besonderen auf *Sortimentsseite* vollzogen. Ikea bietet eben nicht nur Möbel, sondern auch den kurzen kulinarischen Genuss für zwischendurch und hinterher. Entscheidend ist aber sicherlich das sehr breite, vielfältige und damit zielgruppenübergreifende Angebot an Möbeln. Von Basisartikeln zur Bedarfsdeckung im Wohn-, Kinder- oder Schlafzimmer, über die praktische Einrichtung für Küche und Keller bis hin zur kostengünstigen, aber trotzdem innovativen Einrichtung für das Home Office bleibt nahezu kein Einrichtungsbereich unberücksichtigt. Der Konsument kann sich darauf verlassen, dass das Grundangebot des Katalogs mit einjähriger Laufzeit jederzeit angeboten wird. Aufgrund der vielen unterjährigen Sortimentswechsel hat er aber auch Gewissheit darüber, immer wieder Neues und Anregendes zu entdecken. Darüber hinaus bietet Ikea in jeder Warengruppe mindestens einen Killer-Artikel an, mit dem unter anderem die Preiswürdigkeit betont wird.

Zusammengenommen ist das Konzept Ikea deutlich mehr als nur eine gelungene Ausrichtung auf eine fokussierte Zielgruppe. Ikea gelingt es seit Jahren, über die Grenzen eng definierter Zielgruppen hinaus eine Anziehungskraft auszuüben, die von den drei Ebenen Marke, Kaufstätte und Sortiment gleichermaßen ausgeübt wird und damit potenzierend wirkt.

H&M

Hinsichtlich seiner Wachstums- und Expansionsraten kann H&M mit Ikea gut mithalten. Ursache für diesen Erfolg ist aber nicht Schweden als gleiches Herkunftsland der Gründer beider Unternehmen. Vielmehr kann der Erfolg von H&M mit ähnlichen Erfolgsfaktoren im Sinne des Attraction Marketing begründet werden.

Auch H&M ist ein Handelsunternehmen, das sich von Anfang an auf eine konsequente und konsistente Führung seiner Dachmarke/Store Brand konzentriert hat. Genau genommen führt H&M analog Ikea nur diese eine *Marke*. Die auf Produktebene eingesetzten Eigenmarken wie L.O.G.G., Conwell, und BiB sind nicht viel mehr als einfache Unterscheidungskriterien im Sinne eines Labels. Die Funktionen, die eine Marke für den Kunden übernehmen soll (Orientierung, Qualitätssignal, Wiedererkennung usw.) werden hier von der Store Brand übernommen. Und die steht aus Sicht der Kunden für die Sicherheit, mit einem Kauf bei H&M auf jeden Fall etwas Modisches zu einem sehr günstigen Preis zu erwerben. Und auch dieses Markenimage greift nicht allein bei einer jungen und mit wenig Geld ausgestatteten Zielgruppe. Bei H&M kauft auch die besser situierte Frau zwischen Mitte Dreißig und Ende Vierzig für sich, den Partner oder die Kinder ein. Dies ist das Ergebnis einer konsequenten Markenführung mit hoher Wiedererkennung und z. B. dem Einsatz von zielgruppenübergreifend akzeptierten Modells wie Claudia Schiffer, Heidi Klum oder Naomi Campbell.

Bei der Ansprache einer breiten Zielgruppe spielt auch hier das Besondere der *Kaufstätte* H&M eine Rolle. H&M ist nicht darauf ausgerichtet, den Grundbedarf an textiler Kleidung abzudecken. Ziel ist es vielmehr, den spontanen Kaufakt durch Inspiration und Innovation in Kombination mit günstigen Preisen auszulösen. Hierfür werden fast ausschließlich 1a-Lagen in den Zentren von Groß- und Mittelstädten mit hoher Frequenz belegt. Mit dieser Kombination wird idealtypisch die Motiv- und Stimmungslage beim Einkaufen in der City getroffen und so ein Einkaufserlebnis auf ganz besondere Art erzeugt. Da stört es den Konsumenten wenig, dass es in den Läden immer ein wenig zu eng, zu voll und hierdurch leicht chaotisch wirkt. Auch das gehört zu dem Kauferlebnis bei H&M dazu. Hier fühlt sich nicht nur der junge Kunde wohl, sondern auch die ältere Kundin jung.

Marke und Kaufstätte wäre bei H&M aber nur die Hälfte wert, wenn diese nicht durch das *Sortiment* getragen würden. Analog der Sortimentierung bei Ikea weiß auch hier der Konsument, dass sowohl der tägliche Bedarf z. B., an weißen T-Shirts oder schwarzen Socken, gedeckt als auch das Bedürfnis nach trendigen Farben und Styles befriedigt wird. Letzteres wird dadurch erzeugt, dass das Angebot modischer Ware alle sechs bis acht Wochen komplett ausgetauscht wird. Durch die Konzentration auf einige wenige Modetrends innerhalb dieser kurzen Zeiträume bietet H&M dem Kunden zudem auf ganz besondere Weise einen Service: Die Qual einer zu großen Auswahl bleibt erspart. Und das bei der Sicherheit, dass die Modetrends von H&M auch wirkliche Trends sind. Denn H&M setzt Trends. In der Summe löst dieses Angebot in einer sehr breiten Zielgruppe Anziehungskraft aus und macht einen Besuch bei H&M immer wieder attraktiv.

Ebay

Als drittes Beispiel für gelebtes Attraction Marketing kann Ebay angeführt werden. Ebay ist im Vergleich zu den vorgenannten Unternehmen das mit Abstand jüngste Erfolgskonzept. Ebay ist neben Amazon das einzige Kind des E-Commerce-Booms, das durch die Umsetzung seines Geschäftsmodells eine unglaublich hohe Anzahl von sehr unterschiedlichen Kunden anziehen und binden kann und hierdurch sehr früh nachhaltige Gewinne erzielt hat.

Die *Marke Ebay* steht heute für ein in seiner Ausprägung so vorher nicht bekanntes Kauferlebnis. Ebay ist Synonym für aufregende Kaufakte und unschlagbare Sortimentsvielfalt. Das schon Jahrhunderte alte Auktionsprinzip wurde mit seinem etwas verstaubten Image perfekt auf das Vertriebsmedium Internet übertragen, auf niedrigpreisige Produkte angewendet und so über alle Zielgruppen hinweg hoffähig gemacht. Durch die im Vergleich zum Kauf im Stationär- oder Distanzhandel gänzlich andersartige Kaufsituation wird ein deutlich höheres Involvement des Käufers erzeugt. Er allein bestimmt die eigene Preisbereitschaft und damit den Erfolg beim Kauf. Gelingt der Kauf, erzeugt dieses durch das Gefühl, nicht gekauft, sondern etwas gewonnen zu haben, nachhaltige Freude und positive Erinnerung an die Kaufstätte. Und allein die Marke Ebay steht für dieses Erlebnis. Denn die Ware oder der eigentliche Verkäufer tritt in den Hintergrund des Geschehens. Gelingt der Kauf nicht, färbt dies hingegen nicht negativ auf Ebay ab, sondern die „Schuld" an dem entgangenen Objekt der Begierde wird bei sich selbst gesehen. Denn man hat ja einen nicht ausreichend hohen Preis geboten oder sich nicht geschickt genug angestellt. Dies wiederum ist Anreiz genug, es ein weiteres Mal zu probieren, um dann einen besseren Erfolg zu erzielen.

Neben der perfekten Übertragung des Auktionsprinzips ins Internet ist ein weiteres Erfolgsgeheimnis der Kaufstätte Ebay dessen hoher Convenience-Charakter. Die extrem große Anzahl angebotener Produkte ist sehr übersichtlich sortiert, wird regelmäßig bei veränderter Angebotslage nach neuen Überpunkten kategorisiert und ist über intelligente und einfach zu verstehende Suchmaschinen leicht zu durchforsten. Alle Funktionen zum Anmelden, Kauf, Verkauf, Beobachten, Beurteilen usw. sind übersichtlich dargestellt und verständlich erklärt. Insofern wird es dem Nutzer leicht gemacht, zu dieser Kaufstätte immer wieder zurückzukehren, um mit viel Spaß an der Sache zu suchen, zu finden, zu bieten und zu kaufen bzw. zu gewinnen. Die weltweit durchschnittlich angebotenen 12 Millionen Produkte (von der Musik-CD bis zum Flugzeug) und aktuell 75 Millionen registrierten Kunden sind Beweis dafür, dass der Erfolg von Ebay nicht das Ergebnis eines auf eine eng definierte Zielgruppe ausgerichteten Geschäftskonzepts ist, sondern im hohen Maße zielgruppenübergreifend Anziehungskraft ausübt.

Aldi

Als letztes Beispiel für Attraction Marketing wird hier der Discounter Aldi angeführt. Auf den ersten Blick fällt es schwer, hinter dem Erfolgskonzept von Aldi mehr als nur die Umsetzung einer perfekten Niedrigpreisstrategie zu sehen. Aldi ist aber deutlich mehr als nur billig. Denn billig sind in einem sich zunehmend nach Discount und Luxus polarisierenden Markt viele Unternehmen. Aber Aldi schafft es, Kunden zu mobilisieren, die in ihrer soziodemographischen und sozioökonomischen Zusammenstellung nicht breiter gefasst werden könnten.

Eine Ursache hierfür ist erneut das schon über Jahre hinweg konsequent und glaubhaft geführte Markendach. Aldi steht für unschlagbare Preise bei ausgezeichneter Qualität. Die Marke steht auch für die Sicherheit, mit einem Kauf auf jeden Fall vernünftig gehandelt zu haben, und trifft hiermit das elementare Bedürfnis nach Orientierung in unserer heutigen Gesellschaft. Ein Bedürfnis, dass kundengruppenübergreifend besteht, völlig losgelöst von den eigenen finanziellen Möglichkeiten. Glaubhaft ist die Marke nicht nur, weil die Preise und Qualität wirklich ausgezeichnet sind, sondern auch weil der Gesamtauftritt unter der Marke hierzu passt. So wird auf Ebene der Kaufstätte auf alles Überflüssige verzichtet, was vielleicht schön, im Endeffekt aber vom Kunden bezahlt werden müsste. Wenn der Kunde seine Ware nicht aus wohl dekorierten Regalen, sondern aus den zum Teil noch nicht geöffneten Kartons nehmen muss, trägt dies zur Identifikation der Marke eindeutig bei. Durch eine standardisierte Warenanordnung und immer gleiche Platzierung der Produkte wird dem Bedürfnis nach einem schnellen und unkomplizierten Einkauf Rechnung getragen. Der Kunde erkennt, dass Aldi sich allein auf die Qualität der Ware und günstige Preise konzentriert.

Der Servicegedanke findet auf Sortimentsebene seine Fortsetzung. Durch das begrenzte Warenangebot von ca. 750 Artikeln (im Vergleich hierzu bietet ein durchschnittlicher Supermarkt ca. 20.000 Artikel an) wird für den Kunden eine Vorauswahl getroffen und ihm die Qual der Wahl genommen. Er hat verstanden, dass es nur bedingt Sinn macht, mehrere Angebote für das gleiche Produkt zu machen, wenn das eine Produkt preislich und qualitativ nur schwer zu schlagen ist. Aldi schafft es heute, sein Markenimage vom Lebensmittelbereich auch auf Nonfood-Artikel zu übertragen. Jeden Mittwoch (bei Aldi Nord) wird eine kleine Anzahl an Produkten aus dem Bereich Kleinelektro, Textilien oder Accessoires angeboten, die dem Aldi-Anspruch von Preis und Qualität gerecht wird. Der sich hieraus entwickelte Ausspruch: „Mittwoch ist Aldi-Tag" spricht für den Erfolg dieser Produkterweiterung und die Tatschache, dass sich die Anziehungskraft des Erfolgskonzepts Aldi nicht allein auf eine begrenztes Sortiment oder eine kleine Zielgruppe beschränkt.

6. Zusammenfassung und Ausblick

In den letzten Jahren fokussierte sich das Marketing sehr stark auf das Thema Zielgruppen- bzw. Target Marketing. Auch zukünftig ist es für jedes Handelsunternehmen von elementarer Bedeutung, die Bedürfnisse der Kunden zu erkennen und durch entsprechende Maßnahmen zu decken bzw. zu wecken. Angesichts der gravierenden Veränderungen in der Handelslandschaft, der immer stärkeren Zersplittung der Zielgruppen und der zunehmenden „Hybridität" des Kundenverhaltens wird der Ansatz des Target Marketing aber nicht ausreichen, um nachhaltig Erfolg als Handelsunternehmen zu haben. Insbesondere durch die sinkende Kosten-Nutzen-Relation einer gezielten Bearbeitung immer kleiner werdender Kundengruppen besteht die Notwendigkeit, unter wirtschaftlichen Gesichtspunkten vor allem für größere Handelsunternehmen Target Marketing weiter zu entwickeln.

Erfolgreiche Handelsunternehmen wie Ikea, H&M, Aldi und Ebay haben bereits frühzeitig erkannt, dass sie über einzelne Kundengruppen hinweg eine starke Anziehungskraft entwickeln müssen. Das Geheimnis ihres Erfolgs liegt dabei nicht nur in der exzellenten Umsetzung einzelner Maßnahmen und hohen Mediainvestments. Vielmehr verbirgt sich dahinter ein ganzheitliches System, das sich über die Handlungsebenen Marke, Kaufstätte und Sortiment erstreckt. Durch das enge Zusammenspiel dieser Ebenen erzeugen diese Unternehmen ein starkes und ganzheitliches Markenbild in den Köpfen der Verbraucher, das sich konsequent in allen Maßnahmen auf den Handlungsebenen Marke, Kaufstätte und Sortiment widerspiegelt.

Bei vielen Händlern kommt es heute zu teilweise gravierenden Brüchen zwischen den genannten Handlungsebenen. Das kommunizierte Markenbild und die versprochenen Mehrwerte finden sich häufig auf der Kaufstätten- und Sortimentsebene nicht wieder. Aktuell ist zu beobachten, dass viele Unternehmen über massives Mediabudget eine Differenzierung zum Wettbewerb anstreben. Der Versuch einer Differenzierung auf der Kaufstättenebene wird hingegen häufig vernachlässigt. Würde man den Namen einiger Händler auf ihren Gebäuden oder Katalogen weglassen, so könnte der Kunde aufgrund der oftmals annähernd gleichen Kaufstätten- und Sortimentsgestaltung nur sehr schwer das jeweilige Handelsunternehmen identifizieren. Hier steckt im Sinne des ganzheitlichen Ansatzes des Attraction Marketing noch viel Potenzial. Handelsunternehmen werden in Zukunft daher nur dann erfolgreich sein, wenn sie die Prinzipien des Attraction Marketing beherrschen, ihnen das zum Wettbewerb differenzierende Wechselspiel zwischen den Ebenen gelingt und sie sich letztlich als Markenunternehmen verstehen.

Literatur

BBE-Trend- und Zukunftsforschung, Handels-Strategien für den Überlebenskampf im Hyperwettbewerb, Jahrgang 2000/01, Band 1 und 2, Köln 2000.

Meffert, H.: Marketing Management, Analyse, Strategie, Implemenierung, Wiesbaden 1997.

Meffert, H.: Grundlagen marktorientierter Unternehmensführung, Konzepte, Instrumente, Praxisbeispiele, 9. Auflage, Wiesbaden 2000.

Michael Wegener

3.3 Erfolg durch kundenorientiertes Multichannel-Management

1. Einleitung
2. Determinanten eines Multichannel-Unternehmens
3. Definition und Ziele einer Multichannel-Strategie
4. Handlungsoptionen von Multichannel-Händlern
4.1 Multichannel-Vertrieb
4.2 Multichannel-Marketing
4.3 Multichannel-Management
5. Kanalkaufverhalten und Implikationen für das Marketing
5.1 Sicherung der Grundleistungen
5.2 Erfüllung der Kundenerwartung an Verkaufskanäle
6. Grundsätze eines kundenorientierten Multichannel-Managements
6.1 Differenzierung und Harmonisierung der Kanäle
6.2 Kaufprozessorientierte Kommunikation
6.3 Integriertes Brandmanagement
6.4 Integriertes Kundendatenmanagement
6.5 Integrierte Kanalsteuerung
6.6 Organisatorische Voraussetzungen
7. Zusammenfassung und Resümee

Literatur

1. Einleitung

Ausgelöst durch den „Internet-Hype" der 90er Jahre hat sich in den letzten Jahren die Frage nach den Potenzialen des Ausbaus und der gezielten Verknüpfung von Kanälen zu einem der Top-Themen für das Management von Handelsunternehmen entwickelt.

Der folgende Beitrag liefert Handelsunternehmen Hilfestellung, die bereits über unterschiedliche Vertriebskanäle (im weiteren Verlauf Kanäle genannt), wie z. B. stationäre Shops, Online Shops oder Kataloge, verfügen und überlegen, einen weiteren Kanal aufzubauen oder die bestehenden besser miteinander abzustimmen, um neue Umsatzpotenziale zu erschließen. Welche Sortimente sollten angeboten werden? Muss die Gestaltung des Kanals an die der bestehenden angelehnt sein? Zur Beantwortung dieser und einer Vielzahl weiterer operativer Fragen, die sich in einer solchen Situation stellen, wird in erster Linie der Kunde herangezogen. Denn einzig und allein der Kunde entscheidet, bei welchem Unternehmen er kauft, wann er kauft und welchen Step im Kaufprozess er über welchen Kanal tätigt.

Die folgenden Erkenntnisse basieren einerseits auf Erfahrungen von Handelsunternehmen, die sich intensiv mit den einzelnen Fragestellungen auseinander gesetzt haben; andererseits auch auf theoretischen Überlegungen führender Handelsinstitute deutscher und amerikanischer Hochschulen.

2. Determinanten eines Multichannel-Unternehmens

Ein Multichannel-Unternehmen ist ein komplexes Konstrukt, das oftmals über Jahrzehnte hinweg zu einem „individuellen" Gebilde gewachsen ist. Die Ableitung allgemeiner Regeln für die Erkennung und Nutzung von Potenzialen fällt daher schwer.

Als Hilfestellung bietet es sich daher an, ein Modell zu benutzen, das ein Multichannel-Unternehmen als ein System begreift, dessen wichtigste Determinanten die Anbieter, die Verbraucher und die beide miteinander verbindenden Kontaktprinzipien und Betriebstypen sind (vgl. Schröder, 2003).

Kontaktprinzipien beschreiben, wie Handelsunternehmen und Verbraucher in Beziehung zueinander treten. Je nach gewähltem Kontaktprinzip unterscheidet sich die Art der Kommunikation und Interaktion mit dem Kunden dabei grundlegend. Gleiches gilt für die unterschiedlichen Betriebstypen innerhalb der Kontaktprinzipien, allerdings erst im Rahmen einer differenzierteren Betrachtung. Auch wenn immer wieder die Diskussion um den Sinn einer Kategorisierung von Handelsunternehmen nach Betriebstypen geführt

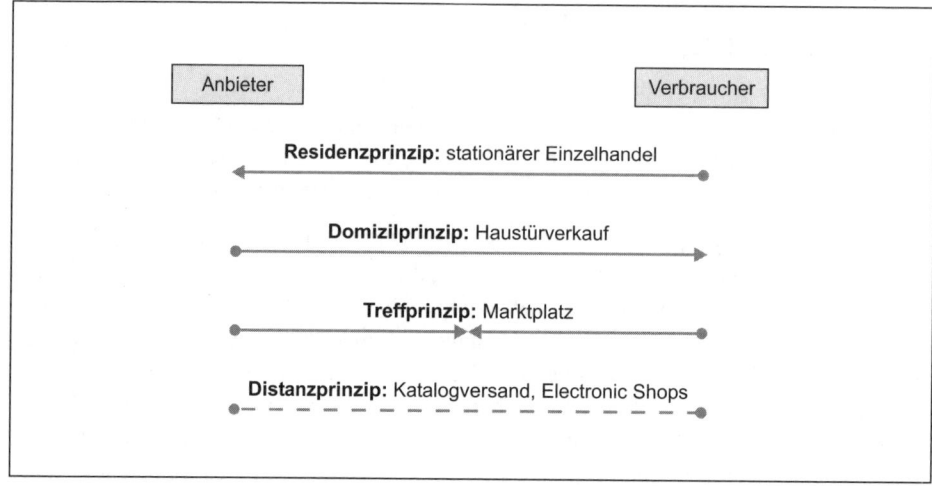

Abb. 1: Determinanten eines Multichannel-Unternehmens

wird, so liegt diesem Ansatz zumindest die richtige Erkenntnis zugrunde, dass Handelsunternehmen mit ihren Leistungen unterschiedliche Bedürfnissituationen und Bedarfe der Kunden ansprechen. Daraus folgen unterschiedliche Anforderungen an die Gestaltung der Kanäle und an die Abstimmungsprozesse zwischen den einzelnen Kanälen. Die Determinanten eines Multichannel-Systems werden im Verlauf dieses Beitrages immer wieder zur Erklärung des Kundenverhaltens und Herleitung von strategischen Entscheidungen von Multichannel-Händlern herangezogen.

3. Definition und Ziele einer Multichannel-Strategie

Die Potenziale einer systematischen Ausweitung und Abstimmung der Kanäle (Multichannel-Strategie) lassen sich aus den zusätzlichen Nutzen für die Kunden ableiten. Kundenbefragungen zeigen, dass die Beweggründe für den Kauf bei einem Multichannel-Händler vielschichtig sind. Grundsätzlich kann dabei zwischen emotionalen und rationalen Motiven unterschieden werden: Auf der emotionalen Ebene ist es die Möglichkeit, „je nach Lust und Laune den Kanal wechseln zu können" (so genanntes „Channel Hopping"). Dieser Vorteil steht in engem Zusammenhang mit der oftmals genannten Unabhängigkeit von Einkaufsorten und Einkaufszeitpunkten. Seine persönliche (Entscheidungs-)Freiheit ist dem Kunden zunehmend wichtiger. Auf der rationalen Entscheidungsebene kommt der Möglichkeit, die gesteigerten Service- und Informationsansprüche besser befriedigen zu können, eine zentrale Rolle zu. Die Kunden wählen dabei ganz bewusst die Kanäle nach ihren spezifischen Stärken aus.

Durch den Ausbau der Kanäle eröffnen sich dem Händler neue Umsatzquellen. Insbesondere seine bestehenden Kunden wird er in zusätzlichen Bedürfnissituationen und an zusätzlichen Bedarfszeitpunkten bedienen können. Während ein Kunde in der Vergangenheit bei Karstadt oftmals nur am Samstag kaufte, kann er nun auch via Internet unter der Woche und sonntags bestellen. Gehört für ihn am Wochenende das Flanieren durch die Fußgängerzone und das Einkaufen in einem Warenhaus dazu, so möchte er während der Arbeitswoche bestimmte Einkäufe schnell und ohne großen Zeitaufwand absolvieren. Dabei ist jedoch entscheidend, dass die (Dach-)Marke des jeweiligen Anbieters im „relevant set" des Kunden ist.

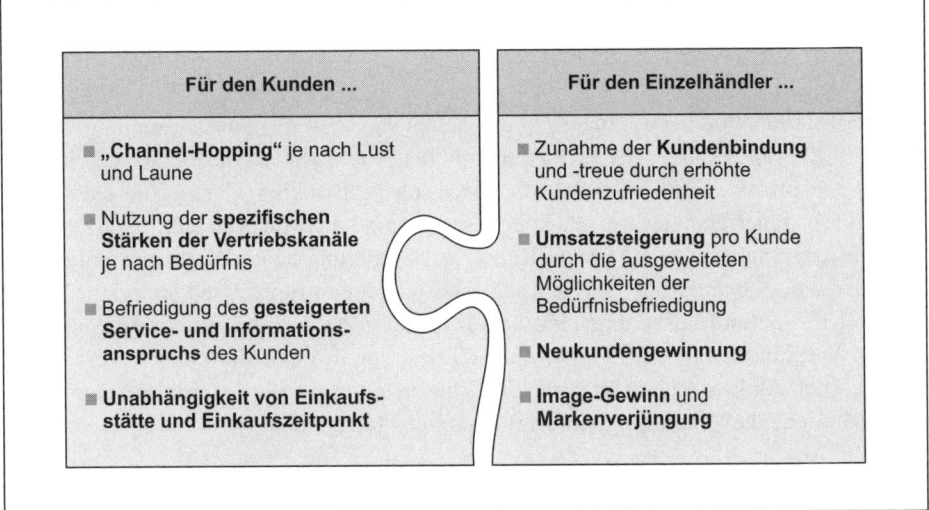

Abb. 2: Ziele einer Multichannel-Strategie

Gelingt es dem Händler, den Kunden mit Hilfe der zusätzlichen Kontaktpunkte und Services entlang des gesamten Kaufprozesses besser zu bedienen, so erhöht sich die Kundenzufriedenheit, und dies zahlt sich mittelfristig ebenfalls in höheren Umsätzen pro Kunde aus. Die Qualität der Kundenbetreuung derart zu steigern, erfordert allerdings gerade bei mehreren Kanälen einen erheblichen Mehraufwand. Die Kundenprozesse sind teilweise neu zu gestalten und müssen sich demzufolge erst über einen gewissen Zeitraum einspielen. Neukundenpotenziale ergeben sich daraus, dass viele Kunden in bestimmten Kanälen tendenziell oder grundsätzlich nicht kaufen. So lassen sich z. B. Katalogkäufer relativ deutlich von Nicht-Katalogkäufern abgrenzen. Steigt ein Versandhändler in das stationäre Handelsgeschäft ein, eröffnen sich für ihn demnach völlig neue Kundengruppen.

Eine weitere Möglichkeit der Neukundengewinnung bietet der Aufbau von innovativen Kanälen, wie z. B. dem Online Shop. Die geringe Auswahlmöglichkeit von Anbietern in dieser neuen Vertriebsform veranlasst Kunden, ihre normalerweise präferierten Händler, zumindest für den Kauf in diesem neuen Kanal, zu wechseln. Otto und Karstadt konnten so zu Beginn des E-Commerce-Zeitalters mit ihrem Online-Shop-Kunden gewinnen, die aufgrund fehlender Alternativen den Weg zu diesen renommierten Häusern fanden. Hier bietet sich dem Händler die Möglichkeit, durch überzeugende Leistungen den Kunden auch langfristig an sich zu binden. Darüber hinaus hat die New Economy gezeigt, wie Unternehmen mit einem eher verstaubten Image durch den Aufbau von innovativen Kanälen ihre Marke deutlich dynamisieren können.

4. Handlungsoptionen von Multichannel-Händlern

Die dargestellten Potenziale einer systematischen Ausweitung und Abstimmung der Kanäle sind allerdings kaum zeitgleich zu erschließen. Vielmehr ist von einem langwierigen Integrationsprozess auszugehen, wie die historische Entwicklung der meisten existierenden Multichannel-Händler belegt. Die Geschäftsmodelle von Karstadt, Kaufhof oder Otto basierten zu Anfang auf einem Kanal. Zur Sicherung neuer Wachstumspotenziale wurden dann nach und nach weitere Kanäle aufgebaut und zunehmend integriert. Dieser sich mit fortlaufend aufkommenden neuen Kanälen bzw. Betriebsformen (Shopping Center, Verbrauchermärkte, Online-Shops, Teleshopping) wiederholende Integrationsprozess kann der Einfachheit halber in drei Phasen unterteilt werden: Multichannel-Vertrieb, Multichannel-Marketing und Multichannel-Management.

4.1 Multichannel-Vertrieb

In der ersten Phase konzentriert sich alles drauf, die Akzeptanz des neuen Kanals beim Kunden zu sichern. Dabei orientieren sich die Unternehmen an Wettbewerbern oder Benchmark-Unternehmen. Der Grad der Integration des neuen Kanals in die Aktivitäten des bestehenden Geschäftes ist relativ gering. Die Verknüpfung reduziert sich oftmals auf das gemeinsame Leistungsangebot.

4.2 Multichannel-Marketing

In der zweiten Phase wird damit begonnen, Synergien zwischen den einzelnen Kanälen zu erschließen. Hierzu wird vor allem im Marketing die Integration der kundengerichteten Prozesse vorangetrieben. Über alle Marketinginstrumente hinweg steht dabei die Frage im Mittelpunkt, inwieweit sich die einzelnen Kanäle voneinander differenzieren sollten. Damit einher geht die Frage, inwieweit eine Harmonisierung der Kanalaktivitäten angestrebt werden sollte. Im Folgenden sollen einige Beispiele aus der Unternehmenspraxis die Breite des Entscheidungsspielraums verdeutlichen.

Sortimentspolitik

Insbesondere im Zuge der zunehmenden Verbreitung des Kanals Online-Shop wurde die Frage aufgeworfen, ob in allen Kanälen identische Sortimente angeboten werden sollten oder ob nicht die jeweiligen Spezifika des Kanals eine gesonderte Ausstattung des Leistungsangebotes erfordern. Dabei gingen – und gehen teilweise nach wie vor – die Meinungen weit auseinander: von der Variante, Sortimente anzubieten, die völlig losgelöst vom Ursprungssortiment sind (otto-supermarkt.de), über das Angebot von Ausschnitten des Gesamtsortiments (karstadt.de, galeria-kaufhof.de), der identischen Sortimentsausstattung des Online-Shops (ikea.de), bis hin zu einem erweiterten Online-Angebot (otto.de).

Preispolitik

Unmittelbar mit der Art und dem Umfang des Leistungsangebotes in den einzelnen Kanälen ist die Gestaltung der Preise verbunden. Auch hier wird die Frage der Differenzierung versus Harmonisierung der Kanäle viel diskutiert: Erwartet der Kunde eine kanalsynchrone Preisgarantie? Preise, die einmal in einem Kanal kommuniziert wurden, müssten dann zeitgleich in allen Kanälen gültig sein (beispielsweise Media Markt). Oder besucht der Kunde den Internet-Shop eines Multichannel-Händlers, weil er dort generell günstigere Preise erwartet (beispielsweise esprit.de)? Als Folge der steigenden Markttransparenz und des damit verbundenen Wettbewerbsdrucks durch das Internet hat der Kunde gelernt, dass der Preisspielraum der Anbieter Abschläge zulässt. Vielen ist klar geworden, dass die Kostenstrukturen innovativer Kanäle oftmals geringer sind als die klassischer, insbesondere stationärer Kanäle, nicht zuletzt weil der Kunde selbst Teilaufgaben des Kaufprozesses übernimmt (beispielsweise Bestellabwicklung im Internet).

Kommunikationspolitik

Auch in der Kommunikationspolitik einzelner Multichannel-Händler spiegelt sich deren unterschiedliche Auffassung von Kundenbedürfnissen wider. Während die einen eine absolute Harmonisierung der werblichen Instrumente (z. B. Couponing in allen Kanälen) und des Design fordern, wie z. B. der amerikanische Anbieter für Wohnambiente Crate & Barrel, setzen andere auf eine kanalspezifische Differenzierung in ihrer Kommunikation. Der Elektronikteileanbieter Conrad z. B. reduziert die Harmonisierung der Kommunikation auf das identische Corporate Design und die gleichen Bezeichnungen der Produkte und Services. Ansonsten werden die kanalspezifischen Möglichkeiten bzw. Vorteile voll ausgespielt. Im Internet stehen umfassende Suchmöglichkeiten und aktuellste Aktionen im Vordergrund. In den stationären Shops konzentriert sich der Spezialanbieter auf die kommunikative Hervorhebung des fachkompetenten Service.

Servicepolitik

Die Kundenbetreuung ist bei den meisten Multichannel-Händlern nahezu identisch. Tendenziell wird versucht, durch gleiche Inhalte und eine einheitliche Qualität der Kundenbetreuung einen Mindeststandard zu etablieren. Besondere kanalspezifische Services ragen im Handel nur vereinzelt aus dem vereinheitlichten Serviceangebot hervor (wie z. B. die virtuelle Anprobe auf otto.de). Führende Dienstleistungsunternehmen – wie Lufthansa oder Sixt – nutzen die kanalindividuellen Servicemöglichkeiten verstärkt zur Kundenbindung. Lufthansa bietet z. B. die Anmeldung für das automatische Einchecken sowie Informationen zu Flugzeit- und Gate-Veränderungen via SMS im Internet. Sixt lockt den Kunden im Internet mit Zusatzinformationen zu Autos, der Möglichkeit, bestimmte Präferenzen (z. B. in Bezug auf Fahrzeugkategorien) zu hinterlegen oder systematische Feedback-Mechanismen.

Distributionspolitik (Verkauf und Abwicklung)

Die verschiedenen Kanaltypen bedingen teilweise sehr unterschiedliche Verkaufs- und Abwicklungsvorgänge. Der eigentliche Verkauf kann z. B. über Katalog systembedingt nicht aktiv beeinflusst werden, wohingegen man im stationären Handel durch persönliche Beratung größeren Einfluss auf die Kaufentscheidung nehmen kann. Die Anbieter treten daher in der einzelnen Kanälen oftmals unterschiedlich „aggressiv" auf, indem sie die verkäuferischen Möglichkeiten des jeweiligen Kanals unterschiedlich stark nutzen. Unternehmen wie Eddie Bauer oder Manufaktum gestalten ihr Markenversprechen, z. B. in Bezug auf Qualität und Vertrauen, im eigentlichen Verkaufsprozess grundsätzlich identisch. Die meisten Unternehmen beschränken sich bei der Harmonisierung der kanalspezifischen Aktivitäten jedoch auf die Abwicklung des Kaufvorgangs (Verpackung, Zahlungsart und Rückgabeprozess). Otto garantiert seinen Kunden beispielsweise in allen Kanälen – dem Paketdienst Hermes, den Otto Shops und den Sammelbestellern – von Anfang an eine einheitliche Qualität des Abwicklungsprozesses.

Brandmanagement

Wie die bisherige Diskussion der Differenzierungs- und Harmonisierungsoptionen in allen Bereichen des Marketing deutlich gemacht hat, gibt es keine allgemeingültige Argumentationskette, wie ein Multichannel-Händler vorzugehen hat. Beim genaueren Hinsehen wird jedoch deutlich, dass die unternehmensindividuellen Umstände entscheidend sind. Welche Kombination aus Kanälen liegt vor, und welches Markenversprechen wurde in der Vergangenheit kommuniziert? Wurde eine einheitliche Markenbotschaft für das gesamte Unternehmen ausgesprochen? Oder bezieht sich das Markenversprechen auf die Leistungserfüllung über einen Kanal? Wenn ja, lässt sich das Markenversprechen auf neue Kanäle übertragen? Dem Brandmanagement kommt demnach eine zentrale Rolle zu, wenn es darum geht, die Erwartungshaltung des Kunden und damit die Beurteilung der Handelsleistung zu beeinflussen.

Abb. 3: Branding-Varianten bei führenden Online-Shops

So lässt sich auch erklären, dass die führenden Handelsunternehmen im Zuge des Aufbaus ihres Internetkanals ihre Dachmarken gezielt einsetzen, um dem Kunden zu verdeutlichen, wie er den neu geschaffenen Kanal zu verstehen hat, was ihn dort erwartet und warum es sich lohnt, diese zusätzliche Einkaufsstätte zu nutzen. Unternehmen wie Crate & Barrel („Live and feel...") oder Ikea („Entdecke die Möglichkeiten") präsentieren lautstark und konstant ein einheitliches Markenversprechen über alle Kanäle, auch über den neu geschaffenen Online-Kanal, hinweg. Quelle nutzt hingegen die innovative Kraft des Internet, um ihr Image zu entstauben, was sich in einer Weiterentwicklung des Dachmarken-Logos niederschlägt (klassischer Quelle-Schriftzug plus „Dot"). Tchibo geht noch einen Schritt weiter. Die besonderen Vorteile des neuen Kanals werden mit einer eigenen Submarke (Tchibo.de) gekennzeichnet, die jedoch, vergleichbar mit einer Line-Extension im Produktmarketing, auf dem Markenkern der Dachmarke aufbaut.

4.3 Multichannel-Management

In der dritten Evolutionsphase steht neben der fortlaufenden Optimierung eines kanalübergreifenden Marketing die Integration der Backend-Prozesse im Fokus der Multichannel-Händler. Primäre Ziele sind die Sicherstellung reibungsloser Abläufe und Kosteneinsparungen durch effiziente Prozesse sowie die Nutzung von Synergien im Kostenbereich (z. B. zentrale Disposition, Sortimentsentwicklung etc.). Aktuell befinden sich die führenden Handelshäuser, wie z. B. Karstadt, Tchibo oder Otto, in Bezug auf ihre Internetvertriebsaktivitäten in dieser erfolgskritischen Phase. Je mehr bestehende Kanäle es dabei prozessseitig zu verknüpfen gilt, desto komplexer ist diese Aufgabenstellung.

5. Kanalkaufverhalten und Implikationen für das Marketing

Im letzten Kapitel wurde deutlich, welche zusätzlichen Leistungshebel Multichannel-Händlern gegenüber Händlern mit nur einem Kanal zur Verfügung stehen. Welche Relevanz kommt diesen zusätzlichen (Handels-)Leistungen im Rahmen der Kaufentscheidung zu? Die nun folgende Beantwortung dieser Frage basiert auf neueren Erkenntnissen über das Kanalkaufverhalten.

5.1 Sicherung der Grundleistungen

Grundvoraussetzung für ein positives Kauferlebnis ist die Sicherung einer gewissen Grundqualität aller Leistungen entlang des gesamten Kaufprozesses. Diese so genannten Grundleistungen (im Sinne von Mindesterwartungen des Kunden) gelten für jeden Händler, unabhängig davon, ob er seine Sortimente in einem oder mehreren Kanälen anbietet. Paradoxerweise zeigen gerade Unternehmen mit einer Vielzahl von Kanälen Schwächen in diesen Grundleistungen. Obwohl sie grundsätzlich mehr Möglichkeiten haben, die Bedürfnisse des Kunden zu befriedigen, schaffen sie es nicht, die Komplexität ihrer Prozesse in den Griff zu bekommen.

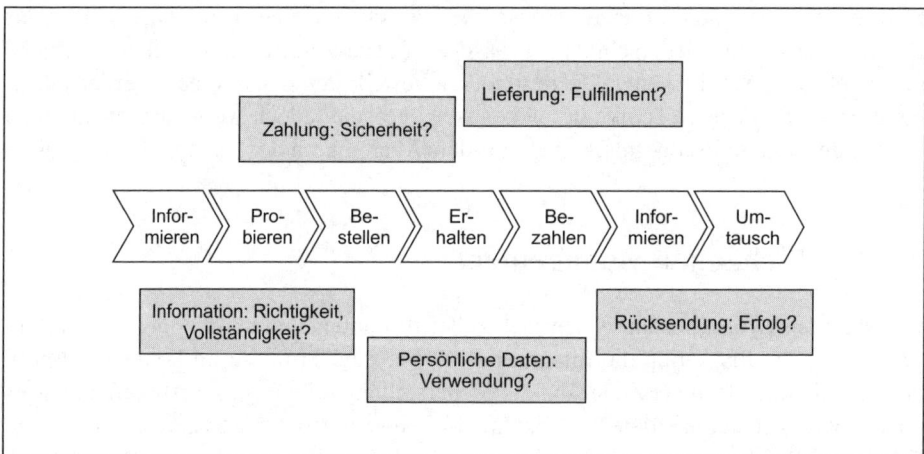

Abb. 4: Grunderwartungen an (Multichannel-)Händler

Im Rahmen der Integration der Online-Kanäle in den bestehenden Kanal-Mix gelten die Sicherheit des Zahlungsprozesses und der vertrauensvolle Umgang mit persönlichen Daten aus Kundensicht als besonders erfolgskritisch. Hier wurde in den letzten Jahren, nicht nur von einigen Anbietern am Neuen Markt, viel Vertrauen verspielt. In den Kontext der Integration der Internetkanäle ist auch die Richtigkeit und Vollständigkeit von Informationen entlang des gesamten Bestellprozesses einzuordnen. Bedingt durch eine parallele Datenhaltung und manuelle Datenübertragung schleichen sich häufig Fehler in der Produktbezeichnung und Preisauszeichnung ein. Unabhängig von diesen Effekten des Internet mehren sich die Fälle, bei denen der reine Fulfilment-Prozess zu Kundenverärgerungen führt (vgl. Schröder, 2003). Insbesondere im Versandhandel, dessen Geschäftsmodell auf diesem Prozess basiert, verursachen derartige Prozess-Schwächen enorme direkte und indirekte Kosten. Direkte Kosten ergeben sich z. B. aus Warenfalschlieferungen, indirekte Kosten aus Verärgerungen der Kunden.

5.2 Erfüllung der Kundenerwartung an Verkaufskanäle

Erfüllt ein Multichannel-Händler die Grunderwartungen seiner Kunden an die von ihm vollbrachten Handelsleistungen, so ist daran anschließend zu überprüfen, welche „Kanalpräferenzen" seine Kundschaft kennzeichnet.

Hybrides Kanalkaufverhalten

Hier ist im einfachen Fall zwischen Kunden zu unterscheiden, die nur in einem Kanal kaufen und Kunden, die unterschiedliche Kanäle wählen (hybrides Kaufverhalten). Erwartungsgemäß sind jene Kunden am einfachsten mit entsprechenden Marketingaktivitäten zum Kauf zu bewegen, die ausschließlich oder überwiegend in einem Kanal kaufen. Viele Kunden wählen jedoch in unterschiedlichen Motivationslagen und Stimmungen unterschiedliche Kanäle. Dabei haben sie eine klare Erwartungshaltung, welchen emotionalen und rationalen Nutzen ihnen die einzelnen Kanaltypen neben der eigentlichen Produktleistung stiften sollen (Schröder, 2003). Der erwartete (Zusatz-)Nutzen ergibt sich aus der Art der Gestaltung der Einkaufsstätten, den Sortimenten und Services sowie den Preislagen. Vereinfacht dargestellt können den unterschiedlichen Kanälen eine oder mehrere Rollen zugeordnet werden. Während der Kanal Versandhandel vor allem für Convenience und Beratung steht, erhofft sich der Konsument vom Einkaufen in der Fußgängerzone ein konkretes Kauferlebnis.

Die neuere Kaufverhaltensforschung hat sich dieses Phänomens angenommen und untersucht detaillierter die Bedeutung von Motivation und Stimmung für den Kaufprozess. Die Erwartungen des Konsumenten an die einzelnen Kanäle scheint demnach über längere Zeiträume hinweg gelernt zu sein. Der Akt des Kaufens verschafft ihm eine gewisse Befriedigung, die allerdings von Kaufstätte zu Kaufstätte unterschiedlich ist. Die beim Kunden vor, während und nach dem Kaufprozess ablaufenden physischen Prozesse vergleicht das Institut für Marketingforschung mit dem Revierverhalten in der Tierwelt.

„Die Landkarte des Konsums" lässt sich beispielsweise in nahe gelegene und entferntere Bereiche, d. h. nach der Entfernung zur Wohnung oder zum Arbeitsplatz sowie nach dem Grad der Effizienz- und Erlebnisorientierung des Kaufreviers, aufteilen (Ziems/Krakau, 2002).

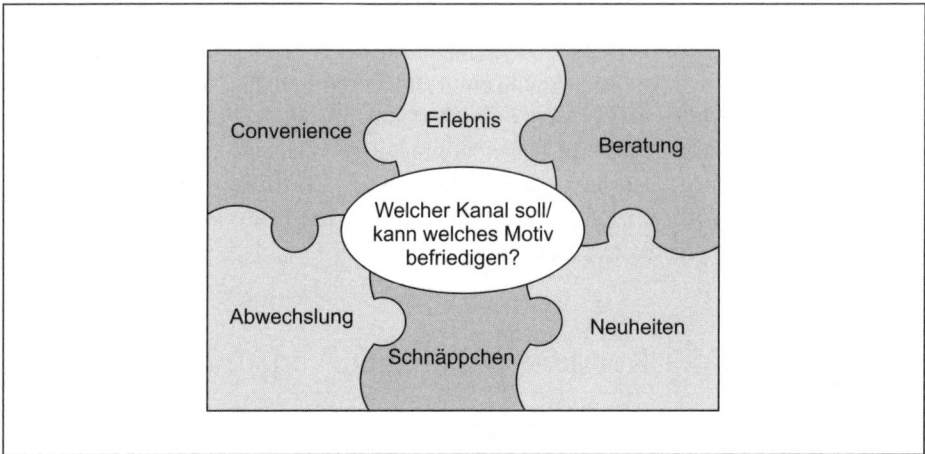

Abb. 5: Kundenerwartungen an Kanäle

Kaufrevier	Konsumstimmung	Konsummotivationen	Zentrales Versprechen
Ursprungsmärkte	Ursprünglich, unverfälscht, persönlich, aufregend	Auf nostalgisch inspirierende Weise Konsum kultivieren	Zurück zu Ursprüngen des Handelns und natürlich authentischen Produkten
Lokale Versorgungsreviere	Versorgend, heimelig, persönlich	Routiniert und ohne Verwicklungen Grundversorgung bieten	Heimelig unkomplizierte Basisversorgung vor Ort
Universelle Versorgungsballungen	Routiniert und kontrolliert, allumfassend versorgend, Jagdgelüste belebend, kann rauschhaft werden	Allverfügbarkeit von Basisgütern, in Kaufroutinen überführen	Effiziente Bevorratung aller Güter des täglichen Lebens und satte Ruhe vor Konsumwünschen
Urbane Bummelzonen	Inspirierend, verlockend und verführend, sich verwandelnd, beraten	Kultivierten Bedarf in inspirierende Bilder überführen	Entfaltung persönlicher Entwicklungswünsche in inspirierenden Stöberzonen
Fachdiscounter	Versorgend für die breite Masse, Struktur gebend, Bandbreite zwischen nivellierend und individuell	Kaufschwellen senken durch Suggestion gegliederter (Basis-)Versorgung	Vereinfachung von Entscheidungsprozessen bei komplexem, besonderem Bedarf
Malls und Konsumgalerien	Aufregend, neugierig machend, verführend, entspannend, inspirierend	Vorsortieren geballter Inspirationen in herausgehobenem, kultiviertem Raum	Verdichtung von weltläufig inspirierenden Warenwelten in abgeschotteten Konsumtraumwelten
Homeshopping	Heimelig, persönlich, bequem, vielseitig, unter Kontrolle (Katalog), spontan (E-Commerce)	Geballte, aber kontrollierbare Inspirationen bieten	Bequemes Einkaufen von zu Hause – mit stärkeren Kontrollmöglichkeiten des Kaufprozesses

Abb. 6: Konsumstimmung, -motivationen und zentrales Versprechen der Kaufreviere

Die Kaufreviertheorie differenziert in die „Reviere", „Ursprungsmärkte", „lokale Versorgungsreviere", „universelle Versorgungsballungen", „urbane Bummelzonen", „Fachdiscounter", „erlebnisbetonte Malls und Konsumgalerien" sowie „Homeshopping". Die Kaufreviere unterscheiden sich hinsichtlich ihrer spezifischen, vom Verbraucher damit verbundenen Einkaufsstimmungen und -verfassungen (siehe Abb. 6).

Wie tiefenpsychologische Befragungen von Konsumenten aufgezeigt haben, sind die Verfassungen durch wiederkehrende Spannungen des Konsumenten beim Einkaufen geprägt. Abhängig von der Situation, in der sich der Kunde befindet, sind diese Motivspannungen differenziert ausgeprägt. Die Gesamtheit der Spannungsgefüge beschreibt die jeweilige Einkaufssituation aus Kundensicht.

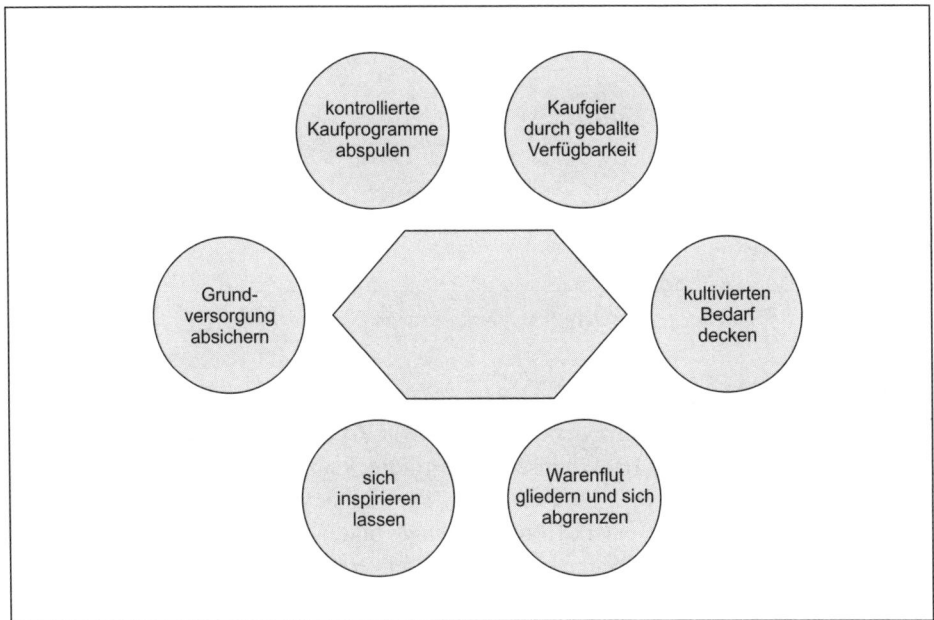

Abb. 7: Spannungsgefüge beim Einkaufen

Zwischen „Revier" und Konsument besteht somit ein Wechselspiel. Der Kunde geht mit spezifischen Konsumerwartungen in die Kaufreviere und verhält sich in den jeweiligen Situationen völlig verschieden. Die „Reviere" sprechen sein Spannungsgefüge aus Stimmungen und Erwartungen unterschiedlich an. Kennt im Gegenzug das Handelsunternehmen diese Konsumentenerwartungen, so wird es sie erfüllen können und damit Vertrauen beim Kunden aufbauen. Die Systematisierung der Handelslandschaft nach verschiedenen „Revieren" versteht sich als Evolutionsgeschichte (siehe Abb. 8). Ausgehend von grundbedarfsdeckenden „Ursprungsmärkten" in Form von Wochen- und Flohmärkten entwickelten sich einerseits „lokale Versorgungsreviere" für den täglichen Güterbedarf und andererseits erlebnisorientierte innerstädtische „Bummelzonen" bis hin zu riesigen Kaufhäusern.

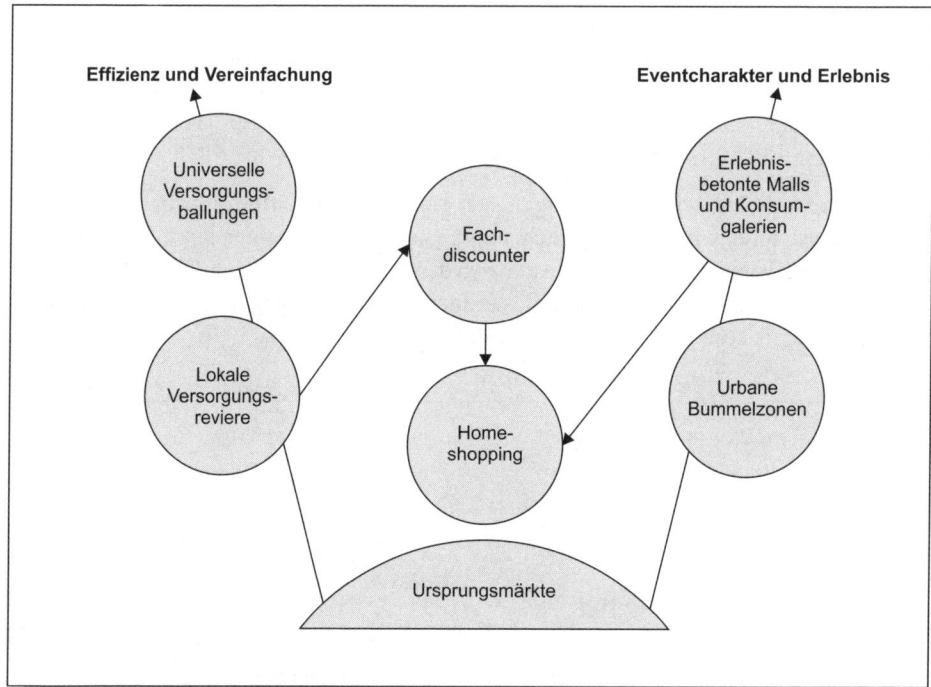

Abb. 8: Die Evolution der Kaufreviere (vgl. Ziems/Krakau 2002)

Die Evolution der „Reviere" wird besonders am E-Commerce deutlich, das sich aktuell zu einem eigenständigen Kaufrevier entwickelt. War E-Commerce zu Beginn noch vom Test- und Thrill-Kauf einer Laufkundschaft bestimmt, kann heute von einem erwachsenen Kaufverhalten einer Web-Stammkundschaft gesprochen werden (vgl. Ziems/Ohlenforst, 2001). Auch im Kaufrevier „Homeshopping" bzw. Versandhandel haben sich die Vielzahl der Kaufmotive – im Zuge sich fortlaufend verändernder Lebensgewohnheiten der Konsumenten – in ihrer Bedeutung für den Kunden stetig verändert. Waren beispielsweise zu Anfang die lokalen Angebotslücken noch ein wesentlicher Grund für die Wahl dieses Kanaltyps, hat dieser Nutzenaspekt heute kaum noch Relevanz.

Was bedeuten diese Erkenntnisse nun für das Marketing von (Multichannel-)Händlern? In erster Linie sollte der Kanalgestaltung (Kommunikation) und dem Einsatz von Services eine größere Bedeutung im Marketing-Mix zukommen. Dabei muss der Händler sich an den konkreten Motivlagen und den Stimmungen der Kunden orientieren. Neuere Marketingtheorien reden in diesem Kontext von einem Dogmenwechsel: weg vom Targethin zum so genannten Verfassungsmarketing. Anstatt zu versuchen, den Konsumenten in seinen Grundeigenschaften möglichst detailliert zu beschreiben und daraus Ableitungen für ein Zielgruppenmarketing zu ziehen, rücken damit mehr und mehr die Ursachen des Konsumentenverhaltens in den Vordergrund von Marketingmaßnahmen (vgl. Lönnecker, 2003). Es sollte im Umkehrschluss vermieden werden, in allen Kanälen identisch aufzutreten, da sonst die wichtigsten Umsatzhebel eines Multichannel-Händlers ungenutzt bleiben.

Die einmalige Erhebung der Motivlagen der unterschiedlichen Kanäle oder Kaufreviere genügt allerdings nicht, um die Bedürfnisse des Kunden dauerhaft befriedigen zu können. Will ein Multichannel-Händler langfristig erfolgreich sein, muss er immer wieder von neuem ergründen, warum Kunden in den existierenden Kanälen kaufen bzw. wie sich die Kaufreviere weiterentwickeln.

Multioptionales Kanalkaufverhalten

Die größte Herausforderung erwartet jene Unternehmen, deren Kunden ein multioptionales Kaufverhalten aufweisen. Sie wechseln innerhalb eines Kaufprozesses zwischen den angebotenen Kanälen (vgl. Schröder, 2003). Um es in der Sprache der Kaufreviertheorie auszudrücken: Die Kaufreviere existieren nebeneinander und ermöglichen dem multioptionalen Konsumenten die Befriedigung seiner vielschichtigen Bedürfnisse. Ein typischer Kaufprozess dieses Konsumententypen startet dabei mit der Informationssuche im Katalog und Produktbegutachtungen im stationären Shop. Die Bestellung und Bezahlung nimmt der Kunde allerdings dann im Internet vor. Von dort aus beobachtet er auch den Verlauf der Auslieferung (Order-Tracking). Gefällt ihm die Ware nicht oder liegt eine Beschädigung vor, führt es ihn wiederum in den stationären Shop.

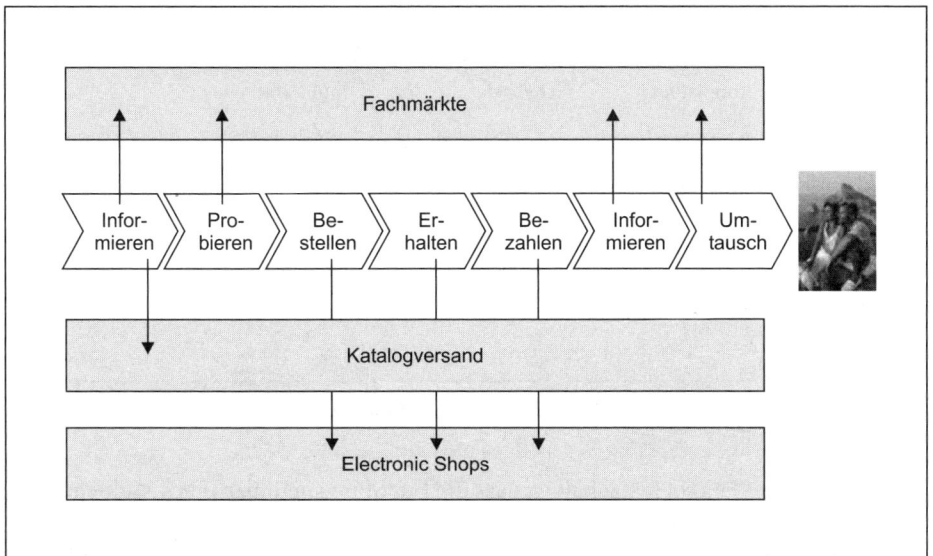

Abb. 9: Multioptionales Kanalkaufverhalten

Bei immer mehr Kunden zeigt sich dieses multidimensionale, instabile und divergierende Kaufverhalten. Ähnlich wie in anderen Lebensbereichen versucht der Kunde auch beim Einkaufen die Vorteile aller Optionen, die sich ihm bieten, zu nutzen.

Wie sollte das Marketing mit diesen multioptionalen Kundengruppen umgehen? Prinzipiell müssen bei allen kanalspezifischen Merkmalen „Höchstleistungen" erbracht werden, da gerade diese Kunden die geringsten Wechselhemmnisse aufweisen. Sie gehen sehr bewusst und rational an ihre Kaufentscheidungen und werden daher schneller als andere die Vorteile der Konkurrenz nutzen. Allerdings reicht es nicht, in seinen Kanalleistungen durchweg sehr gut zu sein. Von den differenzierenden Merkmalen der einzelnen Kanäle müssen insbesondere jene lautstark kommuniziert werden, die auf den eigenen Kernkompetenzen basieren, konform zur Markenpositionierung sind und noch nicht von der Konkurrenz bespielt werden. Die Frage könnte beispielsweise lauten: Will ich mich über die beste Suchmaschine oder die einfachste Bestellabwicklung unter allen E-Commerce-Shops profilieren? Darüber hinaus müssen insbesondere die Schnittstellenprozesse reibungslos funktionieren, um dem Kunden über den gesamten Kaufprozess hinweg folgen zu können. Der Koordinationsaufwand dabei ist enorm und ohne eine entsprechende systemseitige Unterstützung kaum zu bewerkstelligen.

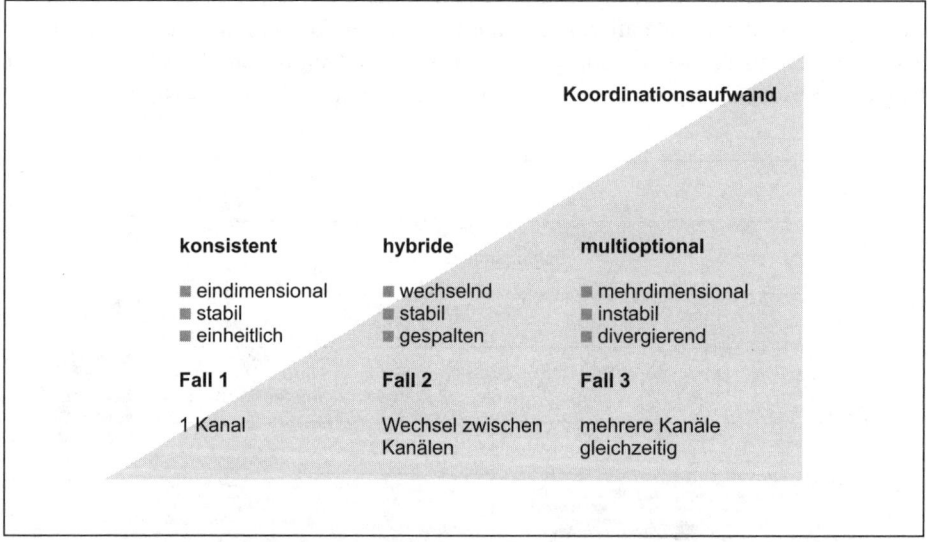

Abb. 10: Koordinationsaufwand in Abhängigkeit vom Kanalkaufverhalten

Zusammenfassend bleibt festzuhalten, dass die Handlungsoptionen eines Multichannel-Händlers für den Kunden erst relevant werden, wenn die Grundleistungen in den einzelnen Kanälen und kanalübergreifend erbracht werden. Darüber hinaus erwartet der Kunde von jedem Kanal einen bestimmten Zusatznutzen, der sich aus der Beschaffenheit des Kanals bzw. des Mediums ergibt. Diese Erwartungshaltung muss erfüllt werden.

6. Grundsätze eines kundenorientierten Multichannel-Managements

Stellt man die Handlungsoptionen von Multichannel-Händlern den Erkenntnissen über das Kanalkaufverhalten und die Beurteilungsprozesse der Kunden gegenüber, so lassen sich fünf allgemeingültige Grundsätze für ein kundenorientiertes Multichannel-Management ableiten:

6.1 Differenzierung und Harmonisierung der Kanäle

Im Rahmen des Multichannel-Marketing muss die Differenzierung und die gleichzeitige Harmonisierung der unterschiedlichen Kanäle forciert werden. Hier gilt es also, entgegen festgesetzter Meinungen nicht zwischen beiden Optionen zu wählen. Die Differenzierung der einzelnen Kanäle muss strikt nach den kanal- bzw. medienspezifischen Vorteilen erfolgen.

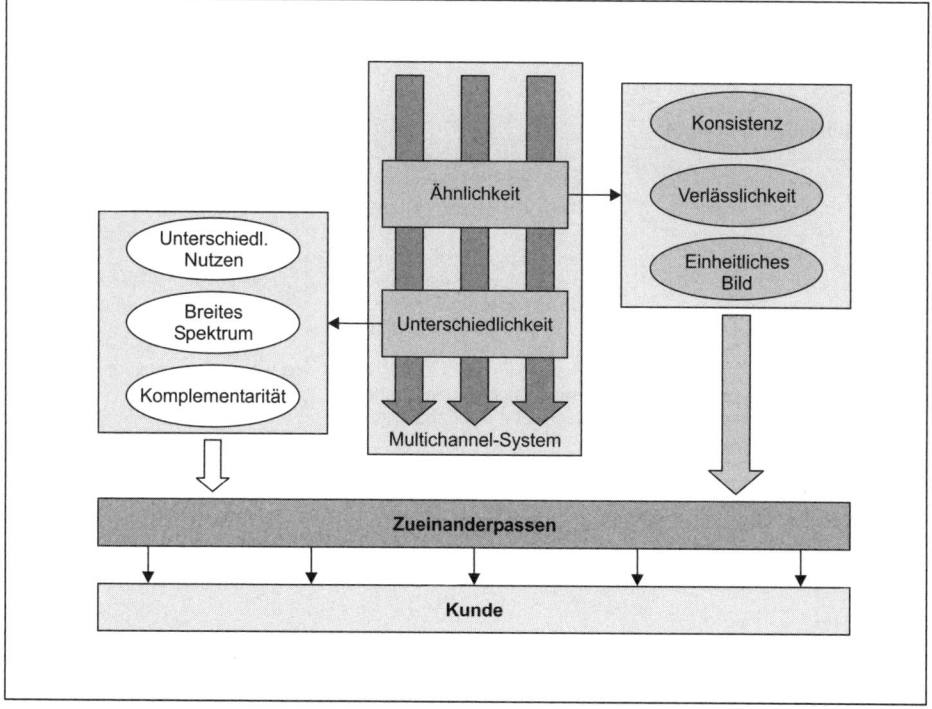

Abb. 11: Multichannel-Erfolgsfaktor „Zueinanderpassen von Kanälen" (vgl. Schramm-Klein)

Der Nutzen der einzelnen Kanäle tritt damit automatisch zu Tage, und durch die Unterschiedlichkeit der Kanäle ergibt sich ein komplementäres, breites Nutzenspektrum für den Kunden. Die Harmonisierungsbestrebungen müssen auf die Wahrung eines einheitlichen und damit konsistenten Markenauftritts gemäß dem Markenversprechen konzentriert werden.

Durch beides, die Differenzierungs- und Harmonisierungsbestrebungen, ergibt sich ein überzeugendes und widerspruchsfreies Multichannel-Bild für den Kunden. Die Kanäle passen zueinander, ergänzen sich und wirken dadurch entsprechend stark anziehend auf den Kunden (Schramm-Klein, 2003).

6.2 Kaufprozessorientierte Kommunikation

Die Kunden müssen in ihren verschiedenen kanalübergreifenden Kaufprozessen durch eine unterstützende Kommunikation (im Sinne von Wegweisern) geführt werden. Dabei gibt es Phasen im Kaufprozess, in denen der Querverweis auf Funktionen in parallelen Kanälen intensiv kommuniziert werden sollte, um z. B. die Sammlung von relevanten Informationen (zu Produkten, Services etc.) zu erleichtern.

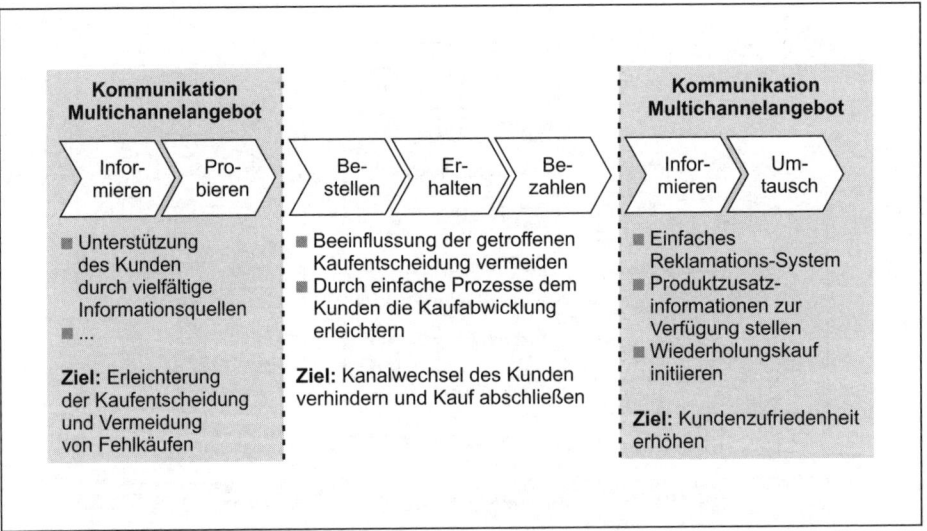

Abb. 12: Multichannel-Kommunikation entlang der Wertschöpfungskette

In anderen Phasen, wie z. B. kurz, bevor der Kunde die Kaufentscheidung trifft, sollte hingegen darauf verzichtet werden, den Kaufprozess zu stören. Multichannel-Händler sollten sich damit auseinander setzen, welche typischen Kaufprozesse ihre Kunden durchlaufen und gemäß der am häufigsten beschrittenen „Konsumpfade" die Kommunikation der jeweils relevanten parallelen Kanalleistungen aufbauen. Ein typischer „Konsumpfad" der Kunden im Versandhandel beginnt mit der Information und Bedarfsweckung durch den Katalog. Zur Bestellung wechseln Kunden dann ins Internet, um wiederum den Bestellstatus via Telefon abzufragen. In Folge dieser Erkenntnis wird mittlerweile in vielen Katalogen die Bestellmöglichkeit über die jeweilige Internet-Site quer durch die Sortimentskategorien hinweg ausgelobt.

6.3 Integriertes Brandmanagement

Die einheitliche Kommunikation und Umsetzung des Markenversprechens erfordert ein integriertes Marken-Management. Das heißt, dass sich die Markenwerte in allen Kanalaktivitäten widerspiegeln sollten. Hierzu ist eine kanalspezifische Interpretation und Operationalisierung der Begrifflichkeiten notwendig. Darüber hinaus sollten Investitionen in allen Kanälen unter anderem danach bewertet werden, inwieweit sie auf die Markenwerte einzahlen. Nur wenn das qualitative Kriterium „kanalspezifische Markeninvestition" in die Bewertung einer Projektidee einfließt, kann es gelingen, die Kanalerwartungen der Kunden auf Dauer zu erfüllen.

6.4 Integriertes Kundendatenmanagement

Vielfach zeigt sich bei Multichannel-Unternehmen das Phänomen, dass in den verschiedenen Kanälen gleiche oder ähnliche Informationen über den Kunden (z. B. Demographie der Nutzer) gesammelt werden. Es entsteht eine enorme Redundanz an Kundendaten, deren Abgleich einen immensen Systemaufwand bedeutet. Die unterschiedlichen Kontaktprinzipien (vgl. Kapitel 2 Determinanten eines Multichannel-Unternehmens), die den einzelnen Kanälen zugrunde liegen, ermöglichen jedoch den Zugang zu unterschiedlichen, sich vielfach ergänzenden Kundendaten. Im stationären Shop ermöglicht der persönliche Kontakt des Mitarbeiters mit dem Kunden die Aufnahme von psychographischen Kundendaten (z. B. Stiltyp). Kommt der Kunde regelmäßig in dieselbe Filiale, entwickelt der Mitarbeiter ein „Bild" von dem Kunden, das Rückschlüsse auf Produktvorlieben zulässt. Im Internet ermöglicht die Auswertung des „Surfverhaltens" über Logfile-Analysen z. B. das Verständnis über seine Informationsbedürfnisse und den Grund für die Nutzung des Online-Shops. Um seine Kunden verstehen zu können, muss gerade ein Multichannel-Händler die vielfältigen Möglichkeiten nutzen, die sich aus den unterschiedlichen Kontaktprinzipien bzw. Medien ergeben. Nur über ein integriertes Kundendatenmanagement und eine entsprechende Systemunterstützung ist das zu realisieren.

Eine weitere Notwendigkeit für die systematische Integration der Kundendaten ergibt sich aus den Anforderungen des Kunden beim Wechsel zwischen den Kanälen. Sowohl beim Kanalwechsel innerhalb eines Kaufprozesses, als auch zwischen unterschiedlichen Kaufvorgängen erwartet der Kunde, dass sein jeweiliges Gegenüber (Ansprechpartner

Call Center, stationärer Shop etc.) auf dem „aktuellsten Stand" ist. Einmal bewusst oder unbewusst abgegebene Informationen müssen an jedem Kontaktpunkt zur Verfügung stehen bzw. direkt in die Kundenkommunikation einfließen.

6.5 Integrierte Kanalsteuerung

Die Synchronisation der „gewachsenen" Steuerungssysteme der Einzelkanäle gilt als zentraler Erfolgsfaktor für ein erfolgreiches Multichannel-Management. Historisch bedingt besteht bei den meisten Multichannel-Unternehmen ein Ungleichgewicht hinsichtlich der Bedeutung der einzelnen Kanäle. Investitionen fließen daher tendenziell stärker in die schon länger bestehenden Kanäle als in die jüngeren, noch im Aufbau befindlichen. Daraus ergibt sich eine zum Teil deutlich divergierende Qualität der jeweiligen Kanalgestaltung. Der Kunde realisiert jedoch nur ein Markenversprechen und bewertet alle Kanäle nach dem gleichen Maßstab. Nur wenn es gelingt, die Investitionen in allen Kanälen gleichermaßen intensiv danach einzusetzen, was die kanalspezifischen Merkmale und die Markenwerte erfordern, empfindet der Kunde ein konsistentes Bild.

Voraussetzung hierfür sind die Entwicklung und der konsequente Einsatz einer integrierten Steuerungssystematik.

6.6 Organisatorische Voraussetzungen

Alle bisher genannten Grundsätze erfordern die frühzeitige Prüfung und Sicherstellung der organisatorischen Voraussetzungen. Dies, so zeigen aktuelle Studien, ist der am meisten unterschätzte Schritt im Rahmen von Multichannel-Projekten (siehe Abb. 13).

Die notwendigen Investitionen zur Sicherstellung dieser Voraussetzungen halten viele Unternehmen davon ab, die Erschließung der Multichannel-Potenziale anzugehen (vgl. Schröder, 2003).

7. Zusammenfassung und Resümee

Die nachhaltige Steigerung des Unternehmenserfolgs durch ein kundenorientiertes Multichannel-Management erfordert die konsequente und fortlaufende Anpassung der eigenen Kanäle an die sich verändernden Erwartungen der Kunden. Dabei muss immer die Sicherstellung des reibungslosen Ablaufs des gesamten Kaufprozesses gewährleistet sein. Gleichzeitig dürfen das Markenversprechen und die „Kanalpositionierung" der Konkurrenten nicht aus den Augen gelassen werden.

3.3 Erfolg durch kundenorientiertes Multichannel-Management

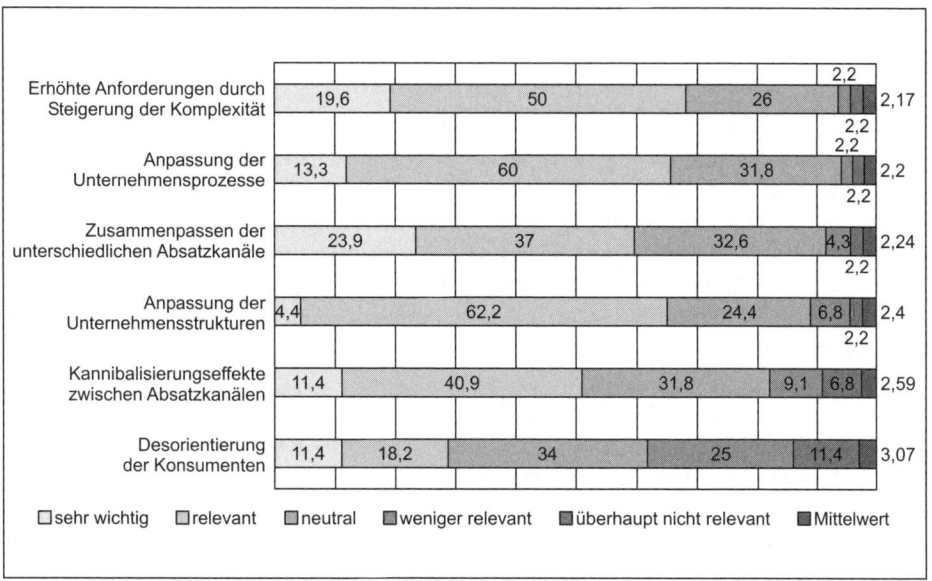

Abb. 13: Kritischer Erfolgsfaktor „Organisation und Prozesse" im Multichannel-Management

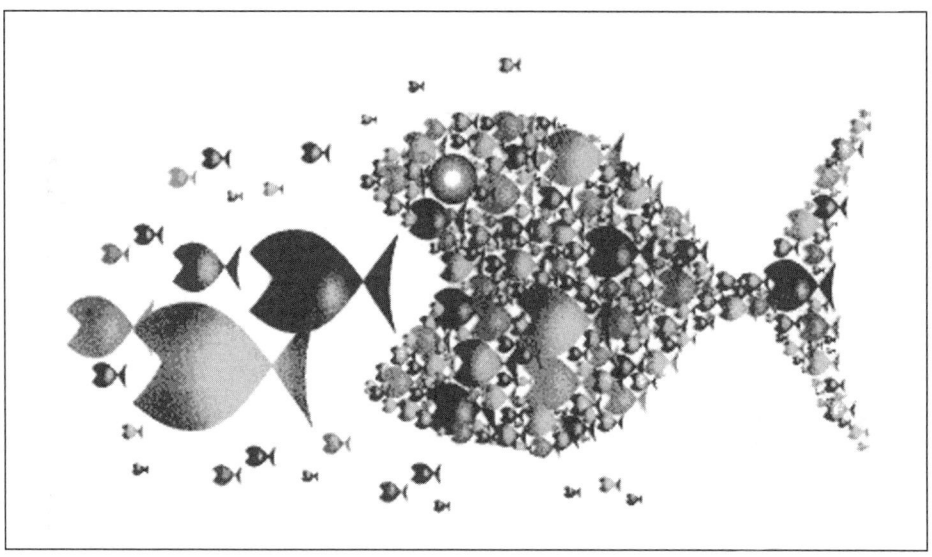

Abb. 14: Multichannel-System versus Multi-Kanal-Gebilde

Nur durch die Einhaltung dieser Regeln kann es einem Multichannel-Händler gelingen, aus vielen kleinen schnellen Vertriebseinheiten ein großes stimmiges Bild zu zeichnen, das den Kunden zum Kauf animiert. Letztlich gilt auch hier: „Das Ganze ist mehr als die Summe der Teile".

Literatur

Lönnecker, J.: Was wirkt: Jenseits aller Zielgruppen: Der Konsument auf der Suche nach neuen Verfassungen, Institut für qualitative Markt- und Medienanalysen, Februar 2003.

o. V.: Multichannel-Kunden sind weniger loyal als erwartet, [http://www.ecin.de/news/2002/08/05/04603], (Erstelldatum: 05.08.2002, Verfügbarkeitsdatum: 06.08.2002).

Schramm-Klein, H.: Multi-Channel-Retailing – Sonderauswertung: Otto Versand –, Institut für Handel und Internationales Marketing, März 2003.

Schröder, H.: CMC-Symposium, 2003, Esssen, http://www.cmc-essen.de/download/1_mcr-einfuehrung.pdf, Februar 2003.

Zentes, J./Schramm-Klein, H.: Multi-Channel-Retailing. Perspektiven, Optionen, Befunde, in: WiSt, Bd. 31, H. 8, Frankfurt/Main 2002, S. 450–460.

Ziems, D.: Abschied vom Smart Shopper. Kaufverhalten ist Revierverhalten, ifm Wirkungen + Strategien und Rempen & Partner, Köln, Düsseldorf 2001.

Ziems, D./Krakau, U.: Kaufreviere und Store-Dramaturgie. Neue psychologische Planning-Tools für Retail Brands, in: planung & analyse, Jg. 29, H. 4, Frankfurt/Main 2002, S. 68–75.

Ziems, D./Ohlenforst, O.: Wie bringt man neuen Schwung in die E-Commerce Evolution? Morphologische Markt- und Medienforschung zu Internetnutzung und Online-Kaufverhalten, in: Riekhof, H.-Chr. (Hrsg.), E-Branding-Strategien. Mit Fallstudien von Amazon, Dell, Eddie Baier und Otto, Wiesbaden 2001, S. 159.

Frank Pietersen/Christian Schrahe

3.4 Kritische Erfolgsfaktoren im Rahmen der Internationalisierung am Beispiel des Betriebstyps Hypermarkt

1. Einleitung
2. Internationalisierung – Status quo und Perspektiven
2.1 Der Betriebstyp „Hypermarkt" als Expansionsvehikel
2.2 Global Player – Die Taktgeber der Internationalisierung
2.3 Stoßrichtungen und Zielmärkte
2.4 Perspektiven
3. Kritische Erfolgsfaktoren
3.1 Chancen und Risiken – Potenzialanalyse mittels einer Feasibility Study
3.2 Expansion nach China – Ein Praxisbeispiel
3.3 Markteintrittsstrategien und Kooperationsformen – „Choose the right one"
3.4 Vorteile bei lokal modifizierbaren Business Models
4. Ausblick

Literatur

1. Einleitung

Durch Marktsättigung in den Heimatmärkten kann nachhaltiges Wachstum oftmals nur durch den Eintritt in neue Märkte erreicht werden. Aus diesem Grund wird der Schritt ins Ausland branchenübergreifend immer häufiger vollzogen. Die Motivation hinter einem solchen Unterfangen ähnelt sich oftmals, die Erfolgsfaktoren hingegen variieren jedoch zum Teil erheblich. Dies liegt neben unterschiedlichen Marktgegebenheiten mitunter am Vertriebsformat und der gewählten strategischen Stoßrichtung.

Dass nicht jede Branche einem einheitlichen Internationalisierungszyklus folgt, verdeutlichen nachfolgende Zahlen. Die weltweiten Top-15-Lebensmitteleinzelhändler vereinigten in 2002 24 Prozent des Weltmarktumsatzes auf sich. In der pharmazeutischen Industrie dagegen stehen die Top-15-Player für 70 Prozent des Weltmarktumsatzes. Dieser einleitende Vergleich verdeutlicht, dass der Lebensmitteleinzelhandel trotz seiner augenscheinlichen Internationalität als lediglich „eingeschränkt" global bezeichnet werden kann. Was sind mögliche Gründe?

- Einzelhandelsunternehmen benötigen für das operative Geschäft eine wesentlich geringere kritische Masse (Minimum Efficient Scale) als z. B. Hersteller von Medikamenten oder Energieversorgungsunternehmen. Das heißt, ihre Neigung, ins Ausland zu expandieren, ist per se geringer als die der Industrie. Insbesondere in Volkswirtschaften mit hoher Kaufkraft und/oder einer hohen Bevölkerungsanzahl wird der Heimatmarkterschließung eine höhere Priorität eingeräumt als der Auslandsexpansion.

- Die Kapitalmarktorientierung im Einzelhandel ist aufgrund der in Deutschland und auch international vorherrschenden Eigentümerstruktur – viele, auch große Unternehmen sind nicht börsennotiert – weniger stark ausgeprägt als bei Konsumgüterherstellern. Häufig werden Einzelhandelsunternehmen von Gesellschaftern geprägt, die sich der Tradition des Familienunternehmens mit einer zumeist starken regionalen/nationalen Prägung verpflichtet sehen.

Die beiden genannten Aspekte lassen die Schlussfolgerung zu, dass gegenwärtig eine hohe Internationalität von der Mehrzahl der Einzelhandelsunternehmen nur eingeschränkt als Profilierungsstrategie gegenüber Dritten, wie z. B. Kapitalmarktanlegern, angesehen wird.

Somit stellen sich die Fragen: Warum expandieren Handelsunternehmen überhaupt ins Ausland? Welche der Global Player können aktuell eine erfolgreiche Internationalisierung nachweisen, und was sind ihre Erfolgsmuster? Wir werden im weiteren Verlauf des Beitrages „Best und Worst Practice"-Beispiele anführen und aufzeigen, dass nicht nur die Qualität und Nachhaltigkeit des Geschäftsmodells, das der Unternehmensstrategie zugrunde liegt, einen kritischen Erfolgsfaktor darstellen, sondern auch die Art des Markteintritts.

Unabhängig von Methode, Zielsetzung und Stoßrichtung muss jegliche Internationalisierungsbestrebung immer auf einer klar definierten und nachhaltig Erfolg versprechenden Strategie basieren, die die wesentlichen Parameter im Vorfeld definiert und gewichtet, damit eine Auslandsexpansion nicht einer Wette auf den Erfolg gleichkommt.

Die in der Praxis erfolgreich erprobten Profilierungsstrategien bei der Internationalisierung von Einzelhandelsunternehmen werden vertiefend anhand des Betriebstyps Hypermarkt dargestellt. Darüber hinaus werden die Erfolgsfaktoren beleuchtet, die die Richtung und die Methode der Internationalisierung determinieren.

2. Internationalisierung – Status quo und Perspektiven

2.1 Der Betriebstyp „Hypermarkt" als Expansionsvehikel

Ein Hypermarkt ist ein großflächiger Betriebstyp mit einer Verkaufsfläche zwischen 5.000 m² und 15.000 m². Das Sortiment umfasst in der Regel 30.000 bis 80.000 Artikel und zielt mit seiner Breite und Tiefe auf „One Stop Shopper" ab. Das Sortiment wird nach oben hin mit A-Marken und nach unten hin mit Handelsmarken abgeschlossen. Die Preisgestaltung ist discount-orientiert, und der Convenience-Charakter wird durch großzügige Parkplatzangebote gefördert. Das Hypermarktkonzept eignet sich aus vielerlei Gründen für die internationale Expansion, wie wir an späterer Stelle noch zeigen werden.

Pionier des Formates „Hypermarkt" ist der französische Einzelhändler Carrefour, der das Betriebsformat konzipierte und bereits Mitte der 60er Jahre mit dem nationalen Roll-out begann. Zum führenden Großflächenbetreiber hat sich jedoch zwischenzeitlich der US-amerikanische Einzelhändler WalMart mit seinem leicht multiplizierbaren Konzept „Supercenter" entwickelt, wobei WalMart in 2002 lediglich 17 Prozent seines Umsatzes im Ausland erzielt hat.

Mittlerweile gelten insbesondere die beiden Unternehmen Auchan und Tesco als besonders innovative Großflächenbetreiber. Auchan hat mit dem Pilot-Store „Val d'Europe" den ehrgeizigen und erfolgreichen Versuch unternommen, das Store Layout und die Sortiments-Präsentation gezielter auf die Kundenbedürfnisse auszurichten. So finden die Kunden beispielsweise in der Abteilung „Kind" Kleidung, Babynahrung und Videokameras an einem Ort vor. Das neue Design ist geprägt von warmen Farbtönen, natürlichem Lichteinfall sowie spezieller Beleuchtung der Waren und nicht der Gänge. Tesco hingegen entwickelt seine Hypermärkte in enger Kooperation mit Joint-Venture-Partnern. Hierdurch soll unter anderem eine möglichst hohe Trefferquote in Bezug auf lokale Bedürfnisse erzielt werden.

2.2 Global Player – Die Taktgeber der Internationalisierung

Abseits von geografischer Präsenz, der Höhe des Auslandsumsatzes oder des Vertriebsformats, das zur Expansion gewählt wurde, sind weitere Faktoren zu berücksichtigen, um die Frage: „Wie global ist ein Global Player wirklich?" präzise beantworten zu können.

Bei multinational operierenden Unternehmen spielen viele Einzelfaktoren eine Rolle, die in ihrer Summe die Expansionsstrategie ausmachen und eine genaue Aussage zum Internationalisierungsgrad zulassen. Hierzu zählen z. B. – bezogen auf den Vertriebstyp „Hypermarkt" – die Anzahl der Märkte, die Umsatzhöhe, der Auslandsumsatzanteil, die Anzahl operativer Länder sowie die strategische Bedeutung des Formates Hypermarkt in der Konzernstrategie und auf Länderebene.

Carrefour ist, allein aus der Historie heraus, Taktgeber im Bereich Hypermärkte. Wal-Mart als weltweit größter Einzelhändler hingegen multipliziert im Wesentlichen sein Hypermarkt-Format erst seit Beginn der 90er Jahre und verzeichnet in manchen Ländern, z. B. in Deutschland, noch Reibungsverluste in der Adaption lokaler Spezifika. Tesco hat in der Vergangenheit den Eintritt in neue Märkte später als seine Wettbewerber getätigt, mehr Zeit auf die eingehende Analyse der Märkte verwendet und somit eine etwas andere Markteintrittsstrategie als z. B. Ahold oder WalMart verfolgt. Umso bedeutender ist bei Tescos Expansionsmethode eine schnelle Erlangung lokaler Größe im zweiten Schritt.

Die Analyse der Expansionsmethodik, aber auch der Performance unterschiedlicher Vertriebstypen innerhalb eines Handelsunternehmens zeigt, dass die Beschränkung auf die Verfolgung weniger Vertriebsformate kein Erfolgsversprechen für eine nachhaltige Expansionsstrategie ist und vice versa. Vielmehr schafft erst eine funktionierende Basis im Heimatmarkt die Grundlage für erfolgreiche Expansionsstrategien ins Ausland. Die zentrale Frage lautet somit: Wie hoch ist die Wahrscheinlichkeit, dass eine Auslandsexpansion gelingt, wenn die operativen Herausforderungen im Heimatmarkt nicht gelöst worden sind?

2.3 Stoßrichtungen und Zielmärkte

Die in der Vergangenheit gewählten Expansionsziele europäischer Retailer waren vor allem der US-amerikanische Markt und Asien, wobei die bei der Markterschließung angewandten Markteintrittsmethoden erheblich variierten. Akquisitorisch expandierte Ahold, Tesco hingegen operiert insbesondere in den asiatischen Ländern mit lokalen Joint-Venture-Partnern, und Metro setzt auf organisches Wachstum in den Zielmärkten, ebenso wie Lidl, Aldi Nord und Aldi Süd, mit Ausnahme von Hofer in Österreich.

Die Expansionsdynamik hat, wie die nachstehende Übersicht zeigt, seit 1980 erheblich an Geschwindigkeit zugenommen. Wurde im Zeitraum 1980 bis 1985 im Durchschnitt ein Land von den fünf genannten Unternehmen erschlossen, liegt die Anzahl mittlerweile bei annährend vier, wobei auch hier, analog zur wirtschaftlichen Entwicklung der eigenen Volkswirtschaft, eine Wellenbewegung (1996 bis 2000) zu verzeichnen ist.

Gründe für die ansteigende Dynamik sind unter anderem gesättigte Heimatmärkte, verbesserte Analyse-Tools zur Identifikation von Chancen und Risiken im Zielland, die Reduktion der globalen Beschaffungskomplexität, unter anderem durch Kooperationen mit Herstellern und Agenten, eine zunehmende Modularität der Hypermarkt-Konzepte, die deren Multiplikation erleichtert, oder aber auch in einigen Fällen die Erwartungen des Kapitalmarkts, die erreicht werden wollen.

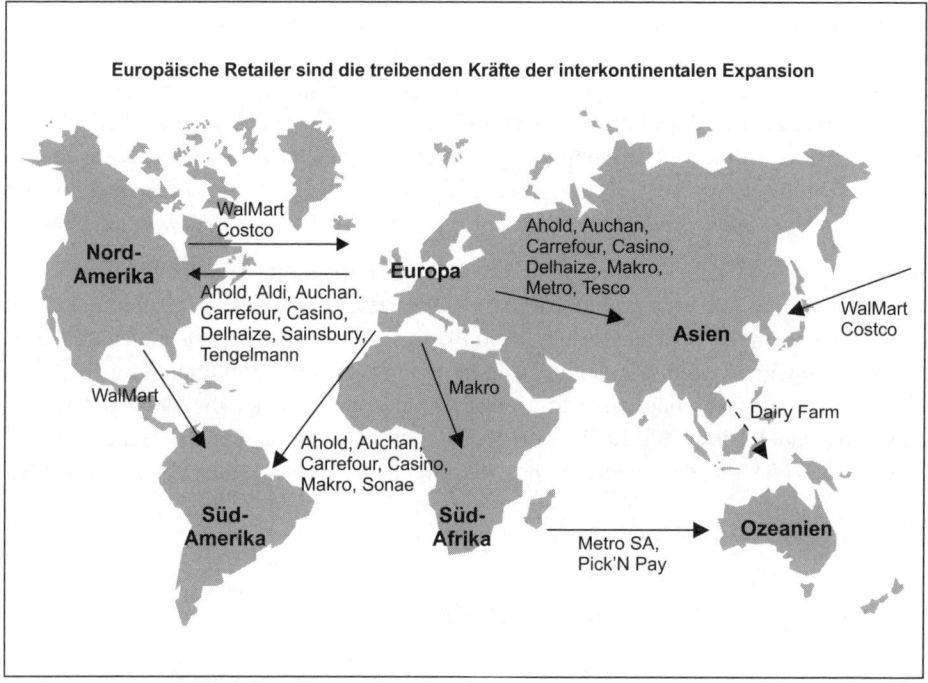

Abb. 1: Globalisierung – Internationale Expansion globaler Retailer
   Quelle: Coriolis Research

Ein wesentlicher Faktor zur Beurteilung der Marktattraktivität ist die Höhe der Pro-Kopf-Konsumausgaben im Zeitverlauf sowie ihre prognostizierte Steigerung. Ebenfalls von Belang sind Wettbewerbsintensität sowie regulatorische Maßnahmen. Eine „Feasibility Study" etwa versetzt Unternehmen in die Lage, auf Basis umfangreicher, gewichteter Informationen einen Markteintritt zu planen und zu vollziehen.

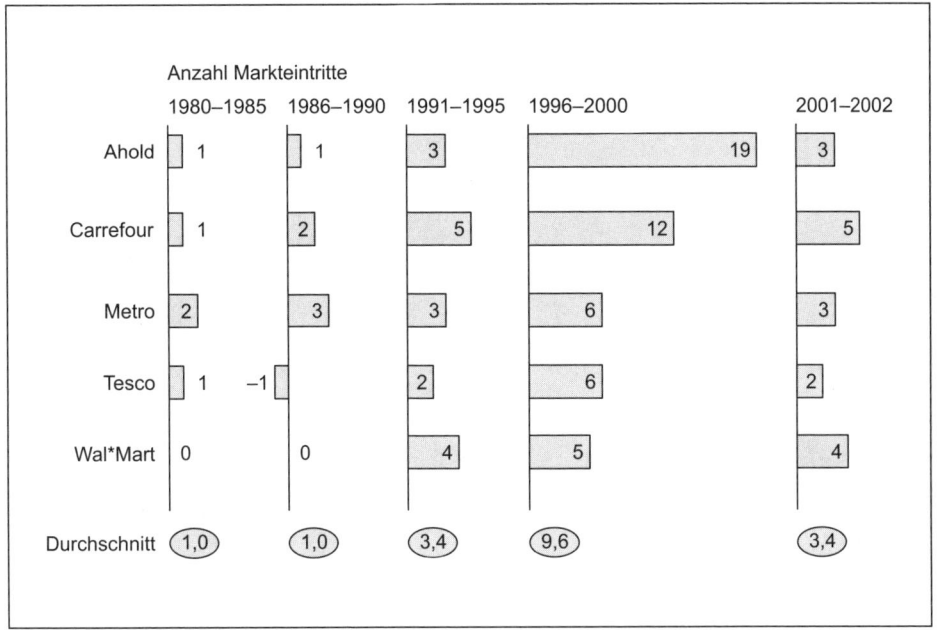

Abb. 2: Beschleunigung von grenzüberschreitender, organischer Expansion im Lebensmitteleinzelhandel
Quelle: Goldman Sachs International; KPMG

Im Fokus vieler Expansionsstrategien stehen aktuell die Märkte Russland und China. Auf den ersten Blick können sie als „reife" Märkte gelten, jedoch aus europäischer Sicht stellen sie Märkte mit hohem Wachstumspotenzial dar. Basierend auf unserer Erfahrung kann ein Markt – für Hypermärkte – als „reif" bezeichnet werden, wenn auf 100.000 Einwohner ein Hypermarkt entfällt. Vor diesem Hintergrund haben Frankreich und Deutschland bereits diesen „Reifegrad" erreicht und lassen annahmegemäß kein signifikantes, weiteres Marktwachstum für den Vertriebstyp Hypermarkt vermuten, während Großbritannien, Italien und Spanien noch Wachstumspotenziale bieten.

2.4 Perspektiven

Großflächen sind nicht nur in Deutschland in den vergangenen Jahren insbesondere zu Lasten des Vertriebstyps Supermarkt gewachsen. Dem Hypermarkt, in Deutschland dem SB-Warenhaus ähnlich, räumen wir international auch künftig hohe Wachstumsraten ein, da er wie kein anderer Betriebstyp eine breite Palette von Kundenbedürfnissen abdeckt und aufgrund seiner umfangreichen Auswahl erheblichen Spielraum für länderspezifisches oder regionales Customizing lässt.

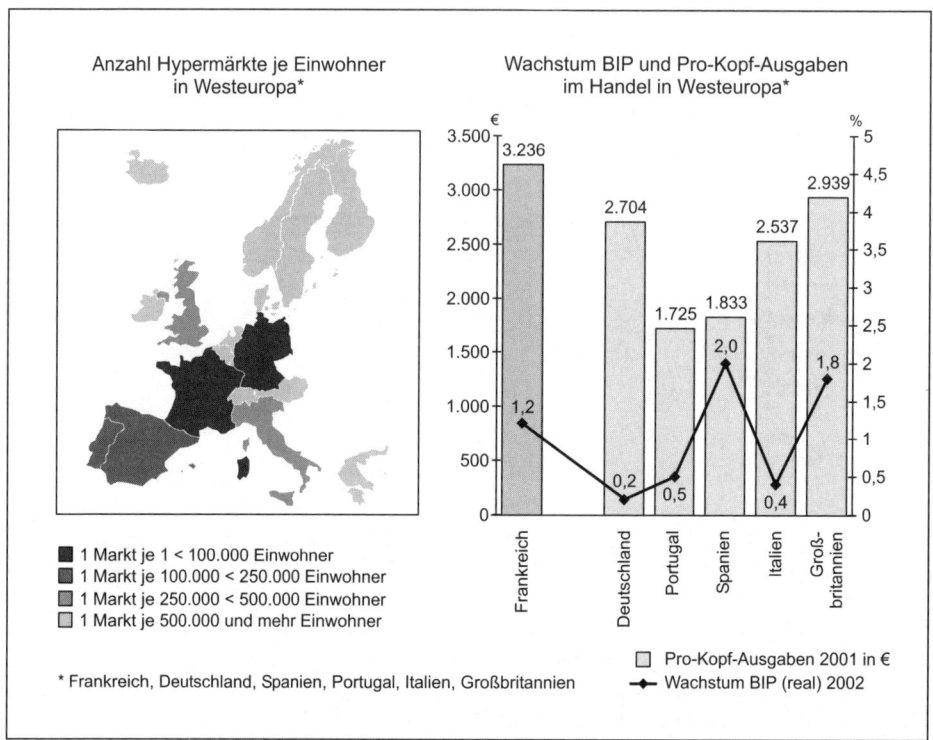

Abb. 3: Das Betriebsformat Hypermärkte in Europa
Quelle: IGD, E.I.U., IfW, OECD, KPMG

Dies gilt in besonderem Maße in Bezug auf Lebensmittel. Ein Beispiel: 90 Prozent des Sortimentes des im August eröffneten Metro Cash & Carry-Marktes in Kiew, Ukraine, wird lokal bezogen und trägt somit lokalen Wünschen Rechnung, aber auch der Etablierung wichtiger lokaler Geschäftsbeziehungen.

Für Handelsunternehmen bieten Hypermärkte ein sehr weites Betätigungsfeld in Bezug auf Modularität und der Adaption von Trends und lokalen Gegebenheiten, so dass in Folge in neuen Märkten Skalen- und Lerneffekte erzielt werden, die beim Konzept-Roll-out flächendeckend Anwendung finden können.

Die stufenweise erfolgte Expansion von Tesco nach Asien zeigt, dass sich das Format „Hypermarkt" gut zur Markterschließung eignet, um dann in einem zweiten Expansionsschritt eine komfortable Ausgangsbasis für Spezialkonzepte, wie z. B. „Convenience Stores" (Tesco Lotus Express, Thailand), und sekundäre Vertriebskanäle, wie das Online-Shopping (e-homeplus, Südkorea), zu bieten.

Neben den gegenwärtigen Zielmärkten Russland und China sind weitere Länder von hoher Attraktivität für Hypermarkt-Betreiber. Unter Zugrundelegung der Faktoren Marktgröße, Pro-Kopf-Ausgaben, Wachstumsprognosen und Wettbewerbsintensität sind dies in Europa Italien, Spanien und Türkei sowie die bevölkerungsreichen Staaten Osteuropas. In Asien liegt das Hauptaugenmerk zudem auf den so genannten Tigerstaaten und Japan. Indien und Indonesien werden aufgrund der noch größeren kulturellen Unterschiede zu den Heimatmärkten der Global Retailer vermutlich nur zögerlich erschlossen werden. Südamerikanische Märkte besitzen vor dem Hintergrund der drohenden Wechselkursrisiken gegenwärtig keine hohe Priorität. Der afrikanische Markt verfügt zwar mit Südafrika, Nigeria und den Mahgreb-Staaten über attraktive Einzelmärkte; aufgrund der großen Entfernungen zwischen ihnen ist eine logistische Vernetzung und Erzielung von Skaleneffekten jedoch nahezu unmöglich. Der nordamerikanische Markt wird dominiert von etablierten Unternehmen wie WalMart und Kroger und übt mit seiner hohen Wettbewerbsintensität im Bereich der Großfläche keinen großen Reiz auf europäische Lebensmitteleinzelhändler aus.

Neben bestehendem Wettbewerb erschweren insbesondere baurechtliche Auflagen zum Teil eine schnelle Expansion in bestehende (Deutschland) oder neue Märkte, da geeignete Standorte nicht erschlossen oder akquiriert werden können. Dies trifft auf Asien ebenso zu wie auf die bereits erschlossenen Märkte, wie Frankreich (Loi Royer, Loi Raffarin) oder Deutschland (Baunutzungsverordnung BauNV § 13).

3. Kritische Erfolgsfaktoren

3.1 Chancen und Risiken – Potenzialanalyse mittels einer Feasibility Study

Die Sorgfalt bei der Auswahl der Zielmärkte, ihre eingehende Analyse und anschließende Klassifizierung/Priorisierung sind entscheidend für den Erfolg einer Auslandsexpansion. Im Vorfeld nicht durchgeführte Analysen und Szenarien vermindern die Entscheidungssicherheit bei der Festlegung der Markteintrittsstrategie und können im Zweifelsfall zu einer erheblichen Reduzierung des Shareholder Value – z. B. wie im Falle von Marks & Spencer geschehen – beitragen.

Als Best Practice bezeichnet werden kann Tesco, das sehr behutsam in neue Länder expandiert. Tesco erschließt neue Märkte im Durchschnitt frühestens zwei Jahre nach dem Markteintritt durch den Wettbewerber Carrefour, einem Unternehmen, das das sukzessive Ausrollen von Test-Stores in neuen Märkten einer eingehenden theoretischen Analyse von Zielmärkten vorzieht. In diesem Zeitraum unterzieht Tesco den Markt einer eingehenden Analyse, macht sich auf die Suche nach Joint-Venture-Partnern und beobachtet das Agieren seiner Mitbewerber. Ein Beispiel für eine Joint-Venture-Partnerschaft stellt die Kooperation mit Samsung in Südkorea dar. Tesco nutzt aber auch Seed-Corn-Akquisitionen als Expansionsvehikel. Der Markteintritt nach Japan wurde im Jahr 2003 durch eine Seed-Corn-Akquisition vollzogen, als die Convenience- und Großhandels-Kette J-Stores übernommen wurde. Eine Strategie, die bereits in Polen Ende 2002 mit der Übernahme der Dohle-Verbrauchermärkte Anwendung fand und Tesco dort als Marktführer etablierte.

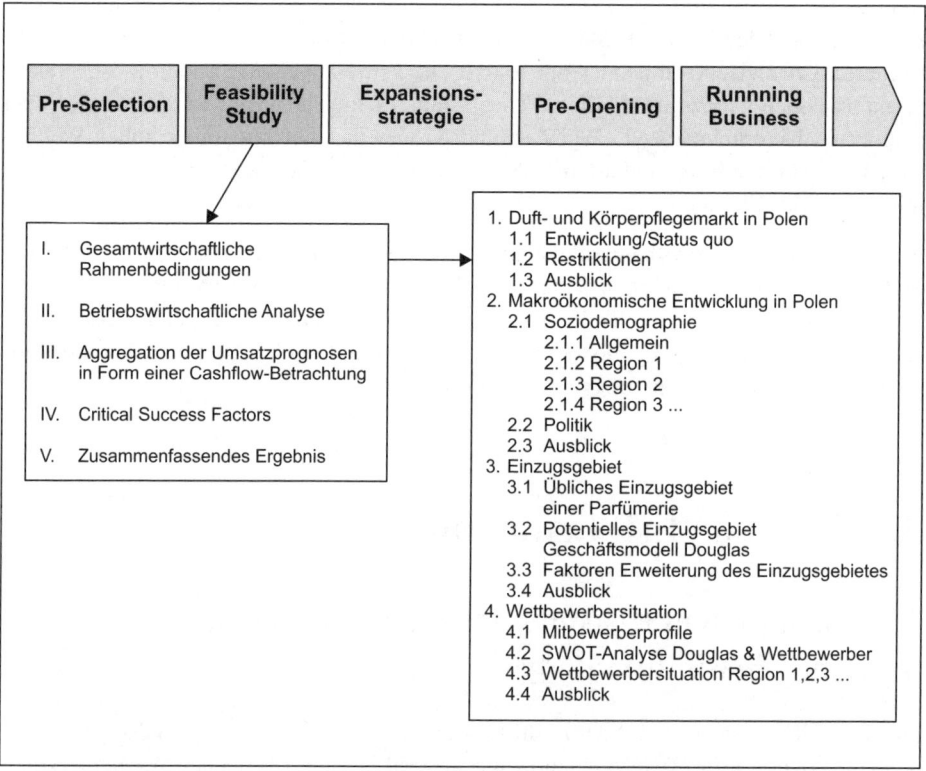

Abb. 4: Prozessabbildung des Markteintritts
 Quelle: KPMG

In der Praxis könnte die Potenzial-Analyse anhand einer Feasibility Study wie nachfolgend skizziert Anwendung finden: In der *Pre-Selection-Phase* grenzt der Retailer in der Form eines Quick Scan die zur Auswahl stehenden Zielländer ein. Im Allgemeinen wird die Selektion aufgrund der Entscheidungskriterien Marktgröße, Wettbewerbsintensität, Kenntnis der lokalen Kultur und Marktchancen getroffen. Die Attraktivität eines Zielmarktes lässt sich zunächst an seiner Größe bemessen. Ungleich wichtiger sind die Pro-Kopf-Ausgaben und ihre mittelfristig prognostizierte Wachstumsrate.

Im weiteren Verlauf der *Feasibility Study* werden die potenziellen Zielmärkte einer eingehenden Analyse unterzogen, mit dem Ziel, die für eine Auslandsexpansion am besten geeigneten Länder zu identifizieren, um für diese dann die formatspezifischen kritischen

3.4 Kritische Erfolgsfaktoren im Rahmen der Internationalisierung   229

Erfolgsfaktoren zu bestimmen. Da die Vorbereitung einer Auslandsexpansion vor allem wegen der Einholung von Genehmigungen und der Komplexität der Standortanalysen zeitintensiv sein kann, empfiehlt sich die Erstellung der Feasibility Study zu einem sehr frühen Prozesszeitpunkt. Dieser kann durchaus, je nach Zielland, ein bis zwei Jahre im Vorfeld einer Auslandsexpansion liegen. Der in Abb. 4 exemplarisch dargestellten Analyse der Rahmenbedingungen folgt eine Abbildung der betriebswirtschaftlichen Sachverhalte und ihr Einfluss auf den zu erwartenden Cashflow.

Für jegliche Prognosen, die im Rahmen einer Expansionsstrategie getroffen werden, ist das klare Verständnis der kritischen Erfolgsfaktoren innerhalb der einzelnen Stufen des Expansionsprozesses von grundlegender Bedeutung. Erst eine detaillierte Feasibility Study versetzt ein Unternehmen in die Lage zu entscheiden, ob im ausgewählten Zielland eine organische oder akquisitorische Markteintrittsstrategie zu bevorzugen ist, und welche Partner gegebenenfalls in Frage kommen könnten.

Die *Pre-Opening-Phase* schließlich beinhaltet den tatsächlichen Markteintritt und umfasst insbesondere die Sicherung der als geeignet identifizierten Standorte, die Rekrutierung von lokalem Personal sowie die Etablierung von Geschäftsbeziehungen zu lokalen Herstellern und Dienstleistern. Die Dauer der *Pre-Opening-Phase* kann umso mehr verkürzt werden, je sorgfältiger die Vorbereitung im Rahmen der *Feasibility Study* durchgeführt wurde.

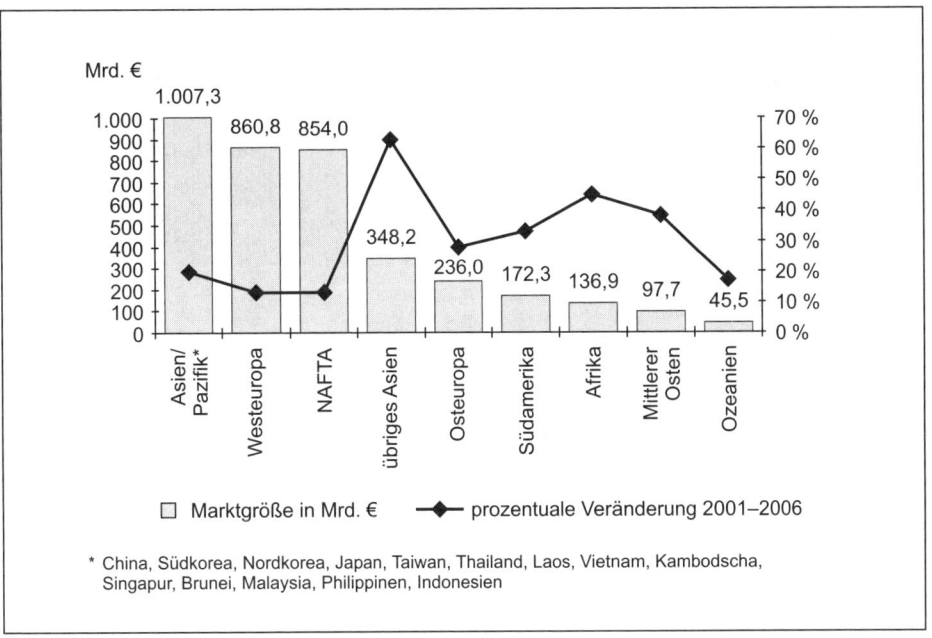

Abb. 5: *Marktvolumen und erwartetes Marktwachstum Lebensmitteleinzelhandel nach Regionen (2001 bis 2006)*
Quelle: IGD Research, KPMG

230 Kapitel 3: Unternehmens- und marketingstrategische Perspektiven

Eine erste Eingrenzung kann für unterschiedlichste Regionen, z. B. anhand des erwarteten Marktvolumenwachstums, wie in Abb. 5 dargestellt, erfolgen. Die Praxis zeigt, dass gerade die in Abb. 5 hervorstechenden Regionen aktuell im Fokus der Global Player stehen. Hohe Priorität genießen hierbei jene Länder, in denen insbesondere folgende Rahmenbedingungen gegeben sind:

- hinreichende Marktgröße,
- steigende Pro-Kopf-Ausgaben,
- stabile sozioökonomische Rahmenbedingungen,
- niedrige lokale Wettbewerbsintensität,
- keine Erschließung durch direkte globale Wettbewerber,
- hohe strategische Bedeutung und
- Kenntnis der lokalen Konsumentenbedürfnisse.

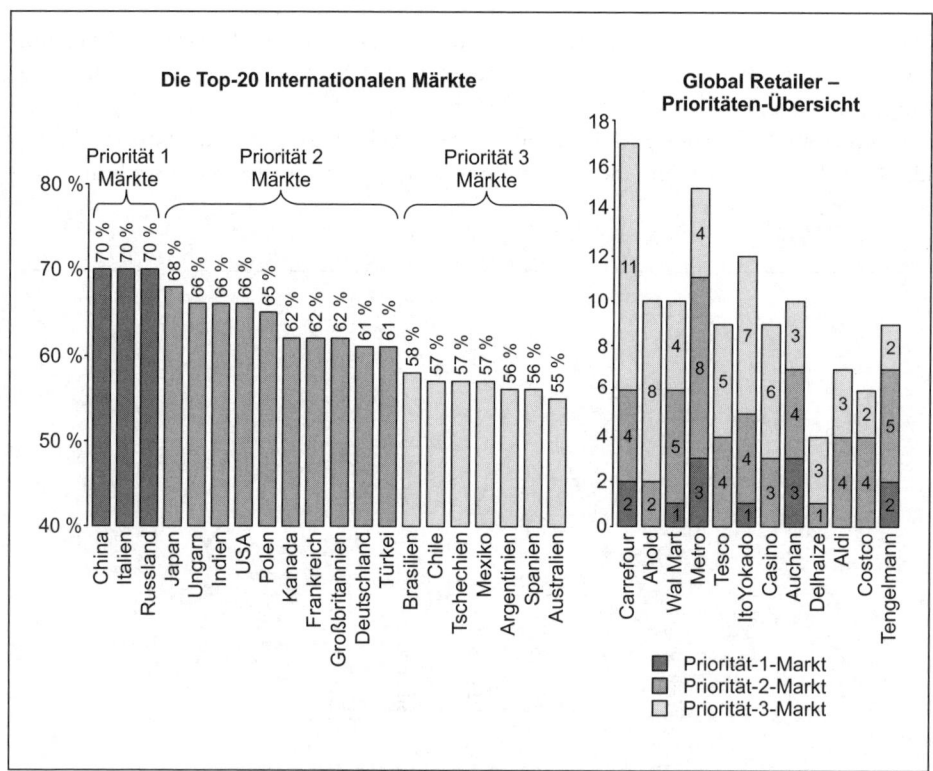

Abb. 6: *Die Top-20 internationalen Märkte und die Prioritäten der Global Player*
  Quelle: IGD Research

Abb. 6 verdeutlicht, dass expansionsfreundliche Rahmenbedingungen nicht nur in den Märkten vorherrschen, die gemäß Abb. 6 als offenkundig attraktiv eingeschätzt werden (Priorität 1), sondern dass ebenfalls Ungarn und Japan ein hohes Potenzial (Priorität 2) bieten. Zurückhaltung besteht hingegen bei der Erschließung von Märkten, in denen die Kultur des Ziellandes erheblich von der des Heimatmarktes abweicht und somit eine erhöhte Unsicherheit in der Einschätzung lokaler Kundenbedürfnisse zu erwarten ist. Ein Beispiel ist Indonesien, dessen Erschließung gegenwärtig keine Priorität eingeräumt wird.

Zudem haben empirische Untersuchungen von KPMG aus 2002 und 2003 zur Performance der Top-500-Retailer gezeigt, dass eine hohe geografische Spreizung der Aktivitäten die Wahrscheinlichkeit unterdurchschnittlicher Umsatzzuwächse signifikant erhöht. Das heißt, mit steigender Entfernung vom Heimatmarkt und signifikant unterschiedlichen Konsumpräferenzen nimmt die Möglichkeit, eine Expansion erfolgreich durchführen zu können, ab. Der Wert eines im Dezember 1998 angelegten Portfolios aus geografisch diversifizierten Unternehmen reduzierte sich bis Juni 2002 von 100 auf 95. Ein Portfolio aus geografisch fokussierten Unternehmen hingegen bescherte dem Anleger ein Plus von 24 Prozent, d. h., der Ursprungswert 100 erhöhte sich von 100 auf 124.

3.2 Expansion nach China – Ein Praxisbeispiel

Seit einigen Jahren durchläuft die Volksrepublik China eine Entwicklung, die das Land – wie Abb. 6 zu entnehmen ist – zu einem attraktiven Zielmarkt für expansionswillige Unternehmen, insbesondere aus Europa und den USA, macht. Konstant wachsende Einzelhandelsumsätze, steigende Pro-Kopf-Konsumausgaben, der Beitritt Chinas zur WTO in 2001 und die hiermit einhergehende Liberalisierung der Handelsbeziehungen, stützen diese Einschätzung.

Von 1997 bis 2002 lag die jährliche Steigerung der Einzelhandelsumsätze (CAGR*) bei 11,6 Prozent. Allein in 2002 setzte der chinesische Einzelhandel 505 Milliarden Euro um, wobei der Umsatz mit Lebensmitteln 340 Milliarden Euro betrug. Bis 2010 prognostiziert das Institute of Grocery Distribution (IGD) einen Anstieg der Konsumausgaben für Nahrungs- und Genussmittel von 7,8 Prozent p. a. Die Konzentration im Lebensmittelhandel ist in China sehr gering. Der Marktanteil des Marktführers Bailian Group, hervorgegangen aus dem Merger der beiden führenden Unternehmen Lianhua und Hualian in 2003, liegt unter einem Prozent, da filialisierte Vertriebskonzepte für den Vertrieb von Nahrungs- und Genussmitteln in der Volksrepublik China nahezu unbekannt sind. Erschwerend kommt hinzu, dass selbst innerhalb Chinas erhebliche regionale und kulturelle Unterschiede auszumachen sind und somit China anders als z. B. die westeuropäischen Märkte, in etliche Teilmärkte zerfällt.

In 2002 gab es erst knapp 200 Hypermärkte in China. Dies entspricht in etwa einem Prozent an der Grundgesamtheit der in China anzutreffenden Vertriebstypen. In Zahlen ausgedrückt bedeutet dies verglichen mit den USA: In den USA entfallen auf einen Hypermarkt 136.000 Einwohner, während es in China 6,422 Millionen Einwohner je Hypermarkt sind.

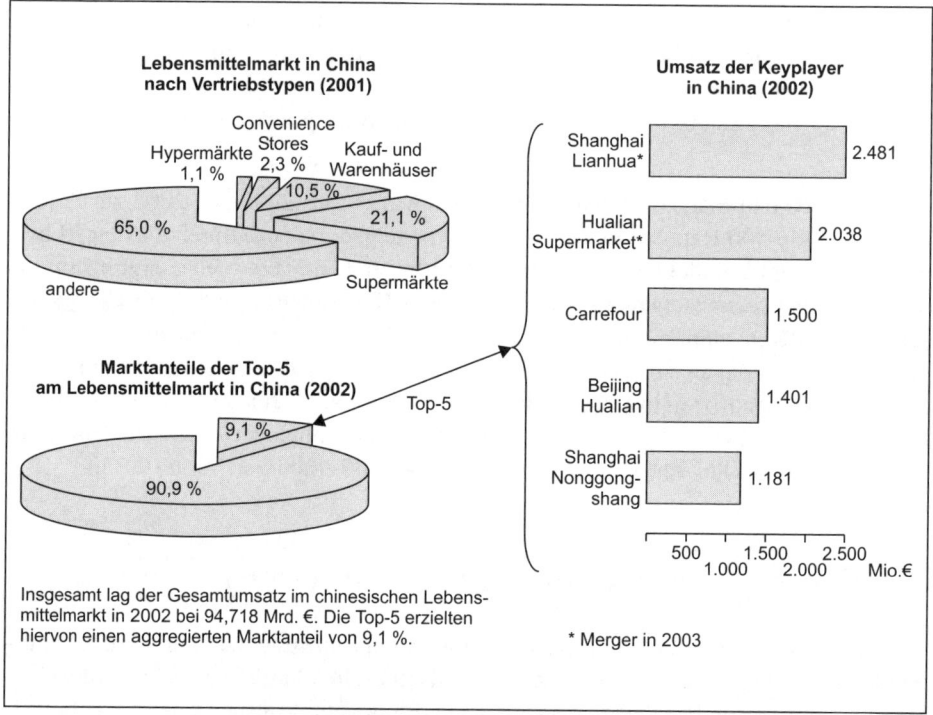

Abb. 7: Der Lebensmittelmarkt in China
Quelle: Economist Ingelligence Unit, Euromonitor; M+M Planet Retail; KPMG

$$CAGR = \sqrt[x]{\left(\frac{Endwert}{Anfangswert}\right)}$$

CAGR = Compound Annual Growth Rate
x = Anzahl Jahre im Betrachtungszeitraum – 1

Diese offenkundige Differenz liegt unter anderem darin begründet, dass jedes Land individuelle Richtlinien zur Ansiedelung von Gewerbeimmobilien bzw. zur Gründung von Tochtergesellschaften ausländischer Investoren bereithält.

Für den Markteintritt nach China sprechen auch steuerliche Anreize. So liegt der Körperschaftssteuersatz in China für Unternehmen, an denen ein ausländischer Investor zu mind. 25 Prozent beteiligt ist, bei 33 Prozent. Bei einer Reinvestition der Gewinne innerhalb der Landesgrenzen der Volksrepublik China – für mindestens fünf Jahre – erhält das Unternehmen eine Steuerrückvergütung in Höhe von 40 Prozent bezogen auf das investierte Kapital. Um Investitionen in die Sonderwirtschaftszonen wie Zentral- und West-China zu fördern, gewährt die chinesische Regierung erhebliche Steuervergünstigungen. In manchen Fällen sinkt dann z. B. die Körperschaftssteuer auf lediglich 15 Prozent.

Insbesondere das Ministry of Internal Trade (MIT) überwacht und begrenzt den Aufbau von Einzelhandelsunternehmen mit ausländischer Kapitalbeteiligung. Dennoch: Im

Zuge der wirtschaftlichen Liberalisierung wird die Bedeutung der „Wholly Foreign Owned Enterprises (WFOE)" – Tochtergesellschaften ausländischer Unternehmen – langfristig stark zunehmen.

Das gesellschaftsrechtliche Vehikel zur Sicherung lokaler Marktkenntnis ist ein Joint Venture mit einem chinesischen Partner. In China existieren zwei verschiedene Rechtsformen, die von ausländischen Unternehmen mitgegründet werden können. Zum einen das Equity Joint Venture (der ausländische Investor muss mind. einen 25-Prozent-Anteil am registrierten Kapital besitzen), zum anderen ein Co-Operative (fallweise auch Contractual genannt) Joint Venture, das weniger restriktive Anforderungen an die Ausprägung von Management-Strukturen und die Repatriierung von Gewinnen stellt. Damit eignet sich das Co-Operative Joint Venture insbesondere für Projektarbeiten. Beide Joint Ventures benötigen eine Genehmigung der Behörden. Verstärkt wird dies durch „Guanxi", das Netzwerk persönlicher Beziehungen, von dessen Wirken in China kaum eine politische oder wirtschaftliche Entscheidung unbeeinflusst bleibt.

Eine echte Herausforderung für ausländische Unternehmen ist der Nationalstolz der Chinesen. Laut einer Umfrage würden 70 Prozent der Befragten lieber in einem Geschäft eines chinesischen Unternehmens kaufen als bei einem ausländischen. Ein weiterer Aspekt, der die landesweite Multiplikation von Hypermärkten einschränkt, ist die geringe Autodichte je Einwohner. Vor diesem Hintergrund sind z. B. nur wenige Städte und Regionen mit guter Infrastruktur und hoher Pkw-Dichte interessant, obwohl sich die Pkw-Dichte in naher Zukunft erkennbar erhöhen wird.

3.3 Markteintrittsstrategien und Kooperationsformen – „Choose the right one"

Ausgewählte Markteintrittsstrategien

Viele Praxisbeispiele folgen einem speziellen Muster hinsichtlich der Markteintrittsmethodik: Generell gilt, je weiter entfernt der Zielmarkt von der Homebase eines Unternehmens ist, desto loser ist der Kollaborationsgrad zwischen lokaler und zentraler Organisationseinheit. Gründe liegen in der oftmals geringen Kenntnis lokaler Märkte und ihrer Spezifika sowie dem damit verbundenen Risiko, neue Kunden mit dem eigenen, altbewährten Leistungsangebot nicht anzusprechen. Dieses Risiko kann jedoch beherrschbar gemacht werden, wenn die Stärken und Schwächen der einzelnen Markteintrittstrategien analysiert und selbstkritisch auf die eigene Unternehmenssituation hin gespiegelt werden.

Größere Akquisition

Ein Unternehmen erwirbt eine Mehrheitsbeteiligung bzw. bis zu 100 Prozent der Anteile an einem anderen Unternehmen mit dem Ziel, ad hoc einen erheblichen Marktanteil zu gewinnen und Zugang zu wichtigen Unternehmensressourcen zu erhalten. Ein Beispiel war die Akquisition von Asda GB durch WalMart USA. Kriterien für die Größe einer Akquisition sind beispielsweise das Akquisitionsvolumen, die Umsatzhöhe und die Größe und Dichte des Filialnetzes des zu akquirierenden Unternehmens sowie der zu erwartende Integrationsaufwand. Ausgewählte Vor- und Nachteile größerer Akquisitionen stellen sich wie folgt dar:

+	−
■ Schneller Markteintritt ■ Kritische lokale Masse ■ Synergien ■ Fallweise einzige Option	■ Reduzierung von Shareholder Value ■ Post Merger Integration ■ Höheres initiales Investment ■ Übernahme von Schwächen des Partners

Über eine Vielzahl von Branchen hinweg betrachtet ist das Risiko, den Shareholder Value infolge einer größeren Akquisition zu mindern, gerade im Bereich Consumer Markets, und speziell im Bereich Handel – Abb. 8 –, signifikant höher als in anderen Branchen oder in der Konsumgüter-Industrie.

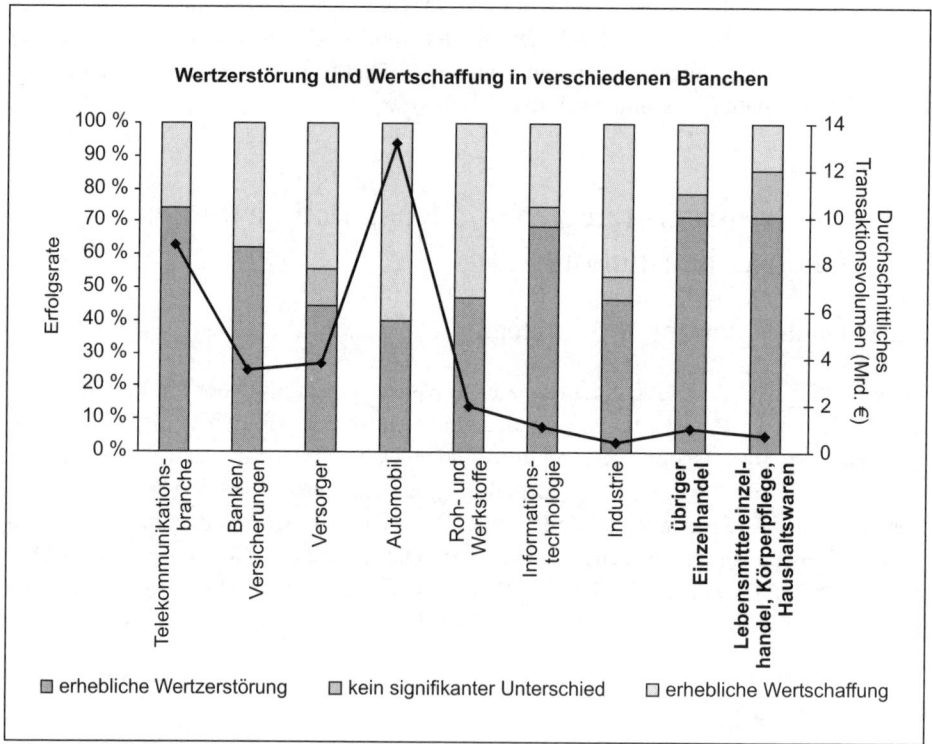

Abb. 8: *Analyse der Entwicklung des Shareholder Value nach M&A-Aktivitäten*
Quelle: KPMG

3.4 Kritische Erfolgsfaktoren im Rahmen der Internationalisierung 235

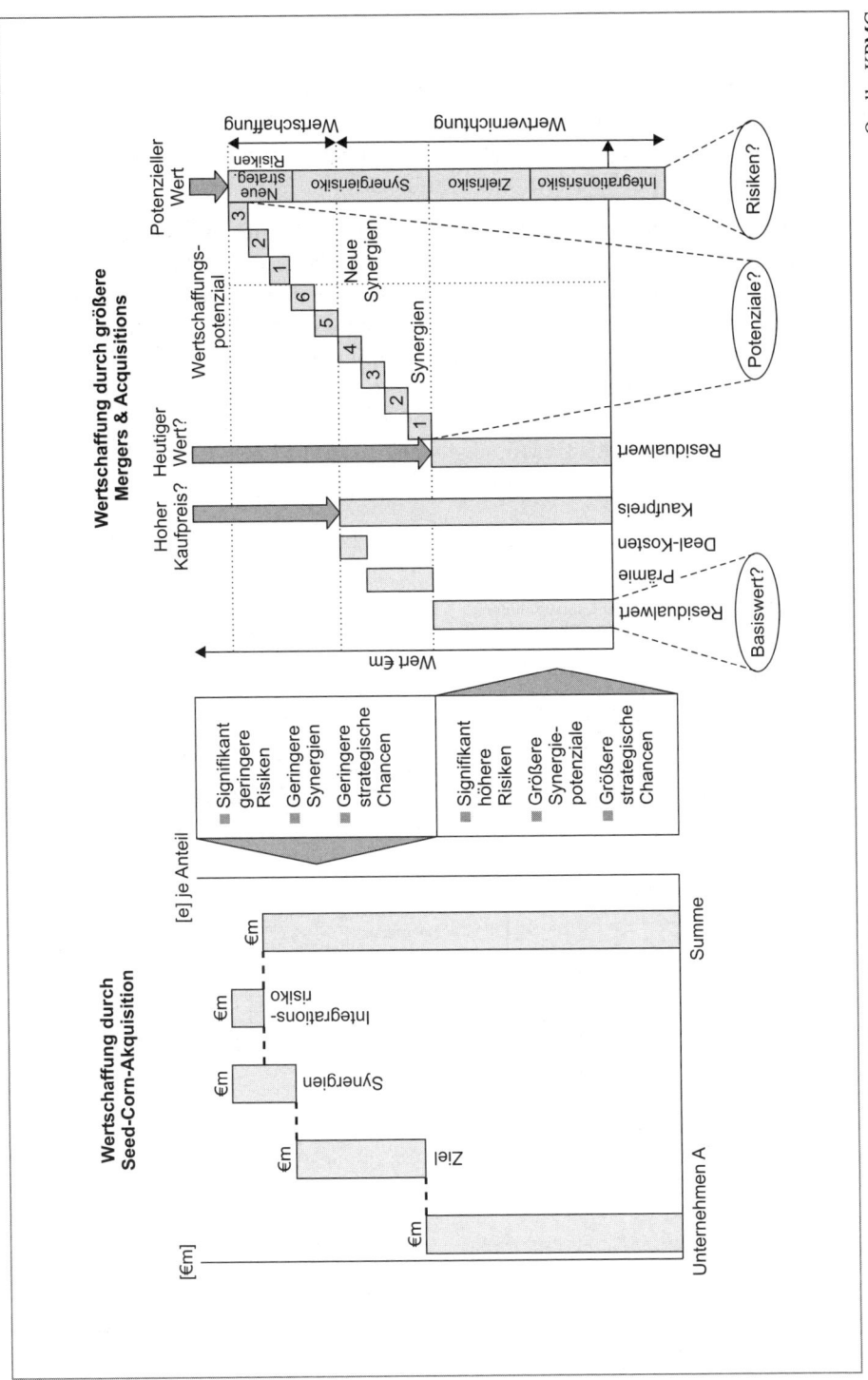

Abb. 9: *Wertschaffung durch Seed-Corn-Akquisitionen*

Quelle: KPMG

Daher muss bereits große Sorgfalt und höchstmögliche Präzision bei der Analyse und Wahl des Akquisitionsobjektes gewährleistet sein, um die prognostizierten Synergien zeitnah zu heben. Dies gilt nicht nur für den Fall, in einem intensiven Wettbewerbsumfeld den Marktanteil ausbauen zu wollen. Vielmehr müssen der Akquisitionsprämie – in ihrem Zusammenhang in Abb. 9 dargestellt – auch Synergien in mindestens gleicher Höhe gegenüberstehen, um das Investment zu begründen.

Die gewählte Akquisitionsstrategie hat somit erheblichen Einfluss auf die Post Deal Performance. Eine empirische Untersuchung von Bain & Company aus 2003 zeigt, dass die durchschnittliche Überschussrendite (= Gesamtaktienrendite – Eigenkapitalkosten) bei konstanten Aufkäufern 1,74 Prozent beträgt. Rezessionsaufkäufer generieren 1,06 Prozent, Käufer, die zu „Flauten" Unternehmen akquirieren generieren lediglich 0,95 Prozent Überschussrendite und Käufer, die in Wachstumsphasen aktiv werden, generieren nur noch 0,75 Prozent Überschussrendite. Die Ergebnisse zeigen, dass durch eine stringente und nachhaltige Akquisitionsstrategie langfristig die höchsten Renditen erreicht werden können.

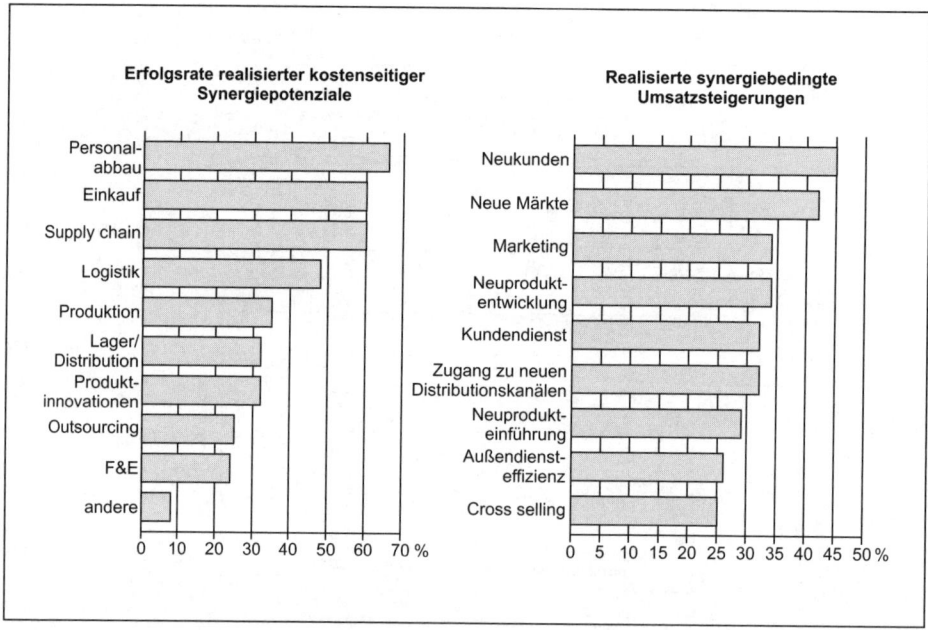

Abb. 10: *Synergien unter den Gesichtspunkten Kostensenkung und Umsatzsteigerung*
 Quelle: KPMG: Unlocking the shareholder value: the keys to success

Mit der Größe des Akquisitionsobjektes steigt der Komplexitätsgrad der Post-Merger-Integration. Analog hierzu sinkt ebenfalls die Wahrscheinlichkeit, alle Synergien wie geplant realisieren zu können, d. h., man bewegt sich von dem im Vorfeld prognostizierten Optimum weg. Beteiligungen an fremden Unternehmen von weniger als 25 Prozent haben gemäß einer Untersuchung von KPMG die vergleichsweise beste Performance. Mit steigender Kapitalbeteiligung erhöhte sich nachweislich das Risiko einer unbefriedigenderen Performance. Der Unterschied, ob es sich dabei um eine Akquisition im In- oder Ausland handelt, war statistisch gesehen hingegen nicht signifikant.

Wie die Praxis zeigt, in Abb. 10 hinterlegt, sind es insbesondere die im Vorfeld als „vergleichsweise leicht zu heben" bezeichneten Synergien, die tatsächlich realisiert werden. Abstrakter umschriebene Synergiepotenziale lassen sich im Gegenzug deutlich schwerer realisieren. Kostenseitig werden Synergien insbesondere durch Einsparungen beim Personal, im Einkauf, im Außendienst oder allgemein entlang der Supply Chain realisiert. Umsatzzuwächse entstehen in erster Linie durch die Gewinnung neuer Kunden und Erschließung neuer Marktsegmente.

Seed-Corn-Akquisition

Im Rahmen einer „Seed-Corn-Akquisition" erwirbt ein Unternehmen eine geringe Anzahl von Stores von einem Unternehmen oder eine Mehrheitsbeteiligung bis zu 100 Prozent der Anteile an einem kleineren Handelsunternehmen; dies war beispielsweise die Markteintrittsstrategie von Tesco nach Ungarn. Typischerweise werden in den Folgejahren rasch neue Stores in großer Anzahl eröffnet, um schnell den lokalen Marktanteil zu vergrößern und um einen relevanten „Local Scale" zu erlangen (vgl. auch Abb. 11).

+	-
■ Geringes Risiko beim Markteintritt	■ Akquisitionsprämie
■ Geringes Investment	■ Geringere Markteintrittsgeschwindigkeit
■ Bestehende Ressourcen	■ Warum verkauft der Partner?
■ Sprungbrett	■ Markenintegration

Filialen

Bei dieser Expansionsvariante, die einem organischen Wachstum gleichkommt, eröffnet ein Unternehmen Stores im Ausland, zumeist in Form von Test-Filialen, in denen unterschiedliche Filialkonzepte auf Marktgängigkeit und Kundenakzeptanz getestet werden. Das Erfolg versprechendste Konzept wird dann im weiteren Verlauf der Auslandsexpansion multipliziert. Der französische Lebensmitteleinzelhändler Auchan beispielsweise verfolgt mit seinen Hypermärkten diese Expansionsstrategie (vgl. auch Abb. 12).

+	-
■ Globale Marke	■ Suche nach geeigneten Ladenlokalen
■ Multiplizierbares Konzept	■ Geringe Markteintrittsgeschwindigkeit
■ Einheitliche Qualität	■ Suche nach geeignetem Personal
■ Aktienmarkt honoriert organisiertes Wachstum	■ Hohe Werbeintensität notwendig

Kapitel 3: Unternehmens- und marketingstrategische Perspektiven

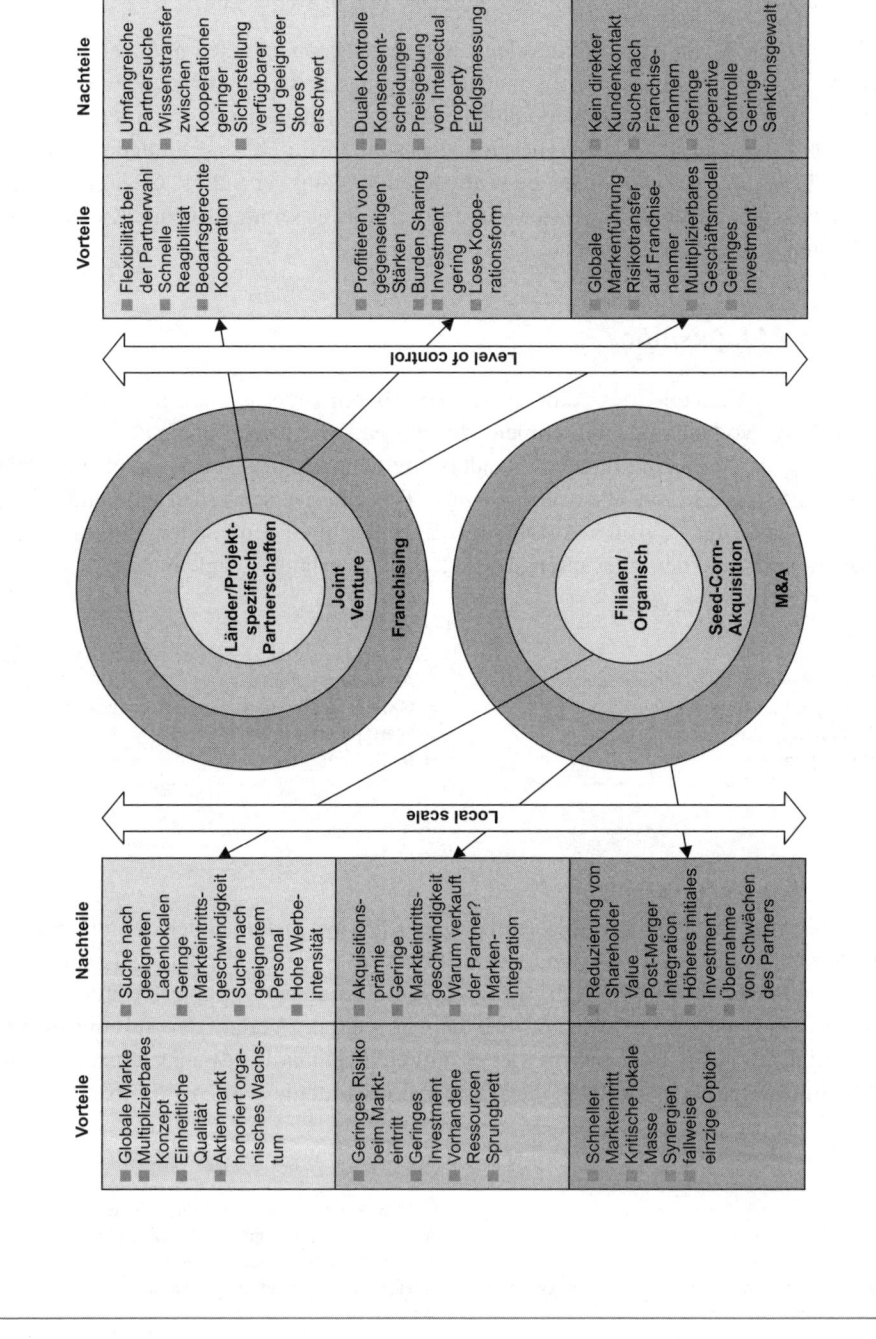

Abb. 11: Ausgewählte Markteintrittsstrategien – Pro und Contra   Quelle: KPMG

3.4 Kritische Erfolgsfaktoren im Rahmen der Internationalisierung

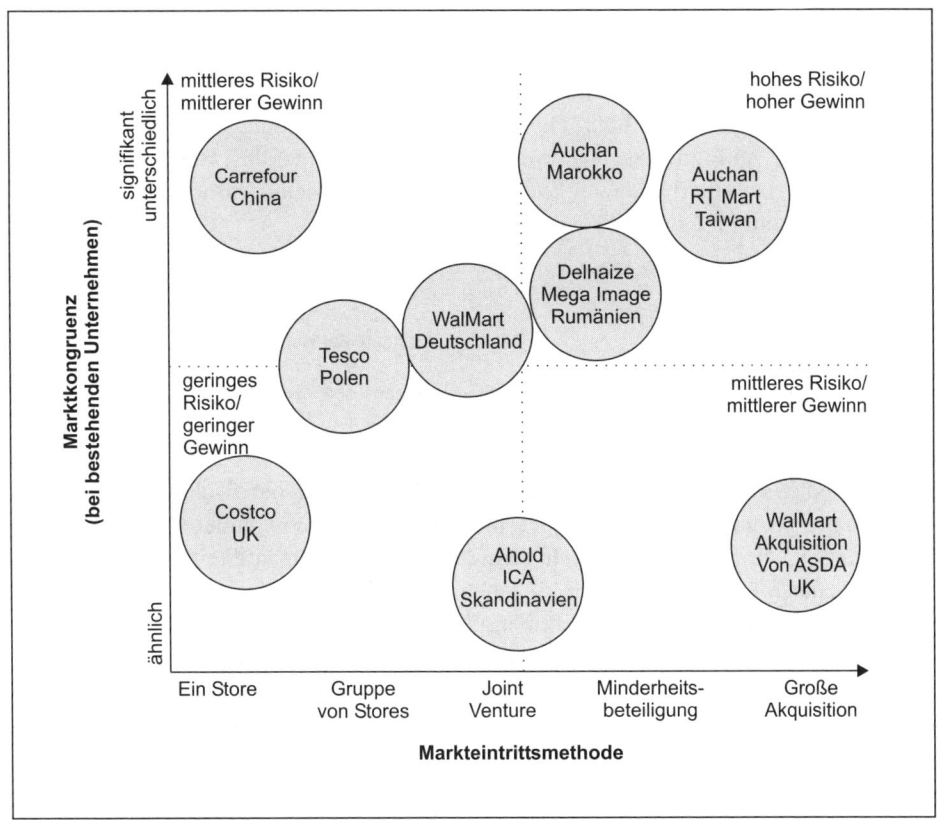

Abb. 12: Beispiele Markteintrittsstrategien der Global Player
Quelle: IGD Research

Joint Venture

Zwei Unternehmen gehen auf Projektbasis eine vergleichsweise lose Kooperation ein. Ressourcen und Aufgabenverteilung werden vertraglich fixiert und die entscheidenden Gremien zumeist paritätisch besetzt. So nutzte z. B. Ahold die lokale Marktkenntnis seiner Joint-Venture-Partner z. B. bei der Expansion nach Mittelamerika.

+	−
■ Profitieren von gegenseitigen Stärken ■ Burden Sharing ■ Investment gering ■ Lose Kooperationsform	■ Duale Kontrolle ■ Konsensentscheidungen ■ Preisgebung von Intellectual Property ■ Erfolgsmessung

Franchising

Ein Franchisenehmer erwirbt vom Franchisegeber das Recht zur Markennutzung und zahlt dafür eine Franchisegebühr. Die Stores werden selbständig, jedoch in enger Abstimmung mit dem Franchisegeber vom Franchisenehmer geführt. Bekannte Beispiele für Franchising auf internationaler Ebene sind der Beauty Retailer Body Shop sowie der Systemgastronom McDonald's.

+	–
■ Globale Markenführung ■ Risikotransfer auf Franchisenehmer ■ Multiplizierbares Geschäftsmodell ■ Geringes Investment	■ Kein direkter Kundenkontakt ■ Suche nach Franchisenehmern ■ Geringe operative Kontrolle ■ Geringe Sanktionsgewalt

Die letztendliche Wahl der Markteintrittsmethode ist länderspezifisch und gegebenenfalls abhängig vom Akquisitionsobjekt, manchmal aber auch von der Gelegenheit, die sich bietet und ein schnelles Handeln erfordert. Der letztgenannte Punkt kommt insbesondere in den Märkten zum Tragen, in denen es große nicht börsenorientierte Unternehmen gibt, die sich in Familienbesitz befinden. Exemplarisch ist hier der europäische Markt zu nennen. Aldi, Lidl und einige andere große deutsche Handelsunternehmen sind immer noch in Privatbesitz oder werden durch eine Stiftung, die die Interessen der privaten Anteilseigner vertritt, gesteuert. Gelangt ein solches Unternehmen oder Teile hiervon zum Verkauf, müssen häufig entsprechend hohe Akquisitionsprämien gezahlt werden.

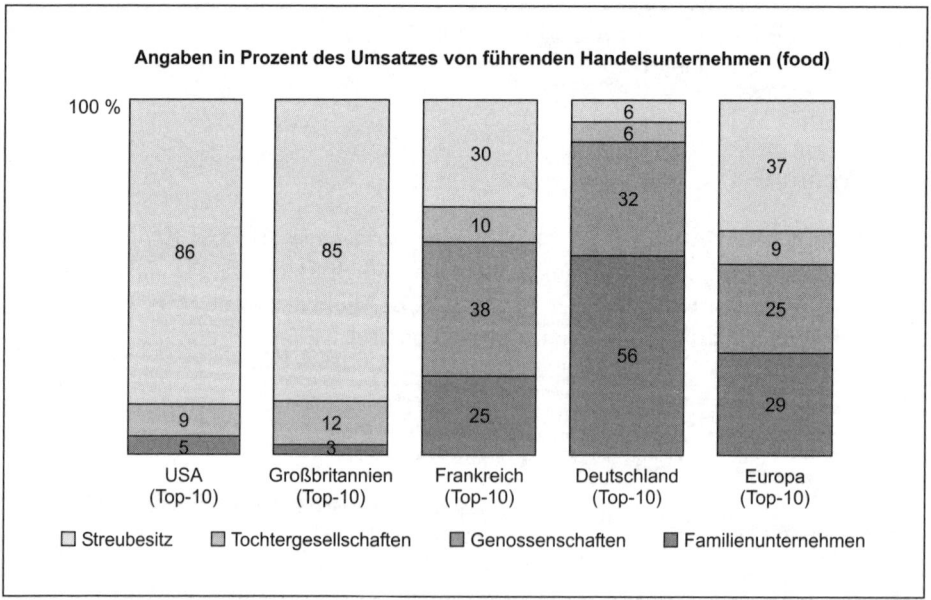

Abb. 13: *Eigentumsstrukturen im internationalen Vergleich*
Quelle: Metro

3.4 Vorteile bei lokal modifizierbaren Business Models

Unternehmen mit einer eindeutigen, meist vertikalen Organisationsstruktur, die rückwärtig beim Konsumgüterhersteller endet, sind häufig First Mover. Logistik, Marketing und Vertrieb sind in einem Unternehmen gebündelt, ergänzt um Design und Produktion bei Eigenmarken. Die Top-Player sehen ein zügiges Internationalisierungstempo als eminent wichtig für den Erfolg Ihrer Expansionsstrategie an. Voraussetzung hierfür ist ein modulares, leicht übertragbares Business Model, in das sich regionale Spezifika schnell integrieren lassen. Die Kombination aus Modularität und Vertikalität erlaubt ein zügiges Expansionstempo zur schnellen Erlangung von Marktmacht.

Der bereits hohe Konzentrationsgrad in vielen „reifen" Märkten, verbunden mit einem sich verschärfenden Wettbewerb, zwingt Unternehmen zu expandieren. Man spricht dann von einem „Push-Verfahren". Insbesondere, wenn das Geschäftsmodell im Inland Schwächen zeigt, kann dies zu erheblichen Problemen führen.

Beim entgegengesetzten „Pull-Verfahren" werden Unternehmen vom Potenzial einzelner Märkte angezogen. Vor allem die Öffnung der osteuropäischen Märkte hat einen solchen „Pull"-Impuls initiiert. Das expansionswillige Unternehmen agiert hier im Gegensatz zur Push-Strategie zumeist aus einer Position der Stärke heraus. Ein im Heimatland erfolgreiches Geschäftsmodell generiert in diesem Fall den für die Internationalisierung erforderlichen positiven Cashflow.

Grundsätzlich gilt: Die erfolgreiche Umsetzung mehrerer Geschäftsmodelle in einem Unternehmen ist nur in oligopolen Märkten oder bei einer absoluten Alleinstellung des Business Models, z. B. Dell Computer, möglich.

Mit zunehmender Wettbewerbsintensität birgt eine breit gestreute Ansprache unterschiedlichster Segmente und Zielgruppen die Gefahr der Margenerosion sowie der Verwässerung der Kernkompetenz, für die ein Unternehmen steht. Die Praxis zeigt, dass es in einem dynamischen Marktumfeld nur in Ausnahmefällen gelingt, verschiedene Kompetenzfelder gleichermaßen professionell und erfolgreich zu entwickeln und zu pflegen. Da zudem das Synergiepotenzial innerhalb verschiedener Geschäftsmodelle als gering einzuschätzen ist, ist die Verfolgung heterogener Geschäftsmodelle finanzwirtschaftlich riskant.

Mit der Bedeutung der Internationalisierung innerhalb der Unternehmensstrategie steigt die Notwendigkeit eines eigenständigen Internationalisierungs-Controlling. Die Anforderungen an die strategische Planung, die Budgetierung und die operative Planung können nur durch eine enge Kooperation mit dem lokalen Management gewährleistet werden.

Nachfolgend können insbesondere folgende kritische Erfolgsfaktoren für eine erfolgreiche Internationalisierungsstrategie genannt werden:

- Erfolgversprechend sind die dargestellten Geschäftsmodelle nur dann, wenn der Kunde eine „Value Proposition" erkennt, die ihn dazu bewegt, in diesem Unternehmen einzukaufen.
- Nur eine konsequente, an den Kundenbedürfnissen ausgerichtete Weiterentwicklung des Geschäftsmodells sichert erlangte Wettbewerbsvorteile nachhaltig.
- Nur eine effiziente logistische Vernetzung, gute Hersteller-Händler-Beziehungen und die durchdachte Delegation von Verantwortung gewährleisten eine schnelle und effiziente Warenversorgung des Handels.
- Erst durch das erfolgreiche Management der drei zuvor genannten Grundanforderungen können Kunden langfristig gebunden werden.
- Nur die langfristige Bindung zufriedener Kunden kann Wachstum und Profitabilität und damit die Existenz des Unternehmens sichern.

Die Übersicht auf der gegenüberliegenden Seite über unterschiedliche Geschäftsmodelle, die in der Praxis Anwendung finden, definiert drei strategische Ausprägungen: den „Channel Retailer", den „Content Retailer" und den „Global Discounter". Auchan profiliert sich gemäß Abb. 14 über Serviceführerschaft und Produktinszenierung. In diesen Geschäften werden die Kunden zum längeren Verweilen und somit zur nachweislichen Mehrausgabe angeregt. Store Design und Layout sind bewusst großzügig gehalten, angemessen für das etwas höhere Preisniveau der angebotenen Produkte. Diese Channel-Strategie eignet sich insbesondere zur Expansion in Volkswirtschaften mit hoher oder stark ansteigender Kaufkraft bzw. hohem Pro-Kopf-Konsum.

Tesco, ein typischer „Content Retailer", profiliert sich demgegenüber verstärkt über ein umfangreiches Sortiment, das um einen hohen Anteil schnell drehender Eigenmarken ergänzt wird. Optimale Zielmärkte sind insbesondere die aufstrebenden Volkswirtschaften in Osteuropa, China und übrigen Asien.

WalMart als „Global Discounter" hingegen profiliert sich mit seiner EDLP-Strategie „Every Day Low Price".

Die Kunst im länderspezifischen Finetuning des Geschäftsmodells liegt darin, das Geschäftsmodell trotz der zur Erreichung von Synergien erforderlichen Standardisierung durch einen modularen Aufbau flexibel zu halten. Nur so können lokale Märkte vor globalem Hintergrund optimal bedient werden.

3.4 Kritische Erfolgsfaktoren im Rahmen der Internationalisierung

	Geschäftsmodell		
	Channel Retailer	**Content Retailer**	**Global Discounter**
Nutzenstrategie	Kundenpartnerschaft	Produktführerschaft	Preisführerschaft
Strategischer Wettbewerbsvorteil	Auswahl an Marken, Service, Ladenlayout	Eigenmarken, Regionalität, Vertrauen	Preis-Leistungs-Verhältnis
Operative Kernprozesse	Beziehungspflege Industrie, Sortiment, Service-/Dienstleistung	Marktforschung, Produktentwicklung, „Kult-Kommunikation"	Optimierte Einkaufs-, Logistik- und Verkaufsprozesse
Geschäftsstruktur	Hohe Entscheidungsbefugnis der Mitarbeiter	Flexible und dezentrale Netzwerkstruktur	Standardisierte und vereinfachte Abläufe
Managementsysteme	Leistungsmix auf Kundenbedürfnisse ausrichten	Aufbau und Pflege von einzigartigen Sortimentsangeboten	Zuverlässige, schnelle Transaktionen nach vorgegebenen Leistungsmaßstäben
Markteintritt	Merger & Acquisition	Organisches Wachstum	Organisches Wachstum
Praxisbeispiele	Auchan	Tesco	WalMart

Systematik nach Prof. Thomas Rudolph

Abb. 14: *Übersicht der Geschäftsmodelle von Hypermarkt-Betreibern*
Quelle: Systematik nach Prof. Thomas Rudolph

4. Ausblick

Der Betriebstyp Hypermarkt ist, wie skizziert, unter gewissen Rahmenbedingungen durchaus für ein internationales Roll-out geeignet. Das Hypermarkt-Konzept vereinigt eine große Schnittmenge aus effizienter Multiplizierbarkeit, verbunden mit einer umfassenden Erfüllung globaler Kundenbedürfnisse, die viele andere im Umlauf befindliche Vertriebsformate – mit Ausnahme von Cash & Carry oder Discountkonzepten – nicht in diesem Umfang aufweisen.

Attraktive Zielmärkte werden, wie eingangs aufgezeigt, weiterhin die bevölkerungsreichen Länder Osteuropas und Asiens sein. Aufgrund ihrer lokalen Spezifika, besonderer Regularien und zum Teil deutlich abweichender Kulturkreise ist die sorgfältige Erstellung einer Feasibility Study im Vorfeld des Expansionsprozesses unabdingbar.

Beim lokalen Finetuning des Business Model ist zudem auf eine ausreichende Micro-Segmentierung zu achten, um möglichst vielen Kundenbedürfnissen gerecht zu werden. Hierzu gehört insbesondere im Lebensmittelbereich die Berücksichtigung lokaler Produkte – insbesondere in Japan, China, Malaysia und Indien. Zwingend erforderlich ist hierbei die Gewinnung und Bindung lokaler Handelskontakte. Ein Fakt, der in der Vergangenheit teilweise zu wenig Beachtung gefunden hat. Außerdem spricht der Erfolg der Konzeptinnovatoren dafür, dass ein Vermarktungskonzept besonders im Ausland stetig an die sich wandelnden Kundenbedürfnisse angepasst werden muss.

Organische oder akquisitorische Markteintrittstrategien haben jeweils Best Practices und Worst Practices hervorgebracht. Eine akquisitorische Vorgehensweise hat den Vorteil, dass sich der Käufer lokales Markt-Know-how und Personal sowie etablierte Beschaffungsbeziehungen sichern kann. Risiken liegen in einem möglichen Ungleichgewicht von Synergiepotenzialen und gezahltem Kaufpreis inklusive der Akquisitionsprämie sowie einer möglichen Verwässerung des Business Model und der dahinter liegenden Strategie des akquirierten Unternehmens.

Die Gründung von Filialen im Rahmen einer organischen Expansion birgt das Risiko, ohne genaue Marktkenntnis dem Kunden ein Angebot zu offerieren, das an seinen Bedürfnissen vorbeigeht. Für solch ein Vorgehen spricht jedoch seine „Einfachheit", da hier ein bewährtes Geschäftsmodell multipliziert wird.

Unabhängig von der Unternehmensstrategie, der Unternehmensgröße und der globalen Marke sowie der gewählten Markteintrittstrategie gilt: Das zügige Erreichen bedeutender lokaler Größe ist entscheidend.

Voraussetzungen dafür sind unter anderem:

- gemeinsames Wachstum mit lokalen Lieferanten,
- schnelle Delegation von Verantwortung an lokales Management,
- ein ausgewogener Mix aus Standardisierung und Modularität,
- gleichbleibend hohe Frequenzen im Store,
- die Kundenwünsche stehen im Vordergrund der Strategie.

Literatur

Anderer, M.: Internationalisierung im Einzelhandel – Strategien und Steuerungsmodelle, Frankfurt/Main 1997.

Austin, N.: Value and International Performance Research: International Culture Spread; KPMG International, London 2003, http://www.kpmg.de/industries/consumer-industrial-markets/.

Austin, N.: Value and International Performance Research: Geographical Spread; KPMG International London 2003, http://www.kpmg.de/industries/consumer-industrial- markets/.

Institut der deutschen Wirtschaft – diverse Publikationen aus 2001, 2002, 2003.

Institute of Grocery Distribution (IGD) – diverse Publikationen aus 2002, 2003.

KPMG International: Unlocking Shareholder Value – The Keys to Success, London 2003.

Krystek, U./Zur, E.: Handbuch Internationalisierung – Globalisierung – eine Herausforderung für die Unternehmensführung, Berlin, Heidelberg 2002.

Lajoux, A.: The Art of M&A Integration, New York 1998.

Lajoux, A. R.: The Art of M&A Due Diligence, New York 2000.

Pietersen, F./Horbert, C.: Status quo und Perspektiven im Deutschen Lebensmittelhandel – Eine Marktanalyse von KPMG und des EHI Köln; KPMG Deutsche Treuhand-Gesellschaft Aktiengesellschaft Wirtschaftsprüfungsgesellschaft (Hrsg.), Köln, Berlin 2001, http://www.kpmg.de/industries/consumer-industrial-markets/.

Pietersen, F./Siemes, J.: Trends im Handel 2005 – Ein Ausblick für die Branchen Food, Fashion & Footwear; KPMG Deutsche Treuhand-Gesellschaft Aktiengesellschaft Wirtschaftprüfungsgesellschaft (Hrsg.), Köln, Berlin 2003, http://www.kpmg.de/industries/consumer-industrial-markets/.

Porter, M. E.: Competitive Strategy – Techniques for Analyzing Industries and Competitors, New York 1980.

Porter, M. E.: Competitive Advantage – Creating and Sustaining Superior Performance, New York 1985.

Weston, J. F./Chung, K. S./Siu, J. A.: Takeover, Restructuring and Corporate Governance; 2nd Edition, New Jersey 1998.

Zentes, J./Swoboda, B.: Globales Handelsmanagement: Voraussetzungen – Strategien – Beispiele, Frankfurt/Main 1998.

Ralf T. Kreutzer

3.5 Auf direktem Weg zum Kunden durch strategisches Direktmarketing

1. Gegenwärtige Entwicklungen im deutschen Retail Marketing
2. Leitideen für eine strategische Repositionierung im Handel
3. Strategische Handlungskonzpete im Einzelhandel
3.1 Interne Informationsgewinnung
3.2 Adressvalidierung und -aktualisierung
3.3 Externe Informationsgewinnung

4. Beispielhafte Erfolgskonzepte
4.1 Vollsortimenter im Einzelhandel
4.2 Fachhandel

5. Ausblick

Literatur

1. Gegenwärtige Entwicklungen im deutschen Retail Marketing

Die seit vielen Jahren unbefriedigende Entwicklung im Handel kulminierte in 2002 mit einer bisher nicht gekannten Größenordnung von 108.000 Geschäftsschließungen – mit weiter steigender Tendenz auch in 2003 (Schmiese, 2003, S. 4). Viele Einzelhändler schlossen, weil ein wirtschaftliches Überleben nicht mehr möglich erschien bzw. die Ökonomie schlicht einen Insolvenzantrag erzwang.

Gleichzeitig wird allerorten der *Siegeszug der Discounter* proklamiert, die es auch unter schwierigen ökonomischen Rahmenbedingungen geschafft haben, ihren Marktanteil und ihre Gewinne nachhaltig gegen den Trend zu steigern. Der Erfolg der „Aldisierung" eines Teils des deutschen Einzelhandels ist das Ergebnis einer konsequenten Fokussierung auf eine Preisführerschaft als Ausdruck einer klaren strategischen Ausrichtung.

Diese scheint manchem anderen Marktteilnehmer in den letzten Jahren abhanden gekommen zu sein, weil zu häufig versucht wurde, einen strategischen Spagat zu schaffen, nämlich „Everybody's darling" sein zu wollen. Das ist jedoch eine Positionierung, die fast immer zum Scheitern verurteilt ist. Eine *„Flächisierung"* durch dynamisches Flächenwachstum im vergangenen Jahrzehnt, ein möglichst umfassendes Sortiment mit Beratungsansatz und der Versuch, eine hohe preisliche Attraktivität sicherzustellen, mussten zwangsläufig zu einem strategischen Patt führen. Und diese Flächisierung hat ein *„Overstoring"* zur Konsequenz, d. h. ein Überangebot an Verkaufsfläche, wie es einmalig auf der Welt ist: So kommen auf jeden Kunden in Deutschland 1,3 m² Verkaufsfläche (vgl. Schmiese, 2003, S. 4).

Strategie bedeutet aber auch, „Nein" zu sagen mit der Konsequenz, sich über die *„Trade-offs"* strategischer Entscheidungen bewusst zu sein und sie in deren Bewusstsein zu treffen. Und Strategie geht immer mit der Entscheidung einer Fokussierung auf ein oder maximal zwei zentrale Stoßrichtungen einher, um erfolgreich zu sein (vgl. Porter, 1996). Dabei bedeutet die viel diskutierte Entstehung der „Smart Shopper" nicht eine zwangsläufige Verengung auf nur eine „richtige" strategische Ausrichtung, sondern sie eröffnet dem Einzelhandel eine Vielzahl Erfolg versprechender Positionierungsansätze, denn bei Smart Shoppern geht es im Besonderen um die kritische Beleuchtung der Preis-Leistungs-Relation. Gleichzeitig gilt zu berücksichtigen, dass trotz medialem Fokus auf die Smart Shopper diese – wie die klassischen Schnäppchenjäger und die Qualitätskäufer – nur je ca. ein Drittel Anteil an der Gesamtkäuferschaft haben (vgl. Neuhaus, 2001, S. 16).

Zusätzlich ist zu berücksichtigen, dass die kontinuierliche Steigerung der werblichen Ansprache der Kunden zu einem bisher ungekannten *„Information Overload"* der Kunden geführt hat. Immer weniger Werbebotschaften durchlaufen den Wahrnehmungsfilter, nur wenige werden gelernt, und noch weniger werden verhaltenswirksam. Hier gilt es nach neuen Wegen zu suchen, wie die Relevanz der Botschaft für den Empfänger (beispielsweise aufgrund einer entsprechenden räumlichen oder produktbezogenen Affinität), aber gleichzeitig auch die Relevanz des Umworbenen für den Werber gesteigert werden kann.

Hierzu kann ein *strategisches Direktmarketing* einen entscheidenden Beitrag leisten, weil es den – nach bestimmten Kriterien vorbewerteten – Kunden direkt anspricht, um ihn durch die Art der Ansprache zu einer Reaktion zu veranlassen. Und je nach unternehmerischer Zielsetzung kann hierbei die Hinführung zur Einkaufsstätte oder die Steigerung der Einkaufsstättenloyalität im Mittelpunkt der Konzeption stehen. Durch die Chance zur Informationsgewinnung kann dabei der Kunde aus seiner Anonymität herausgelöst und für Folgeaktionen informationsgestützt besser bzw. überhaupt erst angesprochen werden (vgl. auch Gropp/Mayer, 2003).

2. Leitideen für eine strategische Repositionierung im Handel

Ein Blick auf andere Branchen in Deutschland zeigt, dass hier in den letzten Jahren über die Stufen „Ausbau der Kundenzufriedenheit", „Schaffung von Kundenbindung", „Management von Kundenbeziehungen/Customer Relationship Management" jetzt eine „Kundenwertorientierte Betreuung" und damit eine Kundenfokussierung stattfindet, verbunden mit dem Ziel eines noch selten erreichten „One-to-one"-Ansatzes (vgl. Abb. 1; weiterführend auch Berger, 2003).

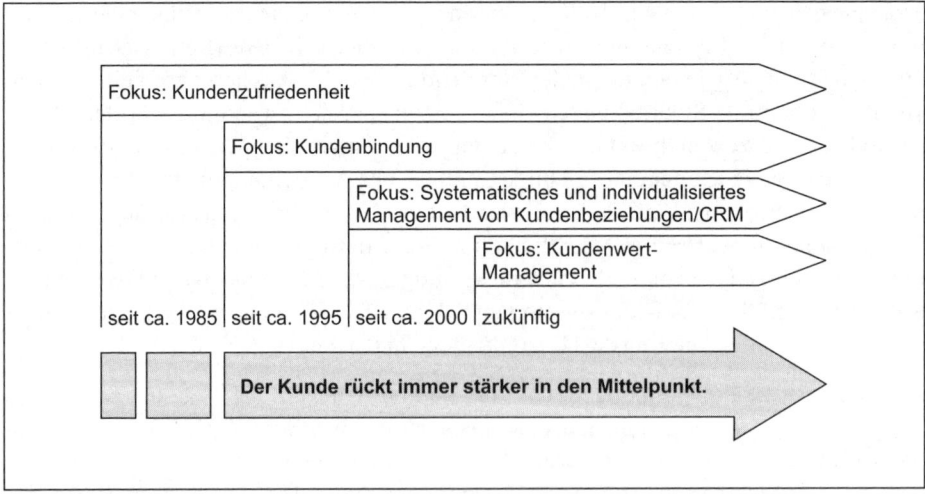

Abb. 1: Entwicklung von der „Kundenzufriedenheit" zum „Kundenwert-Management"

3.5 Auf direktem Weg zum Kunden durch strategisches Direktmarketing

Eine konsequente Kundenorientierung setzt voraus, dass nicht nur der relevante Aktionsradius des Einzelhändlers konsequent fixiert wird, sondern auch versucht wird, möglichst weiterführende Informationen über die eigenen Kunden und Interessenten zu erhalten, um die Betreuungsqualität und -intensität kunden- bzw. kundenwertorientiert zu differenzieren. Der Aufbau der branchenübergreifenden *Kundenbindungsprogramme* Payback und Happy Digits wie auch die Entwicklung handelsgruppenspezifischer Kundenbindungprogramme und -clubs (beispielsweise von Jacques Weindepot, Douglas Card, Ansons Insider Club) dienen konsequent umgesetzt genau dem Ziel, mehr Informationen über die eigenen Kunden und Interessenten zu gewinnen, um eine wertorientierte Betreuung einerseits sowie eine potenzialorientierte Akquisition andererseits umsetzen zu können. Im Kern dieses Ansatzes geht es darum, den *Lebenszyklus des Kunden* zu identifizieren, ihn über eine differenzierte Ansprache und Betreuung zu binden und ihn damit zum Stammkunden zu entwickeln (vgl. Abb. 2).

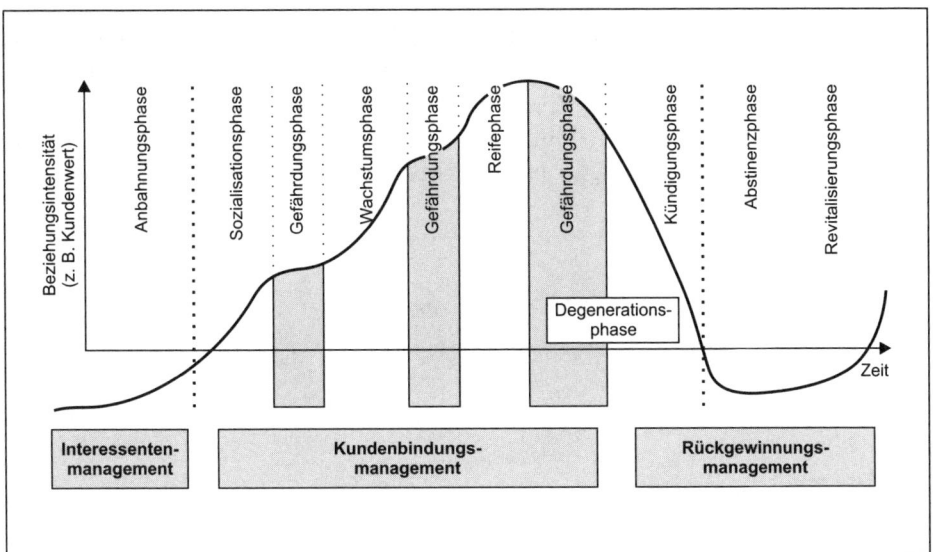

Abb. 2: Kunden-Lebenszyklus
    Quelle: Stauss, 2000, S. 16

Den zentralen Informationsanker für eine Lebenszyklus-orientierte Betreuung stellt die Adresse des Kunden dar, denn alle weiterführenden Informationen zur individualisierten Kundenbetreuung müssen zur Optimierung der Kundenansprache mit dieser Adresse verknüpft werden. Je umfassender die eigenen Datenbanken gefüllt sind, desto genauer können Wertanalysen durchgeführt und Marketingmaßnahmen optimiert werden.

Vor diesem Hintergrund wird einerseits verständlich, mit welcher Konsequenz das Kassenpersonal von Unternehmen, die eigene Kundenbetreuungsprogramme besitzen oder an übergreifenden teilnehmen, die Kunden nach ihrer Kundenkarte fragen. Nur so wird der *Informationskreislauf* mit den relevanten Informationen bestückt, beispielsweise wie ein Kunde auf eine individualisierte Ansprache mit Sonderangeboten reagiert. Andererseits ist schwer nachvollziehbar, dass es – außerhalb des Discounter-Segmentes, das aufgrund seiner Preisführerschaft in der Regel keine eigenen Kundendateien benötigt – noch viele Handelsunternehmen gibt, die keinerlei Versuch unternehmen, mehr Informationen über ihre Kunden und Interessenten zu gewinnen.

So wird hier häufig in klassischen Medien geworben, beispielsweise in Tageszeitungen, in Rundfunk und TV, es werden Prospekte im Einzugsgebiet verteilt, aber eine konsequente *Erfolgsanalyse* auf Kundenbasis, welche Maßnahme welchen Leistungsbeitrag erzielt hat, entfällt hier fast durchgängig, weil keine Dialogmechanismen in die werbliche Ansprache integriert werden. Erst die Ausrichtung der auf eine Qualitäts- oder Serviceführerschaft ausgerichteten Handelsunternehmen auf eine konsequente Adress- und Informationsbeschaffung kann für die in wirtschaftliche Bedrängnis geratenen Unternehmen Abhilfe schaffen.

Die Ausrichtung am *Kundenwert* setzt das Vorhandensein der zu dessen Ermittlung relevanten Daten voraus. Deshalb ist es entscheidend, dass die Informationsbeschaffung als Teil der auf Dialog ausgerichteten Kommunikationskonzepte in die strategische Ausrichtung des Unternehmens integriert wird. Und hier müssen die einzelnen Bausteine unmittelbar aufeinander aufsetzen (vgl. Abb. 3 und vertiefend Kapitel 3).

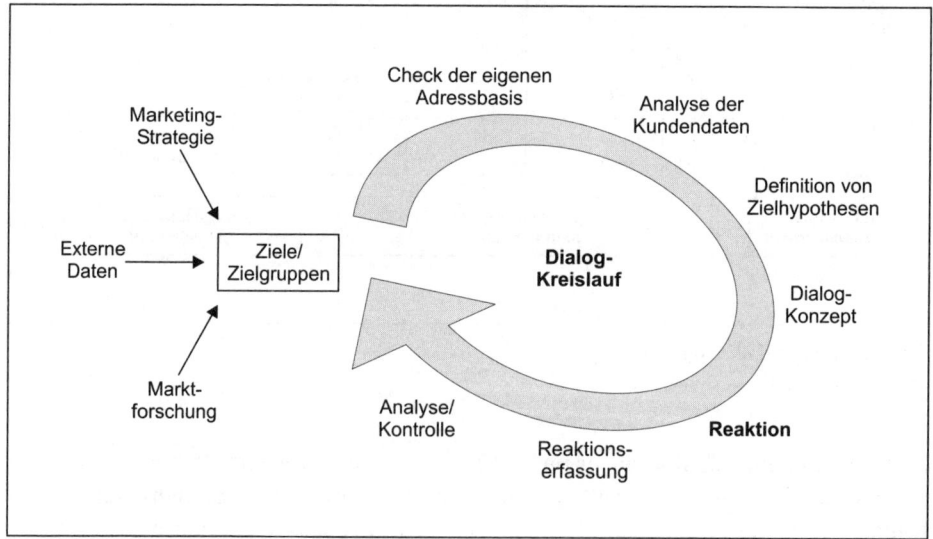

Abb. 3: Dialogkreislauf
Quelle: nach Huldi/Kuhfuß, 2000, S. 16

Die sich hier abzeichnende Entwicklung geht mit einer konsequenten Verlagerung von Budgets aus dem klassischen zum direkten Marketing einher, wie die Veränderung der Werbespendings der letzten Jahre zeigt. Während auch im schwierigen Werbejahr 2002 zumindest noch ein geringer Zuwachs der Budgets für Direktmarketing-Medien zu verzeichnen war, nahmen die Spendings für klassische Werbung bereits seit 2001 ab. Über die Jahre 1997 bis 2001 betrachtet, betrug das jährliche Wachstum für die Klassik nur 2,25 Prozent, aber 6,2 Prozent für Direktmarketing (vgl. Deutsche Post, 2003, und Abb. 4). Der Trend zur kundenwertorientierten Betreuung wird immer mehr Unternehmen dazu veranlassen, Dialog- und damit Direktmarketing-Ansätze in ihre Kommunikationskonzepte zu integrieren.

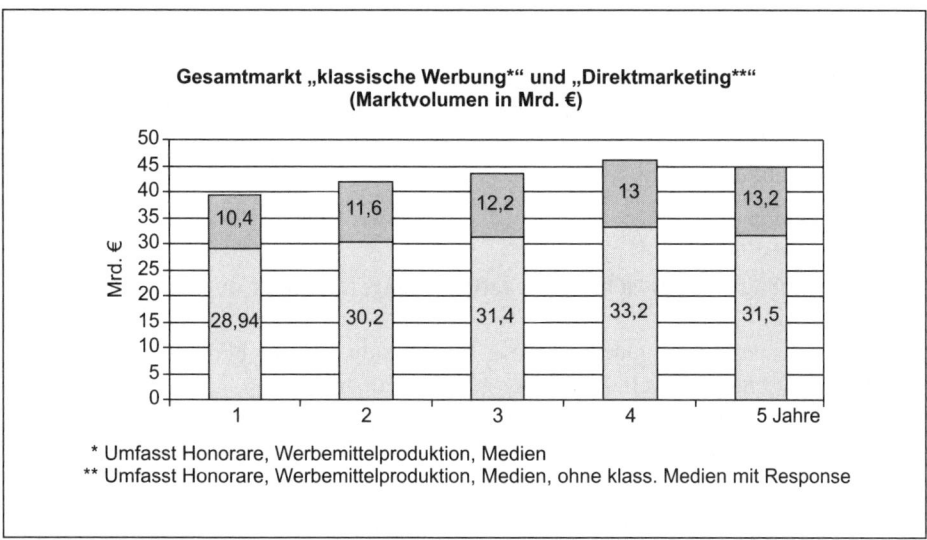

Abb. 4: *Entwicklung der Werbespendings für klassische Werbung und Direktmarketing*
Quelle: Deutsche Post DM-Monitor, 1998 bis 2002

3. Strategische Handlungskonzepte im Einzelhandel

Orientiert am Dialog-Kreislauf der Abb. 3 werden nachfolgend Ansätze aufgezeigt, wie Unternehmen, die ihre Strategie stärker in Richtung Kunden- bzw. Serviceorientierung weiter entwickeln wollen, vorgehen können.

3.1 Interne Informationsgewinnung

Um eine kundenwertorientierte Betreuung sicherstellen zu können, sind im Rahmen der Akquisition bzw. der Kundenbetreuung möglichst viele der folgenden Informationskategorien mit Inhalt zu füllen:

- *Adressdaten*
  - Adresse, inklusive Vornamen, gegebenenfalls Titel,
  - Telefon-/Fax-Nummern (idealerweise mit Permission zur entsprechenden Kontaktaufnahme),
  - E-Mail-Adresse (idealerweise mit Permission zur entsprechenden Kontaktaufnahme).

- *Aktionsdaten*
  - Anspracheformen (beispielsweise Angebotsmailing, Einladung zur Teilnahme am Kundenbindungsprogramm, Einladung zu einer Produktpräsentation, Zuleitung von Coupons),
  - Anspracheszeitpunkte.

- *Reaktionsdaten*
  - Anlagedatum,
  - Gewinnungsweg (etwa Freundschaftswerbung, Mailing, Coupon, Adresslisten),
  - Umsätze,
  - Sortimentsschwerpunkte, inklusive Information, ob Singulär- oder Warenkorb-Käufer (Analyse des individuellen Kaufverhaltens),
  - Zahlungsverhalten (Barzahlung, Kreditkarte, Finanzierung, Einhaltung von Zahlungsverpflichtungen),
  - Umtauschverhalten,
  - Schnäppchenjäger (beispielsweise Intensität der Coupon-Nutzung, Konzentration auf Aktionsware),
  - Präferierte Filiale.

- *Profildaten*
  - Geburtsdatum,
  - Familienstand, inklusive Größe des Haushalts,
  - Interessensgebiete,
  - Lifestyle,
  - Haushaltseinkommen.

Auf welche Profildaten im Zuge der fokussierten Erhebung besonders Wert gelegt werden sollte, kann anhand der folgenden *Schlüsselfragen* beantwortet werden:

- Hilft dieses Merkmal, das gegenwärtige oder zukünftige Potenzial eines Kunden bewerten zu können?
- Ist geplant, eine Marketingmaßnahme an diesem Merkmal auszurichten?
- Besteht eine Möglichkeit, die Aktualität dieses Merkmals in regelmäßigen Abständen zu überprüfen, um eine möglichst fehlerfreie Ansprache des Kunden zu ermöglichen?

Durch eine Ausrichtung der Informationsbeschaffung an diesen Fragen wird vermieden, dass mit hohen Kosten Daten erhoben und verwaltet werden, die eigentlich keinerlei Relevanz für das Unternehmen aufweisen oder für die keine geeigneten Pflegemechanismen existieren. Die Erfahrung zeigt, dass bei den Profildaten häufig fünf bis sieben Merkmale ausreichen, um eine Differenzierung der Kundenbetreuung – orientiert an den Erkenntnissen der Aktions- und Reaktionsdaten – über mehrere Jahre sicherstellen zu können.

Bei der Informationsgewinnung und -nutzung ist darauf zu achten, dass die relevanten Aspekte des Datenschutzes ihre Berücksichtigung finden. Die Datenspeicherung im Rahmen von Club- und Kartenkonzepten ist in der Regel durch das *Vertrags- oder Interessentenverhältnis* gerechtfertigt. Dies gilt insbesondere dann, wenn die Datennutzung nur im Rahmen der Zweckbestimmung des konkreten Verhältnisses erfolgt (beispielsweise zur Zusendung von Informationen, zur Rabattgewährung). Für die Nutzung weiterführender Informationen, beispielsweise zur Familiensituation, zum Lifestyle, bedarf es einer *Interessenabwägung* zwischen den berechtigten Interessen an der Gewinnung und Auswertung derartiger Daten im Unternehmen einerseits und den schutzwürdigen Belangen der Konsumenten andererseits. Bei der Einholung einer *Einwilligung* des Betroffenen muss genau auf den Zweck der Speicherung und einer gegebenenfalls vorgesehenen Übermittlung schriftlich hingewiesen werden (vgl. vertiefend Breinlinger, 2001, S. 214–218).

Die Wege zur Erhebung dieser Informationen sind sehr vielfältig. Der Königsweg der Informationsbeschaffung stellt ein *Kundenbindungsprogramm* dar, in dessen Konzept eine Erfassung aller getätigten Käufe stattfindet (so etwa bei Karstadt, vgl. Franz, 2003, und Kaufhof, vgl. Geppert, 2003). Aber auch über den gezielten Einsatz von so genannten *Dialog-Coupons* können im Zuge der Coupon-Einlösung Informationen über den Kunden erhoben werden (vgl. Kreutzer, 2003, S. 10). Darüber hinaus können über *Gewinnspiele* oder bei der *Bonifizierung,* orientiert an bestimmten Umsatzgrößen (so etwa bei der Aral Ballaktion in 2003), Adressen und Informationen gewonnen werden. Und wer die Kaufdaten am Point of Sale im Supermarkt erfasst, kann sogar über die Analyse des Warenkorbes auf Veränderungen in der Familienstruktur rückschließen (vgl. Pawlek, 2001, S. 349).

Dieser Informationsbestand stellt dann auch die Grundlage dar, um die Kunden nach ihrer Stufe in der Entwicklung zum Top-Kunden (vgl. Abb. 5) bzw. in ihrer Wertigkeit für das Unternehmen zu positionieren.

Im Idealfall fließen alle intern gewonnenen Daten und die extern beschafften Informationen (vgl. hierzu Abschnitt 3.3) in einem geschlossenen Informationskreislauf zusammen (vgl. Abb. 6). Durch eine entsprechende Datenintegration wird der heute vielfach gesuchte „*Single view of customer*" erreicht, d. h., die einheitliche informatorische Sicht auf den Kunden wird möglich.

256 Kapitel 3: Unternehmens- und marketingstrategische Perspektiven

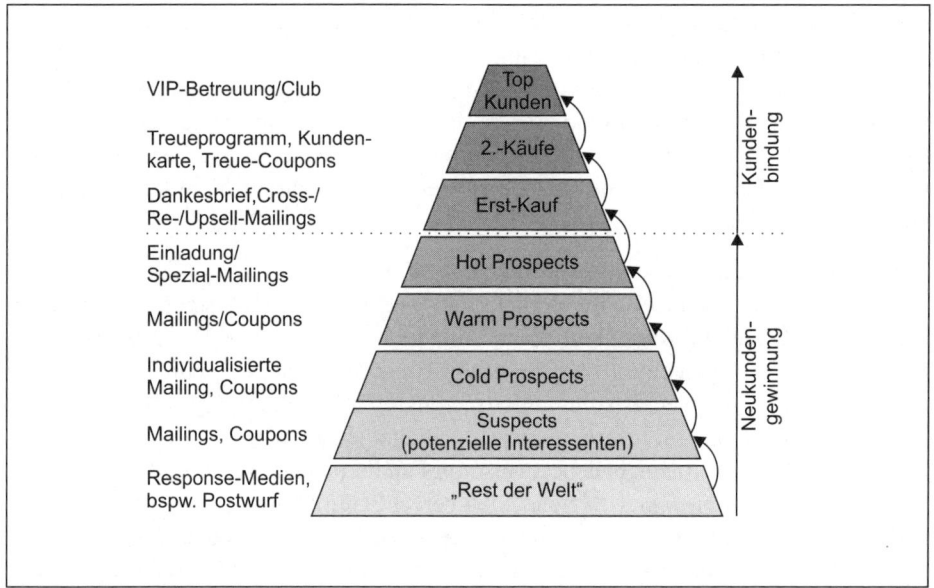

Abb. 5: Pyramide
　　Quelle: nach Huldi/Kuhfuß, 2000, S. 16

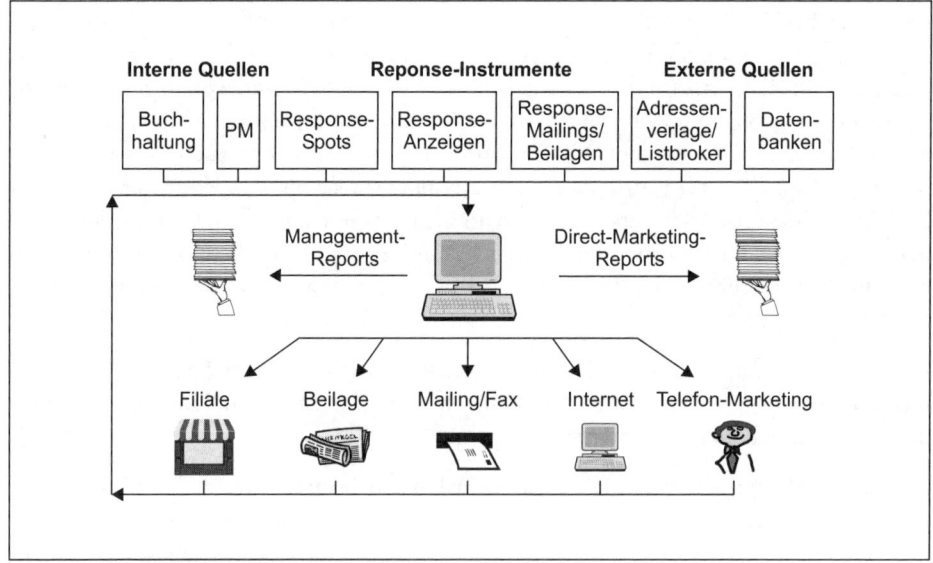

Abb. 6: Informationskreislauf

3.2 Adressvalidierung und -aktualisierung

Sind bereits eigene Kunden- und Interessentendaten vorhanden, so sind diese auf Korrektheit und Aktualität zu prüfen. Findet eine Adresserfassung dezentral, beispielsweise direkt am Point of Sale statt, so leidet hierunter in der Regel die Qualität der erhobenen Daten. Dies zeigt sich beispielsweise immer wieder bei der Analye der Adressbestände von Autohäusern oder der Bewertung der Kundenadressen von Pre-Paid-Telefonkunden. Aber selbst wenn die Erfassung in zentralen Servicebüros stattfindet, sind mehrfache Qualitätsfilter zur Sicherstellung der postalischen Korrektheit (etwa durch den Abgleich gegen aktuelle Straßenverzeichnisse) und der Aktualität und Korrektheit der Adressatendaten (durch den Match gegen große Referenzdaten) unverzichtbar. Nur so können Fehler vor einem Mailingeinsatz eliminiert werden. Welches Ausmaß die notwendigen Korrekturen annehmen können, zeigt Abb. 7.

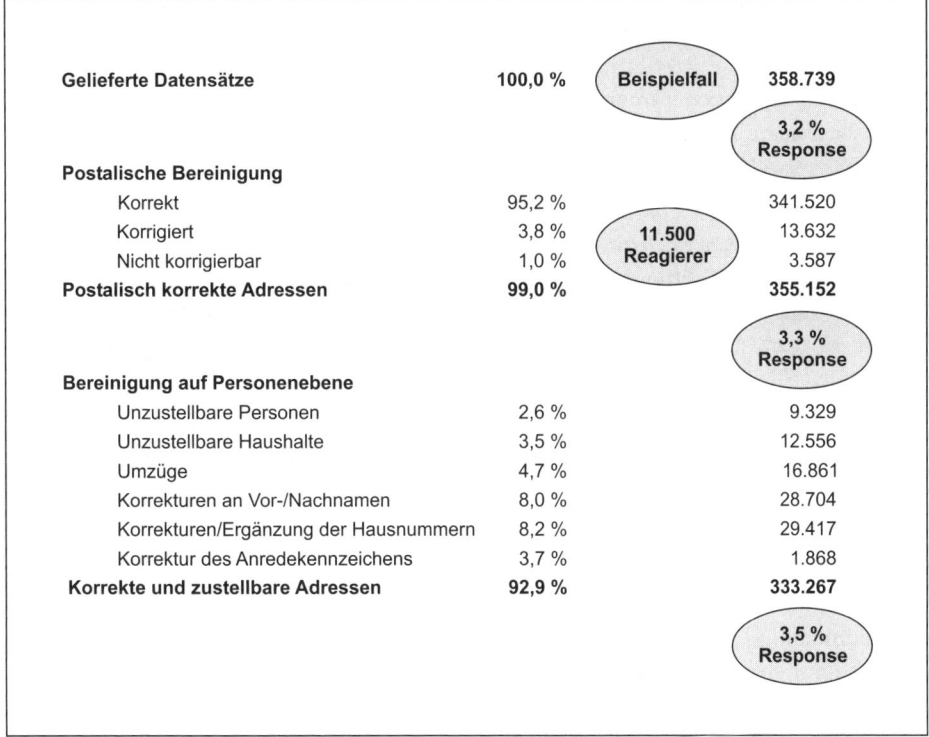

Abb. 7: *Korrektur von eigenen Datenbeständen*

Welche positiven Effekte eine solche Bereinigung haben kann, zeigt Abb. 7. Anhand einer qualifizierten Adressüberprüfung muss die als mailfähig bewertete Adressmenge auf 92,9 Prozent reduziert werden. Das heißt, dass ohne eine vorausgegangene Korrektur fast

7 Prozent der Mailings nie ihren Empfänger hätten erreichen können, und 4,7 Prozent schafften dies nur durch eine vorgenommene Zuspielung der neuen Adresse nach Umzug. Bezieht man auf die unterschiedlichen Adressmengen einen positiven Response von 11.500 Personen, so hätte dies bei der ursprünglichen Datei einen Response von 3,2 Prozent zur Folge, nach der postalischen Korrektur von 3,3 Prozent und nach der Gesamtkorrektur von immerhin 3,5 Prozent; und zwischen diesen Sätzen kann sich der Erfolg oder Misserfolg einer komplexen Mailingkonzeption entscheiden.

3.3 Externe Informationsgewinnung

Erst basierend auf den so korrigierten Datensätzen können sinnvollerweise Zielgruppen- und Wertanalysen der eigenen Kunden- und Interessentenbestände vorgenommen werden. Ohne eine entsprechende Korrektur ist ein GIGO-Effekt („Garbage in, garbage out") unvermeidbar. Basierend auf den durch das Unternehmen selbst erhobenen internen Daten, den so genannten One-to-one-Daten, die den Kunden unmittelbar beschreiben, können gezielt Einzelinformationen extern erworben werden, beispielsweise um die Bonität von Kunden oder Interessenten zu bewerten. Zur näheren Charakterisierung sowie insbesondere zur Lokalisierung der Zielpersonen können aussagefähige Daten aus mikrogeografischen Daten zur Anreicherung und Analyse hinzugenommen werden.

Eine erste wichtige Erkenntnis kann dadurch gewonnen werden, dass die Kunden- und Interessentenadressen ebenso wie die eigenen Filial-Standorte mit *Geokoordinaten* angereichert werden. Auf diese Weise kann festgestellt werden, welchen Weg die Kunden zur Erreichung des Point of Sale zurückzulegen bereit sind. Kombiniert man diese Erkenntnisse noch mit den nachgefragten Sortimentsschwerpunkten, so ergibt sich ein spannendes Handlungsfeld (vgl. vertiefend 4.1).

Weiterführend können dann Informationen aus *mikrogeografischen Segmentierungsansätzen* hinzugezogen werden. Hierbei handelt es sich um in der Regel flächendeckende Datenbanken, die gemäß dem Motto, „gleich und gleich gesellt sich gern", Daten zum Informations- und Kaufverhalten auf kleinräumiger Basis zusammenführen. Die Informationssubstanz soll hier anhand des Analysekonzeptes *microdialog* der Deutschen Post Direkt verdeutlicht werden.

Bei microdialog werden die in Abb. 8 beschriebenen Informationen auf der Basis von durchschnittlich 6,8 Haushalten flächendeckend für Deutschland zur Verfügung gestellt. Durch eine Anreicherung vorhandener Kundenadressen mit diesen Daten kann festgestellt werden, welche Merkmale die A-Kunden von den B- und C-Kunden zu unterscheiden helfen. Auf diese Weise kann nicht nur die Transparenz über die eigenen Kunden nachhaltig erhöht, sondern auch die Neukundengewinnung durch eine Verortung der interessanten Neukunden im Einzugsgebiet der Filiale nachhaltig verbessert und die Ansprache entsprechend optimiert werden. Dies gelingt z. B. auch dadurch, dass die relevanten Zielgebiete räumlich exakt definiert oder sogar die entsprechenden Adressen für die werbliche Ansprache bereitgestellt werden (vgl. zur beispielhaften Anwendung 4.1, vertiefend auch Geppert, 2003, sowie Kreutzer/Magedanz/Krüger, 2003).

3.5 Auf direktem Weg zum Kunden durch strategisches Direktmarketing

Basis für die Analyse der Segmente sind diskriminierende Variablen.

Soziodemographische Faktoren
- Titel
- Altersstruktur
- Familienstruktur
- Anonymitätsbedürfnis
- Mobilität
- Kulturkreisschwerpunkt

Faktoren zum Wohnumfeld
- Gebäudegröße (Anzahl Haushalte)
- Gewerbedichte
- Straßentyp/Bebauungsstruktur
- Ortsgröße
- Bundesland
- Geo-Koordinaten

Faktoren zum Konsumverhalten
- Bonitätsrisiko
- Kaufkraft
- Werbeaffinität
- Kommunikationsmittel
- Sortiments-Affinität
- Kundenqualität
- Bestellungen
- Bestellwerte
- Adressanlage
- Versandhandelsaffinität
- Consumer-Typologie

Faktoren zum Pkw-Besitz
- Pkw-Dichte
- Pkw-Alter
- Pkw-Leistung
- Pkw-Typen

Abb. 8: Informationskategorien von microdialog

Wird die Adresse als Informationsanker genutzt, und werden die Aktions- sowie Reaktionsdaten zur Adresse hinzugefügt, dann können im Rahmen der Analyse die folgenden *Fragestellungen* beantwortet werden:

- Welche der angesprochenen Kunden sind aktiv geworden?
- Welche Erst- und Folgeumsätze wurden getätigt?
- Welcher Warenkorb mit welchen Deckungsbeiträgen wurde nachgefragt?
- Welche Kaufmuster lassen sich erkennen?
- Aus welchem Einzugsgebiet kommen die Kunden?
- Welche Sortimentsteile werden von Kunden aus welchem Einzugsgebiet nachgefragt?
- Welche Gewinnungswege führen zu welcher Kundenwertigkeit (Umsatzhöhe und Einkaufsstättentreue)?
- Welche Akquisitionsquoten sind bei personalisierter Ansprache (z. B. über Mailings) im Vergleich zu unpersonalisierter Ansprache (z. B. über personalisierbare Coupons) zu erreichen?

4. Beispielhafte Erfolgskonzepte

Die nachfolgenden Case-Studies wurden im Rahmen der Beratungsaktivitäten der Deutschen Post Direkt mit unterschiedlichen Unternehmen realisiert. Die ausgewiesenen Ergebnisse zeigen Tendenzen, sind jedoch inhaltlich und formal verfremdet.

4.1 Vollsortimenter im Einzelhandel

Die Ausgangssituation des entsprechenden Einzelhändlers damit beschrieben werden, dass die bisherigen Formen der werblichen Ansprache immer weniger die gewünschten Resultate geliefert haben. Deshalb war ein *Paradigmen-Wechsel* in der Kundenakquisition und –betreuung geboten (vgl. Abb. 9). Da das Unternehmen über ein eigenes Kundenbindungsprogramm verfügte, konnte sowohl auf eine gut gefüllte Adress-, wie auch auf eine aussagefähige Kaufdatenbank zugegriffen werden.

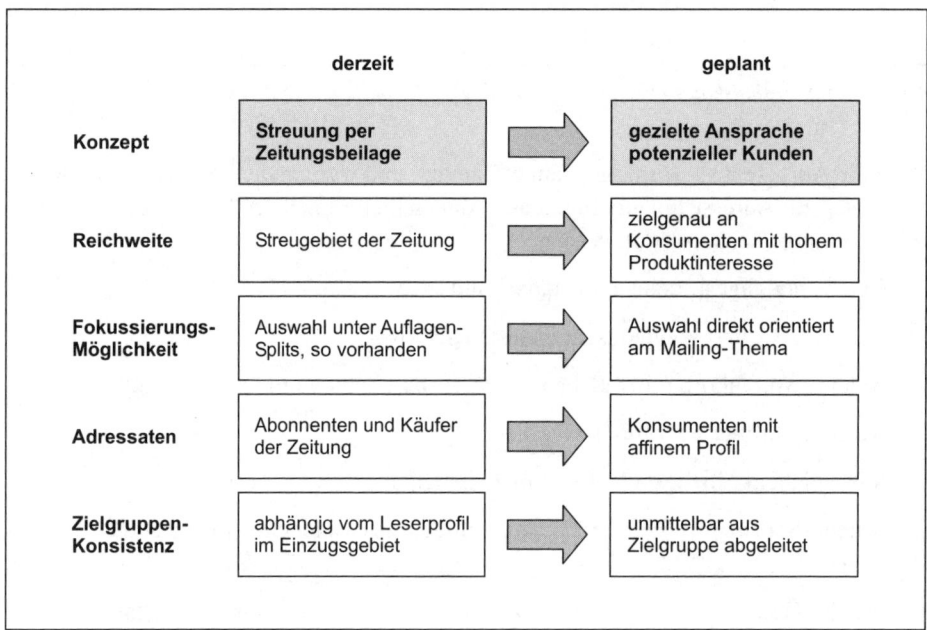

Abb. 9: Paradigmen-Wechsel in der Kundenansprache (vgl. Mayer, 2002)

Im ersten Schritt wurden die vorliegenden Kundendaten überprüft, korrigiert und zum Teil auch durch die Zuspielung von Umzugsinformationen aktualisiert. Dann wurden die Kunden – basierend auf einer *Bon-Analyse* – nach getätigten Umsätzen und Anzahl der Kaufakte pro Monat in einer Vier-Felder-Matrix positioniert (vgl. Abb. 10).

3.5 Auf direktem Weg zum Kunden durch strategisches Direktmarketing

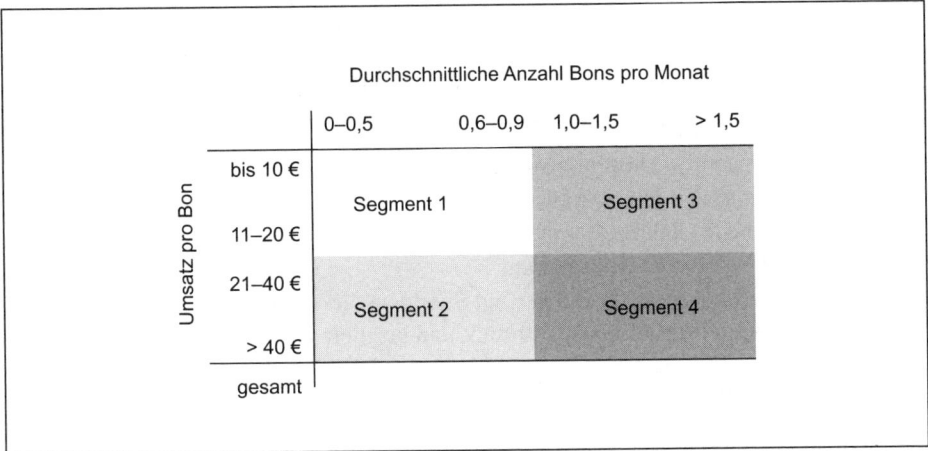

Abb. 10: Vier-Felder-Kunden-Matrix

Anschließend erfolgte die Zuspielung von Geokoordinaten, um zu ermitteln, welche Entfernung die unterschiedlichen Segmente zur Filiale zurückzulegen bereit waren. So zeigt sich beispielsweise, dass beim Segment 3 80 Prozent der Kunden aus einem *Einzugsgebiet* von 7,5 km stammen, während beim Segment 2 dieser Anteil sich aus einem Gebiet von 15 km rekrutiert (vgl. Abb. 11). Verbindet man diese Informationen noch mit den nachgefragten Sortimenten, können sowohl die Verteilmaßnahmen als auch die Angebote – orientiert an den Kundenwünschen – optimiert werden.

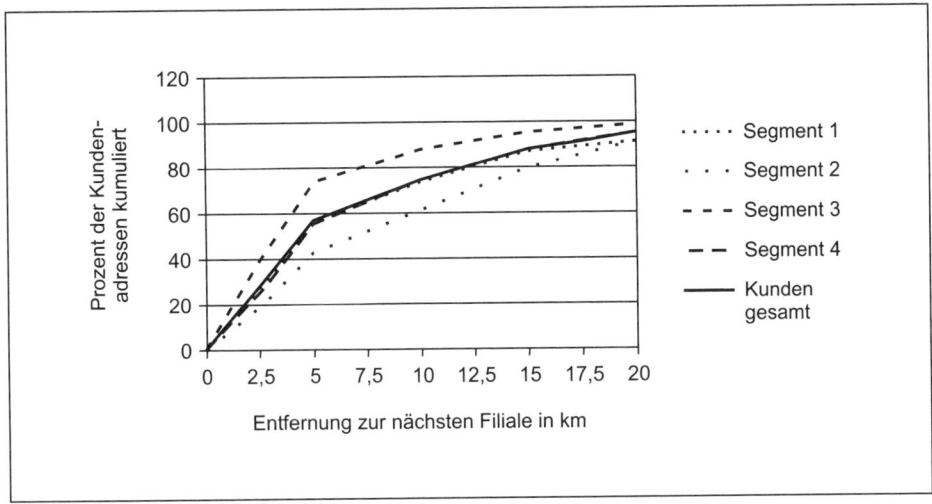

Abb. 11: Distanzanalyse zur Ableitung der relevanten Einzugsgebiete

Im Zuge der Analyse wurden dann weitere Informationen von microdialog mit dem Ziel zugespielt, den „typischen" A-Kunden anhand der externen Merkmale zu charakterisieren. Durch uni- und multivariate Analysen wurden die folgenden Merkmale als trennscharf für das Top-Kundensegment 4 herausgearbeitet:

- lebt zu 80 Prozent im Umkreis von 12,5 km zur Filiale,
- ist männlich und lebt in Familien mit Kindern,
- Alter von 43 bis 67 Jahren,
- weist eine eher geringe Mobilität auf,
- besitzt eine hohe Kaufkraft und verfügt über neue, leistungsstarke Pkws,
- hat eine mittlere Versandhandelsaffinität und birgt ein niedriges Bonitätsrisiko.

Um die *Neukundengewinnung* zu optimieren, wurde im relevanten Einzugsgebiet der Filialen ermittelt, wo die passenden Kundenpotenziale zu lokalisieren waren. Hierbei stellte sich unter anderem heraus, dass die Verteilgebiete der bisher hauptsächlich belegten Zeitungen zur Distribution der Prospekte mit der Zielgruppendichte nicht einhergingen. Deshalb wurden gewichtige Teile der Neukundengewinnung von der Prospektverteilung über die Tageszeitung zur fokussierten Distribution über Postwurfsendungen und personalisierte Mails vorgenommen.

Welches Medium dabei zum Einsatz kam, war abhängig von der jeweiligen Potenzialdichte. War ausreichend viel auf der Ebene von Zustellbezirken (in Summe ca. 600 Haushalte) vorhanden, erfolgte die Prospektverteilung über eine *Postwurfsendung* mit Tagespost; waren interessante Zielhaushalte nur vereinzelt innerhalb der Zustellbezirke vorhanden, dann erfolgte die Ansprache durch *personalisierte Mailings*. Dazu wurden aus der Vermietdatei der Deutschen Post Direkt die notwendigen Adressen – selektiert gemäß den trennscharfen Merkmale von microdialog – eingesetzt.

Um eine Erfolgsbewertung der unterschiedlichen Ansprachformen sicherzustellen, wurde in die Konzeption eine Coupon-Mechanik eingebaut. Aufgrund von personalisierten Coupons beim Mailingeinsatz bzw. von personalisierbaren Coupons bei der Postwurfsendung konnte das Maß der Einlösung kundenbezogen ermittelt werden. Auf der Basis der hier erzielten Erfolge, die sich signifikant in Mehrumsätzen niederschlagen, wurde das erfolgreiche Konzept auf eine Vielzahl von Filialen ausgedehnt.

4.2 Fachhandel

Der Fachhandel stand vor der Frage, an welchen Standorten die *Flächenexpansion* erfolgen sollte. Hierbei musste eine Vielzahl von Faktoren berücksichtigt werden. Vielfach ist heute die generelle Verfügbarkeit vermeintlich attraktiver Standorte noch eines der Schlüsselkriterien, ohne – basierend auf einer fundierten Kundenanalyse – zu prüfen, welches Potenzial an Top-Kunden im relevanten Einzugsgebiet vorhanden ist (vgl. auch Weiland, 2001, S. 152 f.).

3.5 Auf direktem Weg zum Kunden durch strategisches Direktmarketing

Im Zuge der Expansionplanung wurde zunächst eine Kundenstrukturanalyse durchgeführt. Hierbei wurde herausgearbeitet, anhand welcher Charakteristika die deckungsbeitragsstärksten Kunden zu erkennen sind. Dabei zeigten sich unter anderem folgende Merkmale als besonders trennscharf:

Zur Bewertung der verfügbaren Standorte wurde nun im relevanten Einzugsgebiet von je 8 km untersucht, wie viele Haushalte der entsprechenden Merkmalsausprägung anzutreffen waren (vgl. Abb. 12). Hierdurch konnten – unter Berücksichtigung unter anderem der Kriterien Standortkosten, Wettbewerbsdruck – aus den zu bewertenden 125 Standortalternativen anhand eines Scoring-Modells die 40 ausgewählt werden, die im Zuge der Expansionsstrategie der nächsten Jahre sukzessiv zu erschließen waren.

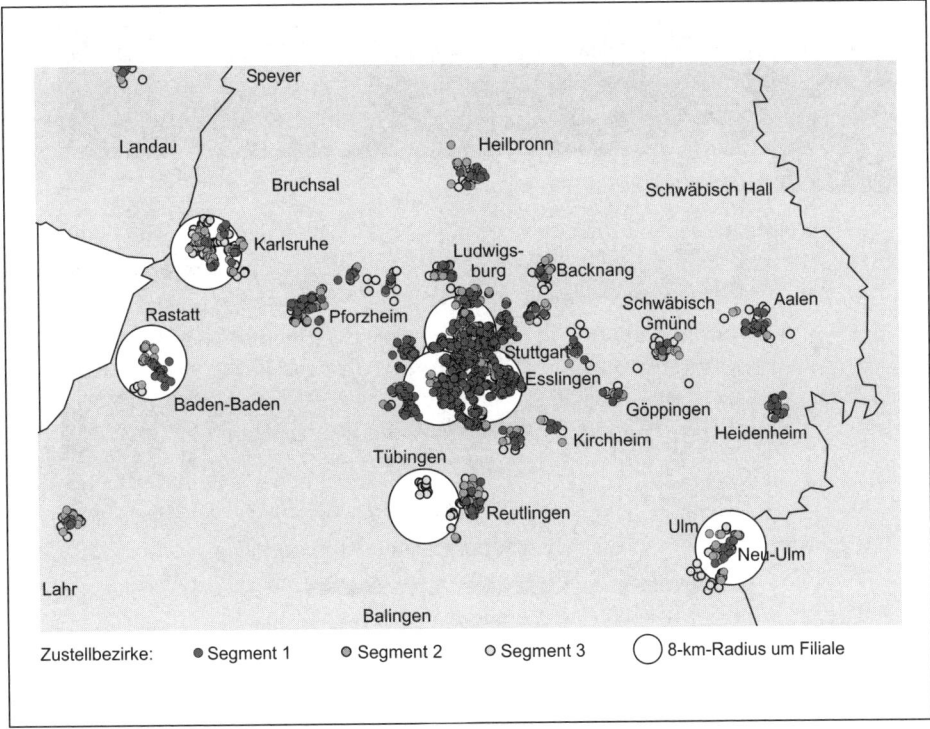

Abb. 12: Analyse der gegenwärtigen Standorte und von Potenzialbereichen

Die gewonnenen Erkenntnisse aus der Kundenstrukturanalyse wurden hier auch für die gezielte *Neukundengewinnung* genutzt. Durch die Nutzung der internetgestützten Kommunikationsplattform *Mailingfactory Solutions* der Deutschen Post AG wurden die affinen Zielgruppenadressen für die einzelnen Stores zur Verfügung gestellt. Diese haben hier die Möglichkeit, aus den Mailingvorschlägen, die die Zentrale eingestellt hat, diejenigen auszuwählen, die zur Erschließung des Potenzials besonders zielführend sind.

264 Kapitel 3: Unternehmens- und marketingstrategische Perspektiven

Auf diese Weise gewinnen alle Parteien: Die Zentrale stellt ein gleichmäßig hohes Qualitätslevel auch bei dezentral durchgeführten Aktionen sicher, die Stores vor Ort nutzen die Marketingkompetenz der Zentrale und greifen auf aktuellste und vorqualifizierte Adressen zu; und der angesprochene Kunde erhält ein qualifiziertes Mailing seines Partners vor Ort, das im Idealfall auf ein hohes Interesse stößt (vgl. Abb. 13).

Abb. 13: Mailingfactory Solutions

5. Ausblick

Die skizzierten Beispiele verdeutlichen, warum es in den letzten Jahren zu einer kontinuierlichen Bedeutungsverschiebung von der klassischen zur direkten Kommunikation gekommen ist (vgl. Lerchenmüller, 2001, S. 143). Die Handelsunternehmen, die keine Preisführerschaft umsetzen, müssen sich auch informatorisch immer stärker um ihre Kunden bemühen.

Erst die gut gefüllte Kundendatenbank versetzt die Einzelhändler in die Lage, das Kaufverhalten ihrer Kunden zu analysieren und (personalisiert) Angebote zu unterbreiten, die auf eine hohe Akzeptanz stoßen. Und wem es hier gelingt, den Dialogkreislauf zu schließen und von Aktion zu Aktion neue Erkenntnisse zu gewinnen und in eine Optimierung einfließen zu lassen, wird langfristig einen entscheidenden *Informations- und Servicevorsprung* erzielen.

Dabei wird es auch hier darauf ankommen, eine gelungene Verbindung zwischen klassischer und direkter Kommunikation zu erreichen. Denn wie die von ICON in 2003 veröffentliche Studie zeigt, ergänzen sich die kommunikativen Wirkungen dieser beiden Instrumente geradezu ideal (vgl. ICON, 2003). Während sich in dieser groß angelegten Studie bei der klassischen Werbung die langfristige Emotionalisierung besonders zeigte, dominierten beim Direktmarketing die handlungsaktivierenden Effekte. In der Verbindung von klassischer und direkter Kommunikation wurde deutlich, wie ideal sich beide Medien ergänzen können (vgl. Abb. 14).

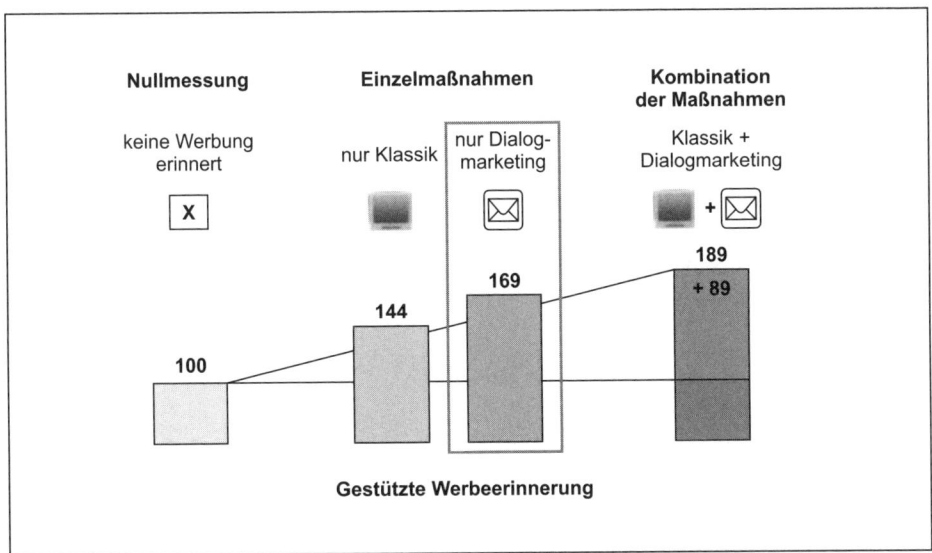

Abb. 14: Zusammenspiel der Werbewirkung von Klassik und Direktmarketing (vgl. ICON, 2003)

Im Idealfall wird es dann die Situation geben, dass wir zu jedem Zeitpunkt wissen, welcher Kunde, wann, über welchen Kanal, für welche Angebote und zu welchen Preisen angesprochen und bedient werden möchte. Ein „Segment-of-one"-Ansatz wird die Ökonomie wohl nie zulassen, aber eine sinnvolle Segmentierung und Fokussierung auf eine Vielzahl von Kundensegmenten wird die Realität darstellen.

Literatur

Breinlinger, A.: Rechtssichere Cards und Clubs, in: Frey, U. D. (Hrsg.), POS-Marketing, Wiesbaden 2001, S. 209–218.

Deutsche Post, Direktmarketing Deutschland 2002, Direkt Marketing Monitor, Studie 14, Bonn 2002.

Franz, T.: Karstadt Warenhaus AG: Couponing – Ein neues Instrument für das Marketing, in: Hartmann, Wolfgang/Kreutzer, R. T./Kuhfuß, H. (Hrsg.), 2003, S. 539–561.

Frey, U. D. (Hrsg.): POS-Marketing, Wiesbaden 2001.

Geppert, D.: Kaufhof Warenhaus AG: Couponing zielorientiert zur Kundenbindung und -gewinnung einsetzen, in: Hartmann, W./Kreutzer, R. T./Kuhfuß, H. (Hrsg.), 2003, S. 563–583.

Gropp, C./Mayer, R.: Dialogmarketing im Einzelhandel, in: Direkt Marketing, 5/2003, S. 56–59.

Hartmann, W./Kreutzer, R. T./Kuhfuß, H. (Hrsg.): Handbuch Couponing, Wiesbaden 2003.

Huldi, Chr./Kuhfuß, H.: Ratgeber Database Marketing, Zürich, Hamburg 2000.

ICON, Integrierte Kommunikation ein Erfolgsrezept für erfolgreiche Markenführung, München 2003.

Kreutzer, R. T.: Konzeption und Positionierung des Couponing im Marketing, in: Hartmann, W./Kreutzer, R, T./Kuhfuß, H. (Hrsg.), 2003, S. 3–25.

Kreutzer, R. T./Magedanz, O./Krüger, M.: Zielgruppen- und Responseanalyse – Couponing-Konzepte zielorientiert einsetzen, in: Hartmann, W./Kreutzer, R. T./Kuhfuß, H. (Hrsg.), 2003, S. 279–302.

Lerchenmüller, M., in: Frey, Ulrich D. (Hrsg.), 2001, S. 131–147.

Mayer, R.: Neue Ansätze in der Neukunden-Akquisition, Interne Studie, Köln 2002.

Neuhaus, V.: Smart Shopper – Herausforderungen einer neuen Konsumgeneration, in: Frey, U. D. (Hrsg.), 2001, S. 11–31.

Pawlek, U.: Direktmarketing für mehr Erfolg am Point of Sale, in: Frey, U. D. (Hrsg.), 2001, S. 347–356.

Porter, M.: What is Strategy?, in: Harvard Business Review, November/December 1996, S. 61–78.

Schmiese, W.: Der Kampf gegen die Stadtkernfäule, in: FAZ Sonntagszeitung, Nr. 31, 3. August 2003, S. 4.

Stauss, B.: Perspektivenwandel: Vom Produkt-Lebenszyklus zum Kundenbeziehungs-Lebenszyklus, in: Texis, 2/2000, S. 15–18.

Weiland, U.: Zehn Erfolgsbedingungen für wirkungsvolle Handelswerbung, in: Frey, U. D. (Hrsg.), 2001, S. 149–156.

Kapitel 4

Management der Retail-Marke

4.1 Survival Of The Fittest: Was Retail-Marken
von der Evolution lernen können
Oliver Hermes

4.2 Erfolgsfaktoren identitätsorientierter Markenführung
im Handel
Reinhard Binder/Andreas Heim

4.3 Im Namen der Handelsmarke. Handelsmarken versus
Markenartikel im Einzelhandel unter dem Aspekt der Wahl
ihrer Markennamen
Bernd M. Samland

4.4 Kundenbindung und Neuprofilierung
im Do-It-Yourself-Markt
Ottmar Franzen

Oliver Hermes

4.1 Survival Of The Fittest: Was Retail-Marken von der Evolution lernen können

1. Einleitung
2. Die Marke: Abstraktes Denkmodell oder lebendiges Wesen?
3. Das überlebenswichtigste Prinzip aller Zeiten: die Evolutionstheorie
4. Die Darwinschen Regeln
5. Die „Naturgesetze der Markenführung" im Einzelhandel
5.1 Überlebensregel 1: Be different – or die!
5.2 Überlebensregel 2: Be relevant!
5.3 Überlebensregel 3: Sei glaubwürdig!
6. Beurteilung gegenwärtiger Handelsstrategien vor dem Hintergrund der Evolutionstheorie
6.1 Aktions- und Preisoffensive
6.2 Dienstleistung
6.3 Vertikalisierung
7. Fazit

Literatur

1. Einleitung

Marken sind das Wichtigste, was Unternehmen haben. Ihre Existenz hängt davon ab. Marken fügen dem puren Produktnutzen den entscheidenden Mehr-Wert hinzu. Und der macht sie einzigartig und begehrenswert.

Ein Prozess, der früher schon wichtig war – heute aber *lebens*wichtig ist. So wichtig, dass immer mehr Menschen mehr Arbeit, mehr Zeit, mehr Geld als jemals zuvor dafür einsetzen, Marken zum Leben zu erwecken und lebendig zu halten.

Wenn heute von Markenführung gesprochen wird, ist meistens vom klassischen Markenartikel, also von physisch fassbaren Produkten, die Rede. Und es gilt als unstrittig, dass der immaterielle Wert starker Marken die bilanziellen Vermögensgegenstände vieler Markenartikelhersteller bei weitem überschreitet.

Es gibt keinen Grund, das Thema Markenbildung auf den klassischen Markenartikel zu reduzieren. Auch der Dienstleistungssektor, und hier insbesondere Handelsunternehmen, wird in Zukunft verstärkt in markentechnischen Dimensionen denken müssen. Preise, Sortimente, Ausstattung sind zunehmend kopierbar, starke Retail Brands nicht (hier verstanden im Sinne von Corporate Brands oder Store Brands, nicht im Sinne von Eigenmarken im Sortiment von Handelsunternehmen). Genauso wie Markenartikel können Retail Brands zu einem Symbol werden, das sich signifikant von anderen unterscheidet, emotionale Begehrlichkeit schafft und sich in den Köpfen der Konsumenten fest verankert. Es wird für Handelsunternehmen zu einem lebenserhaltenden Kriterium, nicht nur bekannt zu sein, sondern Bekanntheit in Präferenzbildung und kaufende Kunden zu überführen (Münzberg, 2003). Untersuchungen belegen, dass starke Retail-Marken über eine treuere Kundschaft verfügen (Feldmann/Tiemann, 2003, S. 42 ff.; Siemes/Pietersen, 2003, S. 65 ff.).

Die Realität zeigt allerdings, dass (von Ausnahmen abgesehen wie Aldi oder Ikea, die beide zu den Top 10 der stärksten Marken Deutschlands gehören; siehe Brand-AssetValuator, 2003) im deutschen Handel immer noch wenig Sensibilität und markentechnisches Know-how vorhanden sind. Anders lassen sich allgegenwärtige Verstöße gegen die Gesetzmäßigkeiten der Markenführung nicht erklären.

Hans Domizlaff, der Schöpfer der Markentechnik und Erfinder zahlreicher Marken, hat schon in den 30er Jahren erklärt, dass „Markengesetze Naturgesetze sind" (Domizlaff, 1992, S. 92 ff.). Marken können von den Arten lernen. Was genau Retail Brands lernen können, das beantwortet das „überlebenswichtigste" Prinzip aller Zeiten: die Evolutionstheorie Charles Darwins.

2. Die Marke: Abstraktes Denkmodell oder lebendiges Wesen?

Zu der Frage, was eine Marke überhaupt ist, gibt es Unmengen an Literatur. Eine der besten Beschreibungen ist zugleich auch eine der ältesten. Sie stammt (in leichter Abwandlung) von Hans Domizlaff aus dem Jahr 1923 (Domizlaff, 1992, S. 75 f.):

Die Marke sichert eine Monopolstellung in der Psyche des Verbrauchers.

Damit wird zunächst deutlich, was eine Marke von einem Produkt (auch eine Handelsdienstleistung ist ein Produkt) unterscheidet. Die Marke entsteht im Kopf. Die Marke ist das Bild eines Produktes im Kopf des Verbrauchers.

Genau genommen ist eine Marke eigentlich gar kein Produkt. Eine Marke ist ein Vorurteil. Nicht der Händler produziert die Marke, sondern der Verbraucher. Er „vergibt" sie wie eine TÜV-Plakette, er erteilt das Testat. Damit wird deutlich, dass die Marke nicht dem Inhaber im Sinne des Bürgerlichen Gesetzbuches gehört, sondern, wie schon Hans Domizlaff sagte, dem Kollektiv. Eine Marke ist ein Produkt der Masse, in deren Gehirn sie sich als Bestandteil der Vorstellungswelt bilden muss (Domizlaff, 1992, S. 137 ff.).

Damit ist schon angedeutet, dass eine Marke kein abstraktes, unemotionales Denkmodell ist, sondern ein lebendiges System mit sinnlich wahrnehmbaren und bewertbaren Eigenschaften (Brandmeyer, 2002, S. 32 ff.). Marken sind in ständiger Bewegung, entwickeln sich weiter, pflanzen sich fort, reagieren auf Einflüsse von außen. Konsumenten werden mit ihnen vertraut, gewöhnen sich an ihre „Gesichter", ihre Formen und Farben, ihre Botschaften, kennen ihre Biografie und bauen eine durchaus innige, emotionale Beziehung auf.

Marken folgen, wie jedes Lebewesen, bestimmten Verhaltensregeln und Prinzipien. Und wie jedes lebendige Wesen unterliegt auch die Marke den Gesetzen der Natur, die darüber entscheiden, wer im täglichen Kampf um das Dasein der Erfolgreichere ist.

Aber was ist es, was Marken den entscheidenden Vorteil verschafft?

- Warum ist eine Marke wie Aldi seit nun schon zehn Jahren die stärkste Marke in Deutschland (Brand-AssetValuator, 2003)? Stärker als Coca-Cola, Nivea oder Mercedes.
- Wie hat Ikea es geschafft, innerhalb von sieben Jahren von Platz 188 auf Platz 6 im Ranking der Top-Marken der deutschen Verbraucher zu gelangen?
- Wie kommt WalMart auf einen Börsenwert von 185 Milliarden Euro (02.01.2004) und ist damit das viertwertvollste Unternehmen der Welt?
- Wieso sind Unternehmen wie H&M, Hermès oder LVMH an den Kapitalmärkten mit einer Bewertungsprämie zwischen 1,9 Prozent und 3,4 Prozent des Umsatzes bewer-

tet (Siemes/Pietersen, 2003, Seite 67? Und wieso schafft das Gros deutscher Handelskonzerne an den Märkten eine Bewertung nur in Höhe eines Bruchteils des jeweiligen Umsatzes?

- Warum haben im vergangenen Jahr mehr Einzelhändler aufgegeben als jemals zuvor in Deutschland: 108.000?
- Welche Retail Brands, die wir heute als Einkaufsstätte nutzen, werden wir in 20, 30 Jahren noch kennen?

Die ultimative Frage lautet also: Wie halten wir Marken lebendig? How to survive?

3. Das überlebenswichtigste Prinzip aller Zeiten: Die Evolutionstheorie

Als lebendiges Wesen unterliegt die Marke den Gesetzen der Natur. Jenen Gesetzen, die vor mehr als 140 Jahren unser Weltbild und die gesamte Geschichte der Biologie auf den Kopf stellten. Den Gesetzen der Evolution. Entdeckt, erklärt und bewiesen von einem der wichtigsten Männer des letzten Jahrtausends – Charles Darwin.

Abb. 1: Charles Robert Darwin

Charles Robert Darwin, Engländer und Naturforscher, lebte von 1809 bis 1882. Auf einer fünfjährigen Weltreise hat er auf den Galapagos-Inseln Beobachtungen gemacht, dass sich Arten im Laufe der Zeit verändern – und dass dies nach bestimmten Gesetzmäßigkeiten geschieht. Dies war revolutionär, weil bis dahin (abgeleitet aus dem biblischen Schöpfungsbericht) von einer Unveränderlichkeit der Arten ausgegangen wurde.

Erst nach 23 Jahren Geheimhaltung hat es Charles Darwin im Jahr 1859 gewagt, sein bahnbrechendes Werk von der Entstehung der Arten zu veröffentlichen: „On the origin of species by means of natural selection." Die gesamte Auflage war am ersten Tag vergriffen.

Die Evolutionstheorie ist nicht nur eine der genialsten Theorien, die jemals erdacht wurden, und deshalb zu Recht heute unbestrittenes Naturgesetz, sie ist auch eine der am häufigsten missverstandenen: denn es geht nicht darum, dass der Stärkste überlebt. Dazu später mehr.

Was hat Charles Darwin beobachtet: Dass es – obwohl von einer Urart abstammend – auf Galapagos 13 verschiedene Finkenarten gab.

Abb. 2: Das Erkenntnisobjekt Darwins: Finken auf Galapagos

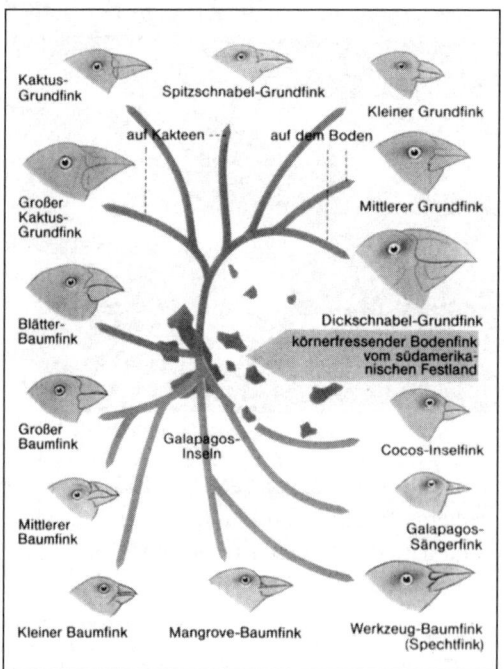

Finkenarten, die sich auf den verschiedenen Inseln in Abhängigkeit von den unterschiedlichen Umweltbedingungen unterschiedlich entwickelt haben, d. h., in Form und Lebensweise voneinander abwichen – auf dem Boden lebend, auf Kakteen lebend, Pflanzenfresser, Insektenfresser. Durch die Anpassung haben sie ihr Überleben gesichert.

Abb. 3: Anpassung der Finken in Abhängigkeit von den Lebensbedingungen

Das Gleiche hat er für Schildkröten beobachtet. Hier sind 14 Unterarten ein und derselben Ausgangsschildkröte entstanden:

- Schildkröten auf den trockeneren Inseln waren leichter, hatten längere Beine, einen längeren Hals. Ein vorne aufgewölbter Panzer erlaubte ihnen, den Hals zu strecken, um Blätter von den Büschen abzuweiden.
- Auf den feuchten Inseln waren die Schildkröten schwerer, hatten kurze Beine und runde Panzer. Sie ernährten sich von Bodenpflanzen und Kräutern. (Das älteste lebende Reptil ist mit über 170 Jahren die sieben Zentner schwere Schildkröte Harriet. Sie lebt in einem australischen Zoo. Charles Darwin brachte sie 1835 als fünfjähriges Tier von den Galapagos-Inseln mit.)

Damit kommen wir zur Kernaussage der Evolutionstheorie: *In natürlichen Wettbewerbssystemen hat derjenige die besten Chancen, der die höchste Fähigkeit zur Veränderung entwickelt.* (Wettbewerbssysteme sind durch die Knappheitsbedingung charakterisiert, d. h., es gibt immer mehr Leben als Raum).

Oder anders ausgedrückt: Wer sich den wechselnden Umfeldbedingungen flexibler anpasst, kann langfristig bestehen. Nichts anderes heißt: „Survival of the fittest." Damit erklärt sich auch das weitverbreitete Missverständnis: Es geht nicht um Stärke, es geht um Anpassung (to fit). Siehe Dinosaurier.

Deshalb ist es auch falsch, an das Prinzip: „Die Großen fressen die Kleinen" zu glauben, genauso wie die These falsch ist: „Die Schnellen fressen die Langsamen". Richtig ist: „Die Anpasser fressen die Nicht-Anpasser". Dies ist – zugegeben – eine neue Perspektive. Es kommt eben nur darauf an, *woran* man sich anpasst!

Neben Finken und Schildkröten gibt es seit Charles Darwin unzählige Beispiele:

- Birkenspanner (Motten) waren ursprünglich weiß. Als dann in Folge der Umweltverschmutzung die Bäume verrußten, also schwarz wurden, wurden sie Opfer der gefräßigen Vögel. Die Birkenspanner passten sich an und wurden schwarz. Als dann Jahrzehnte später die Luftverschmutzung abnahm, die Bäume heller wurden, entwickelten sich wieder weiße Birkenspanner, während die schwarzen ausstarben.
- Pferde und Zebras weisen nahezu identisches Verhalten auf. Die Streifen schützen die Zebras vor den Löwen, die beim Angriff durch die durcheinanderwirbelnden Streifen irritiert werden.
- Der afrikanische Elefant ist größer als der indische. Warum? Weil er in der weniger tropischen Steppe von hohen Bäumen fressen bzw. in der Lage sein muss, Bäume umzureißen. Er besitzt darüber hinaus wegen der Hitze wesentlich größere Ohren, die als Windfächer fungieren.

Anpassungsfähigkeit ist der Schlüssel: Dieses Prinzip haben Insekten perfektioniert. Kein Tier beeinflusst unseren Planeten so nachhaltig. Selbst der Mensch muss sich ihnen unterordnen (Hungerkatastrophen). Insekten sind die heimlichen Herrscher der Erde: 60 Prozent aller Lebewesen sind Insekten.

4. Die Darwinschen Regeln

Welche Regeln lassen sich aus den Erkenntnissen Charles Darwins ableiten? (Darwin, 1859, 2001):

a) *Lebewesen sind in ständiger Veränderung begriffen.*
Arten sind nicht konstant, sondern variieren in Abhängigkeit der umgebenden Bedingungen. Oft wird diese Veränderlichkeit, die jeder Art ausnahmslos zu Eigen ist, erst über längere Zeiträume wahrnehmbar. Selbst unter vorübergehend gleichbleibenden Lebensbedingungen, variieren die Arten, da genetische Abänderungen auf lange Zeit vererbt werden können.

Veränderungsprozesse verlaufen durchaus komplex, aber im Ergebnis immer effizient. So lässt z. B. der Nichtgebrauch Organe, Fähigkeiten oder Eigenschaften, die unter veränderten Lebensgewohnheiten oder -bedingungen nutzlos geworden sind, verkümmern.

b) *Alle Lebewesen haben einen gemeinsamen Ursprung.*
Alle Individuen einer Art, alle Arten einer Gattung oder noch größerer Gruppen stammen von gemeinsamen Vorfahren, ja sogar einer einzigen Urform, ab. Und haben sich von irgendeinem Punkt aus im Verlauf von Generationen schrittweise überallhin ausgebreitet. Arten sind also nicht unabhängig voneinander erschaffen worden.

c) *Jedes Lebewesen weicht sowohl von seinen Vorfahren ab, als auch von jedem anderen Lebewesen. Es gibt nie zwei identische Lebewesen.*
Diese Abweichungen vollziehen sich in mannigfacher Weise auf unendlich verschiedenen Wegen. Sie sind nie eindimensional. In diesem permanenten Abweichungsprozess werden die Unterschiede immer größer, indem besondere Fähigkeiten und Gaben nach Vervollkommnung streben. Die Arten divergieren zunehmend in ihren Merkmalen, werden so zu wohl unterscheidbaren, abgegrenzten Objekten. Dieser Trend zum Extremen führt dazu, dass so genannte Mittelcharakter oder Zwischenvarietäten, also Lebewesen mit nur geringen Unterschieden, aussterben.

Signifikante Abweichungen können sich auch durch Verschmelzung, repetive Kreuzung verschiedener Arten oder Varietäten ergeben. Die Kreuzung gelingt umso besser, je näher die zu verschmelzenden Arten miteinander verwandt sind. Der Grund liegt darin, dass die Komplexität der Vereinigung geringer ist und damit leichter beherrschbar wird.

d) *Die Abweichung kann (im Sinne der Umfeldanpassung) vorteilhaft oder weniger vorteilhaft sein.*
Wer vorteilhaft abweicht, vermehrt sich schneller, breitet sich aus, besetzt immer mehr Plätze, gewinnt weiteren Lebensraum. Kleine Arten sterben demzufolge schneller aus. Ausgestorbene Arten entstehen nicht wieder, wenn die Kette der Fortpflanzung einmal abgerissen ist.

e) Alle Änderungen verlaufen kontinuierlich. Es gibt keine zusammenhanglosen Sprünge.

Arten können nur aus geringen, aufeinander folgenden Veränderungen Nutzen ziehen. Deshalb entstehen Abänderungen nie unvermittelt und beziehungslos: „Natura non facit saltum." (Darwin, 2001, S. 265.) Die Natur macht keine plötzlichen Sprünge, sondern schreitet in kurzen und sicheren Schritten vorwärts.

Im Rahmen der kontinuierlich verlaufenden Änderungsprozesse führt die Ausdifferenzierung der Arten zu zunehmender Komplexität, die zu Aufspaltungen und getrennter Weiterentwicklung oder gar Untergang führen kann.

5. Die „Naturgesetze der Markenführung" im Einzelhandel

Unsere Lebewesen bzw. Arten sind die Marken. Manche Retail Brands leben sehr lange, weil sie sich angepasst haben. Viele haben sich vermehrt (Filialisierung), zum Teil in Unterarten (Line Extensions). Andere haben sich verschmolzen, wieder andere neue Nischen gefunden. Manche sind gestorben, andere gerade erst entstanden, sind aber trotzdem schon groß und mächtig.

In kaum einer Branche ist die Veränderungsgeschwindigkeit unserer Umwelt (d. h. Verbraucher, Marktprozesse) größer als im Einzelhandel. Handel ist Wandel. Und obwohl dies seit jeher so ist, war die Anpassungsnotwendigkeit nie größer als heute.

Viele Marktteilnehmer, große wie kleine, befinden sich in schweren Turbulenzen. Der zu Verfügung stehende Lebensraum (= Markt) wird enger, der Wettbewerb um den noch verfügbaren Raum härter.

Untersuchungen belegen, dass der Anteil des Einzelhandelsumsatzes am privaten Konsum weiter sinken wird, dass in Deutschland bald jede dritte Insolvenz auf den Einzelhandel entfällt, dass der Discountmarktanteil im Lebensmittelbereich auf etwa 40 Prozent ansteigen wird (Siemes/Pietersen, 2003, S. 34 ff.).

Höchste Zeit also, sich zu fragen, welche Gesetzmäßigkeiten es für Retail Brands gibt, nicht nur das eigene Überleben zu sichern, sondern sich immer mehr zu verbreiten und immer mehr andere Plätze zu besetzen. Was also können die (Retail-)*Marken* von den *Arten* lernen?

5.1 Überlebensregel 1: „Be different – or die!"

Dies ist Darwins Prinzip der Abweichung. Man könnte es als notwendige Lebensbedingung für Marken betrachten. Ohne Differenzierung keine Existenzberechtigung. Erreichbar ist das im Handel auf drei Wegen:

1. Konzept- bzw. Format-Innovation

Ein völlig neues Store-Konzept auf den Markt zu bringen, ist der wirksamste, aber auch der schwierigste Differenzierungsfaktor. Noch schwieriger ist es, ein neues Konzept einzigartig zu halten, wie wir schon aus der Theorie der Dynamik der Betriebsformen (Nieschlag/Kuhn, 1980, S. 85 ff.) wissen. Funktionale Konzeptvorteile werden schnell kopiert, außerdem unterliegt der Pionier in der Regel Assimilierungstendenzen.

Von Darwin lernen wir, dass nur wirklich spitze, also echte Abweichungen eine Erfolgschance haben – keine so genannten „Mittelcharakter", also Pseudo-Innovationen. Überhaupt geht die Tendenz mit zunehmender Marktenge zum Extremen, d. h., die Divergenz oder anders ausgedrückt die Polarität nimmt zu. Da der zur Verfügung stehende Raum (= Markt) im Handel immer enger wird, ist vorauszusagen, dass das mittlere, naturgemäß weniger profilierte Marktsegment („von allem ein bisschen") *endgültig* vor dem Aussterben steht. Store-Innovationen müssen also extrem sein: extrem preisorientiert, extrem serviceorientiert, extrem convenienceorientiert, extrem qualitätsorientiert – in jedem Fall aber extrem.

Extrem neue Formate können sich – Darwin nennt das Kreuzung – durch Fusion (bzw. Allianz) verschiedener Betriebsformen (leichter, aber von begrenztem Innovationsgrad) oder sogar Kategorien (schwieriger, aber deutlichere Abweichung) ergeben. Beispiele für Kategoriekreuzung wären Handel plus Wellness oder Handel plus Unterhaltungs/Vergnügungsindustrie. Hier verlässt der Handel sein angestammtes Domizil, um neue Angebotsformate zu schaffen.

2. Marken-Innovation

Jenseits des reinen Funktionsnutzens lassen sich (Store-)Konzepte mit psychologischen Erlebnisqualitäten aufladen (erst dann lässt sich im strengen Sinne von Markenbildung sprechen). Anders gesagt, neben der funktionalen Differenzierung, die trotz des Gesagten immer schwerer fällt, spielt die emotionale Differenzierung eine immer bedeutendere Rolle. Um gleich einem Missverständnis vorzubeugen: Hierbei geht es um weit mehr als ein „positives Einkaufserlebnis" durch emotionale Ladengestaltung. Es geht um die Besetzung neuer, emotionaler Markenterritorien; ein Thema, das dem Handel bislang fremd ist, wird doch zumeist versucht, Marken rein rational, am liebsten über den Preis, zu positionieren.

Marlboro unterscheidet sich nicht (funktional) durch Geschmack, sondern (emotional) durch eine Welt von Freiheit und Abenteuer, Nivea weniger (funktional) durch Pflege, als (emotional) durch Liebe und Geborgenheit, Milka weniger (funktional) durch Zartheit, als (emotional) durch heile (Alpen-)Welt.

Interessanterweise sind gerade die erfolgreichen Retail Brands emotional einzigartig. Aldi steht mittlerweile weniger für Preis, als für Heimat, für Freiheit, Gleichheit, Brüderlichkeit beim Einkauf (Grünewald, 2002, S. 4 ff.). Der Ikea- oder Saturn-Kunde bekommt einen guten Teil Cleverness und Frische zum Einkauf gleich mit dazu.

Die Evolutionstheorie lehrt uns, dass Abweichungen nie eindimensional sind. Gerade im Bereich der emotionalen Markenterritorien gibt es unendlich viele Differenzierungsmöglichkeiten. Warum verkauft Otto keine Zeit? Wieso Obi keine Geborgenheit? Wieso Zara keine Neugier?

Dann muss man sich nicht wundern, dass viele Kunden gar nicht wissen, ob sie bei Edeka oder Spar, bei Quelle oder Neckermann, bei kd-kaiser's drug-store oder Ihr Platz einkaufen – und die Einkaufsstättentreue so gering ist. Me-Too führt zur Austauschbarkeit, Austauschbarkeit führt zum Untergang.

Neue, emotionale Territorien, mindestens aber erkennbare Absenderphilosophien, lassen eine Retail-Marke im Sinne eines positiven Vorurteils erst entstehen. Siehe H&M, Media Markt, Body Shop, Douglas. Neue, emotionale Territorien zu finden, ist nicht leicht. Denn es geht dabei um frühzeitig erkannte (Mega-)Trends. Patriotismus z. B. ist einer. Oder Fairness. Oder auch Familienleben. – Aber wie auch immer: Es bedarf dazu der Expertise von Partnern mit populistischem Talent, wie einige Werbeagenturen oder Konsumforscher sie liefern können.

Das System Handel ist im Gegensatz zu Markenartiklern zudem vor ganz besondere Herausforderungen gestellt. Denn hier wird nicht ein Stück vorproduzierte „Ware" verkauft, sondern das über das emotionale Markenterritorium vermittelte „positive Vorurteil" ist täglich aufs Neue zu liefern. An jedem Standort, von jedem Mitarbeiter. Fehlt es hier an notwendiger Disziplin und Integrationskraft, entstehen wieder – in Darwins Worten – unspezifische Mittelcharakter mit erheblichen Wettbewerbsnachteilen gegenüber konsequent geführten Retail Brands wie Ikea oder Aldi.

3. Marken-Kommunikation

Ein innovatives Store-Konzept, eine innovative Markenidee (emotionales Territorium) als zunächst strategische Konstrukte benötigen in der Regel Kommunikation. Ganz gleich, ob am Point of Sale, im Prospekt, der Öffentlichkeitsarbeit oder der klassischen Imagewerbung, auch die Kommunikationsidee selbst muss einzigartig sein. Wobei es genau drei Felder der Differenzierung gibt: erstens bestehende Normen/Regeln brechen (Saturn: „Geiz ist geil."), zweitens Perspektive ändern (H&M: Preiswertes teuer darbieten) oder drittens Verfremden (klassisches Beispiel ist die lila Milka-Kuh; im deutschen Handel ist uns kein signifikantes Beispiel bekannt).

Es gäbe innerhalb dieser drei Felder ein Füllhorn von kreativen Ideen, das vom Handel angesichts der favorisierten, eher rationalen Preisargumentation kaum genutzt wird. Damit wird auch Differenzierungspotenzial aufgegeben. Denn selbst in Ermangelung einer innovativen Konzeptidee oder einer uniquen Markenidee, könnte immer noch eine überraschende, ungewöhnliche Kommunikationsidee für ein Stück Abweichung vom Wettbewerb sorgen.

5.2 Überlebensregel 2: „Be relevant!"

Die Abweichung nach Darwin kann (im Sinne der Umfeldanpassung) vorteilhaft oder weniger vorteilhaft sein. Nur die vorteilhafte Abweichung verspricht Nutzen, ist also relevant. Ist Differenzierung die notwendige Bedingung für das Überleben, ist Relevanz die hinreichende Bedingung, denn nur anders zu sein, reicht nicht.

Vorteilhaftigkeit bzw. Relevanz erfordern spezielle Consumer Insights, also tiefe Einblicke in die Psyche, Kaufmotivationen und Kaufbarrieren der Verbraucher. Wie treffe ich deren Wünsche, Sorgen, Nöte? Da diese Fragen immer individuell, d. h. in einem konkreten Markenkontext, beantwortet werden müssen, können hier nur einige strukturelle Erkenntnisse zu *Mustern des Konsumentenverhaltens* abgeleitet werden.

So gesehen geht es in diesem Beitrag nicht um die Frage, ob beispielsweise Gesundheitsvorsorge oder Schönheit oder Wellness in Zukunft größeren Konsumentenzuspruch erhalten werden – oder ob Convenience-Orientierung oder Erlebnis-Orientierung oder Bio-Orientierung wichtiger werden – oder inwieweit Mobilitätszunahme oder Verschiebung der Altersstrukturen oder steigende Arbeitslosigkeit zukünftiges Konsumentenverhalten beeinflussen.

Dazu gibt es genügend Studien und Veröffentlichungen (z. B. Horx, 2003, ifm, 2003, Eggert, 2003), der wir keine weitere hinzufügen wollen. Natürlich müssen derartige Wertetrends und sozio-ökonomische Entwicklungen unter „Anpassungs-"Aspekten einzelfallbezogen berücksichtigt werden.

Hier geht es vielmehr um die Frage, ob – unabhängig von Moden und Trends – Schemata des Konsumentenverhaltens aus der Evolutionstheorie abgeleitet werden können, die markentechnische Fehler im Führen von Retail Brands grundsätzlich zu vermeiden helfen.

Wir haben gelernt, dass Änderungsprozesse und Verhaltensweisen nie eindimensional sind, dass sie im Ergebnis effizienzgetrieben sind und dass es in der Natur eine Tendenz zu Divergenz bzw. Polarisierung gibt – je enger der Lebensraum, desto deutlicher. Daraus lassen sich drei Verhaltensmuster ableiten, die in der Zukunft eher noch wichtiger werden:

1. In Wettbewerbssystemen wird es niemals eine Gleichschaltung von Lebens- und Konsumstilen geben. Der Verbraucher handelt stimmungs- und kontextabhängig unterschiedlich (siehe insbesondere zur Kaufrevierpsychologie Ziems, 2001 sowie den Beitrag von Ziems in diesem Band). Einheitskonsum ist ihm ein Gräuel, genauso wie beispielsweise einheitlich niedrige Preise. Denn damit bliebe kein Raum für psychologische Kaufmotive, wie sich inspirieren lassen, verführt werden, Neugier befriedigen, einen Hauch von Luxus genießen oder sich demonstrativ etwas leisten können.

   Sich selbst und anderen gegenüber auszudrücken: „Mir geht es (noch) gut" kann selbst in rezessiven Phasen und negativen persönlichen Einkommenserwartungen größere motivatorische Schubkraft entfalten, als möglichst billig einzukaufen. Gerade Sozialprestige bleibt ein starker Treiber, denn wie die Arten will auch der Konsument raus aus der Nivellierung, will sich unterscheidbar machen. Einer seiner Überlebenstriebe heißt Anerkennung. Je hierarchiefreier die Gesellschaft wird, desto stärker prägt sich das Bedürfnis nach Applaus der Umwelt aus.

2. Die Natur lehrt uns, dass sich „Nicht-Genutztes" im Laufe der Zeit (in welcher der zur Verfügung stehende Raum im Vergleich zum Zuwachs an Leben immer weiter schwindet) zurückbildet. Dieser Prozess ist weder schmerzhaft noch mit anderen unangenehmen Empfindungen verbunden. Analog werden die Revisionsbemühungen des Konsumenten eher zu Wandlungen, denn zu – unangenehmen – Einschränkungen führen (ifm, 2003, S. 5, 17 ff.). Überkultivierung, überflüssige Features oder Lifestyles werden zunehmend abgelehnt. Dies hat aber nichts mit bloßem Reduzieren, Dürftigkeit oder Kargheit zu tun, sondern eher mit einem permanent steigenden Effizienz- und Effektivitätsbewusstsein.

   Daraus wiederum lässt sich ableiten, dass sich weder Billiganbieter auf Dauer eine schlechte Qualität erlauben können, noch Qualitätsanbieter nicht nachvollziehbar teuer verkaufen dürfen (ähnlich Beyer/Micheel, 1999, S. 6). Auf der Suche nach Vervollkommnung (siehe Abschnitt 4.c.) werden sich Retail Brands nicht mit derart einseitigen Strategien begnügen können. Zudem verliert der Preis ein gutes Stück seiner Funktion als Qualitätsindikator.

3. Das Konsumentenverhalten wird immer stärker divergieren: höherer Preis mit emotionalem Zusatznutzen (wofür es unendlich verschiedene Möglichkeiten gibt), niedriger Preis für eher unemotionale Versorgungshandlungen. Dazwischen allerdings wird es im Konsumentenbewusstsein nicht mehr viel Raum geben, damit auch für unentschiedene Retail Brands nicht. Diese evolutionstheoretische Erkenntnis geht einher mit Studien, die besagen, dass bis 2010 die Nachfrage nach Spitzenangeboten (in Bezug auf Produkte, Beratung, Erlebnis etc.) auf 40 Prozent, die nach Billigangeboten auf 45 Prozent steigen wird (Eggert, 2003, S. 84).

   Fest steht jedenfalls, dass angesichts der von uns identifizierten Verhaltensmuster die Vielfalt der Konsumwelt niemals verloren gehen wird. Im Gegenteil: Die Unterschiede werden größer, damit auch die Erfolgschancen für die einzelne Retail Brand.

5.3 Überlebensregel 3: „Sei glaubwürdig!"

Auch das leitet sich zwingend von Darwin ab: „Alle Lebewesen haben einen gemeinsamen Ursprung" und: „Alle Änderungen verlaufen kontinuierlich. Es gibt keine zusammenhanglosen Sprünge". Die markentechnische Notwendigkeit heißt also: Verlasse niemals den Markenkern! In diesem Zusammenhang sind drei Punkte zu beachten:

1. Brand Heritage

Jede Marke hat eine Geschichte, eine Biografie, eine Heritage und damit auch ein Guthaben. Dies nicht zu beachten, ist lebensgefährlich. Eine Marke muss da Stärke zeigen, wo sie sie im Bewusstsein des Konsumenten verankert ist. Sonst wird sie unglaubwürdig, verliert Vertrauen. Konsumenten wollen nicht verwirrt werden, sie wollen die Bestätigung ihres Vorstellungsbildes und die Möglichkeit des Wiedererkennens (siehe unter dem Begriff Selbstähnlichkeit dazu auch Brandmeyer, 2002, S. 111 ff., 173, 240 ff.).

Darwin hat bewiesen, dass die Natur zwar „verschwenderisch in Abänderungen sei, aber geizig in Neuerungen" (Darwin, 2001, S. 265). Eine Marke darf sich nicht neu erfinden! Sie muss ihrer Kernkompetenz folgen und ständig prüfen, was sie an (notwendigen) Abweichungen verträgt. Verlässt sie ihren Markenkern, ist sie tot, weil schlicht nicht mehr glaubwürdig. Deshalb ist Revolution, da mit zusammenhanglosen Sprüngen verbunden, nicht erlaubt.

2. Evolution versus Revolution

Evolution heißt die naturgesetzliche Maxime. Arten können nur aus geringen, aufeinander folgenden Veränderungen Nutzen ziehen (siehe Abschnitt 4.e). Genauso wie die Marken.

Aldi beispielsweise behauptet sich seit Jahrzehnten durch konsequente, markenkern-affine Evolution. Und hat sich damit vom markenlosen Discounter zum Robin Hood des aufgeklärten Verbrauchers entwickelt (Grünewald, 2002, S. 6). Ikea war ursprünglich als klassischer Nischenanbieter angetreten, hat dann Angebot und Zielgruppe schrittweise in die Breite entwickelt, dabei aber niemals die Philosophie des Unkonventionellen aufgegeben. Selbst eine Marke wie Kaufhof, in einem sehr schwierigen Umfeld agierend, entwickelt sich mit dem Galeria-Konzept in glaubwürdigen, konsistenten Schritten vom Einheits-Warenhaus zum Inspirations-Warenhaus mit Entertainmentelementen, trennschärferen, zunehmend vertikalisierten und damit auch aktuelleren Sortimenten (mit größerer Tiefe als Breite) und größerem Top-Markenanteil. So wird die alte „Große-Auswahl-Idee" neu interpretiert. Alle drei Retail Brands verändern sich ständig, und zwar positiv im Sinne der Umfeldanpassung, haben dabei aber nie ihren Ursprung aufgegeben.

Leider lauert überall die Gefahr der sprunghaften, opportunistischen Abweichung. Einer Abweichung, die gelernte Leistungsversprechen, auf deren Einhaltung der Konsument besteht, konterkariert. Ein Mensch beispielsweise, der stets konservativ gekleidet ist und plötzlich mit einer grell-bunten Krawatte erscheint, wird nicht als modern, sondern als albern und unglaubwürdig eingestuft werden. Genauso ist es bei Marken.

Retail Brands, die unreflektiert versuchen, das Billiglager mit dessen eigenen Waffen zu schlagen, brechen mit Markenwerten, die oft über Jahrzehnte aufgebaut worden sind (Brandmeyer, 2002, S. 86). Der Verbraucher ist zunächst irritiert, dann verstimmt und wechselt am Ende erst recht zum kompromisslosen Kauf im Discounter. Schlimmer noch: Diese Art unkontrollierter Selbstzerstörung macht es beinahe unmöglich, aus der selbstgestellten Falle – ebenso sprunghaft – wieder herauszukommen.

Menschen mögen vergessen, Konsumenten nie. Vor allem lernen sie schnell: nämlich die Umstellung des Konsums auf „Aktions-Gelegenheiten". Kaufkraft fließt ab, die ohnehin schon kleinen Margen werden noch kleiner. Belebt werden Nachfrage und Kundenbindung nicht da, wo sie belebt werden sollen, sondern da, wo das Preisargument Markenkern, also glaubwürdig, ist: den Discount Brands.

3. Filialisierung

Die Evolutionstheorie hat bewiesen, dass diejenigen, die vorteilhaft abweichen, wachsen und weiteren Lebensraum gewinnen, während kleinere Arten schneller aussterben (siehe Abschnitt 4.d).

So gesehen ist Filialisierung eine markentechnisch sinnvolle Reproduktion von Stärken. Sie muss nur selbstähnlich erfolgen (Brandmeyer, 2002, S. 241). Mit anderen Worten: Gerade bei Filialisierungs- oder gar Line-Extension-Politik ist es wichtig, die Markenidentität zu erhalten, d. h., die zunehmende Komplexität, zu der alle Arten und alle Marken neigen, zu managen. Sonst fällt alles auseinander.

Straff geführte Filialisten von Hermès über Wempe bis Fielmann oder Tchibo senden verlässliche, konsistente Signale in Bezug auf Standortwahl, Ladengestaltung, Sortiments- und Preisstruktur, Service bis hin zum Mitarbeiterverhalten. Alle Geschäfte derselben Marke erscheinen gleich, und überall findet man sich sofort zurecht. Unglücklicherweise sind dies die Ausnahmen. Die Regel kann jeder von uns täglich erleben. Verschiedenheit der Ladenausstattung, des Point of Sale-Designs, der Sortimente, der Mitarbeiterqualifikation. Kein Standort ist wie der andere, eine einheitliche Philosophie selten erkennbar. Die Kunden sind enttäuscht, denn das wiederholte Erleben eines Leistungsversprechens, das zu Vertrauen, Format- und Markentreue führt, wird nicht eingehalten.

Dass man Komplexität managen muss, lernt man von Charles Darwin: Steigt in der natürlichen Evolution der Arten die Ausdifferenzierung – sprich Verschiedenheit – stärker als die Integration – sprich das Gemeinsame – bröselt alles wie ein Sandkuchen auseinander. Es entstehen chaotische Teilsysteme, aber kein funktionierender Organismus.

Die Gabe, Komplexität zu managen, ist nicht allein eine Frage der Organisationsform der Handelssysteme. Natürlich sind Filialisten per se bevorteilt, aber Einkaufskooperationen sind ebenso imstande, Selbstähnlichkeit herzustellen. Es muss nur erst einmal die markentechnische Notwendigkeit in ihrer ganzen Tragweite erkannt werden. Die mit unnötiger Komplexität verbundene Ertragsschwäche gibt sich dann von selbst.

Das folgende Schaubild fasst die gewonnenen Gesetzmäßigkeiten für das Managen von Retail Brands vereinfacht zusammen.

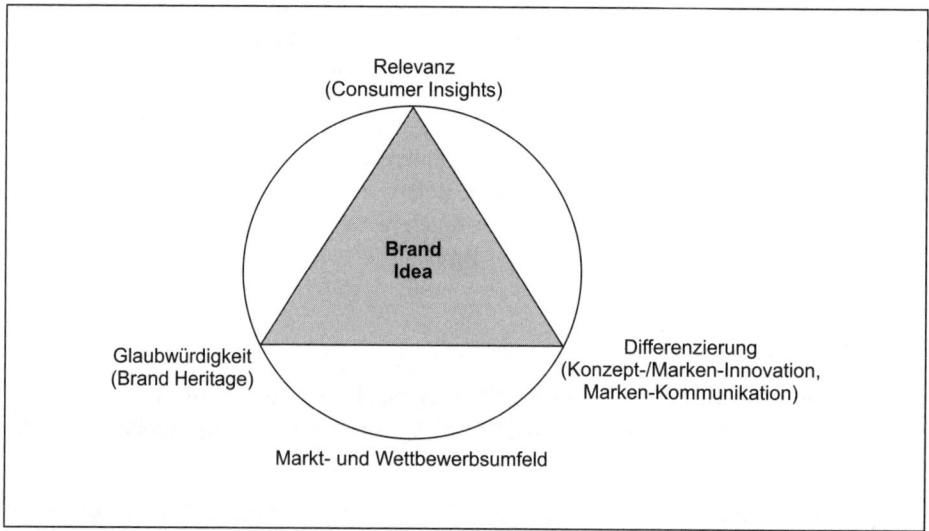

Abb. 4: Die Gesetzmäßigkeiten der Markenführung im Handel

6. Beurteilung gegenwärtiger Handelsstrategien vor dem Hintergrund der Evolutionstheorie

6.1 Aktions- und Preisoffensive

Deutschlands Einzelhandel befindet sich im Taumel der Schleuderpreise. Nie zuvor hatte der Preis als Wettbewerbsargument so viel Gewicht wie heute. Warum eigentlich?

Wir haben an verschiedenen Stellen dieses Beitrages schon gesehen, dass der Versuch, den Verbraucher mit immer noch niedrigeren Preisen zu binden, fehlschlagen muss. Preispromotions und Rabattschlachten verstoßen in der Regel gegen die Prinzipien der Differenzierung und der Glaubwürdigkeit. Selbst die Relevanz solcher Maßnahmen für den Konsumenten ist sehr begrenzt.

Es ist nicht zu bestreiten, dass gerade der deutsche Verbraucher preisbewusst einkauft. Dies ist nicht nur konjunkturell zu erklären. Denn in den nächsten zehn Jahren werden über zwei Billionen Euro vererbt werden. Und selbst Konsumenten mit positiven Einkommenserwartungen wollen sparen (Berger, 2002). Obwohl also genug Geld vorhanden ist, mutieren die Verbraucher zu vermeintlichen Preiskäufern. Wie ist das zu erklären?

1. Zunächst ist festzustellen, dass es nirgends auf der Welt so viel Einkaufsplatz gibt wie in Deutschland (Schmiese, 2003, S. 4). In der Terminologie Darwins ausgedrückt: Es gibt ein Überangebot an Leben (= Verkaufsflächen) im Verhältnis zum verfügbaren Raum (= Markt). Dies führt zu einem hohen Wettbewerbsdruck, der sich dort in Preisdruck artikuliert, wo aus Verbrauchersicht relevante Unterschiede zwischen Handelsangeboten nicht gesehen werden. Preisdruck ist also zunächst ein natürliches Marktlagenphänomen, dem die unprofilierten „Mittelcharakter" zum Opfer fallen.

2. Tatsächlich führen die für den deutschen Einzelhandel typischen *rationalen* Positionierungen dazu, dass signifikante Unterschiede zwischen den einzelnen Anbietern nicht wahrgenommen werden können. Wirkliche Retail Brands, die differenzierende, relevante, glaubwürdige (emotionale) Markenterritorien besetzen, gibt es kaum (siehe auch Feldmann/Tiemann, 2003, S. 42 ff.). Der Preis wird zum Auswahlkriterium.
   Die Logik ist simpel: Unprofilierte Retailer steigern die Preissensibilität der Konsumenten; dies führt zum Preiskauf; preisorientierten Einkauf beantwortet der Handel mit Rabatten; damit wird er noch austauschbarer; die Preissensibilität steigt weiter; es wird en vogue, billig einzukaufen; das Aktionsfieber bricht aus und befällt nahezu die gesamte Population, selbst die Einkommensoptimisten.

3. Diese beschriebene Kausalität tangiert bereits einen weiteren Erklärungsansatz. Darwin hat nachgewiesen, dass sich Arten, also auch die Art „Mensch", permanent ihrem Umfeld anpassen. Wenn nun also die Konditionierung des Umfeldes lautet: Sparen ist smart, ist clever, ist en vogue, dann „züchtet" sich der Handel mit seinen Niedrigpreisaktionen ein Konsumentenverhalten, unter dessen Folgen er selbst dann am meisten leidet (Ziems, 2002, S. 3).
   Ein Paradebeispiel für eine „self fulfilling prophecy". Denn die Betriebsform Discount an sich ist ja kein plötzliches, aktuelles Phänomen, sondern erfolgreich seit den 70er Jahren. Der derzeitige Boom der Discount Brands ist weniger der eigenen Leistung als vielmehr dem markentechnischen Fehlverhalten der Konkurrenz in Bezug auf Differenzierung, Relevanz und vor allem Glaubwürdigkeit zu verdanken.
   Verbraucher können die Glaubwürdigkeit eines Preises in Bezug auf die Qualität häufig nicht beurteilen. (Was z. B. ist ein genähter Schuhrahmen wert verglichen mit einem geklebten?) Sie müssen nur das Gefühl haben, dass der Preis fair und verlässlich ist. Dieses Gefühl wird durch aggressive Preispromotions aufs Spiel gesetzt. Das Misstrauen, in bestimmten Einkaufsstätten zu teuer einzukaufen, weil anschließend der Preis sinkt, führt zu kognitiver Dissonanz beim Verbraucher, der dann den konzeptionslosen (und damit unglaubwürdigen) Preiskriegern die Geschäftsgrundlage entzieht.

Natürlich ist dem Handel systemimmanent, zu bestimmten Zeitpunkten über Preisreduktion die Lager zu räumen. Aber dann nachvollziehbar und ohne den Markenkern zu verletzen. Hermès beispielsweise reduziert nur Artikel, die mindestens ein Jahr alt sind *und* der Mode unterliegen.

4. Der Blick auf die erfolgreichen Retail Brands wirft die Frage auf, ob denn die Mehrheit der Konsumenten wirklich so einseitig preisorientiert ist? Das Wort „billig" existiert in der Aldi-Sprache nicht. Die Anzeigen tragen seit jeher die Schlagzeile „Aldi informiert". Aldi-Produkte testen bei Stiftung Warentest überdurchschnittlich gut. Wenn einmal nicht, wird sofort ausgelistet. Lidl positioniert sich als Markendiscounter und wächst gerade über den höheren Anteil an Markenartikeln im Sortiment stärker als Aldi. Fielmann liefert gute Qualität zu kleinen Preisen, Saturn ebenfalls.
Es geht also offensichtlich eher um Preis *im Verhältnis zur* Leistung, um „value for money". Und um Einfachheit und Konsequenz! Dieses Verhaltensmuster lässt sich evolutionstheoretisch erklären (siehe auch Abschnitt 5.2). Anpassungsprozesse sind effizienzorientiert: Input in Relation zum Output. „Preis" ist also nur die halbe Betrachtung. So gesehen verhindert nicht – wie man häufig liest – Geiz den Konsum, sondern Überfluss, Inkonsequenz, Irritation – eben alles, was das subtile Effizienz- und Effektivitätsstreben unterläuft.
Wir haben außerdem aus Darwins Erkenntnissen abgeleitet, dass kein Konsument eindimensional denkt und handelt. Allein die Kaufrevierpsychologie weist zig Motive, vor allem emotionale, für die Einkaufsstätten- und Markenwahl nach (Ziems, 2001, S. 29 ff.). Andere Studien belegen, dass saubere und ordentliche Geschäfte, eine gute Auswahl, gute Erreichbarkeit, geringe Wartezeiten, Fürsorglichkeit des Personals auch in Deutschland für den Kunden oft wichtiger sind als der Preis.

5. Wenn es stimmt, dass es in natürlichen Wettbewerbssystemen einen Trend zu Divergenz gibt (siehe Abschnitte 4.c, 5.1 sowie 5.2), dann laufen die herdentriebartigen Rabattschlachten dem entgegen. „Preis" ist Gleichmacherei. Damit wird auch der Wert der verkauften Ware gleichgeschaltet. Dies kann evolutorisch aber nicht gelingen. Die Produkt- und Angebotsdivergenz kann nicht Null werden.

6. Die Natur, auch die Natur des Menschen, reagiert auf Knappheit. Also müssen Retail Brands, wollen sie begehlich sein, Knappheit im Angebot suggerieren (bei Tchibo Nonfood sogar Konzeptidee). Immer und immer niedrigere Preise, auf die sich der Verbraucher einstellt, bewirken genau das Gegenteil von Knappheit. Und der Konsument tut ebenfalls das Gegenteil von dem, was er soll. Er kauft nicht schnell, bevor andere ihm die Ware zum günstigen Preis wegschnappen. Nein, obwohl ihm laut zugerufen wird: „Erbarme dich!", zeigt er sich abstinent und wartet auf den noch besseren Preis. Eine neurotische Mangelwirtschaft im Überfluss. Mit gefährlichen volkswirtschaftlichen Deflationstendenzen.

Aus alldem lässt sich ableiten, dass Niedrigpreisstrategien, sofern sie nicht differenzierende, relevante, glaubwürdige Brand Idea sind, sondern aus Unprofiliertheit, konzeptioneller Verzweiflung oder wirtschaftlicher Not heraus geführt werden, keine Erfolgschance haben.

Unstrittig ist, dass das Argument „Preis" aus den genannten Gründen nicht außer Acht gelassen werden darf, aber immer in Relation zu einer differenzierenden, relevanten, glaubwürdigen Leistung! Anders gesagt: Es ist markentechnisch immer in *„Preis plus "* -Kategorien zu denken: *plus* Service, *plus* Convenience, *plus* emotionale Benefits (siehe Abschnitt 5.1 Marken-Innovation). Das Plus kann wichtiger werden als der Preis (z. B. im oberen Segment: Hermès, Wempe, Polo Ralph Lauren), sollte aber in jedem Fall – auch das haben wir von Darwin gelernt – *extrem* sein. Ist das Plus nicht ausreichend als differenzierend, relevant, glaubwürdig wahrnehmbar, fällt alles wieder auf den Preis als maßgebliches Auswahlkriterium zurück.

Das Plus erst macht die Retail Brand, definiert ihre Stärke und Vitalität. In gewisser Weise ist der Preis nicht mehr als ein Hygienefaktor. Er allein ist kein Differenzierungsfaktor (nicht einmal beim Discount, auch hier kann nur einer der Günstigste sein), selten ein Glaubwürdigkeitsfaktor und ein Relevanzfaktor nur in Verbindung mit einer irgendwie gearteten Leistung, dem „Plus".

6.2 Dienstleistung

Dienstleistung ist nahezu der Gegenpol zu Preis und in unendlich verschiedenen Ausprägungen denkbar. Dienstleistung ist eine Dimension für das im vorigen Kapitel erwähnte „Plus".

Dienstleistung ist nicht nur ein volkswirtschaftlicher Wachstumsmotor (Beyer/Micheel, 1999, S. 15), sondern insbesondere geeignet, die Lücke zu schließen zwischen dem rückläufigen handelsrelevanten Konsum und den steigenden Konsumausgaben der Verbraucher insgesamt (Siemes/Pietersen, 2003, S. 30). Wenn ein Mehr an Waren an Sättigungsgrenzen stößt, dann kann ein Mehr an Dienstleistungen die *handelsrelevante* Kauflust steigern, also satte Konsumenten hungrig machen.

Die Evolutionstheorie zeigt, dass es bei zunehmender Enge des verfügbaren Lebensraumes einen Trend zum Extremen gibt (siehe Abschnitte 4.c sowie 5.1 „Konzept- bzw. Format-Innovation"). Wir haben gesehen, dass nur spitze, echte Abweichungen eine Erfolgschance haben und dass das Prinzip der Kreuzung ein viel versprechender, aber auch riskanter Weg ist, zu signifikanten Veränderungen zu kommen.

Demzufolge kann es handelsstrategisch nicht nur um ein bisschen mehr an Service oder Erlebnis gehen, wie heute zumeist praktiziert, sondern um echte Konzept-Innovationen, die bisher Nicht-Dazugehöriges addieren.

Ein aussichtsreicher Weg, zu neuen Konzept-Ideen oder sogar Brand Ideas zu kommen, wäre die Kreuzung – sprich Verschmelzung – von Handel und handelsfremden Angebotsformen von Gastronomie über Freizeitindustrie bis hin zur Unterhaltungs-, Entertainmentbranche (ähnlich Eggert, 1998, S. 15 ff.).

Ein solcher Transformationsprozess ist nicht mehr vom klassischen Versorgungsanspruch gekennzeichnet, sondern vom Erlebnis- und Unterhaltungswert für die Konsumenten. Er geht einher mit einem veränderten Rollenverständnis, partieller Kompetenzabtretung und kann eine Vielzahl positiver Auswirkungen haben, bis hin zu einer weiteren Differenzierung der Öffnungszeiten.

Je größer der Dienstleistungsanteil, desto kleiner die vordergründige Einzelhandelsfunktion, was aber keinesfalls gleichbedeutend ist mit kleineren Umsätzen. Im Gegenteil: Es ist anzunehmen, dass in solchen Angebotskonzepten die Handelsumsätze die Dienstleistungsumsätze weit übertreffen, ja sogar Konsumausgaben der privaten Haushalte wieder stärker rückführen in den handelsrelevanten Bereich.

Natürlich bergen solche Vernetzungen von handelstypischen und handelsfremden Leistungen die Gefahr der Verzettelung mit geringen Überlebenschancen. Je komplexer, desto eher. Deshalb ist es enorm wichtig, mittels einer glaubwürdigen Brand Idea einen Fokus, eine Klammer, zu finden. Ist die Integrationskraft nicht ausreichend, entstehen – wie in der Natur – chaotische Teilsysteme, die schon im Entstehen vom Untergang bedroht sind.

Die beschriebenen Ansätze sind nicht – wie man a priori vermuten könnte – mit unerlaubten Sprüngen verbunden. Marken können so, allerdings über Branchengrenzen hinweg, neu entstehen. Etablierte Retail Brands können unter der Maxime totaler Kundenorientierung ihren Lebensraum in nachvollziehbaren Schritten ausdehnen.

Außerdem sind solche dienstleistungsorientierten Evolutionsprozesse nicht notwendigerweise groß und komplex. Sie können auch überschaubar in der Nische stattfinden. Zur Veranschaulichung des Spektrums kurz zwei Beispiele:

1. Tankstellen, für jeden sichtbar, prosperieren als professionell geführte Nahversorger. Sie kombinieren Bequemlichkeit, Unkompliziertheit, Öffnungszeiten mit einem straffen, zentralen Prozessmanagement. Darwin hat nachgewiesen, dass einmal ausgestorbene Arten nicht wiederkehren („They never come back."), in abgewandelter Form allerdings schon, wenn entsprechender Lebensraum vorhanden ist. Der Verbraucher braucht offensichtlich die Nahversorgung mit flexiblen Öffnungszeiten. Er akzeptiert dafür sogar die höhere Preisstellung der Tankshops. Die Attraktivität ist mittlerweile so groß, dass 60 Prozent der Kunden ausschließlich zum Einkaufen zur Tankstelle kommen – ohne zu tanken (Eggert, 2003, S. 49)!
Daraus abzuleiten, das Shopgeschäft könnte auch ohne Zapfsäule gelingen, ist allerdings falsch. Aral hat das in einem Pilotprojekt probiert und ist gescheitert. Ein Paradebeispiel für die Naturgesetze Darwins: Jede Marke hat eine Geschichte, eine Heritage. Verlässt sie, wie Aral mit dem Pilot-Shop ohne Zapfsäule, ihren Markenkern, hat sie keine Aussicht auf Erfolg. Zusammenhanglose Sprünge sind nicht erlaubt. Aus gleichem Grund beispielsweise wäre Tchibo davon abzuraten, jemals sein Kaffeegeschäft aufzugeben, auch wenn inzwischen das Nonfood-Geschäft dominiert und der Wachstumsmotor ist.

Mangels Heritage werden Mineralölmarken niemals Retail Brands werden; dennoch wird die Tankstelle der Zukunft ein anderes Gesicht haben als heute. Das Prinzip der Abweichung, um schnell weiteren Lebensraum (= Marktanteil) zu gewinnen, ist hier besonders ausgeprägt. Neben dem Foodbereich werden Nonfood sowie weitere Dienstleistungen addiert werden, die Gastronomie ausgebaut bis hin zur individuellen Zubereitung von Gerichten – natürlich immer getreu der Kernkompetenz Convenience.

2. Warenhäuser versuchen seit längerem, mit Erlebnis- oder Themen-Konzepten aus der Mitte herauszukommen. Durchaus mit Erfolg (Galeria Kaufhof, Karstadt Sport). Dennoch sind diese Relaunches eher Stabilisierungs- als Wachstumskonzepte.

Wenn es in der gesamten Volkswirtschaft eine wachsende Nachfrage nach Dienstleistungen gibt, Sach- und Dienstleistungen zusammenwachsen, dann muss dies auch den verbliebenen Warenhaus-Marken mit ihren erstklassigen Standorten neues Leben einhauchen können.

Konsumenten wollen (neben der ausreichend behandelten Preiskontrolle) lustwandeln, flanieren, überrascht werden, stimuliert werden, Neugier befriedigen, Leute treffen, mitreden können, sich verwandeln, persönliche Entwicklungswünsche entfalten – gerade beim Einkauf im Kaufrevier Innenstadt (Ziems, 2001, S. 48 ff., 55 ff.). Sie haben daneben notwendige Tagesgeschäfte (bis hin zu Bank-, Post-, Arzt-Leistungen) zu erledigen.

Wer diese Bedürfnisse in einer Symbiose aus Handel und Dienstleistung befriedigt, wer es schafft, die Vielfalt und Struktur der City, oder besser Metropole, im Kleinen widerzuspiegeln, der schafft Alleinstellung. Und das auf relevante Art, denn anders als in den Fußgängerzonen, wo unvermittelt und zufällig ein Handels- bzw. Dienstleistungsangebot das andere ablöst, kann im „Dienstleistungswarenhaus" bereits eine Vorauswahl und Abstimmung getroffen werden. Das verhindert das unübersichtliche Gewusel und die häufige Orientierungslosigkeit in den urbanen Bummelzonen. Der ständige Zwiespalt des Konsumenten zwischen „Wunsch nach Inspiration" und „Wunsch nach Kontrolle" wird hier gleichermaßen erfüllt.

Die Glaubwürdigkeit solch innovativer und eben zum Teil handelsfremder Angebotsformate hängt maßgeblich von der Integrationskraft der jeweils übergreifenden Brand Idea ab. Steigt die Ausdifferenzierung stärker als die Integration, bricht alles auseinander. Eine gute Brand Idea (siehe hierzu insbesondere 5.1 „Marken-Innovation") schafft den notwendigen Fokus.

Fragen der Glaubwürdigkeit sind gerade in dem hier behandelten Kontext (handelsfremde Dienstleistungen) immer nur im konkreten Einzelfall zu lösen. Tchibo beispielsweise floppte mit dem Verkauf von Riester-Rentenpolicen. Otto und Quelle beispielsweise verzeichnen seit Jahrzehnten Erfolge mit einkaufsbezogenen Kreditangeboten („Heute kaufen, morgen zahlen") und verdienen nicht nur an Mehrumsätzen im Warenbereich, sondern auch an den Krediten selbst.

6.3 Vertikalisierung

Wer sich den wechselnden Umfeldbedingungen flexibler anpasst, kann langfristig bestehen. Dies ist die Kernaussage der Evolutionstheorie (siehe Abschnitt 3). Darüber hinaus hat Darwin bewiesen, dass die Natur effizienzgesteuert ist und dass kleine Arten eher vom Aussterben bedroht sind.

Überträgt man diese Erkenntnisse auf den Handel und berücksichtigt ferner, dass der verfügbare Lebensraum immer enger werden wird, dann ist der logische Schluss, dass die klassische arbeitsteilige Struktur zwischen Industrie, Großhandel und Einzelhandel nicht unbedingt vorteilhaft ist.

Flexible Anpassung ist angesichts gesättigter Märkte mit sich schneller wandelnden Konsumentenanforderungen bei strikter Aufgabentrennung zwischen diversen Vorstufen und Einzelhandel nicht möglich. Die Zukunft gehört vertikal organisierten Systemanbietern, die die Arbeitsteilung beherrschen und einen Großteil der Wertschöpfungskette kontrollieren (Siemes/Pietersen, 2003, S. 18 ff.).

Andersherum: Nicht oder nur lose organisierte Einzelkämpfer werden die notwendigen vorteilhaften Abweichungen weder zu vertretbaren Prozesskosten noch in kompetitiver Reaktionszeit bewerkstelligen. Die hohe Komplexität und mangelnde Steuerungsfähigkeit gewachsener arbeitsteiliger Strukturen von der Produktidee über Produktion, Auslieferung bis hin zu Werbung und Abverkauf fördern weder die Aktualität des Angebotes noch eine wettbewerbsüberlegene Preisstellung noch eine stets hohe Warenverfügbarkeit.

Die Evolutionstheorie zeigt, dass (zunehmende) Komplexität gemanagt werden muss. Vertikale Integration durch enge, vertraglich oder kapitalmäßig untermauerte Allianzen mit (oder sogar Eingliederung von) Rohstofflieferanten, Designdienstleistern, Produzenten, Logistikunternehmen, (Franchise-)Vertriebspartnern etc. reduziert die Komplexität und erhöht – als Folge – die Anpassungsflexibilität an wechselnde Umfeldbedingungen. Häufig, aber nicht notwendigerweise, ist Vertikalisierung mit einer professionellen Eigenmarkenpolitik verbunden.

Die überdurchschnittliche Effizienz und Profitabilität von Retail Brands wie Ikea, H&M, Fielmann, Deichmann, Media Markt, Saturn, Aldi ist auf Integration und klare Kompetenzzuweisungen innerhalb der Wertschöpfungskette zurückzuführen. Retail Brands wie Zara oder Tchibo (TCM) definieren sogar ihre Brand Idea aus dem Vertikalisierungsgedanken heraus, indem sie extrem schnell drehende Sortimente zeitlich nur begrenzt verfügbar machen. Damit schaffen sie psychologische Knappheit und entgehen jeglichem Preisdruck. Zara ist ein Paradebeispiel für eine relevante Differenzierung in einem gesättigten Markt. Zara hat es in kurzer Zeit geschafft, als Neuling Fuß zu fassen, „sich zu vermehren" – und ist auf dem besten Weg, groß und mächtig zu werden. Im Modebereich konnten die vertikal organisierten Anbieter seit 1998 in einem schrumpfenden Markt durchschnittliche Umsatzsteigerungen von bis zu 27 Prozent p. a. erzielen (Siemes/Pietersen, 2003, S. 25).

Markenführung im Handel ist bislang kein systematisch gemanagter Prozess. Genau dies – und nicht irgendwelche „Umstände" oder vermeintlich konsumabstinente Verbraucher – ist der Grund, weshalb sich so viele Handelsunternehmen in Turbulenzen befinden oder sogar vom Aussterben bedroht sind.

Wer erkennt, dass Retail Brands lebendige Systeme sind und als solche den Gesetzen der Natur unterliegen, der wird im täglichen Kampf ums Dasein der Erfolgreichere sein. Man muss die Gesetze der Natur nur richtig anzuwenden wissen. Charles Darwin hat mit der Evolutionstheorie das überlebenswichtigste Prinzip aller Zeiten begründet.

Wir lernen von Darwin, dass sich (Retail-)Marken ständig weiterentwickeln müssen, was zur Abweichung von der Marke, wie sie bisher war, als auch zu anderen Marken führt. Abweichung im Handel entsteht durch Konzept-Innovation, Marken-Innovation oder Marken-Kommunikation. Wir lernen ferner, dass die Abweichung positiv, d. h. verbraucherrelevant, sein muss. Hierzu sind spezielle Consumer Insights notwendig, die immer nur einzelfallbezogen gefunden werden können. Interessant ist, dass sich – unabhängig von Moden oder Trends – aus der Evolutionstheorie Muster des Konsumentenverhaltens ableiten lassen, die von struktureller Bedeutung für die Markenführung im Handel sind. (Aus Platzgründen konnte dies hier allerdings nur angerissen werden.) Schließlich lernen wir, dass keine Marke jemals ihren Markenkern (Brand Heritage) verlassen darf. Sie darf keine plötzlichen Sprünge machen. So simpel diese Überlebensregeln sind, so wenig werden sie in der hier beschriebenen Klarheit erkannt, geschweige denn umgesetzt.

Eine erfolgreiche Retail-Marke benötigt eine Brand Idea. Diese muss genau drei Gesetzmäßigkeiten erfüllen. Sie muss differenzieren, sie muss relevant sein, sie muss glaubwürdig sein.

Wir haben an Beispielen nachgewiesen, dass die erfolgreichen Retail Brands diese Lebensbedingungen – bewusst oder unbewusst – erfüllen. Wir haben gezeigt, warum breit praktizierte Strategien (Aktions- und Preisoffensiven) ihr Ziel verfehlen, und in welchen Bereichen evolutionstheoretisch fundierte Chancen bestehen, nicht nur das Überleben zu sichern, sondern sogar den Lebensraum auszuweiten.

Es ist ein schwerer Weg, zu starken Retail Brands zu kommen. Aber es gibt ihn. Je systematischer die Darwinschen Überlebensregeln für die Markenführung genutzt werden, desto größer die Chance, allen anderen im „daily struggle of life" überlegen zu sein.

Literatur

Beyer, L./Micheel, B.: Kundennutzen: Suchfelder für den Wandel im Handel, in: Institut Arbeit und Technik: Jahrbuch 1998/99, Gelsenkirchen 1999, S. 76–96.

Brand-AssetValuator 2003: hrsg. von Young & Rubicam, Frankfurt/Main 2003.

Brandmeyer, K.: Achtung Marke, hrsg. von Die Stern Bibliothek, Hamburg 2002.

Darwin, C.: Die Entstehung der Arten, Neudruck der 6. Auflage von 1872, Stuttgart 2001 (Originaltitel: On the Origin of Species by Means of Natural Selection, England 1859).

Domizlaff, H.: Die Gewinnung des öffentlichen Vertrauens – Ein Lehrbuch der Markentechnik, hrsg. von Marketing Journal, Hamburg 1992.

Eggert, U.: Der Handel im 21. Jahrhundert, hrsg. von BBE Unternehmensberatung, Köln 1998, http://www.dssw.de/downloads/handel_21.pdf.

Eggert, U.: Betriebsformen des Handels – Bunte Vielfalt prägt dieHandelslandschaft, hrsg. von BBE-Unternehmensberatung, Köln 2003, http:/www.handels-wissen.de/servlet/PB/show/1012126/Betriebsformen_des_Handels_2003.pdf.

Feldmann, K./Tiemann, F. M.: Handel – Wie Kundenpotenziale in Käufer umgewandelt werden können, in: absatzwirtschaft 1/2003, S. 42–45.

Grünewald, S.: Der Aldi-Boom, hrsg. v. rheingold Institut für qualitative Markt- und Medienanalysen, Köln 2002, http://www.rheingold-online.de/db/download/pb_dn1_2092002124145156.pdf.

Hermes, O.: Die Erfassung von Nachfragewettbewerb im Handel – Ökonomische Grundlagen und kartellrechtliche Konsequenzen, Göttingen 1988.

Horx, M.: Future Fitness, Frankfurt/Main 2003.

ifm Wirkungen + Strategien (2003): Krisenkonsum als Privatisierung des Wandels – Ursachen und Abhilfen bei Krisenabstinenz, Freiburg i. Br., Köln 2003, http://www.ifm-network.de/download/ifm_krisenkonsum.pdf.

Münzberg, H.: Markenartikel im Kampf gegen Retail Brands, Bad Homburg 2003, http://www.de.cgey.com/servlet/PB/menu/1001025/.

Nieschlag, R./Kuhn, G.: Binnenhandel und Binnenhandelspolitik, 3. Auflage, Berlin 1980.

Roland Berger Market Research: Sparen ist in, in: Insight Outside Nr. 7, München 2002, http://www.rb-marketresearch.com/de/press/downloads/io_07_sparen.pdf.

Schmiese, W.: Der Kampf gegen die Stadtkernfäule, in: Frankfurter Allgemeine Sonntagszeitung 31/2003, S. 4.

Siemes, J./Pietersen, F.: Trends im Handel 2005 – Ein Ausblick für die Branchen Food, Fashion & Footware, hrsg. von KPMG, Köln 2003, http://www.kpmg.de/library/surveys/satellit/Trends_im_Handel4.pdf.

Ziems, D.: Abschied von Smart Shopper – Kaufverhalten ist Revierverhalten, hrsg. von ifm Wirkungen + Strategie/Rempen & Partner, Köln, Düsseldorf 2001.

Ziems, D.: Ist Geiz geil? Der deutsche Handel im Aktions- und Discount-Fieber, hrsg. von ifm Wirkung + Strategien, Freiburg i. Br., Köln 2002, http://www.ifm-network.de/download/ifm_geiz.pdf.

Reinhard Binder/Andreas Heim

4.2 Erfolgsfaktoren identitätsorientierter Markenführung im Handel

1. Bedeutung von Marken im Handel
2. Bedeutung des Handels für Marken
3. Erfolgsfaktoren identitätsorientierter Markenführung im Handel
3.1 Marken als mutige Konstruktion
3.2 Marken als fortlaufender Prozess – Der Brand Cycle
3.3 Marken als beharrliche Durchsetzung
4. Zusammenfassung

Literatur

1. Bedeutung von Marken im Handel

Geben *Sie* heute eigentlich noch Geld aus? Die angesichts der krisengetriebenen „Geiz-ist-geil"-Stimmung in Deutschland verblüffende Antwort lautet: ja! Inzwischen bezeichnen sich 49 Prozent der Deutschen selbst als Erlebnis-Konsumenten, die sich Außergewöhnliches leisten, auch wenn sie dafür gelegentlich zu viel Geld ausgeben oder gar über ihre Verhältnisse leben. Bei den 14- bis 29-Jährigen sind es sogar 68 Prozent (DIE ZEIT, 2003).

Auf der anderen Seite gibt es einen ungebrochenen Run auf die deutschen Discounter. 67 Prozent der Haushalte decken ihren Bedarf zunehmend mit preiswerten Handelsmarken, die zu 80 Prozent über *Aldi*, *Lidl* und Co. vertrieben werden (GfK, 2002).

Ein Widerspruch? Keineswegs. Vielmehr ein Beleg für die zunehmende Polarisierung des Verbraucherverhaltens. „Milch von *Aldi*, Uhr von *Armani*" bringt es „Die Zeit" (2003) auf den Punkt.

Was bedeutet diese Entwicklung für Marken im Handel?

Zum einen eine beschleunigte Marken-Auslese und damit eine existenzielle Herausforderung für Herstellermarken: Wer kein unverwechselbares Erlebnisprofil mit eindeutigem rationalen und emotionalen Mehrwert bietet, hat keine Chance und wird im Einkauf gegen billige No Names und/oder preiswertere Handelsmarken ausgetauscht. Die Hersteller sind daher gezwungen, sich auf die Kreation und das Management führender Marken zu konzentrieren, die kontinuierlich Nachfrage generieren, Vertrauen aufbauen und damit die Nachfrage auch für die Zukunft sichern. Dabei gilt nach wie vor die Grundregel: Je relevanter und einzigartiger die Werte einer Marke sind, desto unverzichtbarer ist die Marke für den Händler als zuverlässige Attraktion mit hoher Drehzahl. Austauschbare Mittelklassemarken aus der dritten und vierten Reihe ohne eigenständiges Profil werden dagegen vom Kunden nicht mehr wahrgenommen und verschwinden konsequenterweise sukzessive aus dem Handel.

Zum anderen die Gelegenheit für Handelsunternehmen, die elementaren rationalen Bedürfnisse der gehetzten Verbraucher nach preiswerter Grundversorgung und/oder optimaler Convenience für den Aufbau ihrer Betriebstypen zu starken Dachmarken zu nutzen, und dadurch nachhaltig Kundschaft zu binden. Dass es dabei noch großes Verbesserungspotenzial gibt, beweist das im europäischen Vergleich überdurchschnittlich große Set relevanter Einkaufsstätten in Deutschland (GfK, 2002).

Die Polarisierung des Verbraucherverhaltens stellt also keineswegs die zentrale Bedeutung der Marke für den Handel an sich in Frage. Sie treibt vielmehr die ohnehin unaufhaltsame Markenkonsolidierung und das Entstehen neuer Gruppen führender Marken voran: Führende Herstellermarken wie Nutella, Nike oder Sony mit überlegenen Identifikationsangeboten gruppieren sich neben Händler-Dachmarken mit überlegener Preis-Leistungs-Kompetenz (z. B. Aldi, Lidl, Saturn) und/oder überlegener Convenience (z. B.

Stilwerk, Douglas, Centro/Oberhausen). Daneben entstehen vertikal-integrierte Hersteller-Händlermarken, welche sowohl Identifikation anbieten als auch Preis-Leistungs-Führerschaft (z. B. H&M) und/oder Convenienceführerschaft (Ikea, The Body Shop) versprechen.

2. Bedeutung des Handels für die Marke

Im Prozess der Markenführung geht es grundsätzlich darum, die Kernwerte der Marke in konkrete Erlebnisse umzusetzen. Diese Erlebnisse, d. h. die Kontakte zwischen der Marke auf der einen Seite und den Konsumenten bzw. der größeren Öffentlichkeit auf der anderen Seite, müssen sich zu einer konsistenten Erlebniskette zusammenfügen und eine einzigartige Markenwelt aufbauen.

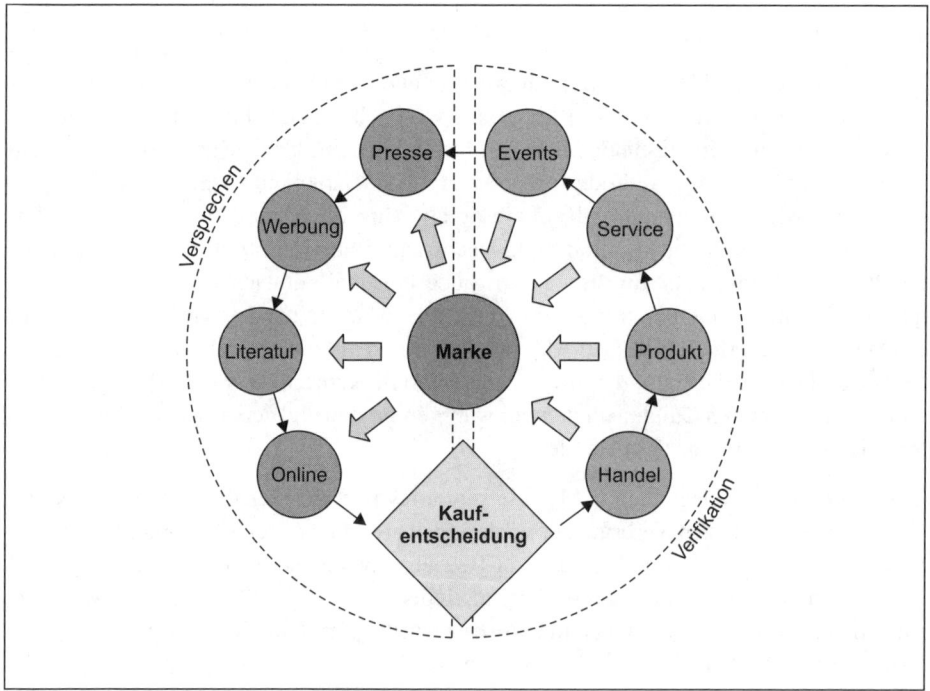

Abb. 1: Die Erlebniskette einer Marke

Der zunehmende Wunsch der Verbraucher nach realen, authentischen Erlebnissen verleiht dem Markenauftritt im Handel innerhalb der Erlebniskette wachsende Bedeutung. Da der Kunde vom unmittelbaren Umfeld, in dem er die Marke wahrnimmt, auf deren wahre Identität schließt, geraten die Hersteller immer mehr unter Zugzwang, auch im Handel werteadäquate Umfelder für ihre Markenführer durchzusetzen um diese zu stärken, anstelle sie zu verwässern. Dies stellt die Hersteller vor zwei zentrale Herausforderungen:

Erstens, ihre Markenführer müssen zukünftig selbst noch wesentlich aktiver den Kontakt mit dem Kunden überall dort suchen, wo dessen Wahrnehmung für die eigenen Soll-Markenwerte sensibilisiert ist und das Umfeld diese zu schärfen vermag. Dabei geht es keineswegs primär um die Verfolgung von Umsatz-Zielen, sondern vielmehr um Eroberung neuer und Loyalisierung bestehender Kunden durch Markenprofilierung, von der letztlich gerade auch der Handel stark profitiert. Das Sony Center in Berlin zieht z. B. jährlich bis zu einer Million Besucher an, die sich durchschnittlich 20 bis 25 Minuten von der Markenwelt faszinieren lassen. Der Jahres-Umsatz geht dagegen nicht über einen einstelligen Millionenbetrag hinaus. Dennoch investiert der Konzern in den kommenden vier Jahren in zwei weitere Dutzend reine Markenshops, welche die Marke bei den Meinungsführern wieder begehrt machen und die vermehrte und qualitativ gesteigerte Nachfrage in der Breite in den Handel tragen sollen (w&v, 2003).

Zweitens ist und von besonderer Bedeutung, eine ganzheitlich-identitätsorientierte Markenführung, die langfristig begehrenswerte Markenprofile kreiert und zuverlässig führt, dadurch erst die Grundlagen für eine erfolgreiche Position gegenüber dem Handel schafft und auch bei hart umkämpften, knappsten Ausstellungsflächen eine im Rahmen der vorhandenen Möglichkeiten möglichst markenadäquate Präsentation (z. B. durch Shop-in-Shop-Lösungen) durchsetzt. Im Folgenden werden die grundsätzlichen Erfolgsfaktoren identitätsorientierter Markenführung im Überblick dargestellt.

3. Erfolgsfaktoren identitätsorientierter Markenführung im Handel

3.1 Marken als mutige Konstruktion

Eine grundlegende Erkenntnis für den Aufbau einer im Handel einflussreichen, unverzichtbaren Marke ist, dass diese nicht durch den Blick in den Rückspiegel der Marktforschung entsteht. Überlässt man es der Zielgruppe, das Wünschenswerte jeweils aktuell und bewusst zu formulieren, darf kaum mit kreativen und eigenständigen Konzeptionen gerechnet werden. Das vermeintlich sichere Ufer des in der Marktforschung abgebildeten Bekannten muss dazu verlassen und neue Ufer müssen betreten werden. Der ursprüngliche Erfolgsfaktor für den Aufbau jeder starken Marke ist daher das Bewusstsein, dass es sich dabei um einen anspruchsvollen Akt des individuellen Konstruierens handelt. Ein solches Vorhaben kann nur gelingen, wenn an seinem Anfang ein großartiger, weit reichender Beschluss steht, eine unternehmerische Entscheidung in ihrer ursprünglichsten Ausprägung. Dabei sollten die treibenden Kräfte der Wunsch sein, Konsumentenverhalten zu steuern, sowie die Fantasie, der Mut und das Durchhaltevermögen, diesen Wunsch auch durchzusetzen und dadurch die Welt des Kunden mit faszinierenden neuen Werten zu verändern. Ist eine solche mutige Entscheidung gefasst, gelten dabei natürlich eingrenzende Rahmenbedingungen: Die Konstruktion steht unter dem Vorbehalt, dass das Ergebnis glaubhaft und überzeugend für die Kunden ist. An dieser Stelle kommt dann auch der Marktforschung ihre prozessbegleitende Bedeutung zu. Letztendlich ist der entscheidende Impuls für eine starke Marke jedoch in erster Linie der Entwurf einer visionären strategischen unternehmerischen Konstruktion.

Leider mangelt es Herstellern heute jedoch oft an langfristig unternehmerisch denkendem und verantwortlich handelndem Marken-Management. Häufig dominiert ein durch Quartalsberichte und kurzfristige Vertriebsziele motiviertes Agieren und einseitiges Streben nach Economies of Scale-Effekten. Die dadurch entstehende Inflation von Me-Too-Marken ohne eigenständigen Nutzen für den Kunden erfährt dann ihren Höhepunkt, wenn die Hersteller selbst die Werte ihrer eigenen Marken kannibalisieren: Das in der heutigen Praxis oft gängige Prinzip, quasi identische Leistung und Qualität unter anderem Label an Discounter zu verkaufen, um die Produktionskapazitäten maximal auszulasten, untergräbt das Vertrauen der Endverbraucher in die eigene Marke und entzieht dieser ihre Daseinsberechtigung. Diejenigen Unternehmen, die Marken dagegen als wertvolle Konstruktionen begreifen, brauchen klare Vorstellungen von dem Prozess, der den Aufbau von Markenstärke erst ermöglicht.

3.2 Marken als fortlaufender Prozess – Der Brand Cycle

Die Entwicklung von Markenidentitäten verläuft nicht linear. Sie schreitet weder „logisch" (z. B. von der Analyse zur Konzeption zur Umsetzung) voran, noch hat sie einen „natürlichen" Anfang oder ein „natürliches" Ende. Eine markante Persönlichkeit ist für eine Marke kein einmal erreichtes Ergebnis, sondern ein andauernder Prozess. Identität hat man nicht; man konstruiert sie fortlaufend.

Interbrand Zintzmeyer & Lux stellt diesen Prozess als Kreislauf dar (Zintzmeyer/Häusler, 2002). Der „Einstieg" ist an jedem Punkt dieses Kreislaufs möglich. Es wird nicht angenommen, dass der Kreislauf linear durchschritten wird, vielmehr sind Sprünge und Rückschritte mitgedacht. Ein „Ende" des Durchgangs ist nicht zu sehen. Das heute Abgeschlossene lädt morgen zum Überdenken ein. Auf dem Wege der Identitätsentwicklung wird der Prozess auf jeden Fall mehrfach zu durchschreiten sein. Ist der Brand Cycle einmal in Gang gesetzt, beschleunigt er sich – durch Synergien, gemeinsame Aktivitäten und verknüpfte Aktionsfelder. So wird er zur unerschöpflichen Energiequelle jeder Marke. Eine Energiequelle, die unternehmensinterne Zentrifugalkräfte immer wieder auf Markenlinie bringt und kontinuierlich wachsenden Markenwert generiert.

4.2 Erfolgsfaktoren identitätsorientierter Markenführung im Handel

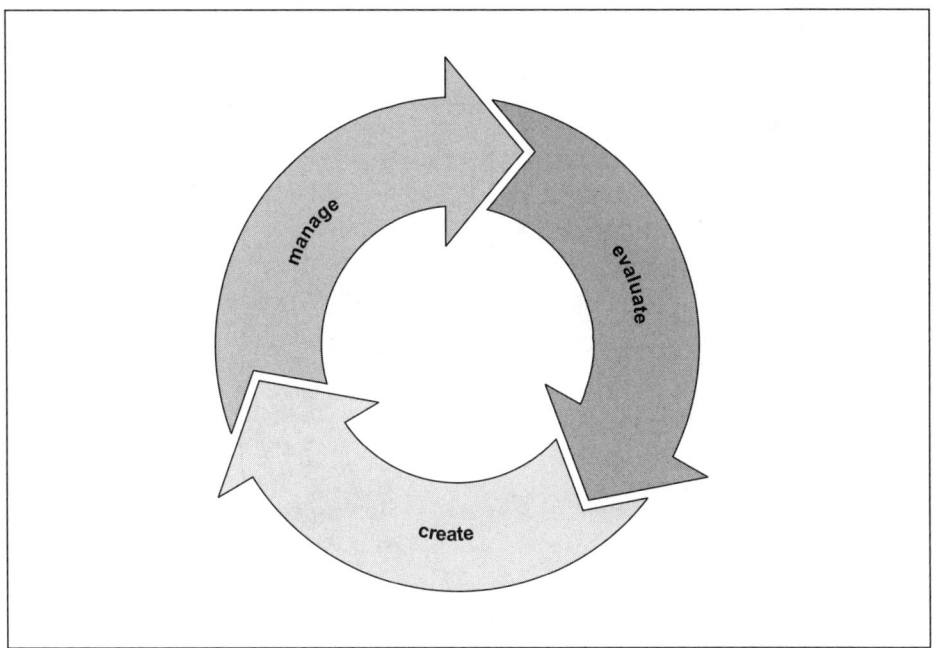

Abb. 2: Der „Brand Cycle"

Die inspirierte und intelligente Kreation, das professionelle und kontinuierliche Management sowie die sorgfältige und stetige Evaluation der Marke sind dabei der Schlüssel zur erfolgreichen Entwicklung einer wertvollen Marke. Die drei wesentlichen Durchgangsstationen des Kreislaufs lassen sich zusammengefasst umschreiben als:

- *Brand Creation.* In dieser Phase des Brand Cycle werden adäquate Werte ermittelt, Strategien definiert, Namen kreiert und das visuelle Erscheinungsbild der Marke in allen Dimensionen gestaltet. Strategisches Ziel der Brand Creation ist es, Markenerlebnisse zu einer einzigartigen Welt zu vereinen und klare Botschaften über alle Medien zu sämtlichen Zielgruppen zu tragen.
- *Brand Management.* Es fokussiert auf die Etablierung der Marke und die Dokumentation ihrer Gesetze, pflegt ihr Erbe und sichert ihre Zukunft. Brand Management zieht laufend Bilanz und kontrolliert den Erfolg.
- *Brand Evaluation.* Diese Station des Brand Cycle nimmt die Marke unter die Lupe, findet Wege, sie zu schützen und bestimmt ihren Wert. Brand Evaluation erfasst alle Facetten der Marke und legt ihre wahre Identität offen.

Die einzelnen Elemente dieser drei wesentlichen Stationen im Prozess der Identitätsentwicklung lassen sich weiter ausdifferenzieren:

3.2.1 Brand Creation

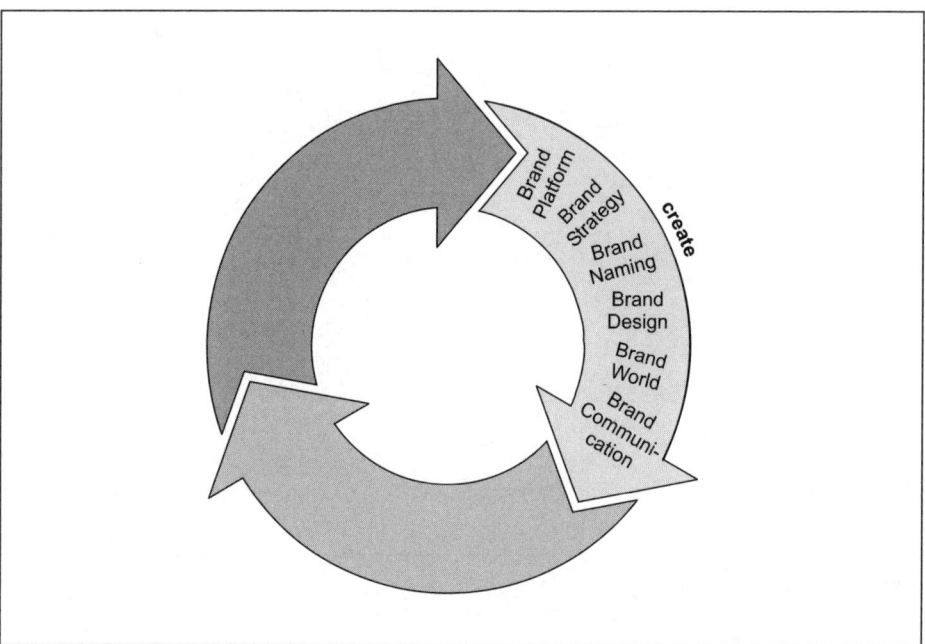

Abb. 3: Die „Brand Creation"

■ Brand Platform

Eine starke Marke muss wissen, wofür sie stehen möchte. Dazu braucht sie eine relevante Vision, unverwechselbare Werte und klare Themen. Ein eindeutiges Profil und eine konsequente Haltung schaffen langfristig die Voraussetzung zur erfolgreichen Penetration der Marke im Handel und effektiven Optimierung des Markenwerts.

Diese Aussage ist in der Rolle einer Marke und in ihrem Beitrag zur Nachfragesicherung auch für den Handel begründet. Eine Marke mit eindeutigem Profil bezieht langfristig eine klare Position, die sich in allen Angeboten widerspiegelt. Die Profilierung ist eine Voraussetzung für die Glaubwürdigkeit und die Identifikation der Kunden mit der Marke. Erst eine präzise Vorstellung davon, was die Marke darstellt und verspricht, hat Einfluss auf die Wahrnehmung und damit auf das aktuelle und zukünftige Nachfrageverhalten.

In gesättigten Märkten verlagert sich die Nachfrage immer stärker von funktionalen hin zu den stärker emotionsgetriebenen Faktoren wie Status, Design, Innovation, Sicherheit oder Sportlichkeit. In der Lebensmittelindustrie ist die Nachfrage zwar tendenziell eher eine Folge aus der Funktion der Marke als spontane Entscheidungshilfe und Orientierungsvermittler (top of mind) und begründet sich weniger in der Identifikation mit ihren Persönlichkeitsmerkmalen. Dennoch haben es gerade führende Marken wie Ritter Sport,

Nutella oder Maggi geschafft, eine eindeutige, emotionale Markenpersönlichkeit über viele Jahre hinweg stabil zu halten bzw. sie behutsam und nachvollziehbar weiterzuentwickeln, und haben dadurch signifikanten Markenwert generiert.

- **Brand Strategy**

Marken müssen Orientierung innerhalb ihres Leistungsspektrums bieten. Die Markenstrategie entwickelt die persönlichkeitsadäquate Markenpositionierung und eine klare Markenstruktur, mittels derer Produktlinien und Angebote transparent und effizient kommuniziert werden können. Orientieren sich die Produktlinien und Sub-Marken konsequent an den Markenwerten, wird nicht nur das Verwässerungsrisiko minimiert, sondern auch integrierte und effiziente Kommunikation ermöglicht.

- **Brand Naming**

Namen sind ein Kernstück jeder Markenpersönlichkeit. Für die Marke und ihre Sub-Marken oder Produktlinien müssen Namen gefunden werden, die das Wertesystem innerhalb der jeweiligen Marke klar kommunizieren. Dabei muss jeder Name Orientierung verschaffen, indem er Identifikation, Leistungs-, Status- und Preisversprechen signalisiert und darüber die Marke gegenüber Wettbewerbern differenziert. Um diesen komplexen Anforderungen gerecht zu werden, sind intelligente Namenssysteme erforderlich. Auch Claims können eine stark identitätsprägende Funktion übernehmen.

- **Brand Design**

Bilder machen Marken. Identitätselemente wie Logo, Schriften, Farb-, Form- und Bildwelten schaffen Persönlichkeitsmerkmale, die basierend auf den konsequent einzuhaltenden Richtlinien zum systematischen Einsatz der einzelnen Merkmale auf Dauer ein typisches Markenbild durchsetzen. Dieses bildet die Grundlage für einen unverwechselbaren und konsistenten Auftritt der Marke auf allen Ebenen der Erlebniskette von der Werbung über Messeauftritte bis hin zum Point of Sale.

- **Brand World**

Die Kreation ganzer Markenerlebniswelten hat in vielen Industrien wachsende Bedeutung. Markentempel wie die „VW Autostadt" in Wolfsburg, die „Nike-Town" und das „Sony Center" in Berlin oder innovative Point of Contacts wie das „Maggi Kochstudio" oder die „Nutelleria" auf der Frankfurter Zeil stellen Markenpersönlichkeiten vor neue Herausforderungen. Design-Disziplinen wie Architektur, Graphic Design, Communication Design, Product Design, Packaging Design, Interior Design, 3-D-Design, Environmental Design, Interactive Design sowie neue Design-Disziplinen wie z. B. Sound- und Geruchs-Design müssen dabei dem jeweiligen Wertesystem der Marken entsprechend aufeinander abgestimmt werden. Der Star soll dabei nie eine einzelne Disziplin sein, sondern der Dirigent, der das ganze Orchester zu Höchstleistungen führt. Dies ist die mühevolle, aber notwendige Voraussetzung, damit Markenpersönlichkeiten weithin sichtbare und schnell identifizierbare Zeichen setzen, die zu neuen Markensymbolen werden.

Brand Communication

Integrierte Kommunikation ermöglicht widerspruchsfreie Aussagen in der gesamten Markenkommunikation. Deshalb sind alle Botschaften einer Marke an einem gemeinsamen Nenner auszurichten – den Markenwerten selbst. Zur Steuerung der Kommunikation müssen markenadäquate Kommunikationskonzepte von der PR über die Werbung bis zum Sponsoring entwickelt werden.

3.2.2 Brand Management

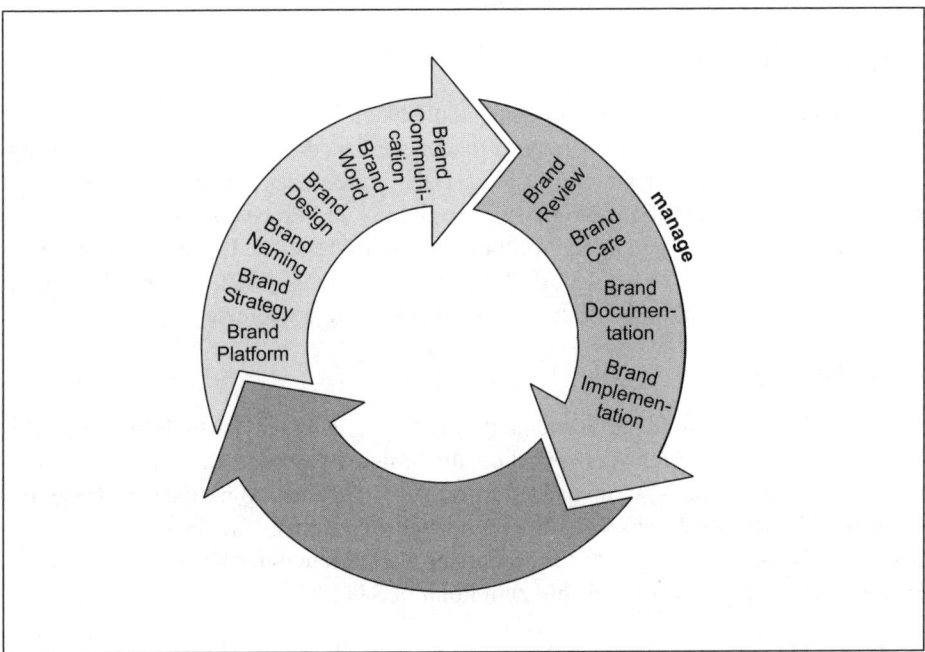

Abb. 4: „Brand Management"

Brand Implementation

„You never get a second chance to make a first impression". Neue Marken oder neue Persönlichkeitsmerkmale müssen von Anfang an faszinieren. Dies stellt aufgrund der vielfältigen Ausprägungen der Erlebniskette vieler Marken höchste Ansprüche an die Organisation der jeweiligen Markenpersönlichkeit. Erfahrungsgemäß ist die Qualität der Implementierung der erfolgsentscheidende Aspekt jeder Persönlichkeitsentwicklung. Um dieser hohen Anforderung gerecht zu werden, muss ein effizientes Markenmanagement mit entsprechender Aufbau- und Ablauforganisation eingerichtet werden.

Alle Mitarbeiter der Produktentwicklung, des Marketing und des Vertriebs, die die Markenpersönlichkeit für den Kunden wahrnehmbar beeinflussen, sollten sich mit der ihnen anvertrauten Marke identifizieren können. Schon bei Personalentscheidungen sollte Markenidentifikation ein wesentliches Kriterium sein. Darüber hinaus sollten Launch-Events und Schulungen die Identifikation zusätzlich steigern und Brand Identity Hotlines eingerichtet werden.

■ **Brand Documentation**

Klare Richtlinien und überzeugende Arbeitsinstrumente sind die zentrale Voraussetzung für die erfolgreiche Umsetzung einer Markenidentität. Die Grundlagen der Markenidentität sowie Definition und Einsatz der Gestaltungselemente müssen umfassend dokumentiert werden. Dazu dienen Manuals und Online Guidelines. Die heutigen Möglichkeiten, Online Guidelines zunehmend auch zu dialogisieren (Computergestützte Brand Management Systeme), können einen wesentlichen Beitrag leisten, die kommunikativen Erlebnisse der Marken zukünftig noch effizienter und unmittelbarer weltweit zu homogenisieren. Vor allem die heute zumeist uneinheitlichen Erlebnisse im Handel könnten dadurch verbessert werden.

■ **Brand Care**

Eine Marke bleibt in ihrer Entwicklung nie stehen, sondern muss sich ständig neuen Herausforderungen stellen und mit ihnen wachsen. Dabei ist es, wie oben bereits ausgeführt, für Markenpersönlichkeiten entscheidend, dass sie nicht sprunghaft agieren, sondern ihren Persönlichkeitskern bewahren und langfristig dort erweitern, wo sie neue persönlichkeitsadäquate Bereiche erobern können. Dazu muss jeweils sorgfältig geprüft werden, welche Auswirkungen eine neue Markenpositionierung auf Erscheinungsbild, Kommunikation, Verhalten und Struktur der Marke hat.

■ **Brand Review**

Markenführung ist ein langfristiger Prozess. Neue Markteinflüsse und unternehmensstrategische Veränderungen erfordern laufende Anpassungen im Markenmanagement. Daher muss ständig überprüft werden, wie erfolgreich eine Marke wirtschaftet und welches Entwicklungspotenzial noch in ihr steckt.

3.2.3 Brand Evaluation

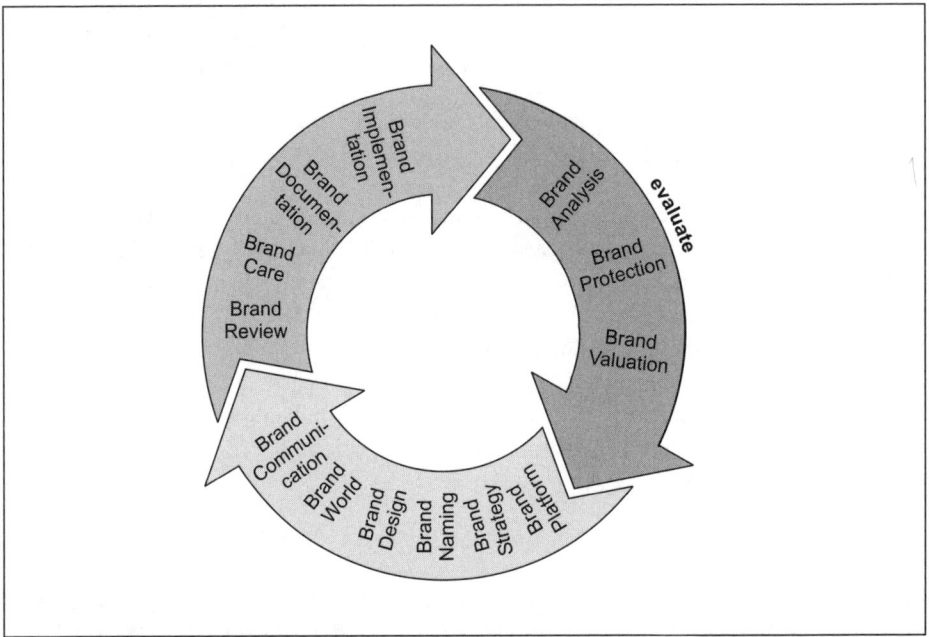

Abb. 5: Die „Brand Evaluation"

- **Brand Analysis**

In den letzten Jahren wechselten in vielen Industrien zahlreiche Marken ihre Besitzer. Um die Markenpersönlichkeiten erfolgreich führen zu können, sollten ihre neuen Besitzer diese nicht nur anhand ihrer jeweiligen Positionierung in die neue Markenkonzernstruktur einpassen. Vielmehr muss durch Desk Research, Interviews, Ortsbegehungen und Workshops das individuelle Entwicklungspotenzial der Markenpersönlichkeit zu Tage gefördert werden.

- **Brand Valuation**

Dem Markenwert kommt eine immer zentralere Bedeutung zu. Es ist daher empfehlenswert, den Nutzen von Markenführung laufend zu messen. Dazu existieren Methoden zur finanziellen Markenbewertung, die eine laufende Erfolgskontrolle ermöglichen und als Basis für die abgesicherte Weiterentwicklung der Markenpersönlichkeit dienen.

- **Brand Protection**

Exklusivität erfordert Schutz. Nur die rechtlich abgesicherte Persönlichkeit einer Marke kann ungehindert genutzt werden. Eine abgesicherte Marke schafft deshalb klare Spielräume und Regeln, die auch für unerwünschte Dritte gelten.

Insgesamt führt eine konsequente Orientierung am Modell des Brand Cycle im Zeitverlauf zu einem „virtuous circle": Die einzelnen Elemente greifen ineinander, die einzelnen Aktivitäten bestärken sich gegenseitig, zwischen den Aktionsfeldern ergeben sich Synergien. Dieser Prozess beschleunigt sich, und die Wirkung nach innen und nach außen gewinnt an Bedeutung. Praktisch gesprochen: Zum Beispiel erweist sich die einst intelligent gewählte und mit Druck durchgesetzte Unternehmensfarbe später als höchst wirksam in der Umsetzung und Wiedererkennbarkeit von Kommunikationskampagnen; z. B. erhöht der kreative Einsatz von Markenzeichen auch in der Finanzkampagne den Grad der Bekanntheit des Zeichens im Markt und damit die Chancen der markenrechtlichen Positionsbehauptung; z. B. verbessert das auf den Markenwerten fußende Sponsoringengagement die fokussierten Imagewerte der Marke, erleichtert den Einsatz in der internen Kommunikation und steigert damit das Wir-Gefühl im Team. Der „virtuous circle" ist inganggesetzt, das Identitätsprogramm entfaltet seine Wirkung. Es *folgt* schließlich nicht nur der Unternehmensstrategie, sondern wird zu deren wirkungsvollstem Botschafter.

3.3 Marken als beharrliche Durchsetzung

Das Ingangsetzen und Inganghalten eines derartig komplexen Markenführungsprogrammes erfordert Vision, Mut, Durchhaltevermögen, Überzeugungs- und Durchsetzungskraft, Macht und vor allem Kreativität.

Kreatives Denken und Handeln umfasst dabei alle denkbaren Betätigungsfelder, nicht nur die gestalterischen Aktivitäten im engeren Sinne. Kreative Ideen sind immer wieder gefordert. Diese Anforderung reicht von innovativen Lösungen zur Vernetzung einzelner Kommunikationsaktivitäten über die Entwicklung modularer und flexibler Markensysteme bis hin zum mutigen und innovativen Vorgehen in markenrechtlichen Fragen. Das Verwalten von Besitzständen, die Wiederverwertung von bewährten Lösungen oder das vorsichtige Taktieren in kritischen Situationen reicht jeweils auf Dauer nicht aus, um das umfassende Programm der Brand Identity dynamisch weiterzuentwickeln. Der angesprochene „virtuous circle" muss immer wieder aufs Neue erarbeitet werden. Ansonsten droht der – in der Realität ja bekanntlich nicht selten anzutreffende – „vicious circle" in der Identitätsentwicklung.

Mit dieser Verortung des Begriffs „Kreativität" dürfte auch klar sein, was damit nicht gemeint sein kann: die Kreativität des freien Künstlers oder des autonomen Genies. Kreativität in der Entwicklung von Identitätsprogrammen für Marken und Unternehmen muss sich einerseits in allen kommunikativen Lösungen immer wieder um Originalität und Neuartigkeit bemühen. Sie muss andererseits aber vor allem einen sinnvollen und erkennbaren Bezug zur gegebenen Situation in der Entwicklung einer spezifischen Markenidentität aufweisen.

Sie soll „dienen" und sich in den beschriebenen Kreislauf einpassen. Sie muss

- *fokussieren:* Das heißt, kreative Reduktion auf das Wesentliche. Ziel: Die Markenidee erlebbar machen.

- *homogenisieren:* Das heiß, Beschränkung als kreative Herausforderung verstehen. Ziel: Die Wiedererkennbarkeit absichern.

- *penetrieren:* Das heiß, kreative Lebendigkeit zur ständigen Aktualisierung der Kontinuität entwerfen. Ziel: Ständige Präsenz ohne Langeweile.

Diese goldenen Regeln gelten prinzipiell für die Entwicklung jeder wertvollen Markenidentität. Gerade im Hinblick auf die großen Herausforderungen der Marken im Handel gilt es, sich trotz häufig entgegengesetzter kurzfristiger Vertriebsinteressen konsequent auf sie zu besinnen.

4. Zusammenfassung

Die zunehmende Polarisierung des Verbraucherverhaltens führt keineswegs zu einer pauschalen Schwächung der Marken im Handel, dafür aber unwillkürlich zu einer neuen Markenordnung. Einerseits fordert die starke Nachfrage nach individuellen Erlebniswerten die Herstellermarken ultimativ dazu heraus, eigenständige Persönlichkeitsprofile mit exklusivem rationalen und emotionalen Mehrwert zu entwickeln und sich darüber auch gegenüber dem Handel einflussreichere Positionen aufzubauen. Schwach profilierte Herstellermarken verlieren ihre Bedeutung und verschwinden auf Dauer. Andererseits fordert die starke Nachfrage nach möglichst preiswerter Versorgung der Grundbedürfnisse und/oder möglichst großer Konvenienz die Händler dazu auf, ihre Betriebstypen selbst zu attraktiven Dachmarken mit eindeutig rationalem Mehrwert zu entwickeln.

Für den Aufbau eigenständiger, attraktiver Markenwerte werden adäquate reale Marken-Umfelder immer wichtiger. Diese entstehen zum einen durch innovative eigene Point of Contacts der führenden Hersteller-Marken, zum anderen durch den langfristigen Aufbau zwingender Nachfrage nach den eigenen Markenwerten durch konsequente identitätsorientierte Markenführung. Dabei gilt es, eine Marke als strategische unternehmerische Konstruktion zu begreifen, die durch einen fortlaufenden – hier von Interbrand Zintzmeyer & Lux als Brand Cycle beschriebenen – Prozess entsteht. Die einzelnen Prozessphasen Brand Creation, Brand Management und Brand Evaluation folgen einander nicht linear, sondern sie wiederholen sich im Laufe des Lebens der Markenpersönlichkeit ständig. Dabei entstehen bei konsequenter Praxis des Brand Cycle Synergien, die auf Dauer zu Stärke und Durchsetzungsfähigkeit im Handel führen. Von fundamentaler Bedeutung ist dabei, dass der Fokus der Markenpersönlichkeit erhalten bleibt und in einer homogenen Markenerlebniskette penetriert wird.

Literatur

GfK: 12.000er Haushaltspanel ConsumerScan, 2002.

GfK: 3. Efficient-Consumer-Response-Tag. Wie kauft Deutschland Konsumgüter ein? Zehn Thesen zu Entwicklungen und Chancen im Lebensmittelhandel, 09/2002.

Die Zeit: Der gnadenlose Kunde, Nr. 29, 2003, http://www.zeit.de/2003/29/marken-gesellschaft_2.

w&v: Starkes Styling statt geiler Geiz, Heft 31, 2003, S. 24.

Zintzmeyer, J./Häusler. J.: Identitätsentwicklung als Konzept, Prozess und Arbeit, in: Birkigt, K./Stadler, M. M./Funck, H. J. (Hrsg.): Corporate Identity – Grundlagen, Funktionen, Fallbeispiele, München 2002.

Bernd M. Samland

4.3 Im Namen der Handelsmarke – Handelsmarken versus Markenartikel im Einzelhandel unter dem Aspekt der Wahl ihrer Markennamen

1. Vorbemerkungen
2. Die Macht des Namens
3. Die Wahrnehmung des Verbrauchers
4. Positionierung durch Namenswahl
5. Gefahren suboptimaler Namensstrategien von Handelsmarken
5.1 Schutzfähigkeit
5.2 Ähnlichkeitsprobleme
6. Voraussetzungen für die Wahl des richtigen Namens
6.1 Formale Anforderungen
6.2 Strategische Anforderungen
7. Verfahren zur Entwicklung des optimalen Namens
8. Fazit: Unterschiede und Gemeinsamkeiten von Handels- und Herstellermarken unter „namentlichen" Aspekten

1. Vorbemerkungen

Die 25 Millionen Euro teure Kampagne des Markenverbandes im Jahre 2003 („Die Marke. Etwas anderes kommt mir nicht in die Tüte.") zielt nach eigener Aussage[1] gegen die Handelsmarken und zeigt, dass diese eine ernst zu nehmende Bedrohung für Herstellermarken darstellen. Daher verwundert es nicht, wenn zum Thema Handelsmarken bereits eine Fülle von Literatur, Forschungsprojekten, Seminaren und sonstigen Foren existiert. Der folgende Beitrag will nicht die Summe der Erkenntnisse über Marktstrategien, Bestandsaufnahmen und Entwicklungstrends erweitern. Er konzentriert sich – unter Bezug auf den Claim des Markenverbandes („Anwalt guter Namen") – vielmehr auf die Namensgebung von Handelsmarken.

Wie kreiert man erfolgreiche Namen für Handelsmarken? Gibt es Unterschiede zu Herstellermarken? Und was gilt es bei der Namenswahl zu beachten? Dies sind die zentralen Punkte dieses Beitrags, der sich sowohl auf eine Analyse der gängigen Handelsmarken in Deutschland als auch auf die Erfahrungen bei der Entwicklung derartiger Markennamen stützt.

2. Die Macht des Namens

Markennamen bilden für Hersteller- und Handelsmarken den zentralen Baustein der Markenidentität. Produkte (wie auch Dienstleistungen) sind austauschbar, sie können kopiert werden. Den Schlüssel zur einzigartigen Identifizierung bildet der (möglichst geschützte) Name, denn er darf nicht nachgeahmt werden. Natürlich entsteht eine Marke aus mehr als dem Namen; dennoch bleibt der Name der wichtigste Markenfaktor. Den Markenauftritt, das Design und die Markenkommunikation kann man modifizieren, ändert man allerdings den Namen, sind alle vorherigen Investitionen in die Marke obsolet. Dazu kann auch ein im Marketing häufig, aber immer wieder falsch verwendetes Zitat entmystifiziert werden: „Ein Bild sagt mehr als tausend Worte". Dieses Zitat lässt sich auf Konfuzius zurückführen, der allerdings sagte: „Ein Bild kann mehr wert sein als tausend Stücke Gold." Die Tatsache, dass in der abgewandelten Form diese sieben Worte (also Worte und keine Bilder) 2.500 Jahre überdauerten, spricht für sich.

Das Ohr ist zudem schneller als das Auge, und gehörte wie gelesene Worte bleiben länger im Gehirn haften als Bilder. Das menschliche Gehirn braucht im Durchschnitt 140 Millisekunden, um ein gesprochenes Wort zu verstehen, aber mindestens 180 Millisekunden, um ein einfaches Bild zu erfassen.[2]

---

1 Vgl. Pressemitteilung des Markenverbandes e. V. vom 29.04.2003; www.markenverband.de/presse/.
2 Vgl. Jack Trout: Der Geist und das Greenhorn. Die wundersame Verwandlung vom Erbsenzähler zum Marketing-Genie, München 2002, S. 93.

3. Die Wahrnehmung des Verbrauchers

Lassen diese allgemeinen Erkenntnisse Schlüsse zu, die Unterschiede zwischen Markennamen von Hersteller- oder Handelsmarken aufzeigen? In der Wahrnehmung des Konsumenten unterscheiden sich die Namenswirkungen lediglich darin, dass er Herstellermarken häufiger in verschiedenen Medien und Umfeldern begegnet – Handelsmarken jedoch entweder nur am Point of Sale oder in Medien eines bestimmten Handelsunternehmens.

Die jeweilige Wahrnehmung wird natürlich von der Erwartungshaltung des Konsumenten bestimmt. Wenn er zu Aldi geht, erwartet er keine klassischen Markenartikel. Geht er zu Rewe, konkurrieren dort in den Regalen Hersteller- und Handelsmarken um seine Kaufgunst. Ob der Verbraucher dabei eine Handelsmarke überhaupt als solche erkennt, hängt wiederum vom Grad seiner Informiertheit und einer eventuellen Marken-Prädisposition ab. Interessiert sich der Konsument am Point of Sale zum ersten Mal für eine bestimmte Produktkategorie, z. B. Woll-Waschmittel, ist die Wahrscheinlichkeit, dass im Wahrnehmungskampf gleiche Bedingungen zwischen Handels- und Herstellermarken herrschen, am größten. Somit gelten auch die gleichen Grundanforderungen hinsichtlich Wahrnehmungsqualität und Rezeption für die Namen beider Markenkategorien.

4. Positionierung durch Namenswahl

Neben vielen wichtigen Markenattributen spielt die Namenswahl eine zentrale Rolle für die Positionierung eines Produktes. Bei Handelsmarken beobachtet man unter dem Aspekt der Namenswahl drei verschiedene Positionierungsstrategien:

a) Namensähnlichkeit zu bestehenden (älteren und möglichst marktführenden) Herstellermarken (z. B. Balea/DM versus Nivea) = *Me-Too-Strategie*.

b) Programmnamen, die einen niedrigen Preis implizieren und sich durch die Namensgebung bewusst und deutlich von Herstellermarken unterscheiden (z. B. Gut und Billig/Marktkauf) = *No-Name-Strategie*.

c) Namen ohne Programmaussage und Ähnlichkeit zu Herstellermarken (z. B. Erlenhof/Rewe) = *Identitäts-Strategie*.
   Unter der Identitäts-Strategie finden sich sowohl generische Namen (wie Füllhorn/Rewe), abstrakte Namen (wie Lascana/Otto-Versand) als auch Abkürzungen (wie TCM/Tchibo).

Die No-Name-Strategie zielt ganz explizit auf eine Niedrigpreis-Positionierung, die Me-too-Strategie tut dies indirekt auch, indem sie zum Vergleich mit der Herstellermarke animiert und diesbezüglich meist durch einen niedrigeren Preis zu überzeugen versucht. Die Identitäts-strategie entzieht sich durch ihre Eigenständigkeit eher einem direkten Preisvergleich; sie erlaubt preislich sowohl Niedrig-Positionierungen (wie TCM), Mittel-Positionierungen (wie Erlenhof) und Premium-Positionierungen (wie Füllhorn/ Rewe).

5. Gefahren suboptimaler Namensstrategien von Handelsmarken

5.1 Schutzfähigkeit

Je beschreibender ein Markenname konstruiert ist, umso geringer ist die Chance, ihn als Wortmarke schützen zu können. Ein typisches Beispiel dazu bildet die Programm-Dachmarke „BioBio" von Plus. Ebenso wie der Marke Today (Rewe) wurde „BioBio" die Eintragung als Wortmarke verweigert. Die Begründung des BGH zur Eintragungsunfähigkeit von Today lautet zusammengefasst: Die Bezeichnung ist ein gängiges Wort der englischen Sprache und wird in der Werbung üblich als Hinweis für Waren des täglichen Gebrauchs verwendet, daher besitzt sie keine Unterscheidungskraft.[3]

Natürlich muss man nicht zwangsläufig über eine eingetragene Marke verfügen, um ein Produkt am Markt verkaufen zu können. Beim Vertrieb von Produkten mit einem schutzunfähigen Namen setzt man sich jedoch Gefahren aus:

a) Es wird erheblich schwerer, späteren Nachahmern die Verwendung der Namen ähnlicher Namen (hier z. B. zu: „BioBio" oder „Today") zu untersagen.

b) Man bietet Inhabern von prioritätsälteren Markenrechten, die diese Begriffe als signifikante Bestandteile in ihrem Namen führen, eine Angriffsfläche für Abmahnungen.

Unabhängig von diesen markenrechtlichen Aspekten macht man es speziell im Fall von „BioBio" dem Konsumenten schwer, bei derzeit insgesamt 9.046 Marken (in Europa) mit dem Bestandteil „Bio" im Namen eine klare Markenidentität zu erkennen.

---

3 Vgl. Peter A. Ströll in seinem Vortrag: Monopolisierbarkeit von schutzunfähigen Bezeichnungen, Marken-Round-Table, Berlin, 20.03. 2003.

5.2 Ähnlichkeitsprobleme

Eine bewusste Me-Too-Positionierung kann in Einzelfällen aufgehen, – wie unter anderem der Erfolg von Balea zeigt – vorausgesetzt, die Ähnlichkeit ist nicht so groß, dass dadurch existierende Markenrechte verletzt werden. Me-Too-Stragegien bergen aber immer enorme rechtliche Risiken.

Von 100 frei generierten Markennamen erzeugen bei einer sorgfältigen Ähnlichkeitsrecherche (je nach geografischem und Markenklassenumfang) in der Regel 96 bis 99 Vorschläge ernstzunehmende Probleme, die für den potenziellen Markenverletzer enorm teure Konsequenzen nach sich ziehen können. Die gerichtliche Beurteilungspraxis fällt dabei sehr unterschiedlich aus. Während es Beiersdorf bisher nicht gelang, Balea (DM) eine Markenverletzung gegenüber Nivea nachzuweisen, untersagte der Bundesgerichtshof beispielsweise der Anheuser-Busch-Brauerei die Nutzung des Namens BUD in Deutschland aufgrund seiner (verwechslungsfähigen) Nähe zu BIT (Marke der Bitburger Privatbrauerei).

Bei weltweit über 25 Millionen registrierten Marken wachsen die Gefahren von Markenverletzungen durch die Verwendung ähnlicher Namen stetig.

Abgesehen von diesen rechtlichen Aspekten entsteht zusätzlich eine nicht-steuerbare Gefahr von ungewollten Imagetransfers: Gerät beispielsweise die ältere Herstellermarke durch Skandale oder Produktprobleme in Verruf, wird sich dies aller Wahrscheinlichkeit nach auch negativ auf eine jeweilige Me-Too-Marke auswirken.

Wenn auch die Handelsmarke Balea große Verkaufserfolge verzeichnet und der Marke Nivea Marktanteile abnimmt, so kann eine derartige Ähnlichkeitsstrategie in der Namensgebung aufgrund der oben angegebenen hohen Risiken nicht pauschal zur Nachahmung empfohlen werden.

6. Voraussetzungen für die Wahl des richtigen Namens

Grundsätzlich gelten für die Entwicklung von Markennamen für Handelsmarken die gleichen Bedingungen wie für Herstellermarken. Dabei ist es unerheblich, ob es sich um eine Monomarke (vgl. Tandil/Aldi), eine Produktgruppenmarke (vgl. Füllhorn/Rewe) oder eine Programmmarke (vgl. JA!/Rewe) handelt.

In einem großen Kaufhaus buhlen bis zu 60.000 verschiedene Markennamen um die Aufmerksamkeit ihrer Zielgruppen, die aber maximal über einen aktiven Wortschatz von 6.000 Wörtern verfügen. Setzt man voraus, dass es das Idealziel jeder Marke ist, ihren Namen im aktiven Wortschatz ihrer Zielgruppe zu verankern, so gelten besondere Anforderungen an die sprachlichen und assoziativen Eigenschaften.

Zusammenfassen lassen sich die allgemeingültigen Anforderungen in der *Super*-Formel[4], d. h., jeder Markenname sollte möglichst:

Simple	(einfach)
Unique	(einzigartig)
Protectable	(schutzfähig)
Eloquent	(ausdrucksstark)
Rememberable	(erinnerungsfähig)

sein. Für die beschriebene Me-Too-Strategie gilt die „Einzigartigkeit" nur eingeschränkt, d. h. vor allem unter markenrechtlichen Aspekten. Neben diesen sehr grundsätzlichen Bedingungen einer optimalen Namenswahl gelten jeweils besondere formale und strategische Anforderungen, die vor einem Namensfindungsprozess geklärt werden müssen.

6.1 Formale Anforderungen

Die formalen Anforderungen beziehen sich auf rechtliche und (sprach-)kulturelle Aspekte. Sie umfassen im Kern folgende Fragen:

a) *Produkt- und Dienstleistungsumfang:*
Welche Produkte sollen unter dem gesuchten Markennamen jetzt und in Zukunft vertrieben werden (können)? Die Antwort definiert die notwendigen Markenklassen, die ein zukünftiger Markenschutz umfasst.

b) *Geografische Erstreckung:*
Welche nationalen Märkte werden anvisiert? Dementsprechend sind nationale und supranationale Anmeldevoraussetzungen und Recherchen festzulegen.

c) *Relevante Sprachen:*
In welchen Sprachen soll der jeweilige Name wirken? Dabei sind nicht nur fremdsprachliche Märkte zu berücksichtigen, sondern gegebenenfalls auch ausländische Muttersprachler im Inland (z. B. Türkisch), sofern diese zum potenziellen Kundenkreis zählen.

d) *Medien:*
Ist unter dem Markenamen auch eine Publikation geplant (titelschutzrelevant)? Und ist eine namensgleiche URL im Internet wünschenswert oder notwendig?

---

4 Entwicklung der Endmark AG, Köln; vgl. www.endmark.de.

6.2 Strategische Anforderungen

Die strategischen Anforderungen ergeben sich insbesondere aus der gewünschten Positionierung und konkreten Anwendung des geplanten Namens. Da allein die bekannten Positionierungstheorien und -techniken genug Stoff für eine eigene Publikation bieten, beschränkt sich dieses Kapitel auf die für die Namensgebung relevanten Kernfragen.

Wie bereits zuvor erwähnt, prägt der Name in wesentlichen Zügen die Identität einer Marke. Das Markenimage aus der Sicht des Konsumenten kann allerdings nur sehr bedingt durch den Namen gesteuert werden. Wenn jemandem ein Getränk oder Jogurt einfach nicht schmeckt, oder er mit einem einzelnen Produkt schlechte Erfahrungen sammelt, hat dies immanente Auswirkungen auf sein persönliches Image von der jeweiligen Marke – ohne dass dies im Einzelfall durch Marketingmaßnahmen zu beeinflussen wäre.

Diese Maßnahmen, an deren erster Stelle der Name steht, können allerdings zumindest dafür sorgen, dass z. B. etwaige durch den Namen implizierte Produktversprechen nicht konterkariert werden und die Glaubwürdigkeit der Marke nicht in Frage gestellt wird. So wird ein Wein mit einem adligen Namen schlechterdings in einem Kartongebinde Sinn machen, genau wie eine edle Schokolade nicht als „Nasch-Happen" angeboten werden sollte.

Die namensstrategischen Grundfragen lassen sich wie folgt zusammenfassen:

a) *Markenarchitektur:*
   - Handelt es sich um eine Monomarke (wie z. B. Tandil/Aldi) oder eine Gruppenmarke?
   - Sind (gegebenenfalls spätere) Marken-Extensions vorgesehen (z. B. Balea/Balea Men)?
   - Tritt die Absendermarke in der Produktkommunikation in Erscheinung (z. B. Today, eine Leistung der Rewe Handelsgruppe) oder nicht (z. B. TCM ohne Bezug zu Tchibo) bzw. wird der Markenname überhaupt kommuniziert (Tchibo tut dies bei TCM nicht)?

b) *Glaubwürdigkeit und Authentizität:*
   - Welche Eigenschaften soll der Name in Bezug auf das Produkt vermitteln: z. B. preiswert, hochwertig, praktisch, luxuriös?
   - Wie soll sich der Name im Wettbewerb zu Herstellermarken positionieren?
   - Gibt es USPs gegenüber Wettbewerbsmarken, wenn ja: welche?

c) *Kommunikation:*
   - Soll der Name auch über das Internet kommuniziert werden?
   - Ist eine phonetische Umsetzung des Namens in der Werbung (HF/TV) vorgesehen oder möglich?
   - Welche strategische Rolle wird der Produktname in der Gesamtkommunikation spielen?

Am besten werden die Antworten auf diese strategischen Fragen in einem möglichst knappen Positionierungspapier zusammengefasst.

7. Verfahren zur Entwicklung des optimalen Namens

Sofern die formalen und strategischen Anforderungen klar definiert worden sind, kann der Kreationsprozess beginnen. Zuvor sollte eine Liste aller denkbaren Wettbewerbsnamen vorliegen, die als K.O.-Kriterien für die Kreation anzunehmen sind. Bei der Entwicklung von Vorschlägen ist ein quantitativ sehr hoher Input notwendig. Weniger als eintausend Einzelvorschläge machen nur selten Sinn, da allein bei der Markenrecherche erfahrungsgemäß bis zu 99 Prozent der Vorschläge herausfallen können.

Zunächst werden die Vorschläge auf ihre Eintragungsfähigkeit überprüft, es sei denn, das Handelsunternehmen verzichtet bewusst auf eine Markenanmeldung, was aber aus den zuvor genannten Gründen nicht zu empfehlen ist.

In jedem Fall muss dann eine sorgfältige Identitäts- und Ähnlichkeitsrecherche folgen. Diese bezieht sich sowohl auf Marken (in den relevanten Markenklassen, Ländern und supranationalen Markenregistern) als auch auf Firmennamen. Gegebenenfalls sind auch Titelschutzregister und Internet-domains entsprechend zu überprüfen.

Diese Recherchen sollten in jedem Fall von erfahrenen Spezialisten durchgeführt werden. So besteht eine konfliktträchtige Ähnlichkeit keineswegs nur in verschiedenen Schreibweisen oder einzeln ausgetauschten Buchstaben, sondern auch in Lautverschiebungen und Lautumkehrungen. Die Suchraster für einen einzigen Namen können leicht aus mehreren hundert Varianten bestehen.

Nach diesen Recherchen verbleiben nur noch wenige Namen. Diese sind dann zunächst – möglichst durch Muttersprachler – hinsichtlich der relevanten Fremdsprachwirkungen zu überprüfen. Dabei gibt es natürlich immer Ermessensspielräume. Beispielsweise hat Ikea kürzlich ein Jugend- und Etagenbett unter dem Namen Gutvick in Deutschland aus dem Programm genommen, da es in gesprochener Form doch für Irritationen sorgte.

Nach Abschluss der formalen Prüfungen verbleiben je nach Input vielleicht noch zehn bis zwanzig Namensvorschläge. Diese sind dann noch einmal anhand des Positionierungspapiers zu prüfen und am besten mittels einer zielgruppennahen Fokus-Gruppe auf ihre Wirkung hin zu überprüfen.

Es ist sinnvoll, dabei den jeweiligen Probanden nicht zu erklären, für welches Produkt die Namensvorschläge vorgesehen sind, um eine unvoreingenommene Wirkung des Namens an sich zu testen. Des Weiteren wird in dieser Gruppe auch die Merkfähigkeit der Namensvorschläge ermittelt.

Ein abschließender Praktikabilitätstest, der den Namen im Geschäftsverkehr, am Telefon und in der Presse simuliert, führt dann zu einer kleinen Endauswahl, aus der ein finaler Vorschlag gewählt werden kann.

8. Fazit: Unterschiede und Gemeinsamkeiten von Handels- und Herstellermarken unter „namentlichen" Aspekten

Der direkteste Namenswettbewerb zwischen Handels- und Herstellermarken entsteht bekanntlich am Point of Sale, mit Ausnahme von Handelsunternehmen, die keine Herstellermarken vertreiben (vornehmlich, aber nicht ausschließlich Discounter). Ergänzt wird dieser Wettbewerb durch das Internet, in dem der (geschriebene) Name gegenüber anderen Markeneigenschaften eine noch größere Rolle spielt als im Verkaufsregal.[5] Dieses direkte Nebeneinander verdeutlicht, dass für die Wirkung – und damit auch für die Entwicklung – von Namen für Handelsmarken die gleichen Kriterien gelten wie für die Neu-Entwicklung von Herstellermarken. Zwei wesentliche Unterschiede bestehen allerdings:

Während für eine Herstellermarke eine namentliche Me-Too-Strategie in der Regel tödlich ist, kann sie bei Handelsmarken im Einzelfall (siehe Balea) aufgehen. Weiterhin können lange und mit hohen Budgets eingeführte Herstellermarken auch mit – nach Wahrnehmungskriterien -suboptimalen Namen eher Markterfolge erzielen als neue Handelsmarken mit entsprechenden Wahrnehmungsdefiziten in ihrem Namen. Letztendlich lässt sich jeder beliebige (rechtlich mögliche) Markenname etablieren, sowohl als Hersteller- wie auch als Handelsmarke – nur benötigen nach den zuvor geschilderten Kriterien schlechtere Namen einen weit höheren Kommunikationsaufwand, um einen ähnlichen Erfolg zu verbuchen.

Vergleicht man die derzeit im Handel befindlichen Typologien der Namen von Hersteller- und Handelsmarken, so entdeckt man zunehmend weniger Unterschiede. Es gibt in beiden Kategorien generische und abstrakte Kunstnamen, Abkürzungen, Akronyme, lediglich Herkunftsnamen (wie Bitburger, Warsteiner, Rügenwalder) findet man kaum unter den Handelsmarken (es sei denn, man würde abstrakte Absenderorte wie Erlenhof dazu zählen). Und Eigennamen, die immer noch einen hohen Anteil der originären Herstellermarkennamen ausmachen (wie Siemens, Bosch, Opel, Dr. Oetker etc.), finden sich bis auf wenige Ausnahmen (z. B. Theo Wormland/Textilien) kaum unter den Handelsmarken. Nachdem auch die Life-Style-Presse es inzwischen für chic erklärt hat, Champagner von Aldi zu trinken und somit die Nutzung von Handelsmarken immer weniger zu Lasten des Sozialprestige wirkt, verschwimmen auch in der Wahl der Namen (abgesehen von der No-Name-Strategie im Niedrigstpreissegment) die Grenzen zwischen Hersteller- und Handelsmarken. Bei dieser zunehmenden Annäherung darf allerdings bezweifelt werden, dass jeder Konsument den Slogan des Markenverbandes „Die Marke. Etwas anderes kommt mir nicht in die Tüte" überhaupt im Sinne der Absender versteht.

---

5 Vgl. Alycia Perry/David Wisnom: Before The Brand, New York 2003, S. 161 ff.

Ottmar Franzen

4.4 Kundenbindung und Neuprofilierung im Do-It-Yourself-Markt

1. Marktgegebenheiten für Raumausstattungsprodukte
2. Wie kann Marktforschung helfen? Qualitätsmonitor und Brand Control System
3. Motive und Erwartungen seitens der Nachfrager
4. Leistungsbeurteilung aus Kundensicht
4.1 Relevante Leistungsfaktoren
4.2 Ansatzpunkte für eine verstärkte Kundenbindung
5. Imagewahrnehmung
5.1 Kundensicht
5.2 Nichtkundensicht
6. Neuprofilierung des Handelsbetriebes

1. Marktgegebenheiten des Marktes für Raumausstattungsprodukte

Nach Jahren des Booms zeigt der Markt für Do-It-Yourself-Produkte seit längerem Sättigungstendenzen. So stagnieren Umsatz und Anzahl der Baumärkte seit dem Jahr 2000. Diese Entwicklung trifft auch die Raumausstatter, und zwar die großen Fachmärkte genauso wie die kleinen, handwerklich orientierten Raumausstattungsfachgeschäfte. Spektakuläre Insolvenzen bilden die Spitze eines Eisbergs von schwindenden Margen und Null-Renditen. Die Raumausstatter werden ferner von mehreren Betriebsformen in die „Zange genommen". Im stationären Handelsbereich bieten vor allen Dingen Möbelhäuser ein immer breiteres Angebotsspektrum und nehmen verstärkt Heimtextilien und Innendekorationsprodukte in ihre Sortimente auf. Auf der anderen Seite liefern Versandhäuser bereits fertige Einrichtungskonzepte und kommunizieren aggressiv neue Trends in den Markt.

In diesem Szenario fällt es einer genossenschaftlichen Einkaufsorganisation mit selbständigen und mittelständisch orientierten Händlern schwer, ein einheitliches Profil im Markt zu entwickeln und eine schlagkräftige Marke aufzubauen. Im Umfeld der Handelsstätten-Konkurrenz ist nicht zuletzt die bestehende Betriebsformenkonzeption zu hinterfragen. Wieweit kann Marktforschung helfen, eine divergenten Tendenzen unterliegende Handelskette auf den Erfolgspfad zu bringen? Die nachfolgende Fallstudie wird diesen interaktiven Prozess aufzeigen.

Gegenstand der Fallstudie ist eine mittelständisch geprägte Einkaufsgenossenschaft für Raumausstatter. Unter einer einheitlichen Dachmarke betreibt die Einkaufsgenossenschaft Fachmärkte für Raumausstattung, die sich auf das Angebot von Innendekoration und Raumgestaltung spezialisiert haben. Sie sind als Ergänzung zu den handwerklich geprägten Kleinbetrieben zu sehen, sozusagen als Antwort auf den Wettbewerb auf der „Grünen Wiese". Die Märkte verfolgen die Strategie einer hochwertigen Produktpräsentation und Fachberatung, die sich in diesem Sinne positiv von den heute üblichen, preisaggressiven Fachmärkten abhebt. Die Standorte sind primär in Klein- und Mittelstädten zu finden.

Die bisherige Positionierung dieser Fachmärkte, nennen wir sie „Schönes-Heim", birgt die Gefahr einer strategischen Lücke, denn die Verbraucher verstehen unter Fachmärkten vor allen Dingen große Flächen, aggressive Preise und wenig Beratung.

Unser Institut wurde beauftragt, relevante Informationen für die konsistente Weiterentwicklung des Fachmarkt-Konzeptes zu ermitteln. Zielsetzung war dabei, die gegenwärtige Bedarfssituation, präferierte Einkaufsstätten und das Image der „Schönes-Heim"-Fachmärkte jeweils aus Kunden-Sicht und aus der Sicht der Nichtkunden sowie das Zufriedenheits- und Bindungsniveau der Kunden zu ermitteln. Auf diese Art und Weise werden Empfehlungen für eine Neupositionierung am Markt erarbeitet.

2. Wie kann Marktforschung helfen? Qualitätsmonitor und Brand Control System

Marktforschung kann die grundlegenden strukturellen Probleme im Handel nur bedingt lösen. Sie kann aber aufzeigen, welche Bedürfnisse die Kunden und potenziellen Kunden haben und welche Anforderungen sie an die jeweilige Einkaufsstätte stellen. Statt des objektiven Leistungsprofils wird die subjektive Wahrnehmung gemessen, das;was beim Kunden letztendlich ankommt. Hieraus lassen sich zum einen Verbesserungspotenziale in der Leistungserstellung des Handels ableiten, zum anderen werden Defizite in der Kommunikation sichtbar. Der Kunde nimmt z. B. gar nicht wahr, dass ein Fachgeschäft preislich auf dem gleichen Niveau liegt wie ein Discount-Fachmarkt, nur weil letzterer aufgrund seiner spartanischen Ausstattung ein preisaggressives Image aufgebaut hat.

Insofern liefert Marktforschung Hinweise zur Ursachenanalyse von zurückgehenden Marktanteilen und Optimierungsansätze für.

- die Sortimentspolitik: Welche Artikel erwarten die Kunden in der Einkaufsstätte?
- die Standortpolitik: Wird die Einkaufsstätte gefunden? Wo wird sie erwartet?
- die Personalpolitik: Erfüllen die Mitarbeiter die Kundenerwartungen im Hinblick auf Freundlichkeit und Beragungskompetenz?
- die Kommunikationspolitik: Wird das Kompetenzprofil der Einkaufsstätte klar und trennscharf vermittelt?
- die Preispolitik: Stimmen Preisniveau und Aktionen mit den Erwartungen der Kunden überein?

Die Befragungen müssen an zwei Zielgruppen ansetzen: erstens an Kunden, die ihre Erwartungen an die Einkaufsstätte laufend artikulieren und die das Leistungsprofil am besten kennen. Sie sind wertvolle Multiplikatoren im Markt, wenn sie zufrieden sind. Unzufriedene Kunden allerdings wenden sich ab und drohen, das negative Erlebnis sogar noch intensiver zu kommunizieren. Zweite Zielgruppe sind die Bedarfsträger allgemein, also die Nichtkunden. Hierbei ist herauszufinden, aus welchen Gründen sie die Einkaufsstätte bisher nicht aufsuchen.

Eine einfache Abfrage nach dem „Warum" reicht zur Ursachenanalyse nicht aus, kann sogar irreführende Ergebnisse liefern. Die Marktforschung bedient sich daher eines breiten, oftmals multivariaten Methodenmixes, um die Antworten auf indirektem Wege zu generieren:

- Qualitativ-explorative Interviewtechniken beleuchten die grundlegenden Motive und Bedürfnisse.
- Kundenzufriedenheitsabfragen mit Skalen erlauben die Anwendung von statistischen Verfahren zur Ermittlung der Wichtigkeit von bestimmten Services und Leistungen (hier: Anwendung des Qualitätsmonitors).
- Repräsentativumfragen ermöglichen den Vergleich von Kunden- und Nichtkundensicht und zeigen auf, welche Argumente am ehesten geeignet sind, Nichtkunden in Kunden zu verwandeln (hier: Anwendung des Brand Control Systems).

Der Qualitätsmonitor misst die Erwartungen an die Servicequalität sowie das Zufriedenheitsniveau und richtet sich damit auf die Kundensicht. Mit Hilfe dieses Instruments werden die skaliert abgefragten Kundenurteile zu einem kausalen Modell verdichtet. Die Kausalität zwischen der Wahrnehmung und der Zufriedenheit wird durch einen multivariaten statistischen Ansatz berechnet. Zunächst werden mit Hilfe einer Faktorenanalyse die Einzelleistungen zu Leistungsbereichen verdichtet. Hierbei handelt es sich um latente Beurteilungsdimensionen, über die sich die befragten Kunden explizit gar nicht im Klaren sind. Da diese Leistungsbereiche voneinander unabhängig sind, kann man in einem zweiten Schritt mit Hilfe einer Regressionsanalyse den Zusammenhang zwischen Leistungsbereich und Erfolg (Gesamtzufriedenheit) berechnen. Diese Wichtigkeit wird normiert und in Form von Prozentwerten ausgewiesen.

Die Außen- bzw. Nichtkundensicht wird durch das Brand Control System erfasst. Grundlage für dieses Instrument ist die Bewertung der eigenen Einkaufsstätten und der Wettbewerber aus Sicht der Kunden und der Nichtkunden. Um einen Abgleich der Kenntnisse aus Kunden- und aus Nichtkunden-Sicht zu ermöglichen, werden beide Zielpersonenkreise befragt. Dabei werden die wesentlichen Imagedimensionen thematisiert. Sie prägen das Eigenschaftsprofil in den Köpfen der bestehenden Kunden und der potenziellen Nachfrager. Die Imagedimensionen werden skaliert abgefragt und zu einem markenindividuellen Erfolgsmodell verdichtet. Es basiert auf der verknüpften Anwendung der Faktorenanalyse und der multiplen Regressionsanalyse und bestimmt die Bedeutungsgewichte der einzelnen Imagekomponenten. Abhängige Größe des Modells ist die Markenpräferenz in Kombination mit anderen Bindungsgrößen, wie z. B. Weiterempfehlungsbereitschaft.

Das Ergebnis des Brand Control System fließt in eine strategische Handlungs-Matrix (Image-Portfolio), die für die eigene Marke und die relevanten Wettbewerbermarken erarbeitet wird. Sie erlaubt nicht nur, Strategien für die eigene Marke zu entwickeln, sondern auch Strategien der Wettbewerbermarken zu antizipieren.

3. Motive und Erwartungen seitens der Nachfrager

Im Vorfeld der genaueren Situationsanalyse für das Unternehmen ist zunächst die Analyse der Erwartungen seitens der potenziellen Käufer erforderlich. Hier bietet es sich an, mit qualitativen Verfahren die Bedürfnislage zu ermitteln. Dies nicht zuletzt, weil über die tatsächlichen Bedürfnisse und Motive zu Beginn der Untersuchung nur vage Vorstellungen bestehen.

Zu diesem Zweck entschied sich der Auftraggeber für die Durchführung von Einzelexplorationen in den Wohnungen und Häusern der Befragten. Der Vorteil dieses Ansatzes ist, dass hierbei gleichzeitig die Wohnsituation und das Ausstattungsniveau der Wohnung des Gesprächspartners in Augenschein genommen werden konnte.

Bestehende Kunden äußern sehr genau, welche Dinge ihnen das Wohlfühlen beim Einkaufen erleichtern: ein freundlicher, heller Verkaufsraum, in dem man sich in Ruhe umschauen kann. Durch Einrichtungsbeispiele werden Ideen vermittelt. Nur wenn es der Kunde wünscht, berät freundliches Personal kompetent und bedarfsorientiert. Vorteilhaft ist, wenn das Personal als solches zu erkennen ist, z. B. durch die Kleidung oder durch ein Namensschild. Zur Abrundung der Atmosphäre kann gedämpfte Hintergrundmusik beitragen, und für die Nase könnte über den Einsatz von Duftsäulen nachgedacht werden.

Die Anforderungen an die Lage der Einkaufsstätte sind vielfältig: Sie sollte in der Nähe der Wohnung, aber nicht in der Innenstadt liegen, sowohl mit dem Pkw als auch mit öffentlichen Verkehrsmitteln gut erreichbar sein und auf jeden Fall ausreichend Parkplätze vor der Tür anbieten.

Um aus der negativen Marktentwicklung herauszukommen, empfehlen die befragten Kunden den Betrieben, ihre Preiskalkulation zu überdenken. Preislich müsse der Anbieter wettbewerbsfähig sein. Daneben müssen Neuigkeiten angeboten, Trends gesetzt und neue Moden entworfen werden. Diese Neuigkeiten müssen auch angeboten und über Einrichtungsbeispiele vermittelt werden. Eine weitere Möglichkeit, die Frequenz in den Märkten zu steigern, ist eine Verstärkung von Sonderangeboten und Restpostenwerbung für Schnäppchenjäger. Soweit die Kundensicht: Sind die Preise also zu senken – bei gleichzeitigen Investitionen in die Einkaufsstätten?

Die Nichtkunden sehen sich vor dem Kauf in mehreren Geschäften um, meist in Fachgeschäften, aber auch in einem Baumarkt, und vergleichen die Preise. Im Gegensatz zu den Kunden spielen Werbemittel, speziell Handzettel, für die befragten Nichtkunden eine gewisse Rolle im Vorfeld der Kaufentscheidung und zwar was Produkt- und Preisinformationen betrifft. An den Fachgeschäften gefiel den Befragten besonders die Auswahl, die Beratung, der Lieferservice und die Beratung zu Hause vor dem Kauf.

4. Leistungsbeurteilung aus Kundensicht

4.1 Relevante Leistungsfaktoren

Ein weiterer Untersuchungsschritt ist, bei den derzeitigen Kunden die für ihre Zufriedenheit relevanten Qualitäts- und Bedürfnis-Dimensionen zu bestimmen. Diese Personen sind ja von der derzeitigen Konzeption der „Schönes-Heim"-Fachmärkte überzeugt, und insofern ist zunächst von Interesse, welche Motive mit welcher Relevanz zur Wahl der Einkaufsstätte beitragen. Es ist davon auszugehen, dass bestimmte Servicequalitäten, z. B. Beratung oder Erreichbarkeit des Marktes, eine ganz unterschiedliche Wichtigkeit aufweisen. Aus diesem Grund ist neben der reinen Messung der Kundenzufriedenheit ein Wichtigkeitsschema zu entwickeln, das zeigt, auf welche Servicekomponenten es Kunden besonders ankommt.

Grundlage für den Qualitätsmonitor ist eine Befragung bei einer Stichprobe von Kunden in ausgewählten Geschäften der Fachmarktkette. Die verschiedenen Fachmärkte der „Schönes-Heim"-Kette sollten möglichst das gesamte Spektrum aller denkbaren Standortlagen und Betriebskonzepte abdecken. Im Rahmen einer persönlichen Befragung werden mit Hilfe einer vorgegebenen Skala die Beurteilungen der Leistungen und die Zufriedenheit mit diesen Leistungen erfragt. Grundlage der Kundenzufriedenheitsmessung ist zunächst die Frage nach dem allgemeinen Zufriedenheitsniveau, das die Fachmärkte bei den Kunden erreichen, welches in Form eines Durchschnittswertes oder einer Durchschnittsnote dargestellt wird.

Standort	Globalzufriedenheit	Durchschnittliches Leistungsniveau
Total	8,8	7,2
Standort A	9,2	8,2
Standort B	8,8	6,5
Standort C	8,4	6,8
Standort D	9,6	6,9
Standort E	8,5	6,8
Standort F	8,6	7,4
Standort G	8,4	7,8

Abb. 1: Globalzufriedenheit und Leistungsniveau im Standortvergleich

Die Globalzufriedenheit wird am Ende der Befragung direkt erfragt. Sie spiegelt ein gesamthaftes, pauschales Stimmungsbild wider. Das durchschnittliche Leistungsniveau zeigt, wie sämtliche betrachtete Leistungen von den Kunden wahrgenommen werden. Im

Prinzip ist diese Kennziffer als durchschnittliche Leistungs*wahrnehmung* zu verstehen, im Vergleich zur durchschnittlichen Leistungs*beurteilung*, d. h. der durchschnittlichen Zufriedenheit.

Mit einem Durchschnittswert von 8,8 auf der zehnstufigen Punkteskala zeigen sich die befragten Kunden mit den Märkten sehr zufrieden. Darüber hinaus liegt die Spannbreite zwischen bestem Markt (9,6) und schlechtestem Markt (8,4) nicht allzu weit auseinander. Bedenklich ist allerdings das schwache Leistungsniveau der Fachmärkte. Es zeigt, wie die Befragten die zahlreichen Einzelaspekte, d. h. die konkreten Erfüllungsgrade der Märkte, bewerten. Dazu gehören Dinge wie Freundlichkeit des Personals oder Ausstattung mit Parkplätzen. Mit einem Durchschnittswert von 7,2 liegt der Wert um 1,6 Notenstufen niedriger als die Zufriedenheit, was verdeutlicht, dass das Erwartungsniveau der Kunden nicht sehr hoch ist. Mit anderen Worten: Trotz nur durchschnittlicher Leistung halten die Kunden den Fachmärkten die Treue. Weitergehende Fragen haben dabei gezeigt, dass der Anteil der Stammkunden an der Kundengesamtheit mit *80 Prozent* recht hoch ist.

Neben der reinen Zufriedenheit und der Leistungsbeurteilung ist von Interesse, inwiefern die einzelnen Leistungskomponenten zur Zufriedenheit der Kunden beitragen. Grundlage hierfür ist ein Abgleich von Zufriedenheit und Leistungsbeurteilung (Wahrnehmung) für jeden einzelnen Befragten. Die Kausalität zwischen der Wahrnehmung und der Zufriedenheit wird durch einen multivariaten statistischen Ansatz berechnet. Zunächst werden mit Hilfe einer Faktorenanalyse die Einzelleistungen zu Leistungsbereichen verdichtet. Hierbei handelt es sich um latente Beurteilungsdimensionen, über die sich die befragten Kunden explizit gar nicht im Klaren sind. Da diese Leistungsbereiche voneinander unabhängig sind, kann man in einem zweiten Schritt mit Hilfe einer Regressionsanalyse den Zusammenhang zwischen Leistungsbereich und Erfolg (Gesamtzufriedenheit) berechnen. In diesem Schritt werden die einzelnen Leistungsbeurteilungen zu Leistungsfaktoren verdichtet. Die folgende Abbildung zeigt diese Leistungsfaktoren und die Relevanz dieser Leistungsfaktoren für die Zufriedenheit seitens der derzeitigen Kunden.

Das Verkaufspersonal, die Atmosphäre und die Auswahl/das Sortiment sind die mit Abstand wichtigsten Leistungsfaktoren. Es folgen die Preispolitik und die Behandlung von Reklamationen. Der Service, die Werbung, die Qualität der Waren, der persönliche Kontakt und die Lage des Geschäfts spielen nur noch eine geringe Rolle für die Zufriedenheit. Dabei handelt es sich jedoch zum Teil um Basisleistungen, die von den Kunden vorausgesetzt werden. Das Fehlen einer dieser Basisleistungen oder eine Verschlechterung von deren Qualität würde sich sofort negativ auf die Kundenzufriedenheit auswirken (vgl. Abb. 2).

Besonders zufrieden sind die Kunden dabei mit der Qualität der Waren, dem Verkaufspersonal, der Atmosphäre, der Lage des Geschäfts, der Auswahl/dem Sortiment sowie dem Service. Mit einer Durchschnittsnote von nur 3,7 ist die Zufriedenheit mit dem persönlichen Kontakt am schwächsten ausgeprägt, aber auch die Zufriedenheit mit dem Faktor Werbung wird nur weit unter dem Durchschnitt bewertet (vgl. Abb. 3).

4.4 Kundenbindung und Neuprofilierung im Do-It-Yourself-Markt

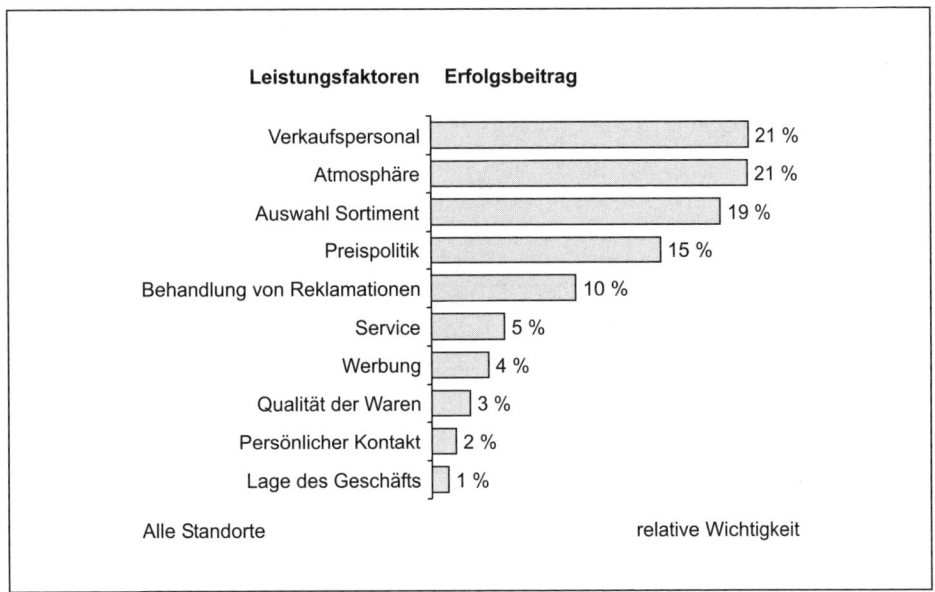

Abb. 2: Der Erfolgsbeitrag der Leistungsfaktoren

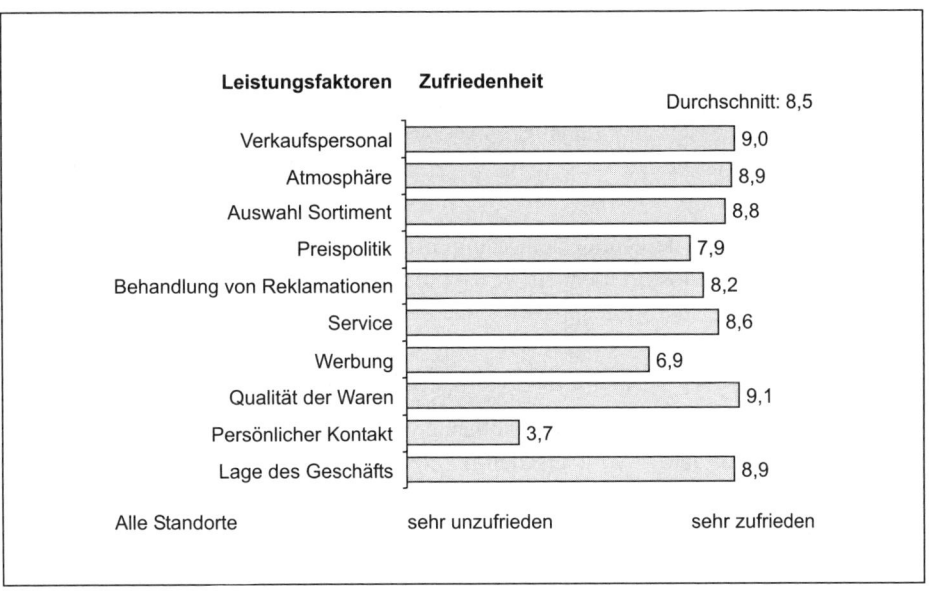

Abb. 3: Leistungsfaktoren und deren Zufriedenheitswerte

328 Kapitel 4: Management der Retail-Marke

Das Leistungsfaktoren-Portfolio zeigt simultan die Wichtigkeit der Leistungsfaktoren und das Zufriedenheitsniveau. Die horizontale Linie bestimmt das durchschnittliche Zufriedenheitsniveau, hier 8,5. Die vertikale Linie repräsentiert die durchschnittliche Wichtigkeit, hier 10 Prozent bei zehn Leistungsfaktoren.

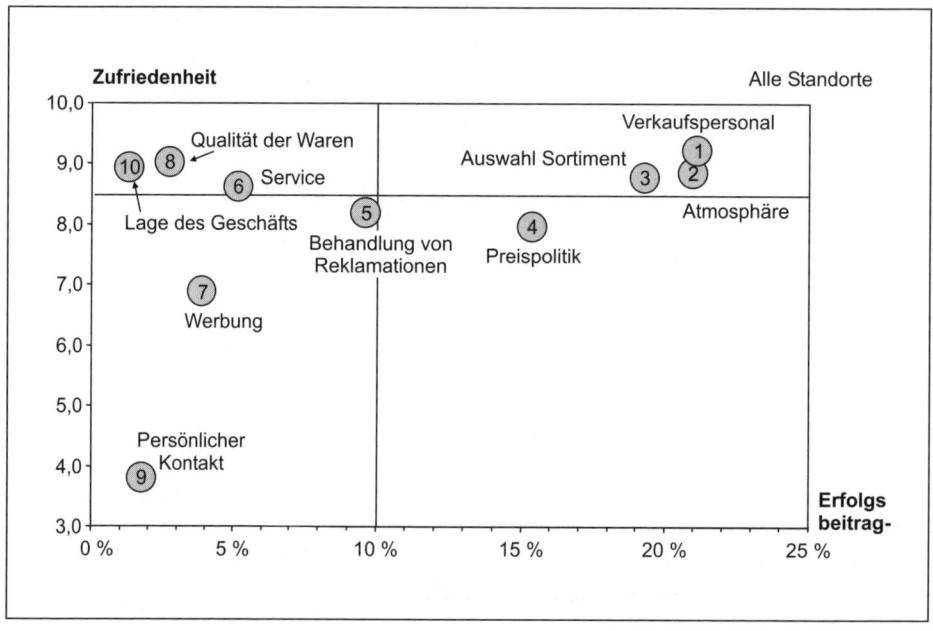

Abb. 4: Das Leistungsfaktoren-Portfolio: Zusammenführung von Zufriedenheitswerten und Erfolgsbeitrag

Es lässt dabei aus Sicht der Kunden ein sehr günstiges Bild erkennen. Neben der sehr hohen durchschnittlichen Zufriedenheit werden die drei wichtigsten Leistungsfaktoren – das Verkaufspersonal, die Atmosphäre und die Auswahl/das Sortiment – als Starfaktoren positioniert. Ihnen steht mit der Preispolitik nur ein kritischer Faktor mit unterdurchschnittlicher Zufriedenheit aber relativ hoher Wichtigkeit gegenüber.

An diesem Faktor sollten sofort Maßnahmen ansetzen: Ideal wäre eine Umpositionierung der Preispolitik in den strategischen Bereich, also eine Reduzierung der Wichtigkeit. Andererseits sind Kunden eigentlich nie mit den Preisen zufrieden, so dass die Durchschnittsnote von 7,9 noch akzeptabel ist. Von Preissenkungen ist damit auf jeden Fall abzuraten.

Eine genauere Analyse der einzelnen Leistungs-Items ist bei der Betrachtung der Stärken-Schwächen-Analyse möglich. Hieraus lassen sich Einzelmaßnahmen direkt ableiten.

4.2 Ansatzpunkte für eine verstärkte Kundenbindung

Wichtigster Bindungsfaktor ist für die Kunden das Verkaufspersonal. Weitere Bindungsfaktoren sind für die Kunden die Atmosphäre und die Auswahl bzw. das Sortiment. Einziger kritischer Faktor für die Kunden ist die Preispolitik.

	Starfaktoren (Niveau halten oder steigern)	Kritische Faktoren (Niveau kurzfristig steigern oder Relevanz verringern)
„Schönes-Heim"-Kunden	▪ Verkaufspersonal ▪ Atmosphäre ▪ Auswahl/Sortiment	▪ Preispolitik

Abb. 5: *Starfaktoren und kritische Faktoren in der Übersicht*

Für das Verkaufspersonal ergibt die Detailanalyse, dass Defizite einzig in der namentlichen Erkennbarkeit sichtbar werden. Daraus resultiert auch zu einem Großteil, dass der Kunde nicht weiß, wer sein Ansprechpartner im Geschäft ist. Maßnahmen sollten sich auf die Ausstattung mit gut lesbaren Namensschildern beschränken.

Um die äußere Anmutung der Geschäfte zu verbessern, sollte die Schaufenstergestaltung – die Visitenkarte des Geschäfts – überprüft werden. Eine attraktivere Schaufenstergestaltung vereinfacht es dem Kunden, auch von außen das Sortiment des Fachmarktes zu erkennen. Eine ansprechende Dekoration im Eingangsbereich wirkt auf den Kunden einladend. Dahingehende Verbesserungen sind anzustreben.

Die Preispolitik ist der einzige kritische Faktor. Dies haben auch schon die Einzelexplorationen herausgearbeitet. Auffallend ist die insgesamt große Wichtigkeit des Servicegedankens bei diesem Faktor. Der Kunde erwartet einen günstigen Service. Diesen könnte man in die Sonderangebotspolitik, die nicht gut bewertet wird, integrieren. Ferner sollte eruiert werden, ob es möglich ist, attraktive Finanzierungsmöglichkeiten anzubieten.

Die Erreichbarkeit des Inhabers ist zwar nicht sehr relevant, wird aber sehr schlecht bewertet. Wenn eine Profilierung über den Faktor „persönlicher Kontakt" geschehen soll, muss unbedingt die Erreichbarkeit des Inhabers im Geschäft verbessert werden.

Die Werbung wird unterdurchschnittlich bewertet. Aus der Sicht der Kunden erscheint die Werbung weder ausreichend oft in Form von Prospekten noch als Anzeigen in der Presse. Die einzige Einzelleistung, die nicht ablehnend beurteilt wird, besteht darin, dass interessante Einrichtungsbeispiele und neue Ideen vermittelt werden. Das Werbekonzept der „Schönes-Heim"-Fachmärkte sollte dringend überprüft werden.

Insgesamt lässt die Analyse also trotz eines hohen Bewertungsniveaus eine Vielzahl von weiteren Optimierungsmöglichkeiten erkennen. Sie runden die Kundenbeziehung ab und führen durch den zusätzlichen Erfüllungsgrad zu mehr Kundenbindung. Dies ist nicht zuletzt vor dem Hintergrund zu sehen, dass das durchschnittliche Leistungsniveau mit einer Note von 7,2 nicht gerade herausragend war. Über diesen Maßnahmenkatalog wird die Kundschaft aber zielgerichtet und mit dem höchsten Effizienzgrad an das Unternehmen gebunden.

5. Imagewahrnehmung

5.1 Kundensicht

Im Rahmen der Marken-Image-Analyse wird überprüft, welche inhaltlichen Assoziationen die gegenwärtigen Kunden und Nichtkunden mit „Schönes-Heim" und seinen Haupt-Wettbewerbern haben. Der erste Schritt besteht darin zu analysieren, welchen Stellenwert die einzelnen Image-Items zur Präferenz für die einzelnen Einkaufsstätten haben.

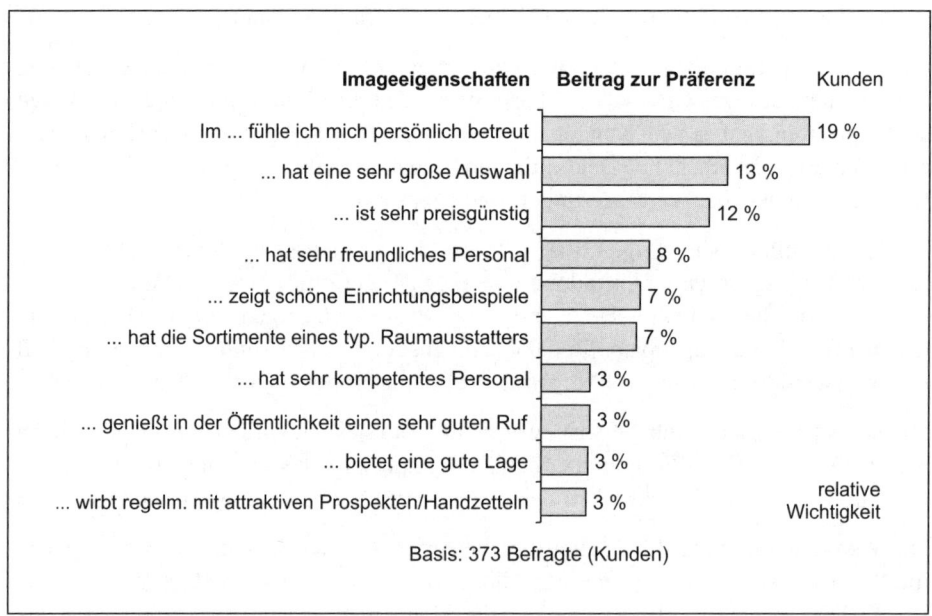

Abb. 6: Präferenzwirkungen der Imageeigenschaften

Dieser Beitrag zur Präferenz wird mit Hilfe einer multiplen Regressionsanalyse berechnet und nicht direkt abgefragt. Der Vorteil dieses Ansatzes besteht darin, dass das rationale Antwortverhalten der Konsumenten umgangen wird (z. B. rationale Orientierung an objektiven Aspekten, wie Preis oder Standort) und stattdessen auch emotional geprägte Motive in den Mittelpunkt der Betrachtung rücken. Damit werden die Imagekriterien ausgewiesen, die für die Präferenzbildung ausschlaggebend sind.

Hierbei wird ersichtlich, dass für die „Schönes-Heim"-Kunden insbesondere der Aspekt der persönlichen Betreuung im Vordergrund steht. Mit 19 Prozent Beitrag zur Präferenz ist dies der wichtigste Einzelaspekt. Daneben achten die Kunden im Wesentlichen auf die Auswahl und die Preise.

Dieses Bild einer gleich hohen Relevanz von Qualität und günstigem Preis ist ganz typisch im Konsumgüterbereich. Der Verbraucher ist zunehmend weniger bereit, für eine höhere Qualität mehr zu bezahlen, vielmehr erwartet er zu einem günstigen Preisniveau von vornherein eine Top-Qualität.

Von mittlerer Relevanz sind dann die Freundlichkeit des Personals, dass schöne Einrichtungsbeispiele gezeigt werden und dass die Sortimentsauswahl der eines typischen Raumausstatters entspricht. Die übrigen, eher rationalen Aspekte, sind dagegen von untergeordneter Relevanz.

Neben der Wichtigkeit der einzelnen Image-Items kommt es auf deren Beurteilung an. Sie ist auf der Grundlage einer zehnstufigen Skala erfragt worden, wobei der Wert zehn der maximalen Ausprägung „trifft voll und ganz zu" entspricht.

Beide Werte zusammengefasst bilden das Image-Portfolio für „Schönes-Heim":

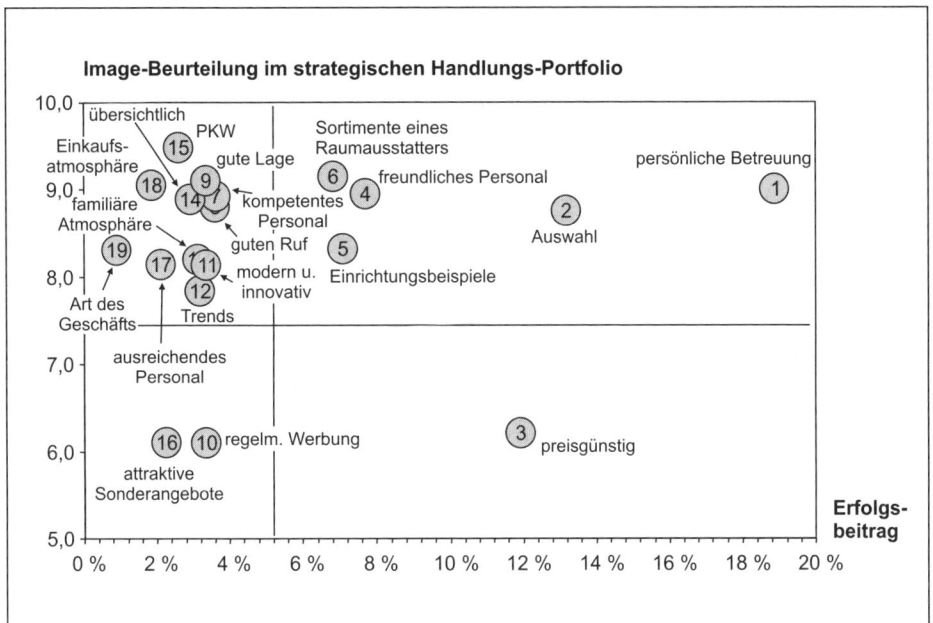

Abb. 7: Das Image-Portfolio aus Kundensicht

Die durchschnittliche Image-Beurteilung für alle Image-Items über alle betrachteten Marken liegt bei 7,5. Daher wird die horizontale Trennlinie für das Portfolio bei 7,5 eingefügt. Die durchschnittliche Wichtigkeit für alle 19 Items beträgt 5,3 Prozent.

Im Image-Portfolio wird eine sehr gute Wahrnehmung des „Schönes-Heim"-Images aus Kunden-Sicht erkennbar, wie sie bereits auch schon in der Qualitätsmonitor-Analyse gezeigt werden konnte. So steht fünf überdurchschnittlich bewerteten Image-Items im rechten oberen Quadranten nur die Eigenschaft „preisgünstig" im problematischen rechten unteren Quadranten gegenüber. Darüber hinaus werden die zwei wichtigsten Aspekte: „persönliche Betreuung" und „Auswahl" überdurchschnittlich bewertet. Damit ist die Gesamt-Performance des Portfolios als sehr positiv einzustufen. Mit anderen Worten:

„Schönes-Heim" trifft die Bedürfnisse seiner Kunden.

Dieses Resultat und das ebenfalls positive Ergebnis aus dem Qualitätsmonitor machen deutlich, dass die Grundkonzeption der „Schönes-Heim"-Märkte in sich stimmig ist und die Bedürfnisse der Kunden tatsächlich befriedigt. Es sollte also vom Prinzip her nicht verändert werden – mit Ausnahme einiger Sortimentsoptimierungen.

„Schönes-Heim" besetzt aus Kunden-Sicht ganz klar das Kompetenzfeld eines Fachgeschäfts, hebt sich aber über die familiäre Atmosphäre und die Sortimentskompetenz deutlich ab.

5.2 Nichtkundensicht

Selbst in einer gestützten Abfrage kennen nicht einmal zwei Drittel der befragten Nichtkunden „Schönes-Heim" an den betreffenden Standorten. Dies ist bemerkenswert, denn „Schönes-Heim" ist in der Regel der „Platzhirsch" an seinen Standorten, durchweg in Kleinstädten. Damit hat „Schönes-Heim" ein Bekanntheitsproblem auf der Nichtkunden-Seite.

Wie aus Kunden-Sicht besteht der erste Schritt darin zu analysieren, welchen Stellenwert die einzelnen Image-Items zur Präferenz für die einzelnen Einkaufsstätten haben.

Hierbei wird ersichtlich, dass für die Nichtkunden von „Schönes-Heim" insbesondere die Preisgünstigkeit im Vordergrund steht. Mit 14 Prozent Beitrag zur Präferenz ist dies der wichtigste Einzelaspekt. Daneben achten die Nichtkunden im Wesentlichen auf die Auswahl, die Übersichtlichkeit und die persönliche Betreuung.

Von mittlerer Relevanz sind dann eine angenehme Einkaufsatmosphäre, das Bild eines modernen und innovativen Unternehmens, die Freundlichkeit und die Kompetenz des Personals, dass schöne Einrichtungsbeispiele gezeigt werden und dass die Sortimentsauswahl der eines typischen Raumausstatters entspricht. Die übrigen, eher rationalen Aspekte sind dagegen von untergeordneter Relevanz.

4.4 Kundenbindung und Neuprofilierung im Do-It-Yourself-Markt 333

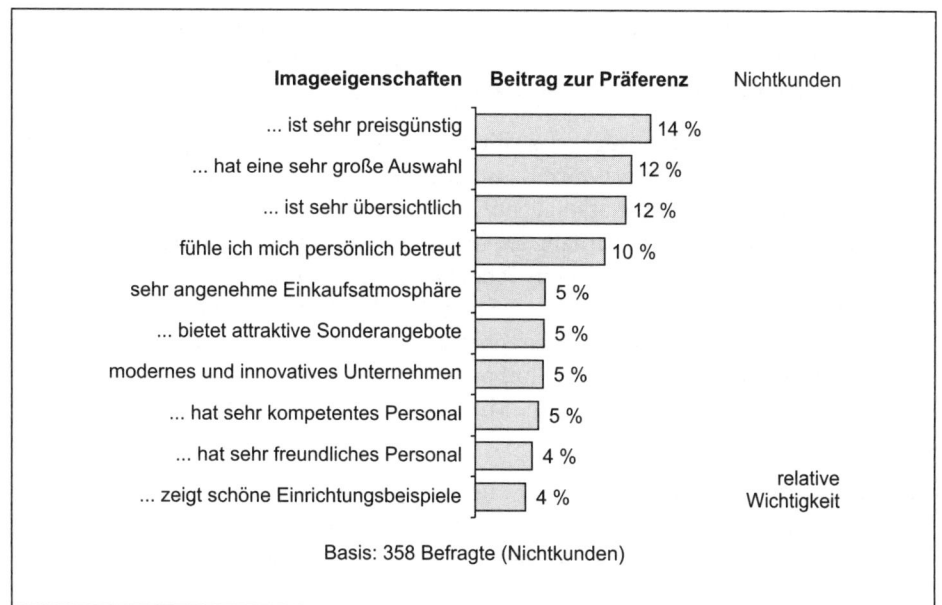

Abb. 8: Die Präferenzwirkungen der Imageeigenschaften bei Nicht-Kunden

Beide Werte zusammengefasst bilden das Image-Portfolio für „Schönes-Heim" aus Nichtkundensicht:

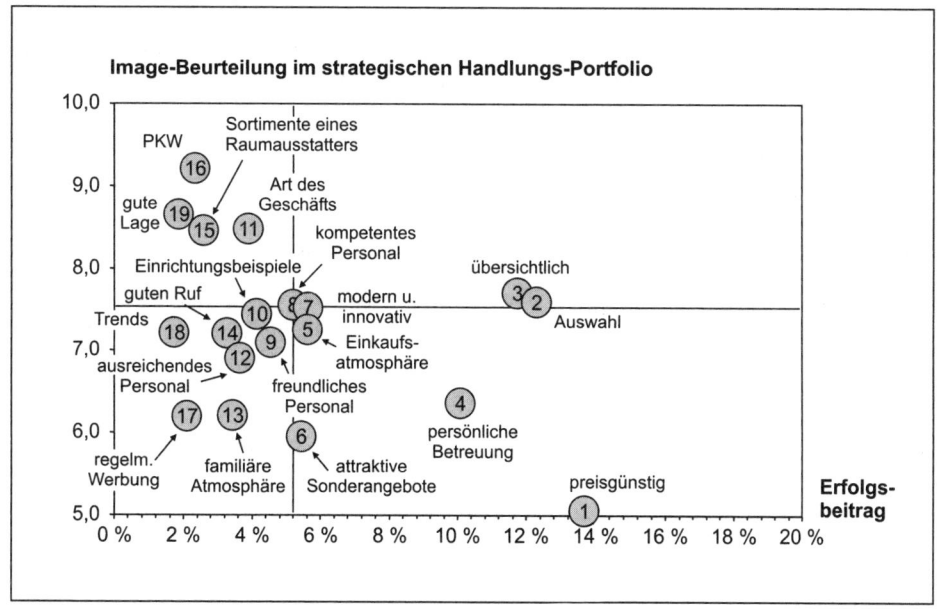

Abb. 9: Das Image-Portfolio aus Nicht-Kunden-Sicht

Die durchschnittliche Image-Beurteilung für alle Image-Items über alle betrachteten Marken liegt bei 7,5. Daher wird die horizontale Trennlinie für das Portfolio bei 7,5 eingefügt. Die durchschnittliche Wichtigkeit für alle 1 Items beträgt 5,3 Prozent.

Im Image-Portfolio wird deutlich, dass die Nichtkunden keine positive Wahrnehmung des „Schönes-Heim"-Images besitzen. Im rechten oberen Quadranten sind mit der „Übersichtlichkeit" und der „Auswahl" nur zwei Image-Items positioniert, die aber nicht sehr stark ausgeprägt knapp oberhalb der Grenzlinie zum kritischen Bereich liegen. Ihnen stehen vier kritische Faktoren im rechten unteren Quadranten gegenüber. Darüber hinaus liegen die beiden Aspekte „kompetentes Personal" und „modernes und innovatives Unternehmen" genau auf dem Durchschnittswert, also genau auf der Grenze zwischen dem kritischen und dem Starfaktorbereich. Damit ist die Gesamt-Performance des Portfolios als nicht positiv einzustufen. Mit anderen Worten: *Die Nichtkunden besitzen ein falsches Bild von „Schönes-Heim".*

Das positive Resultat aus Kunden-Sicht und das ebenfalls positive Ergebnis aus dem Qualitätsmonitor machen deutlich, dass die Grundkonzeption der „Schönes-Heim"-Märkte in sich stimmig ist und die Bedürfnisse der Kunden tatsächlich befriedigt. Nichtkunden sind diese Stärken gar nicht bewusst. Den Nichtkunden ist diese Konzeption bisher nicht oder nicht in ausreichendem Maße kommuniziert worden.

6. Neuprofilierung des Handelsbetriebes

Kunden und Nichtkunden bewerten „Schönes-Heim" völlig unterschiedlich. Diese Diskrepanz ist erstaunlich und sollte durch kommunikative Maßnahmen möglichst kurzfristig behoben werden. Geeignete Maßnahmen hierfür sind Events am Point of Sale, die gegenwärtige Nichtkunden zu Kennern der Märkte machen. Die Konzeption der „Schönes-Heim"-Märkte ist hauptsächlich durch direkte Erfahrung vor Ort erlebbar, insofern müssen bisherige Nichtkunden in die Einkaufsstätte gelockt werden. Die positiven Kundenerfahrungen müssen den Nichtkunden zugänglich gemacht werden.

Wichtigster Bindungsfaktor ist für die Kunden das Verkaufspersonal. Weitere Bindungsfaktoren sind für die Kunden die Atmosphäre und die Auswahl/das Sortiment. Einziger kritischer Faktor für die Kunden ist die Preispolitik. Dieser Nachteil wird aber durch eine überzeugende Service- und Sortimentspolitik entkräftet.

Aus der Sicht der Nichtkunden werden die Image-Schwächen von „Schönes-Heim" offensichtlich: Es ist bisher nicht gelungen, den Nichtkunden die Stärken der „Schönes-Heim"-Märkte zu vermitteln. Dazu gehören aus Kunden-Sicht die persönliche Betreuung und die Atmosphäre, zwei Image-Items, die aus der Sicht der Nichtkunden im kritischen Sektor positioniert sind. Weiterhin hat sich gezeigt, dass der Bekanntheitsgrad der „Schönes-Heim"-Märkte unbedingt gesteigert werden sollte. Hierfür wird eine plakative Außenwerbung und eine höhere Frequenz der Anzeigenwerbung empfohlen.

Das Kompetenzprofil von „Schönes-Heim" wird aus Kunden-Sicht gut bewertet. Dies sollte in Form von „Erlebnisberichten" kommunikativ genutzt werden. Zufriedene Kunden sollten zu Wort kommen! Dies kann in Form von Prospektwerbung oder auf neuen Wegen geschehen. Man könnte versuchen, Kunden und Nichtkunden zusammenzubringen, z. B. sonntags an einem Tag der offenen Tür, an dem man vor allem auch günstige Serviceleistungen vorstellt. Insbesondere die Prospekte sollten als Imagewerbung und zur Vermittlung von Sortiments- und Dienstleistungskompetenz genutzt werden.

Darüber hinaus ist eine weitere wichtige Maßnahme das Vermeiden der Wörter „Markt" oder „Fachmarkt" im Zusammenhang mit „Schönes-Heim". Vor allem mit „Fachmarkt" wird immer noch Preisaggressivität antizipiert. Genau dies kann und will „Schönes-Heim" nicht leisten. Ferner ist die Preisaggressivität die Stärke der Baumärkte – Schönes-Heim" muss sich über seine den Kunden bereits bewiesenen Stärken profilieren.

Die Marktforschung konnte in diesem Zusammenhang eine umfassende Ursachenanalyse liefern. Nicht die Grundkonzeption der „Schönes-Heim"-Märkte ist verantwortlich für die Umsatzrückgänge, sondern eine schlechte Kommunikation der Stärken nach außen. Insofern zeigt diese Fallstudie auch, dass Handelsmarktforschung nicht beim Kunden aufhören darf, sondern explizit auch Nichtkunden mit einbeziehen muss. Erst damit wird erkennbar, dass die Einkaufsstätte als „Werbeträger" allein nicht ausreicht, sondern Maßnahmen ergriffen werden müssen, um Nichtkunden in die Einkaufsstätten zu bringen. Erst dann können fehlgeleitete Einstellungen, insbesondere zum Preisimage, ausgeräumt werden.

Kapitel 5

Management der operativen Geschäftsprozesse

5.1 Prozessveränderungen – Anregungen für den strukturellen Wandel im Einzelhandel
Peter Fensky

5.2 Vertikales Prozessmanagement im Retail-Loop – Schnellere, flexiblere und kostengünstigere Wertschöpfung über die gesamte Prozesskette am Beispiel des Fashionhandels
Michael Kunkel

5.3 Category Management im Nonfood bei Metro Cash & Carry
Stephan Rüschen

5.4 Die Anwendung der Conjoint-Analyse für eine partnerschaftliche Sortimentsgestaltung in der Bekleidung
Bernd Hake/Klaus Grönefeld

Peter Fensky

5.1 Prozessveränderungen – Anregungen für den strukturellen Wandel im Einzelhandel

1. Wirtschafliches Umfeld
2. Ausgangslage – Was bewegt den Einzelhandel heute?
2.1 Mehrdimensionaler Wettbewerb
2.2 Der „mündige" Konsument
2.3 Beispielhafte operative Abläufe und deren Einfluss auf die Effizienz
2.4 Kooperationen mit der Industrie
2.5 Die Filiale im Mittelpunkt

3. Mögliche Ansätze zur Prozessverbesserung
3.1 Fokussierung auf den Kunden
3.2 Integration von Abläufen
3.3 Einsatz von Informations-Technik in der Filiale

4. Ausblick: „On Demand Retailing"

Literatur

1. Wirtschaftliches Umfeld

Stagnierende und zurückgehende Umsätze aufgrund rückläufiger Konsumausgaben erhöhen zunehmend den Druck auf den deutschen Einzelhandel. Das voraussichtliche Wirtschaftswachstum für 2003 liegt selbst bei optimistischen Vorhersagen nur noch bei 0,25 Prozent, und auch die konjunkturellen Prognosen für 2004 werden weiter nach unten korrigiert.

Die klassische Antwort des Handels, auf ein solches Szenario mit erhöhter Marktpräsenz und Preiswettbewerb zu reagieren, führt nicht mehr zum gewünschten Erfolg, sondern vielmehr zu noch stärker sinkenden Profitmargen. So stieg die Verkaufsfläche in Deutschland zwischen 1993 und 2001 um 17,7 Prozent, und in der gleichen Zeit sank der reale Umsatz um 18 Prozent. Schon heute haben wir in Deutschland mit 1,2 m² annähernd die doppelte Verkaufsfläche pro Einwohner wie in Großbritannien oder Frankreich. Bei den Preisen liegen wir in Deutschland mit einem Preisindex von rund 84 am unteren Ende in Europa (Nielsen, 2002). Viele Stimmen sprechen trotz – oder gerade wegen – der Erfolge der Discounter von einer Krise im deutschen Einzelhandel.

Auch beschäftigt man sich vornehmlich mit Kostenreduzierungen – egal was es kostet – und sieht es als Innovation an, wenn man rein rechnerisch einen signifikanten Betrag durch die Reduzierung der Raumtemperatur um ein Grad Celsius in den Filialen einspart. Diese Maßnahme ist in ihren Auswirkungen technisch wie auch wirtschaftlich beschränkt und löst mit Sicherheit nicht das Problem einer nachhaltigen Profitabilitätssteigerung.

Im Nachhinein betrachtet hat die Sonderkonjunktur aufgrund der Wiedervereinigung insbesondere für den Einzelhandel dafür gesorgt, dass vorhandene strukturelle Probleme durch Euphorie überdeckt wurden. Somit stellt sich die Frage, ob die derzeitige Situation wirklich eine Krise ist oder vielmehr das notwendige Szenario, um Versäumnisse nachzuholen und nachhaltige Veränderungen umzusetzen.

Die folgenden Ausführungen sollen beispielhaft Potenziale aufzeigen und Anregungen zu nachhaltigen Veränderungen geben, bieten aber keine fertige Lösungen. Jedes Handelsunternehmen muss individuell für sich die Veränderungspotenziale erkennen und die geeigneten Veränderungen konsequent und nachhaltig umsetzen.

2. Ausgangslage – Was bewegt den Einzelhandel heute?

In fast allen mitteleuropäischen Märkten haben wir heute starke lokale Handelsunternehmen, die im harten Wettbewerb zueinander stehen. Dies gilt insbesondere für den Lebensmitteleinzelhandel. Zudem sind diese Märkte ausgereift und bringen kein oder nur moderates Wachstum. Bezogen auf das langfristige Marktwachstum kommen in Deutschland noch die signifikanten demographischen Veränderungen hinzu. So sagen aktuelle Prognosen eine Verringerung der Bevölkerung bis zum Jahre 2050 um rund 10 Prozent voraus. Die Hälfte der Bevölkerung wird dann älter als 48 Jahre und ein Drittel 60 Jahre oder älter sein (Statistisches Bundesamt, 2003).

Eine Besonderheit im deutschen Einzelhandel ist die meist mittelständische Struktur. Häufig ist der Gründer oder die zweite Generation noch aktiv in der Unternehmensleitung. Dadurch gibt es weniger Transparenz bezüglich der finanziellen Kennzahlen und des messbaren Erfolgs. Vergleiche mit dem Wettbewerber erfolgen meist auf der Basis von Top-Line-Größen wie Verkaufsfläche oder Flächenumsatz. Die Profitabilität kann man dann in Verbindung mit der eigenen Erfahrung bezüglich Konditionen, Lohnkosten etc. herleiten.

Die meist private Struktur der Unternehmen hat aber auch Einfluss auf die kritischen Erfolgsfaktoren; so ist Shareholder Value kein Thema. Investitionen werden ausschließlich an Return of Investment, Cashflow-Elementen und Bottom-Line-Profit, nicht aber an Wertzuwachs oder langfristiger Wettbewerbsposition gemessen. Eine solche Betrachtung wirkt innovationshemmend. Die Eröffnung des Future Stores der Metro im Extra Markt in Rheinberg brachte eine Steigerung des Aktienwertes der Metro AG um rund 10 Prozent an einem Tag. Ein sehr gutes Ergebnis für die Metro und deren Aktionäre. Für ein privates Handelsunternehmen ist dies aber keine Messgröße und könnte somit auch nicht als Erfolgsindikator für ein solches Projekt herangezogen werden.

2.1 Mehrdimensionaler Wettbewerb

Die Wettbewerbssituation im deutschen Einzelhandel, insbesondere vor dem Hintergrund des leicht rückläufigen Gesamtkonsums, zeichnet sich durch Verdrängungswettbewerb aus. Derjenige, der seine Umsätze ausbauen will, muss seinen Wettbewerbern Marktanteile wegnehmen. Dies hat auch zur Folge, dass neben dem angestammten Segment Sortimentserweiterungen in anderen Segmenten vorgenommen werden. Das klassische Beispiel ist Tchibo. In den 70er Jahren ist Tchibo neben dem Kaffeegeschäft in das Nonfood-Geschäft eingestiegen. 1999 deckte das Kaffeegeschäft nur noch 50 Prozent des Gesamtumsatzes ab, 50 Prozent kamen bereits aus dem Nonfood-Geschäft (Geschäftsbericht Tchibo Holding AG). Auch die schon zum „Kult" avancierten Warteschlangen bei Aldi oder Lidl sind nicht auf attraktive Angebote bei Grundnahrungsmitteln zurückzuführen, sondern auf Personal Computer, Inline Skater oder Bohrmaschinen. Solche Category-Killer-Angebote haben selbstverständlich direkte Auswirkungen auf Vertriebsformen, die sich hauptsächlich auf diese Produkte konzentrieren. So wird jeder Baumarkt merken, dass die Bohrmaschinenaktion des Discounters für eine lange Zeit den Markt für diese Produkte austrocknet. Gerade der Baumarktsektor ist ein gutes Beispiel für den segmentübergreifenden Wettbewerb. Das Heimwerkerangebot etablierter Hypermarkt-Ketten wie Kaufland oder WalMart deckt heute schon ca. 30 Prozent der Spezialisten ab.

Dieser Trend ist aber nicht auf Deutschland beschränkt. So zeigen Auswertungen des Marktforschunsinstitutes Retail Forward, dass 1980 in den USA mehr als die Hälfte aller Lebensmittelumsätze in Supermärkten gemacht wurden. Innerhalb von 20 Jahren reduzierte sich dieser Anteil auf 19 Prozent, da die Umsätze zu anderen Formaten wie Supercenters Convenience Store oder Drug Store wanderten.

Wettbewerb entwickelt sich aber auch zunehmend zwischen Handelsmarken („Private Labels") und Markenartikeln. Heute werden bereits mehr als 30 Prozent des deutschen Einzelhandelsvolumens über Handelsmarken abgedeckt. Hierbei hat Aldi eine dominierende Stellung, was sich auch in den Gewinnmargen des Unternehmens positiv widerspiegelt. Grundsätzlich gilt, dass einfache Produkte am schnellsten durch Handelsmarken substituiert werden können. Für die Handelsunternehmen stellt sich in diesem Wettbewerb die Frage, wie sie ihre Handelsmarke ausbauen und diese effizient managen können. Hierzu gehören Markenentwicklung, die Markenpflege, aber auch die mit dem Hersteller abgestimmte Produktentwicklung und das effiziente Durchlaufen der Supply Chain.

Eine Handelsmarke, die auch bei komplexeren Produkten aufgrund der beschriebenen Attribute gegenüber den Markenartikel mithalten kann, steigert die Margen. Ein Blick nach Großbritannien zeigt, dass dies möglich ist. So spielen schon heute die Premiummarken von Tesco oder Sainsbury in der ersten Liga mit.

Das Beispiel Tesco zeigt zudem, wie sich ein Unternehmen als Marke („Retail Brand") erfolgreich positionieren kann. Der Konsument verbindet die positiven Attribute für seine Kaufentscheidung direkt mit dem Handelsunternehmen und nicht nur mit dem Markenartikel. Ein Effekt, den in Deutschland auf der Discountschiene Aldi über die Attribute Qualität und Preis erreicht hat.

Der bisher mäßige Erfolg von WalMart in Deutschland vermittelt eine scheinbare Sicherheit vor internationalem Wettbewerb. Egal, ob diese Situation in Deutschland weiter anhält oder nicht: Im internationalen Umfeld – und dahin orientieren sich zahlreiche deutsche Handelsunternehmen – muss man sich gegen Global Player behaupten.

2.2 Der „mündige" Konsument

Konsumenten unterscheiden sich heute wesentlich von denen, die wir noch vor fünf oder zehn Jahren angetroffen haben. Der leichte Zugang zu Informationen und damit die Vergleichbarkeit von Angeboten in wirtschaftlich schwierigen Zeiten, bestimmt von zurückgehendem verfügbaren Einkommen, Unsicherheit und Zukunftsängsten, führen dazu, dass es für den Handel heute schwieriger ist, die uneingeschränkte Gunst des Verbrauchers zu gewinnen. Die allerorts gestarteten Preisoffensiven verstärken diesen Trend, da die Erfahrung den Konsumenten nun zeigt, dass das Warten und verbrauchsnahe Kaufentscheidungen Preisvorteile bringen. Egal ob Winterpullover, Bohrmaschine oder Urlaubsreise – die Erfahrung hat über die letzten Monate und Jahre gezeigt: zu warten lohnt sich. Dies führt auch dazu, dass die übliche Erstberatung nicht mehr gefragt ist. Mehr und mehr Konsumenten fühlen sich wohl, ja bevorzugen das Vergleichen und Ausprobieren zunächst ohne Unterstützung des Verkaufspersonals. Die dann gestellten Fragen werden zielgerichteter und anspruchsvoller.

Mit der Zunahme der Eigenständigkeit des Konsumenten geht die Loyalität zurück. Eine Kundenbefragung in den USA (Chu/Pike, 2002) ergab, dass sich mehr als 50 Prozent der befragten Kunden nicht als loyale Kunden einschätzen. Das heißt, diese Kunden sind bei einem entsprechenden Angebot geneigt, ein anderes Geschäft für ihre Einkäufe aufzusuchen. Sicherlich würde eine vergleichbare Umfrage in Deutschland ähnliche Ergebnisse zeigen.

Dieselbe Studie untersuchte auch, was die Zufriedenheit der Kunden beim Einkauf am meisten beeinflusst. Erstaunlich ist, dass am meisten Wert auf die Freundlichkeit und die fachlich kompetente Beratung des Verkaufspersonals sowie eine große Produktauswahl und die einfache Orientierung im Laden gelegt wurde noch vor Preis und Preis-Leistungs-Verhältnis. Die Attraktivität eines Händlers wird also nicht allein durch den Preis bestimmt, obwohl gerade die Werbung zunehmend auf die kleinen Preise oder die Geilheit des Geizes abzielt und die derzeitigen Erfolge der Discounter dies vermuten lassen. Ist der Konsument hier in die falsche Richtung „erzogen" worden?

2.3 Beispielhafte operative Abläufe und deren Einfluss auf die Effizienz

Bricht man die internen Prozesse eines Handelsunternehmens auf die funktionale Sicht herunter, so können wir Einkauf, Logistik und Verkauf unterscheiden. Das Postulat: „Der Handel lebt vom Einkauf" hat durchaus seine Berechtigung. So bestimmt heute noch in der Regel der Einkauf das Sortiment der Handelsunternehmen, und die durch den Einkauf verhandelten Konditionen bestimmen in Zeiten von Überangebot und Preiskampf im Wesentlichen die Margen. Ein solches „Product-Push-Model" sieht das Produkt als wichtigstes Kapital, und die kritischen Erfolgsfaktoren sind die Kapitalrentabilität sowie die Abverkäufe über vergleichbare Filialen. Die Kapitalrentabilität wird vornehmlich durch die Bündlung der Zulieferungen bestimmt, und die Abverkäufe werden durch produktbezogenes Mass Marketing unterstützt. Bei diesem Verkaufsprozess geht es – vereinfacht ausgedrückt – darum, die geordete Ware in den Markt zu bringen, wobei preisorientierte Maßnahmen den Verkauf stimulieren sollen. Die Optimierung der Abläufe und daraus resultierende Kosteneffizienz entscheiden hierbei maßgeblich über den Erfolg.

Die Sortimentsgestaltung bestimmt, durch Sortimentsbreite und -tiefe, die vom Kunden wahrgenommene Kompetenz, beeinflusst gleichzeitig aber auch die Produktivität sowie Bestand und Präsenz der Ware. Zudem hängen von der Sortimentsbreite die Möglichkeiten des Cross Merchandising ab und aus Kundensicht die Möglichkeit des One-stop-Shoppings.

Die Preis- und Konditionenpolitik ist eine der Kernkompetenzen des Handels. Die Preise werden mit Hilfe von Preishandbüchern, Listen und anderen Regelwerken festgelegt und beruhen auf der Erfahrung einzelner Personen. Der Preisfindungsprozess ist im Grunde eine kostenorientierte Preisfindung auf der Basis von Einstandspreis, artikelbezogenen Konditionen und Lieferkonditionen. Es wird die Frage beantwortet, zu welchem Preis kann ich den Artikel in die Filiale bringen und nicht etwa die Frage: Zu welchem Preis werden die Kunden wie viel kaufen (Kreuzpreiselastizität). Das führt dazu, dass letztlich 30 Prozent aller Waren preisreduziert verkauft werden müssen (Tedeschi, 2002).

Die physische Verteilung der Ware obliegt der Logistik. Die Parameter der Logistiker sind Volumen, Gewicht, Gefahrenklasse, Verpackung etc. Bei den meisten Handelsunternehmen gibt es hier keine integrierte Sicht zwischen Einkauf und Logistik, was zu Suboptimierungen führt. Die optimierten Kosten pro bewegter Palette mögen für den Logistiker ein Erfolgskriterium sein, werden aber unter anderem von optimierter Ausnutzung der Transportkapazitäten und Mindestbestellmengen bestimmt. Nicht aber von Parametern, wie hohe Warenverfügbarkeit im Regal, terminierte, avisierte Sendungen für die Filiale oder sofortige Verkaufsfähigkeit durch „intelligente" Artikelbestückung der Paletten, die dem Gesamterfolg des Unternehmens dienen.

Ein weiterer Punkt ist der direkte Abgleich zwischen Abverkaufsdaten (Point-of-Sale-Daten) und dem re-ordering. In der Regel werden die Abverkaufsdaten in der Filiale gesammelt und nachts in so genannten Batchläufen in die operativen Systeme der Zentrale geladen und dort verarbeitet. Nun ist ein Tag Zeitverzögerung auf den ersten Blick nicht viel. Bedenkt man aber, dass hieraus aufgrund von starren Bestellrhythmen auch eine Woche werden kann, sieht die Sache schon anders aus. Die Folge sind meist Stock-out-Situationen oder höhere Bestände aufgrund von höheren Mindestmengen im Regal.

Immer wenn über Prozessoptimierungen im Handel gesprochen wird, spricht man früher oder später über das WalMart-System. Wieso ist WalMart – zumindest in den USA – so erfolgreich? Ein fast perfektes, integriertes System von Informations- und Warenfluss steuert die Abläufe im Unternehmen. Aufgrund dieser Optimierung der Prozesse und der stetigen Innovation erreicht WalMart einen Kostenvorteil von 22 Prozent gegenüber dem Durchschnitt der Wettbewerber in den USA (Goldmann Sachs, 2002). Rund 20 Prozentpunkte dieses Kostenvorteils gehen in die aggressive Preisgestaltung (EDLP – Every Day Low Price), und ca. 2 Prozentpunkte dienen zur Margenverbesserung. Der folgende Vergleich gibt Aufschluss über die Effizienzvorteile von WalMart in der Supply Chain gegenüber dem Marktvergleich (siehe Abb. 1).

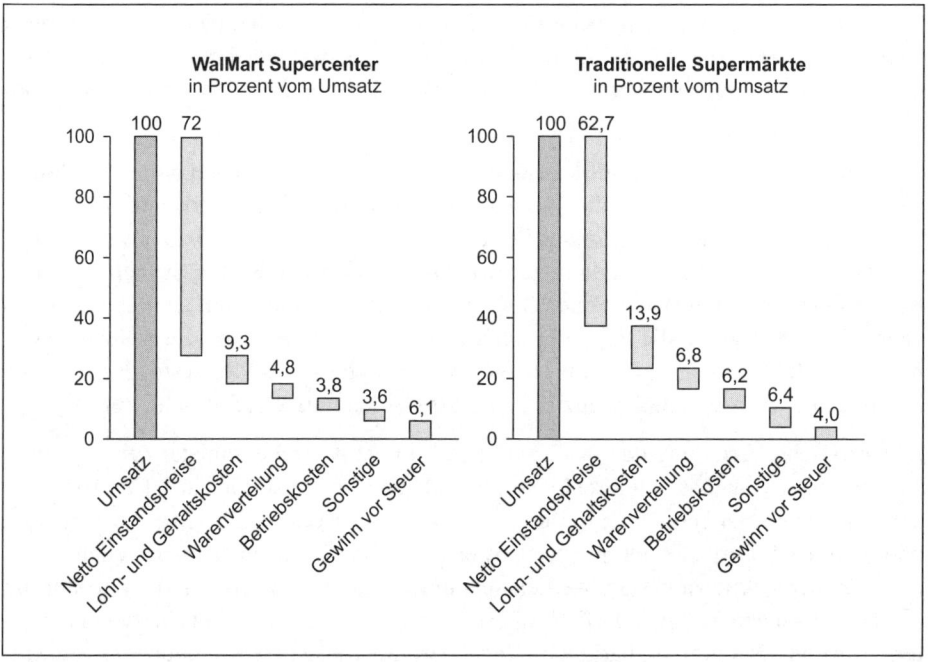

Abb. 1: Kostenbetrachtung WalMart versus traditionelle Supermärkte
Quelle: Goldmann Sachs, 2002

2.4 Kooperationen mit der Industrie

Die Kooperation zwischen dem Handel und der Industrie ist ein weites und in vielen Berichten beschriebenes Feld – eine „Symbiose" aus Partnern, die sich gegenseitig brauchen, aber nur bedingt vertrauen. Der klassische Streitpunkt sind die unterschiedlichen Gewinne. So liegen die Bruttomargen der Konsumgüterhersteller über die letzten zehn Jahre relativ konstant zwischen 50 Prozent und 60 Prozent, und die Netto-Gewinnmargen pendelten sich bei gut 10 Prozent ein. Die Netto-Gewinnmargen der Handelsunternehmen lagen im selben Zeitfenster im Durchschnitt zwischen –0,6 Prozent und +1,5 Prozent. Somit ist genug Zündstoff gelegt für Diskussionen und Misstrauen hinsichtlich zweifelsfrei sinnvollen und notwendigen Kooperationen zwischen Konsumgüterhersteller und Handelsunternehmen. Hieraus resultiert auch die oft verkündete Forderung des Handels, den Profit der gesamten Wertschöpfungskette zu teilen. Der Konsument würde somit von zwei verschiedenen Partnern – mit jeweils unterschiedlichen Kompetenzen – bedient.

Die Kernpunkte für eine sinnvolle Zusammenarbeit sind die möglichst genaue Bedarfsermittlung, die eindeutige Produktkennzeichnung, die zeitnahe und unmissverständliche Informationsübermittlung sowie die abverkaufsnahe Belieferung. Neben diesen aus dem Supply Chain Management getriebenen Elementen können aber auch gemeinsame Produktinnovationen und zielgruppengerechte Marketingaktionen sinnvoll für eine Zusammenarbeit angegangen werden.

Durch verbesserte oder neue Funktionen oder Kombination mit anderen Produkten sollen neue Kaufanreize für den Konsumenten geschaffen werden. Neue Produktlinien, die ein besonderes Wohlbefinden oder einen gesundheitlichen Zusatznutzen versprechen, werden geboren, um dem geänderten Life Style entgegenzukommen. In aller Regel werden diese neuen Produkte von der Konsumgüterindustrie initiiert und führen zu immer kürzeren Produktlebenszyklen. Der Hebel zum Erfolg des einzelnen Handelsunternehmens gegenüber seinen Wettbewerbern ist das zeitnahe Sich-Einstellen auf Produktinnovationen (Product Launches), die Synchronität von – durch die Industrie erzeugtem – Werbedruck und Verfügbarkeit der Ware im Regal. Die neuen Produkte müssen in Tagen und nicht wie früher innerhalb von Wochen vom Hersteller den Weg ins Regal finden. Nur wer dieser neuen Taktzahl Rechnung trägt, partizipiert im vollen Umfang von den mit beträchtlichen Werbebudgets der Industrie begleiteten Markteinführungen.

Erst die zeitnahe und akkurate Erfassung und der Austausch der Produktinformationen auf Artikelebene im Unternehmen, aber auch zwischen den Unternehmen (Industrie/Handel) ermöglicht die Übereinstimmung konsistenter Daten zwischen dem Erzeuger bzw. Eigentümer und allen Benutzern dieser Daten. Dieser trivial klingende Satz ist der kritische erste Schritt für die eindeutige Erstellung und Nutzung der Produktdaten. Ohne diesen ersten Schritt ist eine effiziente Kommunikation innerhalb des Unternehmens und über Unternehmensgrenzen hinweg nicht möglich.

2.5 Die Filiale im Mittelpunkt

Die Filiale behält trotz Internet Hype auch zukünftig ihre herausragende Bedeutung für den Einzelhändler. Das Einkaufserlebnis des Kunden bestimmt, wie viel er einkauft und ob er wieder kommt. Dieses Einkaufserlebnis wird über die traditionellen Kriterien (Sortiment, Preis, Standort) hinaus durch die Mitarbeiter in der Filiale und die Warenverfügbarkeit im Regal bestimmt.

Betrachten wir die Mitarbeiter in der Filiale. Mit einer Fluktuationsrate von ca. 40 Prozent steht der Handel an erster Stelle im Vergleich mit anderen Industrien. Dies bedeutet aber auch Verlust von Wissen und Kompetenz sowie zusätzliche Kosten für das Training der neuen Mitarbeiter. Einige Handelsunternehmen haben es geschafft, die Fluktuationsrate unter 10 Prozent zu drücken, was sich auf der Kostenseite positiv bemerkbar macht. Es stellen sich aber auch die Fragen, wie das Verkaufspersonal ausgebildet wird und welche Informationen wie zur Verfügung gestellt werden. So ist der Einsatz von mobiler Datenerfassung heute keine Seltenheit mehr. Der Einsatz von Informationssystemen auf der Verkaufsfläche hingegen ist noch viel zu selten zu sehen.

Der Einsatz des Verkaufspersonals in der Filiale ist ein weiterer Punkt. Üblicherweise sind rund ein Drittel der Aufgaben nicht auf den Kunden bezogen, sondern gelten ganz allein der Ware. So sind Aufgaben wie Disposition, Warenannahme, Wareneingangsprüfung und Verkaufsbereitstellung Logistikaufgaben und dienen primär nicht der Kundenbetreuung.

Die Warenverfügbarkeit ist ein weiteres Thema. Verschiedene Studien (CIES, 2002 und Carsten, 2003) belegen, dass rund 8 Prozent der Artikel nicht im Regal sind und dass dieser Wert bei Schnelldrehern und Promotionen über 10 Prozent liegt. Weiterhin wurde durch Konsumentenumfragen ermittelt, dass das Handelsunternehmen die Hälfte dieser potenziellen Umsätze verliert, weil der Kunde sich beim Konkurrenten, der das Produkt verfügbar hat, bedient. Neben dieser rein binären Betrachtung – der Artikel ist vorhanden oder nicht vorhanden – kommt noch der negative Effekt der entgangenen Verbundkäufe hinzu. So ist es schon interessant zu sehen, dass weder das dezentrale Warenwirtschaftssystem noch das Verkaufspersonal reagieren, wenn im Baumarkt von zwölf verschiedenen Tischbeinvarianten bei der Hälfte nur noch drei oder weniger Tischbeine im Regal vorhanden sind. Wenn auch technisch machbar, so werden doch die wenigsten Tische von Heimwerkern mit drei Beinen gefertigt. Für den Händler bedeutet dies gebundenes Kapital für „tote" Artikel und nicht aktiv genutzten Regalplatz.

Integrierte Logistikprozesse, die nicht an der Rampe aufhören, helfen hier die Effizienz zu steigern und mehr Fokus auf den Kunden zu legen.

3. Mögliche Ansätze zur Prozessverbesserung

Das Feld für Prozessverbesserungen ist weit und letztlich keine Aufgabe, die zu einem bestimmten Zeitpunkt abgeschlossen ist. Kontinuierliche neue Herausforderungen sorgen für den Druck, sich quasi täglich zu fragen: Was muss ich tun, und wie muss ich Veränderungen vornehmen, um auf diese neuen Herausforderungen zu reagieren? Idealerweise gestaltet man diese Veränderungen so, dass diese aktiv und vorausschauend geplant werden, anstatt zu spät zu reagieren. Doch dies bleibt meist nur ein theoretischer Ansatz, und nur wenige Handelsunternehmen leisten sich heute eine Funktion zur strategischen Unternehmensentwicklung.

3.1 Fokussierung auf den Kunden

Wenn man sich vor Augen führt, dass z. B. die Metro Gruppe statistisch gesehen alle zwei Tage einmal die gesamte Bevölkerung der Bundesrepublik in ihren Filialen hat, kann man sich zumindest ansatzweise einen Eindruck von der Anzahl der Kaufentscheidungen machen, die jeden Tag getroffen werden und die der Händler vor Ort in seinem Laden aber auch schon vorher beeinflussen kann.

In der Studie: „Das Einkaufserlebnis der Zukunft" (Chu/Morrison, 2003), die IBM zusammen mit der NRF im Dezember 2002 in den USA und Europa durchgeführt hat, wurden unter anderem auch kundenorientierte Initiativen zur Verbesserung des Einkaufserlebnisses untersucht. Für die Mehrzahl der Händler liegen demnach die kurzfristigen Schwerpunkte (ein bis zwei Jahre) auf verbessertem Informationszugriff und Datenintegration.

	Initiativen für ein verbessertes Einkaufserlebnis > 50 % der Befragten		
	Heute schon	**In 1 bis 2 Jahren**	**In 3 bis 5 Jahren**
Informationssammlung (Pre-Store) z. B. Internet	■ Zielgerichtete Angebote per E-Mail	■ Detaillierte Produktinformationen ■ Erinnerungsmails bei speziellen Aktionen	■ Erstellung von elektronischen Einkaufszetteln
In der Filiale	■ Wegeleitsysteme und Displays im Laden	■ Web-Zugang in der Filiale (E-Commerce)	■ Automatische Information über die Anwesenheit von „guten Kunden" ■ Digitale Displays, Wegweiser, PDA
Kaufentscheidung	■ Unternehmensweite Bestandsübersicht	■ Mitarbeiterzugang zu Produktinformationen ■ Mitarbeiterzugang zu Kundendaten	■ Keine Angaben
An der Kasse	■ Schnellere Autorisierung beim bargeldlosen Zahlvorgang	■ Schnellerer Scanning-Prozess (z. B. Pre-Scanning) ■ Online-Kauf und Abholung im Store	■ RFID-Checkout
Kundenservice	■ Besseres Training des Filialpersonals	■ Filialretouren bei „Cross-Channel"-Käufen z. B. über das Internet ■ Zugang zu Abverkaufsinformationen, um Retourenprozess zu beschleunigen ■ Kiosk-Systeme für Kundenfeedback ■ Ausbau der Call-Center	■ Keine Angaben

Abb. 2: Kundenorientierte Initiativen zur Verbesserung des Einkaufserlebnisses
Quelle: Büker/Ihnen, 2003

Dieses Ergebnis zeigt, dass der Fokus auf den Kunden schon weit vor dem Betreten des Ladens beginnen muss. Es fängt bei der detaillierten Produktinformation an. Schon heute informieren sich fast 80 Prozent der Internetnutzer vor einer Kaufentscheidung im Internet (Berman/Foecking, 2003). Das zeigt, dass der Händler sich nicht nur Gedanken über Online Shopping Ja oder Nein machen muss, sondern den immer vielfältiger werdenden Möglichkeiten der Kunden hinsichtlich Produktinformation und -vergleich Rechnung tragen sollte. Es ist also wichtig, den Kunden oder potenziellen Kunden kennen zu lernen, seine Bedürfnisse und seinen Bedarf zu erkennen, um dann das richtige Produkt, zur richtigen Zeit, am richtigen Ort, zum richtigen Preis, in der richtigen Menge und in der richtigen (Erlebnis-)Umgebung anzubieten. Der Händler muss diesbezügliche Fragen für seine Strategie beantworten, um letztendlich entscheiden zu können, welche Richtung er hinsichtlich seines (Online)Auftritts und den damit verbundenen Optionen für den Kunden gehen will.

Dies unterstützt, dass Prozessverbesserungen mit der Ausrichtung auf den Kundenservice erforderlich sind. Der Umtausch von Waren im Laden auch für Interneteinkäufe oder die Kombination von Online-Einkauf und Abholung in der Filiale ist heute noch selten anzutreffen, obwohl vom Kunden gewünscht. Hierzu zählt auch, dass die Kunden es sehr begrüßen, dasselbe Produktsortiment über alle Vertriebskanäle angeboten zu bekommen und somit eine freie Wahl besteht, wo und wann der Kauf getätigt wird (Chu/Pike, 2002). Was hier benötigt wird, ist die Integration der verschiedenen Vertriebskanäle mit den operativen Prozessen und Anwendungen.

So ist es heute schon für ausgewählte Kunden bei Tesco und Sainsbury möglich, die gewünschten Artikel zu Hause zu scannen und die so erstellte Einkaufsliste an die Filiale ihrer Wahl zu senden. Hier kann die Ware – bereits zum Transport verpackt – bezahlt und abgeholt werden.

Bei den Gesprächen zwischen Industrie und Handel steht die effiziente Sortimentsgestaltung im Vordergrund. Diese Effizienz wird von der Industrie anhand des Absatzes ihrer Artikel und vom Handel anhand des Umsatzes sowie der Netto-Margen gemessen. Beim Denken in Warengruppen (Category Management) steht immer noch die Ware, nicht aber der Kunde im Fokus. Die entscheidende Frage ist eigentlich: Welchen Artikel benötige ich in welcher Filiale, um die individuellen Kundenwünsche zu erfüllen? Zur Beantwortung dieser Frage muss man die Kunden und deren Einkaufsverhalten kennen, und die wichtigste Informationsquelle hierfür liegt beim Händler. Die artikelgenaue Erfassung an der Kasse (Point of Sales) und die Auswertung dieser Abverkäufe je Filiale, Artikel und Zeitraum erzeugen wertvolle Informationen über das Kaufverhalten (Bonanalyse). Das Einstellen dieser Informationen in ein so genanntes Datawarehouse ermöglicht dann die unterschiedlichsten Auswertungen mit Hilfe von Data-Mining-Verfahren, z. B. nach Kundenklassen in Abhängigkeit der Bongröße oder Verbundkäufe (klassisches Beispiel Cola und Kartoffel-Chips). Diese Auswertungen in Verbindung mit Marktforschungsdaten erlaubt stichhaltige Aussagen z. B. über Filialen, Regionen, Warengruppen oder Verbundwirkungen im Sortiment. Diese Erkenntnisse unterstützen den Prozess der Sortimentsanpassung an die Kundenwünsche.

Wie in Kapitel 2.2 dargestellt, zählen die Freundlichkeit des Personals und die fachlich kompetente Beratung in der Kundengunst am höchsten. Hierbei wurden z. B. Attribute wie Hilfsbereitschaft, „das Verkaufspersonal nimmt mich als Kunde ernst", Produktkenntnisse, Erklärungs- und Beratungs-Kompetenz sowie „die Mitarbeiter im Laden verstehen meine Bedürfnisse" genannt. Dies zeigt, dass das Training für das Verkaufspersonal in zwei Richtungen geht. Zum einen sind die so genannten „interpersonal skills" zu trainieren, also wie idealerweise auf den Kunden einzugehen ist. Diese eher weichen Faktoren hängen stark vom Typ ab und lassen sich nur bis zu einem gewissen Grad schulen. Zum anderen sind es faktenorientierte Auskünfte und Wissen über das Produkt. Hier können zentral aufbereitete und schnell zugängliche Informationen über das Produkt, über dessen Funktionen, über den Einsatz im Verbund mit anderen Produkten und über eventuelle Substitutionsprodukte das Verkaufspersonal unterstützen und somit zum kompetenteren Kundenservice beitragen.

3.2 Integration von Abläufen

Im Prinzip sind die Abläufe in jedem Handelsunternehmen gleich: Einkauf, Logistik zur Warenverteilung, Wareneingang in der Filiale, Point of Sales, Nachordern und die unterstützenden Prozesse. Jeder Bereich für sich hat sich über Jahrzehnte weiterentwickelt. Die Schwierigkeit bildet die Integration dieser Abläufe untereinander. Diese Integration ist aber der Schlüssel zur Kostenreduzierung.

Was passiert idealerweise im Hintergrund, wenn ein Kunde an der Kasse seine Ware bezahlt? Die abverkaufte Ware passiert eine Scanner-Kasse, und das Produkt wird artikelgenau vom Bestand der Filiale abgebucht. Die Preise für die Produkte sind natürlich auf den Markt durch Preisoptimierungsmethoden individuell abgestimmt und fehlerfrei in allen Systemen, sei es am Regal wie in der Kasse, vorhanden. Sobald der festgelegte Mindestbestand unterschritten ist, wird eine Bestellung bei einem die Filiale versorgenden Verteilzentrum ausgelöst. Hier wird die Ware vollautomatisch aus den Hochregallagern entnommen, in der Kommissionier-Anlage für jede Filiale bereitgestellt und in der Regel spätestens am nächsten Morgen per Lkw an die Filiale geliefert.

Systeme unterstützen zudem die Transportplanung sowie die automatische Nachbestellung des Verteilzentrums bei der Industrie. Durch die Abdeckung der gesamten Warenfluss- und Logistikkette sowie der kommerziellen Seite (Verrechnung) von den Filialen bis hin zu den Herstellern wird es für den Händler möglich, quasi ohne Lager zu operieren und für die Industrie quasi ohne Lager zu produzieren. Dies bringt enorme Kosteneinsparungen auf beiden Seiten. Zudem kann die Filiale durch die abverkaufsnahe, exakte Belieferung dem einzelnen Artikel weniger Regalplatz zuweisen, ohne „Stock-out"-Situationen zu provozieren. Dies gibt wiederum die Möglichkeit, auf derselben Verkaufsfläche das Sortiment zu erweitern und somit besseren Kundenservice und Umsatzsteigerungen zu erreichen.

Nur ein Traum oder Realität? Wie dies auch immer bei dem einzelnen Unternehmen zur Zeit implementiert ist, die technischen Voraussetzungen und das Prozess-Know-how sind vorhanden. Eine solche Unterstützung der gesamten Wertschöpfungskette zwischen den Lieferanten, den Verteilzentren bis hin zur Filiale und damit zum Kunden ist ohne integrierte Informationstechnologie nicht möglich. Informationsfluss und Warenfluss müssen stimmig koordiniert sein, wobei die Information die Ware steuert.

Als konkretes Projekt sei hier die Migros genannt. Die Vision der automatischen Nachbestellung und -lieferung der Getränke und Trockensortimente für rund 530 Migros Filialen und M-Restaurants wird hier bereits in die Tat umgesetzt. Auch der Warenfluss bei den Migros-Verteilzentren und die Nachbestellung sind bei der Eigenindustrie und den Fremdlieferanten logistisch wie kommerziell integriert.

Ein weiteres Beispiel für eine bessere Integration ist Food Lion. Wegen der fehlenden Synchronisation der Artikeldaten zwischen Food Lion und den Lieferanten kam es dazu, dass z. B. 30 Prozent der Artikelinformation in den Systemen des Händlers falsch waren, man bis zu sechs Monate für die Einführung von neuen Artikeln benötigte und es zehn Tage dauerte, um Artikel- und Preisänderungen in die Filiale zu übertragen. Das durchgeführte Item-Synchronisation-Projekt brachte die konkrete Lösung der oben beschriebenen Probleme und signifikante finanzielle Verbesserungen. Zudem steht nun die Möglichkeit zur kooperativen Promotion-Planung mit den Lieferanten offen.

3.3 Einsatz von Informations-Technik in der Filiale

Ohne Zweifel ist die Filiale der Punkt, wo der Händler am intensivsten mit dem Kunden in Berührung kommt. Was kann also getan werden, um den Kunden hier positiv bezüglich seiner Kaufentscheidung zu beeinflussen? Diese Frage stellt sich insbesondere vor dem Hintergrund, dass ca. 70 Prozent aller Kaufentscheidungen für einen bestimmten Artikel – nicht für die Produktkategorie – im Laden getroffen werden. Dies wurde in Kundenbefragungen ermittelt.

Neue Technik kann helfen, das positive Einkaufserlebnis zu steigern. Dass die Kunden offen für neue Technologien sind, solange diese einen Mehrwert bringen, hat unter anderem die bereits erwähnte Studie von IBM und NRF gezeigt (Abb. 3).

So genannte Kiosk-Systeme dienen als Informationsterminal. Hier können z. B. der Weg zu einem gesuchten Artikel gezeigt, Rezeptvorschläge angezeigt oder der passende Wein zum Menü empfohlen werden. Es gibt aber auch die Möglichkeit zu detaillierten Produktinformationen oder weiteren Anregungen für Verbundkäufe. Zudem ist dieses Informationsterminal immer geduldig und auskunftsbereit – auch wenn es den freundlichen Mitarbeiter in der Filiale nicht ersetzen kann.

Der Personal Shopping Assistant, angebracht am Einkaufswagen, begleitet beim Weg durch die Filiale und ermöglicht auch das Selbstscanning der gekauften Ware, so dass der Check-out bequem und ohne Warteschlangen abläuft. Die bereits gescannte Ware wird ausgelesen, und es bleibt nur noch der Bezahlvorgang, der zukünftig sicherlich auch noch weiter automatisiert werden kann.

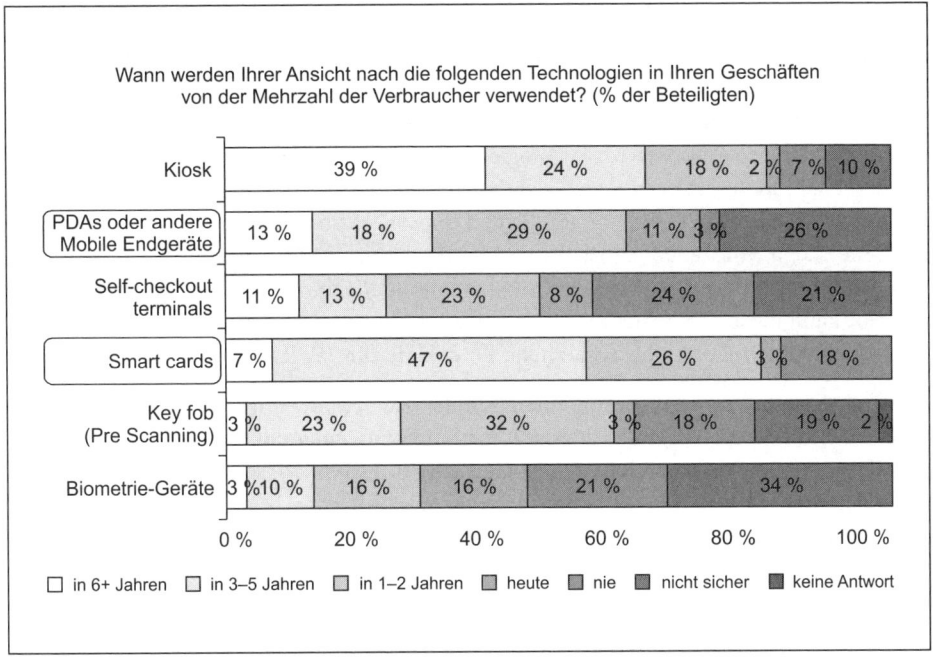

Abb. 3: *Schlüsseltechnologien werden zunehmend von den Kunden in den Filialen genutzt*
   Quelle: Chu/Morrison, 2003

Elektronische Werbeanzeigen auf Flachbildschirmen bieten die Möglichkeit, Informationen auf Knopfdruck schnell und zentral zu aktualisieren. Sollte der beworbene Artikel ausgehen oder nicht geliefert worden sein, kann man einen anderen Artikel bewerben und vermeidet somit verärgerte Kunden.

Intelligente Waagen verhindern das Suchen nach der richtigen Taste, z. B. für die Bananen oder die sonnengereiften Tomaten, und machen dadurch den Einkauf bequemer. Auch wenn hier bewusste Manipulation nicht ausgeschlossen werden kann, so ist doch die Hemmschwelle durch die elektronische Erkennung der Produkte auf der Waage größer, und Fehlbedienungen werden nahezu ausgeschlossen.

Elektronische Regaletiketten sind in der Regel immer lesbar und aktuell bezogen auf Produkt und Preis. Die direkte Verbindung mit den Kassensystemen schließt unterschiedlich gespeicherte und angezeigte Preise aus.

Ein weiterer Punkt ist die physische Aufbringung der Information an die Ware. Was heute noch der Barcode ist, kann – und wird nach Meinung von Experten – zukünftig der RFID-Tag sein. RFID steht für „Radio Frequency Identification" und wurde ursprünglich zur Identifikation befreundeter Flugzeuge während des Zweiten Weltkrieges entwickelt. Durch die RFID-Technik ist es möglich, Daten zur eindeutigen Identifikation eines Produktes auf ein Etikett zu übertragen und wieder auszulesen, ohne physischen Kontakt oder Sichtkontakt zum Etikett herzustellen.

Das Potenzial zur Steigerung der Effizienz durch diese Technik ist enorm, und wir stehen erst am Anfang dieser Entwicklung und der praktischen Umsetzung für die eindeutige Produktidentifikation auf Artikelebene. Man kann sich sehr gut vorstellen, welche Vorteile sich aus einer nahtlosen Verfolgung eines Artikels von der Herstellung bis zum Verkauf ergeben. Man kann ohne physischen Kontakt zum Artikel den kompletten Weg in der Supply Chain verfolgen, von der Produktionsstätte über das Distributionscenter bis hin zum Laden. Im Laden selbst lassen sich Bestände „auf Knopfdruck" abrufen, und eine Diebstahlsicherung für jeden Artikel ist automatisch mitgeliefert. Auch nach dem Verkauf kann diese Identifikation noch von Vorteil sein, z. B. beim Umtausch. Für den Versandhandel eröffnen sich zusätzliche Potenziale für das Retourenhandling.

Fehlende Standards und insbesondere die hohen Kosten pro Etikett (auch Tag genannt) sind heute noch ein Hindernis für eine Kennzeichnung auf Artikelebene. Trotzdem zeigen sich schon heute erhebliche Nutzengewinne in Projekten, in denen die RFID-Tags auf Palettenebene eingesetzt werden. Hierbei wird nicht der einzelne Artikel gekennzeichnet, sondern der Inhalt einer Palette. Der Weg dieser Palette kann dann anhand dieses Tags verfolgt werden, mit erheblichen Einsparungen bei der Datenerfassung, z. B. beim Wareneingang.

Bei aller Technik ist aber zu bedenken, dass diese Elemente jeweils für sich alleine stehen und z. B. eine elektronische Regalauszeichnung erst dann Sinn macht, wenn der Preisabgleich mit dem Kassensystem online passiert, die Flachbildschirme nur verfügbare Artikel mit dem richtigen Preis bewerben und zudem die Preisgestaltung durch intelligente Preisoptimierungslösungen unterstützt wird.

Bei all diesen Punkten geht es um Integration. Damit die Technik sinnvoll genutzt werden kann und die Potenziale in Form von Umsatz- und Gewinnsteigerungen, aber auch hinsichtlich Kundenzufriedenheit gehoben werden können, bedarf es der Integration, der Vernetzung der Elemente. Hier sind Prozesswissen und IT-Wissen möglichst aus einer Hand zur Umsetzung gefragt.

4. Ausblick: „On Demand Retailing"

Neben allen Möglichkeiten der Prozessverbesserungen und der Neuausrichtung von Sichtweisen im Unternehmen hin zu Kundenfokus und Integration von Abläufen stellt sich Frage, ob dies allein reicht. Die jüngste Vergangenheit hat leider bewusst gemacht, dass wirtschaftliche Abläufe von Diskontinuitäten geprägt sind. Ständiger Wandel, intensiver Wettbewerb, nicht nachlassender finanzieller Druck und unvorhersehbare wirtschaftliche und gesellschaftliche Gefährdungen, wie z. B. durch SARS, Terroranschläge und Naturkatastrophen, verlangen nach weiterreichenden Veränderungen.

Was kann also ein Handelsunternehmen über die beschriebenen Möglichkeiten zur Prozessveränderung mit Fokus auf den Kunden, Integration der Abläufe und Einsatz von (Informations-)Technik hinaus tun, um auf diese schwer vorhersehbaren „ups and downs" zu reagieren?

Die Antwort hierzu heißt: „on demand". Generell ist ein Unternehmen ein „on demand business", wenn es sich schnell auf Veränderungen einstellen und diese möglichst schon im Vorfeld adaptieren kann. Dafür müssen die Geschäftsprozesse durchgängig im Unternehmen, aber auch über die Unternehmensgrenzen hinweg, hin zu Kunden, Lieferanten und Partnern, integriert sein. Auf dieser Grundlage kann man schnell und flexibel auf die unterschiedlichsten Kundenanforderungen, Marktchancen und -risiken oder andere externe Faktoren reagieren.

Im Grunde sind es vier Eigenschaften, die die „On-demand"-Fähigkeit beschreiben. Das Unternehmen ist *fokussiert*, d. h., es konzentriert sich auf seine Kernkompetenzen, während sich in die Prozessabläufe integrierte Partner, seien es Lieferanten oder Serviceanbieter, um ausgewählte, nicht differenzierende Aufgaben (also Nicht-Kernkompetenzen) kümmern. Zudem ist ein solches Unternehmen *reaktionsfähig*, es erkennt Veränderungen im geschäftlichen Umfeld und kann dynamisch, also schnell und flexibel darauf reagieren. Ein solches Unternehmen ist auch *variabel*, d. h., es ist in der Lage, z. B. Kostenstrukturen flexibel an den Geschäftsverlauf anzupassen. Hierzu sollten soweit wie möglich die Fixkosten variabilisiert werden. Nicht zuletzt ist dieses Unternehmen *widerstandsfähig*, wenn es jederzeit bestens auf potenzielle Veränderungen und Risiken vorbereitet ist, in dem Sinne, dass es diese frühzeitig erkennt und in Echtzeit agieren kann.

Diese Einzelmaßnahmen sind nicht neu, aber erst in ihrem Zusammenwirken zeigen diese vier Eigenschaften die Richtung, in die sich heutige Organisationen bewegen müssen.

Fokussierung und Reaktionsfähigkeit waren Schwerpunkt der bisherigen Betrachtung. Interessant erscheint daher für die Entwicklung zum „On-demand"-Unternehmen als Nächstes die Variabilisierung, die auf Kundenseite zu einer proaktiven Beeinflussung des Kaufverhaltens, auf Mitarbeiterseite zu deutlich höherer Flexibilisierung der Einsatzmöglichkeiten und bei den Partnern zu neuen, gebrauchsorientierten Nutzungsmodellen für Prozesse und Anschaffungen führen wird. Die Widerstandsfähigkeit wird insbesondere durch vorausschauendes Handeln geprägt.

Händler, die diesen „On-demand"-Weg einschlagen und konsequent umsetzen, werden dem zukünftigen Druck auf den Einzelhandel besser begegnen können.

Literatur

Berman, S. J./Foecking, S.: „On demand business: The new Agenda for value creation", IBM Institute for Business Value, 2003.
Büker, B./Ihnen, F.: „Vorsprung für Investoren", in: Retail Technology Forum, Nr. 2, 2003.
Carsten, D.: „On-Shelf-Availability (im Rahmen des ECR Arbeitskreises Schweiz, 23.04.2003)", Universität St. Gallen.
Chu, J./Troy, P.: „What top-performing retailers know about satisfying customers: Experience is key", IBM Institute for Business Value, November 2002.
Chu, J./Morrison, G. P.: „Das Einkaufserlebnis der Zukunft: Ergebnisse der IBM/NRF Studie zum Thema: Store of the Future/Retailing on Demand", IBM Institute for Business Value, January 2003.
CIES – The Food Business Forum, Food Marketing Institute and Grocery Manufacturers of America. „Retail Out-of-Stocks: A Worldwide Examination of Extent, Causes and Consumer Reponses" 2002.
Goldman Sachs Global Perspetive, WalMart Stores, inc., 25.09.2002.
Nielsen GmbH, A. C. a VNU company, Studie Euro Preisbarometer Index, 2002.
Retail Forward Intelligence System. http://www.retailforward.com.
Statistisches Bundesamt, Pressemitteilung vom 06.06.2003.
Tedeschi, B.: „Paper Profits", Ziff Davis Smart Business. May 14, 2002.

Michael Kunkel

5.2 Vertikales Prozessmanagement im Retail-Loop – Schnellere, flexiblere und kostengünstigere Wertschöpfung über die gesamte Prozesskette am Beispiel des Fashionhandels

1. Einleitung und Zielsetzung
2. Grundlagen des vertikalen Prozessmanagement im Retail-Loop
2.1 Das vertikale Prozessmodell
2.2 Das vertikale Organisationhsmodell
2.3 Vertikale Planungs- und Steuerungsinstrumente
3. Der vertikale Quantensprung – Quantitative und qualitative Nutzenkomponenten der Vertikalisierung
4. Die Umsetzung vertikaler Prozessmodelle am Beispiel eines Fashionfilialisten
4.1 Ausgangssituation
4.2 Konzept und Umsetzung
5. Zusammenfassung und Ausblick

Literatur

1. Einleitung und Zielsetzung

Der Fashionhandel in den frühen Jahren des neuen Millenniums ist mit einer Vielzahl einschneidender Veränderungen konfrontiert – dies sowohl im Hinblick auf die Infrastruktur des Marktes wie auch insbesondere auf das Konsumentenverhalten.

Trends wie die Verschiebung von Marktanteilen von den traditionellen Citystandorten zur grünen Wiese, der signifikante Rückgang des Einzelhandelsanteil am privaten Verbrauch oder die trotz Konsumflaute voranschreitende Verkaufsflächenexpansion bei zunehmendem Druck durch internationale „Cross-Border-Retailer" stellen das Handelsmanagement vor völlig neue Herausforderungen. Hinzu kommt die hinlänglich bekannte Polarisierung der Kundenpräferenzen – zum einen der Wunsch nach Convenience und Schnelligkeit des Kaufvorgangs, zum anderen die wachsende Bedeutung von Erlebnis- und Lifestylefaktoren, beide Tendenzen verbunden mit dem Wunsch nach dauerhaft niedrigen, „smarten" Preisen: Ein Drittel aller Konsumenten zählen sich nach eigener Einschätzung zu den preis-leistungs-orientierten Schnäppchenjägern.

Die Folge dieser Entwicklung: Im Wettbewerbsumfeld der erfolgreichen, filialisierten Fashionhändler hat ein Paradigmawechsel stattgefunden. Traditionelle Erfolgsfaktoren, wie z. B. hochwertige Innenstadtstandorte oder hoher Servicegrad, haben an Bedeutung verloren, andere Faktoren deutlich an Bedeutung gewonnen. Eine Analyse der „Gewinner" im Einzelhandel der letzten Jahre (IM+C, 2001) identifizierte vier Faktoren als signifikant für deren Unternehmenserfolg:

- Erfolgsfaktor *Spezialisierung*, d. h. Fokussierung auf schmale Zielgruppen- und Produktfelder, dadurch deutlich klarere Positionierung durch Abgrenzung vom Wettbewerb und Steigerung der Marktkompetenz.

- Erfolgsfaktor *Markenprofilierung*, d. h. durch Ausbau des Hersteller- und Eigenmarkenportfolios mehr Emotionalisierung, Lifestyle-Orientierung und Added Value.

- Erfolgsfaktor *Preis*, d. h., durch die Steigerung der Prozesseffizienz sowie die Standardisierung von Sortimenten, Personaleinsatz, Kommunikation und Systemen die Kostenführerschaft etablieren und ein preisaggressives, renditeträchtige Systemgeschäft verwirklichen.

- Erfolgsfaktor *Vertikalisierung*, d. h., durch das proaktive Managen der Wertschöpfungskette schneller mit der richtigen Ware am richtigen Ort sein („Time-to-Market"), flexibler auf die Kundenwünsche eingehen und über die gesamte Prozesskette inklusive die der Lieferanten signifikante Kostenvorteile realisieren können.

Die Zielsetzung des folgenden Beitrags soll es sein, den Erfolgsfaktor Vertikalisierung näher zu beleuchten, seine system-theoretischen Grundlagen im Hinblick auf das vertikale Prozessmodell und seine flankierenden Organisationsformen und IT-Systeme zu umreißen und seine erfolgreiche Umsetzung am Beispiel eines Fashionfilialisten aufzuzeigen.

2. Grundlagen des vertikalen Prozessmanagements im Retail-Loop

2.1 Das vertikale Prozessmodell

Grundsätzlich unterscheiden Literatur und Praxis zwischen kooperativen und integrativen vertikalen Prozessmodellen (Porter, 1999). Dabei ist unter kooperativer Vertikalisierung die freiwillige, in der Regel auf Dauer angelegte, Zusammenarbeit zwischen zwei rechtlich und wirtschaftlich selbständigen Unternehmen in Industrie und Handel zu verstehen (Laurent, 1996). Beispiele hierfür sind Vertikalisierungsmodelle wie die von Hennes & Mauritz oder Biba, die in enger Kooperation mit ihren Partnerlieferanten arbeiten, selbst aber nur wenige eigene Produktionseinheiten besitzen.

Im Gegensatz dazu versteht man unter integrativer Vertikalisierung, dass *eine* operative oder sogar rechtliche Einheit die gesamte Wertschöpfungskette von der Planung über Produktentwicklung, Fertigung, Qualitätssicherung, Logistik bis zum Managen der Bestände und Verkaufsflächen in ihrem Besitz hat (Behrenbeck/Breuer/Wider, 2002). Als markantes Erfolgsbeispiel ist hier die Inditextochter Zara zu nennen, die im Sinne einer klassischen Vorwärtsintegration aus dem ehemals reinen Produktionsunternehmen in La Coruna hervorgegangen ist. Aus Gründen der größeren Relevanz des kooperativen Modells für die zukünftige Entwicklung des Retailmarktes fokussiert der folgende Beitrag auf Fallbeispielen aus diesem Bereich.

Ausgangspunkt der Betrachtung der unterschiedlichen Prozessmodelle ist die traditionelle Wertschöpfungskette, bei der beide Partner weitestgehend unabhängig voneinander agieren und nur wenige gemeinsame Schnittstellen haben.

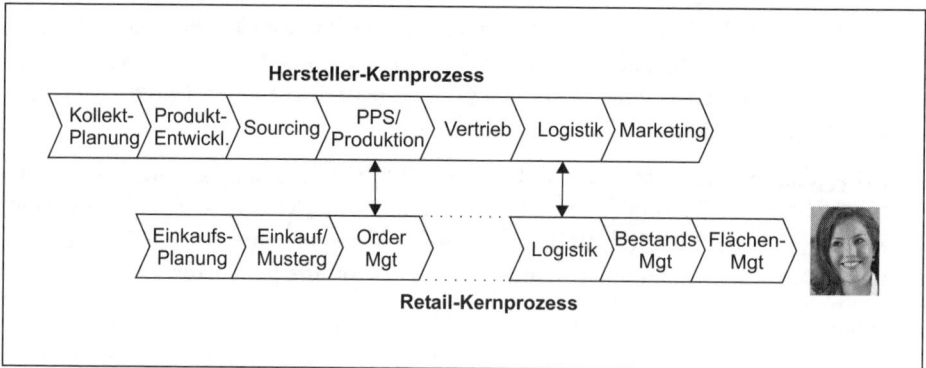

Abb. 1: Traditionelle Wertschöpfungskette

Die Nachteile dieses Modells liegen auf der Hand: Die wichtigste, allerdings fatale Auswirkung dieser beiden traditionellen, separat agierenden Prozessmodelle liegt in der exzessiv langen Leadtime zwischen der Einkaufsentscheidung des Handels und dem letztlichen Abverkauf auf der Fläche (IM+C, 1998): Von der Ordervergabe bis zum Ende der (offiziellen) Schlussverkaufszeiträume vergehen in der Regel zwischen 40 und bis zu 60 Wochen! Die Folge ist ein system-immanenter Circulus Vitiosus: Die langen Leadtimes führen zu geringeren Trefferquoten und damit zu niedrigeren Abverkaufsquoten. Dem damit verbundenen Anbau von Altware muss mit einem höheren Abschreibungsbedarf begegnet werden. Die Lagerumschlaggeschwindigkeit sinkt – die Aktualität und modische Kompetenz gehen weiter zurück.

Hinzu kommt, dass die starke Bindung an traditionell strukturierte Lieferanten, die in der Regel nur träge auf Markt- und Trendänderungen eingehen können, ein gezieltes Bestsellermanagement verhindert – es kann nur reagiert statt pro-aktiv gehandelt werden!

Anders im Prozessmodell zweier kooperativ-vertikal agierender Unternehmen. Hier sind beide Prozesse, die des Lieferanten und die des Händlers, zeitlich und inhaltlich eng miteinander verzahnt:

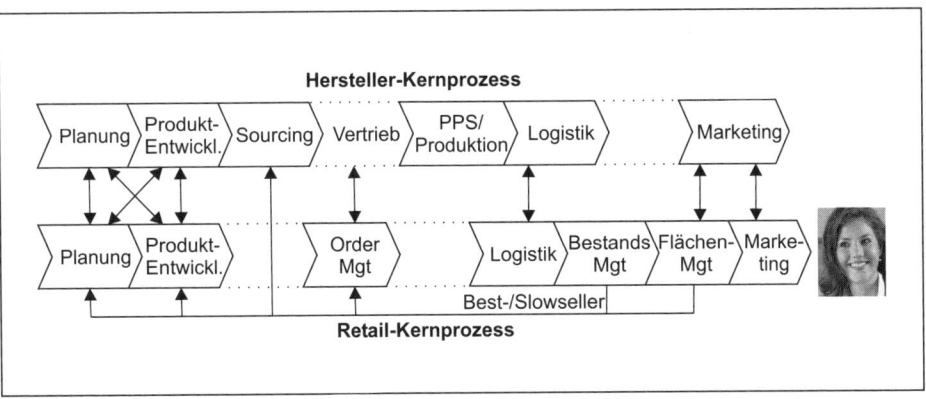

Abb. 2: Kooperativ-vertikale Wertschöpfungskette

In diesem zwar komplexen, aber hoch effizienten Geflecht (Merkel, 1995) sind es fünf Teilprozesse, in denen durch konsequentes kollaboratives Managen des Gesamtprozesses signifikante Potenziale realisiert werden können:

- Der kollaborative *Austausch von Daten aus der Limitplanung* und den Informationen über die geplante Saisontaktung und die zu erwartenden Wareneingangskurven.
- Die kollaborative *Produktentwicklung* mit dem Austausch von sortimentsspezifischen Konzeptansätzen wie Saisontaktung, UMO-Strukturen, Eigenmarkenanteilen, Themen bis hin zur gemeinsamen Entwicklung des Kollektionsrahmenplans und, darauf aufbauend, bis zum Design der gemeinsamen Eigenmarken und Key-Items.

- Der kollaborative *Austausch von Orderdaten* und der Rückfluss von Auftragsbestätigungen über eine gemeinsame, web-basierte IT-Plattform.

- Das kollaborative *Managen der Supply Chain* von den einzelnen Fertigungsstufen über die logistische Konsolidierung, gegebenenfalls der Verschiffung und der Verzollung; bis hin zum direkten Wareneingang im Verteilzentrum des Händlers.

- Das kollaborative *Managen von Bestsellers* und sich entwickelnder Trends durch permanenten Informationsfluss des Retailers an den Hersteller über Abverkaufsquoten, segmentiert nach Artikeln, Farben, Größen und Eckpreisen. Das Wissen um die Akzeptanz seiner Produkte am Markt sowie um die Entwicklung von Abverkaufstrends versetzt den Hersteller in die Lage, frühzeitig Kapazitäten für Nachorders einzuplanen bzw. die Erkenntnisse in die Kreativplanungen für die nächsten Kollektionen einfließen zu lassen. Stoffe und Zutaten können über Weiterleitung der Trendinformationen bei den Vorlieferanten geblockt und für den sich abzeichnenden Bedarf abgerufen werden.

Der Effekt eines wie oben beschriebenen vertikalen Schnittstellenmanagements ist signifikant: Kooperativ-vertikal operierende Partnersysteme sind deutlich treffsicherer als die in der traditionellen Wertschöpfungskette unilateral agierenden Händler, sind in ihrer Reaktionsfähigkeit auf Marktänderungen schneller und flexibler und schöpfen über die gesamte Prozesskette hinweg signifikante gemeinsame Rohertrags- und Kostenpotenziale aus (Thaler, 1999).

2.2 Das vertikale Organisationsmodell

Abb. 3 verdeutlicht den Unterschied zwischen einer traditionellen, funktional ausgerichteten Einkaufsorganisation und einem vertikalen, divisional strukturierten Organisationsmodell.

Im traditionellen Ansatz sind, vereinfacht ausgedrückt, die Verantwortungsbereiche auf die einzelnen, funktionalen Elemente des Kernprozesses limitiert: Der Einkauf verantwortet die Ware von der Beschaffung bis zum Versand beim Hersteller, die Logistik „übernimmt" die Verantwortung danach bis zur Verteilung in die Filialen, und letztlich ist es der Verkauf, der die Steuerung der Flächen, des Personals und der Warenbestände übernimmt.

In vertikalen Organisationsmodellen umfasst die Verantwortung die gesamte Prozesskette einer Division (z. B. DOB, Haka, Schuhe) von der Beschaffung bis zum letztendlichen Abverkauf – dies betrifft sowohl die Verantwortung für Durchlaufzeiten, Schnelligkeit, Flexibilität und Effizienz aller relevanten Teilprozesse wie auch für die Plan-Erreichung von Umsätzen, Roherträgen, Beständen und Lagerumschlagsgeschwindigkeiten.

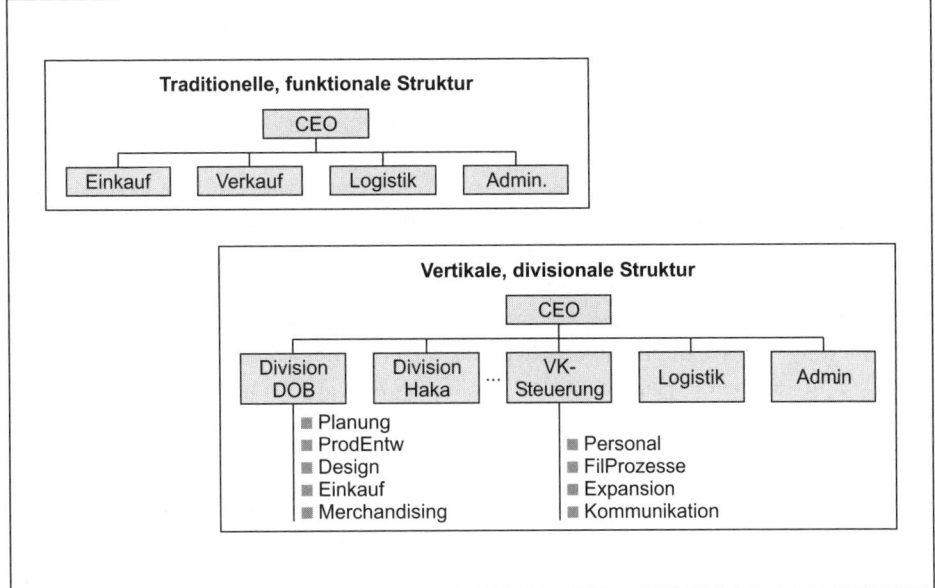

Abb. 3: Traditionelles versus vertikales Retail-Organisationsmodell

Entlang der prozessorientierten, vertikalen Organisation arbeiten die einzelnen Teammitglieder in enger Kooperation mit den Partnern auf der Herstellerseite: Der Division Manager erarbeitet mit dem Produktmanager den Kollektionsrahmenplan im Hinblick auf Sortimentsbreite und -tiefe und entscheidet gemeinsam mit ihm über die saisonale Sortimentsarchitektur nach Preislagen, Farben und Größen.

Im Designteam werden die gemeinsamen Produkte und Eigenmarken abgestimmt, Prototypen entwickelt und verabschiedet. Der Einkäufer kommuniziert die wesentlichen Limit- und Sortimentsplanungsdaten, verabschiedet gemeinsam mit dem Kollektionsteam des Herstellers die endgültigen Vororderartikel und koordiniert das Bestsellermanagement.

Der Merchandiser letztlich ist die Schnittstelle zwischen der Filiale, dem Einkauf und dem Herstellerpartner. Er verantwortet die optimale Warenversorgung mit Hilfe eines integrierten Open-to-Buy- und Open-to-Ship-Instrumentariums, koordiniert das interne Best- und Slowsellermanagement und arbeitet intensiv an der Optimierung der Flächen- und Präsentationskonzepte.

2.3 Vertikale Planungs- und Steuerungsinstrumente

Das Stichwort für die Planung und Steuerung vertikaler Prozesse heißt Kollaboration, d. h. Zusammenarbeit zwischen Händler und Hersteller über die wesentlichen Teilprozesse der Wertschöpfungskette hinweg. In diesem Sinne müssen auch die Systeme ausgerichtet sein: Planungssysteme reichen im traditionellen Ansatz von der Limitplanung über eine modulare Sortimentsplanung bis zur Shoppingliste (und lösen damit den traditionellen, multilateralen Einkaufsprozess aus). In vertikalen Strukturen müssen sie zusätzlich in der Lage sein, die relevanten Daten zwischen beiden Partnern auszutauschen, um damit wesentliche Teilprozesse in den Vorstufen anzustoßen. Genauso in der saisonalen Steuerung: Informationen über Abverkaufserfolge (und -misserfolge) werden über Web-Schnittstellen vom Händler an den Hersteller übermittelt, um so ein effizientes und insbesondere schnelles Bestsellermanagement zu gewährleisten und gleichzeitig Erkenntnisse für die neue Kollektion zu gewinnen.

Von wachsender Bedeutung für kooperativ-vertikal agierende Partner ist Collaborative Planning, Forecasting and Replenishment, kurz CPFR. Wie der Name sagt, stehen in diesem Instrumentarium – gestützt auf ein artikelgenaues, geschlossenes Warenwirtschaftssystem – der Planungs-, Hochrechnungs- und Reassortierungsansatz im Mittelpunkt.

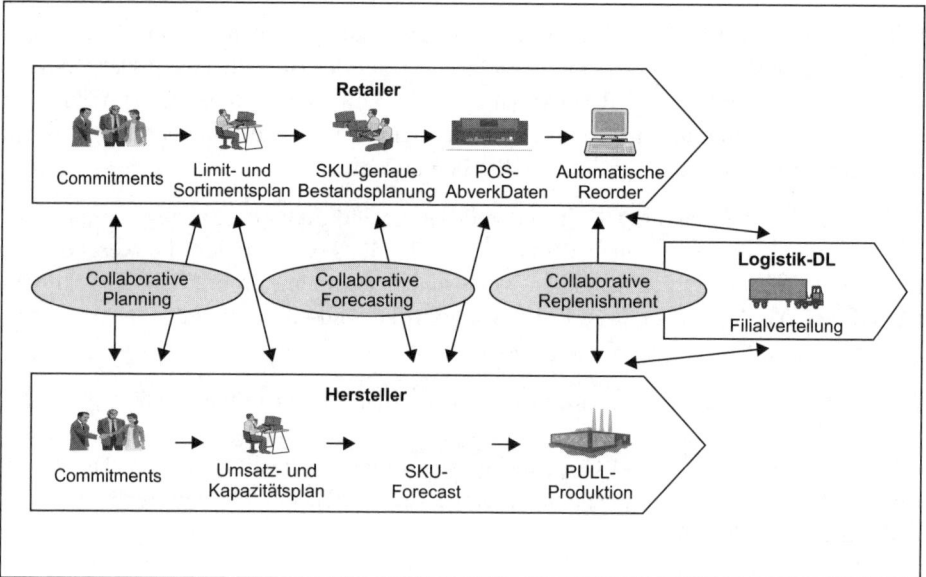

Abb. 4: Modell des *Collaborative Planning, Forecasting and Replenishment*
Quelle: i2

Der State-ot-the-Art der Retail-Planung im Sinne von CPFR umfasst im Wesentlichen drei Prozessschritte:

- Gemeinsames Commitment der Partner über die angestrebten saisonalen Ziele, den Kollektionsrahmen, die gemeinsamen Umsätze und die daraus resultierenden Kapazitäten.
- Austausch der Plandaten aus der Limit- und Sortimentsplanung des Retailers; insbesondere der zu erwartenden Bedarfszahlen pro Artikel und Monat und der Umsatzzahlen der gemeinsamen Eigenmarken.
- Austausch der Umsatz und Kapazitätsplanzahlen des Herstellers.

Eine vertiefte State-of-the-Art-Darstellung des hochintegrierten Planungsprozesses des Retailers würde an dieser Stelle zu weit führen. Es sei allerdings erwähnt, dass in der Praxis in vielen (durchaus erfolgreichen) Retailunternehmen nur spread-sheet-basierte Insellösungen existieren, die aber im Sinne des Plandatenaustauschs mit Herstellerpartnern ihren Zweck durchaus erfüllen können. Die Hochrechnung im CPFR-Kernprozess erfolgt auf Basis komplexer Algorithmen, auf die im Rahmen dieses limitierten Beitrags ebenfalls nicht näher eingegangen werden kann (zur Vertiefung der theoretischen Grundlagen der Prognoserechnung vgl. Welge/Al-Laham, 1999).

Das Replenishment in CPFR hat das Ziel der optimalen Nachfragedeckung ohne gravierende Präsenzlücken – dies unter der Prämisse der budgetierten Zielerreichung von LUG und Kapitalbindung. Im Sinne eines klassischen Pull-Ansatzes „zieht" die abverkaufte bzw. nachgefragte Menge den Nachschub – ist also Ausgangs- und Orientierungspunkt aller Aktivitäten der vorgelagerten Wertschöpfungskette (Ahlert/Borchert, 2000). Der traditionelle Ansatz besteht aus vier Teilprozessen:

- Erfassung der Abverkäufe (bzw. Retouren oder Umtausche) pro SKU und Filiale über integrierte Point of Sale-Lösungen und Datentransfer (online oder in Batchverarbeitung) an die zentralen Systeme. Dieser Schritt ist von hervorragender Bedeutung für die Qualität der Umsatz- und Bestandsdaten im Gesamtsystem.
- Automatische Berechnung des Reassortierungsbedarfs. In diesem Schritt liegt die eigentliche Kernkompetenz der CPFR-Systemkomponenten. Auf Basis von historischen Abverkaufsdaten oder (bei neuen Artikeln) auf Basis kurzfristiger Abverkäufe und Hochrechnungen auf den zukünftigen Verlauf werden SKU- und filialgenaue Bedarfe berechnet, unter Einbeziehung und Berücksichtigung von:
  - Mindestbeständen/Displaybeständen/optimalen Beständen,
  - Mindestbestellwerten/Bestellkosten/Lagerkosten,
  - Zeitreihen und Kalendereffekten (Feiertage, Ferien),
  - Sonderfällen (z. B. einmaliger Absatz an Großabnehmer),
  - Aktionsauswirkungen und Preisänderungen.

- Auslösung der Nachschubanweisung an den Herstellerpartner. Dabei erfolgt die Anbindung der externen Schnittstellen überwiegend über EDI- oder Web-Tools.
- Warenausgang beim Hersteller und Wareneingang in den Filialen mit interner Schnittstelle zu den bestandsführenden Systemen.

3. Der vertikale Quantensprung – Quantitative und qualitative Nutzenkomponenten der Vertikalisierung

Kooperativ-vertikale Partnerschaften zeichnen sich durch eine Vielzahl von Nutzeneffekten aus. Untersuchungen der Mannheimer Unternehmensberatung IM+C zum Thema „Erfolgsfaktor Vertikalisierung" haben ergeben, dass im Wesentlichen drei Einflussfaktoren für den vertikalen Ergebnisschub auf Retailseite ausschlaggebend sind (IM+C, 2001):

- *Erhöhung des Servicegrades* im Sinne von Verfügbarkeit für den Kunden. Ein wesentlicher Schritt hierzu ist die konsequente Lieferanten- und Sortimentsstraffung, d. h. die verstärkte Konzentration auf wenige, kooperationsfähige Lieferanten, und – als Folge daraus – auf weniger, aber erfolgsträchtigere Artikel. Diese Verringerung der Sortimentsbreite (= Anzahl Artikeloptionen) bei mehr Tiefe (= verfügbare Teile pro SKU) hat einen erheblichen Einfluss auf die Verfügbarkeit von Bestsellern: Der Kunde findet häufiger, was er sucht – die Gefahr von Null-Verkäufen sinkt deutlich. Als Nebeneffekt für den Hersteller resultieren aus der Fokussierung auf weniger Artikel größere Stückzahlen pro SKU und damit signifikante Skalierungseffekte in Beschaffung und Produktion.

- *Erhöhung der Wareneingangskalkulation* durch Nutzung der Effizienzvorteile aus der Kooperation beider Partner: Der Hersteller ist in der Lage, auf Basis der erheblichen Kosteneinsparungen im Fertigungsbereich (Skalierungseffekte!), in der Logistik (Fokussierung auf wenige oder nur eine Supply Chain) und insbesondere im Vertrieb (Wegfall von Showrooms, Reisende) einen signifikant niedrigeren Einstandspreis anzubieten. Bei Realisierung einer Wareneingangskalkulation von 180 Prozent bis 260 Prozent schafft der Retailer ein „Polster", um mit kontinuierlichen, trotzdem geringeren Abschriften den Warenbestand sauber zu halten und Lagerumschlagsgeschwindigkeit und Aktualität auf einem hohen Niveau zu halten – mit dem Resultat, dass der letztliche Rohertrag mit 48 Prozent bis zum Teil weit über 50 Prozent um durchschnittlich 5 Prozentpunkte höher liegt als bei den traditionell agierenden Mitbewerbern.

- *Reduzierung der Stückkosten* über die gesamte Wertschöpfungskette, auch hier wieder durch Ausschöpfen der Economies of Scale. Auf Retailseite sind insbesondere drei Einsparungsbereiche zu nennen: zum einen im Sourcing- und Produktentwicklungsbereich (weniger Entwicklungsaufwand und Prototyping, weniger Musterkosten, weniger Reiseaufwand), zum zweiten über die gesamte Inbound-Logistikkette vom Fertiglager des Herstellers über Forwarder, Carrier, Verzollung und Spediteur, zum dritten in einer effizienteren Lager- und Verteillogistik, die durch eine intelligente, filialgenau abgestimmte Vorkommissionierung des Herstellers ermöglicht wird.

Die Hebelwirkung der drei beschriebenen Ergebnisfaktoren Umsatz, Rohertrag und Kosten in einem von IM+C betreuten Vertikalisierungsprojekt bei einem westdeutschen Fashionfilialisten mit knapp 400 Outlets potenzierte sich zu einem drastischen Quantensprung im Betriebsergebnis (IM+C, 2002): Gegenüber dem zurückliegenden, traditionellen Bewirtschaftungsansatz erzielte das Unternehmen nach einer durchgreifenden vertikalen Reorganisation einen totalen, realen Ergebniseffekt von fast 10 Prozentpunkten. Mit anderen Worten ausgedrückt: Die Neuausrichtung aller Prozesse und Systeme und die enge, partnerschaftliche Anbindung an wenige, effiziente Herstellerpartner brachte dem Unternehmen nach einer ca. dreijährigen Implementierungs- und einer zweijährigen Anlaufzeit einen um das Sechsfache gesteigerten Ebit!

Die Gesamtinvestition in personelle Ressourcen sowie in Prozess- und IT-Reengineering betrug knapp 40 Millionen Euro, was bei einer durchschnittlichen Ergebnisverbesserung von 36 Millionen Euro in einem ROI von fast 100 Prozent resultierte!

	Traditionell		Vertikal		
	in Mio €	in %	in Mio €	in %	Index
Originärer Brutto-Umsatz	460	131,0	474	128,0	
Abschriften	60	15,0	44	12,0	
Erzielter Brutto-Umsatz	400	116,0	429	116,0	
Netto-Umsatz	345	100,0	370	100,0	107,3
Wareneinsatz	192	55,6	179	48,3	
Inventurdifferenz	3	1,0	4	1,0	
Rohertrag	150	43,4	188	50,7	125,3
Geschäftssystemkosten Total	143	41,5	145	39,2	
EBIT	7	1,9	43	11,5	643,8
Ergebnissprung p. a.			36		
Investitionen total			40		
ROI				89,9	

Abb. 5: *Betriebswirtschaftlicher Quantensprung (real, inflationsbereinigt) durch Vertikalisierung*

4. Die Umsetzung vertikaler Prozessmodelle am Beispiel eines Fashionfilialisten

4.1 Ausgangssituation

Das im vorhergehenden Kapitel angerissene Unternehmen wurde in den Jahren 1999 bis 2001 vom Autor intensiv beraten. Es ist ein Fashionfilialist mit Standort in den alten Bundesländern; Einkauf, Logistik, EDV und Verwaltung werden von hier zentral geführt. Das Sortiment liegt in sportiver, mittelmodischer Bekleidung für Damen und Herren zu „demokratischen", für den Massenmarkt erschwinglichen Preisen. Bei einer Filialzahl von knapp 400, einer durchschnittlichen Verkaufsfläche von 200 m^2 und einer Flächenleistung von knapp 5.000 Euro wurde 1999 ein Brutto-Umsatz von fast 400 Millionen Euro erzielt. Die Beschaffung erfolgte traditionell mit einem hohen Anteil europäischer Lieferanten; trotzdem lag die Vororderquote mit fast 80 Prozent überdurchschnittlich hoch. Der Eigenmarkenanteil betrug knapp 30 Prozent. Die Saisontaktung lag bei vier jahreszeitlich definierten Saisons.

Der Partner auf Herstellerseite, mit dem in einem ersten Pilotprojekt der Bereich der jungen DOB angegangen werden sollte, war ein etabliertes deutsches Unternehmen mit überwiegenden Produktionskapazitäten in der Türkei und in Osteuropa.

4.2 Konzept und Umsetzung

4.2.1 Neuer vertikaler Kernprozess

Als wesentliche Aufgabe der ersten Projektmonate wurde das Redesign der warenwirtschaftlichen Prozesskette angegangen. Bestehende, schon teiloptimierte Prozessansätze wurden bewusst übernommen, um sowohl das bestehende Know-how beider Unternehmen einfließen zu lassen wie auch die Akzeptanz des Projekts durch die beteiligten Mitarbeiter und damit seine erfolgreiche Implementierung sicherzustellen.

Eine Schlüsselrolle im Zusammenspiel des neuen Retail-Loop spielte der Planungsprozess. Hier bestand auf Retailseite eine in sich geschlossene, aber noch nicht in das Warenwirtschaftssystem integrierte Lösung, die in ihren wichtigsten Komponenten dem State-of-the-Art moderner Planungsansätze entsprach. Das Prozessteam ergänzte die bestehende Planung um zwei wesentliche vertikale Elemente, eine artikelgenaue Modulplanung und eine darauf aufbauende Kollektionsliste. Mit der Anbindung an ein Open-to-Buy-Controlling wurde der Loop sowohl zu den Teilprozessen der kollaborativen Produktentwicklung wie auch zu den Steuerungsprozessen geschlossen.

Der entscheidende Schritt in ein vertikales Prozessmodell war die Vernetzung des Lieferantenmanagements auf Retailseite mit dem Produktionsmanagement auf Herstellerseite. Hier sind heute sowohl die längerfristigen, strategischen Entscheidungsprozesse wie auch die kurzfristigen Prozesse der Kollektions- und Produktentwicklung, des Designs und des Prototyping bis zur Abnahme durch den Retailer eng miteinander verzahnt. Parallel kommunizieren die beiden IT-Systeme auf Basis einer gemeinsamen Web-Plattform. Eine zweite, erfolgskritische Schnittstelle zwischen beiden Partnern liegt im Bereich des Replenishment: Hier wird heute durch eine tägliche Datenkommunikation über Abverkäufe der NOS-Artikel und sich anbahnende Bestseller-/Slowsellertrends die kurzfristige Versorgung der Filialen mit kurranter Ware sichergestellt.

Einen Überblick über den gesamten Regelkreis des neuen, kooperativ-vertikalen Kernprozesses zeigt Abb. 6:

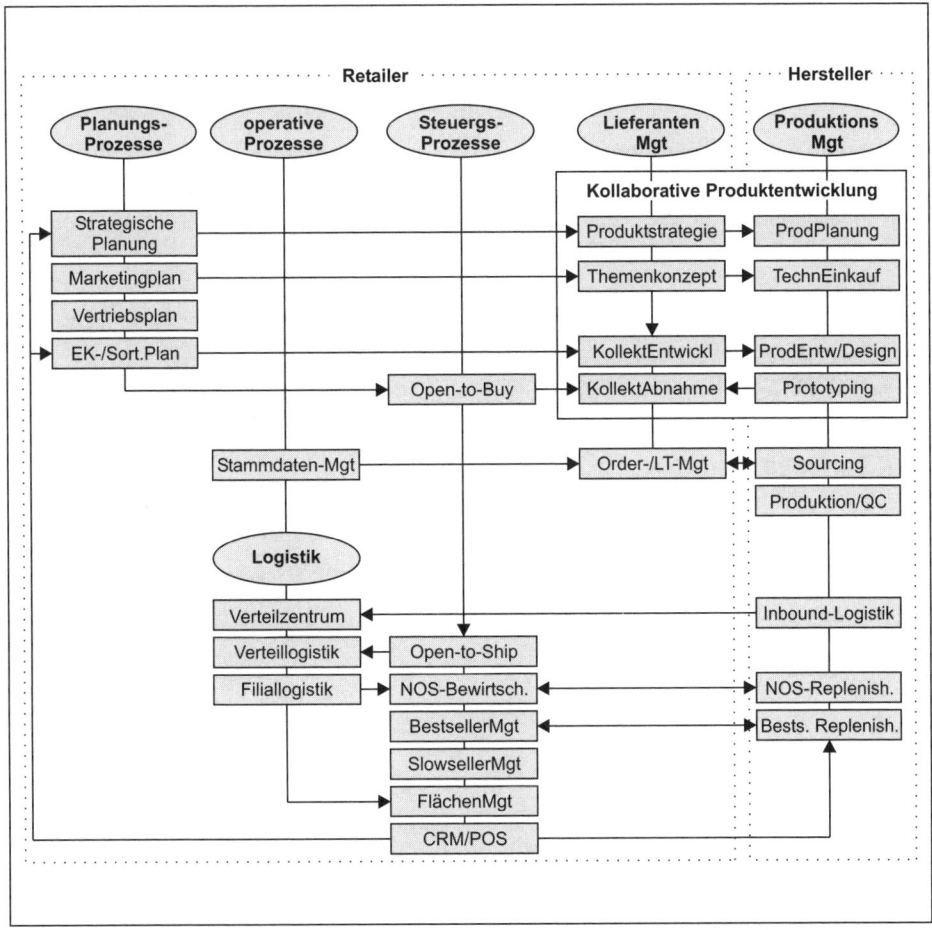

Abb. 6: *Kooperativ-vertikaler Kernprozess*

4.2.2 Schnittstelle Supply Chain Management

Als besonders potenzialträchtig stellte sich nach Abschluss der ersten Pilotphase, die sich innerhalb der jungen DOB auf die Kernprozesse der Planung, der kollaborativen Produktentwicklung und der Warensteuerung konzentriert hatte, die gesamte, übergreifende Logistikkette dar. Ineffizienzen in der Abstimmung beider Partner über Produktions- und Lieferstati und – daraus resultierend – Lieferverzögerungen waren an der Tagesordnung. Hinzu kamen erhebliche Kostenpotenziale in den Bereichen des Stammdaten- und Auftragmanagements.

In der zweiten Projektstufe wurde daher ein gemeinsames Supply-Chain-Projekt initiiert mit der Zielsetzung, die beiden bisher weitestgehend unabhängig agierenden Logistikprozesse aufeinander abzustimmen, Redundanzen abzubauen und damit sowohl die Geschwindigkeit des Gesamtprozesses zu erhöhen wie auch beiderseits Kosten einzusparen. Die Leitlinie des SCM-Projekts hieß „Transparenz". Wie konnte z. B. sichergestellt werden, dass insbesondere bei hochmodischer Ware und bei Werbeartikeln alle Informationen über den Fertigungs- und Transportstatus zeitgleich zu beiden Partnern fließen? Wie konnten beispielsweise Doppelerfassungen von Daten vermieden werden?

Die Lösung wurde in Zusammenarbeit mit dem gemeinsam ausgewählten Logistik-Provider gefunden. Alle logistisch relevanten Informationen laufen heute auf einer Web-Datenbank zusammen, auf die alle am Gesamtprozess Beteiligten einen vordefinierten, zum Teil auch nur limitierten Zugriff haben:

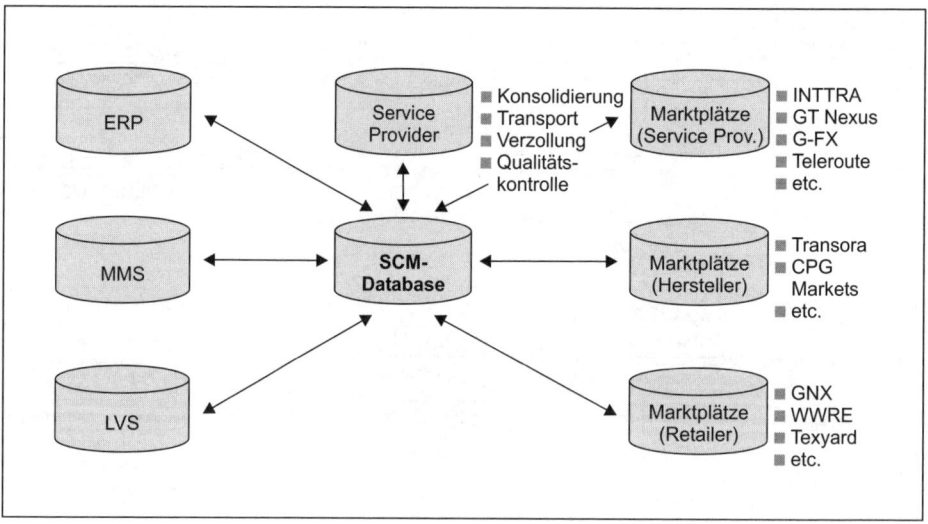

Abb. 7: Web-basierte Supply-Chain-Management-Datenbank
Quelle: IM+C

Erster Effekt: Retailer- wie Herstellerpartner können ein tages-, in Einzelfällen sogar stundengenaues Tracking und Tracing des Warenflusses durchführen. Das detaillierte Mapping von Gesamtorders oder auch Einzelartikeln über deren Fertigungs- oder Transportstatus versetzt sowohl des Produktionsmanagement auf Herstellerseite wie auch das Einkaufsmanagement auf Retailseite in die Lage, auf Abweichungen früh genug zu reagieren und gegebenenfalls gemeinsam gegenzusteuern. Zweiter Effekt: Die schon beim Retailer erfassten und gepflegten Stamm- und Orderdaten können vom Hersteller genutzt werden; eine Doppelerfassung wird vermieden. Ein dritter Effekt liegt in der Nutzung der Vorverteilschlüssel aus den Open-to-Ship-Systemen des Retailers beim Konsolidierungsprozess des Service Providers: Die Ware kann so im Retail-Verteilzentrum im Cross-Docking-Verfahren durchgeschleust werden – es werden signifikante Kosten- und Zeiteinsparungen realisiert.

4.3.3 Erfolgsfaktor Management of Change

Der Veränderungsprozess, den beide Partner in der Transformationsphase vom traditionellen zum vertikal agierenden Unternehmen durchlaufen mussten, war einschneidend – der Weg von der beschriebenen Ausgangssituation zum heutigen Status kam einem Paradigmawechsel gleich. Für fast allen Stelleninhaber in fast allen Unternehmensebenen war dieser Weg somit gepflastert mit Zweifeln, Ängsten und Widerständen gegen das Neue.

Es ist allerdings zu konstatieren, dass mentale Blockaden und Widerstände ein natürlicher Bestandteil eines jeden Veränderungsvorhabens sind (Connor, 1993): Der Status quo ist bekannt, man hat sich an ihn gewöhnt, hat sich seine Status- und Machtsymbole erarbeitet – und nun soll man sich in einen neuen Status bewegen, den man nicht kennt, von dem man nicht weiß, welche persönlichen Verluste er mit sich bringen könnte – und von dem man auch nicht weiß, wie der Transformationsweg dorthin überhaupt aussehen könnte?

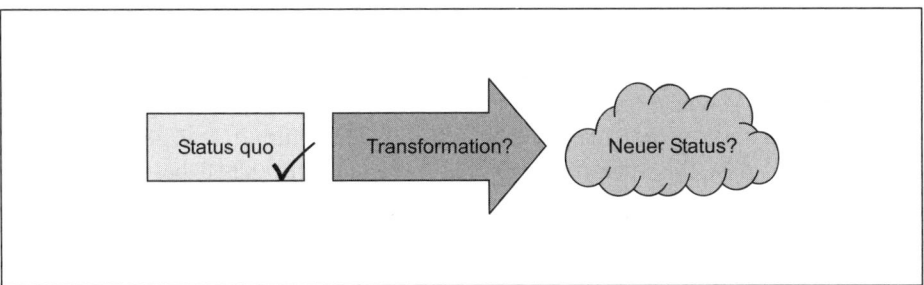

Abb. 8: Gegenstand des Management of Change
    Quelle: Spalink

Eine Studie des Internationalen Instituts für lernende Organisation und Innovation von 1997, bei dem 111 deutschsprachige Unternehmen nach ihren Erfahrungen mit Umsetzungsprojekten befragt wurden, ergab, daSS von zehn Veränderungsvorhaben weniger als sechs ihr Ziel erreichen (ILOI, 1997). Die Scheiterungsgründe liegen dabei nicht so sehr in sachlich nachvollziehbaren Faktoren, sondern vielmehr in mental-kulturellen Barrieren. Als häufigste Gründe wurden von den Befragten genannt:

- geringe Integration der Mitarbeiter in den Beginn des Veränderungsprozesses, insbesondere in die Erarbeitung der Veränderungskonzepte,
- fehlende Vorbildfunktion der Vorgesetzten. Führungskräfte beharren selbst auf Altbewährtem, leben die Veränderung nicht selbst mit,
- mentale bzw. system-immanente Blockaden wie Macht- und Prestigeverluste,
- passive oder aktive Widerstände gegen die Veränderungsmaßnahmen, ausgelöst durch Ängste vor der Ungewissheit der neuen Situation.

Das Aufbrechen des Mechanismus „Ungewissheit = Ängste = Widerstand" geschieht mit der Technik des Management of Organisational Change, kurz MOC genannt:

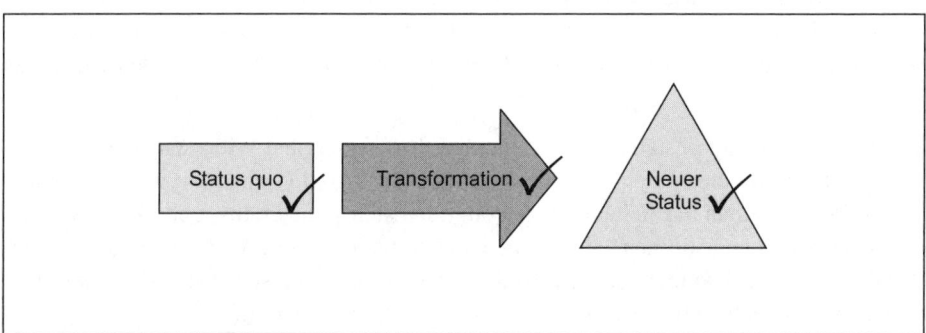

Abb. 9: Definition des Management of Change
Quelle: Spalink

MOC dient zur Identifizierung, Aufhebung und/oder Reduzierung von Blockaden und Widerständen in Veränderungsprozessen. Mit MOC werden Veränderungsprozesse auf Unternehmens- und persönlicher Ebene proaktiv geplant, initiiert, realisiert und stabilisiert (Spalink, 1998). Das Spektrum der Veränderungsinhalte reicht dabei von der strategischen Ausrichtung bis zur Durchführung von Maßnahmen auf Mitarbeiterebene.

In Kenntnis der zu erwartenden Implementierungsproblematik wurden daher schon in der Konzeptarbeit des beschriebenen Vertikalisierungsprojekts ein MOC-Rollenverständnis entwickelt. Retail- und Herstellerpartner installierten je ein MOC-Team mit je fünf Mitarbeitern, so genannte Change Agents, die in einer sehr frühen Projektphase den Kontakt zu den Projektteams aufbauten und erste Widerstandspotenziale identifizierten.

In der Folge bauten diese Teams ihre MOC-Plattform weiter aus, informierten alle betroffenen Mitarbeiter und arbeiteten gemeinsam ein flächendeckendes MOC-Programm aus.

Ein wesentlicher Erfolgsfaktor für die weitestgehend reibungslose Einführung des neuen Prozessmodells war die Prozess-Werkstatt. Hier konnten in realistischer, praxisnaher Umgebung alle relevanten Teilprozesse getestet, einfach modifiziert und in den neuen Gesamtprozess integriert werden.

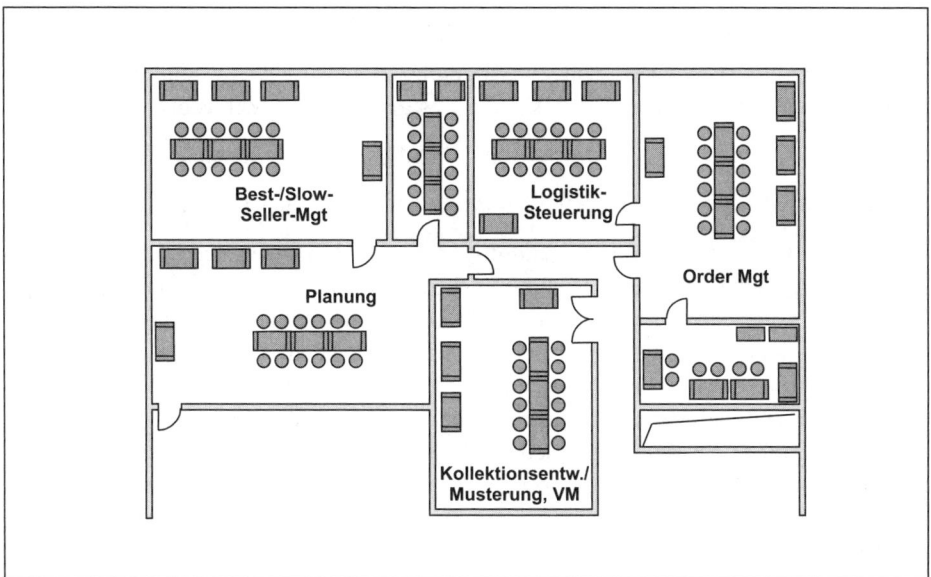

Abb. 10: Prozess-Werkstatt

5. Zusammenfassung und Ausblick

Vertikalisierung ist zweifellos ein signifikanter Erfolgsfaktor in einer Handelslandschaft, die durch permanente Forderungen nach Schnelligkeit, Flexibilität und Kostenführerschaft geprägt ist. Dabei ist für den Umsetzungserfolg eines Vertikalisierungsprojekts die kooperative Version dem integrierten Ansatz vorzuziehen – beide Partner „bleiben bei ihren Leisten"; es sind keine riskanten Schritte in eine neue, erfahrungsarme Produktions- oder Vertriebslandschaft notwendig.

Die zu realisierenden Ergebnispotenziale in einem vertikalen Partnerschaftsmodell sind überzeugend: Drastische LUG-Verbesserungen und Rohertragssteigerungen von bis zu 5 Prozentpunkten und Kostensenkungen bis zu weiteren 5 Prozentpunkten führen zu einem Quantensprung im EBIT von bis zu 10 Prozentpunkten. Hinzu kommen eine Reihe qualitativer Effekte in flankierenden sortiments-relevanten Komponenten, wie z. B. einer durch den ausgeweiteten Eigenmarkenauftritt verstärkte Zielgruppenfokussierung, einem erhöhten Modegrad und mehr Aktualität und – last not least – einem besseren Qualitätsstandard der Produkte.

Die erfolgreiche Umsetzung eines Vertikalisierungsprojekts hängt von einer Reihe von Erfolgsfaktoren ab. Als besonders wichtig für die angestrebte Ausschöpfung der Potenziale sind erfahrungsgemäß einzustufen:

- ein integriertes Prozessmodell mit hocheffizienten Teilprozessen und Schnittstellen,
- eine dem Prozessmodell stringent folgende, integrierte IT-Systemlandschaft mit hochentwickelten Planungs-, SCM- und Bestandsmanagement-Tools,
- eine dem Prozessmodell stringent folgende, divisionale Organisationsstruktur,
- ein auf MOC-Techniken basierenden Implementierungsansatz.

Die Erwartungen des Autors an die zukünftigen Entwicklungen im Bereich „Vertikalisierung" sind geprägt durch aktuelle Erfahrungen aus der deutschen Handelslandschaft. Der Weg zu vertikalen Strukturen ist immer weit, damit lang und teuer. In der heutigen, extrem schwierigen wirtschaftlichen Situation des deutschen Handels ist daher in den nächsten Jahren kaum mit durchgreifenden Vertikalisierungsprojekten zu rechnen. Es ist aber zu erwarten, dass nach der Phase der von Experten vorausgesagten Marktkonsolidierung erhebliche Anstrengungen seitens der führenden Konzerne und Fashionfilialisten erfolgen, um den bestehenden Vorsprung der vertikalen Anbieter aufzuholen – dies nach dem alten, aber immer noch gültigen Leitspruch: „Nicht die Großen fressen die Kleinen, sondern die Schnellen die Langsamen!"

Literatur

Ahlert, D./Borchert, S.: Prozessmanagement im vertikalen Marketing; ECR in Konsumgüternetzen, Berlin, Heidelberg, New York 2000.

Behrenbeck, K./Breuer, P./Wider, T.: Fashion Retailer erobern die Supply Chain; Akzente 23, Hamburg 2002.

Connor, D. R.: Managing at the speed of change, New York 1993.

Laurent, M.: Vertikale Kooperationen zwischen Industrie und Handel: Neue Typen und Strategien zur Effizienzsteigerung im Absatzkanal, Frankfurt/Main 1996.

Merkel, H.: Logistik Managementsysteme, in: Handbuch der Informatik, München, Wien 1995.

o. V.: IM+C AG: Untersuchungs- und Präsentationsunterlagen „Erfolgsfaktoren im europäischen Fashionhandel", Mannheim 2001.

o. V.: IM+C AG: Präsentationsunterlagen „Trends und Wandel im weltweiten Retailing", Mannheim 1998.

o. V.: Internationales Institut für lernende Organisation und Innovation, München 1997.

Porter, M. E.: Wettbewerbsstrategie – Methoden zur Analyse von Branchen und Konkurrenten, Frankfurt/Main, New York 1999.

Spalink, H.: Das Management der Implementierung, in: Werkzeuge für das Change-Management – Prozesse erfolgreich optimieren und implementieren; Spalink, H. (Hrsg.), Frankfurt/Main 1998.

Thaler, K.: Supply Chain Management, Prozessoptimierung in der logistischen Kette, FH, Köln 1999.

Welge, M. K./Al-Laham, A.: Strategisches Management; Grundlagen, Implementierung, Wiesbaden 1999.

Stephan Rüschen

5.3 Category Management im Nonfood bei Metro Cash & Carry

1. Category Management in der Metro Group
2. Category Management im Nonfood
3. Customer Relationship Management und Category Management
4. Implementierung des Category-Management-Ansatzes im Nonfood
5. Fazit

1. Category Management in der Metro Group

Category Management (CM) wird schon lange zumindest diskutiert und in verschiedenen Intensitätsstufen von Händlern und Herstellern auch praktiziert. Mit seinen konzeptionellen, organisatorischen und prozessualen Dimensionen ist CM als gesamtheitlicher Ansatz zur Steuerung der Sortimente eines Handelsunternehmens anzusehen, der sich sowohl auf Food- als auch Nonfood-Sortimente beziehen sollte.

Professionalisiert wurde der Ansatz im Wesentlichen im Food-Bereich durch Markenartikelhersteller wie Procter & Gamble und Henkel, auf Handelsseite durch Unternehmen wie der Metro Group und auf Seite der Dienstleister durch A. C. Nielsen und GfK.

Für die Metro Group ist das CM ein wesentlicher Baustein, um die Vertriebstypenprofilierung ihrer verschiedenen Vertriebsformate umzusetzen. Somit wird CM in allen Vertriebslinien „gelebt" und stellt die Grundlage für eine Vielzahl von partnerschaftlich durchgeführten Projekten mit Herstellern dar. CM meint somit:

- das Verständnis der Kundenbedürfnisse als Basis für Sortimentsstrategien, -ziele und -maßnahmen,
- den aktiven Einbezug von internen und externen Daten zur strategischen und taktischen Category-Ausrichtung,
- die Definition von strategischen Rollen für alle Categories,
- die Kooperation zwischen Hersteller und Handel.

Die wesentlichen Ziele, die mit Category Management verbunden werden, sind :

- Umsatz- und Ertragssteigerung,
- langfristige Kundenbindung.

Dabei haben sich in der Praxis eine Reihe von Erfolgsfaktoren ergeben:

- Verfügbarkeit von Daten (vor allem externe),
- Tools und Reports, die aus verfügbaren Daten entscheidungsrelevante Informationen werden lassen,
- Category Captains auf der Herstellerseite,
- Fokus des Top-Managements auf den CM-Prozessen,
- Qualifikation der Category Manager.

Das CM wird in acht Schritten durchgeführt, so wie in Abb. 1 grafisch dargestellt.

Eine solche standardisierte, schon fast formalisierte Vorgehensweise erleichtert die Steuerung einer einzelnen Category (und der Category Manager), aber auch die Steuerung zwischen Categories (und Category Managern). Die Gefahr der „Technokratisierung" der Category-Management-Funktion ist gegeben und führte bei Sainsbury in Großbritannien 2001 dazu, dass der CM-Ansatz gänzlich verworfen wurde.

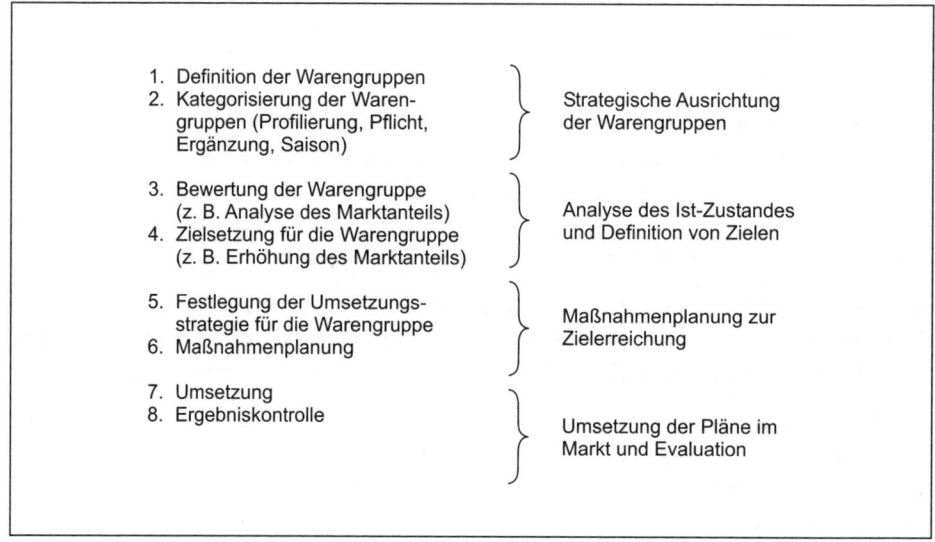

Abb. 1: *Acht Schritte des Category Management*

CM versteht sich aber als ein entscheidungsunterstützender Prozess und nicht als marginalanalytisches Optimierungsmodell, das quasi „per Knopfdruck" optimale Sortimente, Preise, Promotions und Platzierungen „auswirft". Der Category Manager bleibt als Gestalter und Interpretator gefordert, um den Handlungsspielraum zu nutzen. Es bleibt vor allem eine Kernaufgabe des Category Managers, aus Daten, Fakten und Erfahrung zukünftiges Kundenverhalten zu antizipieren.

Der Category Captain dient dabei nicht nur als Datenlieferant, sondern vielmehr als „Berater". Da die Sichtweise des Category Captains in der Regel spezialisierter auf sein Marktsegment ist, kann sich dies ideal zu der eher warensegmentübergreifenden Sichtweise des Category Managers eines Handelunternehmens ergänzen.

2. Category Management im Nonfood

CM ist ursprünglich im Food-Bereich entstanden und wird in diesen Categories heute am intensivsten „gelebt". Da aber CM ein genereller Management-Ansatz für Categories darstellt, ist eine Übertragbarkeit auf Nonfood nahe liegend. Schließlich kann durch CM eine Category-übergreifende Entscheidungsgrundlage geschaffen werden, um die knappen Ressourcen zielgerichtet einzusetzen. Dies bezieht sich nicht nur auf Investitionen und Menschen, sondern auch auf den knappen Platz im Store oder auch in Werbemedien (z. B. Handzettel). CM kann der für Nonfood und Food gemeinsame Management-Approach sein.

Mit einem Umsatzanteil von ca. 25 bis 30 Prozent bei Vollsortimentern ist Nonfood keine „Randerscheinung" oder eine Category, mit der der restliche Platz im Store für One-Stop-Shopping „gefüllt" wird. Vielmehr ist vor allem auch die akquisitorische Bedeutung – also der Einfluss auf die Einkaufsstättenwahl der Kunden – höher als es der Umsatzanteil zunächst vermuten lässt. Und nicht zuletzt sind die Margen im Nonfood (ca. 25 bis 30 Prozent) deutlich höher als im Food (ca. 15 bis 20 Prozent).

CM ist ein Ansatz, der – wie oben beschrieben – den Kunden in den Mittelpunkt von Category-Strategien stellt. Der Kunde aber nimmt die Einkaufsstätte als Ganzes wahr und addiert die Vielzahl seiner Einzeleindrücke zu einem Gesamtbild. Preisfehler und Sortimentslücken im Nonfood werden durch eine schlüssige Preis- und Sortimentsstrategie im Food nicht kompensiert und vice versa.

Jedoch sind eine Reihe von Besonderheiten verantwortlich für die bisher eher unterdurchschnittliche Durchdringung von CM im Nonfood:

- Zum Teil handelt es sich im Nonfood um fragmentierte Märkte mit vielen kleinen Anbietern, die ihrerseits keine professionelle Marktbearbeitung im Sinne von Handelsmarketing betreiben. Somit existieren sehr häufig keine oder nur bedingt geeignete Hersteller, die die Rolle eines Category Captain einnehmen könnten.

- Eine Vielzahl von A-Markenherstellern in Nonfood-Sortimenten meiden die klassischen Vollsortimenter und vertreiben ihre Produkte beinahe ausschließlich über Facheinzelhandelskanäle. Denn sie fürchten die Preisaggressivität der Vollsortimenter im Nonfood, damit verbundene Einflüsse auf ihre Marke und entsprechende Reaktionen der Fachhandelskanäle.

- Die Verfügbarkeit von Marktforschungsdaten für Nonfood-Marktsegmente ist im Vergleich zu Food stark beschränkt. Typische CM-Analysen wie Fair-Share-Analysen, Bedarfsdeckungsraten oder auch Käuferreichweiten sind im Nonfood daher häufig nicht durchführbar.

- Die Rotation (Saisonalität und Einmaligkeit) des Sortimentes (z. B. Kollektionswechsel im Textil- oder Modellwechsel im Unterhaltungselektronik-Bereich) und die Variabilität der Preise erschweren ebenfalls eine stabile Datengrundlage. Der Preisverfall z. B. bei Scootern oder DVD ist so schnell, dass Agieren wichtiger als Analysieren ist. Nonfood-Artikel sind eben kein Nutella, Jacobs-Krönung oder Rama, die über Jahrzehnte unverändert angeboten werden können.

- Lange Wiederbeschaffungszyklen führen zum Teil zu geringer Kenntnis über Angebote und Anbieter bei den Kunden. Veränderungen im Sortiment werden daher kaum oder nur mit großer Zeitverzögerung wahrgenommen. In manchen Categories innerhalb einer Einkaufsstätte ist die Kaufhäufigkeit nur zwei bis drei Mal pro kaufendem Kunden pro Jahr. Verglichen mit 15 bis 20 in Food-Categories handelt es sich somit um eine geringe Anzahl.

- Nonfood Category Manager sind aufgrund der Struktur der Beschaffungsmärkte einkaufsorientierter eingestellt. Denn die Suche nach dem richtigen Trend, dem günstigen Posten (häufig auch vor Ort in Asien) ist zum Teil eher eine beschaffungsorientierte Tätigkeit. Aber gerade die Verbindung von Einkauf und Verkauf (Beschaffung und Vermarktung) ist eben die Kunst des Category Managements: „Das eine tun, ohne das andere zu lassen".

CM im Nonfood bei Metro Cash & Carry ist heute teilweise aufgrund der oben beschriebenen Besonderheiten des CM noch nicht so weit entwickelt wie im Food. Ein Vergleich der Ergebnisse einer Befragung zu CM bei Food- und Nonfood Category Managern zeigt aber, dass das Wissen und der grundsätzliche Stellenwert von CM im Nonfood nahezu gleichwertig im Vergleich zu Food sind (siehe Abb. 2).

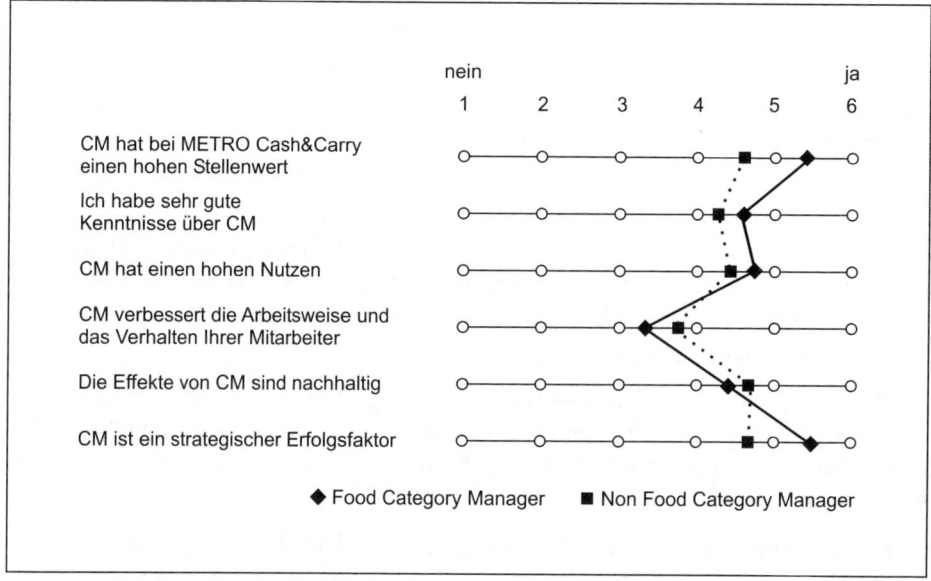

Abb. 2: Befragung bei 20 Category Managern (Jahr 2003)

Auffällig an den Ergebnissen ist, dass das CM vor allem eine Aufgabe des Category Managers selbst ist und weniger Einfluss auf die Tätigkeit seiner Mitarbeiter nimmt. Es zeigt sich, dass das CM einen entscheidungsunterstützenden Prozess darstellt und daher insbesondere dem Entscheider über Sortimente, Preise, Platzierungen und Promotions nützt.

Die Bereitschaft und die Grundlage für Category Management sind im Nonfood vorhanden. Die Kenntnis der Schwierigkeiten und Hürden ist notwendig und hilfreich für eine situationsadäquate Implementierungsstrategie.

3. Customer Relationship Management und Category Management

In den letzten Jahren wurde Kundenorientierung unter dem Stichwort „Customer Relationship Management (CRM)" diskutiert. Die Handelsbranche hat dies erst relativ spät erreicht, da die Dominanz der Sortimentsorientierung und fehlende Kundendaten eine Übertragung und Operationalisierung des CRM-Konzeptes für Handelsunternehmen erschweren.

Jedoch ist die Relevanz und Nutzbarkeit zumindest für ein auf gewerbliche Kunden spezialisiertes Handelsgeschäft (wie Cash & Carry-Formate) offensichtlich. So liegt dem CRM-Konzept unter anderem das Customer Life Cycle Concept zugrunde, d. h., jede Kundenbeziehung hat – wie ein Produktlebenszyklus – unterschiedliche Phasen: von der Neukundengewinnung bis zum Ende der Geschäftsbeziehung (siehe Abb. 3). Das zugrunde liegende Paradigma von CRM ist: „weg von der einzelnen Transaktion, hin zur Geschäftsbeziehung".

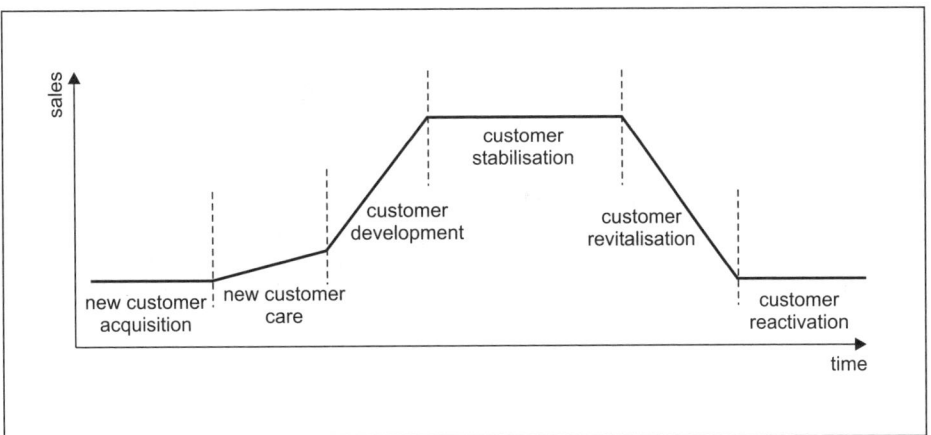

Abb. 3: Customer Life Cycle Concept

Die gewerblichen Kunden eines Cash & Carry Formats eröffnen ihr „Geschäft" und schließen/verkaufen/verlagern es häufig in der Regel nach mehreren Jahren. Es ist die Zielsetzung eines Cash & Carry Formats, möglichst frühzeitig und dauerhaft die präferierte Beschaffungsquelle im Lebenszyklus eines gewerblichen Kunden zu sein.

Außerdem ist eine prozessuale Parallele zwischen CM und CRM offensichtlich (siehe Abb. 4).

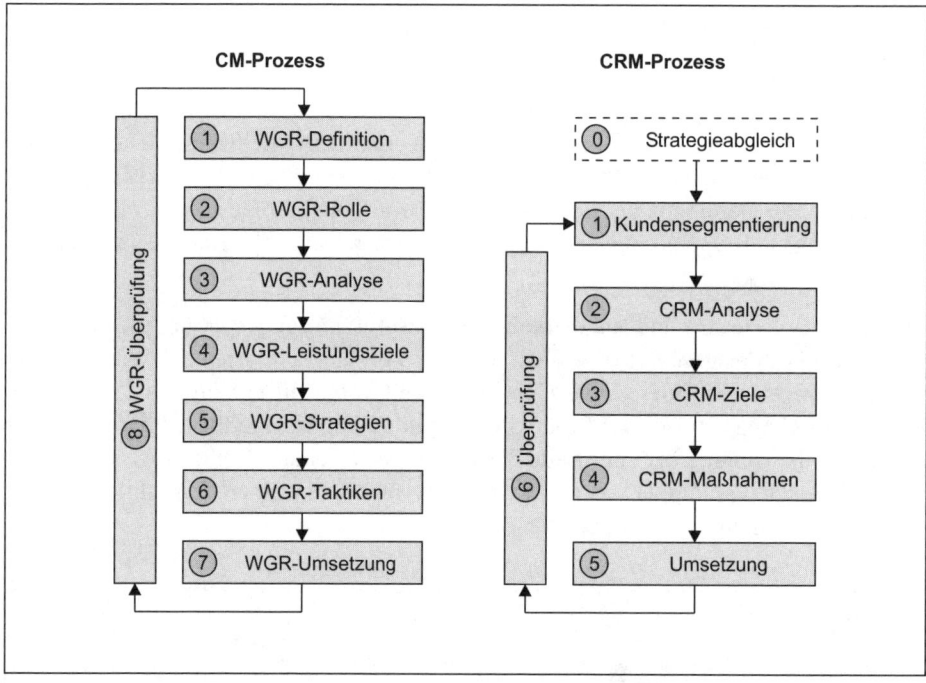

Abb. 4: Category Management (CM) und Customer Relationship Management (CRM)

Eine weitere Basis-Annahme des CRM-Konzeptes sind unterschiedliche Bedürfnisse und Erwartungen von Kunden, also die Zielgruppensegmentierung.

Die Relevanz dieser Annahme für ein Cash & Carry Format zeigt sich in den verschiedenen Zielgruppen (siehe Abb. 5).

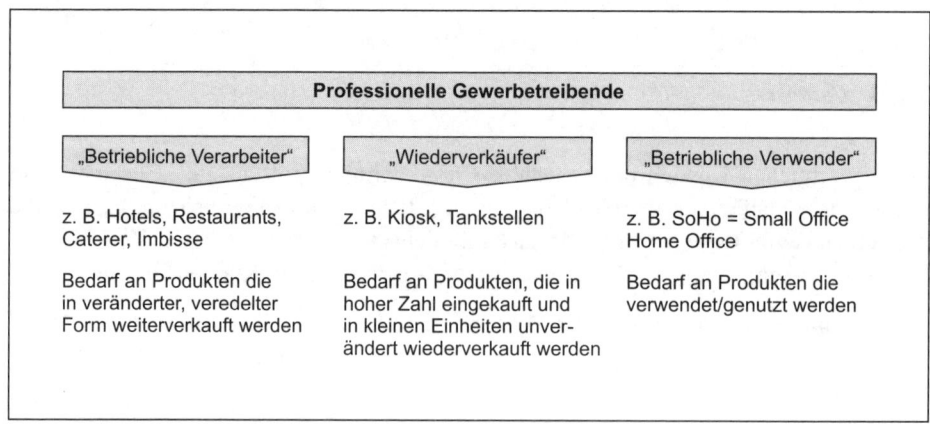

Abb. 5: Zielgruppen bei Cash & Carry-Unternehmen

"Verarbeiter", "Wiederverkäufer" und "Verwender" unterscheiden sich signifikant in Bedarf (z. B. Sortimente, Packungsgrößen) und Einkaufsverhalten (z. B. Häufigkeit, Preis- und Markenorientierung).

Das Management dieser Zielgruppen obliegt jedem Category Manager innerhalb seiner Category, der seine Category quasi als eigenes Profit Center führt. Diese organisatorische Grundvoraussetzung führt aber zu folgenden Problembereichen:

- Die Bedürfnisse der definierten Zielgruppen müssten von *jedem* Category Manager interpretiert und verstanden werden.
- Der Category Manager muss dabei *mehrere* Zielgruppen mit zum Teil sehr heterogenen Bedürfnissen gleichzeitig managen.
- Der Category Manager optimiert seine Category und wird eher *keine* category-übergreifende Analysen durchführen.
- Die Strategien und Maßnahmen der Category Manager müssen mit den übergeordneten Zielgruppenstrategien harmonisiert werden.

Die Relevanz dieser Problembereiche wird offensichtlich, wenn man bedenkt, dass ein Vollsortiment durchaus von 30 Category Managern verantwortet wird.

Eine organisatorische Lösung dieser Probleme kann der Target Group Manager sein, der als "Anwalt" einer bestimmten Zielgruppe category-übergreifend seinen Beitrag zur Bedürfnisbefriedigung der Zielgruppe leisten kann. Dabei arbeiten der Target Group Manager und der Category Manager in einer Matrix-Organisation zusammen. Die so strukturell verankerten Konflikte (siehe Abb. 6) sind gewollt, da die entstehenden "Reibungen" als Ergebnis den effizienten Einsatz der knappen Ressourcen haben sollen.

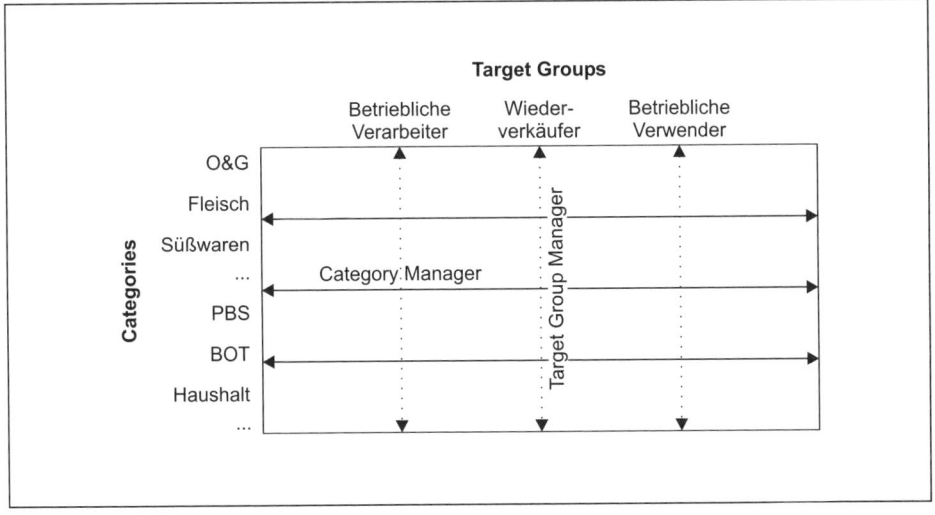

Abb. 6: Target Group Management und Category Management

Die vom CRM-Ansatz empfohlene Fokussierung auf Zielgruppen bedeutet für ein Handelsunternehmen somit, sowohl die organisatorische Verantwortung für eine Target Group zu verankern als auch das Intensivieren des Zielgruppenverständnisses bei den Category Managern.

Metro Cash & Carry hat daher begonnen, Target Group Manager für einzelne Zielgruppen zu institutionalisieren. Die verantwortlichen Target Group Manager haben nach Analyse der Bedürfnisse das Marketing-Mix für die Zielgruppe signifikant angepasst, d. h. Veränderungen in der Sortiments-, Preis- und Kommunikationspolitik. Erforderlich ist ein Geschäftssystem, das die Differenzierung des Marketing-Mix tatsächlich ermöglicht, beispielsweise kundenindividuelle Preise.

4. Implementierung des Category-Management-Ansatzes im Nonfood

Der Ansatz des CRM sensibilisiert also für eine möglichst präzise aber auch flexible Zielgruppensegmentierung. Auf der Suche nach Wettbewerbsvorteilen ist dies die wichtigste und wertvollste Herausforderung für ein Handelsunternehmen. Wer die Zielgruppen mit den größten Potenzialen identifiziert und deren Bedürfnisse kennt, hat einen fast unangreifbaren Wettbewerbsvorteil. Die Bildung von Zielgruppen im Nonfood ist daher der Startpunkt des CM. Die Größe und die Potenziale der Zielgruppen sind entscheidend darüber, ob ein eigener Target Group Manager zweckmäßig ist.

Zur Vergabe der strategischen Rollen im CM-Prozess ist eine Scorecard hilfreich, die vor allem die Unterschiede zwischen Categories sichtbar macht. Bestandteile einer solchen Scorecard können sein:

- Marktvolumen (Entwicklung und Prognose),
- Marktanteil,
- Category-Rohertrag/-Deckungsbeitrag,
- Umsatz/Rohertrag pro m^2/lfd. m,
- Käuferreichweite (intern und extern),
- Kaufhäufigkeit (intern und extern),
- Bedarfsdeckungsrate,
- Wettbewerbsintensität (Category Killer oder Ähnliches).

Die unzureichende Verfügbarkeit von zweckmäßigen Herstellern als Category Captains kann kurzfristig durch eine interne Unterstützung zumindest teilweise kompensiert werden. Eine solche auf Analysen und Vorgehensweisen spezialisierte Abteilung kann die Rolle des Beraters für einen Category Manager übernehmen und damit den Category Captain ersetzen.

Diese Abteilung sollte unabhängig vom so genannten Tagesgeschäft die für eine Category mittelfristig relevanten Informationen recherchieren und Analysen durchführen. Somit kann auch der Know-how-Transfer zwischen Categories und Category Managern gefördert werden.

Bei der Befragung der Category Manager wurde deutlich, dass im Nonfood Marktinformationen, wie man diese im Food kennt, häufig nicht in zweckmäßiger Form zur Verfügung stehen. Dieses Gap muss nicht zum Scheitern des CM-Ansatzes führen, denn das CM ist vor allem eine Vorgehensweise, die den Category Manager systematisch anleitet, seine Category zu führen. Gegebenenfalls müssen Entscheidungen und Fragen ohne präzise Information mit Hilfe von Analogien, Experteneinschätzungen oder Annahmen getroffen werden.

Jedoch muss es der Anspruch sein, sukzessive zweckmäßige Tools und Reports aufzubauen, um das „Bauchgefühl" – insbesondere über Marktentwicklungen, Kundenbedürfnisse und Wettbewerbsaktivitäten – durch Infomationen („Facts & Figures") zu ersetzen.

5. Fazit

- Die Institutionalisierung des Target Group Managements ist ein großer Schritt zur Kundenorientierung für ein Handelsunternehmen im CM-Prozess.

- Der Category Manager ist primär ein Gestalter und Implementierer. Die Analyse ist kein Selbstzweck, sondern bildet die Voraussetzung für zweckmäßiges Handeln.

- Auch wenn Informationen nicht vorhanden sind oder die Datenqualität nicht ausreicht, ist der Blick außerhalb der eigenen Datenwelt auf die Kundenbedürfnisse und auf die Wettbewerber wichtig.

Das ursprüngliche Konzept des Category Management ist somit – ergänzt durch Target Group Management – ein weiterhin tragfähiger Ansatz für das Management eines Handelsunternehmens im Food und Nonfood.

Bernd Hake/Klaus Grönefeld

5.4 Die Anwendung der Conjoint-Analyse für eine partnerschaftliche Sortimentsgestaltung in der Bekleidung

1. Einleitung
2. Besonderheiten des Bekleidungsmarktes
2.1 Mode im Wandel der Zeit
2.2 Die Herausforderungen
3. Conjoint-Analyse
3.1 Zielsetzung und Verlauf
3.2 Conjoint und Category Management
4. Partnerschaftliche Sortimentsgestaltung
5. Fazit

Literatur

1. Einleitung

Überkapazitäten, unklare Marktpositionierung und Preiskämpfe haben dem deutschen Bekleidungseinzelhandel eine fundamentale Krise beschert. Die Kostensenkungserfolge sind verpufft, die Margen auf einen historischen Tiefstand gefallen. Dennoch besteht die Chance, sich der Krise zu entziehen und vom Wettbewerb abzusetzen. Händler, die die Präferenzen ihrer Kunden genau kennen und die deren Bedürfnisse richtig einschätzen, können gezielt Produkte oder Dienstleistungen anbieten, die auf eine rege Nachfrage treffen und sich im Markt etablieren.

Eine aktuelle Mercer Studie zum deutschen Bekleidungseinzelhandel identifiziert beispielsweise ein gezieltes Preis- und Sortimentsmanagement als zentralen Erfolgshebel. Elementare Voraussetzungen dafür sind eine klare Definition des Zielmarktes, eine strategisch eindeutige Positionierung sowie ein tief greifendes Kundenverständnis durch fundierte Analysen des Kundenverhaltens (vgl. Mercer Management Consulting, 2002).

Der folgende Beitrag zeigt, wie Hersteller mit Hilfe der Conjoint-Analyse die Entscheidungsfindung von Konsumenten realitätsnah widerspiegeln und Handlungsempfehlungen für den Handel ableiten können. Hierfür werden Conjoint-Analysen mit Handel und Konsumenten durchgeführt. Auf Basis der Untersuchungsergebnisse werden partnerschaftliche Empfehlungen entwickelt, wodurch der Handel die Kundenwünsche besser in die Optimierung der Sortimentsgestaltung einarbeiten kann.

2. Besonderheiten des Bekleidungsmarktes

2.1 Mode im Wandel der Zeit

Der Begriff Mode (franz. die Art und Weise, Sitte) lässt sich grundsätzlich auf jedes Objekt beziehen, das sich im Laufe der Zeit aufgrund individueller Präferenzen ändert. Wir wollen uns in diesem Artikel auf Bekleidung als das Synonym für Mode konzentrieren.

Von allen künstlerischen Genres geht das Modedesign am tiefsten unter die Haut – vielleicht weil es unserem Körper am nächsten ist. Die Kunst der Bekleidung hat sich tief in unsere kulturellen Erinnerungen verankert: Bereits prähistorische Kulturen haben festgestellt, dass Kleidung nicht nur wärmt, sondern auch als Schmuck dienen kann. Zudem unterstützt sie die nonverbale Kommunikation und gab ursprünglich Aufschluss über die Standeszugehörigkeit ihrer Träger.

Mode inspiriert die erste Wahrnehmung. Wir sehen ein Abendkleid von Dior, eine Louis-Vuitton-Tasche, eine Galliano-Stickerei und sind begeistert. Mode drückt den Zeitgeist einer Gesellschaft aus und ist immer ein Barometer kultureller Veränderung – teilweise sozialer Indikator, teilweise Fantasie pur. Mode umfasst alles, unterliegt dem Wandel des Zeitgeschmacks der Menschen und ist Evolution ohne Ziel.

Gibt es in der Gesellschaft einen historischen Einschnitt, entwickelt sich ein neuer Zeitgeist, der sich in einer neuen Moderichtung widerspiegelt. Bis tief ins 19. Jahrhundert bestimmten der Adel und das gehobene Bürgertum die Mode. Anschließend übernahm die Haute Couture (franz. die hohe Schneiderkunst) die Führungsrolle und richtete sich auf die Wünsche des einzelnen Kunden aus. Bereits damals galt die jeweils erste öffentliche Vorführung als tonangebend für die Mode. Durch die Prêt-à-porter (franz. fertig zum Tragen) konnte anschließend Konfektionsbekleidung, die von bekannten Modeschöpfern entworfen wurde, explizit auch die Wünsche der Masse berücksichtigen. Davon ausgehend rückte die Konfektionsmode, also die Serienfertigung von Kleidungsstücken, in den Vordergrund. Damit war die Konsummode geboren.

2.2 Die Herausforderungen

Viele Segmente des Modemarktes haben mittlerweile ihre Sättigungsphase erreicht. Ein Zuwachs von Marktanteilen kann nur noch auf Kosten der Wettbewerber erreicht werden (vgl. Kroeber-Riel, 1993, S. 20). Darüber hinaus forcieren die sich angleichenden Produktqualitäten den Wettbewerb im Handel. Produkte verschiedener Hersteller unterscheiden sich in ihrer Funktionalität und Qualität kaum noch und sind daher objektiv austauschbar[1]. Hersteller und Händler versuchen daher, Wettbewerbsvorteile durch eine immer stärkere Marktdifferenzierung im Hinblick auf die Bedürfnisbefriedigung bestimmter Kundengruppen und Marktsegmente zu erreichen (vgl. Lamprecht/Gömann, 1997, S. 26). Diese Entwicklung lässt sich prägnant anhand der gestiegenen Produkt- und Markenvielfalt verfolgen.

Daneben haben sich die Anforderungen der Konsumenten an Mode im Laufe der Zeit gewandelt. Es fand und findet ein Wertewandel statt (vgl. Simon, 1994, S. 43 ff.). Von Maslows Bedürfnis-Pyramide[2] bis zu den heutigen Trends wie Individualisierung (dem Wunsch nach individuellen, identitätsvermittelnden Formen der Bekleidung) und Hedonismus (dem Trend nach Freizeit-, Genuss- und Erlebnisorientierung). Demzufolge lassen sich Konsumenten nicht mehr nach stereotypen Merkmalen klassifizieren. Für Hersteller und Händler wird es dadurch schwieriger, den Kundenanforderungen gerecht zu werden.

---

1 Als Gründe für diese als Qualitätshomogenisierung bezeichnete Entwicklung nennt Meffert die schnelle Diffusion von Forschungs-, Entwicklungs- und Produktions-Know-how sowie ausgereizte Innovationsspielräume. Vgl. Meffert, 2000, S. 788.
2 Er ordnete fünf Ebenen hierarchisch von überlebensnotwendigen Bedürfnissen (z. B. wärmespendende Bekleidung) bis hin zu Selbstverwirklichungsbedürfnisse (z. B. Kleidung zum Ausdruck einer Gruppenzugehörigkeit: Punker versus Popper in den 80er Jahren) an.

3. Conjoint-Analyse

3.1 Zielsetzung und Verlauf

Ein bewährtes Instrument, um den Einfluss verschiedener Faktoren auf die Kundenpräferenzen und -entscheidungen zu verstehen und vorherzusagen, ist die Conjoint-Analyse. Unter Conjoint-Analyse (CA) oder auch Conjoint Measurement werden verschiedene psychometrische Verfahren der Präferenzmessung subsummiert (vgl. Meffert, 2000, S. 170). Dieser auf dem Kundennutzen basierende Ansatz kombiniert Erhebungs- und Analyseverfahren (vgl. Backhaus et al., 2000, S. 24). Die grundlegende Frage lautet: Welchen Einfluss haben die einzelnen Produkteigenschaften auf die Präferenzbildung der Konsumenten? Ziel ist es, die Nutzenbeiträge der einzelnen Eigenschaftsausprägungen zu ermitteln und die relativen Wichtigkeiten der jeweiligen Untersuchungsmerkmale für die Präferenzbildung abzuleiten.

Als empirisch (meist) dekompositionelle[3] Methode ermittelt sie die Nutzenvorstellungen bzw. Präferenzen einer Testperson ganzheitlich. Das heißt, dass nicht einzelne Produktmerkmale, sondern verschiedene Produkte in Relation zueinander beurteilt werden. Grundgedanke ist, dass sich der Nutzen eines Produktes aus den Teilnutzenwerten der einzelnen Eigenschaften additiv zusammensetzt. Somit können die für die Konsumenten wichtigen Attribute ermittelt und gleichsam die jeweils optimale Ausprägung identifiziert werden.

Wegen ihrer kundenindividuellen Durchführungen, ihrer Realitätsnähe[4] sowie ihres hohen Kommunikationswertes zählt die CA zu den populärsten multivariaten Analyseverfahren (vgl. Büschken, 1994, S. 72 f f.). Darüber hinaus ermöglicht die systematische Variation der Merkmale (d. h. Wichtigkeiten) und Ausprägungen (d. h. Teilnutzenwerte) eine Analyse verschiedener Profilpaare (d. h. Gesamtnutzen) und somit hypothetische Angebotsleistungen.

Der Untersuchungsablauf lässt sich in folgende Grobphasen einteilen (vgl. Meffert, S. 205 ff.):

Am Anfang steht die Definition der Untersuchungseigenschaften. Insbesondere der Auswahl der Merkmale (beim Anzug wäre das z. B. Marke, Preis, Schnitt) und ihrer Ausprägungen (beim Schnitt beispielsweise klassisch, modisch, avantgarde) kommt dabei eine zentrale Bedeutung zu. Um die Realitätsnähe des Entscheidungsprozesses zu gewährleisten, beschränkt man sich auf die zentralen, unabhängigen, für den Konsumenten

---

3 Im Gegensatz zu anderen Verfahren werden Gesamturteile erhoben, aus denen der Beitrag der einzelnen Merkmale zum Gesamturteil ermittelt wird.
4 Aufgrund der Abbildung der Kauf- und Auswahlentscheidung durch trade-off zwischen unterschiedlichen Produktausprägungen.

wichtigen Merkmale, die von Handel und/oder Hersteller beeinflussbar sind. Bei den Ausprägungen ist darauf zu achten, dass sie glaubwürdig und zur Abwägung geeignet sind.

Darauf aufbauend wird das Erhebungsdesign fixiert. Bei der Definition der relevanten Analysestufen wird insbesondere festgelegt, wie viele Profilpaare (Untersuchungsstimuli) den Probanden vorgelegt werden. Ein Untersuchungsstimuli für einen Anzug wäre beispielsweise – Marke: Boss Hugo Boss, Schnitt: Modisch, Preis: 479 Euro. Bei deren Bewertung werden die Probanden aufgefordert, verschiedene Produkte in eine Rangordnung entsprechend ihrer Präferenzurteile zu bringen.

Im dritten Schritt werden auf Basis der empirisch erhobenen Daten die Teilnutzenwerte, d. h., die Beiträge der einzelnen Eigenschaftsausprägungen zum Gesamtnutzen, ermittelt (vgl. Backhaus et al., 2000, S. 519). Das Ergebnis sind die relativen Wichtigkeiten der einzelnen Merkmalsausprägungen. Mit Hilfe statistischer Verfahren werden aus den Präferenzurteilen die partiellen Nutzenbeiträge der einzelnen Produkteigenschaften abgeleitet. Auf diese Weise werden die empirisch erhobenen ordinalen Rangdaten in metrische Nutzenwerte für Ausprägungen, Merkmale und letztendlich ganze Produkte überführt und in eine direkte Beziehung zwischen Produktmerkmalen und der Produktpräferenz gesetzt (vgl. Schweikl, 1985, S. 40).

Im letzen Schritt werden die Nutzenwerte ermittelt und Nutzensegmente definiert. Im Anschluss wird meist eine Cluster-Analyse durchgeführt, in deren Rahmen Konsumenten gleicher Nutzenstrukturen zu einer Gruppe zusammengefasst werden. Diese Einteilung dient primär der Marktsegmentierung und Offenlegung unterschiedlicher Präferenzstrukturen. Daraus können Schlussfolgerungen hinsichtlich einer differenzierten Marktbearbeitung sowie zielgruppenspezifische Zahlungsbereitschaften abgeleitet werden. Auf Basis der Kaufwahrscheinlichkeiten, die sich unmittelbar aus den Präferenzdaten ermitteln lassen, können wiederum Marktsegmente gebildet werden.

3.2 Conjoint und Category Management

Der Handel stützt sich im Normalfall allein auf das kontinuierliche aber zyklische qualitative Feedback der Konsumenten. Daraus kann er jedoch nicht ermitteln, wie einzelne Änderungen interagieren und zusammenspielen. Diese Faktoren sind aber in der Mode von besonderer Bedeutung, da sie heute einem immer schnelleren, bedarfsorientierten Wandel des „Stylings" unterliegt.

Exkurs: Phänomene der Mode[5]

Mode als dynamisches Phänomen

Der Modewechsel beruht auf dem Wunsch, die verschiedenen gesellschaftlichen, technischen, kulturellen, politischen und wirtschaftlichen Einflussfaktoren aufzufangen und deren Einfluss auf das Leben darzustellen. Im Viktorianischen Zeitalter benötigte ein Modestil zwischen zehn und 15 Jahren, um die ländlichen Gebiete zu durchdringen. Als Bahnreisen die Kommunikation zwischen Stadt und Land kontinuierlich verbesserten, verkürzte sich auch der Modezyklus. Die Marktdurchdringung reduzierte sich um 1900 auf ein Jahr. Im 21. Jahrhundert nimmt der Pulsschlag der Gesellschaft weiter zu und verstärkt die Dynamik so rasant, dass sich der Lebensstil und somit auch die Mode fast täglich ändert. Somit folgen Modezyklen immer schneller aufeinander, Modetrends werden diskontinuierlicher und ihre Wechsel abrupter.

Mode als internationales Phänomen

Modemärkte leben von Emotionen, Zeitgeist und Image. Sie entstehen in den großen, internationalen Metropolen und „kaskadieren" in kleinere Städte und „in die Fläche" (vgl. Sälzer, 2002, S. 34). Somit konzentriert sich das Umsatzpotenzial für Mode-Märkte im oberen Preissegment in den großen Metropolen. Die Top-25-Gebiete der USA kumulieren beispielsweise 38 Prozent des gesamten US-Marktes für Herrenbekleidung, aber über 55 Prozent des gehobenen Segmentes. Auch die Lebensstile, d. h. die das Konsumverhalten prägenden Aktivitäten, Interessen und Einstellungen, ähneln sich mehr zwischen den Metropolen im internationalen Vergleich als in einer nationalen Stadt-Land-Betrachtung.

Mode als visuelles Phänomen

Schönheit erschließt sich zunächst visuell, eine Modebotschaft lebt von ihrem visuell-emotionalen Erlebniswert. Im Zeitalter der Bildkommunikation lassen sich emotionale Erlebniswerte am schnellsten, nachhaltigsten und prägnantesten durch Visuals kommunizieren. Das gilt vor allem auch für Modemarken. Zudem kommt der Konsument am Point of Sale physisch und visuell in Kontakt mit der Marke. Sie soll ihn sinnlich und emotional ansprechen und verführen.

---

5   In Anlehnung an Dr. Bruno Sälzer – Vorstandsvorsitzender der Hugo Boss AG (2002).

Mode als Lebensstil-Phänomen

Aus verhaltensorientierter Sicht ist Luxus ein Aufwand, der über das Normale bzw. Notwendige hinausgeht. Er ist somit rein quantitativ definiert. Aus qualitativer Sicht wird Luxus hingegen mit gutem Geschmack, Eleganz und Wohlstand verbunden (vgl. Mühlmann, 1975, S. 69 ff.). Per Definition hängt er vom Knappheitsgrad ab und ist äußerst relativ. Herrenanzüge sind, wenn man Luxus rein angebotsorientiert betrachtet, kein Premiumprodukt. Erst die wirkungsorientierte Sichtweise erhebt Anzüge von Hugo Boss oder Giorgio Armani in dieses Segment. Der umgebende Lebensstil stilisiert sie zu einem Luxusgut. Somit ist Luxus von den assoziierten Wertemustern und Erlebnissen abhängig. Immer mehr Menschen wollen eben diese, also ihre Interessen, Meinungen, Wünsche, Verhaltensweisen und Aktivitäten – kurz ihren Lebensstil – in der Art ihrer Bekleidung ausdrücken. Der Lebensstil charakterisiert den Konsumenten ganzheitlich, also mit allen für den Modekauf relevanten Einstellungsdimensionen. Er steht für das Lebensumfeld und somit die Identifikation des Einzelnen. Lebensstil ist Form und Inhalt – und somit Kommunikation. Durch die Kleidung signalisiere ich: Das bin ich! So will ich sein. Über die Marke erkaufe ich mir einen Lebensstil, in dem ich heute leben will. Sie dient als Kristallisierungspunkt. Bist du eher Gucci oder Prada? Für die Markenpolitik in der Bekleidung ist der enge Zusammenhang zwischen Lebensstil und Kaufverhalten des Konsumenten eine besondere Herausforderung.

Diese Phänomene verkomplizieren den vielschichtigen und komplexen Kaufentscheidungsprozess zusätzlich. Entscheidend für den Markterfolg sind somit dynamische Modetrends, visuelle Botschaften, internationale Präsenzen, der vermittelte Lebensstil und somit emotionale Erlebnisse. Abbildungen und Rekonstruktionen eines vergangenen Kaufverhaltens und dessen Begründung werden dadurch zwar möglich, Prognosen über das zukünftige Verhalten aber besonders schwierig.

Dieser Exkurs zeigt auf, dass rein qualitative Kunden-Analysen heute nicht mehr ausreichen, um eine Optimierung des Retail Mix zu erreichen. Gerade hier kann die CA ansetzen, da sie die Identifikation und Messung der Einflussfaktoren des Konsumentenverhaltens und deren Wirkung auf Marke und Handel ermöglicht. Durch herstellerinitiierte CA können Trade-off-Entscheidungen analysiert und Empfehlungen über Produkt (z. B. Sortiment, Marke, Produktgruppe), Preis, Platz (z. B. Warenpräsentation, Einkaufserlebnis) und Promotion (z. B. Kampagnen, Point-of-Sale-Unterlagen) für den Handel abgeleitet werden. Gemeinsame Aktivitäten von Handel und Hersteller in diesen Bereichen werden auch unter dem Schlagwort „Category Management" zusammengefasst.

Categories sind Warengruppen, die als selbständige und gewinnverantwortliche Geschäftseinheit geführt werden. Diese werden gemeinsam präsentiert, um das Einkaufsverhalten der Konsumenten besser abzubilden, wodurch eine Nutzensteigerung des Konsumenten erreicht wird. Ziel ist die Erstellung einer geschäftsspezifischen Sortimentsempfehlung (Artikel und Anzahl), die Erregung von Aufmerksamkeit, die Verteidigung des Territoriums und somit die Steigerung der Kundenfrequenz sowie des Transaktionswertes.

Eine gemeinsame Positionierung von Hersteller und Händler, d. h. ein gemeinsames Verständnis für Zielgruppen und Wettbewerbsdifferenzierung, ist dabei sehr wichtig.

Bei der Category-Analyse ist besonderes Augenmerk auf die Verwendungszusammenhänge beim Konsumenten zu legen. Die Nachfrageanalyse ist somit ein wichtiges Instrumentarium, um Angebots- und Produktbereiche zu segmentieren, denn gerade über das Sortiment bietet sich dem gehobenen Fachhandel eine große Differenzierungsmöglichkeit:

- Anziehungsprodukte zur Profilierung – dienen dem Frequenz- und Imageaufbau, Differenzierungspotenzial (z. B. Anzüge); 5 bis 10 Prozent der Warengruppe;
- Routineartikel als Pflicht – sollen Kaufwünsche mitnehmen, Parität zum Wettbewerb herstellen (z. B. Hemden); ca. 55 Prozent der Warengruppe;
- Gelegenheits- bzw. Mitnahmeartikel als Ergänzung – weniger wichtig für Kunden, setzen punktuelle Highlights und sind für die Differenzierung wichtig (z. B. Krawatten); ca. 20 Prozent der Warengruppe;
- Saisonelle Commodityartikel – erfüllen die Basisanforderung der Kunden (z. B. Gürtel), Differenzierungsansprüche bestehen hierbei nicht; 15 bis 20 Prozent der Warengruppe.

Darauf aufbauend wird eine zielgruppenspezifische Category-Definition unter Berücksichtigung der zielgruppenspezifischen Category-Rollen ermittelt. Diese sind stets unter Berücksichtigung neuer Angebotsdifferenzierung sowie tradierter Kundengewohnheiten und schließlich der Umsetzungsmöglichkeiten am Point of Sale zu entwickeln. Sie können auf Basis von soziodemografischen Merkmalen gebildet werden. Einer Erweiterung der Segmentierungskriterien durch Kaufverhalten und Lebensstil kommt aufgrund der oben genannten Phänomene der Mode eine sehr hohe Bedeutung zu.

Das Produkt ist das wichtigste Element der Differenzierung und definiert die Identität der Marke. Luxusprodukte lösen nie ein rationales Problem, sie konkretisieren einen Traum und schaffen emotionale Lösungen. Funktionale Leistungen reichen zum Aufbau einer langfristigen Beziehung nicht aus. Entscheidend für den Markterfolg ist die emotionale Botschaft, das Gefühl für die Bottega-Veneta-Tasche und den Manolo-Blahnik-Schuh. Da das Luxussegment von Empfindungen lebt, geht es neben der rein funktionalen herausragenden auch um die kultur-ästhetische Produktqualität. Es muss ein emotionaler Gleichklang von kreativer Handschrift und Geschmack des Kunden gefunden werden, der die Grundlage für die anderen Unternehmensbereiche darstellt. Dies setzt Erfahrung und Glaubwürdigkeit voraus, die meistens über die langjährige Geschichte der Marke generiert und nicht imitiert werden können. Viele erfolgreiche Markenartikler verschiedener Branchen können authentische Geschichten erzählen. So lag das durchschnittliche Alter der 75 im Comitée Colbert (Vereinigung der französischen Luxusindustrie) zusammengeschlossenen Luxusmarken 1995 beispielsweise bei über 100 Jahren (vgl. Braun, 1997, S. 279 ff.).

Da die CA nicht auf Verwendung realer Produkte angewiesen ist, eignet sie sich besonders gut für den Handel bei der Sortimentsneugestaltung. Auf diese Weise wird die Erklärung, Vorhersage und Beeinflussung der Kaufentscheidungen hinsichtlich multiattributiver Produkte und ganzer Sortimente möglich (vgl. Perrey, 1996, S. 105). Inwieweit diese Analyse dem Handel bei der Sortimentsoptimierung helfen und den Prozess des Category Managements unterstützen kann, werden wir unter Kapitel 4 genauer beleuchten.

Der Preis ist ein weiterer wichtiger Einsatzbereich. Seine Bedeutung hat in den letzten Jahren auch im Premiumsegment zugenommen. Hier stellt sich für den Anbieter die Frage: Wie muss ich mein Produkt preislich positionieren, damit es im Wettbewerb besteht? Es geht um den wahrgenommenen Wert als trade-off zwischen Preis und Produktleistung. Die Preise vieler Luxusprodukte stehen oftmals in keinem nachvollziehbaren Verhältnis zu den Produktionskosten. Er gilt als Signalfunktion im Hinblick auf Positionierung, als bedeutendes Instrument zur Imagesteuerung. Dabei sind zwei Wirkungsweisen zu berücksichtigen. Zum einen die qualitätsorientierte Preisbeurteilung – hierbei gilt der hohe Preis als Garant für Qualität – zum anderen der Veblen-Effekt. Er bezieht sich auf die Außenwirkung des Luxusgutes. Der Konsument will durch den Preis des Produktes bewusst Prestige und Status demonstrieren.

Die Basis dieser Preis-Absatz-Beziehung ist die Aggregation der Nutzen- und Ableitung der Preis-Absatz-Funktion. Dabei können sowohl verschiedene Annahmen zum Kaufverhalten:

1. First Choice – der Konsument kauft das Produkt mit dem höchsten Gesamtpräferenzwert,

2. Probalistic Choice – die Kaufwahrscheinlichkeit ermittelt sich aus dem Quotienten des Präferenzwertes des betrachteten Produktes und der Summe der Präferenzen aller in die Analyse eingehender Produkte,

als auch zum Wettbewerbsverhalten:

1. Naive Hypothese – die Wettbewerber verhalten sich wie bisher,

2. Wettbewerber verändern ihre Produkte – die Menge der analysierten Produkte bleibt gleich und es gelten die Präferenzwerte nach Maßgabe der veränderten Eigenschaften,

3. Wettbewerber führen neue Produkte ein – die Berücksichtigung zusätzlicher Präferenzwerte für neue Produkte

zugrunde gelegt werden. Der gewinnoptimale Preis kann zuverlässig anhand der aus der CA ermittelten Ergebnisse je Merkmal und Ausprägung bestimmt werden. Ohne genaue Kenntnis hierüber verschenken Hersteller und Händler erhebliches Gewinnpotenzial.

Im Luxussegment spielt die Distribution eine wichtige Rolle. Sie stützt die Markenpositionierung, da über die Verfügbarkeit stets unter Berücksichtigung der wahrgenommenen Exklusivität entschieden wird. Das Einkaufen muss ein Erlebnis sein, also einen

Mehrwert bieten. Die Menschen, die es verkaufen, müssen das Produkt leben. Eine Inkonsistenz zwischen Markenimage und Einkaufserlebnis schwächt die Marke. Zur Stärkung greifen deshalb größere Luxusmarken oftmals auf eine Dreiteilung der Distribution zurück. Dabei kommen den Directly Operated Stores, also vom Hersteller direkt betriebene Geschäfte, beim Imagetransport die wichtigste Rolle zu. Sie vermitteln das gesamte Markenuniversum, bedienen die internationalen Metropolen und setzten den Standard. Franchisegeführte Monomarkenshops konzentrieren sich ebenfalls auf die Produkte eines Hauses, adressieren jedoch eine breitere Zielgruppe. Der Fachhandel hingegen bietet nur einzelne, wenige Sortimentsbereiche im direkten Wettbewerbsumfeld an und distribuiert stärker in die Tiefe.

Auch die Distribution lässt sich mit Hilfe der CA untersuchen. Durch die Übertragbarkeit der Struktur der Produktanalyse auf Einkaufstätten und somit Warenpräsentation gewinnt die CA für Hersteller und Händler unschätzbare Bedeutung. So kann geprüft werden, welche Betriebsform den größten Erfolg verspricht. Neben der Einkaufsstätte können dabei die Merkmale Standort, geführte Marke, Preise, Sortiment und Service analysiert und der einzelne Point of Sale besser auf verschiedene Zielgruppen, ihre Wünsche und Bedürfnisse ausgerichtet werden. Nur wenn Hersteller und Händler diese kennen, können sie individuell erfüllt werden.

Als Randgebiet des Einsatzes der CA gilt die Promotion. Sie klärt die Frage der Kommunikation. Sinnvollerweise wird die emotional-symbolische Botschaft eines Luxusproduktes über eine emotionale, erlebnisorientierte Kommunikation vermittelt. Es geht nicht um ein Nutzenversprechen, vielmehr um Markenästhetik, Markeninszenierung. Der Konsument muss ein Lebensgefühl vorfinden, mit dem er sich identifiziert, das er für sich annehmen kann. Das Ziel der Kommunikation liegt immer darin, ein solches Lebensgefühl, eine Traumwelt, zu inszenieren, zu dramatisieren und weiter zu entwickeln. Die Markeninszenierung trägt dazu bei, funktionale Merkmale mit subjektiven, aber relevanten Wertdimensionen zu verknüpfen.

Oftmals wird das Spannungsfeld zwischen standardisierter, d. h., internationaler und regionaler Kommunikation untersucht. So kann durchleuchtet werden, welchen Einfluss einzelne Merkmale auf die Wahrnehmung des Internationalisierungsgrads haben. Anhand des Vergleiches und Rangreihung verschiedener Werbungen und Werbeträger hinsichtlich einer Basisanzeige kann man die Bedeutung der verschiedenen Gestaltungselemente wie Model oder Ort ermitteln (vgl. Backhaus/Büschken/Voeth, 2000, S. 215).

Neben den vier Ps-Product, Price, Place, Promotion – kann auch eine Konkurrenzanalyse unterstützt werden. So kann untersucht werden, ob die Handelsstruktur einer Stadt einen weiteren Bekleidungshändler aufnehmen kann und wie sein Profil aussehen sollte. Darauf aufbauend kann das Profil und somit die Positionierung des Geschäfts nach den Marktanforderungen optimal ausgerichtet werden.

4. Partnerschaftliche Sortimentsgestaltung

Die wichtigste Schnittstelle zwischen Handel und Hersteller ist die Order. Sie ist die Grundvoraussetzung für eine erfolgreiche Marktbearbeitung. Viele momentan existierende Sortimente sind historisch gewachsen und passen sich dem Wettbewerb mehr und mehr an, da sie primär aus Handelssicht zusammengestellt werden. Dies mündet in einer Positionierungsschwäche, weil letztlich jeder Händler ähnliche Produkte in seinem Sortiment führt. Es wird für den Konsumenten immer schwieriger, die jeweiligen Händler voneinander zu differenzieren. Deswegen ist es von zentraler Bedeutung, den Konsumenten ins Zentrum der Sortimentsentscheidung zu rücken.

Im Folgenden möchten wir darstellen, inwieweit der Hersteller den Handel mit der CA bei seinem Orderverhalten, d. h. in seiner Sortimentsgestaltung als zentralem Aspekt des Category Managements, unterstützen kann. Dadurch wird nun explizit die Konsumentensicht in das Category Management eingebracht, die bisher oftmals bei der Sortimentsgestaltung außen vor gelassen wurde. Ziel ist eine integrierte Handels- und Konsumentenanalyse der Produkt- und Markenwahl vor dem Hintergrund des Category Managements.

Die Konsumentenbefragung beschränkt sich ausschließlich auf Männer, die im Besitz eines über 300 Euro teuren Anzugs sind. Der Anzug steht im Fokus, weil er die führende Produktgruppe innerhalb der Herren-Konfektion darstellt. Des Weiteren lässt sich aus der Preissensibilität beim Anzug auch auf die Preissensibilität anderer Produktgruppen (beispielsweise Hemd oder Schuhe) schließen, da die Wahrscheinlichkeit, dass ein Konsument, der einen Anzug für 449 Euro kauft, 79 Euro für ein Hemd ausgibt, größer ist, als dass er ein Hemd für 29 Euro kauft. Es sind vor allem anspruchsvolle Modekunden, die definitionsgemäß sehr qualitäts- und beratungsorientiert einkaufen. Sie zeigen ein hohes Involvement bei Bekleidung und Bekleidungseinkäufen – bevorzugen somit vor allem den gehobenen Bekleidungseinzelhandel wie beispielsweise Boss Shops und hochwertige Department Stores. Diese einfachen Kriterien ermöglichen die sichere Abbildung der Zielgruppe der gehobenen Herrenbekleidung. Die Teilnehmer der Händlerbefragung werden aus bestehenden Handelspartnern rekrutiert. Somit sind die im Folgenden dargestellten Ergebnisse nur auf das Kernsegment, die hochwertige Herrenbekleidung, zu beziehen – sei es im Handel oder bei den Konsumenten. Eine allgemeine Marktstimmung und -tendenz lässt sich daraus nicht ableiten.

Die Profilpaare sind durch die Merkmale Marke (wie beispielsweise Boss, Hugo, Joop, Armani), Preis (349 bis 649 Euro), Stil, Schnitt, Service und Einkaufserlebnis charakterisiert. Ziel ist es herauszufinden, ob eine Nutzenverschiebung zwischen Handel und Konsumenten besteht. Wurde diese gefunden, so kann man durch eine Änderung der Order und somit der Sortimentsstruktur die Abverkaufswahrscheinlichkeit signifikant erhöhen.

Bei genauerer Ergebnisanalyse wurde herausgefunden: Der Handel verfügt über deutlich klassischere Präferenzen als der Konsument. Der „klassische Stil" spendet ihm innerhalb des Merkmals Stil den höchsten Nutzen – der „modische Stil" jedoch den geringsten. Beim Konsumenten sieht es aber anders aus. Ihnen stiftet er den höchsten Nutzen. Das gleiche Bild zeigt sich beim Schnitt. Hier stiftet der modische „figurbetonte Schnitt" bei den Konsumenten den größten Nutzen. Der „normale Schnitt" liegt für ihn nur an zweiter Stelle, beim Handel aber hat er absolute Priorität. Damit lässt sich eine grundsätzlich modebewusstere Grundhaltung des Konsumenten feststellen.

Bei der Nutzenverteilung der Marke zeigt sich ebenfalls die modebewusstere Präferenz der Konsumenten. Die modischen, internationalen Marken stiften den Konsumenten einen deutlich höheren Nutzen als dem Handel. Darüber hinaus lässt sich die Bedeutung der Marke für den Konsumenten ableiten. Sie ist der „Türöffner" zum Geschäft. So kommt ein Großteil der Kunden des gehobenen Bekleidungshandels wegen der Top-3-Marken ins Geschäft. Wenn ein Händler nicht wenigstens eine dieser starken Marken führt, gibt es für die Kunden in der Regel nur noch den Preis als Grund das Geschäft aufzusuchen. Dabei sind diese Marken für den Handel von fundamentaler Bedeutung, um die Ladentreue zu erhöhen.

Der Preis stiftet dem Handel einen deutlich höheren Nutzen als den Konsumenten. Erwartungsgemäß spendet der niedrigste Preis den größten Nutzen, wobei es allerdings erhebliche Unterschiede in der Höhe gibt. Der Nutzenwert liegt im Handel um 77 Prozent höher als beim Konsumenten. Darin zeigt sich die herausragende Bedeutung des Preises für den Handel. Es lässt sich festhalten, dass die Preisschlachten des Handels und die Entwicklung zu immer niedrigeren Einstiegspreisen vom Konsumenten nicht gefordert werden, denn der Konsument entscheidet nicht über den Preis allein. Er bezieht immer auch den „Value for Money" in seine Kaufentscheidung mit ein. Aus diesem Grunde legen wir dem Handel bei der Order nahe, nicht nur auf die Preispunkte, sondern vielmehr auf den Nutzen des gesamten Retail Mix (darunter verstehen wir unter anderem geschultes Verkaufspersonal und das Angebot eines After Sales Service wie Änderungsschneidereien) und somit auf das Preis-Leistungs-Verhältnis zu setzen.

Neben der Erfassung der Nutzenbeiträge der Merkmalsausprägungen kann auch die relative Wichtigkeit eines jeden Konzeptes für die Präferenzbildung bestimmt werden. Hierbei erreicht der Preis beim Handel die höchste Spannweite. Bei den Konsumenten hingegen beträgt die Nutzenstiftung nur ca. ein Drittel dieses Wertes. Nur die Marke erreicht im Handel annähernd die gleiche Bedeutung wie der Preis. Den Konsumenten spendet sie 40 Prozent mehr Nutzen als der Preis und ist der Hauptnutzentreiber. Der Preis findet sich erst auf dem vierten Platz wieder. Preis und Marke können somit als Nutzentreiber des Handels festgehalten werden, wohingegen der Konsument auf die Marke setzt und erst an vierter Stelle den Preis als Kriterium zurate zieht. Im Vergleich der Nutzenverteilung von Konsumenten und Handel fallen somit deutliche Unterschiede in der Rangfolge der Nutzentreiber auf. Der Handel definiert seine Verkaufsargumente hauptsächlich im Spannungsfeld Preis und Marke. Der Konsument hingegen definiert den Einkauf hauptsächlich über die Marke und über seine hohe Affinität zu modischen Produkten. Auch auf Basis dieser Ergebnisse zeigt sich nachhaltig, dass der gehobene Handel bei der Sortimentsgestaltung auf die Kraft der Marke setzen sollte.

Die Ergebnisse zeigen, dass die CA interessante und praktikable Aussagen über den Anteil jedes Merkmals zur Kaufentscheidung beiträgt. Darüber hinaus sind die Teilnutzenwerte eine hervorragende Basis für eine zielgruppenspezifische Auswertung der Daten. Letztlich bieten die Ergebnisse eine fundierte Grundlage zur Bildung der Categories, so dass Hersteller und Händler aktiv die Bedürfnisse und Wünsche des Konsumenten mit einfließen lassen können.

5. Fazit

Die Untersuchung zeigt, dass der Handel die Präferenzen der Konsumenten und somit ihre Wünsche und Bedürfnisse teilweise falsch einschätzt. Am deutlichsten lässt sich dies an der höheren Affinität für modische Produkte bei den Konsumenten erkennen. Hier verschenkt der Handel Umsatzpotenzial oder vermindert zumindest die Abverkaufswahrscheinlichkeit einzelner Produkte.

Eine partnerschaftliche Sortimentsgestaltung auf Basis dieser Ergebnisse ermöglicht uns und dem Händler, das Umsatzpotenzial voll auszuschöpfen. Bei der Marke geht Boss als eindeutiger Gewinner des untersuchten Markenumfeldes hervor. Der hochwertige Bekleidungshandel muss diese Star-Marke führen, denn diese stiftet dem Endverbraucher einen großen Nutzen und fungiert somit als „Türöffner". Im Segment der New Menswear sehen die Konsumenten die Marke Hugo als Anker im Sortiment. Sie gibt ihnen Sicherheit und Vertrauen, wenn es um innovative Proportionen, Schnitte und Outfits geht.

Neben der Marke ist nicht der Preis, wie oftmals vom Handel vermutet, das wichtigste Merkmal für den Konsumenten. So lässt sich feststellen, dass die Nachfrage bis 499 Euro konstant hoch bleibt und erst über 500 Euro nachlässt. Aus dieser relativen Preisunsensibilität lässt sich ableiten, dass der hochwertige Handel bis zur 500 Euro Preisschwelle ein breites Produktangebot bieten und erst darüber hinaus die Anzahl der geführten Modelle beschränken sollte.

Ein weiteres abgefragtes Merkmal ist der Service. Als Grundregel lässt sich ableiten, dass die Bedeutung des Services mit zunehmenden Einkaufsvolumen steigt. Ein modisch anspruchsvoller Kunde erwartet ein zuvorkommendes, gut ausgebildetes Verkaufspersonal. Um dies gewährleisten zu können, muss der Hersteller dem Handel ein breit gefächertes Trainingsangebot anbieten, das von einem web-basierten Training bis hin zu Produkt- und Markenschulungen jeglichen Bedarf abdeckt.

Ein ähnliches Ergebnis kristallisiert sich auch für das Einkaufserlebnis heraus. Der Kunde möchte emotional angesprochen werden, den Lebensstil der Marke und somit auch seinen Lebensstil im Geschäft wiederfinden. Aus diesem Grunde sollte dem Handel ein auf jede Marke abgestimmtes Shopkonzept mit dazugehörigem Visual Merchandising angeboten werden. Daraus kann er das Shopkonzept, ob Freestanding Shop, Shop-in-Shop oder einzelne Warenträger und Verkaufsunterstützung individuell auf seine Bedürfnisse abstimmen.

Diese Maßnahmen ermöglichen es, individuell auf die Wünsche der einzelnen Handelspartner einzugehen und ihnen zu helfen, den Abverkauf durch bessere Kenntnis der Wünsche und Bedürfnisse der Konsumenten zu steigern.

Literatur

Backhaus, K./Büschken, J./Voeth, M.: Internationales Marketing, 3. Auflage, Stuttgart 2000.
Backhaus, K./Erichson, B./Plinke, W./Weiber, R.: Multivariate Analysemethoden: Eine anwendungsorientierte Einführung, 9. Auflage, Berlin, Heidelberg 2000.
Braun, M.: Becoming an Institutional Brand. A long-Term-Strategy for Luxury Goods, St. Gallen 1997.
Büschken, J.: Conjoint-Analyse: Methodische Grundlagen und Anwendungen in der Marktforschungspraxis, in: Tomczak, T./Reinecke, S. (Hrsg.): Thexis, Marktforschung, St. Gallen 1994, S. 72–89.
Kroeber-Riel, W.: Strategie und Technik der Werbung: verhaltenswissenschaftliche Ansätze, 4. Auflage, Stuttgart 1993.
Lamprecht, C./Gömann, S.: Erfolgsfaktoren der Marketingkommunikation in Online-Medien, in: Diller, H. (Hrsg.): Arbeitspapier Nr. 60 der Universität Erlangen-Nürnberg, Nürnberg 1997.
Meffert, H.: Marketing. Grundlagen marktorientierter Unternehmensführung: Konzepte – Instrumente – Praxisbeispiele, 9. Auflage, Wiesbaden 2000.
Mercer Management Consulting: Preis- und Sortimentsmanagement als Erfolgshebel im Einzelhandel, München 2002.
Mühlmann, H.: Luxus und Komfort. Wortgeschichte und Wortvergleich, Bonn 1975.
Perrey, J.: Erhebungsdesign-Effekte bei der Conjoint-Analyse, in: Marketing ZFP, 18. Jg., Heft 2, 1996, S. 105–116.
Sälzer, B.: Internationale Markenführung am Beispiel Hugo Boss, in Thexis – Fachzeitschrift für Marketing, St. Gallen 2002.
Schweikl, H.: Computergestützte Präferenzanalyse mit individuell wichtigen Produktmerkmalen, Berlin 1985.
Simon, H.-J.: Die Marke ist die Botschaft, Hamburg 1994.

Kapitel 6

Erfolgreiche Strategien

6.1 Aldi – Das Muster der Einfachheit: Weniger ist mehr
Dieter Brandes

6.2 Mango und Zara – Besonderheiten der neuen vertikalen Anbieter im deutschen Textileinzelhandel
Wolfgang Merkle

6.3 Conley's Modekontor – Ein innovatives Lifestyle-Konzept für den Versandhandel
Andrew Parkin

Dieter Brandes

6.1 Aldi – Das Muster der Einfachheit: Weniger ist mehr

1. Einleitung
2. Womit sich der Einzelhandel beschäftigt
2.1 Sortimentspolitik
2.2 Methoden der Unternehmensführung

3. Womit sich Aldi beschäftigt
3.1 Die Unternehmenskultur von Aldi – Der Schlüssel zum Erfolg
3.2 Die wesensbestimmenden (Erfolgs-)Elemente

4. Was der Handel braucht

Literatur

1. Einleitung

Große Teile des Lebensmittelhandels sehen dem Albrecht-Prinzip und seinem Erfolg ratlos zu. Man dürfe es doch nicht zulassen, dass zwei Einzelhändler immer größer würden, indem sie etwas aus dem Vollsortiment herauspickten. Es ist kein Geheimnis, dass die Konkurrenz überall an Orten, in denen Albrecht stark expandiert, auf Gegenmaßnahmen sinnt.

Die Gebrüder Albrecht lieferten im Lebensmittelhandel den meisten Gesprächsstoff, so heißt es in dem zitierten Text der *Frankfurter Allgemeinen Zeitung* aus dem Jahr 1966 (22.12.1966). Das ist heute, fast 40 Jahre später, überhaupt nicht anders. Im Jahre 2003 wird eifrig über die Gründe diskutiert, die Aldi im Jahr nach der Euro-Umstellung einen Umsatzzuwachs von 15 Prozent gegenüber minus 5 Prozent bei den Mitbewerbern bescherten. Darüber hinaus rangieren die Albrecht-Brüder auf der Liste der reichsten Männer der Welt an dritter Stelle, als reichste Nicht-Amerikaner, als reichste Europäer. Wollte jemand das Unternehmen kaufen, so müsste er dafür den Gegenwert von DaimlerChrysler oder achtmal Lufthansa auf den Tisch legen. Einige Markenartikelhersteller und andere große Gruppen aus dem deutschen Lebensmittelhandel beginnen erneut Diskussionen über moralische Kategorien und über die Verarmung der deutschen Verbraucher. Warum ist das so?

2. Womit sich der Einzelhandel beschäftigt

Viele Einzelhändler in Deutschland leiden unter einer schwachen Konjunktur und unter der Kaufzurückhaltung der Verbraucher, aber besonders unter traditionell niedrigen Gewinnen. Selbst in Zeiten hoher Konsumausgaben und guter volkswirtschaftlicher Entwicklung kämpften Einzelhändler untereinander und gegeneinander um die Verbesserung ihrer schmalen Gewinnmargen. Nach außen war das immer zu spüren an ausufernden Sortimenten, da ja vermeintlich jeder neue Artikel zusätzlichen Umsatz bringt. Es war auch immer zu bemerken an einer immer weiter verfeinerten Aktionitis, an Sonderangeboten und Werbekampagnen aller Art.

Neuerdings wird das ergänzt um Bonussysteme, Rabattaktionen und Kundenkarten. Dies sind alles Versuche, mit der Unsicherheit und Ratlosigkeit umzugehen. Aktionismus, Geschäftigkeit, Scheinaktivitäten und sogar die „Flucht" in den Perfektionismus sind Folgen, die bei vielen Einzelhandelsunternehmen zu beobachten sind. Diese Unternehmen in Deutschland erzielen Umsatzrenditen von meistens nicht mehr als einem Prozent, bei vielen ist dieser Prozentsatz rot getönt. Aldi, das Unternehmen mit einem vom Üblichen abweichenden Geschäftsmodell, aber vor allem mit völlig anderen Methoden der Unternehmensführung, erzielt Gewinne von 4 Prozent und mehr.

Es sind zwei Felder, auf denen sich die Dramen unzulänglicher Unternehmensführung abspielen: in der Sortimentspolitik und in der Anwendung der vielfältigsten Methoden zur Ansammlung und Umsetzung von Informationen zur scheinbar besseren Unternehmenssteuerung.

2.1 Sortimentspolitik

Ein wesentlicher Aspekt der Sortimentspolitik ist die Vielfalt des Angebots. Sie ist für den Konsumenten unübersichtlich. Der Zuwachs an Artikeln geht gegen unendlich. Der Verbraucher muss letztlich im Selbstbedienungshandel allein seine Wahl treffen. Er kann das allerdings kaum bewältigen – er braucht eigentlich Hilfe.

Der Trendforscher Matthias Horx stellte schon 1994 fest: *„Der Konsument will von zu viel Neuem entlastet werden. Er will die angebotenen Waren einfacher, dauerhafter, billiger, schlichter und ökologischer."* Man könnte hinzufügen: und ehrlicher. Er will sich verlassen können, er kann die Komplexität der Vielfalt nur bewältigen, wenn er Vertrauen gewinnt zum Angebot seines Händlers; denn Niklas Luhmann weiß: *„Vertrauen verringert Komplexität"* (vgl. Luhmann, 1989).

Die Zeitschrift *Psychologie Heute* berichtet über ein Feldexperiment amerikanischer Forscher *(Journal of Personality and Social Psychology 6/2000)*. Danach tendieren die Konsumenten zu einfacheren, klareren Angeboten. Sie fühlen sich überfordert von der Vielfalt. Klare, übersichtliche, kleinere Angebote sind offensichtlich erfolgreicher. Bei einem Vergleich von Konfitürensorten aus alternativen Angeboten ergaben sich Ergebnisse nach der folgenden Abb. 1.

	24 Sorten	6 Sorten
Kunden, die interessiert stehen bleiben	60 %	40 %
Von den interessierten Kunden kaufen	3 %	30 %
Von 1.000 Kunden kaufen tatsächlich	18	120

Abb. 1: Reaktion der Konsumenten auf Sortenvielfalt im Regal

In einem weiteren Experiment konnten Testpersonen zwischen 30 Schokoladenmarken auswählen. Die Auswahl machte zunächst Spaß, anschließend aber waren die Testpersonen frustrierter als andere Personen mit kleinerer Auswahl. Sie bereuten ihre Wahl teilweise. Die Forscher erklären die Unzufriedenheit so: Wer mit einem Überangebot konfrontiert wird, fühlt sich besonders verantwortlich für die getroffene Wahl. Er zweifelt, ob es nicht eine noch bessere Option gegeben hätte. Das führt zu einem Gefühl der Überforderung, zu Stress und Frustration.

Anbieter könnten eine Vorauswahl für ihre Kunden treffen. Sie wählen das Beste für ihn. Sie machen ihm seine Wahl so einfach und sicher wie möglich. Das ist ein besonderer Service, eine besondere Leistung, die von Marketing-Experten bisher so kaum registriert wurde. Die vorherrschende Meinung ist: großes Angebot = besondere Leistung. Der Erfolg von Aldi liegt auch in diesen Einsichten begründet.

Unternehmer könnten ihre Kunden bei der Qual der Wahl entlasten. Sie könnten als *Treuhänder ihrer Kunden* wirken. Die Kunden wissen: Mein Lieferant wählt das für mich beste Produkt aus. Ich kann mich auf ihn verlassen. Das wäre praktische, konkrete Kundenorientierung.

Unternehmen aber verwirren nicht nur ihre Kunden mit unübersichtlicher Vielfalt, sondern mehr noch sich selbst. Die folgende Tabelle zeigt das Sortiment eines innerstädtischen großen Kaufhauses. Im Angebot sind 20 verschiedene Modelle von Thermoskannen. Davon wurden im Laufe eines ganzen Jahres in jedem Monat immer mehr als zwei Exemplare pro Modell verkauft. Bei den angebotenen 25 Kaffeemaschinen gab es acht Modelle, von denen in jedem der zwölf Monate durchschnittlich weniger als zwei (also null oder eins) verkauft wurden. Beim Wasserkocher waren es fünf Modelle, deren Absatz jeden Monat unter zwei Stück lag.

	Thermoskanne	Wasserkocher	Kaffeemaschine
Anzahl Modelle im Angebot	20	14	25
Anzahl Modelle mit Absatz < 2 Stück pro Monat	0	5	8

Abb. 2: Angebotsvielfalt und Absatzmengen am Beispiel eines Kaufhauses

Dieses Beispiel zeigt, dass die Sortimentsbestimmung nicht absatz- und kundenorientiert erfolgt sein kann. Es ist zu bezweifeln, dass hier konzeptionelle Gedanken zugrunde liegen. Solche Beispiele gibt es im deutschen Einzelhandel vermehrt.

2.2 Methoden der Unternehmensführung

Fast parallel zur ausufernden Sortimentsvielfalt gibt es eine ständig wachsende Menge an Methoden, die den Unternehmen angeboten werden oder die diese selbst erfinden. Ratlosigkeit, Geschäftigkeit oder der aus Angst entstehende Hang zur Perfektion lässt die Unternehmen immer mehr nach Strohhalmen greifen, die ihnen helfen sollen, die Gewinnmargen zu verbessern. Diese Methoden tragen Namen wie Customer Relationship Management, Efficient Consumer Response, Supply Chain Management, Category Management, aber auch Riskmanagement und Wissensmanagement. Man spricht über Wertschöpfungspotenziale, Innovationen und Prozessketten. Der Chief Information Officer versorgt das Management mit den vermeintlich wichtigen Informationen. Doch auch wenn Wissensmanagement und Informationsmanagement gut funktionieren, scheint den Unternehmen doch offensichtlich die Orientierung zu fehlen. Sie scheinen dann immer noch nicht zu wissen, warum und in welche Richtung sie sich bewegen sollen. Denn die Ergebnisse im deutschen Einzelhandel haben sich seit Jahrzehnten nicht verbessert.

Peter Drucker behauptet, dass die Topmanager heute schlechter informiert seien als ihre Kollegen vor 30 Jahren. Und als Grund nennt er die Computer. Computer können alle Informationen ermitteln, verarbeiten, vergleichen und neue Informationen aus verschiedensten Verbindungen zwischen den Daten entwickeln. Manager wissen dann vermeintlich alles, nur nichts darüber, was die Kunden wirklich wünschen. Dabei ist dieses Wissen oder die Einschätzung darüber nicht so schwer zu erlangen. Gerade im Einzelhandel sind alle Beschäftigten auf der anderen Seite auch die Käufer und Anwender der von ihnen selbst verkauften Produkte. Sie alle haben einen viel leichteren Zugang zu ihrer Ware und ein viel besseres Urteilsvermögen als ein Beschäftigter beim Raketenhersteller. Jack Welch: *„Unternehmensführung ist einfach. Das ist doch keine Raketenwissenschaft".*

Aldi dagegen ist ein Unternehmen des gesunden Menschenverstandes, ein Unternehmen, das in der Lage ist, mit fast traumhafter Sicherheit, Vernünftiges und Selbstverständliches in die Praxis umzusetzen. Aldi verwirklicht Dinge, während andere die Perfektion optimieren. Einige Fallstudien zeigen, auf welche fatalen methodischen Wegen sich Unternehmen heute begeben:

Fallstudie von der Perfektion: „Preispolitik nach McKinsey"

Um fatale Fehler bei der Preisgestaltung zu vermeiden, muss das Preisimage verstanden werden. Das sagen McKinsey-Handelsexperten (*Lebensmittel-Zeitung*, 22.02.2002).

Es ginge darum, die Preiswahrnehmung durch den Kunden in den Fokus zu stellen und aktiv zu managen. Das vorrangige Ziel müsse sein, die Preiswahrnehmung und den echten Preis miteinander zu verbinden und daraus eine Preisstrategie zu machen. Ein simples Beispiel sei: Wenn der Kunde denkt, bestimmte Artikel in einem Markt seien teuer, warum sollten diese Artikel dann nicht tatsächlich im Preis angehoben werden? Systematisches Pricing sei aufwendig, aber lohnend.

McKinsey empfiehlt dann die Bestimmung der eigenen Kundengruppen und eines geeigneten Warenkorbes für jede Kundengruppe. Man gesteht zu, das sei komplex und ohne aufwendige Marktforschung nicht zu bewältigen. Der Kunde habe nur ein Gefühl für den Preis bei hochfrequentierten Artikeln. Beim Gros der Artikel habe der Kunde keine Preisvorstellung, kaum Erinnerungen. Kunden hätten eine geringe Preiswahrnehmung. Bei diesen Artikeln könne man mit Preisaufschlägen gegenüber der Konkurrenz Marge machen. Der Kunde würde das nicht merken. Das rechtfertige und rechne dann eine aufwendige Marktforschung. Bei den so genannten Key-Value-Artikeln (Massenartikel) gibt es dagegen eine gute Preiskenntnis der Kunden mit einer hohen Bedeutung der Preiswahrnehmung. Hier müsse in Preissenkung investiert werden, um den Wettbewerb zu unterbieten.

Die McKinsey-Weisheiten fordern zu einigen Fragen heraus. Welche Kundengruppen haben Real, Metro, Globus, Tengelmann und Karstadt? Muss das erforscht werden? Vielleicht ist das noch vorstellbar für konkrete Läden an konkret zu bestimmenden Standorten wie für Douglas und Spar in der Eppendorfer Landstraße in Hamburg, aber doch nicht für Hunderte und Tausend von Geschäften quer durchs Land. Und dabei würde man immer nur zu gefährlichen Durchschnittswerten ohne Relevanz für den konkreten Fall kommen. Und das alles etwa für 20.000 Artikel?

Zu bezweifeln ist, ob der Kunde wirklich die so genannten Schnelldreher-Preise kennt, oder ob er seine Meinung nicht viel mehr auch bei einigen ihm gut bekannten Lieblingsprodukten bildet, die er vergleicht. Solche aufwendigen Marktforschungen hat Aldi nie durchgeführt. Die Manager aller Anbieter können mehr erfahren durch Nachdenken und Beobachtung als durch Marktforschung.

Falsch ist auch die Vorstellung, dass Toom in die Schnelldreher Milch, Butter und Bier investieren muss, um Real zu unterbieten. Was macht dann Real? Schließlich: Geht es um die Gefühle der Kunden oder um Wahrheiten? Geht es um kurzfristige und kurzsichtige Optimierungen oder um den Sinn eines ehrlichen Angebots im Rahmen einer sinnvollen schlüssigen Strategie? Geht es um Kundenbindung über Vertrauen und Glaubwürdigkeit, um Treuhandverhältnisse oder um: so viel nehmen wie möglich?

Fallstudie: Preisstrategie für Konsumgüteranbieter

Für die langfristige Preisstrategie der Konsumgüteranbieter empfiehlt McKinsey (*Lebensmittel-Zeitung*, 25.10.2002) die Beschaffung detaillierter Informationen zur makroökonomischen Entwicklung (BIP pro Kopf, Arbeitslosenrate, Sparquote, Inflationsrate, Wechselkurse etc.). Außerdem Informationen zum Kategoriewachstum, zur Entwicklung der Produktnachfrage bzw. des Produktangebots innerhalb der Kategorie, der Veränderung der Industriekostenkurve bzw. des Profitpools sowie zu gesetzlichen Rahmenbedingungen und segmentspezifischen Trends. Schließlich auch Informationen über sämtliche relevante Mitbewerber, ihre Marktanteile und ihre Endverbraucherwahrnehmung hinsichtlich des Kosten-Nutzen-Verhältnisses. Über ein Reverse-Engineering sollten die Kostenstrukturen der Mitbewerber sowie eine weiterführende Analyse der Fertigkeiten und möglichen Intentionen der Wettbewerber abgeleitet werden. Nach Zusammenführung aller Informationen wird dann eine stringente Handlungsempfehlung entwickelt, um anschließend in einem iterativen Prozess Strategien zu formulieren, die mit Hilfe spieltheoretischer Methoden auf mögliche Reaktionen der Mitbewerber, Händler, Konsumenten getestet werden. Das bestmögliche Ergebnis wird dann nach Durchlaufen einer Reihe von Testrunden bei unterschiedlichen Rahmenbedingungen erzielt.

Weniger ist mehr wäre den Beteiligten zuzurufen. Klarheit gewinnen über eigene Grundsätze und Strategien heißt die Uraufgabe. Damit gewinnt man Orientierung. Dann wird deutlich, dass man auf den McKinsey-Umweg verzichten kann, Unsummen an Energie, Zeit und Kosten spart und letztlich ein besseres Ergebnis erzielt. Solche Methoden mit massenhaften Datenerhebungen begründen letztlich auch die Entwicklung von ECR- und CRM-Systemen.

Fallstudie: „Den Käseumsatz steigern"

Die Ausgangslage: Globus, ein führendes SB-Warenhausunternehmen, Arla Foods, größtes europäisches Molkereiunternehmen und ACNielsen als Berater sehen im Category Management (CM) eine der tragenden Säulen des Efficient Consumer Response (ECR). Dabei geht es ihnen, geleitet von den Verbraucherbedürfnissen, um die Effizienzsteigerung und letztlich um die Ergebnisverbesserung. Berichtet wird, dass Globus und Arla Foods mit Unterstützung von ACNielsen einen pragmatischen Ansatz implementiert hätten, der Händler und Hersteller effizient zum Ziel führen soll. In diesem Beispiel geht es darum, die Umsatzmöglichkeiten im Käsesortiment besser zu nutzen (Lebensmittel-Zeitung 03.08.2001). So wird der Weg von den Beteiligten beschrieben:

1. Arla Foods führt eine repräsentative Befragung mit 1.500 Einzelinterviews bei Käsekonsumenten durch. Damit gewinnt man detaillierte Erkenntnisse über das Verwendungs- und Kaufverhalten.

2. Dann führt man eine Abgrenzung und Segmentierung der Kategorie durch. Das ist die Basis für die Festlegung der Rolle (Pflicht) für die Kategorie „Käse SB".

3. Für die anschließende „Analyse der Kategorie" setzt Arla Foods den ACNielsen-Trade Planner ein. Mit diesem Tool werden die Stärken, Schwächen, Chancen und Risiken der Kategorie aufgedeckt.

4. Bei der Analyse nutzt man als zentrale Kennziffern: das Kundenpotenzial (Umsatzbedeutung der Globus-Kunden an der Kategorie im Gesamtmarkt) und die Geschäftsstättenloyalität (Ausgabenanteil, den die Kunden bei Globus decken).

5. Diese Kennzahlen sind die Determinanten des Marktanteils von Globus. Anhand dieser beiden Erfolgsfaktoren teilt man die Kategorien und Segmente in vier Felder ein. Käse SB befand sich im Feld „überdurchschnittliches Kundenpotenzial"!, aber „unterdurchschnittliche Loyalität". Entsprechend ergibt sich das Ziel: die Lücke in der Einkaufsstättentreue zu schließen. Als Strategie wird festgelegt: „Erhöhung der Kundenfrequenz und Steigerung des Transaktionswertes".

6. Für die Verfolgung der Strategie stehen die taktischen Maßnahmen der Sortiments- und Promotionoptimierung im Vordergrund. Mit Hilfe des ACNielsen-Tools „Consumer Driven Assortment" wird das verbraucherorientierte Sortiment – unter besonderer Berücksichtigung der Globus-Kunden – schnell ermittelt. Dabei werden mehrere entscheidungsrelevante Leistungskennziffern aus dem Haushalts- und Handelspanel in einer Scorecard zusammengespielt. Dabei stehen drei Key Performance Indicators (KPI) im Mittelpunkt: Erhöhung der Käuferreichweite, Erhöhung der Ausgabenintensität und der Loyalität.

7. Unter Berücksichtigung der gewählten Strategie werden der kumulierten Käuferreichweite und dem durchschnittlichen Abverkauf pro Markt auf Basis aller Einzelartikel die größte Gewichtung beigemessen. Der daraus resultierende Sortimentsvorschlag wird mit Hilfe der Space-Management-Software in Planogramme umgesetzt.

8. Sodann setzt man den Promotion Planner ein, um das optimale Promotion-Mix für die Kategorie zu bestimmen.

9. Mit Hilfe einer Ursachen-Wirkung-Analyse (multivariate Regression) werden auf Basis von repräsentativen Scanner-Rohdaten die Absatz- und Umsatzeffekte der Aktionsmaßnahmen ermittelt. Nach Bereinigung um Einflüsse aus Saison, Trend, Geschäftsgröße, Geschäftsstandort und klassischer Werbung wird die zusätzliche Abverkaufsleistung von Handzetteln, Tageszeitungsinseraten, Display sowie Aktionspreis – aber auch Normalpreisreduktionen – quantifiziert.

10. Das Ergebnis ist ein konkreter Promotion-Plan, der von den Absatzsteigerungseffekten der Marken, deren Kreuzbeziehungen untereinander sowie der Auswirkung auf die Kategorie Käse SB bestimmt wird.

11. Schließlich werden Testmärkte eingerichtet. Mit Spannung erwartet man die abschließenden Ergebnisse nach einem Zeitraum von sechs Monaten.

Aldi und viele andere Unternehmen wurden erfolgreich *vor* der Erfindung von ECR und CM. Bei Globus, einem erfolgreichen Unternehmen im Markt der SB-Warenhäuser, gibt es noch Hunderte oder gar Tausende dem „Käse in SB" vergleichbare Kategorien. Das hier aufgezeigte Modell ist äußerst komplex und zeitaufwendig. Die Ergebnisse müssen natürlich noch von verantwortlichen Managern betrachtet werden – und das dann für eine große Zahl von Kategorien, was allein aus den zeitlichen Anforderungen heraus undurchführbar wäre. Mit solchen Modellen aber beschäftigt man sich im Einzelhandel. Eine Form der Flucht aus der drängenden Verantwortung, eine Form des Aktionismus. Untauglich für die praktische Arbeit, höchstens geeignet für ein Seminar oder eine Übung an der Universität.

Aldi geht anders vor und ist damit schneller und erfolgreicher:

1. Man stellt zunächst grundsätzliche Überlegungen im Rahmen des Geschäftsmodells Hard-Discount an: Umsatzsteigerungen erreicht man, wenn es viele zufriedene Kunden gibt, die viel kaufen und auch immer wiederkommen.

2. Sodann überlegt Aldi, welche Käsesorten sinnvollerweise ins Sortiment gehören. Das wird bestimmt von der grundlegenden Unternehmensstrategie: ein in der Artikelzahl beschränktes Sortiment, stark nachgefragte problemlose Artikel des täglichen Grundbedarfs, beste Qualität.

3. Über die in Frage kommenden Artikel wird beraten, intern und mit einigen Lieferanten. Diese Artikel werden dann in einigen Läden über mehrere Wochen oder Monate getestet.

4. Nach der Testperiode wertet man die Ergebnisse aus, prüft vielleicht noch andere Varianten und entscheidet dann, ob diese Artikel generell in allen Läden geführt werden sollen oder ob man auf den Verkauf verzichten will.

> **Fallstudie: Space-Management**
>
> Die Software-Spezialisten Retek und Advanced Visual Technology Ltd. bieten gemeinsam Space-Management-Lösungen an. Man macht CAD-Zeichnungen für Verkaufsflächen mit dem Ziel, für den Handel die Margen pro Flächeneinheit zu steigern. Die Verbindung von Flächen und Point of Sale-Daten sollen ein präziseres Management von Flächen- und Regalplänen ermöglichen, Bestände reduzieren und die Filialgestaltung optimieren.

Auch in diesem Beispiel fehlen den Beratern und Anwendern die am Beginn wichtigen Einsichten über Sinn und Zusammenhänge. Projekte scheitern bereits am Anfang, wenn man sich nicht genügend Mühe macht und Klarheit verschafft, was erreicht werden soll. Was am Anfang versäumt wird, ist später fast nie mehr aufzuholen.

> **Fallstudie: RSM-Preismanagement**
>
> Die Softwarefirma Retek hat ein Modul zum regelbasierenden Preismanagement entwickelt. Die Preise regionaler Wettbewerber werden in das System eingepflegt. Das System schlägt dann für bestimmte Filialen nach zuvor definierten Regeln automatische Preisänderungen vor.

Die Komplexität und Prinzipienlosigkeit solcher Vorschläge lässt sich nicht mehr überbieten. Zunächst müssen ja die interessierenden Preise regelmäßig erhoben werden. Welche Artikel sollten da verglichen werden? Alle? Weiterhin fragt sich, ob es sinnvoll und notwendig ist, für eine Reihe von Filialen unterschiedliche Regeln einzuführen. Schließlich bleibt als entscheidende Frage, ob das Unternehmen überhaupt Grundsätze für seine Preispolitik definiert hat, ob es strategische Prinzipien für die Preisgestaltung hat, und ob es geklärt hat, warum die Kunden gerade in seinen Läden einkaufen sollen.

Aldi ist Toyota ähnlicher als seinen deutschen Mitbewerbern

An diesen Beispielen aus der täglichen Praxis wird der elementare Unterschied zwischen Aldi und seinen Mitbewerbern deutlich. Aldi macht alles anders als alle anderen. Gleiches sagt man von Toyota. Viele Kerngedanken und Prinzipien von Aldi findet man bei Toyota wieder und umgekehrt. Diese Prinzipien sind branchenübergreifend anwendbar. Es sind die Prinzipien, die von Vernunft und von gesundem Menschenverstand geprägt sind. Prinzipien, die in Verantwortung nach Klarheit drängen, die zum Wesentlichen führen und auf überflüssige Spielereien verzichten.

3. Womit sich Aldi beschäftigt

Aldi beschäftigt sich mit dem Wesentlichen. Wesentlich ist, was das Geschäftsmodell im Wesen, im Urkern ausmacht und über Jahre erfolgreich gemacht hat. Das sind zunächst nicht die niedrigen Einkaufspreise aufgrund starker Nachfragekraft, nicht die günstigen Kostenstrukturen oder eine kluge Organisation. Dies wie auch der große Umsatzerfolg und die hohen Gewinne sind das Ergebnis einer prägenden Unternehmenskultur.

3.1 Die Unternehmenskultur von Aldi – Der Schlüssel zum Erfolg

„Das Wesentliche ist für das Auge unsichtbar." Dieser Satz von Saint-Éxupéry kennzeichnet sehr schön das *Geheimnis Aldi*. Ladenausstattungen sind für das Auge ebenso sichtbar wie Sortimente und Preise, und sie konnten durch Mitbewerber leicht kopiert werden. Aber darüber hinaus gibt es viel Unsichtbares, das wesensbestimmend ist, um den Erfolg von Aldi zu verstehen. Es geht um Normen und Werte – um die Unternehmenskultur.

Die Summe kultureller Regeln funktioniert in vielen Gemeinschaften genauso gut wie Gesetze – oft sogar besser. Kulturelle Regeln steuern das Denken, die Gefühle und das Handeln der Mitglieder. Mit solchen Regeln erhält jedes Unternehmen seine eigene, unverwechselbare Identität. Sie schaffen Klarheit darüber, was im Unternehmen als „gut" oder „nicht gut" gilt, was „erlaubt" oder „nicht erlaubt" ist, was „belohnt" und was „bestraft" wird. Unternehmenskultur lebt von Beispielen und Vorbildern, von den besonderen „Typen" des Unternehmens, wozu insbesondere die Gründer und Inhaber gehören. Theo und Karl Albrecht sind solche „Typen", die vorbildlich für die von ihnen gewünschte Unternehmenskultur stehen. Aldi ist entscheidend von seinen Gründern geprägt, und hier liegt wohl auch die Ursache dafür, dass es tatsächlich kaum gelingen konnte, dieses Unternehmen zu kopieren.

„Es gibt letztlich keine effizientere Steuerung als eine ausgeprägte, in sich stimmige Unternehmenskultur. Wenn nämlich die allgemeine Marschrichtung stimmt, kann man den Rest vertrauensvoll der dezentralen Selbstorganisation überlassen. Aufwendige Koordinations- und Kontrollsysteme entfallen." So formulieren es Doppler und Lauterburg (vgl. Doppler/Lauterburg), und so funktioniert es bei Aldi. Die Unternehmensorganisation mit ihrer dezentralen Führung basiert auf dieser Kultur. Dazu gehören Stellenbeschreibungen, die kurz und präzise formuliert sind, und ein ausgeklügeltes Kontrollsystem.

3.2 Die wesensbestimmenden (Erfolgs-)Elemente

Das Prinzip der Einfachheit

Die Erfolgsstory von Aldi ist eine Lehre von der Einfachheit. Alles wird in diesem Unternehmen davon bestimmt. Das eigentliche Aldi-Prinzip lautet: Einfachheit.

Aldi beherrscht die Kunst, das Selbstverständliche, Normale, Vernünftige in die Praxis umzusetzen. Für Aldi wäre eine Vorgehensweise wie bei Globus zur Verbesserung des Käsesortiments undenkbar. Um so viel Ecken zu denken, das hat kein Aldi-Manager in seiner Karriere gelernt. Aldi-Manager haben einfach eine Fähigkeit zur „Kultur der Einfachheit". Nicht das versteckte große Geheimnis hat Aldi zum Erfolg geführt, sondern diese Kunst, die Fähigkeit zum Einfachen. Auch Ikea, das erfolgreichste Möbelhaus der Welt, liefert ein Beispiel dafür, dass Einfachheit eine entscheidende Basis für Erfolg sein kann. Der Gründer Ingvar Kamprad bezeichnet die Einfachheit als eine Tugend. „Komplexe Regeln lähmen, übertriebene Planung ist die gängigste Todesursache von Unternehmen. Einfachheit gibt Stärke."

Einfachheit ist nicht leicht. Zwei entscheidende Komponenten machen die Einfachheit aus:

> *Klarheit und Verzicht zeigen den Weg zum Wesentlichen.*

Erst wenn man sich klar geworden ist, was man wirklich will, warum man es will, dann kann man den einfachen Weg gehen. Der einfache Weg aber ist der Weg des Verzichts. Weglassen, Loslassen. Nicht alles tun, was möglich ist, sondern nur das, was sinnvoll und zweckmäßig ist. Eben das tun, worüber man sich gerade klar geworden ist. Nur der Verzicht ermöglicht die Einfachheit. Nur die Klarheit sagt mir, worauf ich verzichten kann. Globus würde den oben beschriebenen komplexen Weg nicht gegangen sein – nicht einmal als Versuch – wenn man die Prinzipien der Klarheit und des Verzichts befolgt hätte.

Bei Aldi haben die Prinzipien der Einfachheit deutlich sichtbare konkrete Ausformungen:

- Es gibt keine Stabsstellen wie Marketing, Controlling, Organisation, Personalabteilung.
- Es gelten deutlich definierte Ziele und Kompetenzen für alle Positionen.
- Die Unternehmensorganisation ist gekennzeichnet durch Delegation und Dezentralisation.
- Es gibt nur wenige Statistiken als Führungsmittel.
- Budgets oder Jahresplanungen braucht man nicht.
- Verzichtet wird auf Marktforschung und die Analyse unendlicher Datenberge.
- Es gibt keine komplexen Einkaufskonditionen.

Totale Kundenorientierung und Vertrauen

„Jeder, der einem anderen nützt, nützt sich selber."

Dieser Satz von Seneca ist ein Leitgedanke auch von Aldi. Die Unsicheren nennen das in der modernen Managementsprache „Clienting", „Customizing", „Kundenmanagement", Kundenfocussierung" oder „Customer Relationship Management". Aus Angst vor Erfolglosigkeit werden die Themen nebulös umschrieben. Warum ist Kundenorientierung so kompliziert, dass selbst erfahrene Manager damit nicht mehr allein zurechtkommen? Ist es der fehlende Wille oder die mangelnde Umsetzung des Gewollten an der Verkaufsfront? Ist Kundenorientierung nur ein Lippenbekenntnis? Die vielen Worte, die hier gemacht werden, um einfache Gedanken mitzuteilen, sind – mit Schopenhauer gesprochen – untrügliche Zeichen der Mittelmäßigkeit.

Viele tummeln sich mit bahnbrechenden Forschungsergebnissen. So auch das Institut für Handelsforschung Münster. Dort hat man das Preiswissen der Kunden untersucht. Man fragte die Kunden, ob sie die Preise bestimmter Lebensmittelgruppen wie Obst, Molkereiprodukte oder Süßwaren für sehr wichtig oder für sehr unwichtig hielten. Das „sensationelle" Ergebnis: Die Kunden hielten die Preise niemals für unwichtig. Daher findet das Universitätsinstitut es für richtig, dass der Handel sich auf den Preis als zentrales Marketingparameter fixiert. Überraschend fand man es dann, dass viele Kunden keine Preise kannten. Erwähnenswert findet man auch die Vermutung, dass Kunden die Preise der schnell drehenden Artikel besser kennen als diejenigen von Zweit-, Dritt- oder Handelsmarken. Die Schlussfolgerung aus der Untersuchung: Der Handel verschenke massiv Spanne, weil er nicht die Möglichkeiten höherer Preise nutzt. Denn die Kunden hätten oft höhere Preisvorstellungen, als es die Preise tatsächlich sind. Hier würde der deutsche Handel die Zahlungsbereitschaft seiner Kunden nur unzureichend abschöpfen. Man sieht die Notwendigkeit einer systematischen, kundenorientierten Preispolitik. Die Preisbeurteilung der Konsumenten sollte die Grundlage zur Identifikation preispolitischer Spielräume darstellen.

Mit viel Komplexität und entsprechendem Aufwand hat man zunächst die banalsten Erkenntnisse gesammelt und das überall vorhandene Wissen noch einmal bestätigt. Aldi dagegen hat das Ziel, den Konsumenten die niedrigstmöglichen Preise zu bieten. Aldi orientiert sich niemals an vermeintlichen Preisvorstellungen seiner Kunden. Aldi will seine Kunden niemals enttäuschen, sondern glaubwürdig und zuverlässig sein. Weil das über Jahrzehnte gelungen ist, vertrauen die Konsumenten ihrem Händler inzwischen blind. Vertrauen verringert Komplexität. Die Kunden vertrauen Aldi. Aldi verzichtet auf teure und unsinnige Untersuchungen. Aldi investiert alle seine Kraft und Fähigkeit darin, die Produkte für die Kunden noch besser und noch billiger zu machen. Der Erfolg von Aldi im Jahr nach der Euro-Umstellung spricht Bände.

Konsequent nach klaren Zielen arbeiten – trotz täglicher Verlockungen

Viele Menschen – auch Manager – sind wankelmütig. Aber worauf kommt es an? Die Antwort scheint einfach: ein gutes Konzept durchhalten. Richtig erkannte Prinzipien stur verfolgen. Den Verlockungen widerstehen. Konsequenz heißt: Bewährte Methoden nicht dauernd ändern, sondern dem Leitspruch folgen:

„Schuster, bleib bei deinen Leisten."

Aldi hat fast immer danach gehandelt. Um nur ein Beispiel zu nennen: Die Eigenproduktion beschränkte sich auf die Röstung von Kaffee – anders als es die Konsumgenossenschaften in Deutschland und A&P in Amerika handhabten, die bis zu 80 Prozent ihrer Ware selbst produzierten und daran zugrunde gingen.

Allen Verlockungen in verschiedenen Bereichen des Unternehmenslebens hat man bei Aldi widerstanden. Dazu gehören: Ausdehnung des Sortiments, Diversifikation in andere Branchen, Einkaufsentscheidungen aufgrund von Vergünstigungen der Lieferanten. Jahrelang hielt man an der Ablehnung problematischer Artikel wie Obst und Gemüse strikt fest und verzichtete auf Manipulation an den Qualitäten ebenso wie auf die kostspielige Anmietung eines Ladens an einem fantastischen Standort. Solche Konsequenz im Handeln erfordert strenge Disziplin und prägt das Unternehmen und seine Mitarbeiter.

Der Erfolg von Aldi ist ein Erfolg freiwilliger Selbstbeschränkung. Jahrzehntelang hielt Aldi sein Sortiment bei 600 bis 700 Artikeln.

Aldi hat sein ehernes Prinzip vom beschränkten Sortiment nie verändert, auch wenn es für den außenstehenden Betrachter oft so aussah. Aber mit der Einführung von 25 Tiefkühlartikeln wurden eben 25 andere, schwache Artikel, die nicht mehr zum notwendigen Grundbedarf des Haushalts gehörten, gestrichen. Die Sortimente wurden verändert, anders zusammengesetzt, aktualisiert, aber nicht ausgeweitet.

Die Kommentare der Wettbewerber oder der Fachpresse sahen allerdings immer wieder ein Ende, eine Erschlaffung des Konzeptes: Jetzt ist Aldi gezwungen, sein Sortiment auszudehnen. Mit anderen Worten: Jetzt müsse Aldi endlich so werden wie die anderen. Damit werden sie die gleichen Verhältnisse und Bedingungen haben, und der über all die Jahre so störende Konkurrenzvorsprung geht verloren. Das nahmen Fachpresse und Mitbewerber viele Jahre hoffnungsvoll an. Sie täuschten sich. Hier liegt einer der bewundernswerten Erfolge der Aldi-Unternehmenspolitik, einer starken Kultur, nämlich den Verlockungen von Sortimentsausweitungen eben *nicht* zu folgen. Schließlich würden ja 50 Artikel mehr doch nichts ausmachen? Sie könnten doch sicherlich 5 Prozent Umsatzsteigerung bringen. Das wären bei der Größe von Aldi jährlich 600 Millionen Euro allein in Deutschland.

Das Detail ist wichtig

Aldis Devise ist: ausprobieren, schnell sein, Ergebnisse erzielen. Dazu nutzt man die Methode *Versuch und Irrtum*. Hat man sich aber einmal für eine Lösung entschieden, so wird an der Vervollkommnung permanent gearbeitet. Jedes Detail ist wichtig. Vielfach kann der Verbraucher beobachten, wie unzulänglich und nachlässig viele Produkte gefertigt sind oder angeboten werden. Verpackungen werden optisch wunderschön gestaltet, aber sie lassen sich schwer öffnen, ohne den Inhalt gleich zu zerstören oder zu verschütten.

Trotzdem: Auch die Mitarbeiter können nicht das in Ordnung bringen, was vorher ihre Chefs auf den Managementetagen vernachlässigt haben: das Detail. Bei Aldi gibt es eine Detailverliebtheit, nicht weil man Bürokratie oder Pingeligkeit mag, sondern weil man immer wieder erkannt hat, dass Details die Idee und das Produkt vollkommen machen. Das gilt für alle Bereiche des Unternehmens. Für das Sortiment und die Preise ebenso wie für die Konstruktion der Lkws und der Drehkreuzanlagen in den Läden.

Ein Aldi-Geschäftsführer kennt sehr viele Details, ohne dabei die Gesamtstruktur aus dem Auge zu verlieren. Das bedeutet in der Praxis, dass sowohl die Mitglieder des Verwaltungsrates als auch die Geschäftsführer Interesse daran zeigen, wie frisch die Eier in den Läden sind. Interesse am Detail heißt auch, sich selbst als Top-Manager in den Laden zu begeben, in allen Ecken des Unternehmens zu forschen und die hundertfachen Ansatzpunkte aufzugreifen, auf Entscheidungswege zu bringen, Problemlösungen zu finden und umzusetzen – durch Ausprobieren, Testen, Machen.

Den Olymp der Chefetagen zu verlassen und an die Basis zu gehen, ist oft mühevoller als das Philosophieren über die großen Visionen, über Marketing 2010 und die dicken Studien der Marketingstäbe und Unternehmensberater. Arbeit am Detail macht die Tagesmühen am Ort des Geschehens sichtbar – eine ebenso notwendige wie hilfreiche Praxis. Wenige Hierarchiestufen und wenige oder keine Stabsstellen begünstigen diese Arbeitsweise. Das Jahr 2010 ist natürlich im Blick zu behalten, aber gerade die Praktiker auf den unteren Ebenen müssen in Strategieüberlegungen einbezogen werden, um auch die Details der täglichen Geschäfte würdigen und richtig einschätzen zu können.

Orientierung statt Informationsmassen

Bei Aldi gibt es nur wenige, fast an einer Hand abzählbare Statistiken. Sie sind einfach, überschaubar und verständlich, überhaupt nicht wissenschaftlich. Nur die nötigsten Daten werden für das interne Kontroll- und Informationssystem aufbereitet. Man sieht immer noch den Wald trotz furchtbar vieler Bäume.

Aldi braucht keine Datenerhebungen und Analysen zur Ermittlung der „direkten Produktrentabilität" eines jeden Artikels. Bei Aldi weiß man, welche Informationen für das Geschäft wichtig sind, und auf diese kann man sich konzentrieren. Während die Mitbewerber noch kräftig ihre Zahlenkolonnen analysieren oder wochenlang die wichtigsten

Mitarbeiter mit der Budgetplanung beschäftigen, ist Aldi mit dem Denken schon lange fertig und hat alles in die Tat umgesetzt.

Es ist fast unglaublich, wie schwer es vielen Führungskräften fällt, mit wenigen wesentlichen Daten ihre Ziele zu verfolgen. Dank moderner Analyseinstrumente und hoch entwickelter Datenverarbeitungstechniken kann man heute alle nur denkbaren Daten erhalten und sie in jeder denkbaren Kombination miteinander verbinden. Und sich daran wunderbar im warmen Büro festhalten. Viele Manager lieben es, mit großen Zahlenmengen theoretische Erwägungen anzustellen. In vielen Konzernzentralen machen sich Handelsmanager noch immer ein Bild von ihrem Kunden in Form von Marktanteilen, Durchschnittseinkäufen und Kundenbonanalysen aus den Scannerkassen, die Aufschluss über Umsätze zu verschiedenen Tageszeiten und an verschiedenen Standorten geben. Man beschäftigt sich mit Regaloptimierungsprogrammen und Kundenlaufstudien. Doch *warum* der Kunde *was* kauft, bleibt unbekannt.

In den überall sehr umfangreichen Controlling- und Planungsabteilungen und in den Führungsetagen, die sich mit der Interpretation von Statistiken beschäftigen, sollte eine tief greifende Einsicht des deutschen Physik-Nobelpreisträgers, Gerd Binnig (Tunnelraster-Mikroskop), bedacht werden:

„Kreative Leistungen erfordern auch ein gewisses Maß an Dummheit im Sinne des Verzichts auf Informationen."

Wer sich mit viel Wissen vollstopft, kann zwar Vorhandenes sehr gut verstehen, aber kaum noch Neues schaffen. Daten gibt es genug, allein es fehlt an Informationen. Wie erhält man aber entscheidungsrelevante Informationen aus zigtausend Daten? So werden z. B. immer wieder bessere Informationen über Kostenstrukturen gefordert. Viele kunstvolle Versuche werden unternommen, Kosten nach scheinbar intelligenten Methoden auf Kostenträger und Kostenstellen verteilt.

Ein wesentliches Führungsmittel ist immer wieder, allen Mitarbeitern in Gesprächen, Besprechungen oder über die Stellenbeschreibungen deutlich zu machen, dass maximale Leistungen und kontinuierliche Verbesserungen erwartet werden. Diese Leistungen werden auch gemessen, z. B. in Produktivitätskennzahlen wie Umsatz pro Mitarbeiter in Laden, Lager, Fuhrpark sowie Betriebs- und Zeitvergleiche über alle Leistungs- und Kostengrößen zwischen einzelnen Abteilungen oder Verkaufsbezirken oder zwischen den verschiedenen Aldi-Gesellschaften. Auch der Zeitvergleich mit Vormonaten und Vorjahren ist wesentliches Steuerungsinstrument, bei dem zusätzlich zum Betriebsvergleich die relativen Entwicklungen verfolgt und bewertet werden können.

Dadurch entsteht ein Wettbewerb, der die Maßstäbe setzt und jede Controllingabteilung oder sonstige Sollwert-Ermittlungen sowie Budgets und Planungsvorgaben überflüssig macht. Bei Ist-Zahlen-Vergleichen werden Tatsachen mit Tatsachen verglichen und nicht Wunschzahlen und Prognosen auf der einen mit Echtzahlen auf der anderen Seite. Umsatz und Kosten, ausgedrückt in Geld, sind nützliche Maßstäbe. Und es ist sinnvoller, wenige Zahlen sorgfältig zu betrachten und zu hinterfragen, als Zahlenmassen vom Computer in alle denkbaren Beziehungen zu bringen. Maschinell erstellte Zahlenfriedhöfe sind zur Unternehmensführung nicht geeignet. Bei Aldi findet ein sinnvolles, nämlich ein internes, Benchmarking statt. Budgets im Sinne von Jahresplanungen und -vorgaben für einzelne Abteilungen, Unternehmensbereiche oder Kostenarten sind völlig überflüssig, sie sind ungeeignet zur Steuerung oder Kontrolle.

Bevor man sich auf die nächsten Statistiken aus dem Data Warehouse stürzt (der ja alles erklärt …), sollte man im Supermarkt vielleicht einmal darüber nachdenken, ob das Verkaufspreisverhältnis zwischen Jacobs-Krönung 500 g und 250 g wohl zweckmäßig ist, wenn man die Unternehmensziele oder das Thema Single-Haushalte oder absoluter Rohertrag insgesamt betrachtet. Generelles Nachdenken über prinzipielle Fragen wie z. B. über preispolitische Zusammenhänge – ohne die Belastung durch Zahlenkolonnen – ist also ebenso notwendig wie Fantasie und Vorstellungskraft darüber zu entwickeln, wie Kunden auf eine solche veränderte Preispolitik reagieren könnten. So lässt sich die Aussage des Physikers Binnig für den Lebensmittel-Einzelhändler übersetzen.

Die Kernfrage, auf die ein Erfolgreicher eine klare Antwort geben kann, lautet:

„Warum sollen die Leute mein Produkt kaufen?"

Ausprobieren statt endloser Analyse: Versuch und Irrtum

Tom Peters und Robert Waterman propagieren in ihrem Buch „Auf der Suche nach Spitzenleistungen" das KISS-System: „Keep It Simple and Stupid". Ein Satz, der wie geschaffen ist für die Beschreibung der Aldi-Praxis. Aldi-Leute sind Macher-Typen. Alles wird ausprobiert, möglichst schnell, man hält sich nicht allzu lange auf mit endlosen, tiefsinnigen Analysen. Wenn grundsätzlich alles, was dem Unternehmensziel dienlich ist, erdacht und ausprobiert werden kann, so ist kaum ein besserer Antrieb zu den in der Wirtschaft häufig vermissten Innovationen denkbar. Als günstig erweist sich bei Aldi zudem, dass man beim Ausprobieren niemandem in die Quere kommen kann. Keine Stabsstelle beschwert sich über eventuelle Kompetenzüberschreitungen. Tests sind auch deshalb nicht zu unterschätzen, weil man die Unzulänglichkeiten einer Maßnahme oft genug erst bei der Umsetzung in die Praxis erkennt. Nicht philosophieren, sondern machen heißt die Devise; schnell, radikal, aber konsequent einfach.

Eine hervorragend geeignete Methode im Kaizen-Prozess ist „Versuch und Irrtum". Sie bekommt eine besondere Bedeutung, weil auf diese Weise Ideen und neue Methoden sofort oder zumindest wesentlich schneller in die Praxis umgesetzt werden können. Nach einigen grundsätzlichen Überlegungen wird eine Anwendung unmittelbar in der Praxis geprüft, bevor man lange Zeit mit der exakten Prüfung und Vervollkommnung zubringt. Nach ersten Versuchsergebnissen kann dann eine Anpassung oder Veränderung vorgenommen werden, der Test abgebrochen oder zeitlich verschoben werden.

Diese Methode macht Mut, etwas zu versuchen und dabei vielleicht auch einen Flop zu riskieren. Wenn dies der Fall ist, steht jedoch das Ergebnis im Mittelpunkt, die Erkenntnis, die daraus gewonnen wurde – und nicht die Frage: „Wer hat Schuld?" Fast nie gibt es wirklich richtige oder falsche Entscheidungen. Mit der Methode „Versuch und Irrtum" gelang es Aldi, größere Katastrophen und Irrtümer zu vermeiden. Es waren immer kleine Versuche und kleine Irrtümer. Die weit verbreiteten Analyse- und Entscheidungsverfahren sind meist verbunden mit schriftlichen Ausarbeitungen, mit denen zahlreiche wichtige und teuere Mitarbeiter ihre Zeit zubringen. Im Zweifel gibt es dann einen Kundenkontakt weniger, oder ein Mitarbeitergespräch wird vertagt, bis es nicht mehr nützlich ist. Viele Ausarbeitungen landen am Ende im Reißwolf – es war ja „top secret" – oder verstauben schließlich in der Schublade eines Top-Managers.

Dies alles ist auch gar nicht neu. Eileen C. Shapiro (1996) zitiert in „Trendsurfen in der Chefetage" einen wunderbaren Satz von Mark Twain:

„Kontinuierliche Verbesserungen sind besser als hinausgezögerte Vervollkommnung."

Bei allen neuen Ideen, Entwicklungen technischer oder organisatorischer Art, bei der Einführung neuer Artikel, geänderter Qualitäten oder Verpackungsgrößen arbeitet Aldi nach diesem Grundsatz.

Fair zu Lieferanten: Treuhandverhältnisse

Der Grundsatz eines korrekten und fairen Umgangs gilt vor allem für die Beziehungen zu Lieferanten – auch wenn das den einen oder anderen überraschen mag; denn immer wieder war in der Presse von Knebelungstechniken, Abhängigkeiten und Machtausübung die Rede. Doch dabei handelte es sich in der Regel lediglich um Vermutungen von einigen Fachleuten oder aber um Klagen einzelner Lieferanten, die sich ungerecht behandelt fühlten, weil sie aufgrund schlechter Qualitäten die Geschäftsbeziehung verloren. Bildhaft stellte der Brancheninformationsdienst *Extrakte* diesen Sachverhalt mit einem Satz dar: „Albrecht zahlt nicht nur, dass man die Uhr danach stellen kann, sondern ist auch ein fairer Partner."

So konsequent und fair wie Aldi mit den Kunden umgeht, so korrekt ist auch die oftmals jahrzehntelang andauernde Verbindung zu den Lieferanten. Wichtig ist für Aldi einzig und allein, dass Lieferanten kontinuierlich gute Qualitäten liefern, und natürlich müssen auch die Preise immer wettbewerbsfähig sein. Das wissen auch die Lieferanten. Mit vielen Lieferanten hat Aldi ein partnerschaftliches, aber dennoch sachlich-korrektes, Verhältnis aufgebaut. Man weiß, was man voneinander zu erwarten hat. Man vertraut einander wie in einem Treuhandverhältnis. Gute Lieferanten sind wie Treuhänder für Aldi. Sie sorgen für eine bestmögliche Wahrnehmung der Interessen von Aldi hinsichtlich Qualität, Belieferung, Innovation, Technologie und Hygiene.

Wenn irgendetwas nicht stimmt, so gibt es sehr einfache Sanktionen. Der Lieferant, der bisher vielleicht 20 Lager einer Aldi-Gruppe belieferte, verliert beispielsweise fünf Lager. Nur im Extremfall – und das ist dann immer ein Thema von Qualitäten – verliert er alle. Mit diesem Prinzip der Lagerzuweisung kann man auch neue Lieferanten testen und langsam aufbauen.

Die Branche weiß sehr wohl, dass Aldi ein fairer, zuverlässiger Partner ist. Die manchmal schändlichen Praktiken, die aus dem Wettbewerb bekannt sind, hat es bei Aldi nie gegeben. Wenn heute ein Großer im deutschen Lebensmittelhandel einen Kleinen schluckt, dann zittert die gesamte Nahrungsmittelindustrie. Das übernehmende Unternehmen vergleicht sofort alle Einkaufskonditionen des übernommenen Unternehmens mit den eigenen Konditionen. Das ist selbstverständlich und nützlich, um die eigenen Konditionen zu verbessern oder um auch mit dem neuen höheren Volumen in neue Verhandlungen zu gehen. Aber es geschieht etwas ganz anderes, eigentlich Unglaubliches: Sollte der Kleine irgendwo einen niedrigeren Einkaufspreis als der Große gehabt haben, so fordert der Große die Differenz gleich für zwei Jahre rückwirkend als Gutschrift. Teilweise zieht er die Summe gleich von seiner nächsten Rechnung ab. Das ist pure Machtausübung und hat mit fairen Handelspraktiken nichts zu tun! Vielleicht hat der Kleine mit anderen Voraussetzungen zu besseren logistischen Verhältnissen beigetragen oder einfach erfolgreicher verhandelt. Allerdings mag die Industrie den Fehler begangen haben, ihrem großen Kunden zu sagen, er hätte die besten Konditionen. Unehrlichkeit und Unglaubwürdigkeit kann dann durchaus ihren Preis haben.

Aus dem Verhältnis von Aldi zu seinen Lieferanten kann einiges abgeleitet werden für eine generell bessere Beziehung zwischen Handel und Industrie. Die derzeitigen Verhandlungspraktiken könnten entkrampft und noch mehr versachlicht werden. Druck und Poker sind keine guten Konzepte, wenn man auch in der Zukunft miteinander arbeiten möchte. Eine gute Richtlinie für erfolgreiches Verhandeln bietet das „Harvard Konzept" (Fisher u. a., 2003) bei dem die wichtigste Maxime lautet, dass erfolgreich verhandelt wurde, wenn beide Partner auch in Zukunft gern wieder Geschäfte miteinander machen möchten.

Führen nach den Prinzipien Vertrauen und Kontrolle

Vertrauen ist ein Kernthema der Einfachheit. Es geht um Beziehungen zu Kunden, Lieferanten, Mitarbeitern, Kollegen und Bürgern. Aldi etwa hat ein solches Vertrauensverhältnis mit seinen Kunden aufgrund besonders guter und zuverlässiger Leistungen über Jahrzehnte aufgebaut. Vertrauen war es, das den Kunden nach der Euro-Einführung den Einkauf bei ihrem Aldi erleichtert hat, weil sie wussten: „Aldi rechnet korrekt um. Aldi würde uns niemals trickreich begegnen."

Glaubwürdigkeit und Berechenbarkeit sind die Grundlagen von Vertrauen. Wer glaubwürdig ist, ist stark, in sich gefestigt. Er ist selbstsicher. Ihn wirft es nicht um, wenn er einmal betrogen wird. Er weiß trotzdem um den großen Nutzen des Vertrauens. Vertrauen ist eine gewinnbringende Tugend. Für eine vertrauensorientierte Unternehmensführung steht auch der Jesuitenpater und Moralphilosoph, Rupert Lay:

> *„Manager, die kein Vertrauen aufbauen können,*
> *haben auch keinen ökonomischen Erfolg."*

Vertrauen braucht Kontrolle. In den Unternehmen wird allgemein viel zu wenig kontrolliert. Chefs können ihre Aufgaben nur verantwortlich erfüllen, wenn sie selbst Kontrollen ausführen und sich nicht ausschließlich auf Berichte anderer, auf Reports und Innenrevisionen oder Wirtschaftsprüfer verlassen. Bei Aldi wird nach dem System der regelmäßigen Stichproben kontrolliert. Jeder Vorgesetzte führt sie bei seinen Mitarbeitern monatlich durch. Mitarbeiter haben sogar ein Anrecht darauf. Wie sollte sonst festgestellt werden können, welche guten Leistungen ein Mitarbeiter vollbracht hat? Man sollte niemals Mitarbeitern Aufgaben und Kompetenzen übertragen, wenn man sie zur Ausführung weder für fähig genug hält, noch ihnen volles Vertrauen schenken kann. Vertrauen ist die Grundbedingung, nicht das „vorsichtshalber" eingesetzte Misstrauen. Trotzdem ist es für Vorgesetzte wichtig zu prüfen, ob und wie die delegierten Aufgaben ausgeführt werden. So können z. B. auch Missverständnisse ausgeräumt werden, die bei der Aufgabenübertragung aufgetreten sein können. Beide Partner können sich im Kontrollverfahren genauer über Zielvorstellungen absprechen. Letztlich dient die Kontrolle auch dazu, Fehlerquellen zu vermeiden und Risiken für das Unternehmen zu verringern.

Altmodische Tugenden: Sparsam und bescheiden

Bescheidenheit geht bei Aldi einher mit Sparsamkeit und extremem Kostenbewusstsein. Dies findet sowohl in konkreten Handlungsanweisungen seinen Ausdruck als auch im kontinuierlichen Bemühen, unnötige Kosten auf allen Ebenen zu vermeiden. So gibt es etwa die von Theo Albrecht vorgelebte Übung, bereits beschriebenes Papier auch noch auf der Rückseite zu beschreiben und das Licht auszuschalten, wenn es draußen hell genug ist. Auch durch eine ständige Optimierung der Lampenkonstruktion und der Lux-Zahlen in den Läden wurde Strom gespart.

Dies sind nur einige Beispiele für ein klar ausgerichtetes Verhalten vieler Mitarbeiter, Führungskräfte und Abteilungen. Jeder Versuch, jede Lösung prägt die Unternehmenskultur – sparsam wirtschaften, Verschwendung vermeiden, extremes Kostenbewusstsein. Das japanische Wort für Verschwendung „muda" kannte bei Aldi noch keiner, als alle schon danach handelten. Bei Aldi bemühte man sich schon immer, die unproduktiven Arbeiten zu unterlassen, denn das meint der Begriff Verschwendung.

Aldi glänzte schon immer durch Bescheidenheit, und diese Haltung passt zum wichtigsten Unternehmensteil, den Läden. Hier wird das Geschäft gemacht, hier sind die meisten Mitarbeiter tätig. Der Faktor Glaubwürdigkeit ist nicht zu unterschätzen. Darin besteht eine bemerkenswerte Ähnlichkeit mit den Metro Cash-&-Carry-Betrieben. Bei der Metro kann schon ein Außenstehender Gemeinsamkeiten erkennen: einfach und zweckmäßig ausgestattete Verkaufsräume, spartanisch eingerichtete Büroräume, auch für das Management – der langjährige Metro-Chef, Erwin Conrady, hatte in seinem Düsseldorfer Büro eine noch einfachere Ausstattung als Theo Albrecht, und für seine Mitarbeiter war er immer sichtbar, nur durch Glaswände von ihnen getrennt. Verzicht ist eine der wichtigsten Tugenden von Aldi. Aldi ist spartanisch und asketisch in all seinen Methoden und Techniken.

4. Was der Handel braucht

Warum sollen die Kunden in meinem Laden kaufen? Wenn sich alle diese Frage stellten und sich die Antwort darauf nicht zu leicht machten, dann würde der Einzelhandel bessere Ergebnisse erzielen können. In einem Artikel (Lebensmittelzeitung 1.3.2002) schreibt Jörg Konrad:

„Der Handel weiß nicht, was er sein will – ein Zwitterwesen zwischen Supermarkt und Discount. Der Zweifel bedingt ständige Kurskorrekturen. Es fehlt der Glaube an ein einmal beschlossenes Ladenlayout. Läuft ein umgerüsteter Markt schlecht, wird gleich das ganze Konzept in Frage gestellt. Es kann nicht darum gehen, im Halbjahresrhythmus an Insellösungen und Detailkonzepten zu feilen. Was der Handel braucht, sind klar definierte Auftritte, eine konsequente Umsetzung und eine disziplinierte Führung als Marke. Das verlangt Mut und einen langen Atem und Festhalten an getroffenen Entscheidungen."

Das alles hätte der deutsche Handel über Jahrzehnte bei Aldi beobachten und von Aldi lernen können. Aber das schien manchen offenbar veraltet, altmodisch. Sie wollten das Marketing, das Wissensmanagement, die Supply Chain und das Customer Relationship Management des neuen Jahrtausend.

Literatur

Brandes, D.: Konsequent einfach. Die Aldi Erfolgsstory, 2. Auflage, Frankfurt/Main, New York 1998.
Brandes, D.: Einfach managen. Klarheit und Verzicht – der Weg zum Wesentlichen, Frankfurt/Main, Wien 2002.
Doppler, K./Lauterburg, Chr.: Change Management. Den Unternehmenswandel gestalten, 10. Auflage, Frankfurt/Main, New York 2002.
Fisher, R./Ury, W.: Das Harvard Konzept, Frankfurt/Main, New York 2003.
Luhmann, N.: Vertrauen. Ein Mechanismus der Reduktion sozialer Komplexität, Stuttgart 1989.
Shapiro, E. C.: Trendsurfen in der Chefetage, Unternehmensführung jenseits der Management-Moden, Frankfurt/Main, New York 1996.

Wolfgang Merkle

6.2 Mango und Zara – Besonderheiten der neuen vertikalen Anbieter im deutschen Textileinzelhandel

1. Einleitung: Die öffentliche Diskussion um vertikale Konzepte
2. Begriff und Konzept der Vertikalisierung
3. Positionierung der neuen Vertikalen und Gestaltung der Sortimentspolitik
4. Schnelligkeit und Flexibilität in der Sortimentserstellung
5. Das Präsentationskonzept als Schlüssel der Positionierung
6. Kultur und Organisation als integrative Klammer
7. Fazit: Die zwingende Verbindung zwischen technologischen und kulturellen Elementen

Literatur

1. Einleitung: Die öffentliche Diskussion um vertikale Konzepte

In den letzten Jahren unterliegt der deutsche Textileinzelhandel einem rasanten Wandel. Gesättigte Märkte, die steigende Preis-Sensibilisierung der Konsumenten, die allgemein abnehmende Wertschätzung klassischer Anbieter verbunden mit zu wenigen branchen-eigenen Impulsen, haben zu einem deutlichen Abschmelzungsprozess bei den traditionellen Betriebsformen geführt. In dieser Situation erzielen insbesondere die discountierenden Betriebsformen erhebliche Marktanteilsgewinne. Gleichzeitig konnten sich bisher vor allem aber auch die so genannten neuen „vertikalen Anbieter" von dem allgemeinen Trend abkoppeln, wodurch insbesondere seit dem Eintritt internationaler Konzepte wie *Hennes & Mauritz*, *Benetton*, *Zara*, *Mango* oder *Springfield* in der Branche und in den Medien für großes Aufsehen sorgen.

Klarer Beleg für den Erfolg dieser Konzepte sind nicht nur Artikel und Beiträge mit Überschriften wie: „Catwalk der Filialisten", „Spanische Unternehmen nutzen ihre Chance in Deutschland" oder „Die Spanier kommen". Interessant sind in der aktuell schwierigen Lage im Textileinzelhandel vor allem auch die Beiträge, die versuchen, die Erfolgsfaktoren dieser Konzepte auf die eigenen Unternehmen zu übertragen. In Abhandlungen mit Überschriften wie: „Vertikalisierung gegen die Vertikalen" oder „Vertikal aus dem Umsatztal" wird dabei versucht, eine insgesamt neue und damit häufig diskutierte Vorgehensweise auf traditionelle Geschäftsmodelle zu übertragen.

Offen bleibt in fast allen Beiträgen allerdings die Frage, unter welchen Voraussetzungen ein insgesamt relativ komplexes Geschäftsmodell auf bestehende Unternehmensstrukturen von zumeist langjährig eingeführten Unternehmensformen überhaupt übertragen werden kann. Dabei bleibt zunächst unbestritten, dass die Abläufe, Prozesse und die entsprechenden technischen Implikationen technologisch-strategisch recht schnell beschrieben und in der theoretischen modellhaften Ableitung konzeptionell auf andere Betriebe übertragen werden können. Die tatsächlichen Probleme in der Implementierung und die dabei auftretenden Probleme kommen in der Empfehlung der meisten Experten jedoch zumeist viel zu kurz. Denn in der Umsetzung wird insbesondere die kulturelle Komponente zumeist zu wenig in die jeweiligen Überlegungen mit einbezogen.

Vor diesem Hintergrund wird in diesem Beitrag versucht, die Erfolgsfaktoren der neuen vertikalen Konzepte kompakt zu beschreiben und das faktisch fast zwingend notwendige Zusammenspiel der einzelnen Erfolgskomponenten herauszuarbeiten.

2. Begriff und Konzept der Vertikalisierung

Unter Vertikalisierung wird allgemein zunächst die *Integration vor- oder nachgelagerter Stufen des Wertschöpfungsprozesses* in der Produktions- und Absatzkette von Textilien verstanden. Damit wird die klassische Arbeitsteilung zwischen der grundlegenden Produktion von Rohstoffen, der darauf aufbauenden Produktion von Textilien selbst bis hin zur Vermarktung über Groß- und Einzelhändler aufgelöst. Vertikale Unternehmen nehmen damit direkten Einfluss auf die Entwicklung von Produkten, auf die Sortimentszusammenstellung und die Distribution. Es gibt keinen Zwischenhandel, und auf die in der klassischen Arbeitsteilung genutzten Präsentationen ihrer Kollektionen auf Fachmessen, in speziellen Modezentren und Show-Rooms oder auf den Vertrieb über eigene Handelsvertreter wird vollständig verzichtet.

Gemäß historischem Verlauf in der Entstehung bzw. spezifischem Schwerpunkt des jeweiligen Konzeptes wird zwischen Front-End- und Back-End-Driven-Konzepten unterschieden (vgl. KPMG, 2002). Zu der erstgenannten Kategorie sind Unternehmen wie *Hennes & Mauritz* oder *C&A* zu zählen, die eine Vertikalisierung aus Sicht eines Händlers betreiben und deshalb ausgehend vom Point of Sale (POS) Teile der in der Wertschöpfungskette vorgelagerten Prozesse integrieren. Unter „Back-End-Driven-Konzepten" dagegen werden solche verstanden, die aus der Sicht des Herstellers die der Produktion nachgelagerten Teile der Wertschöpfungskette – also in Richtung des Point of Sale selbst – teilweise oder ganz integrieren. Hier werden die spanischen Unternehmen *Mango* und *Zara* als prominenteste und konsequenteste Vertreter angesehen.

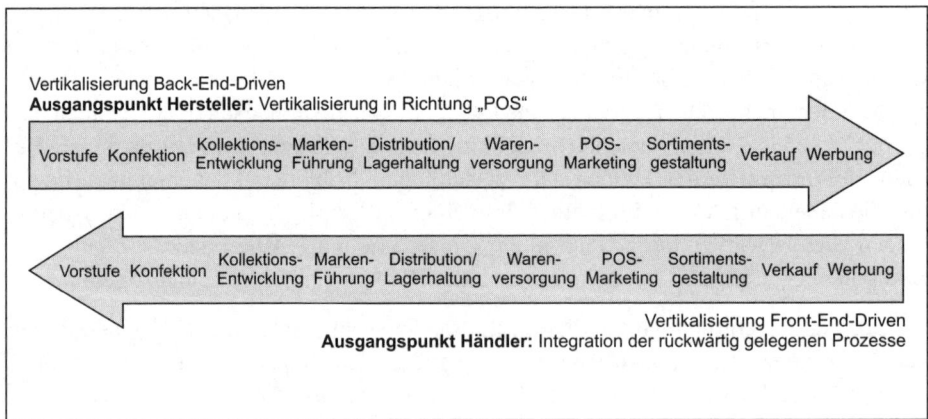

Abb. 1: Unterscheidung von vertikalen Prozessen

Beide Unternehmen – sowohl *Mango* wie auch *Zara* – waren damit in ihrer Historie ursprünglich „nur" Textilproduzenten, die in ihrer Einstellung als ganzheitlich denkende Designer jedoch schon bei der Entwicklung ihrer Kollektionen relativ klare Vorstellungen davon hatten, wie diese später im Verkauf einmal präsentiert werden sollte. Die Eröffnung und direkte Verantwortung der Tätigkeit direkt am PoS war deshalb die logische Konsequenz.

Mit der bewussten Entscheidung, die eigenen Unternehmensabläufe wertschöpfungsstufenübergreifend zu organisieren, haben vertikal ausgerichtete Unternehmen die traditionell bestehenden Denkkategorien durchbrochen und erstmals die *klassische Aufgabenteilung zwischen der vorgelagerten Produktion und der eigentlichen Vermarktung aufgelöst.* Denn die Einbeziehung von der eigenen spezialisierten Tätigkeit vor- oder nachgelagerten Prozessen galt lange Zeit als außerordentlich schwierig und wurde deshalb von den klassischen Textil-Unternehmen – sei es auf Seiten der Hersteller oder sei es auf Seiten des Handels – gar nicht erst in Erwägung gezogen *(„Schuster, bleib' bei deinen Leisten")*.

Einer solchermaßen im Unternehmensprozess zweifellos gestiegenen Komplexität gegenüber steht jedoch der direkte Vorteil, dass durch die Einbeziehung der ergänzenden Stufen in die eigene Organisation der *gesamte Wertschöpfungsprozeß beherrscht* werden kann. Und das eröffnet den vertikal organisierten Unternehmen die – in den weiteren Ausführungen noch zu zeigende – Möglichkeit, mit sehr schnellen und flexiblen Sortimentsanpassungen unmittelbar auf die aktuell real beobachtbaren Wünsche und Bedürfnisse der Verbraucher reagieren zu können.

Darüber hinaus lässt sich ein solches komplexes, zumeist über Jahre gewachsenes und eine spezifische Führungskultur erforderndes System aber auch nur sehr viel schwerer kopieren als ein einstufiges Unternehmenskonzept. Denn wenn in der traditionellen, einstufigen Produktions- und Handelsbetrachtung ein Hersteller eine tolle Kollektionsidee entworfen hat, oder wenn bei einem kreativen Händler ein für den Verbraucher neues Profilierungs- und Vertriebskonzept entwickelt wurde, war es für die jeweiligen Mitbewerber relativ leicht, diese Idee in ähnlicher Form zu realisieren. Und deshalb versprechen solche „systemisch" organisierten Unternehmen ein sehr viel länger anhaltendes Alleinstellungspotenzial. Und dies scheint insbesondere bei den immer kürzer werdenden Lebenszyklen von Handelsformaten ein sehr starkes Argument gegen den allgemein fehlenden Imitations- und Patentschutz von Handelskonzepten (vgl. Merkle, 1992, S. 18) zu sein.

3. Positionierung der neuen Vertikalen und Gestaltung der Sortimentspolitik

Um im jeweiligen Markt einzigartig, unverwechselbar und damit auch erfolgreich zu sein, bedarf es selbstverständlich mehr als nur des reinen Beherrschens von technischen Prozessen. Denn allein wegen der technischen Möglichkeiten eines Unternehmens wird der Konsument ein Produkt oder Sortiment noch lange nicht akzeptieren. Der für den

Verbraucher klar erkennbare Vorteil der neuen spanischen Konzepte liegt demzufolge vor allem in ihrem *einzigartigen, klar positionierten und begehrten Sortiment* begründet, das im Gegensatz zu den traditionellen Denkmustern nicht nur an wenigen Zeitpunkten im Jahr, sondern in einer für den Verbraucher erstaunlich hohen Häufigkeit und mit einem jeweils extrem hohen Innovationsgrad angeboten wird.

Die Einzigartigkeit der spanischen Systemfilialisten wird in einer allgemeinen Definition mit „der klaren Handschrift, dem spitzen Zielgruppen-Fokus, dem eigenen Sourcing und den schnellen Kollektionsrhythmen" beschrieben (KPMG, 2002). Bei einem Blick in die Geschäfte wird deutlich, dass dabei konkret der Grad der Mode umschrieben wird, der hier angeboten wird: Denn im Gegensatz zu den meisten Mitbewerbern, die im mittelpreisigen Marktsegment angesiedelt sind, finden sich in den Läden der spanischen Filialisten die neueste Mode und die jüngsten Trends direkt aus den Modemetropolen wie Paris und Mailand – und zwar hoch aktuell genau zum dem Zeitpunkt, zu dem darüber in den entsprechenden Hochglanz-Magazinen berichtet wird (vgl. Psotta, 2002).

Eine solche „Übersetzung" der neuesten Modetrends auf den Markt der Mitte entspricht einem der Grundprinzipien der Modemacher von *Mango* oder *Zara*, wo man *Mode „demokratisieren"* möchte unter der Idee, dass Mode *„nicht länger das Privileg einzelner Weniger sein soll"*. Denn in der Tat haben in der Vergangenheit viele Frauen die jeweils neuesten Ausgaben der Mode-Zeitschriften verschlungen und sehnsüchtig von dieser Mode geträumt, ohne sie sich selbst leisten zu können. Und genau in diese lange Zeit bestehende Lücke der Begehrlichkeit stoßen die beiden Unternehmenskonzepte, indem sie exakt diese Modetrends für den Konsumenten produzieren und anbieten. Dabei gilt es in der Branche keineswegs als Manko, dass die aktuellen Modetrends schlichtweg kopiert und in kürzester Zeit „in massentauglicher Umsetzung" (Emig, 2003a, S. 24) in hohen Volumina multipliziert werden – im Gegenteil, gerade auch hierin wird die „Intelligenz" der vertikalen Konzepte gesehen.

Interessant ist dabei, dass es mit der Konzentration auf „die" Modetrends der internationalen Modemetropolen weltweit nur ein – und damit einheitliches Sortiment – gibt. Angeboten werden damit also global erkennbare Modetrends, und es erfolgt keine bzw. nur eine marginale Differenzierung der Sortimente auf die spezifischen Marktverhältnisse in den verschiedenen Ländern. Diese besteht letztendlich nur darin, dass einzelne Größensätze in den verschiedenen Ländern unterschiedlich stark ausgeprägt sind.

Neben dem generell hohen Modeanspruch beeindrucken bei diesen Konzepten auch die *rasanten Kollektionswechsel* und die hohe Anzahl der in der jeweiligen Kollektion aufgenommenen Artikel. Mittlerweile wird sogar auch in den Medien von bis zu 11.000 neuen Artikeln pro Jahr berichtet (vgl. Emig, 2003b, S. 28; Tagliablue, 2003), was im Vergleich zu traditionellen Produzenten zunächst erstaunlich hoch erscheint, aber gerade für die Konsumenten einen großen Teil des spezifischen Reizes beim Besuch der Geschäfte ausmacht.

6.2 Mango und Zara – Besonderheiten der neuen vertikalen Anbieter

Daneben wird auch das – insbesondere im Vergleich zum Vorbild – *überraschend günstige Preisniveau* zu einem der wesentlichen Kennzeichen dieser Modekonzepte. In den Medien wurde deshalb plakativ vereinfachend häufig von „Mode zu Aldi-Preisen" gesprochen, wenngleich das Niveau bei einer objektiven Untersuchung eher auf dem gängigen Niveau des mittelständischen Facheinzelhandels liegt.

Interessant sowohl für die potenzielle Konsumentin wie auch für die Branche bleiben auf jeden Fall aber Berichte in den einschlägigen Modemagazinen unter der Frage: *„Bei Prada oder bei Zara gekauft?"*, in denen ein direkter Vergleich zwischen den Angeboten der spanischen Filialisten und den vergleichbaren Vorbildern der originären Mode-Labeln erfolgt (vgl. o. V., 1999). Ergänzend kann diesen Anbietern auch eine Verlässlichkeit in ihrer Preispolitik bescheinigt werden, da während der Saison grundsätzlich keine Reduzierungen vorgenommen werden und keine besonderen Angebote gemacht oder beworben werden.

Als *Kernzielgruppe* der spanischen Konzepte werden damit die *Menschen angesprochen, die viel Wert auf die neueste Mode legen*. Dies ist eine Zielgruppe, die mit der weiter wachsenden Etablierung der entsprechenden Systemfilialsten kontinuierlich wächst und die in jüngster Zeit vermehrt auch als *„Fashion Victims"* bezeichnet wird (vgl. Lee, 2003). Eine solche Zielgruppe gab es eigentlich schon immer, allerdings umfasste dies vornehmlich die kleinere Gruppe der Kunden, die sich die aktuelle „Laufsteg"-Mode in den hoch positionierten Markenstores der Metropolen Hamburg, München oder Düsseldorf überhaupt leisten konnte.

Das angesprochene „Demokratisierungkonzept" hat damit also ein völlig neues Nachfragesegment wachsen lassen, das es in dieser Form vorher nicht gab. Insofern galten sowohl *Mango* wie auch *Zara* lange Zeit als Geheimtip insbesondere bei den hoch modeinteressierten Konsumenten.

Faszinierend ist dabei jedoch, dass neben den ehemals aus den im Markt der Mitte gewonnenen „neuen" modeinteressierten Zielgruppen auch die bisher nur in den höher preisig positionierten Geschäftsformaten kaufende Konsumentin sehr selbstverständlich – quasi klassenübergreifend – bei den neuen Systemfilialisten einkauft. Hier kommt den spanischen Konzepten entgegen, dass in der aktuellen Wirtschaftlage und dem sich beständig wandelnden gesellschaftlichen Wertesystem nicht nur das „smarte", d. h. preisgünstige, Einkaufen eine immer breitere Anerkennung findet, sondern dass diese Läden auch außergewöhnlich hochwertig ausgestattet sind, was dem Wohlfühl-Faktor dieser Kunden Orientierung gibt.

4. Schnelligkeit und Flexibilität in der Sortimentserstellung

Einer der Erfolgsfaktoren ist die mit den eigenen Produktionskapazitäten nutzbare *Möglichkeit, die aktuellen Trends direkt selbst produzieren* zu können. Denn durch die Ausschaltung der Intermediäre und durch die Möglichkeit, die Hoheit über die Produktion selbst zu halten, werden gleich zwei strategische Vorteile erreicht: Zum einen lässt sich in der Produktion eine ungeheure Geschwindigkeit realisieren, die in der Branche und in den Medien mit einem ungeheuren Respekt betrachtet wird (vgl. stellvertretend Müller, 1999; Prellberg, 2001). Denn damit wird es möglich, einzelne, hoch aktuelle Sortimentsthemen innerhalb von drei Wochen in den Geschäften anbieten zu können – und dabei hat der entsprechende Artikel den kompletten Prozess von der ersten Idee über die eigentliche Produktion und Logistik bis in die Geschäfte durchlaufen (Emig, 2003c, S. 29, berichtet sogar von einzelnen Artikeln, die innerhalb einer Woche realisiert werden können). Diese Schnelligkeit wird insbesondere beim Kopieren neuer Sortimentsthemen wichtig, wenn die ersten Wünsche am Markt quasi als Pionier abgeschöpft werden sollen.

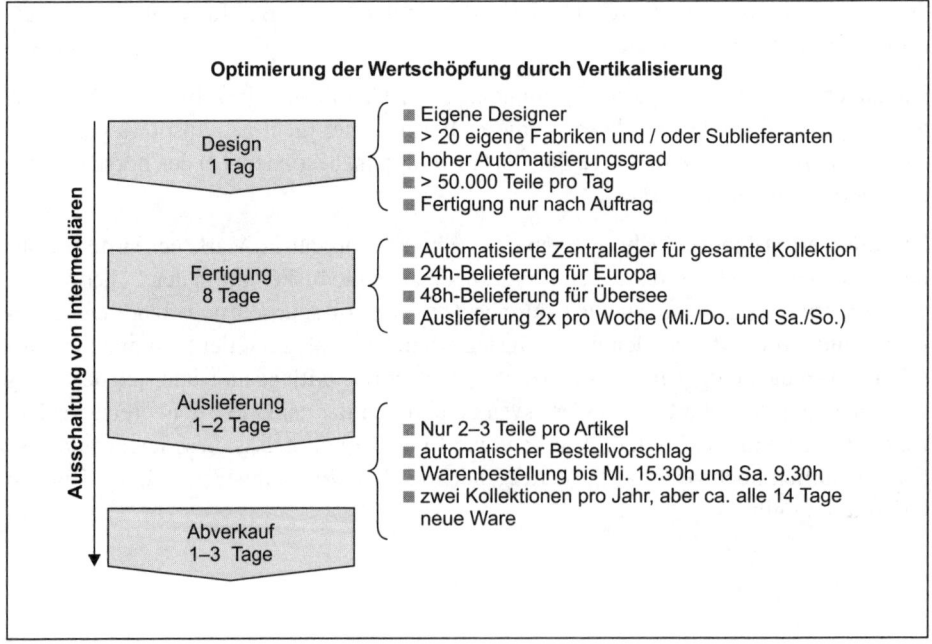

Abb. 2: Optimierung der Produktionszeit

6.2 Mango und Zara – Besonderheiten der neuen vertikalen Anbieter

Im Einzelfall kann in dieser beispielsweise die neueste High-Fashion-Marken-Kollektion bei *Zara* deutlich früher angeboten werden, als dies bei den eigentlichen offiziell authorisierten Markenhändlern mit ihren arbeitsteilig funktionierenden Distributionssystemen und der darin systeminhärent notwendigen Berücksichtigung der unabhängig voneinander arbeitenden Produzenten, Generalimporteure und lizensierten Verkaufsstellen überhaupt möglich ist.

Zum zweiten können diese Unternehmen aber auch unmittelbar *selbst bestimmen, zu welchem Zeitpunkt die entsprechenden Artikel produziert werden müssen*, um am Point of Sale jederzeit auf die Wünsche der Konsumenten und die Notwendigkeit des Marktes eingehen zu können. Während also in vielen arbeitsteilig organisierten Produktionsstufen bereits die ersten Kollektionen für die nächste Saison erstellt werden, ist man bei den neuen spanischen Konzepten der festen Überzeugung, dass man gerade auch in der laufenden Saison noch unmittelbar auf die Wünsche der Konsumenten eingehen muss.

In diesem Zusammenhang wird von den spanischen Unternehmen neben dem so genannten „Demokratisierungsansatz" in mindestens ebenso hoher Gewichtung auch der *„Interaktivitätsansatz"* als zentraler Erfolgsfaktor ihres Konzeptes genannt. Mit dieser Vokabel wird die auch im traditionellen Handel immer wieder betonte Notwendigkeit umschrieben, dass der Kunde im Mittelpunkt aller Bemühungen zu stehen habe. Denn in gleicher Weise, wie auch in diesem Aufsatz von der Notwendigkeit der direkten und schnellen Umsetzung von im Markt aktuell beobachtbaren Trends gesprochen wird, gilt es als Kernstrategie der spanischen Konzeptanbieter, dass sie die *direkt aus der am Point of Sale beobachtbaren Reaktionen der Kunden* aufgreifen und in kürzester Zeit in der Produktion und im konkreten Angebot umsetzen.

In der Praxis bedeutet das, dass neben der täglichen Analyse und Auswertung der Verkaufsdaten einer jeden einzelnen Filiale der direkte persönliche Kontakt mit den Filialleitern direkt „vor Ort" gepflegt wird – sei es über regelmäßige Besuche in den einzelnen Geschäften oder über das tägliche Telefonat, in dem die jeweilige Abteilungsleiterin nach ihrer persönlichen Einschätzung und Erfahrung mit den Kunden direkt auf der Verkaufsfläche und der Einschätzung des aktuellen Sortiments im Vergleich zu den wesentlichen Wettbewerbern befragt wird. In diesem Prozess wird damit der *Kunde tatsächlich zum Anfangs- und Endpunkt einer Idee, die der Designer entwirft und die im Geschäft endet.*

Bei den spanischen Unternehmensformen ist das Bemühen um die aktuellen Kundenwünsche damit also nicht nur ein Lippenbekenntnis oder der Beginn eines im traditionellen Wertschöpfungsprozess länger andauernden Produktionsprozesses, sondern über den unmittelbaren möglichen und praktizierten Zugriff auf die Produktionskapazitäten real gelebte und erlebbare Praxis. Folgerichtig wird beispielsweise ein *Mango*-Manager mit den Worten zitiert, dass „der Input am Point of Sales alles bedeutet" (Emig, 2003a, S. 24).

Aus dem permanenten Dialog zwischen den Produktabteilungen in den spanischen Zentralen und den einzelnen Geschäften in allen Teilen der Welt über speziell ausgebildete Länderverantwortliche wird also unmittelbarer Einfluss auf die jeweilige Produktion genommen. Falls einzelne Produkte oder Größensätze in den Geschäften fehlen und sie gleichermaßen eine wirtschaftlich sinnvolle Absatzchance darstellen, werden sie für den jeweiligen Teilmarkt ohne zeitliche Verzögerung direkt nachproduziert. Die Produktion wird deshalb auch direkt auf den Zeitpunkt gesteuert, zu dem ein Produkt oder Teilsortiment in den Geschäften nachgefragt wird bzw. verkauft werden kann. Eine Kollektion ist damit also nie endgültig abgeschlossen (Emig, 2003c, S. 28).

Für die in der Vergangenheit vielfach einseitig um Kostenoptimierungen bemühten traditionellen Betriebsformen dürfte dabei von besonderem Interesse sein, dass der Faktor Zeit im Einzelfall als sehr viel wichtiger angesehen wird als eine reine Kostenbetrachtung (vgl. Hintz, 2002, S. 28). Denn selbst wenn ein bestimmtes Produktions-Lot unter der reinen Kostenbetrachtung möglicherweise zu einem späteren Zeitpunkt oder an einem logistisch weiter entfernten Standort günstiger produziert werden könnte – wichtiger ist für diese Unternehmen, dass die entsprechend nachgefragte Ware möglichst genau zu dem Zeitpunkt am Point of Sale sein muss, an dem sie auch tatsächlich verkauft werden kann.

Die Schnelligkeit mit den für die hoch modischen Artikel in Europa befindlichen Produktionsstätten wird sicherlich mit dem theoretischen Risiko eines erhöhten Preisniveaus erkauft. Denn Unternehmen, die ihre gesamten Kollektionen in der lohnpreismäßig deutlich günstigeren Asien-Region produzieren lassen, können ihre spezifischen Sortimente natürlich deutlich günstiger anbieten. So wird beispielsweise *Hennes & Mauritz* in einzelnen Artikelgruppen um bis zu 20 Prozent günstiger eingestuft als vergleichbare Produkte der beiden hier vorgestellten spanischen Konzepte. Im Vergleich zu den im Bereich der High Fashion als Vorbild dienenden Sortimenten weisen die Sortimente der spanischen Konzepte jedoch ein außerordentlich günstiges Preis-Niveau auf (vgl. o. V., 1999), was – wie bereits berichtet – in der heutigen, durch ihre hohe Preissensiblität gekennzeichneten Marktsituation einer der zentralen Erfolgsfaktoren dieser Handelsformate darstellt.

Der Vollständigkeit halber muss an dieser Stelle jedoch ergänzt werden, dass die hier beschriebene Produktionskonzeption nur bei den reinen Mode-Kollektionen Anwendung findet. Insbesondere die Basic- oder eher Standard-orientierten Bereiche – bei denen die Schnelligkeit nicht unbedingt notwendige Voraussetzung ist – werden auch bei *Mango* oder *Zara* größtenteils in Fernost erstellt (vgl. Hintz, 2002, S. 28).

Das im Zusammenhang mit einer eigenen Produktion häufig angeführte Risiko von zu hohen Warenbeständen oder Überhängen lässt sich in diesem Geschäftsmodell mit dem weltweit weit verzweigten Geschäftsnetz entkräften. Denn völlig unabhängig davon, dass auch die aktuellsten Warenthemen ohnehin nur in den Mengen produziert werden, mit denen die Geschäfte in derselben Woche bestückt werden können – das Thema Vorratsproduktion ist in diesem Geschäftsmodell unbekannt –, hat das weltweite Filialnetz den unbestreitbaren Vorteil, dass man Bestandsspitzen zwischen einzelnen Ländern oder Filialen austauschen kann. Wenn also beispielsweise ein bestimmtes Farbthema auf dem deutschen Markt nicht angenommen wird, so wird man diese Artikelgruppe in das Land lenken, in dem es eine nachgewiesen höhere Absatzchance gibt. Um diesen Aspekt im Überblick zu behalten, hat die zentralistische Steuerung einen unbestreitbaren Vorteil.

5. Das Präsentationskonzept als Schlüssel der Positionierung

Für den erstmaligen Besucher ist die Art und Weise, wie sie sich präsentieren; eines der augenfälligsten Merkmale der neuen spanischen Konzepte. Denn die Gestaltung der Läden ist äußerst aufwendig, ähnlich wie die Vorbilder der hochwertigen Marken puristisch-edel. Unter der Verwendung der hochwertigsten Materialien wie edlem Holz, gebürstetem Metall, hochwertigen Marmor- und Parkettböden, geschlossenen Gipskarton-Decken, einer dramaturgisch genau ausgefeilten Beleuchtung und einer ausgesprochen aufwendigen Klimatisierung (vgl. Müller, 1999, S. 49) werden die Geschäfte in einem Standard eingerichtet, der bis dahin nur in den Flagship Stores der High Fashion Label anzutreffen war. Der – preislich relativ günstigen – Ware wird damit genau das Ambiente zur Verfügung gestellt, in dem auch die entsprechenden Mode-Vorbilder zu finden sind.

Eine solche Präsentation entspricht der Philosophie der Spanier, wonach das *Geschäft und seine Ausstrahlung als eigentliche Visitenkarte bzw. als der optische Kommunikator mit dem Kunden* angesehen wird. Deshalb wird die Konzeption, Entwicklung und finale Gestaltung der Geschäfte mit mindestens ebenso viel Sorgfalt und Engagement vorangetrieben wie die Gestaltung der konkreten Sortimente. Insofern verwundert es dann auch nicht, dass gerade auch für die Gestaltung der Läden eine ganze Reihe von Preisen und Auszeichnungen an die verantwortlichen Ladendesigner vergeben wurde.

Zu den Elementen dieser Art der Kommunikation zählen neben der Inneneinrichtung auch die generelle Auswahl der Location, die Gestaltung der Schaufenster und die Präsentation der einzelnen Artikel innerhalb des Geschäftes selbst (Visual Merchandising). Dazu zählen schließlich auch die einheitlich gekleideten Verkäuferinnen und Verkäufer, die stets im Stil der aktuellen Kollektion pro Saison ein typisches Outfit tragen.

Die Auswahl und die Entscheidung für die Erschließung eines konkreten Standortes zählt bei den spanischen Konzepten zu den schwierigsten und langwierigsten Entscheidungen überhaupt. Standorte werden nur in den attraktivsten Lagen gesucht, es müssen immer die frequenzstärksten 1a-Innenstadtlagen sein oder die besten Lauflagen in den hochwertigen Einkaufszentren. Dabei wird im Zweifel auch einmal auf einen Standort länger gewartet als einen Kompromiss in einer weniger guten oder weniger frequenzstarken Lage einzugehen. Dabei zählt nicht nur die Frequenz selbst, sondern auch die Wertigkeit des jeweiligen Umfeldes und Einzugsgebietes.

Ebenso hohe Anforderungen werden in der Regel auch an die Immobilie selbst gestellt. Denn eine attraktive Gesamtausstrahlung mit einer großen, gut sichtbaren und repräsentativen Schaufensterfläche unterstreicht die Wirkung des Geschäftskonzeptes natürlich äußerst wirkungsvoll.

Für den externen Beobachter wird bei einer kritischen Betrachtung des Konzeptes schnell klar, dass relativ *hohe Investitionen im Ladenbau* und bei der Übernahme der Immobilie getätigt werden. Dies entspricht der Überzeugung der spanischen Eigentümer, dass diese Präsentation die Visitenkarte des Unternehmens darstellt. Und nachdem die eigentliche Kaufentscheidung ohnehin – gerade in der Mode – hoch emotional am Point of Sale getroffen wird, soll eine entsprechende Gestaltung den Entscheidungsprozess verhaltenspsychologisch noch beschleunigen.

Die hohen Investitionen werden aber auch deshalb gern in Kauf genommen, weil man aus der gleichen Grundüberzeugung heraus im Gegensatz zu den meisten Mitbewerbern kaum oder sogar *keine Werbung* macht. Denn wenn man das werbliche Engagement von *Hennes & Mauritz* oder *GAP* analysiert, so kann man recht schnell Investitionen in diesem Bereich von drei bis 4 Prozent vom Umsatz vermuten. Insbesondere bei *Zara* legt man auf das Prinzip der „Nicht-Werbung" besonders hohen Wert und baut darauf, dass sich das Konzept im Kreis der potenziellen Konsumenten – quasi als Tipp unter Insidern – herumspricht.

Von dem Prinzip der Nicht-Werbung macht man bei *Zara* nur wenige Ausnahmen. Eine der Ausnahmen war sicherlich die Börseneinführung der Muttergesellschaft an der spanischen Börse im Sommer 2001. Eine Endkunden-getriebene Ausnahme gibt es von Zeit zu Zeit aber auch in den Phasen des Schlussverkaufs, wo – in der gleichen puristischen Weise wie im Ladenbau – einzelne Motive geschaltet werden, die auf besondere preisliche Reduzierungen hinweisen. Dadurch, dass diese Anzeigen dann aber eine ganz andere Ausstrahlung haben und sich wohltuend von der „Schweinebauch-Optik" der sonstigen im Schlussverkauf geschalteten Anzeigen abheben, verwundert es dann wiederum nicht, wenn den entsprechenden Motiven Auszeichnungen der jeweiligen Fachpresse verliehen werden: So wurde die im Juli 2001 in den überregionalen Tageszeitungen geschaltete Schlussverkaufsanzeige in der Fachzeitschrift *„Werben & Verkaufen"* mit der Begründung „für hervorragende Gestaltung, Ästhetik und einen innovativen Ansatz" zur Anzeige des Monats für den Bereich Handel gekürt.

Mit der äußerst hochwertigen – und investiv in diesem Umfang im direkten Wettbewerbsvergleich bisher kaum gekannten – Einrichtung werden innerhalb des Marktsegments natürlich neue Standards gesetzt. Auf der einen Seite gibt es dabei Kunden, die sich in einer solchen Präsentation spontan wohl fühlen und allein schon aufgrund dessen in diesen Geschäften gern einkaufen. Auf der anderen Seite erzeugt eine solche Präsentation verschiedentlich aber auch „Schwellenängste", insbesondere bei den Kunden, die in einem solchen Ambiente bisher weniger häufig eingekauft haben. Dies passiert natürlich weniger in den Metropolen, wo aufgrund der dortigen Präsenz von hochwertigen Marken ohnehin schon eine größere Aufgeschlossenheit einer solchen Präsentation gegenüber besteht. In mittelgroßen Städten kann es aber passieren, dass die Konsumenten eine gewisse Zeit benötigen, bis sie sich endgültig davon überzeugen, dass die preisliche Positionierung der Ware – trotz der hochwertigen Ausstrahlung – überraschend günstig ist.

Eine ähnlich wichtige Rolle wie die Inneneinrichtung und die Auswahl der Immobilie spielt aus Sicht dieser Formate auch die *Präsentation in den Schaufenstern*. Hier wird die Ware inszeniert, es werden hochwertige Warenbilder – quasi als Visitenkarte des Unternehmens – entworfen. Dies geschieht wie viele andere Geschäftsprozesse auch in einer straffen Koordination direkt aus der spanischen Zentrale, wo in einem gemeinsamen Workshop das saisonal weltweit einheitliche Warenbild verabschiedet und geschult wird. Dabei wird ganz bewusst versucht, über außergewöhnliche Präsentationen neue Standards innerhalb der Schauwerbegestaltung zu setzen. Was größtenteils auch gelingt: Denn sobald nach einer Neudekoration die Vorhänge entfernt werden, stehen vor vielen Schaufenster bereits die Spezialisten der Wettbewerber, um mit ihren digitalen Kameras die Ergebnisse als Anregungen für ihre eigene Arbeit dokumentieren zu können.

Hoch interessant ist darüber hinaus jedoch die Art und Weise, *wie* die Ware innerhalb der Verkaufsfläche präsentiert wird. Denn gerade über diese Form der Präsentation wird ein nicht unerheblicher Nachfragesog erzeugt. Grundsätzlich ist festzustellen, dass es die im Fachhandel noch immer häufig anzutreffenden Fachabteilungen – die so genannten „Rock-Rundständer" oder „Hosen-Fachabteilungen" – bei den beiden spanischen Systemfilialisten generell nicht gibt. Hier werden an bestimmten „Magnet"-Punkten innerhalb des Geschäftes komplette Outfits – bestehend aus Unterteil, Oberteil, Schuhen und ergänzenden Accessoires – als gezielte Modeempfehlung bzw. -beratung angeboten.

Besonders spannend ist dabei die optische Begrenztheit bzw. *künstliche Verknappung des Angebots*: Denn innerhalb der Präsentation wird von einem Artikel immer nur ein Größensatz angeboten, der Größe nach aufsteigend oder absteigend sortiert, der – im Gegensatz zum klassischen Fachhandel – auch noch entsprechend großzügig präsentiert wird. Denn im Vergleich zu den wesentlichen Wettbewerbern oder Warenhäusern findet sich auf einem Regalmeter auf der Verkaufsfläche mindestens ein Drittel weniger Ware. Mit der Präsentation von nur einem Größensatz erfolgt kundenpsychologisch so eine künstliche Verknappung und damit eine hohe Begehrlichkeit der Ware, die beim Konsumenten fast zwangsläufig zu einem Kaufzwang führt (vgl. in dieser Argumentation Emig, 2003c, S. 29).

Über diese eigentlich sehr triviale Art der Schaffung von Begehrlichkeit und der in dem Konzept recht häufigen neuen Anordnung der Sortimentsteile untereinander erhält eine im Durchschnitt zwei Mal pro Monat besuchende Kundin den Eindruck, dass sich die Zusammensetzung des Sortiments komplett verändert hat. Spätestens hier lernt die im klassischen Umfeld konditionierte Konsumentin, dass der übliche deutsche Standard: *„Beim* *nächsten Besuch bekomme ich den Artikel vielleicht preiswerter – und deshalb warte ich mit meiner Kaufentscheidung"* bei den spanischen Konzepten zumeist nicht funktioniert. Denn aufgrund der mengenmäßig knappen Belieferung von neuen Warenthemen gibt es in den Geschäften einen außerordentlich hohen Warenumschlag, so dass neue Themen tatsächlich sehr schnell verkauft sind. Und selbst wenn ein bestimmter Artikel seit dem letzten Besuch möglicherweise nicht verkauft sein sollte; gemeinsam mit dem hohen Anteil der mit den zwei Mal pro Woche getakteten Lieferintervallen bereitgestellten neuen Styles werden die seit dem letzten Besuch noch vorhandenen Artikel ganz gezielt mit den neuen Artikeln neu arrangiert und sind deshalb für die normale Konsumentin innerhalb des Geschäfts meist nicht wieder zu finden.

6. Kultur und Organisation als integrative Klammer

Während die bisher beschriebenen Facetten von der grundlegenden Marketing-Idee, über das dahinter stehenden Sortimentskonzept bis zu der Organisation von Produktion und Logistik – die so genannten „hard facts" – in strategischer und technologischer Hinsicht relativ leicht strukturiert, beschrieben und letztendlich auch kopiert werden können, hat die kulturelle Komponente eine ganz andere Bedeutung. Mit diesem Aspekt kann nicht nur der schnelle Erfolg und das für konventionelle Mitbewerber sogar fast geräuschlose Wachstum erklärt werden; bei der Analyse dieses Aspekts erkennt man, warum das Unternehmenskonzept in seiner Ganzheit so schnell gar nicht auf andere Unternehmen übertragen werden kann. Denn gerade bei Problemen in der Implementierung einzelner Prozessschritte in anderen Unternehmen wird deutlich, dass sie die Akzeptanz bei den aus ihrer spezifischen Historie heraus in anderen Denkkategorien handelnden Mitarbeiter häufig gar nicht finden.

Wenn man das Phänomen des schnellen Erfolgs und des äußerst dynamischen Wachstums sowohl von *Mango* wie auch von *Zara* untersucht, muss man zunächst festhalten, dass beide Unternehmen mit der ihr zugrunde liegenden zentralen Positionierungs- und Organisations-Idee generisch gewachsen sind. Damit wurden also keine neuen Prozesse auf eine bereits vorhandene oder eingespielte Ablauforganisation „aufgepropft" – gemeinsam mit dem klar umrissenen Konzept der spezifischen Marktbearbeitung und der parallelen Organisation der technischen Prozesse sind mit der Gründung immer mehr Mitarbeiter dazu gekommen, die in dieser Form der Organisation ausgebildet wurden und „aufgewachsen" sind. Die neuen Mitarbeiter haben sich also von vornherein auf eine bestimmte Gangart einstellen können und sind damit also gar nicht „vorbelastet" durch spezifische Erfahrungen und Prägungen einer anderen Form von Prozess- und Arbeitsablauf-Organisation.

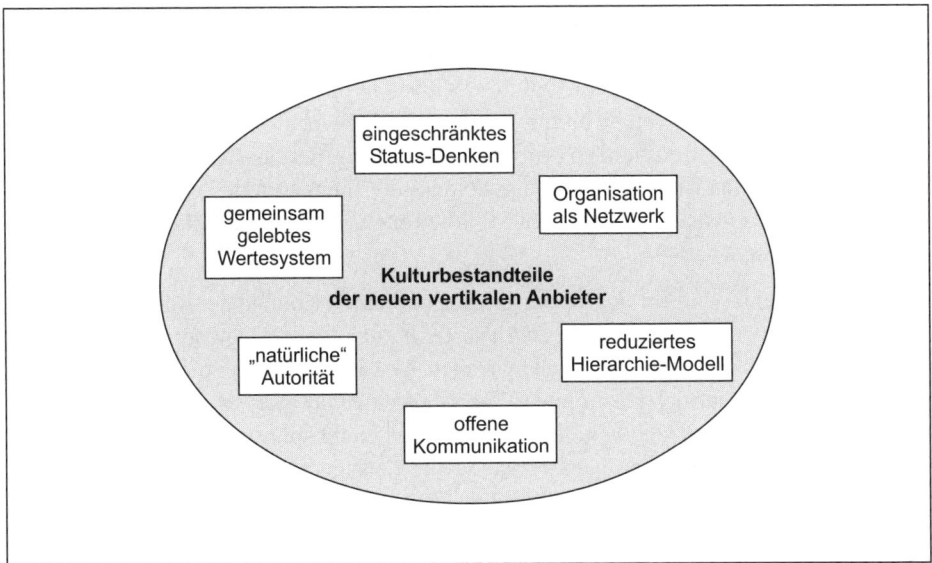

Abb. 3: Kulturbestandteile der neuen vertikalen Anbieter

Konstitutives Merkmal dieser Organisation ist zunächst *das Fehlen einer formal weit ausgeprägten Hierarchie* und einer damit zumeist direkt einhergehenden fein differenzierten Aufbauorganisation. Während es in fast allen traditionellen deutschen Unternehmen gängige Praxis ist, die arbeitsteilige Aufbau- und Ablauforganisation mit tief detaillierten Organigrammen zu dokumentieren, funktioniert bei Unternehmen wie *Zara* die *Organisation* eher *als Netzwerk*. Sicherlich gibt es auch dort eine grobe Gliederung des Unternehmens im Sinne eines Produktbereiches, einer Personalabteilung, eines Logistikbereiches usw. Innerhalb dieser Bereiche gibt es jedoch keine fein gegliederte Hierarchie im Sinne eines klassischen Organigramms. Denn man ist fest davon überzeugt, dass eine solche Eingrenzung auf einen ganz engen Funktionsbereich die notwendige Flexibilität des Unternehmens ganz entscheidend beeinträchtigen würde. In diesem Zusammenhang war es für viele Insider von *Zara* beispielsweise hoch interessant, dass anlässlich der Börseneinführung der Muttergesellschaft *Inditex* in dem Geschäftsbericht zum ersten Mal ein Organigramm abgebildet wurde, in dem zumindest die Geschäftsführungsebene mit ihren Verantwortungsbereichen abgebildet wurde.

Hand in Hand mit der fehlenden formalen Festschreibung von Aufgaben oder Bereichsgrenzen gehen auch das Arbeiten in lichtdurchfluteten und großzügigen Großraumbüros (vgl. Emig, 2003b, S. 28) und der weitgehende Verzicht auf Sekretariate oder Assistenz-Funktionen. Die Organisation kann damit schnell – quasi auf Zuruf – agieren, fördert die Eigenverantwortlichkeit der Mitarbeiter auf allen Ebenen und bleibt dadurch weiter schlank und schlagkräftig. Gefördert werden sollen so eine ganzheitliche, bereichsübergreifende, kunden- und unternehmensorientierte Denkweise und der *direkte Austausch der Mitarbeiter untereinander*, egal auf welcher faktischen Verantwortungs-

oder Hierarchie-Ebene die einzelnen Mitarbeiter jeweils gerade stehen. Eine solche Organisationsform ermöglicht es, dass ein auftretendes Problem direkt von den tangierten Mitarbeitern in der Form von multifunktionalen Teams diskutiert und schnell gelöst wird – ohne dass über irgendwelche hierarchiegepägten Umwege wertvolle Zeit verschenkt wird. Gerade bei akut auftretenden Problemen in den Geschäften ist die Erarbeitung einer sofortigen konkreten Lösung notwendig, so dass die Interessen des jeweiligen Kunden und/oder der direkt vor Ort arbeitenden Mitarbeiter eine zufrieden stellende Antwort gegeben werden kann.

Mit dem hierarchie- und bereichsübergreifenden direkten Kontakt der Mitarbeiter untereinander fällt auch der *positive, freundliche Grundton* auf, der sowohl bei *Mango* wie auch bei *Zara* vorherrscht. Dabei kann man auch als Außenstehender nicht nur über die in den Geschäften einheitlich gekleideten Verkäuferinnen und Verkäufer sowie über das im gesamten Unternehmen weltweit üblichen „Duzen" leicht spüren, wie hoch das Zusammengehörigkeitsgefühl untereinander ist und mit welcher Freude, Begeisterung und Enthusiasmus sich die Mitarbeiter mit ihrer Aufgabe und ihrem Unternehmen identifizieren.

Dies lässt sich zum einen damit begründen, dass sich der einzelne Mitarbeiter durch die direkte Einbeziehung in sämtliche Probleme und Aufgaben des Tagesgeschäfts sehr ernst genommen fühlt und er nachhaltig spüren kann, wie wichtig sein persönlicher Beitrag bei der Lösung einer spezifischen Aufgabenstellung ist. Entscheidend dafür ist aber auch die *Zusammensetzung der Belegschaft* insgesamt. Denn hier trifft man sowohl von ihrer inneren Einstellung wie auch von ihrem äußeren optischen Auftritt auf hoch homogene und zumeist sehr junge Teams, die sich für die gleiche Grundidee – den Entwurf und das Angebot von aktueller Mode in einem attraktiven Umfeld – begeistern können. Ähnlich wie auch schon bei der Kunden- und Zielgruppen-Definition von „Fashion Victims" trifft eine solche Beschreibung auf die meisten der in diesen Unternehmen beschäftigten Mitarbeiter zu.

Wenngleich die Zusammenarbeit der ganz wesentlich durch einen ausgeprägte gute Stimmung geprägt ist, fehlt es innerhalb der Belegschaft dennoch nicht an klarem Respekt untereinander und gegenüber den jeweiligen Führungspersonen. „Lockerer Umgang, aber strenge Regeln" (Müller, 1999, S. 49), wurde dazu treffend beispielsweise in einer der Reportagen über *Zara* berichtet. Mit dieser Regel wird angedeutet, dass es nicht nur in der Zentrale, sondern insbesondere auch in den *Läden klare Leitlinien für den Umgang untereinander und den Auftritt gegenüber den Kunden* gibt. Private Gespräche untereinander oder Kaugummi kauen auf der Verkaufsfläche – das sind klare Verstöße gegen das Unternehmensleitbild, die umgehend bereinigt werden.

Gleichzeitig ist es Kennzeichen in diesen Unternehmen, dass die jeweilige Führungsposition hart erarbeitet werden muss; Ämter werden nicht schlicht „übertragen", sie müssen durch die jeweilige Leistung auf dem Weg dorthin erst hart erarbeitet werden. Insofern weisen viele Entscheidungswege im Tagesgeschäft dann teilweise auch einen patriarchischen Führungsstil auf, der durch die hohe Fachkompetenz der jeweiligen Entscheidung aber auf eine breite Akzeptanz trifft.

Das in beiden Unternehmen klar feststellbare Zusammengehörigkeitsgefühl zwischen den Mitarbeitern wird ganz wesentlich getragen durch ein gemeinsames Regel- und Werte-System, wobei relativ einfache Werte wie Bescheidenheit, Harmonie und Zuneigung zu den konstitutiven Bestandteilen gehören (vgl. Emig, 2003a, S. 24). Allerdings sind diese Regeln nirgends in schriftlicher Form zu finden. Denn da man als philosophiegetriebene Organisation überzeugt ist, dass solche Verhaltensmaßregeln rein über das Lesen einer schriftlichen Leitlinie nicht zu verstehen sind, werden sie in einer jeweils längeren Einarbeitungsphase von mehreren Kollegen gleichzeitig – unmittelbar im täglichen Geschäft – direkt vor Ort vermittelt.

7. Fazit: Die zwingende Verbindung zwischen technologischen und kulturellen Elementen

In den letzten Jahren befindet sich die gesamte Modebranche in einem grundlegenden Strukturwandel. Dabei haben gerade die so genannten neuen vertikalen Betriebsformen den gesamten Textileinzelhandel nachhaltig beeindruckt und zu großen Teilen auch verändert. Das betrifft zum einen das konkrete Warenangebot und die jeweilige Sortimentszusammenstellung der einzelnen Anbieter. Denn insbesondere die neuen spanischen Konzepte haben eindrucksvoll demonstriert, in welcher Schnelligkeit sich Kollektionen erstellen lassen und innerhalb der Saison mehrfach wechseln können. Hier sind für den Verbraucher ganz neue Möglichkeiten aufgezeigt worden, die sehr schnell als Selbstverständlichkeit für die gesamte Branche vorausgesetzt werden.

Zum anderen zeigen sich die grundlegenden Veränderungen aber auch in den systemischen Anforderungen an die jeweiligen Aufbau- und Ablauforganisationen. Denn auch hier haben die neuen Vertikalen eindrucksvoll demonstriert, dass über eine stufenübergreifende, prozessorientierte Integration verschiedener Wertschöpfungsstufen eine in der Vergangenheit als nicht möglich erachtete Schnelligkeit in der Erstellung neuer Waren möglich geworden ist.

Diese beiden Aspekte werden natürlich gekrönt von dem Umstand, dass diese Beschleunigung in den Wertschöpfungsprozessen mit ganz erheblichen Kostenvorteilen verbunden sind, wodurch sich in der letztendlichen Gestaltung der Angebotspreis-Struktur ein für den Verbraucher völlig überraschendes Preis-Leistungs-Verhältnis realisieren lässt. In dieser Konstellation können die neuen Angebotsformen auch dem aktuellen Trend des „Smart Shopping" in vollem Umfang entsprechen.

Vor diesem Hintergrund ist es mehr als verständlich, wenn die einzelnen Erfolgsfaktoren dieser Geschäftsmodelle intensivst analysiert werden und in einer Vielzahl von Fachbeiträgen, Seminaren und aufwendigen Consulting-Projekten konkrete Ansätze zur Übertragung auf traditionelle Betriebsformen aufgezeigt werden.

Dabei entspricht gerade die intensive und „gründliche" Analyse und die anschließende Dokumentation und Beschreibung der einzelnen Erfolgsfaktoren einer grundlegend deutschen Mentalität. Daraus entstehen zumeist recht logische technische Beschreibungen und Modelle, deren Übertragung auf traditionelle Organisationsformen eigentlich zwingend nahe liegt.

Gerade diese Vorgehensweise wird den neuen spanischen Konzepten jedoch nicht – oder nur zum Teil – gerecht. Denn die tatsächliche Stärke von Unternehmen wie *Mango* oder *Zara* liegt insbesondere in der kulturellen Komponente ihrer Konzepte. Dies wird vor allem dann deutlich, wenn man sich als deutscher Manager mit den spanischen Verantwortlichen über die Stärken ihrer Konzepte unterhält. Während wir Deutschen gemäß unserer analytischen Prägung ganz schnell eine „technologische" Beschreibung geben, beginnt der spanische Partner mit einem „philosophischen" Ansatz bei der Beschreibung seines Konzeptes. Dieses zieht in der Konsequenz dann aber nicht nur den Zwang einer grundlegende veränderten Perspektive nach sich, sondern zeigt auf, dass solche Konzepte noch sehr viel stärker „aus dem Bauch heraus" gesteuert und dementsprechend mit einer hohen Identifikation und Begeisterung gelebt werden müssen. Freilich muss der Vollständigkeit halber angemerkt werden, dass erst das Zusammenspiel sowohl aus der „technologischen" wie auch aus der „philosophischen" Sicht die eigentliche Perfektion dieser Konzepte ausmacht.

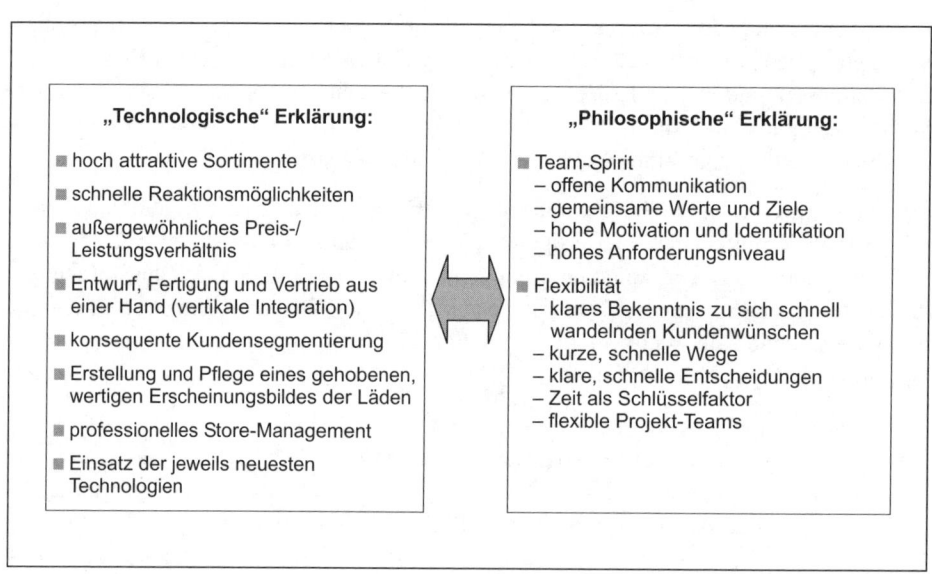

Abb. 4: Kennzeichen der neuen vertikalen Konzepte

Neben dieser eher definitorischen Würdigung der für den deutschen Markt noch immer recht neuen Unternehmenskonzepte ist abschließend auf ihre beeindruckende Durchgängigkeit und Konsequenz hinzuweisen. Denn der Kunde erlebt hier bei seinem Besuch am

Point of Sale ein absolut konsistentes Geschäftsmodell, bei dem alle Erkennungsmerkmale – von der Gestaltung des Ladenäußeren, über die Dekoration der Schaufenster, der life-style-orientierten und animativen Präsentation der Waren selbst bis hin zum Aussehen und Verhalten des Verkaufspersonals – hoch harmonisch und authentisch aufeinander abgestimmt sind. Und gerade in diesem hohen Einklang der einzelnen Elemente zueinander ergibt sich ein hervorragendes Beispiel für eine im Vergleich zum Wettbewerbsumfeld klar differenzierte Corporate Identity (vgl. Merkle, 1992, S. 260 ff.), die sich als solche nur schwerlich kopieren lässt.

In den vorangegangenen Ausführungen ist schließlich jedoch auch deutlich geworden, warum sich gerade die aus einem solchen hoch komplexen Geschäftsmodell abgeleiteten Prozesse nicht einfach auf andere Unternehmen übertragen – „aufpropfen" – lassen. Denn ein solches Modell kann nicht einfach „gesteuert" werden, es muss „gelebt" werden. Es reicht damit bei weitem nicht aus, die Prozesse auf die eigene Ablauforganisation zu übertragen. Die Mitarbeiter müssen das Konzept internalisieren und es in der täglichen Praxis leben. Gerade die im vorangegangenen ausführliche beschriebene „Flexibilität" ist damit erst durch die stimmige Grundhaltung der im Unternehmen vorherrschenden Kultur richtig realisierbar.

Literatur

Emig, K.: So machen die Spanier Mode, in: Textilwirtschaft Nr. 21 vom 22.05.2003, S. 23–24.
Emig, K.: „Wir spielen nie verrückt" – Interview mit Mango-Merchandising-Direktor David Egea, in: Textilwirtschaft Nr. 21 vom 22.05.2003, S. 5–27.
Emig, K.: „Wir sind keine Trendsetter" – So arbeitet das Zara-Kreativ-Team, in: Textilwirtschaft Nr. 21 vom 22.05.2003, S. 28–29.
Hecking, D.: Mit vertikalen Flächenkonzepten die Rendite steigern – Chancen, Auswahlkriterien und Umsetzungsempfehlungen, BTE-Fachdokumentation, Köln 2003.
Hintz, J.: Zeit ist wichtiger als Kosten, in: Textilwirtschaft Nr. 19 vom 09.05.2002, S. 28–29.
Kersting, S.: Spanische Unternehmen nutzen ihre Chance in Deutschland, in: Handelsblatt vom 17.06.2003, S. 15.
KPMG: Vertikalisierung im Handel – Auswirkungen auf die zukünftige Absatzwegestruktur, KPMG Deutsche Treuhandgesellschaft Köln, Consumer & Industrial Markets 2002.
Lee, M.: Fashion Victims, 2003.
McGuire, S.: Fast Fashion, in: Newsweek, No. 12 vom 17.09.2001, S. 56–60.
Merkle, W.: Corporate Identity für Handelsbetriebe. Theoretische Grundlagen und Realisierungsansätze eines umfassenden Profilierungskonzeptes, Göttingen 1992.
Müller, J.: Zaras Zeit, in: Textilwirtschaft Nr. 11 vom 18.03.1999, S. 42–50.
Müller, J.: Zara: Die deutsche Premiere, in: Textilwirtschaft Nr. 37 vom 16.09.1999, S. 34–36.

Müller, S.: Die Spanier kommen, in: Die Zeit Nr. 28 vom 05.07.2001, S. 21.

o. V., Bei Prada oder bei Zara gekauft?, in: ELLE, spanische Ausgabe, Nr. 2/1999, S. 72–75.

Prellberg, M.: Zwei Wochen von der Idee bis ins Regal, in: Financial Times Deutschland vom 24.08.2001, S. 9.

Psotta, M.: Der unbekannte Modemacher, in: Frankfurter Allgemeine Sonntagszeitung, Nr. 13 vom 31.03.2002, S. 37.

Reinhold, K.: Vertikalisierung gegen die Vertikalen, in: Textilwirtschaft Nr. 23 vom 06.06.2003, S. 55.

Tagliabue, J.: A Rival to Gap that operates like Dell, in: The New York Times 30.05.2003.

Andrew Parkin

6.3 Conley's Modekontor – Ein innovatives Lifestyle-Konzept für den Versandhandel

1. Das Unternehmen
2. Die Conley's-Positionierung
2.1 Lifestyle-Inszenierungen anstelle eines reinen Warenangebots
2.2 Alleinstellung im Wettbewerbsvergleich
3. Die Umsetzung der Alleinstellung
3.1 Der Prozess der Katalogerstellung
3.2 Das Angebots- und Markenkonzept
3.3 Die Katalog-Anstoßkette
3.4 Die betriebswirtschaftliche Perspektive
4. Fazit: Innovative Konzepte können sich durchsetzen

1. Das Unternehmen

Die Firma Conley's mit Sitz in Hamburg ist eine 100-prozentige Tochtergesellschaft der H. Schneider GmbH & Co KG. Unter dem Motto. „Conley's geht für Sie auf Entdeckungsreise" bietet Conley's seit 1996 per Katalog innovative, originelle und hochwertige Mode und Accessoires aus aller Welt einem zahlungskräftigen, jungen Kundenstamm an.

Die Firma H. Schneider GmbH & Co. KG in Wedel beschäftigt rund 800 Mitarbeiter und hat im Jahre 2002 ca. 220 Millionen Euro Umsatz getätigt. Sowohl für 2003 als auch für 2004 wird eine deutliche Umsatzsteigerung geplant. Als Marktführer im Bereich Versandhandel mit Werbegeschenken und Prämien versendet Schneider mehrere Kataloge im Jahr an Firmen innerhalb der Bundesrepublik Deutschland, Österreich und der Schweiz.

Das Fundament der Firma wurde 1965 mit dem Versand von Sachprämien für Verlage, Buchclubs und Bausparkassen gelegt. Mitte der 80er Jahre stieg Schneider in den Versandhandel mit Werbegeschenken und Produkten des gewerblichen Bedarfs ein. Mitte der 90er Jahre gelang Schneider den Einstieg ins Privatkundengeschäft mit der Gründung vom „Impressionen Versand" und „Conley's Modekontor".

2. Die Conley's-Positionierung

2.1 Lifestyle-Inszenierung anstelle eines reinen Warenangebotes

Üblicherweise ist der deutsche Versandhandelskunde nicht extrem modisch. Die großen Versender, die hohe Auflagen an breit angelegten Zielgruppen schicken, brauchen eine gewisse Umsatzsicherheit, um ein rentables Geschäft zu betreiben. Sie sind – mit durchaus feinen Abstufungen und Unterschieden – „in der Mitte des Marktes" positioniert.

Conley's hingegen geht einen anderen Weg. Hochmodische Angebote in höheren Preislagen und eine einzigartige Inszenierung der Ware führen zu einem einzigartigen, unverwechselbaren Katalogkonzept. Mit vielen redaktionellen Bildern und kleinen Geschichten wird eine aufregende, fremde Welt dem Kunden zu Hause nahe gebracht. Hierdurch wird ein faszinierender Lifestyle dargestellt, welcher die Modetrends ansprechend in Szene setzt.

Dies zusammen mit der Mischung der Sortimente und Themen auf allen Seiten des Kataloges macht ihn für alle „Leser" von der ersten bis zur letzten Seite spannend. Abb. 3 wie auch Abb. 7 und 9 zeigen, wie auf so genannten Nichtangebotsseiten „stories" erzählt und inszeniert werden. Bemerkenswert sind die „short stories", die jedes dieser Bilder ergänzen.

Abb. 1: Der Conley's-Katalog ist einzigartig auf dem deutschen Markt!

Eddi war härter als warmer Asphalt und so explosiv wie knallende Erbsen. In seinen Rückspiegeln war jeder Winkel sofort tot, und wenn er überhaupt bremste, dann barfuß. Angst? Niemals. Höchstens vor Löwen. Oder Spinnen. Oder Männern mit Hüten. Puppen, die echt aussehen, dem Schornsteinfeger, Gewitter ...

Abb. 2: „The Duke of Iron"

Einen derartigen „verschwenderischen" Umgang mit Katalogseiten und Papier kann man sich im Kataloggeschäft üblicherweise nicht leisten. Papier-, Druck- und Porto sind gewichtige Kostenblöcke im Versandhandelsgeschäft. Demzufolge muss sich möglichst jeder Artikel rentieren, und zu viel Risiko darf nicht eingegangen werden.

Neben der einzigartigen Inszenierung hebt sich Conley's durch das exklusive Markenangebot von der restlichen Versandhandels-Landschaft ab. Die Kunden wissen, dass sie bei Conley's spannende Mode und die neusten Trends aus aller Welt bekommen, die sie sonst nirgendwo auf dem deutschen Markt finden können. Dies zusammen mit der sehr ungewöhnlichen, emotionalen und animierenden Darstellungsweise macht den Conley's-Katalog durchaus zu einem Objekt der Begierde. Die hochwertige Papierqualität und die aufwendige Fotografie in exotischen Locations tragen weiter zur Exklusivität dieses Produkts bei.

2.2 Alleinstellung im Wettbewerbsvergleich

Conley's ist natürlich nicht der einzelne Versender, der auf dem deutschen Markt hochwertige Textilien anbietet. Firmen wie Apart, Alba Moda, Madeleine oder Elégance bieten auch sehr hochwertige Damenoberbekleidung an. Die Zielgruppen dieser Anbieter sind allerdings alle deutlich älter als bei Conley's. Auf dem Gebiet „jünger und hochpreisig" hat Conley's eine Alleinstellung, wie die folgende Abbildung zeigt.

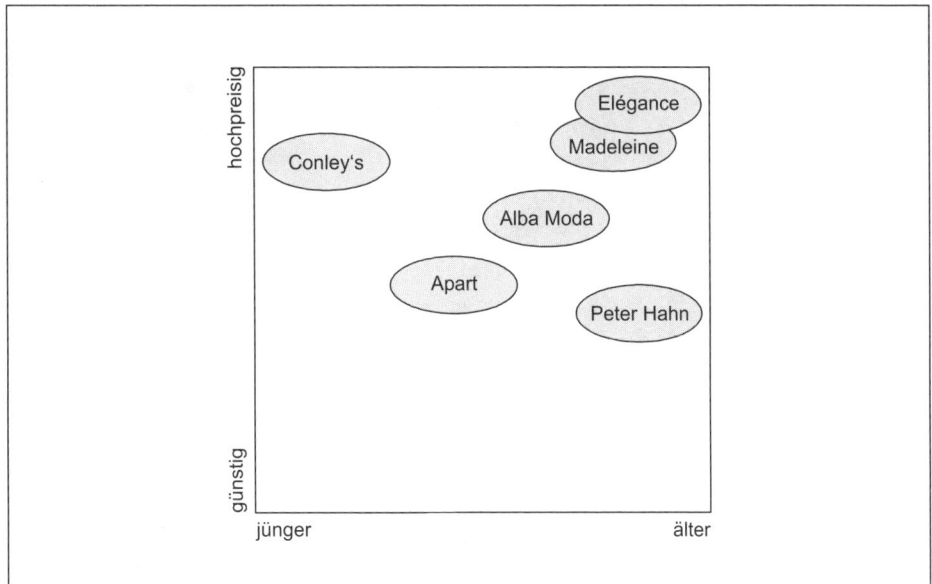

Abb. 3: Conley's Alleinstellung im Markt

3. Die Umsetzung der Alleinstellung

3.1 Der Prozess der Katalogerstellung

Für den Versandhandel gibt es einige sehr gut etablierte Prozesse, die aufgrund der Vorlaufzeiten der Katalogerstellung, der Sortimentskomplexität und der logistischen Anforderungen teilweise sehr ausgefeilt sind und in ein enges Termingerüst der Sortimentsbemusterung, Sortimentserstellung, Sortimentsverabschiedung, Kataloglayout, Katalogfotografie, Warenbeschaffung und Katalogherstellung passen müssen.

Wer diese Prozesse kennt, wird über das Vorgehen bei Conley's überrascht sein. Der Conley's-Katalog wird nämlich immer als eine ganze, zusammenhängende Einheit zusammengestellt. Das heißt, im Ganzen muss er spannend, innovativ und teilweise sogar provozierend sein und eine entsprechende Wirkung entfalten.

Der Einkauf bekommt deswegen keine konkreten betriebswirtschaftlichen oder sortimentsbezogenen Vorgaben über die genaue Anzahl und Preislagen von einzelnen Produkten, die eingesetzt werden müssen. Die betriebswirtschaftlichen Vorgaben werden als Rahmen abgesteckt, der Kreativität werden keine Grenzen gesetzt. Häufig werden sogar völlig „verrückte" Artikel im Sortiment aufgenommen. Nicht, weil man mit diesen Artikeln anstrebt, viel Geld zu verdienen sondern, weil sie das Gesamtbild positiv prägen und das komplette Umfeld interessanter und lebendiger erscheinen lassen. In Abb. 4 finden sich einige Beispiele.

Drachenfahrrad
3.000 Euro

Rock'n'Vegas Bär
14 Euro

aufblasbares Kanu
529 Euro

Abb. 4: Profilierende Angebote

6.3 Conley's Modekontor – Ein innovatives Lifestyle-Konzept

Nicht jedes Foto im Conley's-Katalog ist ein Verkaufsfoto! Auf der einen Seite kreieren die animierenden Lifestyle-Fotos eine faszinierende Atmosphäre und prägen das Image. Diese Seiten machen in jedem Conley's Katalog ca. 10 Prozent der Seiten aus. Auf der anderen Seite zeigt auf weißem Hintergrund nüchtern fotografierte gelegte Ware dem Kunden genau, wie die angebotenen Artikel aussehen (vgl. Abb. 5 und 6).

Abb. 5: Hochmodische Artikel   als Kern des Conley's Sortiments

Mit dieser Mischung gelingt es Conley's, auf lebendige Weise Lifestyle zu vermitteln und gleichzeitig auch wichtige Produktinfos deutlich darzustellen. Die Kontraste in der Darstellung sorgen für Abwechslung und Spannung im Erscheinungsbild.

Abb. 6: „Make Love not War"

456 Kapitel 6: Erfolgreiche Strategien

Zusätzlich zu dem modischen Textilangebot rundet Conley's das Angebot mit spannenden und lustigen Hartwarenartikeln ab. Diese sind zu der Mode passende Accessoires oder Kosmetik-Artikel oder auch teilweise verrückte Gagartikel, die vom Thema her mit den Hauptangeboten verwandt sind oder im Zusammenhang für Aufmerksamkeit sorgen. Zum Beispiel wurden in den letzten Saisons ein aufblasbares Kanu, ein Teppich in Form eines Surfbretts, ein Sauerstoffspray und ein Didgeridoo angeboten. Unter den Herrenartikel befanden sich sogar Kautabak und eine Wasserpfeife.

3.2 Das Angebots- und Markenkonzept

Der Schwerpunkt der Conley's Angebotsstrategie liegt auf Marken. Ausschlaggebend ist, dass diese nicht nur bekannte, etablierte Marken sind, sondern durchaus sehr neue, auf dem deutschen Markt noch kaum bekannte Trendmarken. Insofern ist Conley's durchaus am Cutting Edge der Modewelt und versteht sich als Trendsetter und nicht als Versandhändler, der den Modetrends hinterherläuft.

Tore aus mit Diamanten besetztem Teakholz. Mauern aus feinstem Marmor. Und Türme aus purem Gold. Es gibt wohl keinen Ort auf dieser Welt, an dem man schönere Luftschlösser bauen kann.

Abb. 7: „Schöpferische Pause"

Aus der Sicht der Kunden ist jeder Artikel im Conley's-Katalog ein Markenprodukt. Conley's selbst unterscheidet allerdings zwischen Fremdmarken und der Eigenmarke „Conley's". Fremdmarken wie z. B.:

- Max Mara,
- Luis Trenker,
- Paul Smith,
- Vive Maria

werden zwar von dem Einkaufsteam ausgesucht und die passenden Artikel für den Einsatz im Katalog selektiert; die Produktion, Qualitätsvorgaben, Größenläufe und Preispolitik liegen allerdings in den Händen der Markenlieferanten. Dies kann gegebenenfalls zu Schwierigkeiten führen, wie z. B. bei der einheitlichen Qualitätssicherung oder bei der Disposition der benötigten Einkaufsmengen.

Abb. 8: Das aktuelle Markenangebot der Firma Conley's

Bei der Eigenmarke ist Conley's in der Lage, völlig unabhängig eigene Produkte nach eigenen Vorstellungen zu entwickeln und nach eigenen Vorgaben produzieren zu lassen. Auf der einen Seite generiert man Nachfrage mit begehrten, internationalen Markennamen, auf der anderen Seite schafft man sich die nötige Flexibilität in der Sortiments- und Preisgestaltung mit den eigenen Kreationen. Mit dem richtigen, ausgewogenen Mix präsentiert Conley's jede Saison ein abgerundetes und attraktives Sortiment und sorgt für gesunde betriebswirtschaftliche Eckwerte. Die begehrte Fremdmarke zieht den Kunden in den Laden, mit der besser kalkulierten Eigenmarke wird ein gesundes Betriebsergebnis sichergestellt.

Conley's hat viele Marken als erster Versandhändler auf dem deutschen Markt ins Sortiment aufgenommen. Tommy Hilfiger, Max Mara, Gant, Polo, Luis Trenker und Camper erschienen zuerst bei Conley's, bevor diese nach und nach auch von anderen Häusern angeboten wurden. Heute werden noch z. B. Strellson, Pringel, Daks und viele neue, kleine amerikanische, englische und skandinavische Marken bei Conley's exklusiv auf dem deutschen Versandhandelsmarkt offeriert.

3.3 Die Katalog-Anstoßkette

Jede Saison (Halbjahr) verschickt Conley's drei Kataloge:

- *Hauptkatalog* (Frühjahr/Sommer bzw. Herbst/Winter),
- *Conley's Woman*,
- *Saisonkatalog* (Sommer bzw. Winter),

Der Hauptkatalog ist der wichtigste Anstoß in der Saison. Er hat einen Umfang von 168 Seiten und wird in der höchsten Auflage bundesweit gestreut. Der Sortimentsschwerpunkt liegt eindeutig in der Damenoberbekleidung. Es werden jedoch auch umfangreiche Herren- und Kinderoberbekleidungs-Sortimente angeboten. Von der Richtung her steht Conley's für junge, sportive und ungewöhnliche Mode. Das Thema Outdoor steht auch im Vordegrund,und wer provokotive, sexy Bekleidung sucht wird auf jeden Fall bei Conley's fündig. Letztendlich wird das Textilsortiment mit exklusiven Unter- und Nachtwäsche- sowie passenden Accessoire- und Hartwaren-Angeboten abgerundet.

Der Conley's-Woman-Katalog beinhaltet ein reines Damen-Sortiment und wird speziell nur für die weiblichen Kunden produziert. In der Regel umfasst er ca. 100 Seiten. Den letzten Anstoß in der Saison stellt der Saisonkatalog dar. Dieser hat eine ähnliche Sortimentsstruktur wie der Hauptkatalog, jedoch mit einer deutlich stärkeren saisonellen Ausrichtung.

Ausschließlich der Hauptkatalog wird in der Neukundengewinnung eingesetzt. Dieser hat das umfangreichste Sortiment und die längste Laufzeit. Conley's definiert eine klare Zielgruppe und mietet entsprechende Kundenadressen von befreundeten Unternehmen und Adressbrokern an.

Und was ich noch zu sagen hätte, dauert eine Zigarette und ein letztes Glas im Stehen.

Abb. 9: „Last Girl Standing"

Im Idealfall arbeitet man mit Firmen zusammen, die mit völlig anderen Angeboten die gleiche Zielgruppe ansprechen. Im Austausch erzielt man eine klassische Win-Win-Situation in der jedes Unternehmen profitiert, ohne Marktanteil an einen Konkurrenten abzugeben. Die beiden Zwischenkataloge werden nur an bestehende Kunden geschickt. Demzufolge sind diese wesentlich profitabler und dienen der Ergebnissicherung und der Kundenbindung.

Die Conley's-Kunden sind schwerpunktmäßig weiblich, zwischen 25 und 45 Jahre alt, kosmopolitisch, und haben ein hohes Bildungsniveau. Selbstverständlich sind sie sehr modisch interessiert und verfügen über ein überdurchschnittliches Haushalteinkommen.

3.4 Die betriebswirtschaftliche Perspektive

Neue, innovative Modetrends bringen zwangsläufig ein hohes Risiko mit sich. Im Voraus weiß der Einkäufer nicht, ob die von ihm ausgesuchten Artikel beim Kunden gut ankommen werden oder nicht. Im stationären Einzelhandel hat man die Möglichkeit, Angebote auszutauschen oder Preise anzupassen. Wenn ein Versandhandels-Katalog gedruckt und versandt ist, ist der Spielraum für Anpassungen im Angebot so gut wie gar nicht gegeben.

Aus diesen Gründen können es sich die meisten Versender nicht erlauben, ein sehr modisches und risikoreiches Sortiment zu präsentieren.

Wie bereits erwähnt hat Conley's eine ganz andere Philosophie. Die Attraktivität des Kataloges als Ganzes steht im Vordergrund. Bei Conley's muss sich nicht jeder Artikel einzeln betrachtet betriebswirtschaftlich rechnen. Jedes Produkt und jedes Bild spielt seine Rolle. Das Konzept als Ganzes wird beurteilt. Auf den richtigen, angemessenen Mix kommt es an. Mit diesem einzigartigen und sehr emotionalen Auftritt ist es Conley's gelungen, Angebotsträger zu entwickeln, die einen ganz anderen Typ, der üblicherweise nicht unbedingt als versandhandelsaffin gilt, als Kunde zu gewinnen. Der Katalog wird inzwischen als Kultobjekt angesehen.

Abb. 10: „Boys and Girls go out to play"

Diese Philosophie wirkt auch als erfolgreiches Kundenbindungsinstrument. Die hohe Beliebtheit des Conley's-Kataloges lässt sich anhand der extrem hohen Kundentreue und der Wiederkaufsraten sowie der hohen durchschnittlichen Auftragswerte, die Conley's erzielt, unter Beweis stellen. Diese liegen deutlich über den auf dem deutschen VH-Markt üblichen Werten. Nicht zuletzt unterstreichen die unzähligen Kopierversuche von Konkurrenzunternehmen das hohe Ansehen der Conley's-Angebotsträger.

Abb. 11: *"And they lived happily ever after ..."*

4. Fazit: Innovative Konzepte können sich durchsetzen

Die Beschreibung und Darstellung des Conley's-Erfolgs – eines innovativen Konzeptes, das sich seine Zielgruppe suchen musste und diese ganz offensichtlich innerhalb weniger Jahre auch gefunden hat – zeigt, dass es gelingen kann, mit den richtigen Ideen, mit den notwendigen Freiräumen und mit der erforderlichen Konsequenz im Versandhandel erfolgreich zu sein und Wachstum aus eigener Kraft zu generieren.

Vielleicht sind es genau diejenigen Faktoren, die *Gömann* und *Münchow* in ihrem Beitrag in diesem Band unter der headline: „Attraction Marketing" als die Erfolgsfaktoren im Retail Business herausstellen, die auch den Conley's-Erfolg erklären können:

- *Marke:*
  Diesen Erfolgsfaktor hat Conley's ganz eindeutig für sich zur Profilierung genutzt, und zwar auf der Ebene der Katalogmarke, auf der Ebene der exklusiven Fremdmarken und auch auf der Ebene der Handelsmarke.

- *Kaufstätte:*
  Hier gelingt es Conley's, sich im deutschen „Katalogwald" durch die Art der Inszenierung eine klare Alleinstellung zu erarbeiten.

- *Sortiment:*
  Auch diesen Erfolgsfaktor nutzt Conley's für sich in umfangreicher, professioneller Form.

Es sollte eigentlich nicht überraschen, dass in dem gesamten Bericht über Conley's vom Thema „Preis" überhaupt nicht die Rede war. Das Konzept erweist sich als erfolgreich: Der kontinuierliche Umsatzzuwachs ist der überzeugende Beleg.

Kapitel 7

Innovative Geschäftskonzepte

7.1 Lush Fresh Handmade Cosmetics – Erfolg durch Anderssein
Rainer Krautter

7.2 DocMorris – Die europäische Apotheke. Strategien für eine moderne Arzneimittelversorgung
Gottfried Neuhaus

7.3 Die Metro-Group-Future-Store-Initiative – Die Zukunft des Handels aktiv gestalten!
Gerd Wolfram

Rainer Krautter

7.1 Lush Fresh Handmade Cosmetics – Erfolg durch Anderssein

1. Was ist Lush?
1.1 Lush Life – Unsere Werte
1.2 Handgemacht
1.3 Frisch
1.4 Etwas aus unserer Geschichte
1.5 Produktbereiche
1.6 Lush in Deutschland
1.7 Lush international

2. Bei Lush gehen die Uhren anders
2.1 Finanzen
2.2 Werbung
2.3 PR und Marketing
2.4 Standorte
2.5 Management

„And he (Gordon Roddick) said to me ‚if you had to lose one of your senses which one would you least like to lose?' and his was his sense of humour and that in business is extremely important. When I was stressed out and phoned him up he'd laugh and then you'd start to laugh yourself and realise there is always a way round a problem."

Mark Constantine

1. Was ist Lush?

1.1 Lush Life – Unsere Werte

„*Wir glauben, dass man aus frischen Früchten und Gemüse, essenziellen Ölen und sicheren synthetischen Zutaten wundervolle, effektive kosmetische Produkte herstellen kann. Die Verwendung von aus toten Tieren gewonnen Zutaten lehnen wir ab.*

Wir glauben auch an unseren Grundsatz, nur von Lieferanten einzukaufen, welche Inhaltsstoffe nicht an Tieren testen oder testen lassen.

Wir glauben an die Zufriedenheit, unsere frischen Produkte liebevoll von Hand herzustellen, unsere eigenen Etiketten zu drucken und unser Haus mit wunderbaren Düften zu füllen.

Wir glauben, dass unsere Produkte einen hohen qualitativen Wert haben, dass wir einen angemessenen Gewinn erwirtschaften sollten, und dass der Kunde immer Recht hat."

Abb. 1: Das Lush-Logo

In jedem Lush Shop weltweit sind diese Worte auf einer schwarzen Tafel mit weißer Schrift zu lesen. Viele unserer Kunden bemerken sie überhaupt nicht, manch einer mag beim Lesen an Kitsch denken, aber für uns ist es immer wieder erstaunlich, wenn man in einen x-beliebigen Lush Shop kommt und Leute dabei beobachten kann, wie sie andächtig vor diesem Schild stehen und leise nickend in sich hineinlächeln.

In der Tat könnte man hier bequem aufhören, etwas über Lush zu sagen, denn alles, was man darüber wissen muss, ist bereits gesagt! Aber dies hier ist ein Buchprojekt und da gelten andere Regeln! Also, was jetzt folgt, hat wenig zu tun mit akademischen Marketingstrategien oder literarischen Selbstbeweihräucherungen. Gerade die Kosmetikindustrie ist manchmal ziemlich anfällig für die Verlockungen einer griffigen Marketingstory, in welcher sich die Gründer gelegentlich gerne auf ein ethisch-moralisches Podest erheben oder erheben lassen. Möge uns dieses traurige Schicksal erspart bleiben.

Abb. 2: Mark Constantine, Gründer, Anteilseigner und Chairman von Lush Ltd.

1.2 Handgemacht

„Alle unsere Produkte werden von uns selbst hergestellt, von Hand. Wir stellen für niemanden sonst irgendwelche Produkte her, da wir für eine solche Aufgabe viel zu beschäftigt sind. Unsere Badekugeln und Riegel sind individuell von Hand geformt, die Seifen werden von Hand in Formen gegossen und von Hand geschnitten. Die Früchte sind frisch gepresst. Unsere Flaschen werden von Hand gefüllt und etikettiert. Auf den Etiketten drucken wir den Namen des Mitarbeiters auf, welcher für die Herstellung des Produktes verantwortlich war. Aus Belgien stammt die feinste Schokolade, welche wir bis zum letzten Moment verstecken müssen, um sicherzustellen, dass für die Massageriegel noch etwas übrig ist."

Schaut man in eines der vielen Bücher über Marketing, Businesskonzepte, Fertigungsoptimierung usw., so steigt in einem unweigerlich das mulmige Gefühl auf, dass Lush eigentlich alles falsch macht. Unsere Produkte werden komplett in Manufaktur hergestellt, es gibt keine Fertigungs- und Verpackungsstraßen. Jeder Rationalisierungsfachmann einer Unternehmensberatung würde komplett durchdrehen. Abgesehen von den Rohstoffen beträgt die Fertigungstiefe bei Lush 100 Prozent. Es gibt keine Zulieferer, und Lush lässt ungeheure Gewinnpotenziale brachliegen, indem man sich standhaft weigert, für andere Unternehmen zu produzieren. Wir nehmen sogar die Mühe auf uns, auf unsere Produkte das Herstellungsdatum, das Haltbarkeitsdatum und den Namen des Mitarbeiters, welcher für die Herstellung verantwortlich war, zu schreiben. Das mit dem Datum könnte man locker umgehen, indem man solange vier, fünf, sechs oder gar sieben verschiedene Konservierungsmittel hinzugibt, bis sich eine Lebensdauer von mindestens fünf Jahren ergibt. Man stelle sich einmal vor, welche Kosteneinsparungen mit diesem einfachen chemischen Trick möglich wären. Aber, wir tun das nicht, was uns gleich zum nächsten Punkt bringt. Frische!

1.3 Frisch

„Wir benutzen Konservierungsmittel in möglichst wenigen unserer Produkte. Wo immer es möglich ist, greifen wir auf clevere Kombinationen von Inhaltsstoffen zurück, um die Produkte so zu stabilisieren, dass sie eine sinnvolle natürliche Lebensdauer haben."

Es ist unsere feste Überzeugung, dass es für die Haut am besten ist, gar keine Konservierungsmittel einzusetzen, und wenn es unbedingt sein muss, dann nur das absolute Minimum. Gut 75 Prozent unserer Produkte enthalten überhaupt keine synthetischen Konservierungsmittel, so z. B. unsere patentierten festen Shampoos. Wenn man sie nicht gerade unter Wasser setzt, halten diese Shampoos problemlos die 14 Monate, die wir auf unseren Etiketten angeben. Auch sind wir der festen Überzeugung, dass frische Zutaten besser für die Haut sind und bessere Ergebnisse liefern. Warum sollten wir auch Vitamine oder Enzyme extrahieren, dehydrieren oder synthetisieren, wenn uns die Natur alle gewünschten Stoffe in Hülle und Fülle und unverfälscht in Form von frischen Früchten und Gemüse liefert? Nicht nur Menschen mit homöopathischer Vorbildung sollte dies einleuchten.

1.4 Etwas aus unserer Geschichte

„Das Lush Kreativ-Team arbeitet nun schon seit den späten Jahren zusammen, als wir damit anfingen, unsere eigene handgemachte Kosmetik herzustellen. Im Jahre 1978 verkauften wir unser erstes Produkt an The Body Shop, und im Jahre 1988 gründeten wir in Großbritannien in Poole, Dorset, die Firma Cosmetics-to-Go. In Poole, direkt an der Südküste von England, überraschten wir damals viele Leute durch unsere verrückten Erfindungen wie Badebomben, feste Shampoo-Riegel und Massage-Riegel, und wir bauten auf der Basis eines Katalogversandhandels (Mailorder) ein einzigartiges Kosmetikunternehmen auf, das heute noch vielen Briten ein wehmütiger Begriff ist. Jeder macht von Zeit zu Zeit Fehler. Eine Serie von unglücklichen Umständen endete für uns in einer Katastrophe. Eine Mailing-Aktion mit einer Million verteilter Katalogexemplare brachte eine derart hohe Resonanz, dass wir nicht in der Lage waren zu liefern. Es war das Chaos. Cosmetics-to-Go musste schließen, und das, was von der Firma noch übrig war, mussten wir schließlich verkaufen."

„Doch im Jahre 1994 waren wir wieder in der Lage aufzustehen, und aus kleinsten Anfängen heraus begannen wir erneut kosmetische Produkte herzustellen. Darin waren wir ja gut. Unser erster Laden eröffnete in Poole in der High Street 29, wo er auch heute noch jeden Tag Anlaufpunkt für zahlreiche Kunden ist. Unser zweiter Laden wurde kurz darauf

in London im berühmten Covent Garden eröffnet. Von Anfang an stürmten die Leute unsere Läden förmlich, und aus diesen kleinen Anfängen heraus wuchsen wir rasant. Heute zählt Lush weltweit 200 Läden in 30 Ländern. Wir betreiben darüber hinaus einen Katalog- und Internetversandhandel in England, Kanada, Australien, Neuseeland, Japan, Italien, Schweiz, Deutschland und den Niederlanden. Auf der ganzen Welt stellen wir in vielen Regionen und Ländern unsere kosmetischen Produkte in eigenen Produktionsstandorten her, z. B. in Europa, Kanada, Südamerika und Japan. Damit möchten wir sicherstellen, dass jedes Produkt so frisch wie möglich zu unseren Kunden gelangt, da wir daran glauben, dass frische Produkte besser wirken und weniger Konservierungsmittel benötigen. Es ist unser Ziel und unser stetes Bestreben, die frischesten und jüngsten Produkte in der Geschichte der Kosmetik zu haben."

Abb. 3: Lush in der Carnaby Street in London

Aus der Niederlage mit Cosmetics-to-Go haben wir viel gelernt. Oftmals einfache Weisheiten, wie z. B. die tief greifende Erkenntnis, dass Freunde in guten Tagen nicht immer Freunde in schlechten Tagen bleiben und dass man, wenn man am Boden liegt, gerne noch einen Tritt von jemandem bekommt, dem man es überhaupt nicht zugetraut hätte. Aber das sind Erfahrungen, die, wenn man sie denn übersteht, unendlich viel lehren können. Meines Erachtens sind diese Erfahrungen sehr viel wertvoller als jede Business

School, denn sie lehren, wie die Welt wirklich ist. Es ist müßig zu erzählen, wie wir es schließlich trotz widriger Umstände und allerhand Knüppeln zwischen den Beinen doch geschafft haben aufzustehen. Aber es darf hier versichert werden, dass bei Cosmetics-to-Go niemand etwas verloren hat und dass die Marke seit kurzem wieder stolz in unserem Eigentum ist.

1.5 Produktbereiche

Lush Fresh Handmade Cosmetics stellt etwa 250 verschiedene Produkte zur Reinigung und Pflege von Haut und Haaren aus den Bereichen Gesicht, Bad & Dusche und Körperpflege her.

Abb. 4: Lush Bubble Bars, Badeschaum in fester Form

1.6 Lush in Deutschland

Wir werden in Deutschland in verschiedenen Städten und Regionen eine Anzahl von firmeneigenen Läden betreiben. Zur Zeit gibt es Shops in Hamburg, Frankfurt/Main, Berlin sowie einen Onlineshop (www.lush-shop.de) und natürlich Mailorder. Ein Franchisingsystem oder Ähnliches ist nicht vorgesehen (vgl. Abb. 5).

1.7 Lush international

Lush ist in Australien, Bahrein, Brasilien, Dänemark, Deutschland, England, Italien, Irland, Japan, Kanada, Kroatien, Neuseeland, Niederlande, Malta, Philippinen, Katar, Saudi Arabien, Singapur, Slowenien, Schweden, Schweiz, Spanien, Sri Lanka, Taiwan, Ungarn, USA, Vereinigte Arabische Emirate und anderen Ländern vertreten. Weltweit gab es im August 2003 knapp 200 Läden in 30 Ländern. Der weltweite Einzelhandelsumsatz von Lush betrug im Geschäftsjahr 2002/2003 ungefähr 75 Millionen Euro.

Abb. 5: Tisch mit Lush Seifen in Berlin Friedrichstraße

2. Bei Lush gehen die Uhren anders

2.1 Finanzen

Für Finanzfachleute ist es erwähnenswert, dass Lush keine Bankverbindlichkeiten hat, was im heutigen Einzelhandelsklima manchmal genau den Unterschied zwischen Sein und Nichtsein bedeuten kann. Wie wir das enorme weltweite Wachstum aus eigener Kraft schaffen, ist auch uns manchmal ein Rätsel, aber ein großer Teil dieses Erfolgs hat ohne Zweifel sehr viel mit Budgetplanung und Kostenkontrolle zu tun. Bei Lush haben eine Handvoll Gründer und einige Partner eigenes Geld investiert. Es besteht keine Absicht, an die Börse zu gehen, oder den Familienschmuck zu versilbern.

2.2 Werbung

Bei Lush gehen viele Uhren anders. Lush ist ein so genanntes „non-advertising brand", d. h., wir haben keinerlei Budget für Werbeaktionen. Das ist manchmal, als ob man mit angewinkeltem linkem Bein, welches mit der rechten Hand gehalten werden muss, zum Fußballmatch gegen die „Großen" antritt. Wenn die neue Antifaltencremewerbung von XYZ-Cosmetic über den Bildschirm flimmert und vielen Menschen – insbesondere Frauen – ein furchtbar schlechtes Gewissen bereitet, dann sind viele, die einen Lush Shop besuchen, einfach nicht mehr empfänglich für die naturbelassenen Vorteile unserer Shangri-La-Gesichtscreme. Da nützt es dann wenig, wenn Lush keine Silicone oder ähnlichen Unsinn benutzt, dafür aber Unmengen von kaltgepressten Ölen und Weizenkeimen verwendet, die Qualität absolut einzigartig ist und obendrein nur einen Bruchteil kostet.

Bei Lush setzen wir jedoch mit unumstößlicher Überzeugung darauf, dass wir langsam aber sicher in der Lage sind, das „brainwashing" der Werbung aufzubrechen und unsere Kunden durch unsere Produkte zu überzeugen. Dies gelingt uns eigentlich auch ganz gut, und das bedeutet, dass wir nicht 20 Prozent vom Umsatz für Werbung ausgeben müssen. Wir sehen das mittlerweile als Wettbewerbsvorteil.

2.3 PR & Marketing

Bei Lush haben wir auch keine komplizierte Marketingstrategie. Wir vertrauen vollständig darauf, dass sich die hervorragende Qualität und die Einzigartigkeit unserer Produkte durch Mundpropaganda herumspricht und die Kunden zu uns kommen, weil sie das Produkt und der Service überzeugt haben und nicht irgendein Werbeversprechen. Marketing wie im Mittelalter. Back to the roots.

Seit wir in Deutschland sind, vergeht kaum ein Monat, in dem nicht Journalisten anrufen und dies und jenes über Lush wissen wollen. Wie wir auf den Idee kamen, dass so ein verrücktes Konzept Erfolg haben könnte, wie unsere Expansionsstrategie sei, wann wir an die Börse gehen, oder Ähnliches. Meine Standardantwort lautet regelmäßig: „Unsere Strategie ist, dass wir keine Strategie haben!" Die meisten sind sprachlos verblüfft, geradezu ungläubig und fragen, ob man zu scherzen gedenke, einige wenige dachten wohl, sie hatten es mit einem Verrückten zu tun und verloren für kurze Zeit das Interesse. Die Wahrheit steckt natürlich tiefer. Es kann durchaus eine Strategie sein, keine Strategie zu haben, es sei denn, man geht völlig blauäugig an so eine Aufgabe heran. Ich hoffe jedoch, dass wir nicht total in die letzte Kategorie fallen.

2.3 Standorte

Genauso wenig wie wir Werbung machen, genauso wenig versuchen wir uns strategisch in bestimmten Städten oder Regionen zu positionieren. Wir gehen nur dahin, wo man uns wirklich haben will und wo wir gleichzeitig ein gewisses langfristiges Potenzial sehen. Als erstes haben wir uns einen vertrauenswürdigen und erstklassigen Makler gesucht. Das ist für ein neues Konzept sehr wichtig in der heutigen Zeit. In Hamburg hat uns dann mit dessen Hilfe eine sehr konservative, aber ungeheuer „erfrischend hanseatische" Eigentümerfamilie an die Hand genommen und uns einen hervorragenden Start beschert. In Berlin haben wir im ehemaligen Ostteil der Stadt ganz genau das Gleiche erlebt, und ich bin mir sicher, dass wir in München und in anderen Städten Ähnliches erleben werden. Vielleicht haben wir aber auch nur deshalb einen guten Draht zu Eigentümern entwickelt, weil wir seelenverwandt sind, ähnlich konservativ denken und sehr langfristig orientiert sind. Die sichere monatliche Miete, die nicht von der Bank kommt, ist natürlich ein zusätzliches, nicht zu unterschätzendes Argument.

2.4 Management

Es ist unsere absolute Überzeugung, dass die erfolgreiche Erschließung eines Marktes wenig zu tun hat mit modernen Managementmethoden, ganz im Gegenteil, wir sind sehr sicher, dass wir alle zurückfinden müssen zu altbekannten und bewährten Methoden, wie man ein Geschäft führt und aufbaut.

An erster Stelle stehen für uns deshalb nicht Strategiepapiere, sondern ehrliche Produkte und enthusiastische Mitarbeiter. Wie bekommt man ehrliche Produkte? Ganz einfach, indem man seinen Prinzipien treu bleibt. Wie bekommt man enthusiastische Mitarbeiter? Dies ist eindeutig die schwerere Aufgabe, aber wenn das komplette Management mit gutem Beispiel vorangeht, dann ist das schon die halbe Miete. Bei Lush ist es Tradition, dass das Management sehr häufig die Shops besucht, sich eine Schürze umbindet und mithilft, den Tag zu überstehen. Es gibt wohl kaum eine effektivere und billigere Methode mitzubekommen, was an der Basis los ist und was der Kunde über unsere Produkte denkt.

Bei Lush vermeiden wir das Denken in Hierarchien. Jeder Mitarbeiter, egal wo, hat zu jeder Zeit Gelegenheit, mit dem Geschäftsführer oder mit den Gründern ohne Voranmeldung in direkten Kontakt zu treten. Auf dieser Basis versuchen wir täglich, Lush durch turbulente Gewässer zu lenken, und wir fahren gut damit. Wer als Mitarbeiter damit nicht klarkommt, der verlässt unser Unternehmen sehr schnell und auf unkomplizierte Art und Weise. Wir haben so etwas wie unsere zehn Gebote, und diese Prinzipien sind unumstößlich und nicht diskutierbar.

Alle Geschäftsführer bei Lush finden es ungeheuer motivierend zu wissen, dass man von Lush keinen „Golden Parachute" bekommt, wenn etwas schief geht. Das führt unweigerlich dazu, dass wir vieles anders sehen als unsere Kollegen bei unseren Wettbewerbern. Es ist vielleicht ein wenig vergleichbar mit Pokerspielen. Man spielt anders, wenn man etwas zu verlieren hat. Und man spielt total anders als diejenigen, die fürs Verlieren sogar noch bezahlt werden. Abgesehen von dem völlig fehlenden Fallschirm ist es für Lush in Deutschland natürlich ein riesiger Ansporn, dass uns vor unserem Markteintritt ein Wettbewerber eine blutige Nase prophezeit hat. Das ist überhaupt das Maximum an Motivation!

Viel mehr gibt es zum Thema Lush nicht zu sagen. Überzeugen Sie sich selbst davon, ob wir halten, was wir versprechen: Qualität, Spaß und ein Stück Lebensfreude. Für alle konstruktiven Kommentare an contact@lush-shop.de sind wir dankbar und laden Sie herzlich zum Dialog ein!

Gottfried Neuhaus

7.2 DocMorris – Die europäische Apotheke. Strategien für eine moderne Arzneimittelversorgung

1. Vorbemerkung

2. Die besondere Apotheke
2.1 Bestellung
2.2 Beratung

3. Arzneimittelmarkt in Europa
3.1 Gesundheitsmärkte
3.2 Rechtsprechung

4. Ein innovatives Konzept
4.1 Strategie
4.2 Zielgruppe
4.3 Marketing

5. Befürworter und Gegner

6. Erfolgsgeschichte für die Zukunft

1. Vorbemerkung

Erstens: Eine Apotheke ist eine Apotheke – ob mit oder ohne Website, ob mit tausend Kunden aus der Nachbarschaft oder hunderttausend Kunden aus ganz Europa. Zweitens: Die Ausbildung zum Apotheker und die Bedingungen für die Ausübung des Berufs sind europaweit harmonisiert (Schumacher Urteil, EuGH, Urteil vom 7.3.1989 – Rs 215/87). Diese beiden Aspekte sind wesentliche Grundlagen für das Geschäftsmodell von DocMorris.

DocMorris ist eine klassische Apotheke in den Niederlanden. Sie ist ordnungsgemäß zugelassen und geprüft, der niederländischen Gesetzgebung und Apothekenbetriebsordnung („Nederlands Apotheeknorm") verpflichtet. Sie hat ihren Sitz in der Minckelersstraat in Landgraaf, einer kleinen Stadt mit 30.000 Einwohnern, etwa zehn Kilometer von der deutsch-niederländischen Grenze bei Aachen entfernt. Wahrscheinlich wäre sie niemandem weiter aufgefallen, wenn die Gründer nicht auf eine zündende Idee gekommen wären, die DocMorris – vor allem in Deutschland – in die Schlagzeilen gebracht hat: Apothekenpflichtige Medikamente werden nicht nur an Kunden im „Laufumfeld" der Apotheke über die Ladentheke verkauft, sondern auch landes- und sogar europaweit angeboten – und zwar über das Internet. Und das zu europaweit einheitlichen Preisen.

Zielmärkte waren und sind die Mitgliedstaaten der Europäischen Union. Die heftigen Klagen und Proteste des deutschen Apothekerverbandes sorgten für hohe Bekanntheit, und damit wuchs der Anteil der Kunden aus Deutschland überproportional schnell und bildet mit rund 78 Prozent den Hauptmarkt von DocMorris.

Das Ziel ist mehr Wettbewerb und mehr Preistransparenz. Ein alternatives, innovatives Angebot zum klassischen, etablierten System der Vor-Ort-Apotheke entsteht. Der Versand von Arzneimitteln soll das traditionelle Apothekengeschäft ergänzen (und vielleicht verändern), aber auf gar keinen Fall ersetzen.

Die Dr. Neuhaus TechnoNord erkannte schon 1999 das Potenzial der Geschäftsidee und förderte das Projekt in der Seed-Phase zum einen finanziell als Venture Kapitalgeber und zum anderen beratend mit seinem unternehmerischen Know-how.

2. Die besondere Apotheke

Hinter dem mehrsprachigen Webauftritt www.DocMorris.com steht eine niedergelassene Apotheke mit Ladengeschäft in Landgraaf (nahe Kerkrade). Die Apotheke ist mit ihren Dienstleistungen ISO 9001 – zertifiziert. In den Niederlanden ist der Fernbezug von Arzneimitteln aus Apotheken (Versand) erlaubt, solange sich die Apotheke an die qualitativen Regeln der Arzneimittelabgabe hält. Dazu zählen vor allem Beratung und Sicherheit. Das niederländische Gesundheitsministerium hat der Apotheke nach genauer Prüfung ihre Zulassung erteilt und kontrolliert die Einhaltung der Vorschriften für Apotheken. So ist die Einhaltung von Rezeptpflichten eine Grundvoraussetzung bei dem sensiblen Geschäft der Apotheker. Ein internes Kontrollsystem bei DocMorris stellt sicher, dass rezeptpflichtige Medikamente nur gegen Einsendung eines gültigen Originalrezeptes abgegeben werden und auch, dass die Bestellung dem Rezept entspricht. Jede Lieferung enthält Produktbeschreibungen in der jeweiligen Landessprache. Höchstabgabemengen sichern, dass Arzneimittel nur zum persönlichen Gebrauch des Patienten bezogen werden. DocMorris bezieht alle Präparate über den offiziellen Großhandel.

Abb. 1: DocMorris Internetauftritt

Wie also funktioniert die „Apotheke im Internet"? Erst einmal nicht anders als jede andere Apotheke auch.

2.1 Bestellung

Der Kunde sucht das gewünschte oder vom Arzt verschriebene Medikament und bestellt – nach Preisvergleich – per Post oder Internet. Wer verschreibungspflichtige Medikamente bestellt, muss auf jeden Fall das Originalrezept einschicken. Der Kunde holt die Arznei in der Apotheke ab oder beauftragt einen Paketdienst zur Abholung. Sie wird dann innerhalb weniger Tage nach Hause oder zum Arbeitsplatz gebracht. Kühlpflichtige Medikamente, wie Impfstoffe, werden in dafür vorgesehenen Behältnissen zugestellt.

DocMorris ist als ordentliche Apotheke verpflichtet, auf ärztliches Rezept das gesamte niederländische Arzneimittelspektrum abgeben zu können. Sie unterliegt also demselben Kontrahierungszwang in den Niederlanden wie z. B. Apotheken in Deutschland. Der Schwerpunkt des Sortiments liegt auf dem planbaren Arzneimittelbedarf. Dazu zählen Medikamente für die Haus- oder Reiseapotheke und Langzeitmedikationen, wie die Antibabypille, oder Medikamente für chronisch Kranke wie Asthmatiker und Allergiker. Mehr als die Hälfte der Produkte haben einen Abgabepreis (inklusive Mehrwertsteuer) von weniger als 50 Euro.

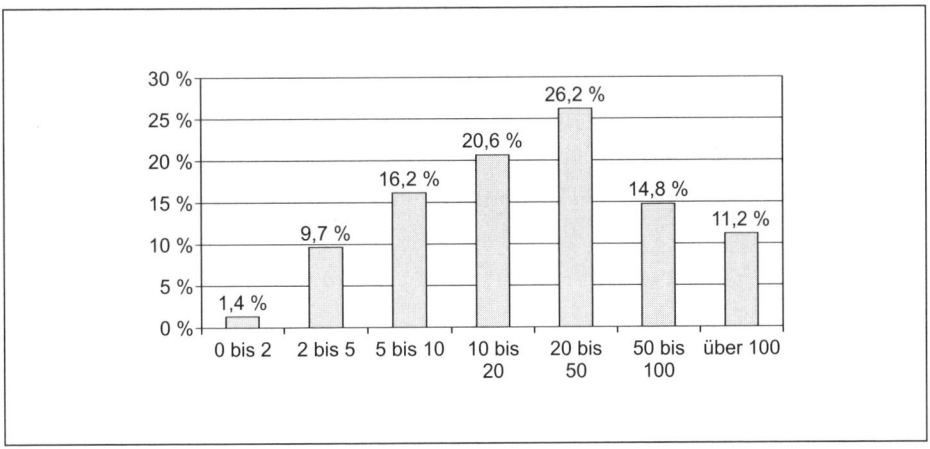

Abb. 2: Preisstruktur des Arzneimittelsortiments

DocMorris rechnet Verordnungen auf Rezept in der Regel direkt mit den Krankenkassen ab. Der Vorteil für die Kunden: Die Rezeptgebühr entfällt, da es eine Zuzahlungspflicht bei niederländischen Apotheken nicht gibt. Bei rezeptfreien Medikamenten wird per Bankeinzug oder Scheck bezahlt.

2.2 Beratung

Ein Vorteil dieser Apotheke ist die diskrete und umfassende Beratung: DocMorris berät telefonisch und schriftlich per E-Mail zu Risiken und Nebenwirkungen. Dabei arbeitet die Apotheke mit elektronischen Datenbanken, die mit Einverständnis des Kunden auf der Grundlage seines freiwilligen Inputs erstellt werden. Das pharmazeutische Fachpersonal bei DocMorris leitet aus diesen Informationen Empfehlungen und Warnungen ab. Die Daten unterstützen den individuellen und qualifizierten Beratungsdialog z. B. durch automatische Interaktions-Checks, welche die gesamte Medikationshistorie des Kunden umfassen. So hat DocMorris durch den diskreten und zeitlich unbegrenzten Kontakt einen deutlichen strukturellen Vorteil gegenüber der lokalen Apotheke ohne Wissensdatenbank: Sie kann den freiwilligen Beratungsinput der Verbraucher und die Kundenhistorie unabhängig von den jeweils agierenden Mitarbeitern zentral in Datenbanken sammeln und somit jedem Beratungsmitarbeiter zur Verfügung stellen.

Die Pharmazeuten informieren über die Art und Häufigkeit der Einnahme und weisen auf Neben- und Wechselwirkungen hin. Die Vorteile von DocMorris erschließen sich aus den modernen Kommunikations- und Datenbanksystemen: Automatische Wechselwirkungs-Checks oder spezielle Dienstleistungen für Kunden, Krankenkassen oder auch die pharmazeutische Industrie unterscheiden die moderne von der klassischen Apotheke.

Beim Start von DocMorris gab es keine IT-Lösungen für Versandapotheken. Ob Medikamenten- und Kundendatenbanken, Rezeptscanner oder Abrechnungssysteme: Nur in wenigen Teilbereichen konnte auf bestehende Systeme zurückgegriffen werden. Parallel mit dem wachsenden Kundenstamm mussten all diese Systeme entwickelt, getestet und zertifiziert werden.

3. Arzneimittelmarkt in Europa

Bevor DocMorris mit seinen Services am 8. Juni 2000 startete, mussten die verschiedenen Gesundheitsmärkte analysiert und vor allem auch die nationale und europäische Rechtsprechung studiert werden. Was ist das Besondere in der Gesundheitsbranche? Es existieren innerhalb der Europäischen Union stark abgeschottete nationale Märkte mit unterschiedlichen Endverbraucherpreisen bei exakt identischen Produkten. Noch heute benötigt ein Arzneimittel in jedem Land Europas seine eigene Zulassung, um dort von Apotheken an Endverbraucher abgegeben werden zu können. Europaweite Zulassungen, die auch mit Einschränkung möglich sind, sind die Ausnahme, längst nicht die Regel.

Erschwerend: Anfang 2000 hatte Stiftung Warentest Anbieter getestet – die Ergebnisse werden häufig von Gegnern und Skeptikern zitiert. Damals gab es DocMorris noch nicht. Aber die erschreckenden Test-Ergebnisse bei unseriösen Internet-Anbietern werden irreführend immer noch mit DocMorris in Zusammenhang gebracht. Fakt ist, dass es „schwarze Schafe" gibt, die teilweise ihre gefährlichen Geschäfte auch von Deutschland aus betreiben, ohne dass die Wirtschaftsverbände der deutschen Apothekerschaft dagegen vorgehen. Fakt ist, dass DocMorris sehr häufig von Apothekern, Krankenkassen, Journalisten und anderen fachkundigen Kreisen getestet wird. Es wurden weder unseriöse Praktiken noch eine Gesundheitsgefährdung des Verbrauchers festgestellt. So auch in der generell sehr kritischen Untersuchung der Stiftung Warentest (9/2000), die trotz negativem Testumfeld DocMorris als seriöse Alternative zu „Cyberkramläden" ausweist.

3.1 Gesundheitsmärkte

Ein Blick auf den Markt: Die Apotheken in den Ländern der Europäischen Union erzielten 1999 einen Gesamtumsatz von 95 Milliarden Euro, davon den Großteil, nämlich 91,3 Milliarden Euro, mit Arzneimitteln. Knapp 78 Prozent dieser Ausgaben entfallen hierbei auf vom Arzt verordnete Medikamente. Die restlichen 22 Prozent verteilen sich auf rezeptfreie, apothekenpflichtige Arzneimittel und freiverkäufliche Präparate.

An den Arzneimitteln verdienen der Hersteller, der Großhändler, der Apotheker und der Staat. Entsprechend setzt sich der Preis für ein Arzneimittel aus den Komponenten Hersteller, Großhandel, Apotheke und Mehrwertsteuer zusammen. Aufgrund unterschiedlicher Handelsmargen und Steuern gibt es innerhalb der Europäischen Union unterschiedliche Preisbildungen. Teilweise unterliegen verschreibungs- und apothekenpflichtige Medikamente der jeweiligen Arzneimittelverordnung des Mitgliedslandes und sind daher preisgebunden. Lediglich freiverkäufliche Arzneimittel kalkulieren die Apotheker in der Regel selbst. Was ist die Folge? Identische Medikamente werden in den EU-Mitgliedstaaten zu unterschiedlichen Endverbraucherpreisen abgegeben. Bei einigen Medikamenten, wie etwa der Antibabypille, bestehen im europäischen Vergleich große Preisunterschiede. Einige Patienten nutzen dieses Preisgefälle bereits, indem sie ihre Arzneimittel aus günstigen EU-Ländern beziehen. So ist es seit Jahren Praxis, dass z. B. Deutsche im so genannten kleinen Grenzverkehr ihre Medikamente in den Niederlanden kaufen oder dass Urlauber in Spanien ihre Hausapotheke auffüllen.

So lassen sich innerhalb Europas im Arzneimittelsektor so genannte Hoch- und Niedrigpreisländer identifizieren. Während Griechenland im europäischen Pro-Kopf-Vergleich 1998 die niedrigsten Arzneimittelausgaben hatte, lagen Frankreich, Schweiz und Deutschland auf den ersten drei Plätzen. Zugrunde gelegt wurde dabei der Apothekenverkaufspreis ohne Steuern. Ausschlaggebend für die Positionierung der Länder sind in erster Linie die Arzneimittelpreise: Im europäischen Vergleich 1998 lagen Frankreich, Schweiz, Belgien, Schweden und Deutschland im ersten Drittel. Beim Vergleich des Preisniveaus, gemessen an der Kaufkraft der europäischen Länder, liegt die Schweiz an erster Stelle, gefolgt von Dänemark, Schweden und Deutschland.

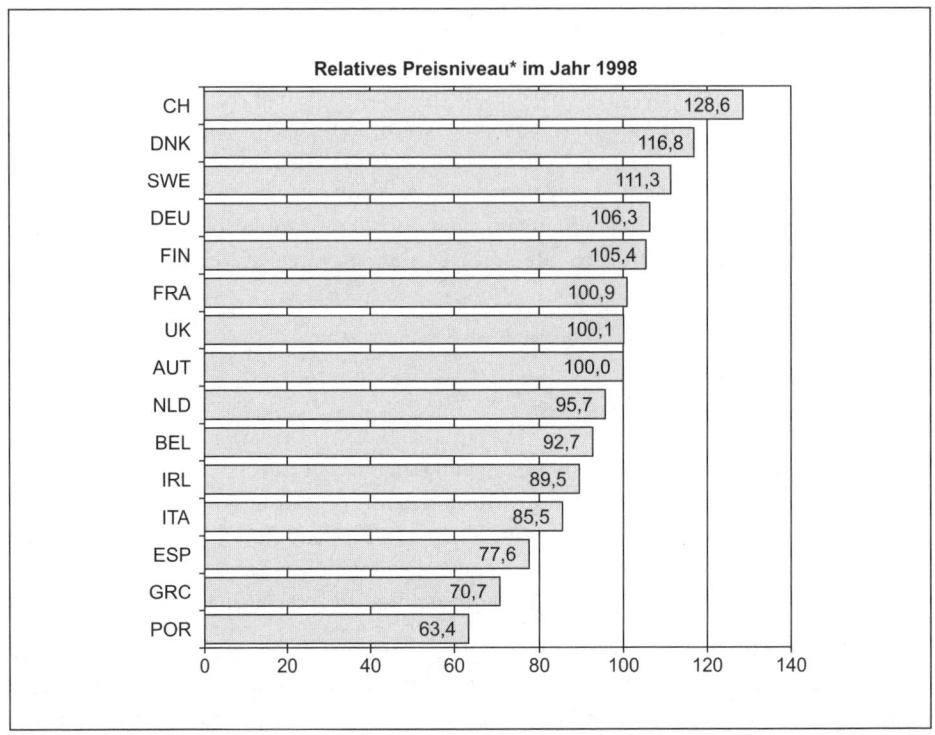

Abb. 3: Umrechnung mittels Kaufkraftparitäten (Österreich = 100 Prozent)

Doch nicht nur Privatkunden, sondern auch Arzneimittel-Grossisten nutzen die Preisunterschiede für ein- und dasselbe Medikament und importieren es von einem „Niedrigpreisland" in ein „Hochpreisland". In der Europäischen Union heißt dies meist, dass günstige Arzneimittel aus den südeuropäischen Ländern wie Spanien und Griechenland in Deutschland oder Dänemark oder einen anderen nordeuropäischen Nachbarstaat verkauft werden.

Interessanterweise ist übrigens nicht nur das relative Preisniveau, sondern auch der Arzneimittelverbrauch in den verschiedenen EU-Ländern sehr unterschiedlich. Während Frankreich 1995 einen durchschnittlichen Verbrauch von 52 Arzneimittelpackungen pro Kopf hatte, lag der Durchschnittswert in Spanien bei 26 Packungen, in Deutschland bei 13,5 und in Schweden bei rund sechs Packungen. Der Gesamt-Inlandsabsatz von Arzneimitteln lag 1995 in Deutschland bei rund 24 Milliarden Euro, in Frankreich bei rund 18 Milliarden Euro, in Spanien bei rund 6 Milliarden Euro und in Schweden bei rund 1,5 Milliarden Euro.

▶ **Fazit:**

Der Arzneimittelmarkt ist intransparent wie kaum ein anderer. Die Märkte unterscheiden sich trotz identischer Produkte deutlich. Wettbewerb findet kaum statt. Und: In dem stark regulierten Markt ist vieles, aber nicht die Zahl der Apotheken reglementiert.

3.2 Rechtsprechung

Der Handel – somit auch der Handel mit Medikamenten – fällt in den Kompetenzbereich der Europäischen Union (EU). Der freie Warenverkehr in der EU hat grundsätzlich Vorrang vor dem Länderrecht. Bereits in der Vergangenheit wurden Fragen zum Kauf von Medikamenten von den Richtern des Europäischen Gerichtshofs geklärt. So erlaubt die europäische Rechtsprechung (EuGH, Urteil vom 7.3.1989, RS 215/87) den innergemeinschaftlichen Handel mit Arzneimitteln, solange die Abgabe der zugelassenen Medikamente durch Apotheker erfolgt. Ebenfalls hat der Europäische Gerichtshof festgestellt, dass die Ausbildung zum Apotheker EU-weit harmonisiert und somit vergleichbar ist.

Der Einzelhandel mit Arzneimitteln erfolgt ausschließlich über Apotheken. Im europäischen Vergleich ist die Apothekendichte sehr unterschiedlich: 1998 betreuten beispielsweise die 789 dänischen Apotheken durchschnittlich jeweils 18.000 Kunden. Im selben Jahr gab es in Deutschland 22.000 Apotheken. Sie betreuten durchschnittlich rund 3.600 Patienten. Die größte Apothekendichte hatte Italien mit rund 32.800 Apotheken, gefolgt von Spanien mit etwa 32.400 Apotheken. Nachweislich lässt die Dichte der Apotheken keinen Rückschluss auf die Qualität der pharmazeutischen Versorgung zu.

Das Berufsbild des Apothekers verstaubte im Laufe der Jahrhunderte, und der Job degenerierte zur Rolle des „akademischen Schubladenziehers" – das auch noch bei „Apothekenpreisen". Der Versandhandel mit Medikamenten als innovativer Absatzkanal wurde in der Vergangenheit von den europäischen Apotheken kaum als zusätzliches Verkaufsinstrument genutzt. Auch hemmen rechtliche Rahmenbedingungen in vielen Ländern Europas das Versandgeschäft. So ist in einigen Ländern wie beispielsweise Deutschland der Arzneimittelversand (noch) verboten, in den Niederlanden und Großbritannien ist dieser jedoch erlaubt. Die Situation: Es existiert keine einheitliche EU-Regelung zum Versandhandel mit Arzneimitteln. Das europäische Zusammenwachsen gibt den Verbrauchern – trotz des Versandverbots in einigen Ländern – allerdings die Möglichkeit, über die Nachbarländer günstigere Medikamente zu beziehen.

Schwarze Schafe ließen sich in der Vergangenheit durch noch so strenge nationale Verbote nicht verhindern. Um möglichen Missbrauch also vorzubeugen, müssen einheitliche EU-Richtlinien für den Internethandel mit Arzneimitteln verabschiedet werden. Das Österreichische Bundesinstitut für Gesundheitswesen ermittelte in einer Studie, dass über 90 Prozent von rund 150 getesteten Medikamentenanbietern im Internet keine Fachinformationen zu den angebotenen Arzneimitteln zur Verfügung stellen. Das Institut empfiehlt: „... dem gefährlichen Agieren der dubiosen virtuellen Geschäfte ein der Arzneimittelsicherheit entsprechendes Angebot von seriösen Anbietern, wie es die öffentlichen Apotheken sind, entgegenzustellen." Das Rezept: fairen Wettbewerb entfachen und mit dem besseren Angebot gewinnen.

Das Konzept einer modernen Arzneimittelversorgung musste und sollte, wie oben dargelegt, auf Widerstand der etablierten Marktteilnehmer stoßen. Deshalb wurde jede juristische Auseinandersetzung im Vorfeld erörtert und geplant. Das Wettbewerbsrecht der EU gestaltet sich im Sinne des Verbrauchers. Eine Klage gegen die Apotheke DocMorris war also gleichzeitig auch der Versuch, die Rechte und die Souveränität des Verbrauchers einzuschränken.

4. Ein innovatives Konzept

Ein Blick über die nationale Grenze: Die Niederlande haben durch kluge Reformen in den vergangenen drei Jahrzehnten ihr Gesundheitssystem reformiert. Zentraler Aspekt ist die enge Bindung des Patienten an den Hausarzt und an die (Stamm-)Apotheke. Das muss nicht teurer sein: Mit einem Anteil von 8,5 Prozent am Bruttosozialprodukt kommen die Niederländer deutlich billiger weg als die Deutschen, die mit 10,7 Prozent ihr Bruttosozialprodukt belasten (brand eins, 5/2002. S. 59). Und moderner ist das System: In den Niederlanden ist der Versandhandel mit Medikamenten erlaubt. Perfekter Sitz für die Apotheke DocMorris, um von dort europaweit ihre Services anzubieten.

4.1 Strategie

Bereits Monate vor dem Start von DocMorris stand das Unternehmenskonzept. Das Hauptproblem: Wie wird die kleine holländische Apotheke über die regionalen, ja sogar nationalen Grenzen hinaus bekannt? Es dürfte nur sehr wenige Unternehmen geben, die die Entwicklung in ihrem Markt derart präzise vorhergesehen und dementsprechend langfristig geplant agiert haben.

Phase 1: DocMorris startete im Preiswettbewerb. Als First Mover im europäischen Verdrängungsmarkt war die erste Aufgabe, sich von der schwarzen Schafen abzugrenzen. Es gab lediglich unzählige dubiose Anbieter innerhalb und außerhalb Europas. Eine Aufgabe lautete, durch die stringente Orientierung am Patienten (Endkunden) Sympathien zu gewinnen. Die andere Aufgabe: der Dialog mit den Krankenversicherungen. Die nationalen Gesundheitsmärkte sind sehr abgeschottet, und jeder hat sein eigenes System. Es musste DocMorris gelingen, von seiner Seriosität zu überzeugen, die Vorteile transparent zu machen und ebenfalls Perspektiven aufzuzeigen. Gleichzeitig galt es, dem Druck der etablierten Player am Markt nicht nachzugeben. Es herrsch(t)en verkrustete Strukturen. Diese wurden in erster Linie durch die Verbandsvertreter und in zweiter Linie durch die dezentrale Struktur der Apotheken mit optimaler Kundennähe flächendeckend geschützt. Auf die Pharmakonzerne, die weltweit strategisch agieren, war aufgrund ihrer Größe kaum Marktdruck auszuüben. Und der Großhandel, auf der einen Seite Abnehmer beim Hersteller, auf der anderen Seite Zulieferer bei den Apotheken, hatte sich über Jahre Logistikstrukturen aufgebaut. Eine „Störung" dieser Strukturen durch den in Grundzügen konkurrierenden Versand würde – so die Erwartung – nicht akzeptiert werden.

Als Strategie entschied sich DocMorris für einen riskanten Weg: Die Apotheke kalkulierte Klagen von Seiten der Apothekerlobby fest ins Konzept ein und hoffte, durch die dann entstehenden Schlagzeilen Bekanntheit in der breiten Öffentlichkeit zu erlangen. Die „Krise" war kalkuliert, und der Plan ging auf: Die Apothekerverbände in Deutschland, deren Mitglieder selbst durch Versandhandelsverbot und Festpreise gebunden waren, reichten gegen die kleine Apotheke im Nachbarland nur wenige Wochen nach Start bei Gericht Klage ein. Es kam zur ersten Verhandlung, welcher weitere – initiiert von Herstellern und Großhändlern – folgten. DocMorris wurde zum Thema. „David gegen Goliath." Es entwickelten sich erste Sympathien beim Kampf des Kleinen gegen die Großen. Der Aufbau der Marke begann.

Phase 2: DocMorris wurde bekannter und zählte mehr und mehr Kunden. Doch noch immer dominierten schwarze Schafe im Internetgeschäft. Apothekerverbände und Verbraucherschützer beschrieben Horrorszenarien von Importen gefälschter Arzneimittel oder auch dem Verkauf von verschreibungspflichtigen Medikamenten ohne Rezept. Entsprechend musste nach der Preisdiskussion unbedingt die Qualitätsdiskussion folgen. Was hieß das konkret? DocMorris musste sich als seriöse Apotheke etablieren. Auch wenn die Kunden in erster Linie wegen des Preisvorteils kamen, musste die qualitative Abgabe kommuniziert werden.

Die Kriterien, nach denen Arzneimittel – so genannte ethische Produkte – abgegeben werden, sind streng, um den Gesundheitsschutz der Verbraucher auf gar keinen Fall zu gefährden. Entsprechend etablierte DocMorris Qualitätsstandards und ließ sich den gesamten Prozess von der Annahme des Rezeptes bis zur Übergabe des Paketes an den Kunden ISO-zertifizieren. So dokumentierten die Niederländer, dass sie verschreibungspflichtige Arzneimittel nur gegen Originalrezept abgeben. Sollten die Rezeptpflichten zwischen Herkunftsland und Bestimmungsland differieren, gilt die jeweils strengere Richtlinie. Auch die Beratung zu Risiken und Nebenwirkungen ist eine wesentliche und wichtige Aufgabe einer Apotheke.

Gerade der Aspekt der persönlichen Beratung wurde bei DocMorris immer wieder infrage gestellt. Richtig ist: Eine gute pharmakologische Beratung des Verbrauchers kann nur bei guter Kenntnis des Individuums erfolgen. So ist neben der Kenntnis der Arzneimitteleinnahmen, des Geschlechts, des Alters, der Lebensgewohnheiten und möglicher Allergien oder Überempfindlichkeiten auch die dauerhafte Begleitung des Patienten durch einen objektiven Berater wesentliches Kriterium. Diese Informationen sind in der Apotheke – die zu Risiken und Nebenwirkungen von Medikamenten berät – nicht von der physischen Präsenz des Verbrauchers abhängig (anders als beim diagnostizierenden Arzt). Wichtig ist die Fähigkeit und der Wille der Apotheke, diese Informationen zu recherchieren und zu Beratungszwecken zu verarbeiten. Durch die diskreten und zeitlich unbegrenzten Kontaktmöglichkeiten hat die E-Pharmacy sogar einen strukturellen Vorteil gegenüber der lokalen Apotheke ohne Wissensdatenbank: Sie kann den freiwilligen Beratungsinput der Verbraucher und die Kundenhistorie unabhängig von den jeweils agierenden Mitarbeitern zentral in Datenbanken sammeln und somit jedem Beratungsmitarbeiter zur Verfügung stellen. Zudem ist eine physische Inaugenscheinnahme des Verbrauchers durch das Apothekenpersonal überhaupt nur zu Beratungszwecken möglich, wenn der Empfänger der Arzneimittel selbst die Apotheke aufsucht. Mangels Identitätskontrollen in lokalen Apotheken ist dies keineswegs selbstverständlich erfüllt, sondern ungewiss. Nicht zuletzt der Verbraucherzentrale Bundesverband (VZBV) verweist in der Diskussion auf die mangelnde Beratung der lokalen Apotheken.

DocMorris kann diese Servicelücke nicht nur schließen, da sich die Mitarbeiter aktiv um die Kunden bemühen, sondern durch Interaktions-Checks besser individuell beraten. In Situationen wie der Lipobay-Krise zeigte sich sogar der enorme strukturelle Vorteil, den DocMorris als Apotheke mit guter Datenbank und professionellen Kommunikationsformen hat. Als einzige Apotheke hat sie ihre Kunden über den aktuellen Stand der Dinge informiert und befragt. Die Möglichkeit der modernen Kommunikation kombiniert mit dem pharmazeutischen Wissen und der Verantwortung von Apothekern machte es möglich, dass gerade DocMorris als vermeintlich anonyme „Internet-Apotheke" die Arzneimittelsicherheit und den Verbraucherschutz gewährleisten kann.

Immer wieder musste DocMorris gegen Vor- und Fehlurteile antreten. Doch durch stringente und offene Kommunikation setzte sich die Akzeptanz von DocMorris sowohl bei Verbrauchern als auch bei Krankenversicherungen immer mehr durch. Die Marke wurde ausgebaut.

Phase 3: Mit der Zeit entstand eine Diskussion um die Liberalisierung des Versandhandels in Deutschland. Angestoßen vom „Präzedenzfall" DocMorris prüft das Bundesgesundheitsministerium derzeit, unter welchen Bedingungen E-Commerce mit Medikamenten in Deutschland möglich ist. Aktuell liegt der „Fall" dem Europäischen Gerichtshof zur Prüfung vor. Das Frankfurter Gericht folgte damit einem Antrag von DocMorris. Aus Luxemburg wird eine Empfehlung erwartet, ob das deutsche Verbot anders lautender europäischer Rechtsprechung und vertraglichen Regelungen zur Angebots- und Dienstleistungsfreiheit in der EU standhält.

Aufgabe von DocMorris ist es jetzt, sich für die Zeit nach der Liberalisierung des Marktes für den wachsenden Wettbewerb fit zu machen. Die erste europäische Apotheke muss ihren Vorsprung als „First Mover" in die Festigung von Marktanteilen umwandeln. Dazu gehört neben der Profitabilität des Geschäfts vor allem die Bindung der Kunden an die Apotheke. Denn Umfragen zufolge ist auf die Apothekentreue der Kundschaft nur bedingt Verlass. So sind die Verbraucher auch bei Pillen eher am Preis als am Service interessiert. Bei der Aussicht von 10 Prozent Rabatt bleiben nur 6 Prozent ihrer alten Hochpreisapotheke hundertprozentig treu, hat eine Untersuchung der Unternehmensberatung Sempora ergeben. 29 Prozent wechseln zur Discountapotheke. Das Beste aus beiden Welten wollen immerhin 65 Prozent der Kunden, die in beiden Apothekenformen einkaufen wollen (Welt am Sonntag, 20. Juli 2003).

4.2 Zielgruppe

Akut oder chronisch – unter diesen zwei Stichworten lassen sich auf einen einfachen Nenner heruntergebrochen Krankheitsbilder subsumieren. Entsprechend unterscheidet sich der Bedarf an Arzneimitteln. Im akuten Krankheitsfall, etwa einer Infektion, ist eine schnelle Medikamentenversorgung notwendig. Die Medikamentendispension durch eine Versandapotheke ist also bei Grippe, Kopfschmerz oder Allergie aufgrund der Lieferzeiten von mehreren Tagen nicht sinnvoll. Die Akutversorgung ist und bleibt auch zukünftig eine zentrale Aufgabe der Vorort-Apotheke. Anders ist dies bei Menschen mit dauerhaftem Bedarf oder Beschwerden. Chronische Krankheiten, wie Hypertonie (Bluthochdruck) oder Diabetes (Zucker), erzwingen häufig eine jahre- oder gar lebenslange Medikamenteneinnahme. Die verordneten Präparate und ihre Dosierungen variieren dabei nur selten, so dass ein planbarer und langfristiger Bedarf besteht. DocMorris ist also für chronisch kranke Menschen und Menschen mit planbarem Medikamentenbedarf – und entsprechend ihre Krankenkassen – ein interessanter Partner.

Trotz des Werbeverbots und schwebenden Gerichtsverfahren konnte DocMorris stetiges Kundenwachstum verzeichnen. Mittlerweile bestellen ca. 200.000 Kunden aus ganz Europa ihre Medikamente bei DocMorris. Die Apotheke wurde empfohlen. Und so entwickelte sich ein Kundenstamm, der sich immer mehr an den klassischen Apothekenkundenkreis annäherte und immer weiter vom typischen Internet-Publikum entfernte. Nicht der dynamische 24-jährige Single, der im Web shoppt, sondern der Mensch, 55 plus, und chronisch krank ist, gehört zu den Stammkunden der Apotheke.

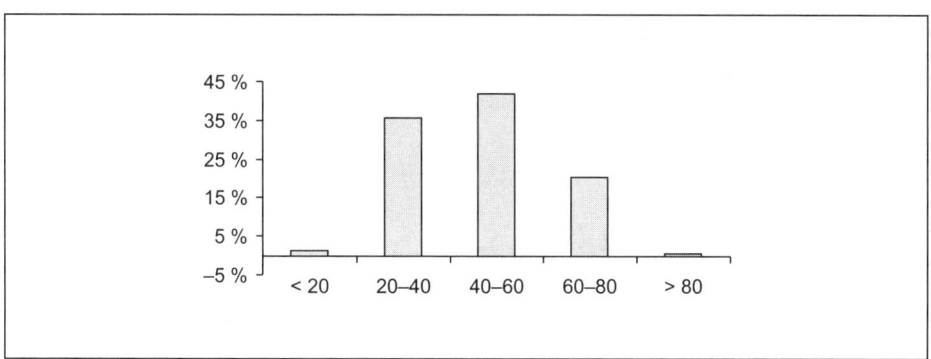

Abb. 4: Altersstruktur der DocMorris-Kunden

Gesetzlich Versicherte sparen ihre Zuzahlung, die so genannte Rezeptgebühr, und privat Versicherte sowie Krankenkassen profitieren von den niedrigeren Preisen. Hinzu kommt die bequeme Lieferung nach Hause und – nicht außer Acht zu lassen – die Diskretion beim Kauf des Medikaments. Gerade bei sensiblen Krankheitsbildern – von Haarwuchsmitteln bis zu Hämorrhoiden – ist die „öffentliche" Ausgabe der Medikamentenpackung am Verkaufstresen manchem Kunden unangenehm.

In Deutschland, einem sehr versandhandelsfreundlichem Land, hat der Fernbezug von Produkten allgemein einen Marktanteil von etwa 5 Prozent. Diese Obergrenze wird bis zum Jahr 2006 für den Internet-Handel mit Medikamenten von E-Business-Experte Reinhard Büscher von der EU-Kommission prognostiziert. Die deutsche Bundesgesundheitsministerin Ulla Schmidt spricht von maximal 8 Prozent. Die starke Bindung der Verbraucher an lokale Apotheken und die mangelnde Eignung des Versandhandels, akuten Bedarf an Arzneimitteln zu decken, gewährleisteten den lokalen Apotheken einen Umsatz von rund 29,3 Milliarden Euro im Jahr 2001 (www.abda.de).

4.3 Marketing

Wie kommt eine Apotheke zu ihren Kunden? Die Frage ist simpel, die Antwort provozierend: zufällig. Apotheken gibt es buchstäblich an jeder Ecke. Wer also mit seinem Rezept vom Arzt kommt, findet meist noch vor dem Verlassen des Arzthauses die Apotheke im Erdgeschoss. Wie aber kommt eine Internet-Apotheke zu ihren Kunden? Der erste Gedanke: Sie muss klassische Werbung und klassisches Marketing einsetzen. Doch Apotheken bieten einen Sonderfall. Bei der Werbung für verschreibungspflichtige Arzneimittel greift das so genannte Heilmittelwerbegesetz. Strenge Paragrafen regeln die Art und Weise der Werbung, besser formuliert, grenzen sie stark ein. Von Anfang an umstritten und bekämpft, verklagten die Apothekerverbände schon den reinen Internetauftritt von DocMorris als „unerlaubte Werbung für ethische Produkte". DocMorris stellte dem zwar das Argument entgegen, die Website entspräche dem Schaufenster der Vor-Ort-Apotheke, und ohne Website sei schließlich kein Internethandel möglich. Doch hierzu steht noch die Entscheidung der Richter aus.

Also blieb nur ein Weg, um Kunden zu akquirieren: klassische Pressearbeit. DocMorris musste zum „Thema" für die Medien werden.

5. Befürworter und Gegner

Krankenkassen waren die ersten und wichtigsten Partner von DocMorris. Der Grund: Allein in den ersten drei Monaten des Jahres 2001 stiegen die Arzneimittelausgaben der gesetzlichen Krankenkassen um 11 Prozent. Neben den Krankenhausaufenthalten machen sie einen Großteil der Kosten aus. Versuche, die Ausgaben zu senken, scheiterten immer wieder am Widerstand der Apotheker, des Großhandels oder pharmazeutischen Industrie. Das Konzept von DocMorris wurde deshalb von fast allen Krankenkassen in Deutschland unterstützt. Das wissenschaftliche Institut der AOK errechnete bereits im Jahr 2001 ein Einsparpotenzial von eine Million Euro, auf der Grundlage der eingereichten Verordnungen der AOK-Versicherten und des zu der Zeit noch begrenzten Startsortiments der Apotheke.

Die Unterstützung der Krankenkassen zeigte sich auch an den – vor allem juristischen – Reaktionen. Eine ganze Reihe von gesetzlichen Krankenkassen wurden in den letzten drei Jahren wegen ihrer Zusammenarbeit mit DocMorris verklagt. Trotzdem akzeptieren nahezu alle die Direktabrechnung mit DocMorris.

Neben der reinen Kostenersparnis profitieren die Kassen auch von Zusatzleistungen wie statistischen Auswertungen und Verschreibungsprofilen, die, natürlich anonymisiert, Fehlversorgungen aufzeigen und langfristig die Arzneimitteltherapie verbessern können. DocMorris ist zum wichtigen strategischen Partner der Krankenkassen geworden.

Die Apotheker wurden nicht müde, immer wieder Klage einzureichen. Angezeigt wurde vor allem der – so die Rechtsauffassung – verbotene Versand und die unerlaubte Werbung. Doch nicht nur DocMorris, sondern auch alle kooperierenden Partner mussten sich juristisch auseinander setzen. Auch in der breiten Öffentlichkeit wurde versucht, Stimmung gegen DocMorris zu machen. Im Sommer 2002 sammelten bundesweit nahezu flächendeckend alle Apotheken Unterschriften gegen den Versandhandel. Gesammelt wurden über 7,7 Millionen Unterschriften. Doch das Geschäft von DocMorris wurde nicht beeinträchtigt. Im Gegenteil: Die Kunden wussten die Services und Vorteile der Versandapotheke zu schätzen.

6. Erfolgsgeschichte für die Zukunft

DocMorris startete am 8. Juni 2000 mit null Kunden, null Umsatz, 350 Medikamenten und fünf Mitarbeitern. Werbung war verboten, die deutsche Apothekerschaft wehrte sich mit allen Mitteln gegen die Konkurrenz, und dem Gesundheitssystem drohte der Kollaps. Doch das Konzept war erfolgreich. Im März 2003 wurde die Kampagne mit dem PR-Award in der Kategorie „Healthcare" ausgezeichnet, und im Juni 2003 gewann DocMorris den Gründerpreis der Start-up-Initiative von ZDF, Stern, McKinsey und den Sparkassen in der Kategorie „Visionär". DocMorris zählt europaweit 200.000 Kunden und steigerte seinen Umsatz im Jahr 2002 von fünf auf 25 Millionen Euro. Für das Jahr 2003 ist nochmals eine Verdoppelung des Umsatzes geplant.

Spannend ist es zu sehen, wie der Markt in zehn oder 20 Jahren aussehen wird. Die Liberalisierung des Marktes vorausgesetzt, wird sich Wettbewerb entfalten. Das Ziel: im Qualitäts- und Preiswettbewerb mit alternativen Versorgungskonzepten die Kunden zu überzeugen.

Gerd Wolfram

7.3 Die Metro-Group-Future-Store-Initiative – Die Zukunft des Handels aktiv gestalten!

1. Die Situation im Handel
2. Die Metro-Group-Future-Store-Initiative
3. Ziele der Initiative
3.1 Einfluss auf den Handel
3.2 Einfluss auf den Kunden
3.3 Einfluss auf die Metro Group

4. Kernelemente im Metro Group Future Store
4.1 Virtueller Kundenrundgang
4.2 Technologiegestützte Mitarbeiterkommunikation
4.3 RFID – Technologie der Zukunft

5. Erste Ergebnisse

1. Die Situation im Handel

Der Einzelhandel steht unter enormem Druck: Der Wettbewerb ist groß, riesige Einkaufsmärkte schießen „auf der grünen Wiese" aus dem Boden, und Discountmärke buhlen um die Gunst des Kunden. Diese hingegen schauen mehr denn je auf jeden Euro, den sie ausgeben. Wenn sie konsumieren, dann dürfen Service, Qualität und Preisbewusstsein nicht zu kurz kommen. Sie sind anspruchsvoll und suchen das Einkaufserlebnis.

Viele Handelsunternehmen haben erkannt, dass guter Kundenservice der Schlüssel zum Erfolg ist. Aber was ist guter Kundenservice? Und wie kann der Handel seine Geschäftsprozesse optimieren, so dass bei besserer Servicequalität auch noch Kosten einspart werden? Auf den Punkt gebracht: Wie sieht das Einkaufsparadies der Zukunft aus?

2. Die Metro-Group-Future-Store-Initiative

Fragen, auf die es jetzt schon Antworten gibt. Diese liefert die Metro-Group-Future-Store-Initiative. In Zusammenarbeit mit führenden Herstellern der Informationstechnologie-Branche sowie Unternehmen der Konsumgüterindustrie und dem Dienstleistungssektor hat die Metro Group eine ihrer Extra-Filialen als Pilotprojekt zum „Future Store" ausgebaut. In dem Markt werden unter realen Bedingungen der Einsatz und das Zusammenspiel verschiedener, moderner Technologien im Handel getestet. Zudem soll die Akzeptanz dieser neuen Einkaufsart analysiert werden.

3. Ziele der Initiative

Ziel ist es, das optimale Einzelhandelsgeschäft zur Marktreife zu bringen. Dabei stehen zwei Kriterien im Mittelpunkt: nachhaltige Optimierung der Geschäftsprozesse und Steigerung der Kundenzufriedenheit.

Im Extra Future Store sind aktuelle Technologien in einer einmaligen Vernetzung zu sehen, die Zukunft des Handels ist für den Kunden unmittelbar erlebbar. Es werden Technologien präsentiert, die möglicherweise in fünf bis zehn Jahren zum Standard in der Handelsbranche gehören und die Handelswelt erheblich verändern werden.

3.1 Einfluss auf den Handel

Mit der Metro-Group-Future-Store-Initiative haben die beteiligten Partner eine Plattform geschaffen, um den tief greifenden nationalen und internationalen Modernisierungsprozess im Handel voranzutreiben. Die im Future Store eingesetzten Technologien machen die Prozesse im Handel schneller, transparenter und effektiver. Bestellvorgänge, Lieferungen und die Lagerung von Waren werden vereinfacht. Der Transport und Verbleib der Ware werden über die gesamte Lieferkette hinweg nachvollziehbar.

Die neuen Technologien bieten darüber hinaus zahlreiche Möglichkeiten, mit zielgruppenorientierten Angeboten auf die Bedürfnisse der Kunden einzugehen. Der Handel profitiert davon gleich zweifach: Die optimierten Prozessabläufe führen zu Kosteneinsparungen und zu mehr Kundenzufriedenheit.

Die zeitgenaue Verfügbarkeit aller relevanten Produkt- und Logistikdaten an einem Ort führt zu wesentlichen Vorteilen für den Handel. Die Future Store-Technologie beschleunigt die Prozesse im Handel:

- Lagerbestände können besser überwacht und dadurch schneller nachbestellt werden.
- Zeitverluste durch Fehllieferungen sind ausgeschlossen.
- Mitarbeiter des Future Store erkennen schneller, wenn Leerstand in den Verkaufsregalen droht – „Out-of-Stock" gehört damit der Vergangenheit an.

Die RFID-Technologie macht das Waren- und Marktmanagement auf vielen Ebenen transparenter:

- Mit Hilfe spezieller Geräte lässt sich der Verbleib der Waren auf dem Transportweg jederzeit genau lokalisieren.
- Die Bevorratung in den Lagern und Verkaufsregalen wird übersichtlicher.
- Neue elektronische Systeme machen die Preisauszeichnung verständlicher, zuverlässiger und schließen Differenzen zwischen Produktauszeichnung und Kassenpreis aus.

Die neuen Technologien des Future Store wirken sich in vielen Bereichen ferner effektivitätssteigernd aus:

- Die Bestellmenge kann bedarfsgerechter gesteuert werden.
- Hersteller können ihre Produktion besser planen.
- Es ist weniger Lagerplatz notwendig, was Lager- und Handlingkosten einspart.
- Neue Serviceleistungen erhöhen die Treue der Kunden zu ihrem Markt und fördern den Verkauf.
- Die Diebstahlprävention wird verbessert.

3.2 Einfluss auf den Kunden

Die Ansprüche und Erwartungen der Kunden im Konsumgüterhandel haben sich in den vergangenen Jahren verändert. Moderne Technologien können den Handel dabei unterstützen, die Verbraucherbedürfnisse noch besser als bisher erfüllen zu können. Im Future Store kann der Kunde einen Service in Anspruch nehmen, der auf ihn persönlich zugeschnitten ist. Die neuen Technologien machen Einkaufen individueller, verlässlicher und bequemer.

Im Future Store kann der Handel dem Kunden einen weitaus besseren Service bieten als heute allgemein üblich. So lässt es sich bequemer und schneller einkaufen. Im Markt nach einem bestimmten Produkt suchen – das ist im Future Store kein Thema mehr. Der persönliche Einkaufsberater zeigt dem Kunden auf Knopfdruck an, in welcher Abteilung und in welchem Regal er die gewünschte Ware findet.

Abb. 1: Der persönliche Einkaufsberater

Deutlich schneller und bequemer geht es im Future Store auch an den Kassen zu. Der Kunde kann mit seinem persönlichen Einkaufsberater zahlen und braucht dabei seine Waren nicht mehr aus dem Einkaufswagen auszuräumen. Oder er zahlt an der Selbstzahlerkasse – ganz ohne Kassiererin.

Individueller Service

Das Einkaufsverhalten der Verbraucher ist sehr unterschiedlich. Manche Kunden mögen es, sich beim Aussuchen der Produkte Zeit zu lassen, Preisvergleiche anzustellen und sich über die Waren eingehend zu informieren. Andere haben es eilig und wollen ihre Einkäufe so schnell wie möglich erledigen.

Im Future Store werden Technologien eingesetzt, die beiden Kundentypen gleichermaßen gerecht werden. Schon beim Betreten des Future Stores wird der Kunde persönlich begrüßt – von seinem persönlichen Einkaufsberater, den er für seine Kundenkarte ausgehändigt bekommt. Mit diesem Gerät kann er seine eigene Einkaufsliste aufrufen, die sich aus den Einkäufen der letzten Woche zusammensetzt. Auch das Selbst-Einscannen von Produkten ist mit dem persönlichen Einkaufsberater möglich. Das spart Zeit an der Kasse, denn lange Schlangen können so verhindert werden.

Zuverlässige Warenverfügbarkeit und Information

Die innovative RFID-Technologie im Future Store verbessert viele Abläufe im Markt. Beispielsweise kann das Personal schneller erkennen, wenn die Produkte in den Regalen zur Neige gehen, und sind damit früher in der Lage, die Regale wieder aufzufüllen und somit Leerstände zu vermeiden. Für die Kunden bedeutet dies eine verlässlichere Warenverfügbarkeit. Auch in der Kundeninformation gibt es viele neue Möglichkeiten.

Abb. 2: Kassensystem im Store of the Future

Abb. 3: Kundenkarte für den Store of the future: Extra Future Card

3.3 Einfluss auf die Metro Group

Durch die Metro-Group-Future-Store-Initiative zeigt die Metro Group ihre Innovations- und Umsetzungskraft. Sie arbeitet als ein Motor für die Entwicklung von Konzepten und Technologien für den Einzelhandel und den Kunden der Zukunft. So unterstreicht die Metro Group seine Wichtigkeit als treibende Kraft in der Einzelhandelsindustrie. Die Initiative unterstreicht die Rolle der Gruppe als Schrittmacher und aktiver Gestalter von Innovationen im Handel.

Weiter gewinnt die Metro Group folgende Benefits aus einer Teilnahme:

- Moderne sich im Test befindliche Technologien unterstützen die Metro Group bei der konsequenten Optimierung ihrer Vertriebs- und Marketingkonzepte.

- Die Unternehmen innerhalb der Metro Group profitieren von weltweit einheitlichen technischen Standards im globalen Handel.

- Die Konzentration auf nutzenorientierte Lösungen ist optimal, sowohl für den Kunden der Metro Group als auch für die Zusammenarbeit des Konzerns mit seinen Marktpartnern.

- Die Metro Group positioniert sich als Akteur bei der Entwicklung von Visionen und Perspektiven für die Gestaltung des Handels von morgen.

4. Kernelemente im Metro Group Future Store

Technologie ist im Future Store der Metro Group in Rheinberg kein Selbstzweck. Bei allen Anwendungen, die im Markt umgesetzt werden, steht der konkrete Nutzen an erster Stelle: sowohl für die Kunden als auch für den Handel. Die Partnerunternehmen der Metro-Group-Future-Store-Initiative sind überzeugt, dass die innovativen Technologien das Einkaufen für die Kunden attraktiver machen. Außerdem werden die Prozessabläufe im Handel weiter verbessert. Durch Hightech wird das Warenmanagement noch effizienter und transparenter. Auch in den Bereichen Logistik und Qualitätssicherung lassen sich weitere Verbesserungen erzielen und erhebliche Kosten sparen.

Auf rund 4.000 m² Fläche bietet der am 28. April 2003 eröffnete Extra Future Store ein Einkaufserlebnis der besonderen Art. Die intelligente Ladeneinrichtung auf Basis moderner Informationstechnologien lässt kaum Kundenwünsche offen und macht Prozesse im Unternehmen schneller, transparenter und effektiver. Dabei bleibt „alt Bewährtes" bestehen: Der Laden unterscheidet sich im Wesentlichen nicht von dem, was der Kunde kennt und schätzt. Ein modernes Ambiente mit breiten Gängen und einem übersichtlichen Produktangebot. Das Neue steckt im Detail und überrascht den Besucher, wenn er die Vorteile selbst erlebt. Das Einkaufen wird einfacher, schneller, bequemer und erlebnisreicher.

4.1 Virtueller Rundgang durch den Markt der Zukunft

4.1.1 Beratung und Service nach Maß

An einem Schalter im Eingangsbereich des Future Store können sich die Kunden einen kleinen mobilen Computer aushändigen lassen, der sich am Einkaufswagen befestigen lässt – den persönlichen Einkaufsberater. Ausgestattet mit einem interaktiven Bildschirm und einem Scanner bietet er umfassende Beratung, Informationen und Hilfefunktionen.

In Betrieb genommen wird das Gerät mit einer personalisierten Kundenkarte, der Extra Future Card. Der Kunde scannt die Karte ein und wird daraufhin persönlich mit Namen begrüßt. Auf dem zweigeteilten Display erscheint sodann die individuelle Einkaufsliste des Kunden, die er mit dem Gerät selbständig verwalten kann. Das heißt, er kann ihr Produkte hinzufügen oder Artikel aus der Liste löschen. Diese Liste setzt sich aus den vorhergehenden Einkäufen des Kunden zusammen.

Welche darüber hinausgehenden Vorteile bietet der persönliche Einkaufsberater dem Kunden? Er weist den Kunden beispielsweise auf Sonderangebote hin und empfiehlt ihm bestimmte Produkte. Außerdem erleichtert er die Orientierung im Markt und beschleunigt den Einkauf. Ähnlich einem Navigationssystem zeigt er an, wo der Kunde die ihn jeweils interessierende Produktgruppe innerhalb eines Marktes vorfindet.

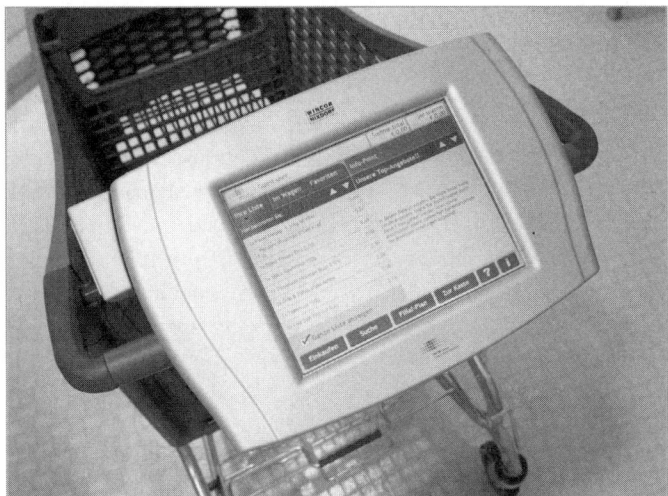

Abb. 4: Terminal im Eingangsbereich

Auch Scannen ist mit dem Gerät möglich. So kann der Kunde mit einem einfachen Handgriff seine Einkaufsliste ergänzen, indem er das jeweilige Produkt vor das Gerät hält – automatisch werden dann der Artikel und sein Preis eingegeben. Er erhält dadurch ausführliche Wareninformationen und einen Überblick über den Gesamtpreis der Artikel, die er kaufen möchte.

4.1.2 Intelligente Ladeneinrichtung

Ein weiterer Vorteil für die Kunden: Die Einrichtung des Future Store denkt mit. So sind z. B. fast alle Regale mit elektronischen Regalpreisschildern ausgestattet, die stets korrekt und gut lesbar die aktuellen Preise anzeigen. Preisänderungen werden aus einem zentralen System automatisch an das Regal und die Kasse gesendet. Fehlauszeichnungen oder Abweichungen zwischen Regal- und Kassenpreis sind somit weitgehend ausgeschlossen.

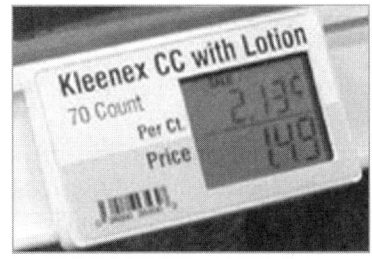

Abb. 5: Elektronische Auszeichnung

Der Kunde kann sich ungeprüft darauf verlassen, dass der am Regal angegebene Preis später auch auf dem Kassenausdruck stehen wird. Das schafft zusätzliches Vertrauen und Sicherheit im Interesse des Kunden.

Den Kunden steht außerdem eine „intelligente Waage" zur Verfügung. Sie erkennt z. B. dank einer integrierten Spezialkamera selbständig, ob Äpfel oder Bananen auf der Waage liegen, kann sogar Strauchtomaten von Fleischtomaten unterscheiden, und druckt nach

dem Wiegen das entsprechende Preisetikett aus. Die bisher notwendige und überaus lästige Eingabe von Zahlencodes entfällt. Das Etikett lässt sich dann wie gewohnt auf die Plastiktüte oder auf das Produkt kleben.

Abb. 6: Intelligente Waage

4.1.3 Immer gut informiert

Im Future Store können die Kunden auch einen Zwischenstopp an den Info-Terminals einlegen. Hier finden sie nützliche Informationen und Ratschläge zu verschiedenen Produktgruppen wie etwa Fleisch, Wein oder Babypflege. Der Kunde kann dort Waren einscannen und auf Wunsch interessante Produktinformationen abrufen. Zum Fleisch werden z. B. Kochrezepte offeriert, die zum Nachkochen einladen, zum Wein werden Informationen über Anbaugebiete und Rebsorten angeboten, bei Babypflege kann fachkundige Beratung über die besten Produkte fürs Baby abgerufen werden. Die Kunden können Produkte und Preise vergleichen und Rezepte ausdrucken. An weiteren Terminals können Ausschnitte von CDs oder DVDs abgespielt werden (vgl. Abb. 7).

7.3 Die Metro-Group-Future-Store-Initiative 501

Abb. 7: Info-Terminals

Elektronische Werbedisplays, basierend auf großen LCD-Displays, informieren die Kunden über aktuelle Verkaufsaktionen und Sonderangebote, z. B. durch das Einspielen von kurzen Videofilmen.

Abb. 8: Elektronische Werbedisplays

4.1.4 Schnell und komfortabel bezahlen

Lange Wartezeiten an der Kasse gehören im Future Store der Vergangenheit an. Je nach Wunsch haben die Kunden mehrere Möglichkeiten zu bezahlen:

- an einer Selbstzahlerkasse,
- auf herkömmliche Art und Weise,
- mit dem Persönlichen Einkaufsberater.

Höchsten Komfort bietet beispielsweise die vollautomatische *Selbstzahlerkasse*: Hier erledigt der Kunde den Kassiervorgang vom Anfang bis zum Ende allein und ohne fremdes Zutun. Er zieht die Artikel aus seinem Einkaufswagen oder Korb einfach über einen Scanner, legt sie danach in eine Tüte und zahlt anschließend die im Display angezeigte Gesamtsumme durch Eingabe des geforderten Barbetrags oder mit seiner Kredit- oder EC-Karte.

Abb. 9: Selbstzahler-Kasse

Alternativ zur Selbstzahlerkasse kann derjenige Kunde, der auf die persönliche Ansprache und ein nettes Lächeln einer freundlichen Kassiererin auch in Zukunft nicht verzichten möchte, sich an *Touchscreen-Kassen* einreihen. Diese Kassen werden in bekannter Art und Weise vom hauseigenen Personal bedient, allerdings läuft der Kassiervorgang wesentlich schneller ab als es bei konventionellen Kassen gegenwärtig noch üblich ist.

Eine zeitsparende Alternative ist vor allem die Verwendung des persönlichen Einkaufsberaters bei der Bezahlung. Wenn ein Kunde mit dem persönlichen Einkaufsberater bezahlen möchte, hat er ja bereits alle Produkte bereits beim Einkauf gescannt. Bei der Kassiererin zahlt er dann nur noch den Gesamtpreis, der per Funk direkt an die Kasse übertragen wird. Der Vorteil: Die Waren müssen nicht mehr auf das Laufband gelegt werden.

4.2 Technologiegestützte Mitarbeiterkommunikation

Im Extra Future Store erhalten Mitarbeiter Zugang zum unternehmenseigenen Portal „mymetro". Dazu stehen Kiosk-Systeme zur Verfügung. Sie bieten umfangreiche Unternehmensinformationen beispielsweise zu aktuellen Verkaufspromotions, wichtige Kundeninformationen, Pressespiegel der Metro Group, aktuelle Umsatzzahlen und Diskussionsforen. Die Mitarbeiter haben auch Zugang zum neuen Intranet von Extra. Zudem lassen sich Informationen zur persönlichen Arbeitsorganisation („Schwarzes Brett") und Personalplanung abrufen.

Weiterhin kommen für die Mitarbeiter kleine tragbare Handheld-Computer zum Einsatz (PDA). Auf den PDA sind sowohl Software für den E-Mail-Verkehr (Microsoft Outlook), Kalender als auch die Verwaltung von Kontakten installiert. Mit dem PDA können die Mitarbeiter jederzeit den Bestand im Store prüfen und auf das zentrale Warenwirtschaftssystem zugreifen. Hierfür müssen sie nicht jedes einzelne Verkaufsregal in Augenschein nehmen, sondern können diese Informationen mit dem per Funknetzwerk angebundenen PDA abrufen.

Darüber hinaus wird die gesamte Sprachkommunikation über die IP-basierende Netzinfrastruktur abgewickelt. Die Konsolidierung des Daten- und Sprachverkehrs auf ein Netzwerk minimiert Kosten und verringert die Komplexität des Netzwerkmanagements. Die intelligente Lösung ermöglicht Zugriff auf Lagerbestände, Abruf von Verzeichnis- und Web-Diensten sowie Zugang zu E-Mail direkt auf dem Telefon. Bei einer Kundenanfrage beispielsweise kann ein Filialmitarbeiter von überall aus Beschreibung, Preis und Verfügbarkeit eines Produkts abrufen.

4.3 RFID – Technologie der Zukunft

Technologisches Herzstück des Future Store ist die „Radio Frequency Identification", kurz RFID. Diese Technik ermöglicht das Lesen spezieller, auf Produkten und Verpackungen angebrachter Etiketten per Funksignal. In Verbindung mit dem Warenwirtschaftssystem des Future Store lassen sich durch RFID wesentlich mehr Informationen zu Produkten und Logistik speichern als dies mit dem herkömmlichen Barcode möglich ist. Das bringt erhebliche Vorteile für Lagerhaltung, Qualitätssicherung und Warengruppenmanagement.

RFID kommt als Basistechnologie im Extra Future Store vor allem beim Lager-Management, aber auch beim Kassiervorgang und beim Check-out zum Einsatz. Beispiele sind:

- Warenausgang im Lager,
- Anlieferung im Store und Lagerung im Backstore-Bereich,
- Transport der Waren in den Verkaufsraum,
- intelligentes Regal,
- Ausbuchen von „getaggten" Waren beim Kassiervorgang,
- Diebstahlsicherung.

RFID-Etiketten kann man mit entsprechenden Geräten aus einer Entfernung von bis zu einem Meter lesen – und zwar beliebig viele Etiketten auf einmal. So kann eine ganze Warenpalette identifiziert werden, sobald sie einen RFID-Kontrollpunkt passiert. Der Arbeitsaufwand und die Fehlerquote beim Erfassen von Waren werden dadurch deutlich gesenkt. Zudem ist es mit RFID möglich, die Produkte auf ihrem Weg vom Hersteller bis in den Future Store lückenlos zu verfolgen. Der Standort der Waren wird entlang der gesamten Logistikkette stets aktuell im zentralen Rechnersystem hinterlegt, auf das alle Prozesspartner zugreifen können. Probleme in der Lieferkette lassen sich dadurch frühzeitig erkennen und lösen. Gleichzeitig kann das Personal des Future Store die Bestände im Lager und im Verkaufsraum besser überwachen. Die Mitarbeiter erkennen z. B. immer rechtzeitig, wenn die Produkte in den Regalen zur Neige gehen. Sie können dadurch früher als bisher die Regale auffüllen und Waren bedarfsgerecht nachbestellen. Eine permanent hohe Warenverfügbarkeit wird dadurch gewährleistet.

Diese Beispiele zeigen, dass der Handel seine Logistik mit RFID wesentlich effizienter organisieren kann. Die Waren gelangen schneller zum Zielort, Fehllieferungen lassen sich vermeiden, die Lagerverwaltung wird wesentlich einfacher, und es muss weniger kostenintensiver Lagerraum vorgehalten und betrieben werden.

5. Erste Ergebnisse

In den der Eröffnung des Future Store folgenden sechs Monaten werden die eingesetzten Technologien einem Praxistest unterzogen. Danach entscheiden sich die Metro Group und die Partner über die weitere Zukunft der Technologien. Unterstützt durch ein externes Beratungsunternehmen wurden bereits vor Eröffnung des Future Store qualitative und quantitative Befragungen bei Extra-Kunden und Nicht-Kunden durchgeführt. Diese Befragungen haben ergeben, dass man hinsichtlich der zu erwartenden Akzeptanz des Future Store die Kunden in vier Segmente einteilen kann. Diese Segmente orientieren sich an den Einstellungen zu Technologie (Affinität versus Aversität) und zum Lebensmittel-Einkaufen („Reine Notwendigkeit" versus „Mit-Spaß-verbunden"). Die vier Segmente sind wie folgt benannt worden:

- „Effizienz-Sucher" (Technologie-affin/Reine Notwendigkeit),
- „Entdeckungs-Sucher" (Technologie-affin/Mit-Spaß-verbunden),
- „Nostalgie-Sucher" (Technologie-avers/Mit-Spaß-verbunden),
- „Einfachheits-Sucher" (Technologie-avers/Reine Notwendigkeit).

Bei den *„Effizienz-Suchern"*, z. B. arbeitenden Hausfrauen, ist davon auszugehen, dass sie die Future Store-Applikationen nutzen, wenn sie ihnen eine Beschleunigung ihres Einkaufes ermöglichen bzw. garantieren. Die *„Entdeckungs-Sucher"* werden die Applikationen auf jeden Fall ausprobieren, da sie von technischen Neuigkeiten prinzipiell angetan sind und so ihrem Einkauf einen weiteren Spaß-Faktor hinzufügen können. *„Nostalgie-Sucher"* gehen gerne auf Wochenmärkte und legen beim Einkaufen hohen Wert auf soziale Interaktion. Sie stehen den technischen Applikationen kritisch gegenüber und würden sie ablehnen, wenn sie zu einer Einschränkung der sozialen Komponente, z. B. durch starken Personalabbau, führen. Die *„Einfachheits-Sucher"* sind prinzipiell ablehnend gegenüber technologischen Innovationen und werden die Future-Store-Elemente nicht nutzen. Es ist unerlässlich, diesem Segment weiterhin das „traditionelle" Einkaufen zu ermöglichen, da sonst die Gefahr besteht, diese Kunden zu verlieren.

Erste Beobachtungen nach Eröffnung des Future Store in Rheinberg haben die Einteilung der Segmente und ihr erwartetes Verhalten bestätigt. Besonders interessant ist dabei die Tatsache, dass die technischen Applikationen unabhängig vom soziodemographischen Hintergrund, d. h. von Alter, Geschlecht, Ausbildungs-Niveau und Haushaltseinkommen, angenommen werden. So beschäftigen sich z. B. auch ältere Personen aktiv mit der neuen Technik und nutzen diese gewinnbringend während ihres Einkaufs.

Über Kundenfragebogen bzw. Selbstaufschreibungen der Mitarbeiter im Markt bekommt die Metro Group bereits frühzeitig ein Gefühl dafür, welche Technologien schnell auf andere Gesellschaften übertragbar sind und welche noch Verbesserungen benötigen. Die intelligente Waage beispielsweise oder die Selbstzahlerkasse sind relativ leicht in anderen Märkten einzusetzen. Auch die Informations-Terminals werden von den Kunden begrüßt und sofort akzeptiert. Andere Technologien benötigen Prozessänderungen, deren Aufwand nicht zu unterschätzen ist.

Die nächsten Phasen der Marktforschung, eine detaillierte Beobachtung und Befragung der Kunden bei Nutzung der Applikationen und eine Telefonbefragung, beide ergänzt mit einer Bon-Analyse, werden weiteren Aufschluss über Kundenakzeptanz und deren Auswirkung geben.

Die Autoren

Reinhard Binder Jahrgang 1959. Nach verschiedenen Stationen in der Werbung seit 1991 bei Interbrand Zintzmeyer & Lux. Derzeit Chief Creative Officer der Interbrand Zintzmeyer & Lux Gruppe. Vorher Mitglied der Zürcher Geschäftsleitung und dort unter anderem für die Entwicklung und Durchsetzung der CI für die Deutsche Telekom mit verantwortlich, eines der größten CI-Projekte weltweit. Seit 1996 Leitung des Mandates BMW Group, eines der umfassendsten und komplexesten Corporate- und Brand-Identity-Programme bei Interbrand. Unter anderem verantwortlich für den Markenauftritt des neuen MINI.

Ralph Boehlke Jahrgang 1969, Studium Wirtschaftsingenieurwesen und MBA in Darmstadt, Buffalo/New York und Sydney. Seit 1995 bei der Boston Consulting Group, seit einigen Jahren als Manager verantwortlich für die Leitung zahlreicher Kundenprojekte. Spezialisiert auf den Bereich Konsumgüter und Handel. Betreuung führender Unternehmen bei strategischen und organisatorischen Aufgabenstellungen. Maßgebliche Beteiligung an der Entwicklung der ShopperDiscovery-Methode.

Dieter Brandes Jahrgang 1941, Diplom-Kaufmann. Langjährige Erfahrungen im Top-Management des Lebensmittelhandels und der Nahrungsmittelindustrie. 14 Jahre Geschäftsführer und Mitglied des Verwaltungsrates Aldi Nord. Seit 1993 selbständig als Berater für Strategie und Organisation. *Veröffentlichungen:* Konsequent einfach. Die Erfolgsstory Aldi, Frankfurt/Main, New York 1998; Einfach managen. Klarheit und Verzicht – der Weg zum Wesentlichen, Wien 2002; Die elf Geheimnisse des Aldi-Erfolgs, Frankfurt/Main, New York 2003. Vortragsveranstaltungen und Beratungen in Deutschland, Europa, USA für internationale Handels- und Industrieunternehmen sowie zahlreiche mittelständische Unternehmen. Kontakt: www.konsequent-einfach.com.

Peter Fensky Jahrgang 1958, Diplom-Wirtschaftsingenieur. Seit 1984 in verschiedenen leitenden Funktionen der IBM auf nationaler und internationaler Ebene tätig. So z. B. als EMEA Retail Market Development Manager oder General Manager einer IBM Business Unit in EMEA. Derzeit Partner und Industry Leader Retail der IBM Business Consulting Services. Diverse Publikationen und Vorträge auf internationalen Tagungen.

Ottmar Franzen Jahrgang 1961, Diplom-Kaufmann, Dr. rer. pol., Geschäftsführender Gesellschafter der Konzept & Markt GmbH in Wiesbaden. Berufliche Stationen: Projektmanager am Link-Institut in Luzern, Leiter Customized Consumer Research bei AC-Nielsen, Frankfurt. Derzeitige Arbeitsschwerpunkte: Kundenforschung, Markenforschung, Markenbewertungen, Handelsforschung; Mitglied im Deutschen Marketing Verband, Berufsverband der Markt- und Sozialforscher und der Deutschen Werbewissenschaftlichen Gesellschaft, langjähriger Lehrbeauftragter an der FH Wiesbaden. *Veröffentlichungen*: Zahlreiche Veröffentlichungen zum Thema Markenwert und Kundenzufriedenheit, unter anderem Die Wertentwicklung der Marke im Zeitverlauf beobachten, in: Markenartikel 2002.

Steffen Gömann Jahrgang 1969, Diplom-Kaufmann. Nach Studium der Betriebswirtschaftslehre mit den Schwerpunkten Marketing und Handelsbetriebslehre in Frankfurt am Main von 1995 bis 1998 wissenschaftlicher Mitarbeiter an der Universität Erlangen-Nürnberg. Im Jahr 1999 Geschäftsführender Gesellschafter eines Internet-Start-Ups. Seit 2000 Tätigkeit bei Otto (GmbH & Co KG), 2001 bis 2003 als Leiter Firmenstrategie Otto, seit Mai 2003 als Leiter Katalogmarketing Hartwaren. *Veröffentlichungen:* Die Auswirkungen von Multimedia auf Print-Kataloge (Hrsg.), Ettlingen 1998 (gemeinsam mit H. Diller); Die Marke Otto – Branding und E-Branding, in: Riekhof, H.-Chr., E-Branding-Strategien, S. 217–237, Wiesbaden 2001 (gemeinsam mit M.-M. Münchow). Weitere zahlreiche Veröffentlichungen zu Themen der Marketingstrategie und E-Commerce.

Klaus Grönefeld Jahrgang 1975. Studium an der Westfälischen-Wilhelms-Universität Münster, Gastsemester in Göteborg. Seit 2000 bei der Hugo Boss AG, Metzingen, davon drei Monate Hugo Boss Fashion Inc., New York, Markt- und Potenzialanalyse Hugo Hugo Boss in den USA. Seit 2002 in der Abteilung Business Development. Arbeitsschwerpunkte: Markenmanagement, vertriebsorientierte Projekte.

Bernd Hake Jahrgang 1967, Banklehre bei der Dresdner Bank AG in Düsseldorf. Anschließend Studium an der Johannes Gutenberg-Universität in Mainz. Praktika unter anderem Treuhandanstalt Berlin, Vileda GmbH Weinheim. Halbjährige Projektarbeit bei PriceWaterhouse in New York. Seit 1997 bei der Hugo Boss AG in Metzingen verantwortlich für die Abteilung Business Development. Arbeitsschwerpunkte: unter anderem Prozessmanagement, Markenmanagement, E-Business.

Andreas Heim Jahrgang 1970. Nach verschiedenen Stationen als Brand Manager in Industrie und Medienbranche seit 2001 bei Interbrand Zintzmeyer & Lux. Als Marken-Berater für die Marken der BMW Group und für die Marke Loewe Leitung zahlreicher Projekte in den Bereichen Brand Creation, Brand Management und Brand Evaluation.

Oliver Hermes Jahrgang 1960, Dr. rer. pol., Studium der Betriebswirtschaftslehre (1980 – 1985); wissenschaftlicher Mitarbeiter und Dozent am Institut für Marketing und Handel, Universität Göttingen (1985–1988); Berater, GWH Unternehmensberatung, Hamburg (1985–1988); Leiter Marketingkommunikation und Verkaufsförderung, Otto Versand Hamburg (1989–1993); Geschäftsführer und Mitinhaber Baader, Lang, Behnken Werbeagentur, Hamburg (1993–1997); Managing Director BMZ!FCA Werbeagentur, Düsseldorf (1997–2000); CEO Young & Rubicam Werbeagentur, Frankfurt (2000–2002); Geschäftsführer und Mitinhaber Baader Hermes Werbeagentur (seit 2000). Zahlreiche Veröffentlichungen zu den Themenbereichen Marketing, Wettbewerb und Kommunikation.

Uwe Krakau Jahrgang 1970, Diplom-Ökonom, Studium der Wirtschaftswissenschaft (Marketing und Sozialpsychologie) an der Ruhr-Universität Bochum sowie Morphologische Marktpsychologie an der kamm – Kölner Akademie für Markt- und Medienpsychologie. Nach dem Studium als Start-up- und Marketing-Berater bei der Innovation Consulting AG und als Strategischer Senior Planer bei der Rempen & Partner Werbeagentur GmbH tätig. Seit 2003 Head of Strategic Planning & Research bei der auf Below-the-Line-Kommunikation spezialisierten at sales communications gmbh, dort zuständig für Konsumgüter- und Handelskunden. Kontakt: uwe@krakau.de.

Rainer Krautter Jahrgang 1958, Diplom-Ingenieur Luft- und Raumfahrttechnik. Seit 1986 geschäftsführender Gesellschafter eines Informatikunternehmens. Seit 2002 Aufbau und Geschäftsleitung Lush Fresh Handmade Cosmetics in Deutschland mit tatkräftiger Unterstützung der gesamten Familie. Derzeitige Arbeitsschwerpunkte: Standortauswahl, PR, Organisationsaufbau, Finanzierung.

Ralf T. Kreutzer Jahrgang 1958, Alleingeschäftsführer der Deutschen Post Direkt GmbH in Bonn. Nach Studium der Betriebswirtschaftslehre (Schwerpunkte Marketing, Organisation, Psychologie) und Promotion 1989 Einstieg ins Direktmarketing bei Bertelsmann und im Volkswagen-Konzern. Seit 1999 Aufbau der Deutschen Post Direkt zu einem der führenden Anbieter im Direktmarketing. Im In- und Ausland Referent zu allen Direktmarketing-Themen. *Veröffentlichungen:* Zahlreiche Beiträge zum Thema Couponing, zu dessen wissenschaftlicher Erschließung er als Mitherausgeber des Handbuchs Couponing (Gabler Verlag) beigetragen hat.

Michael Kunkel Jahrgang 1946, Diplom-Kaufmann, Dr. rer. pol., Universität Mannheim. Von 1979 bis 1999 Partner und European Director Retail bei Kurt Salmon Associates, Düsseldorf. Seit 1999 Vorstand der Institut, Management und Consulting AG (IM + C AG) in Mannheim. *Veröffentlichungen*: Zahlreiche Veröffentlichungen in TW, LZ, FAZ, WamS, Absatzwirtschaft unter anderem zu Themen der Prozessoptimierung mit Schwerpunkt auf Vertikalisierungsstrategien und Supply-Chain-Management-Implementierungen.

Rainer P. Lademann Jahrgang 1953, Dr. rer. pol., Diplom-Kaufmann, Industriekaufmann. Seit 1986 geschäftsführender Gesellschafter der Dr. Lademann & Partner Gesellschaft für Unternehmens- und Kommunalberatung mbH, Hamburg, Lehrbeauftragter der Universität Göttingen, Institut für Marketing und Handel. Spezialisiert auf Expansionsberatung durch interne (Standort- und Objektentwicklung) oder externe Wachstumsstrategien (wettbewerbsökonomische Beratung für Kooperationen, Fusionen und Vertriebssysteme) vor allem im Konsumgüterbereich. *Über 50 Veröffentlichungen:* unter anderem Lademann, R., Nachfragemacht von Handelsunternehmen, Göttingen 1986.

Antonella Mei-Pochtler Studium in München und Fontainebleau, Promotion. Erste Berufserfahrungen in New York und München. Seit 1984 bei der Boston Consulting Group, seit 1990 Partner und seit 1998 Senior Vice President. Spezialisierung auf den Bereich Konsumgüter, Handel und Medien und weltweite Zuständigkeit für den Bereich „Brand Management". Betreuung namhafter Unternehmen, vor allem im Hinblick auf strategische und organisatorische Fragestellungen. Schwerpunkt in der Entwicklung kundenorientierter Strategiekonzepte, maßgebliche Mitwirkung bei der Entwicklung des „MindDiscovery®", „Customer Discovery®" und „Segment-of-One-Management"-Ansatzes zur Kundenausschöpfung und Kundenindividualisierung sowie der „Brand Value Creation" oder der „Share Branding-"Methodik.

Wolfgang Merkle Jahrgang 1959, Diplom-Kaufmann, Dr. rer. pol. Von 1991 bis 1998 in verschiedenen Aufgaben in der Werbung und im Marketing der Otto-Gruppe in Hamburg, zwischen 1998 bis 2002 als alleiniger Geschäftsführer der Zara Deutschland GmbH verantwortlich für die Einführung und Etablierung der Vertriebskonzepte Zara und Massimo Dutti auf dem deutschen Markt. Seit Oktober 2002 Direktor Marketing in der Kaufhof Warenhaus AG mit den Schwerpunkten Strategie, Direktmarketing und E-Commerce. *Veröffentlichungen*: Buchveröffentlichung Corporate Identity für Handelsbetriebe, Göttingen 1992, sowie einzelne Fachbeiträge zu aktuellen Entwicklungen des Einzelhandels.

Bernd M. Michael Jahrgang 1945, Lehre als Werbekaufmann, Studium an der bayerischen Akademie der Werbung. Ab 1963 als Markenberater bei der Carl Gabler Werbeagentur. 1966 Wechsel zu Gramm & Grey in Düsseldorf als Junior Account Executive; nach Management Supervisor und Director Client Service für führende internationale und nationale Markenartikel-Etats. 1972 Geschäftsführer der Marketing-Beratung Grey Düsseldorf. 1978 Berufung zum CEO. Seit 1982 Gesellschafter. Heute Chairman und Chief Executive Officer der Grey Global Group Europe, Middle East & Africa und gleichzeitig Geschäftsführender Gesellschafter der Grey Global Group Middle Europe. Seit 2001 Präsident der European Association of Communication Agencies (EACA) und führend in mehreren berufsständischen Organisationen wie ZAW (Zentralverband der deutschen Werbewirtschaft), GWA (Gesamtverband Kommunikationsagenturen), Deutsche Marketing Vereinigung, IHK Düsseldorf, YPO (Young President's Organization). Harvard Alumni. Lehrbeauftragter der Düsseldorf Business School.

Malte-Maria Münchow Jahrgang 1960, Diplom-Kaufmann, Dr. rer. pol.; nach Banklehre und Studium der Betriebswirtschaftslehre in Hamburg (Schwerpunkte: Banken, Finanzierung, Handel und Wirtschaftsrecht) von 1990–1994 Assistent und Lehrtätigkeit am Institut für Außenhandel und Überseewirtschaft an der Universität Hamburg; seit 1994 tätig bei Otto (GmbH & Co KG), zunächst im Bereich Finanzen, seit 1999 im Otto Marketing als Leiter Marketingstrategie und Brandmanagement. *Ausgewählte Veröffentlichungen:* Die Marke Otto – Branding und E-Branding, in: Riekhof, H.-Chr., E-Branding-Strategien, S. 217–237, Wiesbaden 2001 (gemeinsam mit S. Gömann); Agency Theorie, in: Schoppe, Münchow et al., Moderne Theorie der Unternehmung, München 1995, S. 180–233.

Gottfried Neuhaus Jahrgang 1949, Unternehmer und geschäftsführender Gesellschafter, Dr. rer. pol., Technische Universität Berlin. 1998 Gründung der Venture Capital-Gesellschaft Dr. Neuhaus Techno Nord in Hamburg. Entwicklung seiner Hard- und Software-Firma in den 80er und 90er Jahren zu einer der erfolgreichsten Telekommunikationsfirmen Deutschlands. Die Dr. Neuhaus Computer KGaA brachte eine Reihe von Pionierprodukten in der Datenübertragung hervor. Zu den Innovationen zählten das erste Modem in Deutschland, die erste PC-Faxkarte weltweit sowie die weltweit erste Fax- und Datenübertragungs-Technologie über Handys. Verkauf des Unternehmens 1994 an die französische Sagem.

Andrew Parkin Jahrgang 1964, geboren in Bombay, Indien. Aufgewachsen und Schule im Londoner Vorort Walton-on-Thames in Großbritannien. Studium an der University of Lancaster, Großbritannien. Von 1990 bis 2000 Otto Versand Hamburg in den Bereichen Einkaufssteuerung und Marketing. Seit 2000 Leiter Marketing und Einkaufssteuerung bei Schneider in Wedel.

Frank Pietersen Jahrgang 1967, Diplom-Betriebswirt. Manager Retail & Business Development bei KPMG Deutsche Treuhand-Gesellschaft Aktiengesellschaft Wirtschaftsprüfungsgesellschaft, Köln, im Bereich Consumer & Industrial Markets; Marketing Manager für den KPMG Geschäftsbereich Consumer Markets in Deutschland; Co-Head des Center of Competence Handel, Köln. Von 1989 bis 1999 Tätigkeiten bei verschiedenen großen Filialisten aus der Fashion-Branche. 1999 Eintritt bei KPMG. Derzeitige Arbeitsschwerpunkte: Überprüfung von Marketingstrategien; Durchführung von Markt-, Sortiments- und Wettbewerbsanalysen sowie Feasibility Studies; Business-Development-Tätigkeit im Bereich Consumer & Industrial Markets; Account Manager für ein weltweit führendes Handelsunternehmen; Mitglied der KPMG European Task Force Apparel; Konzeption und Durchführung von Studien im Bereich Consumer Markets.

Hans-Christian Riekhof Jahrgang 1954, Studium der Betriebswirtschaftslehre in Münster und Göttingen. 1984 Promotion. 1984 bis 2000 Tätigkeiten im Otto Versand, zuletzt als Marketing-Direktor, und in der Beiersdorf AG, zuletzt als Geschäftsbereichsleiter. Seit 1996 Professor für Internationales Marketing an der Privaten Fachhochschule Göttingen. Seit 2001 Vorstand Marketing/Vertrieb der unicmind.com AG. *Veröffentlichungen:* Als Herausgeber: Praxis der Strategieentwicklung, 2. Auflage, Stuttgart 1994; Beschleunigung von Geschäftsprozessen, Stuttgart 1997; E-Branding Strategien, Wiesbaden 2001; Strategien der Personalentwicklung, 5. Auflage, Wiesbaden 2002; E-Learning in der Praxis (zusammen mit Hubert Schüle), Wiesbaden 2002. Zahlreiche Beiträge in Sammelbänden und Zeitschriften.

Stephan Rüschen Jahrgang 1966, Dr. oec. publ.; 1996 – 2000 Tätigkeit in der Tengelmann Unternehmensgruppe (Unternehmensentwicklung, Category Management), seit 2000 in der METRO Group (E-Commerce, Metro Cash & Carry). Zur Zeit Bereichsleiter Marketing & Unternehmensentwicklung bei Metro Cash & Carry Deutschland. *Veröffentlichungen:* Konsumentenorientierte Verkaufsförderung – Kooperation zwischen Markenartikelhersteller und LEH, München 1997.

Bernd M. Samland Jahrgang 1959, Studium der Politik- und Medienwissenschaften an der Universität Trier und University of Kansas, USA (M.A.); Mitte der 80er Jahre Journalist und Producer bei RTL in Luxemburg. Geschäftsführer der Werbeagentur Dietz & Partner GmbH, Presse- und Marketingchef von RTL Radio, Geschäftsführer der Deutschlandfunk Marketing GmbH und Kommunikationsdirektor des TV-Senders VOX. Von 1994 an selbständig in den Bereichen Namefinding und Markenberatung, verantwortlich für die Kreation zahlreicher nationaler und internationaler Markennamen. Seit 2001 Vorstandsvorsitzender der Endmark International Namefinding AG, Köln.

Christian Schrahe Jahrgang 1972, Master of Business Administration. Knowledge Manager und Key Account Support bei KPMG Deutsche Treuhand-Gesellschaft Aktiengesellschaft Wirtschaftsprüfungsgesellschaft, Köln, im Bereich Consumer & Industrial Markets. 2000 Eintritt bei KPMG in die Consumer Markets Practice. Branchenschwerpunkte sind Food, Fashion und Personal Care. Derzeitige Arbeitsschwerpunkte: Durchführung von Markt- und Wettbewerbsanalysen sowie Feasibility Studies; koordinative Betreuung der Key Accounts der LoB Consumer & Industrial Markets; Betreuung des Knowledge Management der LoB Consumer & Industrial Markets; Mitglied der KPMG European Task Force Personal Care; Konzeption und Durchführung von Studien im Bereich Consumer Markets.

Michael Wegener Jahrgang 1971, Diplom-Kaufmann. 1999–2001 Senior Consultant im Bereich Konsumgüterindustrie und Handel bei der IDS Scheer AG, Hamburg. Seit 2002 Marketing Manager im Bereich Marketingstrategie und Brandmanagement bei der Otto GmbH & Co. KG, Hamburg. Derzeitige Arbeitsschwerpunkte: Konzeption und Umsetzung der Markt- und Wettbewerbsstrategie 2002/2003, Implementierung eines Prozessmanagement im Marketing, Weiterentwicklung der mobilen Vertriebs- und Servicekanäle bei Otto, Entwicklung der Neue Medien Strategie. *Veröffentlichungen*: Strategic eBusiness: Strategien, strategische Konzepte und Instrumente aus Sicht von Beratungsgesellschaften: Von der Strategie zum Fulfillment – E-Business- versus klassische IT-Projekte, Hamburg 2001, S. 307–334; Wissensmanagement mit Referenzmodellen – Konzepte für die Anwendungssystem- und Organisationsentwicklung: Referenzmodellierung im E-Business, Würzburg 2002.

Gerd Wolfram Jahrgang 1959, Diplom-Kaufmann, Dr. rer. pol., Bereichsleiter IT-Strategy, IT-Buying and Development Services, Projektmanager Metro Group Future Store Initiative bei der MGI Metro Group Information Technology GmbH, eine Gesellschaft der Metro Group. 1990–1996 in leitender Funktion in der EDV der Kaufhof Warenhaus AG, Köln. Seit 1996 in leitender Funktion bei der Metro Group Information Technology GmbH, Düsseldorf, die Informatikgesellschaft der Metro Group tätig. Derzeitige Arbeitsschwerpunkte: IT-Strategie und IT-Einkauf, Marktplätze, Standardisierungen, Global Commerce Initiative und Innovations- und Projektmanagement im Rahmen der Future-Store-Initiative.

Dirk Ziems Jahrgang 1966, Diplom-Psychologe, Studium der Psychologie mit dem Schwerpunkt tiefenpsychologische Alltags-, Medien- und Konsumforschung an der Kölner Universität bei Prof. Salber und Prof. Heubach. Nach dem Studium Laufbahn beim ifm Wirkungen + Strategien, das den Morphologischen Ansatz der Marktforschung begründet hat. Seit 1997 Geschäftsführer des ifm. Ein Arbeitsschwerpunkt seit vielen Jahren die Psychologie des Einkaufens. In zahlreichen Projektstudien für nationale und internationale Handelsorganisationen hat er grundlegende Konzepte für die Erforschung von Retail-Brands und Store-Gestaltungen entwickelt. Kontakt: d.ziems@ifm-network.de.

Stichwortverzeichnis

A
Adressvalidierung 257
Aldi 12, 13, 19, 21, 128, 193, 407 ff.
Angebotsstrategie 456
Apotheke 477
Arbeitslosenquote 35
Arzneimittelmarkt 480
Attraction Marketing 10, 15, 180
Auchan 222
Aufenthaltsdauer 125

B
Basel II 52
Bekleidungseinzelhandel 90, 391
Betriebsformen 5, 56, 60
Betriebsformen, Dynamik der 73
Brand Building 158
Brand Control System 17, 322
Brand Cycle 298
Brand Evaluation 304
Brand Heritage 282
Brandlands 38
Brand Loyalty 152
Brand Management 302
Brand Value Circle® 160
Brand Value Signals® 162
Bummelzonen, urbane 106

C
Carrefour 222
Category Captain 380
Category-Killer 57, 343
Category Management (CM) 23, 379
China 231
City-Supermärkte 58
Conjoint-Analyse 30, 391, 393
Conley's 449
Consumer Insights 16
Convenience Shopping 14
Convenience-Shop 37
Customer Life Cycle Concept 383
Customer Relationship Management 383
Customer-Lifetime-Value 48

D
demografische Veränderungen 118
Demokratisierungkonzept 435
Direct Marketing 8
Direktmarketing, strategisches 250
Direktvertrieb 45
Discounter 54, 59 f., 83, 85, 122
Discount shopping 13
DocMorris 475
Do-It-Yourself-Produkte 321
Durchschnittsbons 127

E
Ebay 192
Economies of Scale 367
Einkaufsberater, digitale 20
Einkaufserlebnisse 349
Equity Joint Venture 233
Evolutionstheorie 24, 271, 273

F
Fachdiscounter 107
Fachhandel 262
Fachmärkte 91
Fachmarktkonzept 54
Factory-Outlet-Center 92
Feasibility Study 228
Filiale 347
Filialisierung 283
Flächenexpansion im Einzelhandel 79
Flagshipstores 92
Food-Einzelhandel 80
Franchisesystemen 92

G
Geiz-ist-Geil-Strategien 145
Geschäftsprozessmanagement 28
Globalisierung 76
Globalisierungsdruck 5
Global Player 221, 223, 230

H
Handelskonzepte, vertikale 36
Handelsmarken 65, 149
Handelsmarkenanteile 67
Händlermarken 167
Hennes & Mauritz (H&M) 9, 191, 438
Home Depot 128
Homeshopping 108
Human Resource Management 51
Hypermarkt 222, 226

I
Ikea 24, 112, 189
Image-Portfolio 331
Individualisierung 48
– der Kundenbeziehung 8
Insolvenzen 56
Integrated Marketing 28
Integration, vertikale 29
Internationalisierung 222

K
Katalog-Anstoßkette 458
Katalogkonzept 451
Kaufreviere 15, 99 ff., 208
Kaufstätte 186
Kernprozess, vertikaler 368
Kollektionswechsel 434
Komplexitätskosten 21
Komplexitätsreduktion 23
Komplexitätstreiber 8
Konsumverhaltensmuster, situatives 12
Konvertierungsraten 125
Konzepte, vertikale 431
Kostenführerschaft 49
Kreditvergabe 53
Kundenbindung 154
Kundenkarte, personalisierte 498
Kunden-Lebenszyklus 251
Kundenwert-Management 250
Kundenzufriedenheit 17

L
Ladeneinrichtung, intelligente 499
Ladenöffnungszeiten 51, 54 f.
Leistungsfaktoren-Portfolio 17, 328
Lidl 13
Lifestyle-Inszenierung 451
Lifestyle Shopping 13
LIM – Less is More 38

Low Budget Marketing 25
Lush 465 ff.

M
Malls und Konsumgalerien, erlebnisbetonte 107
Mango 429
Margensteigerung 46
Markenführung, Naturgesetze der 277
Marken-Image-Analyse 330
Markennamen 311
Markenprofil 185
Markteintritt 228
Markteintrittsstrategien 238 f.
Marktforschung 20
Marktsegmentierung 11
Markt-Wirkungsmodelle 18
Massenmarketing 176
Metro 20, 149
Metro Cash & Carry 377 ff.
Metro Group 491
Metro-Group-Future-Store-Initiative 493 ff.
mikrogeografischer Segmentierungsansatz 258
Multichannel-Management 205
Multichannel-Strategie 7, 200
Multichannel-Unternehmen 199
Multiplizierbarkeit, internationale 48

N
Nachbarschaftsgeschäft 84
Namensstrategien 313
Nonfood 380
Nonfood-Einzelhandel 88, 93
Nordstrom 128

O
On Demand Retailing 355
Organisationsmodell, vertikales 362
Otto 24
Overstoring 8, 249

P
Personal Shopping Assistant 353
Planungs- und Steuerungsinstrumente 364
Post Deal Performance 236
Post-Merger-Integration 236
Präsentationskonzept 439
Preisbewusstsein 64
Preisstrategie 413

Produktionszeit, Optimierung der 436
Produktrentabilität, direkte 421
Prozessmanagement, vertikales 30
Prozessmodell, vertikales 360
Psychologie des Einkaufens 103
psychologische Motivspannung 102

Q
Qualitätskäufer 65
Qualitätsmonitor 17, 322 ff.

R
Radio Frequency Identification 354
Regaletiketten, elektronische 353
Regalpreisschilder, elektronische 499
Regalpreissysteme, elektronische 20
Repositionierung, strategische 250
Retailer, globale 224
RFID-Technologie 20, 496, 503
Rückwärts-Integration 167

S
Sainsbury's 149
SB-Warenhäuser 84
Schutzfähigkeit 313
Seed-Corn-Akquisitionen 227, 235
Segmentierungsverfahren 10
Selbstzahlerkasse 502
Servicegrad 366
Shareholder Value 234
Shopotainment-Konzepte 37
ShopperConversion 131
ShopperDiscovery 17, 131
Smart Shopper 63
smart shopping 12
Sortenvielfalt im Regal 410
Sortiment 187
Sortimentsgestaltung 400
Sortimentspolitik 410, 433
Steuerungsinstrumente 364
Store Loyalty 152
Store of the future 20
Strategie-Defizit 24
strategische Allianzen 37
strategische Profilierung 25
strategisches Management 22
Supermärkte 84
Supply Chain Management 370
Szenemarketing 11

T
Tankstellenshops 58
Target Group Management 385
Target Group Manager 385
Target Marketing 10, 15, 175
Tchibo 12, 111
Tesco 121, 149, 222, 227
Test-store 20
Time-to-Market 28
Toys'R'Us 113
Trading-down 120 ff.
Trading-up 74, 120 ff.
Trendforschung 9

U
Unternehmenskultur 417
Ursprungsmärkte 105

V
Value Added Services 161
Vedes 113
Verbraucher, multioptionale 9
Versorgungsballungen, universelle 106
Versorgungsreviere, lokale 106
vertikale Konzepte 431
Vertikalisierung 91, 290, 366, 432
– im Bekleidungshandel 42
– im Handel 42
Vollsortimenter 260
Vorwärts-Integration 168

W
Waagen, intelligente 353
WalMart 129
Wareneingangskalkulation 366
Warenhaus 62, 89
Werbeanzeigen, elektronische 353
Werbedisplay, elektronisches 501
Wertschöpfungskette 360
Wholly Foreign Owned Enterprises (WFOE) 233
Wochenarbeitszeit 55

Z
Zara 429